Conheça o
Saraiva Conecta

Uma plataforma que apoia o leitor em sua jornada de estudos e de atualização.

Estude *online* com conteúdos complementares ao livro e que ampliam a sua compreensão dos temas abordados nesta obra.

Tudo isso com a **qualidade Saraiva Educação** que você já conhece!

Veja como acessar

No seu computador
Acesse o *link*
https://somos.in/CEDT1

No seu celular ou tablet
Abra a câmera do seu celular ou aplicativo específico e aponte para o *QR Code* disponível no livro.

Faça seu cadastro

1. Clique em **"Novo por aqui? Criar conta"**.

2. Preencha as informações – insira um *e-mail* que você costuma usar, ok?

3. Crie sua senha e clique no botão **"CRIAR CONTA"**.

Pronto!
Agora é só aproveitar o conteúdo desta obra!*

Qualquer dúvida, entre em contato pelo *e-mail* suportedigital@saraivaconecta.com.br

Confira o material do professor
Márlon Reis
para você:

https://somos.in/CEDT1

* Sempre que quiser, acesse todos os conteúdos exclusivos pelo link ou pelo QR Code indicados. O seu acesso tem validade de 24 meses.

Histórico da Obra

- **1.ª edição:** jun./2023

COORDENADOR PEDRO LENZA

Márlon Reis
Doutor em Sociologia Jurídica e Instituições Políticas pela Universidad de Zaragoza, Espanha. Fellow do Centro para a Democracia, Desenvolvimento e Estado de Direito da Stanford University

DIREITO ELEITORAL

2023

Coleção
ESQUEMATIZADO®

saraiva jur

saraiva
EDUCAÇÃO

saraiva jur

Av. Paulista, 901, Edifício CYK, 4º andar
Bela Vista – São Paulo – SP – CEP 01310-100

SAC | sac.sets@saraivaeducacao.com.br

Diretoria executiva	Flávia Alves Bravin
Diretoria editorial	Ana Paula Santos Matos
Gerência de produção e projetos	Fernando Penteado
Gerência editorial	Thais Cassoli Reato Cézar
Novos projetos	Aline Darcy Flôr de Souza
	Dalila Costa de Oliveira
Edição	Jeferson Costa da Silva (coord.)
	Liana Ganiko Brito
Design e produção	Daniele Debora de Souza (coord.)
	Tiago Dela Rosa
	Camilla Felix Cianelli Chaves
	Deborah Mattos
	Rosana Peroni Fazolari
Planejamento e projetos	Cintia Aparecida dos Santos
	Daniela Maria Chaves Carvalho
	Emily Larissa Ferreira da Silva
	Kelli Priscila Pinto
Diagramação	Claudirene de Moura Santos Silva
Revisão	Rita Sorrocha
Capa	Tiago Dela Rosa
Produção gráfica	Marli Rampim
	Sergio Luiz Pereira Lopes
Impressão e acabamento	Gráfica Paym

DADOS INTERNACIONAIS DE CATALOGAÇÃO NA PUBLICAÇÃO (CIP)
DE ACORDO COM ISBN
VAGNER RODOLFO DA SILVA – CRB-8/9410

R375c   Reis, Márlon
          Coleção Esquematizado® – Direito Eleitoral / Márlon Reis; coordenado por Pedro Lenza. - São Paulo: SaraivaJur, 2023.
          488 p.
          ISBN: 978-65-5362-158-9 (Impresso)
          1. Direito. 2. Direito Eleitoral. I. Lenza, Pedro. II. Título.

                                                            CDD 341.28
2023-669   CDU 342.8

Índices para catálogo sistemático:

1. Direito Eleitoral   341.28
2. Direito Eleitoral   342.8

Data de fechamento da edição: 22-7-2023

Dúvidas? Acesse www.saraivaeducacao.com.br

Nenhuma parte desta publicação poderá ser reproduzida por qualquer meio ou forma sem a prévia autorização da Saraiva Educação. A violação dos direitos autorais é crime estabelecido na Lei n. 9.610/98 e punido pelo art. 184 do Código Penal.

| CÓD. OBRA | 706900 | CL | 607199 | CAE | 791968 |

Eu dedico este livro a ti, Camila Borges. Tu ficaste ao meu lado e este livro existe por tua causa. Eu sou grato a ti por tudo. Teu amor me comove e me embala; e nada posso fazer senão te amar mais e mais!

AGRADECIMENTOS

A publicação desta obra é fruto de uma provocação e de um desafio intelectual que me foi dirigido pelo constitucionalista Pedro Lenza, coordenador da Coleção Esquematizado®. Foi ele quem me tirou da posição confortável em que eu me encontrava e fez com que me lançasse a essa missão agora concluída. Não tenho palavras para agradecer por seu estímulo e por sua confiança no meu trabalho.

Quero manifestar minha gratidão, *in memoriam*, a Manuel Calvo García, meu devotado orientador no doutorado em Zaragoza. Ele me descortinou um mundo de ideias sem as quais este livro não existiria.

Por fim, agradeço à Saraiva Educação por valorizar a minha devoção pelo estudo do Direito Eleitoral e no meu amor por compartilhar conhecimento. É bem isso o que este livro representa.

METODOLOGIA ESQUEMATIZADO

Durante o ano de **1999**, pensando, **naquele primeiro momento**, nos alunos que prestariam o exame da OAB, resolvemos criar uma **metodologia** de estudo que tivesse linguagem "fácil" e, ao mesmo tempo, oferecesse o conteúdo necessário à preparação para provas e concursos.

O trabalho foi batizado ***Direito constitucional esquematizado***. Em nosso sentir, surgia ali uma **metodologia pioneira**, idealizada com base em nossa experiência no magistério e buscando, sempre, otimizar a preparação dos alunos.

A metodologia se materializou nos seguintes "pilares":

- **esquematizado:** a parte teórica é apresentada de forma objetiva, dividida em vários itens e subitens e em parágrafos curtos. Essa estrutura revolucionária rapidamente ganhou a preferência dos concurseiros;
- **superatualizado:** doutrina, legislação e jurisprudência em sintonia com as grandes tendências da atualidade e na linha dos concursos públicos de todo o País;
- **linguagem clara:** a exposição fácil e direta, a leitura dinâmica e estimulante trazem a sensação de que o autor está "conversando" com o leitor;
- **palavras-chave** (*keywords*): os destaques em negrito possibilitam a leitura "panorâmica" da página, facilitando a fixação dos principais conceitos. O realce recai sobre os termos que o leitor certamente grifaria com a sua caneta marca-texto;
- **recursos gráficos:** esquemas, tabelas e gráficos favorecem a assimilação e a memorização dos principais temas;
- **questões resolvidas:** ao final de cada capítulo, o assunto é ilustrado com questões de concursos ou elaboradas pelos próprios autores, o que permite conhecer as matérias mais cobradas e também checar o aprendizado.

Depois de muitos anos de **aprimoramento**, o trabalho passou a atingir, também, aqueles que enfrentam os **concursos em geral**, sejam das **áreas jurídica** ou **não jurídica**, de **nível superior** ou mesmo os de **nível médio**, assim como os **alunos de graduação** e demais **profissionais**.

Ada Pellegrini Grinover, sem dúvida, anteviu, naquele tempo, a evolução do extraordinário projeto. Segundo a Professora escreveu em **1999**, portanto, há **24**

anos, "a obra destina-se, declaradamente, aos candidatos às provas de concursos públicos e aos alunos de graduação, e, por isso mesmo, após cada capítulo, o autor insere questões para aplicação da parte teórica. Mas será útil também aos operadores do direito mais experientes, como fonte de consulta rápida e imediata, por oferecer grande número de informações buscadas em diversos autores, apontando as posições predominantes na doutrina, sem eximir-se de criticar algumas delas e de trazer sua própria contribuição. Da leitura amena surge um livro 'fácil', sem ser reducionista, mas que revela, ao contrário, um grande poder de síntese, difícil de encontrar mesmo em obras de autores mais maduros, sobretudo no campo do direito".

Atendendo ao apelo de "concurseiros" e profissionais de todo o País, sempre com o apoio incondicional da **Saraiva Educação**, convidamos professores das principais matérias exigidas nos concursos públicos das *áreas jurídica* e *não jurídica* para compor a **Coleção Esquematizado®**.

Metodologia pioneira, vitoriosa, consagrada, testada e aprovada. **Professores** com larga experiência na preparação para os concursos públicos e consagrados em suas áreas profissionais de atuação. Estrutura, apoio, profissionalismo e *know-how* da **Saraiva Educação**. Sem dúvida, ingredientes indispensáveis para o sucesso da nossa empreitada!

O **amadurecimento da Coleção Esquematizado®** levou à sua **consagração nacional**, sendo utilizada atualmente não apenas por aqueles que se preparam para os Concursos Públicos em geral, como também por operadores do Direito, Professores em sala de aula, Advogados, Magistrados, membros do Ministério Público, Defensores Públicos etc., sendo comum a citação dos livros nos diversos tribunais da Federação, inclusive Superiores e no STF.

Para o **Direito Eleitoral**, tivemos a honra de contar com o primoroso trabalho de **Márlon Reis**, que soube, com maestria, aplicar a **metodologia esquematizado** à sua vasta e reconhecida experiência profissional.

Doutor em Sociologia Jurídica e Instituições Políticas pela *Universidad de Zaragoza*, Espanha, Márlon é *Fellow* do Centro para a Democracia, Desenvolvimento e Estado de Direito da *Stanford University* (EUA).

Um dos **redatores da Lei da Ficha Limpa** e de diversos **outros dispositivos hoje presentes na legislação eleitoral**, Márlon foi **Relator geral da Comissão de Igualdade Racial do Tribunal Superior Eleitoral** e **Membro do Observatório da Transparência Eleitoral** do mesmo tribunal.

Atualmente consagrado **Advogado especialista em direito eleitoral**, possui larga experiência na **magistratura**, pois foi Juiz de Direito do Estado do Maranhão, tendo atuado como Auxiliar da Presidência do Tribunal Superior Eleitoral e ocupado a posição de Juiz Eleitoral.

Enquanto na Magistratura, Márlon foi o primeiro vencedor do **"Prêmio Innovare: o Judiciário do Sécutlo XXI"**, em 2004, ao apresentar extraordinário trabalho de aproximação da Justiça Eleitoral ao cidadão, divulgando conteúdo sobre a legislação e levando informação e conhecimento, no sentido de conscientização.

Em razão de toda essa notoriedade, Márlon tem ministrado cursos, palestras e conferências no Brasil e em outros países, como no Tribunal Eleitoral da Federação Mexicana, no Instituto para a Diplomacia Cultural em Berlim, na Universidade de Buenos Aires, na Tunísia e no Parlamento da Malásia.

Márlon tem uma **ampla experiência teórica e prática no Direito Eleitoral**, tendo escrito vários outros trabalhos e livros na área e, por isso, a nossa felicidade e honra em tê-lo neste vitorioso projeto que é a festejada Coleção Esquematizado®.

Por isso tudo, não temos dúvida de que este livro contribuirá para "encurtar" o caminho do ilustre e "guerreiro" concurseiro na busca do "sonho dourado" e servirá, também, de fonte de consulta necessária e segura para os operadores do Direito!

Esperamos que a **Coleção Esquematizado**® cumpra o seu papel. Em constante parceria, estamos juntos e aguardamos as suas críticas e sugestões.

Sucesso a todos!

Pedro Lenza
Mestre e Doutor pela USP
Visiting Scholar pela Boston College Law School
pedrolenza8@gmail.com
https://twitter.com/pedrolenza
http://instagram.com/pedrolenza
https://www.youtube.com/pedrolenza
https://www.facebook.com/pedrolenza
https://www.editoradodireito.com.br/colecao-esquematizado

NOTA DO AUTOR À 1ª EDIÇÃO

Este livro nasce no contexto das grandes transformações do Direito Eleitoral que atingiram o seu ápice nas eleições que tiveram curso em 2022. Nossos processos eleitorais estão marcados por regras que constituem um emaranhado complexo, mas com uma lógica própria que esta obra tem o objetivo de descortinar para profissionais, acadêmicos de Direito e para aqueles que se preparam para concursos públicos.

Convém lembrar que, em 5 de abril de 2022, o Conselho Federal da Ordem dos Advogados do Brasil (CFOAB) houve por bem tornar obrigatória a presença de questões sobre Direito Eleitoral no Exame de Ordem.

Esse aumento no volume de importância da matéria tem feito com que os cursos de Direito oportunizem cada vez mais acesso à disciplina Direito Eleitoral em sua grade curricular. São muitos os programas de pós-graduação que abrigam o estudo desse tema, alguns dos quais reunindo grandes especialistas.

Este livro está sendo lançado após a sedimentação da jurisprudência em torno de questões recentíssimas, o que só é possível por haver sido concluído após as eleições de 2022. E se apresenta escapando a um cenário em que os livros especializados na matéria costumam ser publicados apenas no começo dos anos eleitorais. Este é, pois, um grande diferencial desta obra.

São fortes, por outro lado, no momento em que este livro chega ao prelo, as informações que dão conta de que no segundo semestre deste ano teremos um grande concurso unificado para acesso ao Tribunal Superior Eleitoral e diversos Tribunais Regionais Eleitorais. Isso certamente movimentará o universo dos estudos desse ramo especializado do Direito, que só cresce e cresce em importância.

Márlon Reis
Doutor em Sociologia Jurídica e Instituições Políticas
pela Universidad de Zaragoza – Espanha
@marlonreis
@marlonreisadv

SUMÁRIO

Agradecimentos VII
Metodologia Esquematizado IX
Nota do autor à 1ª edição XIII
Introdução 1

1 COMPREENSÃO PRELIMINAR DO DIREITO ELEITORAL 5
   1.1. Conceito 5
   1.2. Fontes do Direito Eleitoral 6
      1.2.1. Fontes estatais 6
      1.2.2. Fontes não estatais 11
   1.3. Competência para legislar 12
   1.4. Questões 13

2 PRINCÍPIOS DO DIREITO ELEITORAL 15
   2.1. Princípio democrático 15
      2.1.1. Teorias tradicionais sobre a democracia 17
      2.1.2. Dahl e a poliarquia 17
      2.1.3. Democracia representativa (indireta) e democracia direta 19
      2.1.4. Iniciativa popular 22
         2.1.4.1. Origem 22
         2.1.4.2. A natureza da iniciativa popular 23
         2.1.4.3. Sentido e essência 23
         2.1.4.4. Manifestação do soberano ou de fração do povo 24
         2.1.4.5. Iniciativa popular no ordenamento jurídico 25
         2.1.4.6. Iniciativa popular e filtro garantista 26
      2.1.5. Democracia e liberdade de opção eleitoral 27
      2.1.6. Democracia e princípio do pluralismo político 28
      2.1.7. Democracia defensiva 34
   2.2. Princípio republicano 36
   2.3. Princípio da igualdade (isonomia) 37
      2.3.1. Igualdade racial 38
      2.3.2. Igualdade e sexo 42
      2.3.3. Igualdade e gênero 44
      2.3.4. Igualdade e pessoas com deficiência 47
      2.3.5. Igualdade e origem geográfica 48
   2.4. Princípio do sufrágio universal 49
   2.5. Princípio do voto direto e secreto 51
   2.6. Prevalência do interesse público 53
   2.7. Participação popular ou acesso democrático 53

2.8.	Princípio da proteção	57
2.9.	Princípio da anualidade ou da anterioridade anual	63
2.10.	Questões	66

3 O SISTEMA DA JUSTIÇA ELEITORAL 69
- 3.1. A Justiça Eleitoral 69
  - 3.1.1. Órgãos do Poder Judiciário Eleitoral 69
  - 3.1.2. Composição do Tribunal Superior Eleitoral 69
  - 3.1.3. Composição dos Tribunais Regionais Eleitorais 69
  - 3.1.4. Duração da investidura 70
  - 3.1.5. Os advogados nos tribunais eleitorais 70
  - 3.1.6. Órgãos diretivos dos tribunais eleitorais 74
  - 3.1.7. Competências do Tribunal Superior Eleitoral 75
  - 3.1.8. Competência em matéria jurisdicional 76
  - 3.1.9. Competência em matéria administrativa 78
  - 3.1.10. Tribunais Regionais Eleitorais 79
  - 3.1.11. Juntas Eleitorais 81
  - 3.1.12. Juízes Eleitorais 83
  - 3.1.13. Poder de polícia eleitoral 85
- 3.2. O Ministério Público Eleitoral 86
- 3.3. A Defensoria Pública Eleitoral 90
- 3.4. A Advocacia Eleitoral 91
- 3.5. Questões 92

4 PROCESSO ADMINISTRATIVO ELEITORAL 95
- 4.1. Alistamento eleitoral 95
  - 4.1.1. Aspectos iniciais 95
  - 4.1.2. Recursos do deferimento ou indeferimento da transferência eleitoral ... 99
  - 4.1.3. Da quitação eleitoral na transferência 100
  - 4.1.4. Alistamento obrigatório, facultativo e vedado 100
  - 4.1.5. Cancelamento da inscrição eleitoral 100
  - 4.1.6. Recursos 101
  - 4.1.7. Falta no trabalho para registro ou transferência de título de eleitor ... 102
  - 4.1.8. Encerramento do alistamento ou da transferência 102
  - 4.1.9. Fraude no alistamento 102
  - 4.1.10. Delegado do partido 103
  - 4.1.11. Quantidade de delegados perante o juízo eleitoral 103
  - 4.1.12. Representatividade dos delegados credenciados 103
  - 4.1.13. Função dos delegados cadastrados no alistamento 103
- 4.2. Filiação partidária 104
  - 4.2.1. Quanto ao eleitor 104
  - 4.2.2. Filiação, mandato e fidelidade partidária 106
  - 4.2.3. Coligações e federações partidárias 111
- 4.3. Domicílio eleitoral 113
- 4.4. Convenções eleitorais 115
  - 4.4.1. Considerações iniciais 115
  - 4.4.2. Candidaturas natas 118
  - 4.4.3. Do local das convenções 120
  - 4.4.4 Convenções eleitorais em meio virtual 120
  - 4.4.5. Da propaganda nas convenções eleitorais 123
  - 4.4.6. Das formas de convenções eleitorais 123
- 4.5. Registro das candidaturas 124

4.5.1. O registro dos candidatos 124
4.5.2. Publicidade da documentação 126
4.5.3. Filiação 126
4.5.4. Declaração de bens 127
4.5.5. Quitação de débitos eleitorais 128
4.5.6. Certidões de objeto e pé 129
4.5.7. Propostas dos candidatos a mandatos no Executivo 129
4.5.8. Competência para o registro 130
4.5.9. O registro das chapas 130
4.5.10. Definição dos candidatos a serem registrados por partido 130
    4.5.10.1. Para o cargo de vereador 130
    4.5.10.2. Quantidade de candidatos por vaga 131
    4.5.10.3. Representação proporcional 131
        4.5.10.3.1. Inovação legal 131
        4.5.10.3.2. O significado jurídico-político das eleições proporcionais 133
        4.5.10.3.3. As candidaturas coletivas (candidaturas promovidas coletivamente 134
        4.5.10.3.4. A distribuição das sobras 135
        4.5.10.3.5. Eleições para vereador 136
        4.5.10.3.6. Quantidade de candidatos a deputado estadual 138
        4.5.10.3.7. Quantidade de candidatos a serem lançados para a Câmara dos Deputados, a Câmara Legislativa e as Assembleias Legislativas ... 139
        4.5.10.3.8. Estados com mais de 20 parlamentares na Câmara dos Deputados 140
        4.5.10.3.9. Quantidade de vagas para deputado federal 140
        4.5.10.3.10. Quantidade de candidatos às Câmaras de Vereadores 140
4.5.11. Falta de preenchimento das vagas na convenção 141
4.5.12. Substituição de candidato 141
4.6. Propaganda eleitoral 141
  4.6.1. Aspectos gerais 141
  4.6.2. O tempo da propaganda 143
    4.6.2.1. Propaganda antecipada 143
    4.6.2.2. Propaganda pré-eleitoral ou pré-campanha 144
    4.6.2.3. Propaganda intrapartidária 145
    4.6.2.4 Propaganda eleitoral 145
    4.6.2.5. Pesquisas e testes pré-eleitorais 147
  4.6.3. Quanto à licitude da propaganda 150
    4.6.3.1. Propaganda eleitoral lícita 150
    4.6.3.2. Propaganda eleitoral ilícita 150
        4.6.3.2.1. Infrações administrativas 150
        4.6.3.2.2. Propaganda criminosa 152
  4.6.4. A propaganda no rádio e na televisão 153
  4.6.5. A propaganda na internet 156
    4.6.5.1. A chegada da inovação 156
    4.6.5.2. O desenvolvimento das normas 157
    4.6.5.3. A propaganda eleitoral nas redes sociais 158
  4.6.6. Direito de resposta 159
  4.6.7. Propaganda eleitoral e igualdade racial 162
4.7. Votação 162
  4.7.1. O voto 162
  4.7.2. O sufrágio universal 163
  4.7.3. Voto obrigatório 163

4.7.4. Atos preparatórios	164
4.7.5. Garantias eleitorais	164
4.7.5.1. Salvo conduto	164
4.7.5.2. Imunidade provisória	165
4.7.5.3. Proteção contra abusos	165
4.7.5.4. Distanciamento da força pública	166
4.7.5.5. Distanciamento da força pública	167
4.7.5.6. Pessoas com deficiência	167
4.7.5.7. O voto do preso	167
4.8. Apuração	168
4.9. Proclamação dos resultados	170
4.10. As contas de campanha	171
4.11. Diplomação dos eleitos	171
4.12. Nulidade e anulabilidade dos votos: caracterização e efeitos	176
4.12.1. Distinção entre nulidade e anulabilidade em matéria eleitoral	176
4.12.2. Nulidades de seções e de votações: soluções distintas	182
4.13. Questões	183

5. **ARRECADAÇÃO, DESPESAS E PRESTAÇÃO DE CONTAS ELEITORAIS** **189**
   5.1.   Aspectos gerais 189
   5.2.   Financiamento das campanhas eleitorais 189
          5.2.1. Recursos próprios dos candidatos 190
          5.2.2. Doações de pessoas físicas 191
          5.2.3. Doações de outros partidos políticos e de outras candidatas ou de outros candidatos ... 194
          5.2.4. Comercialização de bens e/ou serviços ou promoção de eventos de arrecadação 195
          5.2.5. O Fundo Especial de Financiamento de Campanha (FEFC) 195
                    5.2.5.1. Observância da proporção de mulheres e de pessoas negras 197
                    5.2.5.2. Reserva de fundos para candidaturas de afro-brasileiros e de mulheres no FEFC 198
                    5.2.5.3. Uso restrito das verbas do FEFC e do Fundo Partidário destinadas a mulheres e a pessoas negras 202
                    5.2.5.4. Sanções 203
                    5.2.5.5. Contagem em dobro dos votos 204
          5.2.6. O Fundo Partidário 205
          5.2.7. Fonte de financiamento vedada 206
                    5.2.7.1. Proibição de doação por pessoas jurídicas 206
                    5.2.7.2. Sanções para a arrecadação ilícita de verbas de campanha 208
          5.2.8. O início da arrecadação 210
          5.2.9. A forma da arrecadação 210
   5.3.   As despesas de campanha 211
          5.3.1. Aspectos gerais 211
          5.3.2. Despesas lícitas 213
                    5.3.2.1. Restrições a gastos eleitorais 213
                    5.3.2.2. Fogos de artifício que produzem estampido 214
          5.3.3. Limites de gastos 215
   5.4.   A prestação de contas eleitorais 217
          5.4.1 Responsabilidade pela prestação de contas 217
          5.4.2. Administração das contas pelos candidatos 217
          5.4.3. Atuação obrigatória de contadores e advogados na prestação de contas 218
          5.4.4. Despesas e custos comuns assumidos pelo partido 219
          5.4.5. Contas bancárias específicas 220
          5.4.6. Registro de candidatos no CNPJ 222

5.4.7. Despesas não contabilizadas de campanha 222
5.4.8. Legitimidade para a prestação de contas 224
5.4.9. O tempo da prestação de contas 224
5.4.10. Restos a pagar e sobras de campanha 226
5.4.11. O julgamento da prestação de contas 227
5.4.12. Exceções à necessidade de registro na prestação de contas 227
5.5. Questões 228

6 CONDIÇÕES DE ELEGIBILIDADE E INELEGIBILIDADES 231
6.1. Considerações preliminares 231
6.2. Condições de elegibilidade 232
    6.2.1. Nacionalidade brasileira 232
    6.2.2. Pleno exercício dos direitos políticos 234
        6.2.2.1. Cassação, perda e suspensão dos direitos políticos 234
        6.2.2.2. Hipóteses de perda ou suspensão 235
            6.2.2.2.1. Cancelamento da naturalização por sentença transitada em julgado 235
            6.2.2.2.2. Incapacidade civil absoluta 235
            6.2.2.2.3. Condenação criminal transitada em julgado, enquanto durarem seus efeitos 236
            6.2.2.2.4. Recusa de cumprir obrigação a todos imposta ou prestação alternativa 241
            6.2.2.2.5. Improbidade administrativa 242
    6.2.3. Alistamento eleitoral, domicílio eleitoral na circunscrição e filiação partidária 243
    6.2.4. Limites etários mínimos 243
6.3. Inelegibilidades 245
    6.3.1. Considerações iniciais 245
        6.3.1.1. Conceito 245
        6.3.1.2. Inelegibilidade, condição, sanção 248
    6.3.2. Inelegibilidades em espécie 252
        6.3.2.1. Inelegibilidades constitucionais 252
            6.3.2.1.1. Inalistabilidade 252
            6.3.2.1.2 Analfabetismo 253
            6.3.2.1.3. Limitação à reelegibilidade 256
            6.3.2.1.4. Renúncia para disputa de outro cargo 257
            6.3.2.1.5. Inelegibilidade de cônjuges e parentes 258
        6.3.2.2. Inelegibilidades Infraconstitucionais 260
            6.3.2.2.1. Considerações preliminares 260
            6.3.2.2.2. Perda do mandato parlamentar 260
            6.3.2.2.3. Perda do mandato de chefe do Executivo 262
            6.3.2.2.4. Abuso de poder econômico ou político 262
            6.3.2.2.5. Condenação criminal 270
            6.3.2.2.6. Crimes contra a ordem tributária 276
            6.3.2.2.7. Indignidade para o oficialato 276
            6.3.2.2.8. Rejeição de contas públicas 276
            6.3.2.2.9. Dirigentes de instituições em fase de liquidação 291
            6.3.2.2.10. Condenações em matéria eleitoral 291
            6.3.2.2.11. Renúncia 292
            6.3.2.2.12. Improbidade administrativa 293
            6.3.2.2.13. Expulsos do exercício de profissão regulamentada 295
            6.3.2.2.14. Simulação de desfazimento de vínculo conjugal 295
            6.3.2.2.15. Servidores demitidos 296
            6.3.2.2.16. Realizadores de doações ilícitas 297

		6.3.2.2.17. Magistrados e membros do Ministério Público aposentados compulsoriamente	297
6.4.	Incompatibilidades		297
6.5.	A suspensão da inelegibilidade		302
6.6.	Questões...		307

7 CAPTAÇÃO ILÍCITA DE SUFRÁGIO E CONDUTAS VEDADAS AOS AGENTES PÚBLICOS 309

7.1.	Considerações iniciais		309
7.2.	Captação ilícita de sufrágio...		309
	7.2.1.	Definições...	309
	7.2.2.	Captação ilícita de sufrágio por meio da compra de votos.................	310
		7.2.2.1. Conceito..	310
		7.2.2.2. Caracterização..	315
		7.2.2.3. Classificação...	321
		7.2.2.4. Compra da abstenção...	322
		7.2.2.5. Compra de votos indireta	323
	7.2.3.	Captação ilícita de sufrágio por meio da coação	326
		7.2.3.1. Inserção no Ordenamento Jurídico	326
		7.2.3.2. Violência ou grave ameaça..	327
		7.2.3.2.1. Violência...	327
		7.2.3.2.2. Grave ameaça	327
		7.2.3.3. Verbalização da ameaça	328
		7.2.3.4. Abstenção..	329
	7.2.4.	Participação direta ou indireta do candidato	329
	7.2.5.	A caracterização do dolo	332
	7.2.6.	A finalidade eleitoral...	333
	7.2.7.	Identificação do eleitor	336
	7.2.8.	Influência no resultado da votação (desnecessidade)	337
	7.2.9.	Período de caracterização..	339
	7.2.10.	Captação ilegal de sufrágio e propaganda	341
7.3.	Condutas vedadas aos agentes públicos		342
	7.3.1.	Considerações preliminares	342
	7.3.2.	O art. 73 da Lei das Eleições..	342
		7.3.2.1. Aspectos gerais...	342
		7.3.2.2. Hipóteses de vedação de conduta..	343
		7.3.2.2.1. Cessão de bens públicos....................................	343
		7.3.2.2.2. Excesso no uso de materiais e serviços	344
		7.3.2.2.3. Cessão de servidor para campanha...................	345
		7.3.2.2.4. Uso promocional de bens e serviços de caráter social	346
		7.3.2.2.5. Abuso no preenchimento de cargos e funções públicos...........	347
		7.3.2.2.6. Vedação à transferência voluntária, propaganda institucional e pronunciamento em cadeia de rádio e televisão	348
		7.3.2.2.7. Aumento de gastos com propaganda institucional	350
		7.3.2.2.8. Revisão geral da remuneração dos servidores................	350
		7.3.2.3. A proporcionalidade e a aplicação das sanções	350
		7.3.2.4. Improbidade administrativa e condutas vedadas	351
		7.3.2.5. Finalidade eleitoral do ato	351
		7.3.2.6. Desnecessidade de verificação do potencial impacto no resultado	351
	7.3.3.	Abuso de poder na publicidade institucional	352
	7.3.4.	Vedação de *shows* em inaugurações	352
	7.3.5.	Ressarcimento de despesas de deslocamento do presidente em campanha	353
	7.3.6.	Participação de candidatos em inaugurações.....................................	353

		7.3.7. Constitucionalidade da cassação do registro ou do diploma	354
	7.4.	Questões	361
8	**AÇÕES E REPRESENTAÇÕES ELEITORAIS**		**365**
	8.1.	Ação de impugnação de mandato eletivo	365
		8.1.1. Aspectos iniciais	365
		8.1.2. Rito	365
		8.1.3. Execução imediata	368
		8.1.4. Hipóteses de cabimento	370
		8.1.4.1. Abuso de poder econômico	370
		8.1.4.2. Corrupção eleitoral	372
		8.1.4.3. Condutas vedadas e abuso de poder político	374
		8.1.4.4. Fraude	376
		8.1.5. Influência no resultado da eleição	377
	8.2.	Ação de impugnação de registro de candidatura	379
		8.2.1. Aspectos iniciais	379
		8.2.2. Legitimidade	380
		8.2.3. Relevância	381
		8.2.4. Preclusão	381
		8.2.5. Rito	383
		8.2.6. Fim do efeito suspensivo automático	384
	8.3.	Ação de investigação judicial eleitoral	385
		8.3.1. Cabimento	385
		8.3.2. Competência	386
		8.3.3. Legitimidade ativa	387
		8.3.4. Tempo da propositura	387
		8.3.5. Rito	387
		8.3.6. Inovação substancial	388
		8.3.7. Litispendência e coisa julgada	388
	8.4.	Captação ilícita de sufrágio e condutas vedadas – veículos processuais	390
		8.4.1. Legitimidade	390
		8.4.1.1. Legitimação ativa	390
		8.4.1.2. Legitimação passiva	391
		8.4.2. Capacidade postulatória	392
		8.4.3. Veículos processuais	392
		8.4.3.1 Para a apuração da captação de sufrágio vedada por lei	392
		8.4.3.1.1. Representação com o rito previsto no art. 22, I a XIII, da LC n. 64/1990	392
		8.4.3.1.2. Ação de impugnação de mandato eletivo	393
		8.4.3.2. Para a apuração das condutas vedadas aos agentes públicos	393
		8.4.3.3. Para a apuração conjunta de infrações a dispositivos distintos	393
		8.4.4. Sucessão preclusiva das instâncias eleitorais	393
		8.4.4.1. Preclusão *pro judicato* no Direito Eleitoral	393
		8.4.4.2. Fundamentos da medida	395
		8.4.4.3. Inexistência de ofensa ao princípio do juiz natural	395
		8.4.4.4. Como promover a sucessão preclusiva	395
		8.4.4.5. Precedentes	396
		8.4.4.6. Hipóteses de cabimento	397
		8.4.4.7. Aplicação à captação ilícita de sufrágio	397
		8.4.5. Necessidade de nova eleição	398
		8.4.6. Execução do julgado	398
	8.5.	Recurso contra a expedição de diploma	398

		8.5.1.	Constitucionalidade do RCED	398
		8.5.2.	Aspectos iniciais	401
		8.5.3.	Legitimidade ativa	402
		8.5.4.	Legitimidade passiva	402
		8.5.5.	Prazo	402
		8.5.6.	Competência	402
		8.5.7.	Provas	403
	8.6.	Representação por arrecadação e gastos ilícitos		404
	8.7.	Questões		406
9	**RECURSOS ELEITORAIS**			**409**
	9.1.	Introdução		409
	9.2.	Efeitos dos recursos eleitorais		414
		9.2.1.	Recursos em espécie	415
			9.2.1.1. Recurso eleitoral inominado	415
			9.2.1.2. Recurso ordinário	416
			9.2.1.3. Recurso especial	417
			9.2.1.4. Recurso extraordinário	419
		9.2.2.	Embargos de declaração	420
		9.2.3.	Agravo de instrumento	421
		9.2.4.	Agravo interno	422
	9.3.	Questões		422

Referências 425

Anexos 429
Anexo 1 – Súmulas do Tribunal Superior Eleitoral 429
Anexo 2 – Tabela de Prazos de Desincompatibilização 433
Anexo 3 – Enunciados da I Jornada de Direito Eleitoral do Tribunal Superior Eleitoral publicados na Portaria TSE n. 348/2021 461

INTRODUÇÃO

Este livro irá conduzi-lo(a) na missão de compreender e se tornar um aplicador cada vez mais qualificado deste ramo complexo do saber jurídico. Um aparente caos normativo rege este universo especializado, mas reputo possível empreender uma viagem orientada que culminará com a sua compreensão total da matéria, habilitando-o(a) a exercer qualquer atividade perante a Justiça Eleitoral, quer como juiz, promotor ou advogado. A Defensoria Pública também possui grande missão neste campo, e isso foi aqui devidamente valorizado.

Vejo a Justiça Eleitoral como um sistema. Ele depende da atuação não apenas do Poder Judiciário, mas também do Ministério Público, da Advocacia e das Defensorias Públicas. Tudo está devidamente apresentado no capítulo "O Sistema da Justiça Eleitoral".

Mas o livro será igualmente muito útil para o estudante de graduação e para os que pretendem se submeter a concursos públicos, onde o Direito Eleitoral ganhou espaço cativo. Todos ganharão com a técnica e com a didática observadas quando da redação deste livro, que honrosamente adentra a galeria da Coleção Esquematizado®, liderada pelo brilhante constitucionalista e amigo Pedro Lenza.

Todos os outros campos do conhecimento que necessitem conhecer de forma mais adequada o universo das normas eleitorais brasileiras tirarão bom proveito desta obra, vazada numa linguagem pensada também para aprofundar o proveito obtido por jornalistas, sociólogos, cientistas políticos e de tantos quantos desejarem entender a normatividade eleitoral brasileira.

Vivemos em um tempo no qual as mudanças nos marcos normativos eleitorais têm sido uma constante. Trata-se de um momento de rara oportunidade para a reflexão sobre os rumos da nossa democracia.

Teremos, aqui, a oportunidade de revisitar, ainda que rapidamente, a história brasileira, buscando as origens dos nossos desafios atuais. Não deixaremos de propor uma enunciação para os princípios que formam o Direito Eleitoral. De apêndice do Direito Administrativo, essa especialidade jurídica atingiu há tempos a sua maioridade e conquistou a sua merecida emancipação, a qual só se aperfeiçoa quando a principiologia que a distingue de todos os demais ramos do saber jurídico é reconhecida.

Com a aprovação da Lei da Ficha Limpa (Lei Complementar n. 135/2010) tivemos assegurada a introdução no nosso ordenamento jurídico eleitoral de normas profundamente diversas daquelas a que estávamos acostumados.

As inelegibilidades não mais podem ser vistas como normas de conteúdo sancionatório, senão como condições jurídicas aptas a inviabilizar o acesso ao pretendido registro de candidatura. Daí que não se lhes apliquem princípios inerentes ao Direito Penal, como os da presunção de inocência e da irretroatividade.

No abuso de poder, vedou-se a consideração do seu eventual impacto no resultado do pleito como elemento para sua caracterização, encerrando-se, assim, uma antiga tradição da nossa jurisprudência.

A tecnologia, por outro lado, traz novos e relevantes debates sobre o real papel das redes sociais no curso da promoção das ideias, partidos e personalidades políticas. As leis e as resoluções do Tribunal Superior Eleitoral buscam adequar-se a um universo que evolui numa velocidade maior do que a das instituições. Mas muitos avanços e novidades ocorreram, todos eles estudados neste livro.

Estamos diante de uma nova realidade social.

O Direito Eleitoral é o ramo do saber jurídico que mais de perto dialoga com a democracia, com a qual se confunde geneticamente. Não se discute um, sem falar do outro. São grandezas indissociáveis. Por isso, encontramos lugar para falar da inclusão política do indígena, da pessoa com deficiência e da pessoa presa.

A mulher demanda, com razão, maior participação na vida pública. Recentemente, a legislação foi alterada para propiciar maior presença feminina entre os candidatos. A medida, todavia, parece não ter sido mais acertada, já que a presença das mulheres nos mandatos eletivos continua sendo digna de nota negativa para o nosso país no cenário internacional.

Tudo isso sem que se abra mão, por outro lado, do papel técnico e didático desta obra. Ela orientará o interessado no Direito Eleitoral brasileiro pelos difíceis caminhos de uma legislação ainda pendente de adequada codificação. No centro da organização dos momentos que marcam o processo de administração das eleições está o capítulo intitulado "Direito processual eleitoral", no qual seguiremos um *iter* que se inicia com o cadastramento do eleitor e termina com a diplomação do candidato eleito.

Tudo é tratado na sua sequência natural, favorecendo a compreensão do caráter processual de um direito que, a cada biênio, renova seus ciclos, reabrindo as portas por meio das quais alguns dos cidadãos brasileiros adentrarão os mandatos eletivos.

Abrimos espaço para temas candentes, pouco ou nada enfrentados na Doutrina especializada, mas que tomou assento definitivo na aplicação do Direito Eleitoral. É o caso do princípio da democracia defensiva, cuja importância agora se começa a compreender com o vigor devido.

Seja bem-vindo(a) ao universo do Direito Eleitoral Esquematizado!

1
COMPREENSÃO PRELIMINAR DO DIREITO ELEITORAL

■ 1.1. CONCEITO

O **Direito Eleitoral** é o ramo do Direito **Público** que estuda as **normas** que informam o **pertencimento ao colégio de eleitores**, a escolha dos representantes do povo e, por definição **constitucional**, o exercício da democracia direta pelo soberano popular. Interessa, pois, ao Direito Eleitoral, o **estudo da participação eleitoral do povo**, a capacidade eleitoral passiva, os direitos individuais de cada cidadão ou cidadã e dos que postulam mandato eletivo, bem assim a manifestação do povo pela vida da **democracia direta**.

Conquanto a doutrina normalmente não assegure a devida centralidade à democracia direta como campo afeto aos estudos do Direito Eleitoral, o pertencimento a esse ramo do saber jurídico resta evidente, ante o fato de que o plebiscito e o referendo são levados a efeito pela Justiça Eleitoral, enquanto a iniciativa popular de projetos de lei guarda correlação com o colégio de eleitores, ainda compreendido o conjunto dos que integram o cadastro eleitoral.

Segundo Vasconcelos e Silva

> O direito eleitoral é o ramo do direito público que regula o processo de legitimação do cidadão ao posto de governante, bem como o exercício regular dos direitos políticos em geral. Em outras palavras, o direito eleitoral regulamenta as atividades políticas desde o alistamento do eleitor junto à Justiça Eleitoral, passando pelo processo eleitoral que se inicia com o prazo de estabelecimento de domicílio eleitoral e filiação partidária e termina na data das diplomações dos eleitos. Regulamenta, outrossim, elementos necessários para o exercício pleno da democracia, tais como o instituto da eleição e as atividades dos Partidos Políticos. Visa o Direito Eleitoral dar efetividade ao princípio constitucional e democrático da soberania popular – art. 1º, parágrafo único, da Constituição Federal[1].

É o Direito Eleitoral, pois, o ramo do saber jurídico que estuda um dos pontos mais fulcrais da democracia, a saber, a formação da representação política e os mecanismos de exercício da democracia direta.

---

[1] VANCONCELOS, Clever; SILVA, Marco Anotio da. *Direito Eleitoral*. 3. ed. São Paulo: Saraiva-Jur, 2022. E-book Kindle.

1.2. FONTES DO DIREITO ELEITORAL

São as seguintes as fontes do Direito Eleitoral:

1.2.1. Fontes estatais

Constituição da República Federativa do Brasil

A Constituição Federal de 1988 (CF/1988), cognominada "Constituição Cidadã", foi promulgada em 5 de outubro de 1988, fruto da superação do regime de exceção que governou o país entre 1964 e 1985. Sua importância para as instituições eleitorais brasileiras deriva justamente da circunstância de haver a nossa Lei Fundamental dedicado especial importância à democracia, apresentando o Brasil como um Estado Democrático de Direito, assimilando na matriz da nossa opção político-jurídica fundante a opção pela democracia, o que erige o povo à condição de soberano.

"A soberania popular será exercida pelo sufrágio universal e pelo voto direto e secreto, com valor igual para todos", proclama o art. 14, *caput*, da Constituição Cidadã.

Além de albergar a **democracia representativa**, a Constituição Federal **conferiu** especial importância à **democracia direta**, que em 1988 se viu pela primeira insculpida na nossa **Lei Maior**, expressando-se por via do **plebiscito**, do **referendo** e da **iniciativa popular** de projeto de lei.

Diversos dispositivos presentes na Constituição lastreiam forçosamente o Direito Eleitoral. O pluralismo político constitui um dos fundamentos da República (art. 5º, V); a temporariedade quadrienal da legislatura (parágrafo único do art. 44); a composição da Câmara dos Deputados se opera segundo critério proporcional (art. 45, *caput*); a composição do Senado pelo voto direto do povo segundo o critério majoritário (art. 46, *caput*). Os votos direto, secreto, universal e periódico, constituem cláusulas pétreas, ou seja, são insuscetíveis até mesmo de emenda à Constituição (art. 60, § 4º, II). São exemplos da multiplicidade das normas constitucionais que informam o Direito Eleitoral.

O Título II da Lei Maior é dedicado ao tema "Dos direitos e garantias fundamentais". E aí se encontra o seu Capítulo IV, que versa integralmente sobre os direitos políticos.

Também se **encontra** albergado na **Constituição** o princípio da **anualidade**, segundo o qual "A lei que **alterar** o processo eleitoral entrará em **vigor** na data de sua publicação, **não** se **aplicando** à eleição que ocorra **até um ano** da data de sua vigência" (art. 16).

Tratados e convenções internacionais

Conforme estabelece o § 3º do art. 5º da Constituição Federal, "Os tratados e convenções internacionais sobre direitos humanos que forem aprovados, em cada Casa do Congresso Nacional, em dois turnos, por três quintos dos votos dos respectivos membros, serão equivalentes às emendas constitucionais".

Atente-se para o fato de que – desde uma perspectiva normativa hierárquica – as normas de Direito Internacional de direitos humanos que ingressem em nosso ordenamento jurídico na forma preconizada pela Constituição Federal/1988 **adquirem o status de normas constitucionais**.

Nessa condição estão **diversas bases normativas**, como a – Declaração Universal dos Direitos Humanos – DUDH (1948), a qual já se encontra internalizada no ordenamento jurídico pátrio por meio de tratados multilaterais assinados e ratificados pelo Presidente da República, em conformidade com o regime constitucional vigente antes da promulgação e publicação da Emenda Constitucional n. 45/2004. Também é o caso do Pacto de San José da Costa Rica (1968), este promulgado pelo Decreto n. 678, de 6 de novembro de 1992. Tais marcos normativos contemplam diretrizes a serem adotadas pelos Estados-Partes no que diz respeito aos direitos políticos.

Mais recentemente acolhemos a Convenção Interamericana contra o Racismo, a Discriminação Racial e Formas Correlatas de Intolerância, a qual já havia sido subscrita pelo Brasil na 43ª Sessão Ordinária da Assembleia Geral da Organização dos Estados Americanos, na Guatemala, em 5 de junho de 2013.

A DUDH, o Pacto de San José e a Convenção Interamericana contra o Racismo agora ladeiam com outros marcos normativos internacionais, como a Convenção Internacional sobre os Direitos das Pessoas com Deficiência e seu Protocolo Facultativo e com o Tratado de Marraquexe para Facilitar o Acesso a Obras Publicadas às Pessoas Cegas, com Deficiência Visual ou com Outras Dificuldades para Ter Acesso ao Texto Impresso, com elas performando um conjunto de códigos de defesa dos direitos humanos.

São todas disposições dotadas da mesma força que a conferida às emendas constitucionais; e que devem ter reflexo sobre a interpretação e a aplicação das normas eleitorais.

Código Eleitoral (Lei n. 4.737/1965)

Aprovado originalmente como lei ordinária, nem todas as normas contidas no Código Eleitoral (CE) possuem essa natureza.

O art. 121 da Constituição Federal estatui que "Lei complementar disporá sobre a organização e competência dos tribunais, dos juízes de Direito e das juntas eleitorais".

Isso implica dizer que as **normas** contidas no **Código Eleitoral** que se refiram à organização e competência da Justiça Eleitoral, em todos os seus níveis, **foram recepcionadas** pela vigente ordem **constitucional**, ostentando a partir daí o status de legislação **complementar** à Constituição.

É o que sustenta Afrânio Faustino de Paula Filho[2]:

> Ora, se considerarmos que o referido Código Eleitoral é anterior à Constituição de 1988, estando, portanto, adaptado às disposições do antigo texto constitucional de 1967, acrescido de suas diversas emendas, poderemos sustentar que as competências ali previstas foram recepcionadas implicitamente, até que seja elaborada a Lei Complementar a que aludimos anteriormente.

---

[2] PAULA FILHO, Afrânio Faustino de. *Sistemas de controle do processo eleitoral*. Rio de Janeiro: Lumen Juris, 1998, p. 33.

As demais disposições do referido Código continuam a constituir regras típicas de legislação ordinária.

Consequência dessa dualidade é que algumas das normas contidas no Código Eleitoral só podem ser alteradas por meio de lei complementar, desde que se refiram à organização e competência. Nos demais casos, basta a aprovação de lei ordinária.

O Código Eleitoral é constituído, segundo a dicção do seu art. 1º, por "normas destinadas a assegurar a organização e o exercício de direitos políticos precipuamente os de votar e ser votado".

Seguindo enunciado presente no dispositivo transcrito, mas sem nos determos em seu conteúdo, podemos afirmar que o Código Eleitoral volta a sua atenção para as seguintes áreas de maior relevância:

a) organização e competência da Justiça Eleitoral;

b) o exercício da capacidade eleitoral ativa e passiva (Direito Eleitoral material);

c) definição das normas que informam o processo eleitoral.

Analisaremos cada uma dessas principais áreas temáticas, deixando de fora apenas outra, relativa aos crimes eleitorais. Mas agora, a título introdutório, podemos considerar de forma segura que o Código Eleitoral contém a disciplina das atribuições da Justiça Eleitoral e dos agentes encarregados de integrá-la, dispõe sobre as garantias e limites para o exercício do direito de votar e ser votado e define regras elementares sobre o Direito Eleitoral Material e Processual (Administrativo e Judicial).

Essa apresentação do Código Eleitoral, mesmo em linhas tão iniciais, já nos permite vê-lo como um diploma legal vetusto, a reclamar a sua superação por novas e mais contemporâneas diretrizes. Falta-lhe o devido compasso com as diversas inovações trazidas ao ordenamento pela Constituição Cidadã, que viu no exercício dos direitos políticos muito mais que os de votar e de ser votado.

Assim, inspirado por orientação totalitarista, a Lei n. 4.737/1965 passou ao largo de temas como plebiscito, referendo e iniciativa popular, embora todos se refiram a matérias de conteúdo político evidente, sendo o referido Código o *locus* adequado para o seu tratamento.

Essas matérias só vieram a merecer tratamento normativo infraconstitucional bem mais tarde, por meio da Lei n. 9.709, de 18 de novembro de 1998, que regulamentou a execução do disposto nos incisos I, II e III do art. 14 da Constituição Federal. Assim, temas que deveriam integrar o centro da normatividade eleitoral foram relegados pelo Congresso como a lei ordinária extravagante e, o que é pior, bastante mal vazada, consoante teremos a oportunidade de analisar posteriormente (Legislação Eleitoral II).

Essas e outras vicissitudes levaram a Câmara dos Deputados a aprovar um novo Código Eleitoral que, lamentavelmente, por não haver sido discutido com a merecida profundidade, recebeu diversas críticas e se encontra com a tramitação paralisada no Senado Federal.

■ Lei das Inelegibilidades (Lei Complementar n. 64/1990), alterada pela Lei da Ficha Limpa (Lei Complementar n. 135/2010);

Assim dispõe o § 9º do art. 14 da Constituição Federal:

Art. 14. [...]

§ 9º Lei complementar estabelecerá outros casos de inelegibilidade e os prazos de sua cessação, a fim de proteger a probidade administrativa, a moralidade para exercício de mandato considerada vida pregressa do candidato, e a normalidade e legitimidade das eleições contra a influência do poder econômico ou o abuso do exercício de função, cargo ou emprego na administração direta ou indireta.

A lei complementar (LC) cuja edição era reclamada pelo referido dispositivo constitucional é a LC n. 64/1990 (Lei de Inelegibilidades), profundamente alterada pela LC n. 135/2010, esta conhecida como Lei da Ficha Limpa.

O TSE já havia firmado em sua Súmula 13 que "Não é auto-aplicável o § 9º do art. 14 da Constituição, com a redação da Emenda Constitucional de Revisão n. 4/94".

Por isso houve a **edição** da Lei da Ficha Limpa – **fruto** de uma histórica **mobilização** em torno de um **projeto** de lei de **iniciativa popular** –, a partir da qual a maioria das normas da LC n. 64/1990 sofreu **drásticas alterações** a fim de **adequar--se** o referido diploma legal aos exatos termos do que definido pela **Constituição**.

■ Lei das Eleições (Lei n. 9.504/1997)

A Lei n. 9.504, de 30 de setembro de 1997, nasceu para pôr fim às "leis do ano", antiga tradição brasileira que reclamava a edição de uma lei para cada eleição. Chegada a próxima, edita-se toda uma nova lei eleitoral, do que nasciam dificuldades para a formação da jurisprudência e de uma doutrina relativas ao Direito Eleitoral.

Mesmo sofrendo diversas alterações – foram várias as minirreformas eleitorais desde o seu nascimento –, a Lei das Eleições tem preservada a sua estrutura, estando ali fixadas as principais normas acerca do processo eleitoral brasileiro, em todos as suas etapas.

■ Lei dos Partidos Políticos (Lei n. 9.096/1995)

Conquanto se reivindique a autonomia do Direito Partidário, o que se explica diante da complexidade e singularidade que marca do Estatuto dos Partidos Políticos, da Lei n. 9.096/1995 exsurgem diversos dispositivos que guardam interface imediata com o Direito Eleitoral, servindo-lhe de fonte.

Este, é o caso, por exemplo, da constituição dos órgãos de direção partidária (diretórios e comissões provisórias), fundamentais para a condução dos processos eleitorais no âmbito das agremiações partidárias e para o seu contato com as Instituições Eleitorais.

Também serve de exemplo dessa conexão com o Direito Eleitoral a previsão de uso das verbas do Fundo Partidário para o financiamento de campanhas eleitorais, consoante será estudado no correr desta obra.

Legislação eleitoral extravagante

Ainda temos em vigor grande número de leis que tratam de aspectos pontuais da administração do processo eleitoral. Conquanto já antigas e em parte superadas pela edição de normas posteriores, tais leis seguem vigentes e contêm regras aplicáveis mesmo na atualidade. Delas servem de exemplo a Lei n. 6.091/1974, que dispõe sobre o fornecimento gratuito de transporte, em dias de eleição, a eleitores residentes nas zonas rurais, e dá outras providências, e a Lei n 7.444/1985, que dispõe sobre a implantação do processamento eletrônico de dados no alistamento eleitoral e a revisão do eleitorado e dá outras providências.

Súmulas do Tribunal Superior Eleitoral

O Tribunal Superior Eleitoral (TSE) editou até o momento 72 Súmulas, que condensam a sua jurisprudência, norteiam a aplicação das leis eleitorais pelos demais tribunais e possuem impacto direto sobre o recebimento e a tramitação dos recursos eleitorais.

Consultas respondidas pelo Tribunal Superior Eleitoral

O Tribunal Superior Eleitoral tem o poder de responder a consultas em matéria eleitoral. O inciso XII, do art. 23 do Código Eleitoral estabelece competir privativamente ao Tribunal Superior "responder, sobre matéria eleitoral, às consultas que lhes forem feitas em tese por autoridade com jurisdição federal ou órgão nacional de partido político".

O art. 8º, j, do Regimento Interno do TSE, estipula entre as responsabilidades da Corte Superior Eleitoral "responder, sobre matéria eleitoral, às consultas que lhe forem feitas pelos tribunais regionais, por autoridade pública ou partido político registrado, este por seu diretório nacional ou delegado credenciado junto ao Tribunal".

Para que sejam respondidas, as consultas precisam veicular questões em tese, abstratas. As que apresentem indagação sobre fatos concretos, ainda que de forma indireta, não são conhecidas pelo Tribunal, assim como as que não versem matéria eleitoral, como questões tipicamente administrativas, *v. g.*

Aos tribunais regionais eleitorais, por seu turno, compete, nos termos do art. 30, VIII, do CE, "responder, sobre matéria eleitoral, às consultas que lhe forem feitas, em tese, por autoridade pública ou partido político".

Resoluções do Tribunal Superior Eleitoral

O Tribunal Superior Eleitoral, como veremos no capítulo seguinte, realiza atribuições de natureza administrativa. Assim como compete ao Poder Executivo regulamentar as leis dimanadas do Poder Legislativo, também toca à **Justiça Eleitoral** fazê-lo em **relação às normas** que lhe incumbe **aplicar**. Assim que já no parágrafo único do art. 1º e no art. 23, IX, do Código Eleitoral estipula-se que o Tribunal Superior Eleitoral deve **expedir instruções** para sua **fiel** execução.

Esse poder regulamentar é exercido por meio da expedição de Resoluções. Cabe ao TSE, assim, regulamentar suas atividades administrativas internas, mas também pode fazê-lo no tocante à legislação eleitoral.

Todavia, o art. 23-A, acrescido pelo art. 1º da Lei n. 14.211/2021, estabeleceu que: "**A competência** normativa **regulamentar** prevista no parágrafo único do art. 1º e no inciso IX do *caput* do art. 23 deste Código **restringe-se** a matérias especificamente autorizadas em lei, sendo vedado ao Tribunal Superior Eleitoral tratar de matéria **relativa à organização dos partidos políticos**".

Precedentes do **TSE** editados no julgamento do AgR-AI 143.882 e do Recurso Especial Eleitoral (REspe) 64.770 firmaram que a **competência** para regulamentar a **legislação eleitoral** é **exclusiva** do Tribunal Superior Eleitoral.

◼ Jurisprudência do Supremo Tribunal Federal e do Tribunal Superior Eleitoral

É de longa tradição que os precedentes da Suprema Corte e do Tribunal Superior Eleitoral sejam seguidos com grande fidelidade pelos Tribunais Regionais e pelos Juízos Eleitorais. A natureza administrativa de grande parte dos julgados do TSE e a expedição de Resoluções por aquele tribunal superior acentuam a cultura institucional de observância aos parâmetros jurisprudenciais por ele fixados.

Com a edição do Código de Processo Civil de 2015 (CPC/2015), passou a ser aplicável na Justiça Eleitoral a sistemática dos recursos repetitivos, o que em tese pode aumentar o respeito aos precedentes do Tribunal Superior Eleitoral. Mas registre-se que o art. 20 da Resolução n. 23.478, de 10 de maio de 2016, estabeleceu que tal mecanismo "não se aplica aos feitos que versem ou possam ter reflexo sobre inelegibilidade, registro de candidatura, diplomação e resultado ou anulação de eleições".

◼ 1.2.2. Fontes não estatais

◼ Doutrina

Aquilo que há pouco foi afirmado sobre a estabilidade legislativa iniciada com a publicação da Lei n. 9.504/1997 colabora para a compreensão do crescimento exponencial da literatura jurídica especializada em matéria eleitoral. Antes, com a sucessão de leis que pouco ou nada aproveitavam da legislação revogada a cada ano eleitoral, o cenário se afigurava nada convidativo para a construção de uma verdadeira doutrina em torno dos marcos normativos.

Mas outros fatores essenciais colaboraram igualmente para esse incremento, sobrelevando em importância o aparecimento de leis que atraíram a atenção da sociedade em geral e da comunidade jurídica, em particular, para esse ambiente do pensamento jurídico. Merecem destaque a Lei n. 9.840/1999 – primeira de iniciativa popular aprovada em nosso País – e a Lei Complementar n. 135/1997 – a Lei da Ficha Limpa, também fruto de um movimento popular, o Movimento de Combate à Corrupção Eleitoral –, as quais provocaram grande viragem nas atividades ordinárias da Justiça Eleitoral, antes mais focada em temas administrativos e menos em matérias de natureza jurisdicional.

O terceiro e não menos relevante fator para o amadurecimento de uma Doutrina em torno do Direito Eleitoral tem a ver com a informatização do voto e da sua apuração –, também se prestou a reduzir a atenção da Justiça Eleitoral com o momento da totalização do sufrágio, tarefa árdua e de risco que consumiu grande parte da atenção institucional desse âmbito especializado do Poder Judiciário.

Certo é que na atualidade, diferentemente do cenário dos anos 1990, temos grande gama de livros de alta envergadura reflexiva e intelectual, que bem se prestam a fundamentar petições, recursos, pareceres e julgados acerca do Direito Eleitoral.

▣ Costume

O costume é também uma fonte do Direito Eleitoral, e se desenvolve fora da perspectiva do Estado. Mesmo assim é capaz de firmar normas que, quando conformes com o ordenamento jurídico, são por este validadas. Costumes outros nascem e se desenvolvem fora do espectro da norma e até contra as suas determinações, o que não raro faz surgir a necessidade de evolução legislativa.

Imerso no meio das expressões da cultura, da história e da política, o intérprete do Direito Eleitoral frequentemente se depara com o costume como uma fonte da norma, moldando-lhe a atividade de aplicador das normas.

FONTES DO DIREITO ELEITORAL
FONTES ESTATAIS
▣ Constituição da República Federativa do Brasil;
▣ Tratados e convenções internacionais de que o Brasil seja signatário e que tenham sido incorporados ao direito interno;
▣ Código Eleitoral (Lei n. 4.737/60195);
▣ Lei das Eleições (Lei n. 9.504/1997);
▣ Lei de Inelegibilidades (Lei Complementar n. 64/1990), alterada pela Lei da Ficha Limpa (Lei Complementar n. 135/2010);
▣ Lei Orgânica dos Partidos Políticos (Lei n. 9.096/1995);
▣ Legislação eleitoral extravagante;
▣ Súmulas e enunciados do Tribunal Superior Eleitoral;
▣ Consultas respondidas pelo Tribunal Superior Eleitoral;
▣ Resoluções do Tribunal Superior Eleitoral;
▣ Jurisprudência do Supremo Tribunal Federal e dos Tribunais Eleitorais.
FONTES NÃO ESTATAIS
▣ Doutrina;
▣ Costume.

As **fontes diretas ou imediatas** do Direito Eleitoral correspondem às normas constitucionais e legais, bem como as presentes nas resoluções do Tribunal Superior Eleitoral. Já as fontes **indiretas ou mediatas** dizem respeito, por exemplo, aos costumes, à doutrina e à jurisprudência, uma vez que incidem de maneira reflexa sobre a formação do direito.

■ 1.3. COMPETÊNCIA PARA LEGISLAR

O art. 22, I, da Constituição Federal estipula competir privativamente à União legislar, dentre outras matérias, sobre direito eleitoral. Em se tratando de tema reservado à competência privativa, lei complementar poderá delegar aos Estados poderes para editar leis, desde que atinentes a especificidades locais.

O art. 62 da Constituição Federal, por seu turno, veda, em seu § 1º, I, *a*, a edição de medidas provisórias relativas a Direito Eleitoral.

■ 1.4. QUESTÕES

1. (TRE-SP – Técnico – Área Administrativa – 2017) Acerca das fontes de Direito Eleitoral,
   a) a função normativa da Justiça Eleitoral autoriza que sejam editadas Resoluções Normativas pelo Tribunal Superior Eleitoral com a finalidade de criar direitos e estabelecer sanções, possibilitando a revogação de leis anteriores que disponham sobre o mesmo objeto da Resolução Normativa.
   b) as normas eleitorais devem ser interpretadas em conjunto com o restante do sistema normativo brasileiro, admitindo-se a celebração de termos de ajustamento de conduta, previstos na Lei n. 7.346/85, que disciplina a Ação Civil Pública, desde que os partidos políticos transijam, exclusivamente, sobre as prerrogativas que lhes sejam asseguradas.
   c) o Código Eleitoral define a organização e a competência da Justiça Eleitoral, podendo ser aplicado apesar de a Constituição Federal prever a necessidade de lei complementar para tanto.
   d) as Resoluções Normativas do TSE, as respostas às Consultas e as decisões do Tribunal Superior Eleitoral são fontes de Direito Eleitoral de natureza exclusivamente jurisdicional e aplicáveis apenas ao caso concreto dos quais emanam.
   e) o Código Eleitoral, a Lei de Inelegibilidades, a Lei dos Partidos Políticos, a Lei das Eleições, as Resoluções Normativas do TSE e as respostas a Consultas são fontes de Direito Eleitoral de mesma estatura, hierarquia e abrangência, podendo ser revogadas umas pelas outras.

2. (TRE-RS – Analista Judiciário – Judiciária – 2015) O direito eleitoral, precisamente, dedica-se ao estudo das normas e procedimentos que organizam e disciplinam o exercício do poder de sufrágio popular, de modo a que se estabeleça a precisa equação entre a vontade do povo e a atividade governamental. Para melhor ordenação lógica (das fontes), há que se partir da Constituição Federal de 1988 (CF), que é a fonte suprema de onde promana a ordem jurídica estatal.
Com relação a esse tema, assinale a opção correta.
   a) Incorporou-se no texto da CF a capacidade eleitoral ativa e passiva dos analfabetos.
   b) A exemplo de alguns países europeus e americanos, a CF admite, em determinadas circunstâncias, o registro de candidatos estrangeiros.
   c) Conforme a CF, a soberania popular é exercida pelo sufrágio e pelo voto direto e secreto, com valor igual para todos, e, nos termos da lei, mediante plebiscito, referendo e iniciativa popular.
   d) Não estando prevista na CF a eleição dos deputados por meio do sistema proporcional, a eventual mudança do sistema pode ser realizada mediante apresentação de projeto de lei.
   e) A CF autoriza, em determinadas circunstâncias, a eleição de cidadãos sem filiação partidária.

3. (TRE-RR – Técnico Judiciário – 2015) Incluem-se dentre as fontes diretas do Direito Eleitoral:
a) os entendimentos doutrinários relativos ao Direito Eleitoral.
b) as resoluções do Tribunal Superior Eleitoral.
c) as leis estaduais.
d) as leis municipais.
e) os julgados que compõem a jurisprudência dos Tribunais Eleitorais.

4. (TRE-RO – Técnico Judiciário – 2013) NÃO se incluem, dentre as fontes do Direito Eleitoral as
a) Resoluções do Tribunal Superior Eleitoral.
b) decisões jurisprudenciais.
c) leis estaduais.
d) normas da Constituição Federal.
e) leis federais.

5. (TRE-SC – Técnico – Área Administrativa – 2011) Assinale a alternativa INCORRETA:
a) O Direito Eleitoral é ramo do direito privado.
b) É objeto do Direito Eleitoral a disciplina do registro de candidatos.

c) O Direito Eleitoral disciplina o processo para escolha dos governantes.
d) Compete privativamente à União legislar sobre Direito Eleitoral.

■ GABARITO ■

1. "c".
2. "c".
3. "b".
4. "c".
5. "a".

2

PRINCÍPIOS DO DIREITO ELEITORAL

Os princípios de um dado ramo do saber jurídico não apenas o identificam e o destacam dos demais. São também eles que o tornam compreensível, pois, se o Direito é em si mesmo um imenso sistema, suas ramificações se justificam e materializam exatamente a partir das suas particularidades principiológicas.

No Direito Eleitoral sobreleva em importância o estudo dos seus princípios não apenas em virtude da sua essencialidade para a compreensão dos seus postulados teóricos, como também para a própria aplicação do Direito. Aquele que compreende os princípios entenderá com mais facilidade os seus desdobramentos e sua conversão em regras.

Além disso, é preciso ter presente que **os princípios, assim como as regras, são também normas jurídicas**, compreensão fundada na obra do grande jurista alemão Robert Alexy[1]. Por isso mesmo são frequentemente manejados para fundamentar a solução a ser dada a casos concretos. Não estão, assim, num plano distante ou intangível, senão na própria rotina das decisões judiciais em matéria eleitoral.

Ao longo do texto com o qual o leitor ou a leitora se depararão a partir de agora serão, sempre que adequado, expostos exemplos extraídos da jurisprudência firmada em matéria eleitoral.

■ 2.1. PRINCÍPIO DEMOCRÁTICO

A Constituição da República Federativa do Brasil, de 1988, apresenta o País como um Estado Democrático de Direito.

A palavra **democracia** possui, na modernidade, diversas acepções mais ou menos adequadas. A de mais imediata lembrança é sempre aquela que opõe **democracia** a **autoritarismo.** Sob esse conceito, é democrático o Estado que disponibiliza mecanismos de consulta à sociedade para definir as decisões a serem adotadas, ao menos no que diz respeito aos temas mais gerais e relevantes da agenda política. O estado autoritário é, por outra via, aquele que confere a um indivíduo ou a um grupo diminuto de pessoas ligadas por vínculos profissionais, ideológicos, religiosos, ra-

---

[1] ALEXY, Robert. *Teoría de los Derechos Fundamentales*. Madrid: Centro de Estúdios Políticos y Constitucionales, 2002.

ciais ou sociais o poder de definir – em caráter impositivo – quais os caminhos para a tomada de decisões.

É razoável compreender que também nesse sentido a Constituição acolhe o princípio democrático, especialmente quando se considera a sua edição após a derrocada do regime de exceção iniciado em 1964, que só veio a ser efetivamente desfeito em 1989, com as primeiras eleições presidenciais diretas em mais de 25 anos.

Buscou a nova ordem **constitucional** edificar uma **institucionalidade** política comprometida com a **construção de mecanismos** para a realização não apenas da **"vontade da maioria"**, mas igualmente para o respeito às **minorias**.

São múltiplas as referências ao princípio democrático presentes na vida forense eleitoral, sendo muito dos precedentes que o aplicam. Seguem alguns a título de exemplo:

> [...] 5. Na dialética democrática, são comuns a potencialização das mazelas dos adversários, as críticas mais contundentes, as cobranças e os questionamentos agudos, situações que encontram amparo na livre discussão, na ampla participação política e no princípio democrático, preceitos interligados à liberdade de expressão, sendo certo que a democracia representativa somente se fortalece em um ambiente de total visibilidade e possibilidade de exposição crítica das mais variadas opiniões (ADI n. 4.451/DF, rel. Min. Alexandre de Moraes, *DJe* de 6.3.2019). 6. Liminar indeferida referendada (Direito de Resposta n. 060145658, Acórdão, rel. Min. Paulo De Tarso Vieira Sanseverino, Publicação: *PSESS,* Publicado em Sessão: 20-10-2022).
>
> [...] 7. A orientação jurisprudencial desta CORTE é firme no sentido de que "afronta o princípio republicano e democrático no âmbito interno do partido a supressão de dispositivos que limitam a composição da convenção nacional aos membros da executiva nacional, juntamente com os parlamentares com assento no congresso nacional, porquanto é atribuição apenas desses membros eleger os próximos integrantes desse órgão superior, o que poderá resultar na perpetuação das mesmas pessoas no controle da agremiação" (Pet. 100–Reconsid., Rel. Min. SERGIO BANHOS, *DJe* de 19/10/2020) (Registro de Partido Político n. 155473, Acórdão, rel. Min. Alexandre de Moraes, *DJe,* t. 33, de 3-3-2022).
>
> [...] 8. Esta Corte já se manifestou, no REspe 321-41, sob a relatoria do Min. Luiz Fux no sentido de que "é preciso reconhecer que a legitimidade dos partidos políticos perpassa necessariamente pela democratização de suas deliberações e tomada de decisões, nomeadamente porque são instrumentos de mediação entre os cidadãos e os órgãos constitucionais" e "justamente por isso impõe-se a mitigação do dogma da reserva estatutária, mediante a penetração do postulado democrático e seus corolários no corpo dessas entidades". CONCLUSÃO: Pedido de declaração de justa causa julgado procedente.
>
> (Petição n. 060063729, Acórdão, rel. Min. Sérgio Banhos, *DJe,* t. 193, de 20-10-2021).

Como se vê, é pródiga a referência ao princípio democrático na jurisprudência do Tribunal Superior Eleitoral.

2.1.1. Teorias tradicionais sobre a democracia

Bobbio, Mateucci e Pasquino[2], em seu prestigiado *Dicionário de Política*, ensinam que existem três tradições históricas quanto à democracia:

a) a teoria clássica, conhecida pela influência de Aristóteles, que estabelece distinções entre democracia, monarquia e aristocracia;

b) a teoria medieval, originária das tradições romanas, que considera a direção do fluxo do exercício do poder, para cima – quando o poder supremo deriva do povo – ou para baixo – quando provém do príncipe e se transforma por delegação do superior ou do inferior;

c) a teoria moderna, ou de Maquiavel, que vê apenas duas formas de governo: a monarquia e a república.

Segundo a tradição aristotélica, a democracia é uma forma corrupta ou ilegal de governo. Sem embargo, há uma forma política que com ela mantém relação: a *politia*, ou governo da maioria ou das multidões. Democracia, para Aristóteles, é o governo de uma parte contra outra, apesar de geralmente ser da parte mais numerosa. Segue, de certa forma, as lições de Platão, que vê a democracia como a pior das boas formas de governo e a melhor das más formas[3].

Aristóteles dizia que "[...] nas democracias os pobres têm mais autoridade que os ricos, pois que são em maioria, e os seus decretos têm força de lei"[4].

Entretanto, é na era medieval que se começa a tratar de forma mais aberta a questão da soberania popular, a partir de textos presentes no *Digesto*. É quando se cria o célebre apotegma segundo o qual o príncipe tem autoridade porque o povo lhe concedeu. Nesse período, surge a ideia de que o povo cria o direito não apenas por meio do voto, mas também pelos costumes. Seja qual for o poder soberano, sua fonte originária seria sempre o povo: a titularidade e o exercício do poder são coisas distintas[5].

Já na modernidade, Maquiavel estabelece diferenças entre a república e a democracia. Sem embargo, ao conceituar a república como o governo em que o poder não é exercitado pelo rei, mas distribuído por variados órgãos colegiados, colabora a seu modo para firmar a atual ideia que se tem de democracia[6].

2.1.2. Dahl e a poliarquia

Em tempos bem mais recentes, o cientista político norte-americano Robert A. Dahl (1915-2014) vem falar acerca do que denomina *poliarquia*, palavra de que faz

---

[2] BOBBIO, Norberto; MATTEUCCI, Nicola; PASQUINO, Gianfranco. *Dicionário de política*. São Paulo: Editora UnB – Imprensa Oficial, 2004, p. 319-323.

[3] BOBBiO *et al.*, 2004, p. 320.

[4] ARISTÓTELES. *A política*. Coleção Grandes Obras do Pensamento Universal, v. 16. Trad. Nestor Silveira Chaves. São Paulo: Escala, 2003, p. 206.

[5] BOBBIO, Norberto; MATTEUCCI, Nicola; PASQUINO, Gianfranco. *Dicionário de política*. São Paulo: Editora UnB – Imprensa Oficial, 2004, p. 321-322.

[6] BOBBIO, Norberto; MATTEUCCI, Nicola; PASQUINO, Gianfranco. Dicionário de política. São Paulo: Editora UnB – Imprensa Oficial, 2004, p. 322-323.

uso para designar a moderna democracia representativa e distingui-la dos regimes não democráticos ou dos sistemas políticos anteriores.

Para Dahl[7], as características definidoras da poliarquia são as seguintes:

> Poliarquia é um sistema político que se distingue, no nível mais geral, por duas características gerais: a cidadania é estendida para uma proporção comparativamente elevada de adultos e, entre os direitos de cidadania, inclui-se o de se opor aos altos funcionários do governo e fazê-los deixar seus cargos por meio da votação. A primeira diferença da poliarquia está em relação a outros regimes mais excludentes, onde apesar de permitir a oposição, os membros do governo e seus oponentes pertencem a um pequeno grupo da sociedade (como foi o caso da Grã-Bretanha, Bélgica, Itália e outros países antes do sufrágio massivo). A segunda diferença da poliarquia daqueles sistemas está em que, aqui, embora a maioria dos adultos sejam cidadãos, entre seus direitos não se encontra o de se opor ao governo e de restituí-los por meio de votação (como em regimes autoritários modernos).

Dahl[8] relaciona as instituições que caracterizam a poliarquia:

> **1. Funcionários eleitos:** o controle das decisões em matéria de política pública toca, segundo estabelece a constituição do país, a funcionários escolhidos por intermédio de eleições.
> **2. Eleições livres e imparciais:** ditos funcionários são eleitos mediante votação em eleições limpas que se levam a cabo com regularidade e nas quais raras vezes se emprega a coação.
> **3. Sufrágio inclusivo:** praticamente todos os adultos têm direito de votar para a escolha dos funcionários públicos.
> **4. Direito de ocupar cargos públicos:** praticamente todos os adultos têm o direito de ocupar cargos públicos no governo, ainda que a idade mínima exigida para tanto possa ser mais alta que para votar.
> **5. Liberdade de expressão:** os cidadãos têm direito de expressar-se sobre questões políticas sem correr o risco de sofrer castigos severos, incluída a crítica aos funcionários públicos, ao governo, ao regime, ao sistema socioeconômico e à ideologia prevalente.
> **6. Variedade de fontes de informação:** os cidadãos têm direito de escolher suas próprias fontes de informação, que não só existem em variedade, mas que estão protegidas pelas leis.
> **7. Autonomia associativa:** para promover o alcance ou a defesa dos seus direitos (aí incluídos os já mencionados), os cidadãos gozam do direito de constituir associações ou organizações relativamente independentes, entre elas partidos políticos e grupos de interesses.

Em outros termos, agora de conteúdo mais material, Dahl[9] submete o reconhecimento da moderna democracia representativa à presença dos seguintes critérios:

---

[7] DAHL, Robert A. *La poliarquía*: participación e oposición. Madrid: Tecnos, 1992, p. 266.
[8] DAHL, Robert A. *La poliarquía*: participación e oposición. Madrid: Tecnos, 1992, p. 267.
[9] DAHL, Robert A. *La poliarquía*: participación e oposición. Madrid: Tecnos, 1992, p. 131-138.

a) **Participação efetiva:** os cidadãos devem contar com oportunidades apropriadas e equitativas para expressar suas preferências a respeito dos mecanismos de tomada de decisões.

b) **Igualdade de votos na etapa decisória:** a todos os cidadãos se deve garantir iguais oportunidades para expressar suas opções, cujo peso se considerará igual ao das opções expressadas por quaisquer outros cidadãos.

c) **Compreensão esclarecida:** cada cidadão deve contar com oportunidades apropriadas e iguais para convalidar a escolha dos assuntos a serem debatidos que melhor sirvam aos interesses do corpo de eleitores.

d) **Controle do programa de ação:** o *demos* deve ser o único que conta com a oportunidade de resolver como se ordenarão, dentro do programa de ação, as questões que devem ser decididas mediante o processo democrático.

Observado sob essa ótica, o processo democrático não se aperfeiçoa somente pela existência dos aspectos formais normalmente a ele atribuídos, tais como os relacionados ao exercício do direito ao voto. Outros atributos de natureza material devem estar igualmente presentes. Os critérios da igualdade dos votos na etapa decisória e da compreensão esclarecida comunicam-se intimamente no ponto em que não se pode conceber o exercício pleno da capacidade de expressão da vontade política, a não ser diante da plena capacidade de compreensão das questões em torno das quais se há de tomar a decisão.

Também é compatível com essa perspectiva a compreensão de que por participação efetiva não se compreende um critério puramente formal, mas uma expressão do princípio da consideração equitativa dos interesses[10], já que "cada membro da associação tem o direito de que seu bem-estar seja considerado em pé de igualdade com os dos outros"[11].

A ausência de todos esses critérios vem acompanhada da perda dos requisitos para o reconhecimento da perfeição democrática do governo.

■ 2.1.3. Democracia representativa (indireta) e democracia direta

Segundo dispõe o parágrafo único do art. 1º da CF, "Todo o poder emana do povo, que o exerce por meio de representantes eleitos ou diretamente, nos termos desta Constituição".

A **democracia** representativa, ou indireta, é **exercitada** por intermédio da eleição de **agentes políticos** pela via de processos seletivos **baseados no voto** de valor igual para todos e na ocupação provisória de **mandatos com duração certa**.

A representação moderna surgiu como decorrência da amplitude territorial e demográfica dos Estados Nacionais, que inviabilizava a consulta direta à totalidade do povo para a tomada de decisões de interesse geral. A eleição de representantes

---

[10] DAHL, Robert A. *La poliarquía*: participación e oposición. Madrid: Tecnos, 1992, p. 135.
[11] DAHL, Robert A. *La poliarquía*: participación e oposición. Madrid: Tecnos, 1992, p. 133.

atende, assim, num primeiro momento, à necessidade de reunir em um mesmo fórum de diálogo (o Parlamento) as representações dos diversos segmentos da nação.

A **democracia** representativa **constitui**, pois, mecanismo que objetiva reproduzir no governo a **complexidade** que marca a composição do "tecido social". Quanto **mais amplos** os estratos e segmentos sociais, se espera, **maior** será a sua presença **proporcional** nos órgãos de **representação** política.

Entram, portanto, na composição do Parlamento, também os grupos minoritários. Ali, disporão de grande número de mecanismos para integrar o debate acerca da formação das normas e até mesmo poderão impedir a sua edição pela maioria (por mecanismos como a "obstrução"). Costuma-se centrar as atenções, quando falamos em democracia, na sua forma de expressão representativa. Entretanto, a Constituição é clara ao albergar meios para a realização da democracia direta. É o que se vê pela transcrição a seguir:

> **Art. 14.** A soberania popular será exercida pelo sufrágio universal e pelo voto direto e secreto, com valor igual para todos, e, nos termos da lei, mediante:
> I – plebiscito;
> II – referendo;
> III – iniciativa popular.

Portanto, temos que a **democracia direta** se realiza por meio de **mecanismos** colocados à **disposição** do povo para a tomada de **decisões** políticas.

Os objetos do plebiscito e do referendo encontram-se definidos nos parágrafos do art. 2º da Lei n. 9.709, de 18 de novembro de 1998. Vejamos os três mecanismos separadamente.

Plebiscito, segundo Silva[12], vem do latim *plebiscitum*. Era na República romana uma decisão soberana da plebe aprovada em *concilium plebis* (assembleia da plebe, do povo) por proposta de um tribuno da plebe sobre alguma medida.

O plebiscito é um *referendum* consultivo, visto serem os cidadãos convocados anteriormente ao ato legislativo ou administrativo, podendo haver a aprovação ou denegação do que foi submetido a estes (art. 2º, § 1º, da Lei n. 9.709/1998). Em síntese, o plebiscito é uma consulta ao povo antes de uma lei ser constituída, restando-lhe aprovar ou rejeitar as opções propostas. Pode ser amplo ou orgânico e seu exercício se dará mediante sufrágio universal, direto e secreto (art. 14 da CF).

Nas questões de relevância nacional, o plebiscito amplo será de competência do Poder Legislativo ou do Poder Executivo. O plebiscito será convocado mediante decreto legislativo, por proposta de um terço, no mínimo, dos membros que compõem quaisquer das Casas do Congresso Nacional (art. 3º da Lei n. 9.709/1998 c/c o art. 49, XV, da CF). Sendo assim, temos que essa proposta afasta o cidadão da possibilidade

---

[12] SILVA, José Afonso da. O sistema representativo, democracia semidireta e democracia participativa. *Revista do Advogado*, São Paulo, AASP, nov. 2003.

de escolher qual é a questão relevante, visto que a prerrogativa para escolha parte do Congresso Nacional.

O § 3º do art. 18 da CF estabelece que a incorporação, fusão ou anexação de estados ou, ainda, a formação de novas unidades federativas dependerá de aprovação pela população diretamente interessada, por meio de plebiscito realizado na mesma data e horário em cada um dos estados. Também deverá decidir sobre o tema o Congresso Nacional, que disporá sobre a matéria por meio de lei complementar.

Para as questões de criação, incorporação, fusão e desmembramento de municípios, o § 4º do art. 18 da CF/1988 e o art. 5º da Lei n. 9.709/1998 determinam que o plebiscito deverá ser convocado pela Assembleia Legislativa e dependerá de consulta prévia às populações dos municípios envolvidos, após divulgação dos Estudos de Viabilidade Municipal, apresentados e publicados na forma da lei.

O art. 8º da Lei n. 9.709/1998 determina que, após aprovação do ato convocatório para o plebiscito, o presidente do Congresso Nacional dará ciência à Justiça Eleitoral, a quem incumbirá, nos limites de sua circunscrição, fixar a data da consulta popular, tornar público o modelo da cédula, instruções e normas para o plebiscito, e de sua realização, assegurando divulgação pelos meios de comunicação de massa cessionários do serviço público.

Em 21 de abril de 1993, tivemos o plebiscito, regulado pela Lei n. 8.624, para definir a forma e o sistema de governo (monarquia, república, presidencialismo, parlamentarismo). Resultou desse plebiscito a manutenção da República Presidencialista.

Em dezembro de 2011, realizou-se plebiscito acerca da subdivisão do estado do Pará, do qual pretendiam emancipar-se os estados de Carajás e Tapajós. A matéria foi regulada pela Resolução do TSE n. 23.347, de 18-8-2011, a qual dispunha sobre a formação e o registro de frentes para atuação ao longo do processo plebiscitário.

É oportuno destacar que cabe à Justiça Eleitoral deliberar sobre os trâmites administrativos do plebiscito, tais como a data e as instruções para a sua realização. O referendo, por sua vez, tem origem, segundo Silva[13], de uma antiga organização federal suíça, em que, no início, os delegados à Assembleia só tinham o poder de decidir *ad referendum* do Conselho Cantonal, quer dizer, suas decisões eram submetidas à ratificação do Conselho.

Foi por meio da Constituição Federal de 1988 que o referendo passou a fazer parte do ordenamento jurídico brasileiro. Também foi regulado pela Lei n. 9.709/1998 (Lei da Soberania Popular).

A diferença basilar entre o plebiscito e o referendo reside no aspecto temporal. Enquanto no referendo a consulta popular é posterior ao ato legislativo, no plebiscito esta ocorre previamente.

A competência para autorizar o referendo popular é exclusiva do Congresso Nacional (art. 49, XV, da CF).

---

[13] SILVA, José Afonso da. O sistema representativo, democracia semidireta e democracia participativa. *Revista do Advogado*, nov. 2003.

O referendo, da mesma forma que o plebiscito, é submetido às instruções da Justiça Eleitoral para sua realização e divulgação, devendo a aprovação ocorrer por maioria simples. Em outubro de 1995, conforme calendário definido pelo TSE (Resolução n. 22.030), foi realizado o referendo "sobre a proibição da comercialização de armas de fogo e munições". Tal consulta não permitiu que o art. 35 do Estatuto do Desarmamento (Lei n. 10.826/2003) entrasse em vigor. A consulta realizou-se em conformidade com o Decreto Legislativo n. 780, promulgado pelo Senado Federal. O art. 2º do citado decreto estipulou a questão a ser submetida ao crivo popular: "O comércio de armas de fogo e munição deve ser proibido no Brasil?". Os eleitores puderam optar pela resposta "sim" ou "não". O resultado final foi de 59.109.265 votos rejeitando a proposta (63,94%), enquanto 33.333.045 votaram pelo "sim" (36,06%). Votaram em branco 1.329.207 (1,39%) e nulos 1.604.307 (1,68%)[14].

2.1.4. Iniciativa popular
2.1.4.1. *Origem*

A Suíça, com sua precoce vocação à prática da democracia, é o berço da iniciativa popular, onde esse instituto se desenvolve desde a Idade Média.

A ideia moderna de iniciativa popular provém das Assembleias de Cidadãos (*Lands- gemeinden*), até hoje de presença marcante em alguns cantões suíços. Nessas assembleias ocorre o exercício direto do poder político. A própria Aliança Perpétua, texto jurídico que deu origem à Suíça, foi ratificada em uma Assembleia de Cidadãos.

O Landmann conduz o processo em que as decisões políticas são tomadas pelo próprio soberano. Segundo José Duarte Neto[15], na Suíça:

> [...] o poder sempre estivera em mãos de seu próprio titular, que o cedeu somente em parte para representantes. Mas o povo, acostumado a guiar-se por si mesmo, reservou para si instrumentos de intervenção esporádica, que ainda lhe permitem compartilhar os negócios públicos com os seus representantes eleitos.

Naquele país, por iniciativa de 100.000 eleitores é possível até mesmo a revisão geral da Constituição.

A iniciativa popular no âmbito federal está diretamente ligada ao referendo, de que depende o seu ingresso em vigor.

Nos Estados Unidos, a iniciativa popular chegou apenas no século XIX, por influência da Suíça. Sua primeira utilização do instituto se deu em 1896, em Dakota do Sul. Ainda não existe no plano federal, mas é muito presente nas Constituições dos Estados e normas locais. Há muitas variações no tema segundo cada estado.

---

[14] Disponível em: https://www.tse.jus.br/eleicoes/plebiscitos-e-referendos/referendo-2005/quadro-geral-referendo-2005. Acesso em: 9 jan. 2023.

[15] NETO, José Duarte. *A iniciativa popular na Constituição de 1988*. Rio de Janeiro: Revista dos Tribunais, 2005, p. 58.

Só Massachussets e Oregon não admitem a iniciativa popular em matéria constitucional. Também está, em regra, conectado ao referendo. Por isso, em regra, há um prazo para a coleta, que se finda com a chegada das eleições seguintes.

No Brasil, segundo Maria Joseane Lopes Amorim e Maria Nazaré de Lemos[16] a:

> [...] adoção da iniciativa popular pela Assembleia Nacional Constituinte de 1987 resultou de uma Emenda Popular subscrita por mais de 402.266 eleitores, emenda esta que foi incluída no art. 24 do Regimento Interno da Constituinte, que assegurava a apresentação de emenda ao Projeto de Constituição, desde que ela fosse subscrita por 30.000 ou mais eleitores brasileiros, em lista organizada por, no mínimo, três entidades Associativas legalmente constituídas, que se tornariam responsáveis pela idoneidade das assinaturas.

■ 2.1.4.2. A natureza da iniciativa popular

Em **sentido material**, a iniciativa popular é **direito político** titularizado pelo **povo**, componente do direito de sufrágio, que o **autoriza** a instaurar no **Parlamento** devido processo legislativo. Já em **sentido** puramente **instrumental**, pode-se afirmar que a iniciativa popular de projeto de lei é uma das formas de **abertura do processo legislativo**.

■ 2.1.4.3. Sentido e essência

A cidadania é um dos fundamentos da República Federativa (art. 1º, II). Cidadania é o vínculo político que une a pessoa natural ao Estado, vínculo jurídico-político em que o cidadão é o detentor do poder político. Ao conjunto dos cidadãos dá-se o nome de "povo".

O parágrafo único do art. 1º da Constituição Federal estipula que: "Todo o poder emana do povo, que o exerce por meio de representantes eleitos ou diretamente [...]".

Segundo o art. 14 da Constituição Federal, "A soberania popular será exercida pelo sufrágio universal e pelo voto direto e secreto, com valor igual para todos, e, nos termos da lei, mediante: I – plebiscito; II – referendo; III – iniciativa popular".

José Duarte Neto afirma que na Constituição de 1988 "a soberania é retomada pelo próprio titular que, de maneira ativa, não mais se contenta em ser expectador das questões de Estado, ou então seu ratificador, mas o próprio agente das propostas"[17].

A iniciativa popular é, pois, o mecanismo constitucional posto à disposição do soberano para, de forma imediata (ou com a dispensa de representantes eleitos), de-

---

[16] AMORIM, Maria Joseane Lopes; LEMOS, Maria Nazaré de. *Iniciativa popular no Brasil a partir do Século XX*. Monografia – Pós-Graduação, Universidade de Pernambuco, Recife, 2008. Disponível em: http://www.alepe.pe.gov.br/downloads/ escola/monografias/MariaJoseaneLopesDeAmorimMariaNazareDeLemos.PDF. Acesso em: 2 mar. 2012.

[17] NETO, José Duarte. *A iniciativa popular na Constituição de 1988*. Rio de Janeiro: Revista dos Tribunais, 2005, p. 88.

flagrar o processo de atuação do Poder Legislativo, objetivando a instituição de novas normas jurídicas.

Em artigo intitulado "A iniciativa popular como instrumento de participação popular", o professor Hélcio Ribeiro deixa claro que:

> Os mecanismos da democracia semidireta contribuem, portanto, para o aperfeiçoamento da democracia representativa, ao mesmo tempo que propiciam um resgate do conceito de soberania popular como princípio fundador de uma sociedade democrática. Não se trata, portanto, do restabelecimento de uma concepção de soberania incompatível com a sociedade moderna nem de cair na tentação do "plebiscitarismo", pois, como observa Benevides, a democracia pressupõe controles e limites[18].

A iniciativa tem os seguintes méritos:

- Torna possível a manifestação direta do soberano, sendo mecanismo de canalização de ansiedades sociais em relação a temas não enfrentados pelo Parlamento.
- Viabiliza a redução de anomia, dando ao próprio soberano a faculdade de levar ao Parlamento propostas para o saneamento das lacunas normativas, omissões legais observadas em pontos tidos pela sociedade como de grande relevância.
- A iniciativa popular constitui para a concreção da ordem constitucional, sendo mecanismo de manifestação direta do soberano, único detentor do poder político nos termos do art. 1º, parágrafo único, da CF.

■ 2.1.4.4. Manifestação do soberano ou de fração do povo?

A Constituição Federal estabeleceu critério de amostragem para verificação da vontade soberana do povo de instaurar o processo legislativo. Também fixou um percentual para os cidadãos, não um número fixo como em outros países, e exigiu a presença dos cidadãos interessados em distintas partes do território.

Segundo o § 2º do art. 61 da Constituição Federal:

> **Art. 61.** [...]
> § 2º A iniciativa popular pode ser exercida pela apresentação à Câmara dos Deputados de projeto de lei subscrito por, no mínimo, um por cento do eleitorado nacional, distribuído pelo menos por cinco Estados, com não menos de três décimos por cento dos eleitores de cada um deles.

Ao definir a necessidade de que os subscritores estivessem em pelo menos cinco unidades da federação, a Constituição Federal impediu que as regiões mais populosas e ricas (Sul e Sudeste) propusessem isoladamente projetos de lei dessa natureza.

O referido parágrafo do art. 61 da Constituição Federal contém, pois, uma regra

---

[18] RIBEIRO, Hélcio. *A iniciativa popular como instrumento da democracia participativa*. Universidade Presbiteriana Mackenzie, 2007. Disponível em: https://docplayer.com.br/14599361-A-iniciativa-popular-como-instrumento-da-democracia-participativa.html>. Acesso em: 7 jan. 2023.

de consulta ao soberano popular, não a frações do eleitorado. Quando quis se referir a uma fração em particular, a Constituição o fez claramente, como acontece no § 3º do seu art. 18, segundo o qual:

> **Art. 18.** [...]
> § 3º Os Estados podem incorporar-se entre si, subdividir-se ou desmembrar-se para se anexarem a outros, ou formarem novos Estados ou Territórios Federais, mediante aprovação da população diretamente interessada, por meio de plebiscito, e do Congresso Nacional, por lei complementar.

Então, a iniciativa popular é mesmo manifestação da soberania popular.

■ 2.1.4.5. Iniciativa popular no ordenamento jurídico

O **art. 14, III**, da Constituição **situa a iniciativa popular** entre os mecanismos de **exercício direto da soberania**.

Em conformidade com o art. 29 da Constituição Federal, no âmbito municipal a administração será regida por lei orgânica que deverá observar, entre outros, o seguinte preceito: "iniciativa popular de projetos de lei de interesse específico do município, da cidade ou de bairros, por meio de manifestação de, pelo menos, cinco por cento do eleitorado" (art. 14, XIII, da CF). Como já mencionado, o § 2º do art. 61 da Constituição Federal estatui que:

> **Art. 61.** [...]
> § 2º A iniciativa popular pode ser exercida pela apresentação à Câmara dos Deputados de projeto de lei subscrito por, no mínimo, um por cento do eleitorado nacional, distribuído pelo menos por cinco Estados, com não menos de três décimos por cento dos eleitores de cada um deles.

O § 4º do art. 27 da Constituição Federal, por sua vez, reclama a edição de lei que disponha sobre a iniciativa popular no processo legislativo estadual.

A Lei n. 9.709/1998, editada com o propósito de regulamentar o manejo dos instrumentos de exercício da democracia direta, reservou à iniciativa popular tão somente os dois artigos a seguir transcritos:

> **Art. 13.** A iniciativa popular consiste na apresentação de projeto de lei à Câmara dos Deputados, subscrito por, no mínimo, um por cento do eleitorado nacional, distribuído pelo menos por cinco Estados, com não menos de três décimos por cento dos eleitores de cada um deles.
> § 1º O projeto de lei de iniciativa popular deverá circunscrever-se a um só assunto.
> § 2º O projeto de lei de iniciativa popular não poderá ser rejeitado por vício de forma, cabendo à Câmara dos Deputados, por seu órgão competente, providenciar a correção de eventuais impropriedades de técnica legislativa ou de redação.
> **Art. 14.** A Câmara dos Deputados, verificando o cumprimento das exigências estabelecidas no art. 13 e respectivos parágrafos, dará seguimento à iniciativa popular, consoante as normas do Regimento Interno.

Tais dispositivos passam ao largo dos grandes debates atualmente suscitados pela matéria. Não contemplam, por exemplo, o uso de meios eletrônicos para a coleta das assinaturas de apoio. Tampouco dispõem sobre a forma pela qual se aferirá a validade das assinaturas coletadas em formulários impressos.

Diferente do que dispôs a Lei dos Partidos Políticos, que em seu art. 9º, III, assegura a emissão de certidões expedidas pelos Cartórios Eleitorais que atestem a obtenção do apoiamento mínimo, a Lei n. 9.709/1998 silenciou-se a tal respeito. Como resultado disso, tem-se que atualmente é impossível a verificação da autenticidade das firmas apostas pelos cidadãos em cada projeto de lei. Por razões práticas – e a fim de evitar futuras alegações de vício de iniciativa – tem sido adotada a prática de acrescentar às assinaturas dos cidadãos outras concedidas por parlamentares. Considerando que a lei ordinária falhou ao disciplinar os meios de exercício desse direito político fundamental que é a iniciativa popular, deve-se considerar que a inclusão dessas subscrições de representantes eleitos não desnatura o caráter popular da iniciativa de lei.

Melhor teria andado o legislador se, além de admitir a coleta de adesões por meio de sítios eletrônicos seguros e auditáveis, resolvesse a questão da autenticidade da coleta por meio da manifestação formal de certo número de líderes da iniciativa, que declarariam a validade das assinaturas sob as penas da lei.

O Regimento Interno da Câmara dos Deputados também discorre sobre a iniciativa popular de projetos de lei. Em seu art. 24, II, *c*, estipula-se que o projeto oriundo de iniciativa popular não pode ser apreciado conclusivamente nas comissões, o que implica dizer que cabe sempre ao Plenário o pronunciamento final sobre a matéria nele veiculada.

Já nos arts. 91, II, e 171, § 3º, do mesmo diploma legal é citada a hipótese de transformação da sessão plenária da Câmara dos Deputados em Comissão Geral, medida capaz de acelerar a tramitação do processo legislativo.

Em relação às normas de arquivamento da Casa em função de término da legislatura, o art. 105, IV, trata o projeto de iniciativa popular como exceção à regra.

No art. 252 são relacionadas, em detalhes, as condições de apresentação de projeto de iniciativa popular. Dentre as orientações, podemos destacar:

a) a assinatura de cada eleitor deve ser acompanhada de seu nome completo e legível, endereço e dados identificadores de seu título eleitoral;
b) as listas de assinaturas devem ser organizadas por município e por estado, território e Distrito Federal, em formulário padronizado pela Mesa da Câmara.

No plano federal, o projeto será submetido a protocolo perante a Secretaria Geral da Mesa da Câmara dos Deputados, que verificará se foram cumpridas as exigências constitucionais para sua apresentação.

2.1.4.6. Iniciativa popular e filtro garantista

A soberania popular, superior à própria Constituição, aceitou limitar a sua própria capacidade de edição de leis. Não há hipótese, no Brasil, de processo legislativo realizado sem qualquer nível de participação dos representantes eleitos.

A iniciativa popular não suprime ou reduz a importância do Parlamento, um dos pilares da democracia. É dele a palavra final sobre a proposta de edição normativa, o que antes de tudo constitui um mecanismo de autocontrole escolhido pela vontade soberana do povo ao definir os traços do nosso perfil constitucional. As iniciativas populares de projeto de lei sujeitam-se, pois, a uma série de controles, tais como:

a) a discussão e a deliberação em âmbito parlamentar, o que assegura aos congressistas a sujeição da proposta a crivos de natureza política e jurídica;

b) a sanção ou veto presidencial, que também pode se orientar por critérios político-jurídicos;

c) o controle de constitucionalidade pelo Poder Judiciário, ao qual se outorga o poder-dever de verificar a compatibilidade formal e material do texto normativo gerado a partir da iniciativa popular com a vigente ordem constitucional.

De acordo com o artigo publicado na *Revista Brasileira de Direito Constitucional*, intitulado "Mecanismos de participação popular no Brasil", de autoria de Denise Auad e outros[19]:

> [...]. A legislação deixa uma lacuna em relação à obrigatoriedade ou não de o Congresso Nacional votar o projeto de lei advindo de iniciativa popular, e em qual prazo. Também não esclarece se o Presidente da República, após os trâmites legais da votação do projeto pelos parlamentares, poderá ou não exercer o seu poder de veto.

Na verdade, **o silêncio da lei é proposital**. A lei de iniciativa popular não difere das demais senão no que toca à forma como é deflagrado o processo legislativo. No mais, segue-se tudo o que preconizam a Constituição, as leis e os regimentos das Casas Parlamentares.

2.1.5. Democracia e liberdade de opção eleitoral

O direito de votar não é meramente processual. Não se trata simplesmente de admitir que alguém possa exercitar um direito ao decidir por uma determinada opção eleitoral. Antes disso, o voto é uma grandeza jurídica substancial. A expressão de vontade contida nesse ato jurídico-político deve ser a consequência da aplicação de uma série de garantias, todas elas voltadas a permitir que a opção eleitoral seja alcançada de forma livre de coações morais ou materiais e que seu exercício se dê sem a intercorrência de quaisquer modalidades de fraude.

A **liberdade de escolha** deve ser assegurada pelo Estado que, para tanto, deve dispor de mecanismos aptos a expungir quaisquer meios capazes de influir ilicitamente sobre a formação da vontade do eleitor. Ao proibir o uso dos bens e serviços governamentais por parte dos candidatos ligados ao governo, fixar regras para a realização da propaganda eleitoral, vedar o abuso de poder econômico e a captação

---

[19] AUAD, Denise *et al*. Mecanismos de participação popular no Brasil. *Revista Brasileira de Direito Constitucional*, n. 3, jan./jun. 2004, p. 291, p. 309-310.

ilícita de sufrágios, dentre outras medidas legalmente previstas, o Estado busca assegurar a formação de um ambiente adequado à conquista do voto segundo critérios estritamente democráticos.

Brilhante argumentação sobre o dever do Estado de assegurar a expressão livre da vontade do eleitor pode ser encontrada no acórdão proferido na Ação Direta de Inconstitucionalidade n. 3.592-DF, relatada pelo Ministro Gilmar Mendes:

> Ação direta de inconstitucionalidade. Art. 41-A da Lei n. 9.504/97. Captação de sufrágio. 2. As sanções de cassação do registro ou do diploma previstas pelo art. 41-A da Lei n. 9.504/97 não constituem novas hipóteses de inelegibilidade. 3. A captação ilícita de sufrágio é apurada por meio de representação processada de acordo com a ação de investigação judicial eleitoral, nem com a ação de impugnação de mandato eletivo, pois não implica a declaração de inelegibilidade, mas apenas a cassação do registro ou diploma. 4. A representação para apurar a conduta prevista no art. 41-A da Lei n. 9.504/97 tem o objetivo de resguardar um bem jurídico específico: a vontade do eleitor. 5. Ação direta de inconstitucionalidade julgada improcedente (ADI 3.592, rel. Min. Gilmar Mendes, Plenário, *DJ* 26-10-2006).

2.1.6. Democracia e princípio do pluralismo político

O Brasil não esteve sempre sob a experiência do multipartidarismo. Segundo Schilling (2003), tivemos no Brasil sete períodos históricos partidários:

- O primeiro período deu-se com o Império (1822-1889), quando vigorava o bipartidarismo entre os liberais (Luzias) e os conservadores (Saquaremas).
- O segundo período ocorreu na República Velha (1889-1930). Vigorava o pluripartidarismo entre o Manifesto Republicano (Itu-SP, 1870); Partido Republicano (1873); Partidos Republicanos Regionais (a partir de 1903).
- O terceiro período foi a República Nova (1930-1937), também marcado pelo pluripartidarismo. Figurava o Partido Comunista (PC) (1922); a Ação Integralista Brasileira (AIB) (fascistas, 1932) e o Movimento 3 de Outubro (tenentistas).
- O quarto período é o do Estado Novo (1937-1945), no qual os partidos foram abolidos.
- O quinto período foi a República Populista (1945-1964), época pluripartidária que teve como expoentes o Partido Trabalhista Brasileiro (PTB), o Partido Democrata Cristão (PDC), o Partido Social Democrático (PSD) e a União Democrática Nacional (UDN).
- O sexto período foi marcado pelo Regime Militar (1964-1984), quando a política partidária foi concentrada por somente dois partidos, a saber: a Aliança Renovadora Nacional (Arena) e o Movimento Democrático Brasileiro (MDB). Foi no sexto período, o mais importante da história atual do País, que ocorreu o golpe militar, em 1964, quando foi editado o Ato Institucional n. 2, comumente conhecido como AI-2 por ser o segundo de uma série de decretos emitidos pelo regime ditatorial brasileiro nos anos seguintes ao golpe. O AI-2 foi baixado em

27 de outubro de 1965, durante o governo de Humberto Castello Branco e vigorou até 15 de março de 1967.

O referido ato institucional suprimiu o pluripartidarismo no Brasil. Segundo o seu art. 18:

> **Art. 18.** Ficam extintos os atuais Partidos Políticos e cancelados os respectivos registros.
> **Parágrafo único.** Para a organização dos novos Partidos são mantidas as exigências da Lei n. 4.740, de 15 de julho de 1965, e suas modificações.

Dois partidos foram formados, a Arena e o MDB. O primeiro foi um partido político criado em 1965, com a finalidade de dar sustentação política ao governo instituído a partir do golpe de estado de 1964. O segundo foi constituído informalmente em 4 de dezembro de 1965, mas registrado junto à Justiça Eleitoral somente em 24 de março de 1966, pelos opositores do regime militar de 1964.

■ O sétimo período, segundo Shilling (2003), é o da Nova República (a partir de 1985), marcado pela dissolução dos dois partidos formados na República Velha, Arena e MDB, dando origem ao pluripartidarismo atual.

Sobre essa nova fase pluripartidária, Cardoso (2006, p. 91) retrata que:

> A Emenda Constitucional n. 11, de 13/10/1978, pôs fim ao AI-5 e ao bipartidarismo. A Lei de Anistia, em 1979, reabilitou para a política lideranças cassadas. A nova legislação partidária, no mesmo ano, permitiu a formação dos novos partidos; além do Partido Democrático Social (PDS), partido que apoiava o governo e substituíra a Arena, do PT e do PMDB, criou-se o Partido Popular (o PP, liderado por Tancredo Neves, que acabaria se fundindo ao PMDB em 1982), e Leonel Brizola organizou o PDT após perder a velha legenda do PTB de Getúlio para a deputada Ivete Vargas, de São Paulo, por ingerência do chefe da Casa Civil de Figueiredo e principal estrategista do governo, o general Golbery do Couto e Silva.

Vemos que houve uma grande difusão partidária no País. Atualmente, segundo o Tribunal Superior Eleitoral, contamos com 32 agremiações. Vejamos:

0001	SIGLA	NOME	DEFERIMENTO	PRES. NACIONAL	N. DA LEGENDA
1	MDB	MOVIMENTO DEMOCRÁTICO BRASILEIRO	30-6-1981	LUIZ FELIPE BALEIA TENUTO ROSSI	15
2	PTB	PARTIDO TRABALHISTA BRASILEIRO	3-11-1981	KASSYO SANTOS RAMOS, presidente em exercício (Processo SEI n. 2021.00.000010465-5).	14
3	PDT	PARTIDO DEMOCRÁTICO TRABALHISTA	10-11-1981	CARLOS LUPI	12
4	PT	PARTIDO DOS TRABALHADORES	11-2-1982	GLEISI HELENA HOFFMANN	13

0001	SIGLA	NOME	DEFERIMENTO	PRES. NACIONAL	N. DA LEGENDA
5	PCdoB	PARTIDO COMUNISTA DO BRASIL	23-6-1988	LUCIANA BARBOSA DE OLIVEIRA SANTOS	65
6	PSB	PARTIDO SOCIALISTA BRASILEIRO	1º-7-1988	CARLOS ROBERTO SIQUEIRA DE BARROS	40
7	PSDB	PARTIDO DA SOCIAL DEMOCRACIA BRASILEIRA	24-8-1989	BRUNO CAVALCANTI DE ARAÚJO	45
8	AGIR	AGIR	22-2-1990	DANIEL S. TOURINHO	36
9	PSC	PARTIDO SOCIAL CRISTÃO	29-3-1990	EVERALDO DIAS PEREIRA	20
10	PMN	PARTIDO DA MOBILIZAÇÃO NACIONAL	25-10-1990	ANTONIO CARLOS BOSCO MASSAROLLO	33
11	CIDADANIA	CIDADANIA	19-3-1992	ROBERTO JOÃO PEREIRA FREIRE	23
12	PV	PARTIDO VERDE	30-9-1993	JOSÉ LUIZ DE FRANÇA PENNA	43
13	AVANTE	AVANTE	11-10-1994	LUIS HENRIQUE DE OLIVEIRA RESENDE	70
14	PP	PROGRESSISTAS	16-11-1995	CLAUDIO CAJADO SAMPAIO (Presidente em exercício)	11
15	PSTU	PARTIDO SOCIALISTA DOS TRABALHADORES UNIFICADO	19-12-1995	JOSÉ MARIA DE ALMEIDA	16
16	PCB	PARTIDO COMUNISTA BRASILEIRO	9-5-1996	EDMILSON SILVA COSTA*	21
17	PRTB	PARTIDO RENOVADOR TRABALHISTA BRASILEIRO	18-2-1997	JULIO CEZAR FIDELIX CRUZ (PETIÇÃO CÍVEL 0600739-46.2022.6.00.0000)	28
18	DC	DEMOCRACIA CRISTÃ	5-8-1997	JOSÉ MARIA EYMAEL	27
19	PCO	PARTIDO DA CAUSA OPERÁRIA	30-9-1997	RUI COSTA PIMENTA	29
20	PODE	PODEMOS	2-10-1997	RENATA HELLMEISTER DE ABREU	19
21	REPUBLICANOS	REPUBLICANOS	25-8-2005	MARCOS ANTONIO PEREIRA	10
22	PSOL	PARTIDO SOCIALISMO E LIBERDADE	15-9-2005	JULIANO MEDEIROS	50
23	PL	PARTIDO LIBERAL	19-12-2006	VALDEMAR COSTA NETO	22
24	PSD	PARTIDO SOCIAL DEMOCRÁTICO	27-9-2011	GILBERTO KASSAB	55

0001	SIGLA	NOME	DEFERIMENTO	PRES. NACIONAL	N. DA LEGENDA
25	PATRIOTA	PATRIOTA	19-6-2012	OVASCO ROMA ALTIMARI RESENDE, Vice-presidente no exercício da presidência (PET 0600319-75.2021.6.00.0000)	51
26	PROS	PARTIDO REPUBLICANO DA ORDEM SOCIAL	24-9-2013	EURIPEDES GOMES DE MACEDO JUNIOR (0600666-74.2022.6.00.0000)	90
27	SOLIDARIEDADE	SOLIDARIEDADE	24-9-2013	PAULO PEREIRA DA SILVA	77
28	NOVO	PARTIDO NOVO	15-9-2015	EDUARDO RODRIGO FERNANDES RIBEIRO	30
29	REDE	REDE SUSTENTABILIDADE	22-9-2015	HELOÍSA HELENA LIMA DE MORAES	18
30	PMB	PARTIDO DA MULHER BRASILEIRA	29-9-2015	SUÊD HAIDAR NOGUEIRA	35
31	UP	UNIDADE POPULAR	10-12-2019	LEONARDO PERICLES VIEIRA ROQUE	80
32	UNIÃO	UNIÃO BRASIL	8-2-2022	LUCIANO CALDAS BIVAR	44

(*) Nos termos do § 1º do art. 58 do estatuto do PCB, para fins jurídicos e institucionais, os cargos de Secretário Geral do Comitê Central e de Secretário Político dos Comitês Regionais e Municipais equiparam-se ao de Presidente do Comitê respectivo.

Percebe-se que a experiência democrática não dispensa a pluralidade de opções políticas e partidárias.

O pluralismo político, cujo respeito não prescinde da multiplicidade de expressões partidárias é, aliás, um dos fundamentos da República Federativa do Brasil (art. 1º, V, da CF). Por isso mesmo, a Constituição de 1988 assegura no art. 17 que: "É livre a criação, fusão, incorporação e extinção de partidos políticos, resguardados a soberania nacional, o regime democrático, o pluripartidarismo, os direitos fundamentais da pessoa humana [...]".

A expressa opção constitucional pelo pluripartidarismo afasta o risco da implantação de regimes totalitários baseados na admissão de um partido único ou de apenas dois, como foi o nosso caso brasileiro durante o período de 1964 a 1984.

A **unicidade partidária** não é, sem embargo, a única demonstração de **autoritarismo** em tema de veiculação das ações políticas de grupo. O bipartidarismo imposto por normas de vedação à criação de outros partidos políticos – tal como ocorreu no Brasil durante a última ditadura militar – é também medida que sufoca a expressão democrática, impedindo o surgimento de novas forças políticas que, mesmo nascendo pequenas, não raro crescem ao ponto de exercerem a hegemonia nos processos eleitorais.

Da mesma forma, a instituição de cláusulas de barreira voltadas a impedir o surgimento ou determinar a extinção de partidos em razão do seu tamanho ou da força da sua expressão parlamentar não possui abrigo na Constituição da República.

A Lei dos Partidos Políticos (Lei n. 9.096/1995) procurou estabelecer em seu art. 13, ao dispor que:

> **Art. 13.** Tem direito a funcionamento parlamentar, em todas as Casas Legislativas para as quais tenha elegido representante, o partido que, em cada eleição para a Câmara dos Deputados obtenha o apoio de, no mínimo, cinco por cento dos votos apurados, não computados os brancos e os nulos, distribuídos em, pelo menos, um terço dos Estados, com um mínimo de dois por cento do total de cada um deles.

Apreciando o teor desse dispositivo, o Supremo Tribunal Federal afirmou a sua patente inconstitucionalidade[20], quando do julgamento das Ações Diretas de Inconstitucionalidade n. 1.351 e 1.354. O relator, Ministro Marco Aurélio, argumentou que:

> Em síntese, a prevalecer, sob o ângulo da constitucionalidade, o disposto no art. 13 da Lei n. 9.096/1995, somente esses partidos terão funcionamento parlamentar, participarão do rateio de cem por cento do saldo do fundo partidário, gozarão, em cada semestre e em cadeias nacional e estadual, de espaço de vinte minutos para a propaganda eleitoral

---

[20] Além desse artigo, também foram considerados inconstitucionais os seguintes dispositivos da Lei dos Partidos Políticos:

"Art. 41. O Tribunal Superior Eleitoral, dentro de cinco dias, a contar da data do depósito a que se refere o § 1º do artigo anterior, fará a respectiva distribuição aos órgãos nacionais dos partidos, obedecendo aos seguintes critérios:

I – um por cento do total do Fundo Partidário será destacado para entrega, em partes iguais, a todos os partidos que tenham seus estatutos registrados no Tribunal Superior eleitoral;

II – noventa e nove por cento do total do Fundo Partidário serão distribuídos aos partidos que tenham preenchido as condições do art. 13, na proporção dos votos obtidos na última eleição geral para a Câmara dos Deputados.

[...] Art. 48. O partido registrado no Tribunal Superior Eleitoral que não atenda ao disposto no art. 13 tem assegurada a realização de um programa em cadeia nacional, em cada semestre, com a duração de dois minutos.

Art. 49. O partido que atenda ao disposto no art. 13 tem assegurado:

I – a realização de um programa, em cadeia nacional e de um programa, em cadeia estadual em cada semestre, com a duração de vinte minutos cada;

II – a utilização do tempo total de quarenta minutos, por semestre, para inserções de trinta segundos ou um minuto, nas redes nacionais, e de igual tempo nas emissoras estaduais.

[...] Art. 56. No período entre a data da publicação desta Lei e o início da próxima legislatura, será observado o seguinte: (interpretação que elimina qualquer limite temporal) [...]

Art. 57. No período entre o início da próxima Legislatura e a proclamação dos resultados da segunda eleição geral subsequente para a Câmara dos Deputados, será observado o seguinte: (interpretação que elimina qualquer limite temporal) [...]

II – vinte e nove por cento do Fundo Partidário será destacado para distribuição, aos Partidos que cumpram o disposto no art. 13 ou no inciso anterior, na proporção dos votos obtidos na última eleição geral para a Câmara dos Deputados."

e desfrutarão de inserções, por semestre e também em redes nacional e estadual, de trinta segundos ou um minuto, totalizando oitenta minutos no ano. [...] Os demais ficarão à míngua, vale dizer, não contarão com o funcionamento parlamentar, dividirão, com todos os demais partidos registrados junto ao Tribunal Superior Eleitoral, a percentagem de um por cento do fundo partidário e, no tocante à propaganda partidária, terão, por semestre, apenas dois minutos restritos à cadeia nacional.

E completou o magistrado:

Está-se a ver que o disposto no art. 13 da Lei n. 9.096/1995 veio a mitigar o que garantido aos partidos políticos pela Constituição Federal, asfixiando-os sobremaneira, a ponto de alijá-los do campo político, com isso ferindo de morte, sob o ângulo político-ideológico, certos segmentos, certa parcela de brasileiros.

Posteriormente, por intermédio da Emenda Constitucional n. 97/2017, foi acrescentado ao art. 17 da CF o seguinte § 3º:

Art. 17. [...]
§ 3º Somente terão direito a recursos do fundo partidário e acesso gratuito ao rádio e à televisão, na forma da lei, os partidos políticos que alternativamente:
I – obtiverem, nas eleições para a Câmara dos Deputados, no mínimo, 3% (três por cento) dos votos válidos, distribuídos em pelo menos um terço das unidades da Federação, com um mínimo de 2% (dois por cento) dos votos válidos em cada uma delas; ou
II – tiverem elegido pelo menos quinze Deputados Federais distribuídos em pelo menos um terço das unidades da Federação.

Trata-se da cláusula de barreira, ou de desempenho, agora alçada a *status* constitucional, cujo objetivo é o de limitar a atividade partidária de agremiações que, segundo o critério definido lei constituinte derivado, não alcançam um limite mínimo de legitimidade popular pela conquista do sufrágio.

O pluripartidarismo é, assim, uma garantia do modelo democrático. Por seu intermédio, se assegura a participação dos mais distintos segmentos da sociedade no processo político. Cada grupo pode, cumprindo os requisitos legais, ingressar num partido político ou constituir um novo, desde que não reconheça nos existentes aspectos programáticos ou ideológicos que contemplem as suas aspirações.

Pelo princípio do pluralismo partidário quer-se assentar a opção política brasileira pela multiplicidade de expressões ideológicas e de opções de governo, desde que operem no limite estrito da legalidade. A associação política de caráter paramilitar, tomada aqui como exemplo, é vedada pela própria Constituição (art. 5º, XVII).

Observados os lindes constitucionais e legais, a qualquer cidadão ou grupo de cidadãos é dado constituir e manter em funcionamento um partido político.

Mas o direito à **multiplicidade partidária** é apenas parte da ideia de pluralismo político, de teor ainda mais amplo. O século XX assistiu ao início de uma tendência confirmada nos anos 2000: a multiplicação das demandas. Conflitos inicialmente restritos ao universo capital *versus* trabalho passaram a disputar lugar com as questões de gênero, religiosas, étnicas, ambientais, regionais etc.

Esse aumento da complexidade na formação do tecido social se faz refletir na multiplicação das bandeiras, reclamando participação cada vez mais ativa no universo político mundial. Exemplo disso é a expansão dos Partidos Verdes por diversas partes do globo.

Entretanto, as bandeiras e opções políticas nem sempre são veiculadas pela via dos partidos políticos. A mobilização social observada em diversas organizações não governamentais quase sempre veicula pretensões políticas, algumas das quais podem nem mesmo constituir preocupação de alguma hoste partidária.

Discute-se no Brasil se há uma excessiva liberalidade na legislação eleitoral e partidária a favorecer a criação de partidos destituídos de base social e utilizados como meras "siglas de aluguel". Embora essa distorção seja inegável, o Supremo Tribunal Federal rejeitou, por vício de inconstitucionalidade, norma legal que impedia a imposição de restrições a partidos que não obtivessem certo patamar de votos.

Vê-se, assim, como o princípio democrático influencia toda a leitura do Direito Eleitoral.

2.1.7. Democracia defensiva

É próprio da **democracia** o estabelecimento de **mecanismos** para sua **defesa** a fim de **prevenir** a ação de segmentos que eventualmente **busquem** a sua **supressão**. O Brasil viveu sob ditaduras em dois momentos no século XX: o Estado Novo (1937-1945) e o Regime Militar (1964-1985). Isso nos situa como um país de democracia recente, o que ajuda a explicar o número significativo dos que propugnam por soluções autoritárias para as dissensões políticas.

Um dos primeiros elementos que demonstram a acolhida do princípio da democracia defensiva pela nossa ordem constitucional reside nas denominadas cláusulas pétreas, sendo que sobre tais matérias em nenhuma hipótese pode dispor o Poder Constituinte derivado, a não ser no sentido de salvaguardar os institutos por elas protegidos.

O § 4º do art. 60 da Constituição proclama, nesse sentido, que: "Não será objeto de deliberação a proposta de emenda tendente a abolir: I – a forma federativa de Estado; II – o voto direto, secreto, universal e periódico; III – a separação dos Poderes; IV – os direitos e garantias individuais".

Esses representam o cerne da ordem democrática, pois as ordens totalitárias são marcadas pela centralização de poderes, pelo menosprezo aos processos eleitorais, pela supressão da autonomia que deve marcar a relação entre os Poderes e pela violação dos direitos e garantias dos indivíduos.

A democracia protege a si mesma por intermédio dos institutos que erigiu em favor da sua própria preservação. Daí que não se trata de uma postura passiva ou inerte, uma vez que a proteção da ordem democrática demanda cautelas que envolvem recompensas e medidas de repressão, tudo operando dentro dos marcos do Estado de Direito.

Sidney Duran Gonçalez, em seu artigo intitulado "Democracia defensiva e os atos antidemocráticos", sustenta o seguinte:

Os desafios da democracia que temos acompanhado nesses dias, nos obrigam a pensar em ações práticas para criação de mecanismos de defesa previstos no próprio sistema, ou, para impedir que se possa no ambiente político serem aceitas propostas de cunho autoritário, ou que ataquem os fundamentos do Estado democrático; ou ainda, que se criem ferramentas jurídicas que antecipem e punam condutas violadoras do Estado democrático.

O pensamento do autor caminha no sentido da autoproteção constitucional das liberdades democráticas, elemento exterior e visível da democracia defensiva presente em nosso ordenamento jurídico.

Karl Loewenstein, cujo pensamento segue **influenciando** o constitucionalismo nos países democráticos, cunhou a expressão **"democracia militante"** para referir-se à postura **ativista** que as nações **precisam adotar** para resistir ao **fascismo**, que o autor apresenta não como ideologia, mas como uma técnica política. Por isso o pensador alemão formula o seguinte entendimento:

> Democracy Becomes Militant. The most important step has been taken in a different direction. More and more, it has been realized that a political technique can be defeated only on its own plane and by its own devices, that mere acquiescence and optimistic belief in the ultimate victory of the spirit over force only encourages fascism without stabilizing democracy (1937)[21].

Há, pois, que se adotar uma tecnologia política que iniba e detenha os movimentos extremistas, impedindo-os de alcançar seus desideratos autoritários. Para isso, propõe o autor, é preciso conhecer e operar no desmonte consciente dos alicerces em que se fundam as propostas ditatoriais. Tal pensamento está na base do constitucionalismo brasileiro, que não se conforma passivamente com ataques ao Estado Democrático de Direito.

No Direito Eleitoral, são muitas as aplicações desse princípio derivado.

No julgamento da ADI 3.592/DF, o Ministro Gilmar Mendes assim se pronunciou a declarar a constitucionalidade do dispositivo legal que permite a cassação dos praticantes de atos de captação ilícita de sufrágio:

> Assim, a preservação do voto livre e secreto obriga o Estado a tomar inúmeras medidas com objetivo de oferecer as garantias adequadas ao eleitor, de forma imediata, e ao próprio processo democrático.

Como efeito, é necessário deter práticas que comprometam a experiência democrática, o que se faz de forma republicana e ativa. Nessa senda marcha também a atividade do Tribunal Superior Eleitoral.

---

[21] Em tradução livre: "A democracia torna-se militante. O passo mais importante foi dado em uma direção diferente. Cada vez mais, percebeu-se que uma técnica política só pode ser derrotada em seu próprio plano e por seus próprios meios, que a mera aquiescência e a crença otimista na vitória final do espírito sobre a força apenas encorajam o fascismo sem estabilizar a democracia".

Como será visto quando do estudo do *Sistema da Justiça Eleitoral*, o Poder Judiciário Eleitoral detém não apenas funções jurisdicionais, mas também opera como administrador, ou gestor, dos processos eleitorais, do qual é o maior fiador. Daí que o Tribunal Superior Eleitoral detenha poderes para agir diretamente contra ameaças ao voto e à liberdade dos eleitores.

Exemplo disso está na recente Resolução n. 23.714, de 20 de outubro de 2022, a qual dispõe sobre o **enfrentamento à desinformação** que atinja a integridade do processo eleitoral. O art. 2º da referida resolução, aqui tomado como exemplo das disposições ali contidas, assim dispõe:

> **Art. 2º** É vedada, nos termos do Código Eleitoral, a divulgação ou compartilhamento de fatos sabidamente inverídicos ou gravemente descontextualizados que atinjam a integridade do processo eleitoral, inclusive os processos de votação, apuração e totalização de votos.

Trata-se de medida voltada a salvaguardar o processo eleitoral contra propaganda massiva baseada em fatos inverídicos e que colocam em risco a ordem democrática. É, certamente, uma aplicação correta do princípio da democracia defensiva.

2.2. PRINCÍPIO REPUBLICANO

O **princípio republicano** também deriva da expressa opção **constitucional** contida no art. 1º da CF, segundo a qual somos, como **forma de governo**, uma **república**. Disso decorre, desde logo, que o **poder político** não é exercitado por um monarca ou por uma oligarquia, mas por representantes eleitos que dele fazem uso de forma transitória e **nunca em nome próprio**.

A coisa pública – tradução literal da expressão latina *res publica* – é o conjunto de bens e direitos titularizados por todos os integrantes do corpo político denominado "povo", ou seja, por todos os cidadãos. A apropriação da república se dá, portanto, por todos e a uma só vez, não importando aos representantes eleitos mais do que gerir, no interesse geral e transitoriamente, os valores materiais e imateriais colocados sob seus cuidados.

As ideias de república e de democracia modernas são próximas, mas inconfundíveis. A democracia diz respeito aos mecanismos de expressão da vontade do povo (soberano), tais como eleições de representantes, periodicidade de mandatos, igualdade na disputa por cargos eletivos etc. Já a república indica uma forma de Estado que considera os bens públicos desde uma perspectiva abstrata, impessoal, em oposição à detenção personalista do poder político observado na monarquia.

Na república, o fundamento do poder ou da autoridade pública é a soberania popular.

José Jairo Gomes lembra que: "Na forma republicana de governo, tanto o chefe do Poder Executivo quanto os membros do Legislativo cumprem mandato, sendo diretamente escolhidos pelos cidadãos em eleições diretas, gerais e periódicas"[22].

---

[22] GOMES, José Jairo. *Direito Eleitoral*. Belo Horizonte: Del Rey, 2010, p. 37.

O *Dicionário de política*[23], de Bobbio, Mateucci e Pasquino, indica que:

> Na moderna tipologia das formas de Estado, o termo República se contrapõe à monarquia. Nesta, o chefe de Estado tem acesso ao supremo poder por direito hereditário; naquela, o chefe de estado, que pode ser uma só pessoa ou um colégio de várias pessoas (Suíça), é eleito pelo povo, quer direta, quer indiretamente (através de assembleias primárias ou assembleias representativas).

A superação do poder advindo de herança ou exercitado sem termo final é uma das características mais fundamentais da república.

O Tribunal Superior Eleitoral vem aplicando o princípio republicano no caso dos denominados "prefeitos profissionais", "prefeitos itinerantes[24]", ou seja, aqueles que após o término de um segundo mandato mudam o seu domicílio eleitoral para disputarem um terceiro pleito. A esse respeito o TSE entende:

> O **princípio republicano** inspirou a seguinte interpretação dos §§ 5º e 6º do art. 14 da Carta Política: somente é possível eleger-se para o cargo de "prefeito municipal" por duas vezes consecutivas. Após isso, apenas permite-se, respeitado o prazo de desincompatibilização de 6 meses, a candidatura a "outro cargo", ou seja, a mandato legislativo, ou aos cargos de Governador de Estado ou de Presidente da República; não mai's de Prefeito Municipal, portanto (TSE, REspe n. 32.539, j. 17-12-2008).

O princípio republicano é, sem dúvida, um dos vértices da interpretação das normas eleitorais.

■ 2.3. PRINCÍPIO DA IGUALDADE (ISONOMIA)

Outro princípio vigente no Direito Eleitoral é o da isonomia ou da igualdade. O art. XXI, item 1, da Declaração Universal dos Direitos Humanos estabelece que: "Toda pessoa tem o direito de tomar parte no governo de seu país, diretamente ou por intermédio de representantes livremente escolhidos".

Já o art. 5º da Constituição estipula: "Todos são iguais perante a lei, sem distinção de qualquer natureza, garantindo-se aos brasileiros e aos estrangeiros residentes no País a inviolabilidade do direito à [...] igualdade [...]".

---

[23] BOBBIO, Norberto; MATTEUCCI, Nicola; PASQUINO, Gianfranco. *Dicionário de política*. São Paulo: Editora UnB – Imprensa Oficial, 2004, p. 1107.

[24] Agravo Regimental no Agravo de Instrumento n. 11.539/PI, rel. Min. Marcelo Ribeiro. Ementa: "AGRAVO REGIMENTAL. AGRAVO DE INSTRUMENTO. RECURSO ESPECIAL. RECURSO CONTRA A EXPEDIÇÃO DE DIPLOMA. 'PREFEITO ITINERANTE'. EXERCÍCIO CONSECUTIVO DE MAIS DE DOIS MANDATOS DE CHEFIA DO EXECUTIVO EM MUNICÍPIOS DIFERENTES. IMPOSSIBILIDADE. DESPROVIMENTO. 1. Ainda que haja desvinculação política, com a respectiva renúncia ao mandato exercido no município, antes de operar-se a transferência de domicílio eleitoral, não se admite a perpetuação no poder, somente sendo possível eleger--se para o cargo de prefeito por duas vezes consecutivas, mesmo que em localidades diversas, tendo em vista o princípio constitucional republicano. 2. Ressalva pessoal do ponto de vista do Relator. 3. Agravo regimental desprovido. *DJe* de 15-12-2010".

A expectativa da vigente ordem constitucional é de que a disputa eleitoral se dê entre candidatos que disputem em condições de "paridade de armas". Contraria o ordenamento jurídico o fato de alguém ser beneficiado por razões pessoais (critérios de parentesco, de ocupação de certas posições políticas ou sociais etc.) em detrimento de outros que, igualmente, desejem participar do prélio eleitoral.

O princípio da igualdade dá fundamento constitucional a uma série de disposições legais. As condutas vedadas aos agentes públicos arroladas no art. 73 da Lei n. 9.504/97 (Lei das Eleições) são assim tratadas por considerar o legislador serem elas, segundo a sua expressa dicção, "tendentes a afetar a igualdade de oportunidades entre candidatos nos pleitos eleitorais".

■ 2.3.1. Igualdade racial

A Convenção Interamericana contra o Racismo, a Discriminação Racial e Formas Correlatas de Intolerância, alçada ao mesmo patamar das emendas constitucionais pelo § 3º do art. 4º da CF/1988, já em seu art. 1º[25], reconhece que **o racismo pode ocorrer diretamente** – quando se pretende conscientemente impor medidas discriminatórias – **ou indiretamente – quando não são adotadas medidas propositivas para impedir** que o racismo e a discriminação surtam seus efeitos deletérios.

Há também a **discriminação múltipla ou agravada**, aquela em que se faz presente qualquer preferência, distinção, exclusão ou restrição baseada, de modo concomitante, em duas ou mais formas de expressão direta do racismo, "[...] ou outros reconhecidos em instrumentos internacionais, cujo objetivo ou resultado seja anular ou restringir o reconhecimento, gozo ou exercício, em condições de igualdade, de um ou mais direitos humanos e liberdades fundamentais consagrados nos instrumentos internacionais aplicáveis aos Estados-Partes, em qualquer área da vida pública ou privada".

---

[25] "Art. 1º

Para os efeitos desta Convenção:

1. Discriminação racial é qualquer distinção, exclusão, restrição ou preferência, em qualquer área da vida pública ou privada, cujo propósito ou efeito seja anular ou restringir o reconhecimento, gozo ou exercício, em condições de igualdade, de um ou mais direitos humanos e liberdades fundamentais consagrados nos instrumentos internacionais aplicáveis aos Estados-Partes. A discriminação racial pode basear-se em raça, cor, ascendência ou origem nacional ou étnica.

2. Discriminação racial indireta é aquela que ocorre, em qualquer esfera da vida pública ou privada, quando um dispositivo, prática ou critério aparentemente neutro tem a capacidade de acarretar uma desvantagem particular para pessoas pertencentes a um grupo específico, com base nas razões estabelecidas no Artigo 1.1, ou as coloca em desvantagem, a menos que esse dispositivo, prática ou critério tenha um objetivo ou justificativa razoável e legítima à luz do Direito Internacional dos Direitos Humanos.

3. Discriminação múltipla ou agravada é qualquer preferência, distinção, exclusão ou restrição baseada, de modo concomitante, em dois ou mais critérios dispostos no Artigo 1.1, ou outros reconhecidos em instrumentos internacionais, cujo objetivo ou resultado seja anular ou restringir o reconhecimento, gozo ou exercício, em condições de igualdade, de um ou mais direitos humanos e liberdades fundamentais consagrados nos instrumentos internacionais aplicáveis aos Estados-Partes, em qualquer área da vida pública ou privada."

O art. 9º da Convenção, por seu turno, assim dispõe:

Art. 9º Os Estados-Partes comprometem-se a garantir que seus sistemas políticos e jurídicos reflitam adequadamente a diversidade de suas sociedades, a fim de atender às necessidades legítimas de todos os setores da população, de acordo com o alcance desta Convenção.

O racismo – é a Convenção Interamericana quem o afirma – pode ser praticado de forma direta, indireta ou múltipla (agravada). O repúdio a todas essas formas de preconceito e discriminação agora fazem parte do direito interno brasileiro, ocupando posição máxima na hierarquia das normas.

Outra norma de notável relevância, especialmente quando se tem em mira o notável *status* a ela conferida desde a sua internalização, é relativa ao sentido e relevância das políticas afirmativas. Ela está referida no item 5 do art. 1º da Convenção Interamericana, tal como a seguir citado:

Art. 1º [...]
5. As medidas especiais ou de ação afirmativa adotadas com a finalidade de assegurar o gozo ou exercício, em condições de igualdade, de um ou mais direitos humanos e liberdades fundamentais de grupos que requeiram essa proteção não constituirão discriminação racial, desde que essas medidas não levem à manutenção de direitos separados para grupos diferentes e não se perpetuem uma vez alcançados seus objetivos.

A **adesão** do Brasil a essa **Convenção** está desde logo **justificada** pelo fato de o **repúdio ao racismo** constituir um dos **princípios** que regem o **Brasil** nas suas **relações** internacionais (inciso VII do art. 4º da CF).

Robustecendo o seu compromisso fundamental com o combate a toda forma de exclusão que tenha por pressuposto a raça ou a cor, a Constituição chega ao ponto de declarar que "a prática do racismo constitui crime inafiançável e imprescritível, sujeito à pena de reclusão, nos termos da lei" (art. 5º, XLII).

Mas a pedra angular da promoção constitucional da igualdade racial está mesmo no art. 3º da Lei Maior, o qual inclui entre os objetivos fundamentais da República Federativa do Brasil a erradicação da pobreza e a marginalização e reduzir as desigualdades sociais e regionais (inciso III), a promoção do bem de todos, sem preconceitos de origem, raça, sexo, cor, idade e quaisquer outras formas de discriminação.

Consideradas tais balizas, impende analisar os últimos passos, ainda embrionários, da definição de políticas afirmativas em favor da igualdade racial no processo eleitoral brasileiro.

Na Consulta n. 0600306-47.2019.6.00.0000 – TSE, sob o relato do Ministro Luís Roberto Barroso, questionou-se a possibilidade de: **(i)** garantir às candidatas negras percentual dos recursos financeiros e do tempo em rádio e TV destinados às candidaturas femininas no montante de 50%, dada a distribuição demográfica brasileira; **(ii)** instituir reserva de 30% das candidaturas de cada partido a pessoas negras, nos termos da cota de gênero prevista na Lei n. 9.504/97; **(iii)** determinar o custeio proporcional das campanhas dos candidatos negros, destinando-se a estes no mínimo 30% do total do FEFC; e **(iv)** assegurar tempo de propaganda eleitoral gratuita no rádio e na televisão proporcional às candidaturas de pessoas negras, respeitando-se o mínimo de 30%.

Na conclusão da consulta, definiu-se que:

> 14. Primeiro quesito respondido afirmativamente nos seguintes termos: os recursos públicos do Fundo Partidário e do FEFC e o tempo de rádio e TV destinados às candidaturas de mulheres, pela aplicação das decisões judiciais do STF na ADI n. 5617/DF e do TSE na Consulta n. 0600252-18/DF, devem ser repartidos entre mulheres negras e brancas na exata proporção das candidaturas apresentadas pelas agremiações.
>
> 15. Segundo quesito é respondido negativamente, não sendo adequado o estabelecimento, pelo TSE, de política de reserva de candidaturas para pessoas negras no patamar de 30%. Terceiro e quarto quesitos respondidos afirmativamente, nos seguintes termos: os recursos públicos do Fundo Partidário e do FEFC e o tempo de rádio e TV devem ser destinados ao custeio das candidaturas de homens negros na exata proporção das candidaturas apresentadas pelas agremiações.

Ainda na mencionada consulta definiu-se que tais regras seriam aplicadas a partir do pleito eleitoral de 2022, incorrendo aplicação imediata, por conseguinte, dos efeitos da aludida consulta.

Em virtude da não aplicação às eleições de 2020, foi proposta no Supremo Tribunal Federal a Arguição de Descumprimento de Preceito Fundamental n. 738, na qual se pugnou cautelarmente pelo reconhecimento da imediata aplicação dos efeitos da Consulta n. 0600306-47.2019.6.00.0000.

Ao analisar a liminar, o Ministro relator Ricardo Lewandowski a deferiu em 9 de setembro de 2020, impondo **imediatidade à aplicação** dos incentivos às candidaturas de pessoas negras, nos exatos termos da resposta do TSE à Consulta 600306-47, já nas eleições de 2020.

Abaixo seguem os fundamentos centrais da mencionada decisão:

> De resto, a obrigação dos partidos políticos de tratar igualmente, ou melhor, equitativamente os candidatos decorre da incontornável obrigação que têm de resguardar o regime democrático e os direitos fundamentais (art. 16, *caput*, da CF) e do inarredável dever de dar concreção aos objetivos fundamentais da República, dentre os quais se destaca o de "promover o bem de todos, sem preconceitos de origem, raça, sexo, cor, idade" (art. 3º, IV, CF).
>
> Sublinho, por oportuno, que, segundo o calendário eleitoral, ainda se está no período das convenções partidárias, qual seja, de 31/8 a 16/9, em que as legendas escolhem os candidatos, cujo registro deve ser feito até o dia 26/9. Tal cronograma evidencia que a implementação dos incentivos propostos pelo TSE, discriminados na resposta à Consulta, desde já, não causará nenhum prejuízo às agremiações políticas, sobretudo porque a propaganda eleitoral ainda não começou, iniciando-se apenas em 27/9. Mas não é só isso: os referidos prazos também deixam claro o perigo na demora, a revelar que uma decisão *initio litis* ou de mérito proferida nestes autos, pelo STF, após essas datas, à toda a evidência, perderia o seu objeto por manifesta intempestividade.

Após a prolação de tal ordem liminar, os partidos políticos suscitaram diversos questionamentos quanto à forma de aplicação da mencionada medida. Assim, em 24 de setembro de 2020, foram esclarecidas todas as dúvidas pontuais, ante a prolação de despacho que contém as seguintes premissas a serem observadas. Vejamos:

1. O volume de recursos destinados a candidaturas de pessoas negras deve ser calculado a partir do percentual dessas candidaturas dentro de cada gênero, e não de forma global. Isto é, primeiramente, deve-se distribuir as candidaturas em dois grupos – homens e mulheres. Na sequência, deve-se estabelecer o percentual de candidaturas de mulheres negras em relação ao total de candidaturas femininas, bem como o percentual de candidaturas de homens negros em relação ao total de candidaturas masculinas. Do total de recursos destinados a cada gênero e que se separara a fatia mínima de recursos a ser destinada a pessoas negras desse gênero;

2. Ademais, deve-se observar as particularidades do regime do FEFC e do Fundo Partidário, ajustando-se as regras já aplicadas para cálculo e fiscalização de recursos destinados as mulheres;

3. A aplicação de recursos do FEFC em candidaturas femininas e calculada e fiscalizada em âmbito nacional. Assim, o cálculo do montante mínimo do FEFC a ser aplicado pelo partido, em todo o país em candidaturas de mulheres negras e homens negros será realizado a partir da aferição do percentual de mulheres negras, dento do total de candidaturas femininas, e de homens negros, dentro do total de candidaturas masculinas. A fiscalização da aplicação dos percentuais mínimos será realizada, apenas, no exame das prestações de contas do diretório nacional, pelo TSE;

4. A aplicação de recursos do Fundo Partidário em candidaturas femininas e calculada e fiscalizada em cada esfera partidária. Portanto, havendo aplicação de recursos do Fundo Partidário em campanhas, o órgão partidário doador, de qualquer esfera, deverá destinar os recursos proporcionalmente ao efetivo percentual (i) de candidaturas femininas, observado, dentro deste grupo, o volume mínimo a ser aplicado a candidaturas de mulheres negras; e (ii) de candidaturas de homens negros. Nesse caso, a proporcionalidade será aferida com base nas candidaturas apresentadas no âmbito territorial do órgão partidário doador. A fiscalização da aplicação do percentual mínimo será realizada no exame das prestações de contas de campanha de cada órgão partidário que tenha feito a doação.

Por meio de sessão virtual, tal liminar foi referendada pelo Pleno do STF em 5 de outubro de 2020, não restando questionamentos quanto à aplicabilidade da liminar àquele pleito e aos subsequentes.

Com a aprovação da Proposta de Emenda à Constituição n. 18/2021, foram isentadas as agremiações partidárias de responsabilidades decorrentes da não observância da reserva de fundos para candidaturas negras no pleito de 2020.

Posteriormente, as Resoluções-TSE de n. 23.605 e 23.607, ambas de 2019, passaram a disciplinar a destinação vinculada de parte dos recursos do FEFC para promoção de candidaturas de homens e mulheres negros e negras. As particularidades dessa normatização serão estudadas no capítulo que trata da arrecadação, despesas e prestação de contas eleitorais.

2.3.2. Igualdade e sexo

Proclama o inciso I do art. 5º da CF que "homens e mulheres são iguais em direitos e obrigações, nos termos desta Constituição".

De acordo com o *site* Congresso em Foco, no qual a jornalista Sara Resende publicou matéria intitulada "Brasil fica atrás até do Oriente Médio em presença feminina no Parlamento", o boletim da União Interparlamentar (UIP), divulgado em janeiro de 2015, lista o Brasil na 116ª posição em um *ranking* que agrega 190 países. Na Câmara, as 51 mulheres ocupam o equivalente a 9,9% das cadeiras. No Senado, a proporção é um pouco maior. Há 12 senadoras em exercício, 13% dos 81 parlamentares[26].

Se considerarmos que a realização da igualdade material é objetivo almejado pela nossa Constituição, concluiremos que, em matéria de igualdade de acesso aos cargos providos mediante processos eletivos, ainda estamos longe do ideal.

Os dados mundiais sobre a mulher na política mostram uma correlação entre o nível de desenvolvimento humano e a proporção de mulheres nos parlamentos e como funcionárias ministeriais[27].

Para diminuir o hiato existente entre o desiderato da nossa ordem fundamental e o resultado das observações empíricas sobre essa matéria, o legislador tem feito a experiência de estabelecer cotas de gênero.

A Lei das Eleições dispunha até recentemente no § 3º do seu art. 10 o seguinte: "Do número de vagas resultante das regras previstas neste artigo, cada partido ou coligação deverá reservar o mínimo de trinta por cento e o máximo de setenta por cento para candidaturas de cada sexo". Interpretando esse dispositivo, o Tribunal Superior Eleitoral concluiu que a norma implica apenas a "Impossibilidade de preenchimento por candidatura de homem" (REspe n. 16.632, rel. Min. Costa Porto, 5-9-2000), não importando em consequências outras para a agremiação partidária ou coligação que não preenchesse as cotas reservadas a cada gênero.

O tratamento legal da matéria foi alterado substancialmente desde a edição da Lei n. 12.034/2009 (Lei da Reforma Eleitoral), que mudou a redação do citado parágrafo para dar-lhe o seguinte teor: "Do número de vagas resultantes das regras previstas neste artigo, cada partido ou coligação preencherá o mínimo de 30% (trinta por cento) e o máximo de 70% (setenta por cento) para candidaturas de cada sexo".

Se observado atentamente, o dispositivo contém uma indiscutível inovação. A expressão "deverá reservar" foi substituída por "preencherá". Essa alteração, fruto de intensa mobilização realizada por grupos de defesa dos direitos das mulheres, não parece ter sido em vão. Quis o legislador, explicitamente, instituir um novo regime

---

[26] Disponível em: http://congressoemfoco.uol.com.br/noticias/brasil-fica-atras-ate-do-oriente-medio-em-participacao-feminina-na-politica/. Acesso em: 6 jan. 2023.

[27] AVELAR, Lúcia. *Mulheres na elite política brasileira*. São Paulo: Fundação Konrad Adenauer, Editora Unesp, 2001, p. 96.

para os registros de candidatura, levando os partidos a identificar e estimular a participação de lideranças políticas femininas na vida partidária e eleitoral.

Particularmente, compreendemos que a interpretação do dispositivo deve levar à conclusão de que os partidos e coligações estão obrigados a promover o preenchimento das vagas na proporção indicada pelo legislador, sob pena de indeferimento do registro de toda a chapa. Tratar-se-ia de uma nova "condição de registrabilidade" a atingir a validade do registro da candidatura de todos os componentes da lista partidária.

Mas, atenção, o legislador não passou a exigir que os 30% do número total de vagas para candidatos em cada partido ou coligação sejam efetivamente preenchidos pelas mulheres. O que ele faz é determinar que seja observada estritamente a proporção entre sexos, de modo que a relação se torne uma realidade.

Uma vez composta a chapa, todavia, há que se verificar também se as mulheres que a integram são de fato candidatas, não meros nomes lançados apenas para preencher a formalidade legal.

O **Tribunal Superior Eleitoral** no julgamento do REspe 19.392-PI, sob o relato do Ministro Jorge Mussi, **decidiu** de forma inédita que **ocorre fraude à cota de sexo** quando são inscritas na lista de candidatos mulheres que no plano fático **não esboçaram sinais** concretos de ingressar na **disputa** pelos **votos** do povo. Por maioria de votos, o TSE decidiu **cassar todos** os seis **vereadores** eleitos por certo partido na cidade de Valença (PI). E ainda concluiu por **impor inelegibilidade** decorrente de abuso do poder a dois candidatos homens presentes na chapa cassada, os quais pessoalmente organizaram a fraude. **Trata-se** de um verdadeiro *leading case*. Muitos **julgados** foram proferidos **no mesmo sentido** em diversas instâncias da Justiça Eleitoral em **conformidade** com esse **entendimento**.

Em outro importante julgado, o TSE reconheceu que:

> Ao longo de mais de três décadas da reabertura democrática, mulheres e pessoas negras permaneceram em grande parte à mercê de ações afirmativas que assegurassem meios concretos de incentivo, participação e promoção nas campanhas, em verdadeiro descompasso entre fundamentos e direitos fundamentais previstos na Constituição – dentre eles a isonomia, a cidadania, a dignidade da pessoa humana e o pluralismo político – e o quotidiano da vida política brasileira. [...] (Consulta n. 060048306, Acórdão, rel. Min. Benedito Gonçalves, *DJe*, t. 191, 28-9-2022).

Já na Ação Declaratória de Inconstitucionalidade n. 5.617, por sua vez, relatada pelo Ministro Edson Fachin, o Supremo Tribunal Federal **decidiu**

> equiparar o patamar legal **mínimo** de candidaturas **femininas** [...] isto é, ao menos **30%** de cidadãs, ao **mínimo** de recursos do **Fundo Partidário** a lhes serem destinados, que deve ser interpretado como **também de 30%** do montante do fundo alocado a cada partido (ADI 5.617/DF, rel. Min. Edson Fachin, j. 15-3-2018).

Veja-se, ainda, quanto a esse ponto, que a lei reserva cotas para ambos os sexos, não apenas para as mulheres. Desse modo, não é possível, pelas mesmas razões, a formação de uma lista exclusiva de candidatas do sexo feminino. Nesse caso, pelo menos 30% das vagas deveriam ser preenchidas por pessoas do sexo masculino.

Por fim, registre-se que o art. 44 da Lei n. 9.096/1995, em nova redação definida quando da última reforma da legislação eleitoral (Lei n. 13.165/2015), passou a estipular, em seu inciso V, que:

> **Art. 44.** Os recursos oriundos do Fundo Partidário serão aplicados:
> [...]
> V – na criação e manutenção de programas de promoção e difusão da participação política das mulheres conforme percentual que será fixado pelo órgão nacional de direção partidária, observado o mínimo de 5% (cinco por cento) do total;

Tratou o legislador, mais uma vez, de definir políticas afirmativas de inclusão da mulher na política, agindo, ainda que de modo tímido, diante da magnitude das distorções verificadas no tocante à igualdade de sexos nos cargos eletivos em nosso país.

A partir da edição da EC n. 117/2022, o tema passou a receber *status* constitucional, tendo sido incluído o seguinte § 7º ao art. 17 da Constituição Federal:

> **Art. 17.** [...]
> § 7º Os partidos políticos devem aplicar no mínimo 5% (cinco por cento) dos recursos do fundo partidário na criação e na manutenção de programas de promoção e difusão da participação política das mulheres, de acordo com os interesses intrapartidários.

A mesma emenda fez incluir um § 8º no art. 17 da CF, com o seguinte teor:

> **Art. 17.** [...]
> § 8º O montante do Fundo Especial de Financiamento de Campanha e da parcela do fundo partidário destinada a campanhas eleitorais, bem como o tempo de propaganda gratuita no rádio e na televisão a ser distribuído pelos partidos às respectivas candidatas, deverão ser de no mínimo 30% (trinta por cento), proporcional ao número de candidatas, e a distribuição deverá ser realizada conforme critérios definidos pelos respectivos órgãos de direção e pelas normas estatutárias, considerados a autonomia e o interesse partidário.

Podemos afirmar, pois, que estamos num momento em que as normas de promoção da igualdade entre os sexos estão sofrendo ajustes positivos, embora muita ainda haja a ser feito no plano material para que se assegure a devida isonomia no plano político-eleitoral.

■ 2.3.3. Igualdade e gênero

Aqui tratamos de outro ponto que não diz respeito a particularidades sexuais, mas à questão de gênero. Aqui não se faz menção à sexualidade definida segundo critérios biológicos ou externos, mas à identidade de gênero.

Quanto ao ponto, está iniciado um processo de reconhecimento de direitos que leva em conta a **diversidade de gêneros** e seus reflexos no plano dos direitos eleitorais. Alguns pontos desse movimento já podem ser percebidos na definição das normas eleitorais.

Um dos primeiros elementos dessa inclinação reside na Portaria Conjunta TSE n. 1, de 17 de abril de 2018, firmada pelo Ministro Luiz Fux, então presidente do Tribunal Superior Eleitoral. O texto normativo regulamenta a inclusão do nome social no cadastro eleitoral, prevista na Resolução-TSE n. 23.562, de 22 de março de 2018. Tal resolução foi posteriormente revogada pela de número 23.659, de 26 de outubro de 2021, a qual, dentre outras disposições, contém o seguinte comando normativo:

> **Art. 16.** É direito fundamental da pessoa transgênera, preservados os dados do registro civil, fazer constar do Cadastro Eleitoral seu nome social e sua identidade de gênero.
> § 1º Considera-se nome social a designação pela qual a pessoa transgênera se identifica e é socialmente reconhecida.
> § 2º Considera-se identidade de gênero a atitude individual que diz respeito à forma como cada pessoa se percebe e se relaciona com as representações sociais de masculinidade e feminilidade e como isso se traduz em sua prática social, sem guardar necessária relação com o sexo biológico atribuído no nascimento.

O art. 73 da mesma Resolução estabelece que: "Quando registrado no Cadastro Eleitoral, o nome social constará da via impressa e digital do título eleitoral".

No tocante ao uso do nome social pela pessoa postulante ao mandato eletivo, até mesmo para apresentação na urna eletrônica, o Tribunal Superior Eleitoral respondeu à Consulta n. 0604054-58/DF, sob relato do Ministro Tarcísio Vieira, apresentando as seguintes conclusões:

> 1. A expressão "cada sexo" mencionada no art. 10, § 3º, da Lei n. 9.504/97 refere-se ao gênero, e não ao sexo biológico, de forma que tanto os homens como as mulheres transexuais e travestis podem ser contabilizados nas respectivas cotas de candidaturas masculina ou feminina. Para tanto, devem figurar como tal nos requerimentos de alistamento eleitoral, nos termos estabelecidos pelo art. 91, *caput*, da Lei das Eleições, haja vista que a verificação do gênero para o efeito de registro de candidatura deverá atender aos requisitos previstos na Res.-TSE n. 21.538/2003 e demais normas de regência.
> 2. A expressão contida no art. 12, *caput, da Lei n*. 9.504/97, de que o candidato deve "indicar seu nome completo" no pedido de registro candidatura, refere-se ao nome civil, constante do cadastro eleitoral, por ser imprescindível ao exame das certidões negativas exigidas no pedido de registro de candidatura, o qual deverá ser restrito ao âmbito interno da Justiça Eleitoral, enquanto o nome social deverá ser utilizado nas divulgações públicas.
> 3. É possível o uso exclusivo do nome social nas urnas eletrônicas, observados os parâmetros do art. 12 da Lei n. 9.504/97, que permite o registro do "prenome, sobrenome, cognome, nome abreviado, apelido ou nome pelo qual é mais conhecido, desde que não se estabeleça dúvida quanto à sua identidade, não atente contra o pudor e não seja ridículo ou irreverente".
> 4. A expressão "não estabeleça dúvida quanto à sua identidade", prevista no *caput* do art. 12 da Lei n. 9.504/97, refere-se à identificação do(a) candidato(a) conforme seja conhecido(a), inclusive quanto à identidade de gênero.

5. O nome social poderá ser utilizado tanto nas candidaturas proporcionais como nas majoritárias, haja vista que o art. 11 da Lei n. 9.504/97, ao estabelecer o rol de dados e documentos que devem instruir o pedido de registro, não faz nenhuma distinção nesse sentido.

6. Acolhe-se a manifestação da Assessoria Consultiva no sentido de que a autodeclaração de gênero deve ser manifestada por ocasião do alistamento eleitoral ou da atualização dos dados do cadastro eleitoral, ou seja, até cento e cinquenta e um dias antes da data das eleições, nos termos do art. 91, *caput*, da Lei n. 9.504/97, razão pela qual se propõe a edição de regras específicas sobre o tema.

7. Consulta conhecida.

Como se pode ver, tanto para a finalidade de inclusão no cadastro eleitoral como quanto para a apresentação de candidatura, o Tribunal Superior Eleitoral atualizou devidamente o seu entendimento para acolher o uso do nome social, observada a identidade de gênero da cidadã ou cidadão que para tanto procura a Justiça Eleitoral.

Outra abordagem oportuna sobre a questão de gênero dentro da perspectiva da igualdade diz respeito à composição das listas de candidaturas proporcionais. Uma **mulher transgênero** – assim considerada aquela pessoa que, mesmo possuindo aspecto morfológico masculino em sua genitália, se autopercebe e se identifica em suas relações sociais **como mulher** – deve figurar na composição feminina da lista. Assim agindo, sua presença na lista deve ser contabilizada para assegurar a presença feminina no percentual mínimo indicado pelo art. 10, § 3º, da Lei das Eleições.

Isso não dá azo, todavia, a que a mesma posição possa ser ocupada por pessoa em outra posição de identidade de gênero. Assim, um homem bissexual ou homoafetivo não pode compor a lista na proporção destinada às mulheres, senão ao próprio sexo masculino. Não se trata de uma questão de sexualidade, mas de gênero, o que pressupõe identidade.

Reflexão inversa poderia ser aplicável a um caso similar que envolvesse um homem trans. Uma mulher lésbica ou não binária, por exemplo, não pode se apresentar como homem para o fim de assegurar presença mínima masculina na chapa, visto que a norma impede que qualquer das componentes da lista (masculina e feminina) tenha expressão menor do que trinta por cento.

Em um caso concreto, ainda em andamento e sem precedentes, relativo às eleições de 2022 no Estado de Goiás, as advogadas Amanda Souto Baliza e Talita Silvério Hayasaki ajuzaram ação de investigação judicial eleitoral em que pleiteiam a desconstituição dos diplomas outorgados a dois deputados estaduais eleitos, tendo estes sido beneficiados pela complementação da parte feminina da chapa com um homem integrante da comunidade LGBTQIAP+, mas que nunca se apresentou como uma mulher trans. Segundo as advogadas:

> Inegável ademais o dolo do polo passivo: o candidato disse-se mulher apenas para fins de preenchimento da cota, já que continuou a agir, apresentar-se e ser tratado como homem; já sua grei, que concedera a ele a presidência da "Diversidade Tucana", sempre se referiu a ele, por meio de seu presidente estadual, [...], como homem, e sabe de sua história no movimento da Diversidade dada sua sexualidade, e não seu gênero. A poten-

cialidade do ato fraudulento verifica-se com a eleição de 2 candidatos que se beneficiaram dos votos da chapa da federação, exsurgindo a gravidade da intenção do ato praticado pelo candidato que distorceu o resultado do processo eleitoral, elegendo assim 2 candidatos a deputado estadual que se beneficiaram pelo descumprimento da cota de gênero por parte da grei partidária.

Trata-se de questão a ser decidida ainda pela Justiça Eleitoral, envolvendo, pois, ponto pendente, mas que prenuncia a abertura de novos campos para a reflexão jurídica nesse campo do conhecimento jurídico que tem muito por onde se desenvolver.

2.3.4. Igualdade e pessoas com deficiência

As **pessoas com deficiência** têm seus direitos fundamentais albergados em nossa Constituição Federal. A Constituição Cidadã é também a Constituição Inclusiva, do que decorre que muitos dos seus postulados deitam luzes também sobre a responsabilidade das instituições eleitorais para com as pessoas com deficiência.

Já no art. 1º da Constituição inclui entre os fundamentos da República Federativa do Brasil "a dignidade da pessoa humana".

De acordo com o art. 3º, IV, da Lei Maior, constituem objetivos fundamentais da República a promoção do bem de todos, sem preconceitos de origem, raça, sexo, cor, idade e quaisquer outras formas de discriminação.

O § 2º do art. 227 da CF/1988 estabelece que: "A lei disporá sobre normas de construção dos logradouros e dos edifícios de uso público e de fabricação de veículos de transporte coletivo, a fim de garantir acesso adequado às pessoas portadoras de deficiência".

No plano infraconstitucional, esses postulados chegaram à Lei n. 13.146, de 6 de julho de 2015, que institui a Lei Brasileira de Inclusão da Pessoa com Deficiência (Estatuto da Pessoa com Deficiência ou Lei Brasileira de Inclusão).

O art. 76 da Lei Brasileira de Inclusão dispõe de várias regras – dimanadas de tais princípios – dirigidas às instituições políticas e eleitorais. É o que se transcreve a seguir:

> **Art. 76.** O poder público deve garantir à pessoa com deficiência todos os direitos políticos e a oportunidade de exercê-los em igualdade de condições com as demais pessoas.
> § 1º À pessoa com deficiência será assegurado o direito de votar e de ser votada, inclusive por meio das seguintes ações:
> I – garantia de que os procedimentos, as instalações, os materiais e os equipamentos para votação sejam apropriados, acessíveis a todas as pessoas e de fácil compreensão e uso, sendo vedada a instalação de seções eleitorais exclusivas para a pessoa com deficiência;
> II – incentivo à pessoa com deficiência a candidatar-se e a desempenhar quaisquer funções públicas em todos os níveis de governo, inclusive por meio do uso de novas tecnologias assistivas, quando apropriado;
> III – garantia de que os pronunciamentos oficiais, a propaganda eleitoral obrigatória e os debates transmitidos pelas emissoras de televisão possuam, pelo menos, os recursos elencados no art. 67 desta Lei;

IV – garantia do livre exercício do direito ao voto e, para tanto, sempre que necessário e a seu pedido, permissão para que a pessoa com deficiência seja auxiliada na votação por pessoa de sua escolha.

§ 2º O poder público promoverá a participação da pessoa com deficiência, inclusive quando institucionalizada, na condução das questões públicas, sem discriminação e em igualdade de oportunidades, observado o seguinte:

I – participação em organizações não governamentais relacionadas à vida pública e à política do País e em atividades e administração de partidos políticos;

II – formação de organizações para representar a pessoa com deficiência em todos os níveis;

III – participação da pessoa com deficiência em organizações que a representem.

Tratando das disposições eleitorais do referido dispositivo, Dias, Junqueira e Andrade assim se manifestam:

> Existe vedação normativa expressa de seções eleitorais exclusivas para as pessoas com deficiência. O TSE somente poderá continuar estabelecendo "seções eleitorais especiais" se não forem exclusivas para os eleitores com deficiência e, sem prejuízo, é claro, de garantir a acessibilidade de todo e qualquer local de votação (inciso I, § 1º, artigo 76 da Lei Brasileira de Inclusão). O objetivo, que segue a Convenção Internacional das Pessoas com Deficiência, é não somente o de evitar a segregação das pessoas com deficiência e preservar o seu direito ao sigilo do voto, mas, considerando que a maioria das seções de votação é instalada em edifícios públicos, também promover a acessibilidade dos prédios públicos e coletivos e de suas imediações[28].

Como se vê, os princípios constitucionais de onde promana a necessária inclusão de todos e todas, sem qualquer discriminação e com eliminação dos obstáculos ao exercício de direitos, têm forte irradiação sobre a aplicação das normas eleitorais.

■ 2.3.5. Igualdade e origem geográfica

Jairo Nicolau (1997), em significativo estudo denominado "As distorções na representação dos estados na Câmara dos Deputados brasileira", argumenta:

> Uma das principais patologias dos sistemas representativos das democracias contemporâneas é a não proporcionalidade entre a população (ou eleitorado) de uma determinada circunscrição eleitoral e seu número de representantes na Câmara dos Deputados. O principal efeito dessa não proporcionalidade é dar pesos distintos aos votos dos eleitores de diferentes circunscrições eleitorais, o que viola o princípio democrático de que todos os cidadãos tenham votos com valores iguais, evidenciado na máxima "um homem, um voto".

---

[28] DIAS, Joelson; JUNQUEIRA, Ana Luísa Junqueira; ANDRADE, Bruno. O direito à acessibilidade nas eleições. Disponível em: https://www.conjur.com.br/2022-abr-04/direito-eleitoral-direito-acessibilidade-eleicoes. Acesso em: 9 jan. 2023.

O autor apresenta a seguinte tabela que indica quais regiões do País estão representadas em proporção a maior ou a menor na Câmara dos Deputados.

Região	Índice
Nordeste	+ 0,7
Centro-Oeste	+1,5
Sul	+ 0,1
Norte	+ 5,6
Sudeste	– 7,7

A sub-representação do estado de São Paulo seria a maior do País (–0,8). Duas leituras opostas podem servir à crítica ou à defesa dessa situação. A primeira delas é frontalmente contrária a essa diferenciação.

Gláucio D. Soares, citado por Nicolau (1997), alega que:

> Efetivamente, ao aumentar artificialmente a representação política de uma cultura política tradicional, atrasada, dominada por líderes locais, frequentemente latifundistas, proprietários rurais, coronéis de todos os tipos, ou pessoas de sua escolha ou confiança, o sistema eleitoral terminou por prejudicar a maioria da população destas áreas. Ao aumentar o poder político da elite dirigente desta cultura política rural, tradicional e pré-ideológica, ao super-representar na Câmara e no Senado as áreas desenvolvidas social e politicamente, a legislação diminuiu a possibilidade de aprovação, pelas duas Câmaras, de reformas que viriam a beneficiar a maioria da população rural que habita principalmente estas áreas subdesenvolvidas. Este foi o caso da reforma agrária[29].

Vista a questão sob outro ponto de vista, justamente por beneficiar certas regiões mais carentes e por isso mesmo menos populosas, a eventual sobrerrepresentação verificada em alguns casos atuaria também como uma política compensatória (ou afirmativa), buscando valorizar a participação política dessas localidades. Em 2006, o Tribunal Superior Eleitoral chegou a publicar a minuta da sua Resolução n. 22.144, que alterava o número de deputados em grande parte dos Estados, a fim de corrigir possíveis distorções na representatividade. Entretanto, ao decidir sobre a matéria, a Corte resolveu abster-se de promover qualquer modificação.

■ 2.4. PRINCÍPIO DO SUFRÁGIO UNIVERSAL

O **princípio** do sufrágio universal está diretamente **relacionado** ao princípio da

---

[29] Gláucio D. Soares, citado por NICOLAU, Jairo M. *O sistema eleitoral de lista aberta no Brasil*. Dados [online], 2006, v. 49, n. 4. NICOLAU, Jairo Marconi. *As distorções na representação dos estados na Câmara dos Deputados brasileira*. Dados, Rio de Janeiro, v. 40, n. 3, 1997. Disponível em: http://www.scielo.br/scielo.php?script=sci_arttext&pid=S0011-52581997000300006&lng=en&nrm=iso. Acesso em: 7 jan. 2023.

igualdade. Sua base constitucional está no art. 14, *caput*, da Constituição, segundo o qual: "**A soberania popular será exercida pelo sufrágio universal [...]**".

Segundo Azambuja:

> [...] sufrágio é o processo legal para a designação, pelo eleitorado, das pessoas que devem desempenhar determinadas funções, chamadas funções eletivas [...] é o meio pelo qual o povo designa as pessoas que devem governar em nome dele, como seus representantes[30].

O sufrágio universal é um **sistema** pelo qual o **voto** é o instrumento de **manifestação da população** inscrita no pleito eleitoral. É a única **fonte legítima** de todo o poder. Para Chimenti:

> [...] sufrágio é considerado universal quando se outorga o direito de votar à grande maioria daqueles que detêm a capacidade civil e preenchem os requisitos básicos previstos na Constituição, sem limitação decorrente do grau de instrução, do poder econômico, do sexo, ou da convicção religiosa[31].

É um direito público subjetivo de natureza política que tem o cidadão de eleger, ser eleito e de participar da organização e da atividade do poder estatal, por conseguinte, o meio exclusivo de concretização do poder.

Sua função é consubstanciar o consentimento do povo, que legitima o exercício do poder. O cidadão, ao exercer o sufrágio, está agindo na sua condição essencial de liberdade previsto no art. I da Declaração dos Direitos do Homem[32], visto que no momento que ele pratica seu direito de sufrágio, sem interferências externas, com liberdade, além de estar exercendo a democracia na sua plenitude, também estará escolhendo representante que, em tese, pensa e age na mesma sintonia dele. Assim, as leis e as ações executivas elaboradas pelo eleito causarão menor impacto na vida do eleitor, ante a harmonia existente entre esses dois agentes.

Nesse mesmo pensamento, quando o sufrágio é exercido com liberdade de voto, a política dominante poderá ser alterada a cada pleito.

Sufrágio universal opõe-se à ideia de voto restrito. O voto restrito, por sua vez, pode ser censitário ou capacitário.

Voto censitário é o que apresenta restrições à capacidade eleitoral em decorrência da aplicação de critérios econômicos.

O voto censitário vigorou por todo o período monárquico brasileiro, tendo sido expressamente abolido pela Constituição de 1824, que vigorou até 1891. Por ele se definia que só poderia votar quem possuísse renda anual superior a 100 mil réis. Em 1872, somente 13% da população votava.

---

[30] AZAMBUJA, Darcy. *Introdução à Ciência Política*. 14. ed. São Paulo: Globo, 2001, p. 281.
[31] CHIMENTI, Ricardo Cunha. *Direito Eleitoral*. Rio de Janeiro. Elsevier, 2007, p. 4.
[32] Todo ser humano tem direito à vida, à liberdade e à segurança de sua pessoa.

Voto capacitário é o que limita o ingresso no corpo de eleitores (colégio eleitoral) aos que preencham certas exigências de cunho intelectual, tal como a obtenção de certa escolaridade. Embora de modo facultativo, o voto é assegurado aos analfabetos pelo art. 14, § 1º, da Constituição de 1988.

Em oposição ao voto restrito temos o sufrágio universal, definido como a acessibilidade de todos ao colégio de eleitores, sem distinções de gênero, etnia, classe econômica ou grupo social e formação escolar.

Não descaracteriza a universalidade do sufrágio a adoção de idade mínima para o exercício do voto, desde que esta não seja superior àquela em que cientificamente se reconhece o ingresso na fase adulta.

O sufrágio universal foi expressamente lembrado pela Declaração Universal dos Direitos Humanos que, em seu art. 21, 3, estabelece:

> **Art. 21.** [...]
> 3. A vontade do povo será a base da autoridade do governo; esta vontade será expressa em eleições periódicas e legítimas, por sufrágio universal, por voto secreto ou processo equivalente que assegure a liberdade de voto.

O art. 23, item 1, da Convenção Americana sobre Direitos Políticos (Pacto de San José da Costa Rica) igualmente destaca a importância desse instituto:

> **Art. 23.** Direitos políticos
> 1. Todos os cidadãos devem gozar dos seguintes direitos e oportunidades:
> [...]
> *b)* de votar e ser eleitos em eleições periódicas autênticas, realizadas por sufrágio universal e igual e por voto secreto que garanta a livre expressão da vontade dos eleitores;

O sufrágio se apresenta sob dois aspectos: a capacidade eleitoral ativa e a capacidade eleitoral passiva.

O nacional adquire a capacidade eleitoral ativa ao ingressar no colégio de eleitores, o que se dá por meio do alistamento eleitoral. Nesse momento, habilita-se ao exercício do voto, meio pelo qual aquela se exprime.

A capacidade eleitoral passiva é detida por aqueles que, segundo os critérios definidos na Constituição e nas leis, são admitidos a disputar o voto do povo por haverem alcançado o registro válido das suas candidaturas.

Ambas as capacidades não são inatas. São adquiridas pelo preenchimento de todos os pressupostos exigidos em Lei Eleitoral e na Constituição Federal.

■ 2.5. PRINCÍPIO DO VOTO DIRETO E SECRETO

Mill considera que "a prática da eleição popular, ao invés de proporcionar segurança contra um mau governo é uma força motriz adicional na máquina política"[33]. O autor alerta para o perigo presente, ao defender que:

---

[33] MILL, John Stuart. *Considerações sobre o governo representativo.* Coleção Grandes Obras do Pensamento Universal, 56. São Paulo: Escala, 2006, p. 20.

Quando a maioria dos eleitores não suficientemente interessada em seu próprio governo para dar seu voto, ou seu voto não o faz baseada em fundamentos políticos, mas vendem seu voto por dinheiro, ou vota obedecendo alguém que os controla ou em quem eles desejam favorecer por razões particulares.

O **voto secreto** é indubitavelmente um dos mais **valiosos instrumentos** de concreção da **liberdade** consagrados ao **longo dos tempos**. O fim almejado pela norma ao instituir o voto secreto é o de **conceder ao eleitor** meio de expressão da sua **opção política**, sem que corra o risco de sofrer retaliações decorrentes de um posicionamento **independente** frente aos **detentores do poder**.

O voto direto, por outro lado, erige o eleitor à condição de responsável imediato pelos resultados eleitorais, recusando-se a ideia de eleições em diversos níveis, como já as tivemos no passado, ou a outorga da capacidade eleitoral à instância diversa.

O art. 14 da CF/1988 estipula que o voto será direto e secreto. Salienta-se que o voto direto, secreto e universal está sob a proteção do disposto no art. 60, § 4º, da Lei Maior, sendo, portanto, cláusula pétrea por inserir-se entre os direitos e garantias individuais do cidadão. Daí por que não pode ser objeto de deliberação a proposta tendente à sua abolição ou enfraquecimento.

Diz o art. 14 da Constituição que: "A soberania popular será exercida pelo sufrágio universal e pelo voto direto e secreto". O voto secreto é um dos mais poderosos instrumentos de exercício da liberdade política, assegurando ao eleitor meios para votar em consonância com o seu pensamento. Pela garantia do sigilo no seu pronunciamento político, assegura-se ao eleitor a opção de votar em contrariedade a poderosos interesses que, de outra forma, suprimiriam a liberdade da sua manifestação.

O voto é secreto quando adotadas medidas para impedir quaisquer outras pessoas de terem acesso ao seu conteúdo. Por isso, violariam esse princípio constitucional quaisquer medidas que fragilizassem a segurança do voto ou permitissem o seu monitoramento.

A quebra do sigilo do voto se dá quando é possível relacionar o conteúdo da expressão eleitoral a um eleitor em particular. Nesse sentido, o uso de equipamentos eletrônicos, tais como máquinas filmadoras ou aparelhos celulares capazes de captar imagens, pode ser suficiente para suprimir o segredo determinado pela Constituição. Por isso mesmo, como veremos quando do estudo do processo eleitoral, a legislação cuidou de proibir o ingresso de tais equipamentos nas cabinas de votação.

Mas também se fragiliza o sigilo das votações com o monitoramento do voto. Monitora-se a expressão política do eleitorado por meio de técnicas de vigilância, mais comuns em comunidades isoladas, onde se busca a descoberta do teor do voto pelas informações socialmente disponíveis. O tema será tratado com mais vagar no capítulo "Condições de elegibilidade e inelegibilidades".

Já o voto direto estabelece que o sistema eleitoral deve atribuir a cada manifestação eleitoral algum valor na definição dos eleitos.

Para que o voto possa ser considerado direto, basta que a emissão de cada voto surta reflexo no resultado do pleito, ainda que sob a intermediação de fórmulas que impliquem a ponderação do seu valor.

O voto é indireto quando dirigido à escolha de novo nível de eleitores, os quais formarão um colégio responsável pela decisão política final.

Como exceção constitucional ao voto direto temos o teor do § 1º do art. 81 da CF, que prevê a possibilidade de a eleição indireta ser realizada pelos congressistas eleitos pelo sufrágio universal, desde que ocorra vacância do cargo de residente e de vice-presidente da República nos dois últimos anos do período presidencial.

Não é indireto o voto dirigido a uma sigla partidária nos sistemas eleitorais que contemplam a existência de uma lista preordenada (ou fechada) de candidatos. Nesse caso, o voto continua sendo direto, apesar de outorgado a um conjunto de candidatos, e não a um isoladamente.

■ 2.6. PREVALÊNCIA DO INTERESSE PÚBLICO

Em **matéria eleitoral**, não há dúvida de que o **interesse público** supera em importância o **particular**.

Essa ascendência obedece não apenas a pressupostos éticos e filosóficos, mas à própria expressão jurídica dessa matéria, que integra o âmbito do Direito Público, encontrando-se entre os direitos fundamentais expressos na Constituição.

Interesse público é a expressão que abrange não apenas o interesse do Estado (nunca os interesses do governo), mas também o interesse coletivo.

Da aplicação do princípio da prevalência do interesse público decorre que, havendo conflito entre os interesses públicos e coletivos (abstratos) e os interesses particulares (singulares ou concretos), devem prevalecer os primeiros.

Quando a Constituição afirma que "todo poder emana do povo" (art. 1º, parágrafo único), faz menção a direitos titularizados inseparavelmente pelo conjunto dos cidadãos. Estamos naquele âmbito em que se encontram os denominados "direitos difusos". São direitos transindividuais, de natureza indivisível, oponíveis por todos quantos se sujeitam ao Estado e o integram como exercentes da cidadania.

O desrespeito a qualquer norma eleitoral malfere o interesse de todos na promoção do direito fundamental a eleições livres e justas.

Daí que os direitos individuais não prevaleçam sobre o interesse geral em matéria de Direito Eleitoral. Isso não implica, obviamente, autorizar a lesão a direitos individuais, a não ser para a salvaguarda dos interesses públicos e da sociedade que sobre estes prevaleçam, nas hipóteses em que a Constituição, implícita ou explicitamente, o autoriza.

A prevalência do interesse público em matéria eleitoral é o principal fundamento do poder de polícia exercido pela Justiça Eleitoral em relação à propaganda de campanha. O direito individual do candidato de promover a sua candidatura cede ante o interesse geral de que o faça nos estritos limites das permissões legais, sem lesão, por exemplo, ao meio ambiente e à paz pública.

■ 2.7. PARTICIPAÇÃO POPULAR OU ACESSO DEMOCRÁTICO

Só agora se começa a perceber a relevância de um novo princípio do Direito Eleitoral: o da participação popular ou do acesso democrático. Esse **princípio** tem profundo **alicerce constitucional**, sediando-se, desde logo, no **reconhecimento** da cidadania como **fundamento** da República Federativa do Brasil (art. 1º, II).

O direito de petição aos poderes públicos em defesa de direitos ou contra ilegalidade ou abuso de poder (art. 5º, XXXIV, *a*, da CF) é igualmente um dos alicerces constitucionais que autorizam o reconhecimento da existência desse princípio.

O Poder Judiciário tem reagido às demandas sociais por maior participação com a realização de algumas mudanças institucionais. Dentre elas, pode-se destacar a realização de audiências públicas. Essa experiência tem sido bastante adotada no âmbito da Justiça Eleitoral, que vem reconhecendo a participação da sociedade por meio das suas entidades representativas, ou até mesmo em encontros diretos, como elemento que favorece o diálogo e amplia a legitimidade da sua atuação como gestora do processo administrativo eleitoral[34].

Nas Eleições de 2008, o Tribunal Superior Eleitoral e a Associação dos Magistrados Brasileiros desenvolveram a *Campanha Eleições Limpas*, que tinha por finalidade motivar os juízes eleitorais de todo o País a realizar audiências públicas com suas comunidades, explicitando as regras que orientam as disputas eleitorais, especialmente com vista a convidar a sociedade a colaborar com as instituições públicas eleitorais na descoberta de ilícitos capazes de influir negativamente na qualidade dos pleitos.

Foram realizadas 1.498 audiências públicas em cerca de mil zonas eleitorais. Por outro lado, a mobilização da sociedade brasileira por intermédio da constituição de organizações sociais[35] experimentou notável crescimento no final do século XX, período que coincide com a superação da ditadura militar.

Segundo Avritzer[36],

> A partir de meados dos anos 1970, começa a ocorrer no Brasil o surgimento daquilo que se convencionou chamar de uma "sociedade civil autônoma e democrática". Tal fato esteve relacionado a diferentes fenômenos: um crescimento exponencial das associações civis, em especial das associações comunitárias; uma reavaliação da ideia de direi-

---

[34] A edição das resoluções que regerão o processo eleitoral que se avizinha foram todas precedidas de audiências públicas presididas por seu relator, Ministro Arnaldo Versiani.

[35] As expressões "organizações sociais" e "organizações da sociedade civil" são utilizadas como sinônimas, referindo-se ambas, por opção do autor, tanto a fundações privadas e associações civis sem fins lucrativos como a movimentos sociais que, mesmo destituídos de constituição formal, são dotados de coesão interna ao redor de propósitos comuns e instâncias reconhecidas de deliberação. O conceito de "sociedade civil" utilizado neste texto é o desenvolvido por Jean Cohen e Andrew Arato, autores citados por Joana Tereza Vaz de Moura e Marcelo Kunrath Silva, segundo o qual "a sociedade civil pode ser vista como um conjunto de organizações voluntárias que reúnem pessoas fora dos marcos do Estado e do mercado" (MOURA, Joana Tereza Vaz de; SILVA, Marcelo Kunrath. Atores sociais em espaços de ampliação da democracia: as redes sociais em perspectiva. *Revista de Sociologia e Política*, v. 16, Curitiba, ago. 2008, p. 45).

[36] AVRITZER, Leonardo. Sociedade civil e participação no Brasil democrático. In: MELO, Carlos Ranulfo; SÁEZ, Manuel Alcântara. *A democracia brasileira*: balanço e perspectivas para o século 21. Belo Horizonte: Editora UFMG, 2007, p. 405-406.

tos; a defesa da ideia de autonomia organizacional em relação ao Estado; a defesa de formas públicas de apresentação de demandas e de negociação com o Estado [...].

Segundo pesquisa desenvolvida pelo Instituto Brasileiro de Geografia e Estatística (IBGE, 2002):

> No caso brasileiro, a participação da sociedade civil organizada ganha maior evidência a partir de meados da década de 1980, quando se inicia o processo de redemocratização do País depois de mais de 20 anos de ditadura militar. O marco dessa transição é a Constituição Federal promulgada em 1988, que traz em seu texto e em suas leis complementares boa parte da arquitetura institucional que regula hoje a sociedade brasileira.

Ainda segundo o mesmo relatório,

> [...] 62% das FASFIL[37] hoje existentes foram criadas a partir dos anos de 1990, ou seja, em 2002, tinham, no máximo, 11 anos de idade. E mais, a cada década se acelera o ritmo de crescimento: as que foram criadas nos anos de 1980 são 88% mais numerosas do que aquelas que nasceram nos anos de 1970; esse percentual é de 124% para as que nasceram na década de 1990 em relação à década anterior (IBGE, 2002).

Pode-se observar a partir da pesquisa citada que o aumento no volume de organizações sociais, aí compreendidas as fundações privadas e associações sem fins lucrativos, constitui um fato social relativamente recente, com repercussões nos mais diversos campos da sociabilidade. Num desses espaços – a política – os reflexos dessa expansão se fazem perceber a partir do surgimento de movimentos sociais não imediatamente identificados pela atividade partidária.

As organizações dos movimentos sociais, especialmente os sindicatos e as associações civis, tiveram, inicialmente, próxima ligação com os partidos políticos, servindo de espaço para a cooptação ou conquista de lideranças e para a formação de quadros partidários.

Entretanto, a expressão política que se dá sob a forma partidária não é a única a incidir sobre os movimentos da sociedade civil. Como lembra Ferreira: "A partir de um determinado momento os movimentos, que começam a ter mais visibilidade no espaço público, passam a ser alvo de atuação não só de partidos como de outros 'agentes externos' ou 'sujeitos organizacionais', tais como Igreja, grupos de assessoria, ONGs, entre outros"[38].

Isso decorre da heterogeneidade dos estímulos que levam à constituição ou ao fortalecimento das iniciativas mobilizacionais. Não há nesse espaço uma inserção unidimensional polarizada exclusivamente por agremiações partidárias; há também a atuação multidimensional de agentes motivados por propósitos nem sempre contemplados pelas expressões organizacionais partidárias.

---

[37] Fundações e Associações sem Fins Lucrativos.
[38] FERREIRA, Ruth Vasconcelos Lopes. *Desafios e perspectivas*: partidos políticos *versus* movimentos sociais. Maceió: Edufal, 1997, p. 23.

Esses organismos estão entre o que Duverger[39] denominou grupos parciais, ou seja, aqueles em que "*la presión política no es nada más que uma parte de su actividad, y una parte, com frecuencia, poco importante*. São também profundamente marcados pelo "pluralismo e a crescente proliferação de sentidos múltiplos no mundo social" (LAVALLE *et al.*, 2006, p. 64-65).

Outro exemplo de intervenção não partidária da sociedade civil no campo político pode ser encontrado na mobilização por uma Reforma Política ampla, democrática e participativa. Essa rede de intervenção política não partidária, composta por mais de duas dezenas de organizações e movimentos[40] apresentou, em 2008, ao Congresso Nacional, a "plataforma dos movimentos sociais para a reforma do sistema político".

Com atuação preponderante em São Paulo, o Movimento Voto Consciente realiza trabalhos de acompanhamento do processo eleitoral e do desempenho dos vereadores e deputados estaduais. Sua atuação influenciou o texto da Lei Orgânica do Município de São Paulo[41].

Existe ainda a Amarribo (Amigos Associados de Ribeirão Bonito), entidade que vem colaborando para a disseminação de iniciativas sociais de combate à corrupção baseadas na mobilização, organização e "acompanhamento de processos em todos os seus trâmites", a fim que este "seja feito adequadamente e não corram o risco de serem anulados por erros formais do processo"[42]. Essa entidade lidera uma rede composta por cerca de duzentas organizações não governamentais com objetivos semelhantes, as quais também promovem ações de fiscalização dos processos eleitorais.

---

[39] DUVERGER, Maurice. *Sociología política*. Barcelona: Ediciones Ariel, 1972, p. 409.

[40] Integram esse movimento a Abong (Associação Brasileira de ONGs), AMB (Articulação de Mulheres Brasileiras), AMNB (Articulação de Mulheres Negras Brasileiras), ACB (Associação dos Cartunistas do Brasil), Campanha Nacional pela Educação, CEAAL (Conselho Latino-Americano de Educação), CNLB (Conselho Nacional do Laicato do Brasil), Comitê da Escola de Governo de São Paulo da Campanha em Defesa da República e da Democracia, FAOC (Fórum da Amazônia Ocidental), FAOR (Fórum da Amazônia Oriental), FBO (Fórum Brasil do Orçamento), FENDh (Fórum de Entidades Nacionais de Direitos humanos), FES (Fundação Friedrich Ebert), Fórum de Reflexão Política, FNPP (Fórum Nacional de Participação Popular), FNRU (Fórum Nacional da Reforma Urbana), Inter-redes Direitos e Política, Intervozes, MCCE (Movimento de Combate à Corrupção Eleitoral), MNDh (Movimento Nacional de Direitos humanos), Movimento Pró-reforma Política com Participação Popular, Observatório da Cidadania, PAD (Processo de Diálogo e Articulação de Agências Ecumênicas e Organizações Brasileiras), Rede Brasil Sobre Instituições Financeiras Multilaterais, REBRIP (Rede Pela Integração dos Povos) e Rede Feminista de Saúde (disponível em: https://reforma-politica.org.br/. Acesso em: 3 abr. 2023

[41] Informação disponível no sítio eletrônico http://www.votoconsciente.org.br/index.php?option=com_content&task=view&id=12&Itemid=27. Acesso em: 7 jan. 2023.

[42] TREVISAN, Antoninho Marmo *et al. O combate à corrupção nas prefeituras do Brasil*. 4. ed. Cotia (SP): Ateliê Editorial, 2006, p. 80.

Todas essas observações dirigem o nosso olhar para um novo comportamento de parte significativa dos movimentos sociais no Brasil[43]. Seu desprendimento em relação a interesses tipicamente partidários está patenteado pela adoção de posturas independentes, o que é exemplificado pela iniciativa que levou à aprovação da Lei n. 9.840/1999.

Existe em nosso país grande número de organizações sociais interessadas na depuração das eleições, o que recomenda o afastamento da desconfiança em relação aos seus propósitos. Diversamente, é preciso estimular a ação voluntária das entidades e movimentos que hoje se empenham no aperfeiçoamento das eleições.

O desenvolvimento da democracia participativa é essencial para o fortalecimento das instituições. Segundo a lição de Putnam: "Pelo lado da oferta, o desempenho do governo representativo é favorecido pela infraestrutura social das comunidades cívicas e pelos valores democráticos tanto das autoridades quanto dos cidadãos"[44].

Por isso, Rodolfo Viana Pereira[45] vem defendendo a inclusão dessas formas organizativas entre os legitimados para a propositura das demandas eleitorais. Diz o autor:

> A "tutela coletiva" ou, por outras palavras, o "controle social" em tela – representado pela atribuição legal da capacidade fiscalizatória e postulatória das associações civis em prol da regularidade do processo eleitoral – são herdeiros diretos de um modelo adequado de democracia-constitucional. Resultam da concepção de democracia, enquanto sistema complexo, e da constituição, enquanto sistema de controle-fundante. Mais especificamente, afiguram-se os exemplos mais pujantes da concretização da adequada interação entre as ideias de controle-garantia e de princípio democrático.

É, pois, missão contemporânea do Direito Eleitoral encontrar novas formas de inclusão desses atores sociais que têm desempenhado funções importantes no incremento da qualidade da nossa democracia.

■ 2.8. PRINCÍPIO DA PROTEÇÃO

Outro princípio particularmente caro ao Direito Eleitoral extrapenal é o denominado princípio da proteção. Ele refere-se especificamente a um dos campos mais relevantes dessa área do saber jurídico, qual seja, aquele atinente aos denominados "direitos políticos negativos" ou "inelegibilidades".

---

[43] Essa visão não é pacífica entre os estudiosos da realidade social brasileira. Marcello Barquero (2004, p. 127), por exemplo, afirma que: "As normas, valores e crenças dos brasileiros, tanto na dimensão social quanto na dimensão econômica, parecem se caracterizar por um pêndulo ora de esperança e de otimismo, ora de desconfiança e pessimismo em relação à política. Nos últimos anos, particularmente, se observa uma assimetria em termos de consolidação democrática, de um lado, e a institucionalização de uma base normativa de crenças e valores em relação à democracia, por outro".

[44] PUTNAM, Robert. D. *Comunidade e democracia*: a experiência na Itália moderna. 4. ed. Rio de Janeiro: Editora da Fundação Getúlio Vargas, 2005, p. 192.

[45] PEREIRA, Rodolfo Viana. *Tutela coletiva no Direito Eleitoral*: controle social e fiscalização das eleições. Rio de Janeiro: Lumen Juris, 2008, p. 130.

Seu enunciado é extraído do texto do § 9º do art. 14 da Lei de Inelegibilidades (Lei Complementar n. 64/1990), a seguir transcrito em sua literalidade:

> Lei complementar estabelecerá outros casos de inelegibilidade e os prazos de sua cessação, a fim de proteger a probidade administrativa, a moralidade para exercício de mandato considerada vida pregressa do candidato, e a normalidade e legitimidade das eleições contra a influência do poder econômico ou o abuso do exercício de função, cargo ou emprego na administração direta ou indireta.

É interessante registrar que essa não é a redação original do dispositivo, mas a que passou a vigorar após a edição da Emenda Constitucional de Revisão n. 4/1994.

Antes disso, os bens jurídicos aos quais se dirigia a proteção especial definida na Constituição eram apenas a normalidade e a legitimidade dos pleitos[46].

Agora, a proteção se dirige:

a) à probidade administrativa;

b) à moralidade para o exercício do mandato;

c) à normalidade e legitimidade dos pleitos.

Discute-se no meio jurídico se a limitação de candidaturas a cargos eletivos baseada em condenações não passadas em julgado estaria a malferir o disposto no art. 5º, LVII, da Constituição, dispositivo que enuncia o princípio do estado de inocência, ou da não culpabilidade.

Se nos contentarmos com uma resposta precipitada, lançada sob a inspiração das profundas marcas deixadas pela doutrina penal na nossa formação jurídica, podemos chegar à conclusão aparentemente indiscutível de que o respeito ao referido princípio constitucional estaria a impedir a fixação da mencionada restrição à elegibilidade.

Entretanto, se nos propusermos a buscar uma maior profundidade reflexiva é bem possível que nos surpreendamos com conclusão distinta.

Com efeito, toda e qualquer norma que restrinja o direito à elegibilidade para cargos públicos tem essa mesma finalidade de estabelecer o "mínimo" esperado dos postulantes. Por seu intermédio, delineia-se o perfil esperado dos candidatos, aspirando-se a evitar que o futuro posto venha a ser alcançado por quem se enquadre numa das hipóteses de exclusão.

Não se trata, de qualquer modo, de uma medida de caráter punitivo-criminal. Tampouco se cuida de pena de natureza administrativa. Tais vedações possuem natureza preventiva e sua base constitucional se assenta nos princípios da moralidade e da probidade administrativa.

Com efeito, a lei pode partir de presunções que objetivem salvaguardar as instituições do ingresso de pessoas destituídas do perfil desejado, desde que o faça segundo critérios objetivos e razoáveis.

---

[46] Era essa a redação inicial do § 9º do art. 14 da CF: "Lei complementar estabelecerá outros casos de inelegibilidade e os prazos de sua cessação, a fim de proteger a normalidade e legitimidade das eleições contra a influência do poder econômico ou o abuso do exercício de função, cargo ou emprego na administração direta ou indireta".

Não se trata de punir antecipadamente alguém, mas de considerá-lo incurso em uma circunstância que a lei reputa inconveniente para quem pretenda exercer a elevada e sensível função de titular de mandato político.

Se a Constituição pretendesse afastar apenas a candidatura de pessoas condenadas por sentenças criminais transitadas em julgado, bastaria fazer silêncio a respeito do tema, nada dispondo sobre o versado no § 9º do art. 14, o que acarretaria a aplicação do disposto no art. 15, III, da Constituição Federal. Diz o dispositivo:

> **Art. 15.** É vedada a cassação de direitos políticos, cuja perda ou suspensão só se dará nos casos de:
> [...]
> III – condenação criminal transitada em julgado, enquanto durarem seus efeitos;

Por essa norma ficam afastados do exercício de quaisquer funções ou cargos públicos todos os condenados criminalmente por decisões de que não caiba mais recurso.

O que a Constituição quer é bem diverso disso. Não basta que o postulante esteja no gozo dos seus direitos políticos: é preciso que ele não tenha máculas em sua vida pregressa, segundo critérios que vierem a ser definidos pelo legislador.

De maneira alguma essa regra é mais drástica que aquela prevista no art. 15, III, da Constituição. Passada em julgado, a sentença penal inviabiliza o exercício de um amplo leque de direitos, atinentes não apenas à elegibilidade, mas até ao exercício do voto e à ocupação de cargos de livre nomeação e exoneração.

O que fez a Constituição (no art. 14, § 9º) foi apenas autorizar a limitação à apresentação de candidaturas. Isso em nada se confunde com a imposição de perda ou suspensão de direitos políticos, institutos jurídicos que possuem um conteúdo muito mais amplo, como já tivemos a oportunidade de analisar.

Não se trata de antecipar uma "pena" para alguém que ainda responde a um processo criminal, mas de fixar um critério abstrato que em nada considera a efetiva culpa do pretendente. É o próprio Supremo Tribunal quem afirma que: "Inelegibilidade não constitui pena (MS n. 22.087-2, rel. Min. Carlos Velloso)".

Como se vê, estamos diante de uma categoria que em nada se assemelha aos institutos próprios do Direito Penal. A restrição de candidatura aqui analisada opera sem que com isso esteja a impor uma punição, apenas se prestando a excluir do certame aqueles que – segundo critérios objetivos adrede normatizados – estejam incursos nessa que opera como uma típica cláusula de corte.

Uma inelegibilidade não constitui uma pena criminal ou nada similar, tratando-se, na verdade, de um critério objetivo (abstrato) previsto em lei para definir o perfil esperado dos exercentes de cargos públicos.

Já podemos, então, indagar: o princípio da presunção de inocência afeta o Direito Eleitoral em matérias não penais?

A resposta a esta indagação é certamente negativa.

O princípio do estado de inocência constitui um dos vértices hermenêuticos da aplicação da lei penal. Sua importância nessa seara é indiscutível, sendo certo que a sua presença em nosso ordenamento jurídico é uma das maiores testemunhas do grau de elevação civilizatória que alcançamos.

Esse princípio, contudo, não se irradia ou se espraia para todos os âmbitos do Direito, como pretendem alguns.

No Direito Ambiental, o Superior Tribunal de Justiça firmou o entendimento de que o dever de provar a inocência é da empresa que polui. Para o Ministro Hermann Benjamin: "Firmando-se a tese – inclusive no plano constitucional – de que há um dever genérico e abstrato de não degradação ambiental, invertendo-se, nestas atividades, o regime da ilegalidade, uma vez que, nas novas bases jurídicas, esta se encontra presumida até que se prove o contrário".

No Direito do Trabalho é bem sabido que o cometimento de um delito no âmbito empresarial pode motivar o oferecimento de denúncia, sendo certo que isso de nenhum modo constituirá obstáculo ao reconhecimento da justa causa na órbita trabalhista[47].

Tratando do tema, foi emitido em artigo o seguinte posicionamento:

> Já tive oportunidade de levantar outra hipótese: a do empregado que tentou tirar a vida do patrão. A demissão por justa causa não estará jamais submetida à necessidade do aguardo do trânsito em julgado de uma eventual sentença penal condenatória. Nada impede a imediata demissão do trabalhador, eis que aqui imperam princípios tipicamente aplicáveis ao Direito do Trabalho[48].

Esse exemplo deixa claro como o Direito do Trabalho e o Direito Penal também se orientam segundo principiológicas distintas. Do mesmo modo, em Direito Administrativo a instauração de processo administrativo contra servidor público em que se lhe atribui o cometimento de falta disciplinar não está sujeito à decisão definitiva na instância penal pelo crime cometido contra a Administração Pública. A jurisprudência do Supremo Tribunal Federal é pródiga a esse respeito[49].

Outro campo das ciências jurídicas pode ser lembrado. Falo do Direito da Infância e da Juventude. O Estatuto da Criança e do Adolescente (ECA) estipula que:

> **Art. 133.** Para a candidatura a membro do Conselho Tutelar, serão exigidos os seguintes requisitos:
> I – reconhecida idoneidade moral;

---

[47] "A gravidade dos fatos apurados configura a prática de ato de improbidade, caracterizando a justa causa para a demissão do reclamante, independentemente do desfecho do processo penal em curso, não sendo devida qualquer indenização. Recurso improvido" (RO n. 20060941922, TRT 2ª Região, 12ª T., rel. Juíza Sonia Maria Prince Frazini, publicado em: 1º-12-2006).

[48] *A constitucionalidade do projeto de lei Ficha Limpa*. Correio Braziliense, 12-10-2009.

[49] Veja, a respeito, os acórdãos proferidos no julgamento do MS n. 21.332-DF, *DJU* de 7-5-1993; MS n. 21.545-SP, *DJU* de 2-4-1993 e no MS n. 23.008-RJ, rel. orig. Min. Marco Aurélio, red. p/ acórdão Min. Maurício Corrêa, 19-5-1999.

II – idade superior a vinte e um anos;
III – residir no município.

Assim, no plano do art. 133, I, do ECA, não se afigura imprescindível a efetiva culpa do agente – demonstrada em condenação criminal não mais passível de recurso – para que se reconheça a inidoneidade do postulante ao posto de conselheiro tutelar e, por conseguinte, para a denegação de sua candidatura. Basta que a conduta social do postulante, apurada em procedimento no qual se lhe assegure o direito à ampla defesa, seja considerada imprópria pelo órgão responsável pela inscrição da candidatura como contrária à geração da confiança social que se espera possa merecer um conselheiro tutelar.

Uma conclusão contrária a esse entendimento poderia conduzir a absurdos, como o ingresso em um Conselho Tutelar de alguém que responde a ação penal por violência sexual praticada contra criança. Não se trata de considerá-lo culpado, mas de reconhecer que o seu perfil não se enquadra no modelo esperado para os ocupantes dessa tão relevante função.

E o que dizer de uma mulher lançada à prática ostensiva da prostituição ou de um homem viciado no consumo de álcool, fatos em si mesmo impuníveis e que, portanto, jamais autorizariam a simples abertura de uma ação penal? Não poderiam, por isso mesmo, autorizar o afastamento da candidatura pela falta de preenchimento do requisito da idoneidade?

Seria desnecessário percorrer todos os ramos do Direito para concluirmos pela não extensão, a estes, do raio de abrangência do princípio da presunção de inocência[50].

Não poderia ser diferente com o Direito Eleitoral, na parte em que dispõe sobre regras relativas à inelegibilidade, como é o caso. Inexiste nessa matéria qualquer particularidade que a faça interpenetrar-se com o Direito Penal.

Enquanto na órbita criminal a pendência de uma ação penal não produz qualquer efeito no que toca à imposição de uma pena exequível, no âmbito das inelegibilidades ela pode validamente constituir um fato jurídico apto a produzir efeitos.

Quando a Constituição adota a expressão "considerar culpado" faz alusão direta a esse aspecto particular da condenação criminal: a atribuição ao sentenciado de uma responsabilidade penal subjetiva. Ao criar uma restrição de candidatura baseada em marcas objetivas da vida pública dos postulantes ao mandato eletivo, o legislador, amparado pelo princípio da moralidade, leva em conta tão somente um dado objetivo, qual seja, a própria existência do registro de dados desfavoráveis ao réu.

Uma restrição assim estabelecida não parte de qualquer juízo baseado na responsabilidade criminal do réu, mas tão só do risco potencial que ele tende a representar, por aplicação do princípio da proteção.

Essa exigência não é restrita ao preenchimento dos cargos eletivos. Verifica-se a existência de normas restritivas à participação de pessoas com fatos desabonadores

---

[50] O art. 125 da Lei n. 8.112/1990 é claro ao estabelecer que "as sanções civis, penais e administrativas poderão cumular-se, sendo independentes entre si".

na vida, postulantes a cargos em diversas órbitas do poder público. Os casos vão desde pedidos de naturalização até os concursos para o ingresso no Ministério Público e na magistratura.

As restrições à participação em concursos públicos no Brasil não são baseadas nos antecedentes criminais, mas na vida pregressa dos candidatos ou na conduta social. É bastante usual, a respeito, a referência à realização de uma "sindicância da vida pregressa".

Transcrevemos a seguir grande quantidade de hipóteses em que a lei ou a jurisprudência assentam a desnecessidade da existência de condenações transitadas em julgado como base para a imposição de restrições ao acesso a determinados cargos ou direitos.

Base	Objeto	Restrição
Resolução n. 75, de 12 de maio de 2009, do Conselho Nacional de Justiça.	Estabelece diretrizes nacionais para os concursos de ingresso na Magistratura.	Art. 5º, III, a: prevê a obrigatoriedade de uma fase de sindicância da vida pregressa e investigação social em todos os concursos para juízes federais e estaduais.
Resolução n. 14, de 6 de novembro de 2006, do Conselho Nacional do Ministério Público.	Dispõe sobre Regras Gerais Regulamentares para o concurso de ingresso na carreira do Ministério Público Brasileiro.	Art. 15: Define que antes da inscrição definitiva no concurso será realizada uma fase de diligências sobre a vida pregressa do candidato, assegurando-lhe ampla defesa.
Lei n. 6.815, de 19 de agosto de 1980.	Define a situação jurídica do estrangeiro no Brasil, cria o Conselho Nacional de Imigração.	Segundo o art. 117 o órgão competente do Ministério da Justiça só emitirá parecer sobre a conveniência da naturalização após averiguar a vida pregressa do naturalizando.
Lei n. 7.102, de 20 de junho de 1983.	Dispõe sobre segurança para estabelecimentos financeiros, estabelece normas para constituição e funcionamento das empresas particulares que exploram serviços de vigilância e de transporte de valores.	Interpretando o art. 16, VI, da lei que regula o trabalho dos vigilantes, a 6ª Turma do TRF da 1ª Região negou à vigilante pretensão de ver registrado, no Sistema Nacional de Segurança e Vigilância Privada, o curso por ele concluído na área de vigilância, em razão de constarem em seu desfavor ações penais públicas propostas pelo Ministério Público Federal (ver Apelação em Mandado de Segurança 2005.38.03003191-2/MG).
RE n. 156.400/SP. Recurso Extraordinário Relator(a): Min. Marco Aurélio. Julgamento: 5-6-1995 Supremo Tribunal Federal.	Não aplicação do princípio da ampla defesa e do contraditório às sindicâncias sobre a vida privada em concursos públicos.	Concurso Público. Inscrição. Vida Pregressa. Contraditório e Ampla Defesa. O que se contém no inciso LV do art. 5º da Constituição Federal, a pressupor litígio ou acusação, não tem pertinência à hipótese em que analisado o atendimento de requisitos referentes a inscrição de candidato a concurso público. O levantamento ético-social dispensa o contraditório, não se podendo cogitar quer da existência de litígio, quer de acusação que vise à determinada sanção.
RE n. 233.303/CE. Recurso Extraordinário Rel. Min. Menezes Direito. Julgamento: 27-5-2008 Supremo Tribunal Federal.	Não aplicação do princípio da ampla defesa e do contraditório às sindicâncias sobre a vida privada em concursos públicos.	Ementa. Concurso público. Investigação sobre a vida pregressa. Ausência de contraditório. Investigação sumária. Precedente da Suprema Corte. 1. Precedente da Suprema Corte afasta a aplicação do art. 5º, LV, da Constituição Federal quando se trate de investigação sumária sobre a vida pregressa para efeito de inscrição em concurso público. 2. Recurso extraordinário conhecido e provido.

Base	Objeto	Restrição
RE n. 568.030/RN. Recurso Extraordinário Rel. Min. Menezes Direito. Julgamento: 2-9-2008 Supremo Tribunal Federal	Não aplicação do princípio da presunção de inocência em favor de candidato em concurso para a polícia que, sem estar condenado, estava submetido à suspensão condicional do processo.	Ementa. Concurso público. Policial civil. Idoneidade moral. Suspensão condicional da pena. Art. 89 da Lei n. 9.099/1995. 1. Não tem capacitação moral para o exercício da atividade policial o candidato que está subordinado ao cumprimento de exigências decorrentes da suspensão condicional da pena prevista no art. 89 da Lei n. 9.099/1995 que impedem a sua livre circulação, incluída a frequência a certos lugares e a vedação de ausentar-se da comarca, além da obrigação de comparecer pessoalmente ao Juízo para justificar suas atividades. Reconhecer que candidato assim limitado preencha o requisito da idoneidade moral necessária ao exercício da atividade policial não é pertinente, ausente, assim, qualquer violação do princípio constitucional da presunção de inocência. 2. Recurso extraordinário conhecido e provido.
RE n. 459.320 AgR/PI. AG.Reg. no Recurso Extraordinário. Rel. Min. Eros Grau. Julgamento: 22-4-2008 Supremo Tribunal Federal.	Não ofende a presunção de inocência a não promoção de policial militar por estar respondendo a ação penal.	Ementa: Agravo Regimental no Recurso Extraordinário. Promoção de Oficial da Polícia Militar. Exclusão. Absolvição. Ressarcimento. Precedente. 1. A jurisprudência do Supremo é no sentido da inexistência de violação do princípio da presunção de inocência [CF/1988, art. 5º, LVII] no fato de a lei não permitir a inclusão de oficial militar no quadro de acesso à promoção em razão de denúncia em processo criminal. 2. É necessária a previsão legal do ressarcimento em caso de absolvição. Precedentes. Agravo regimental a que se nega provimento
RE n. 356.119/RN. Recurso Extraordinário Rel. Min. Ellen Gracie. Julgamento: 3-12-2002 Supremo Tribunal Federal.	Não ofende a presunção de inocência a não promoção de policial militar por estar respondendo a ação penal.	Recurso Extraordinário. Oficial da Polícia Militar. Exclusão da Lista de Promoção. Ofensa ao Art. 5º, LVII, da Constituição. Inexistência. 1. Pacificou-se, no âmbito da Primeira Turma do Supremo Tribunal Federal, o entendimento segundo o qual inexiste violação ao princípio da presunção de inocência (CF/1988, art. 5º, LVII) no fato de a legislação ordinária não permitir a inclusão de oficial militar no quadro de acesso à promoção em face de denúncia em processo criminal, desde que previsto o ressarcimento em caso de absolvição. 2. Precedentes. 3. Recurso extraordinário conhecido e provido.

Como se vê, não é apenas na esfera das inelegibilidades que o tema "vida pregressa" tem relevância jurídica para a limitação ao exercício de certos direitos. Por tudo isso, constata-se a relevância desse princípio – o da proteção – tão importante para a compreensão da autonomia do Direito Eleitoral como campo especializado do saber jurídico.

2.9. PRINCÍPIO DA ANUALIDADE OU DA ANTERIORIDADE ANUAL

Reza o **art. 16** da Constituição Federal que: "A lei que **alterar o processo eleito-**

ral entrará em vigor na data de sua publicação, não se aplicando à eleição que ocorra até um **ano da data de sua vigência**".

O citado dispositivo **enuncia** o princípio constitucional da **anualidade** (ou da anterioridade anual) **das regras eleitorais**.

Uma leitura apressada do texto constitucional pode levar à conclusão de que todas as regras eleitorais demandam aprovação com anterioridade de pelo menos um ano para que possa vigorar nas eleições seguintes. Entretanto, a norma constitucional é clara ao dirigir-se com exclusividade às alterações que incidam sobre o denominado "processo eleitoral".

Podemos encontrar entre os precedentes do Supremo Tribunal Federal algumas hipóteses em que não se aplica o princípio em questão. Vejamos:

a) normas de aperfeiçoamento do processo eleitoral:

> Lei n. 11.300/2006 (Minirreforma Eleitoral). Alegada ofensa ao princípio da anterioridade da Lei Eleitoral (CF, art. 16). Inocorrência. Mero aperfeiçoamento dos procedimentos eleitorais. Inexistência de alteração do processo eleitoral (ADI n. 3.741, rel. Min. Ricardo Lewandowski, j. 6-9-2006, Plenário, *DJ* de 23-2-2007).

b) aumento ou diminuição do número de cadeiras parlamentares em disputa:

> O Tribunal, por maioria, julgou improcedentes os pedidos formulados em duas ações diretas de inconstitucionalidade [...] em face da Resolução n. 21.702/2004, editada pelo Tribunal Superior Eleitoral –TSE, que estabeleceu instruções sobre o número de Vereadores a eleger segundo a população de cada Município. [...] Em relação ao mérito, concluiu-se pela inexistência das apontadas violações aos princípios da reserva de lei, da separação de poderes, da anterioridade da Lei Eleitoral e da autonomia municipal. Esclareceu-se que a Resolução n. 21.702/2004 foi editada com o propósito de dar efetividade e concreção ao julgamento do Pleno no RE n. 197.917/SP (*DJ* 27/4/2004), já que nele o STF dera interpretação definitiva à cláusula de proporcionalidade inscrita no inciso IV do art. 29 da CF, conferindo efeito transcendente aos fundamentos determinantes que deram suporte ao mencionado julgamento. Salientando que a norma do art. 16 da CF, consubstanciador do princípio da anterioridade da Lei Eleitoral, foi prescrita no intuito de evitar que o Poder Legislativo pudesse inserir, casuisticamente, no processo eleitoral, modificações que viessem a deformá-lo, capazes de produzir desigualdade de participação dos partidos e respectivos candidatos que nele atuam, entendeu-se não haver afronta ao referido dispositivo, uma vez que a Resolução sob análise não ocasionou qualquer alteração que pudesse comprometer a finalidade visada pelo legislador constituinte (ADI 3.345 e 3.365, rel. Min. Celso de Mello, j. 25-8-2005, Plenário, *Informativo* 398).

c) criação ou desmembramento de município:

> Município: criação em ano de eleições municipais: não incidência do art. 16 da Constituição Federal. No contexto normativo do art. 16, CF – que impõe a *vacatio* de um ano às leis que o alterem – processo eleitoral é parte de um sistema de normas mais extenso, o Direito Eleitoral, matéria reservada privativamente à competência legislativa da União. Logo, no sistema da Constituição de 1988, onde as normas gerais de alçada complemen

tar, e a lei específica de criação de municípios foi confiada aos Estados, o exercício dessa competência estadual explícita manifestamente não altera o processo eleitoral, que é coisa diversa e integralmente da competência legislativa federal (ADI 718, rel. Min. Sepúlveda Pertence, j. 5-11-1998, Plenário, *DJ* de 18-12-1998). No mesmo sentido: ADI 733, rel. Min. Sepúlveda Pertence, j. em 17-6-1992, Plenário, *DJ* de 16-6-1995.

À vista de tais precedentes, podemos confirmar a assertiva de que apenas algumas das normas eleitorais têm a sua edição submetida à aplicação do princípio da anterioridade ou da anualidade. Para melhor identificarmos que normas seriam essas, devemos buscar uma interpretação teleológica do dispositivo. A que fim ele se destina? Certamente o de proteger as diversas alas em disputa de ações deletérias das maiorias parlamentares, as quais poderiam alterar as regras da disputa eleitoral com a finalidade de surpreender os grupos minoritários e facilitar a perpetuação do poder.

É o próprio STF quem o afirma, ao dizer que o art. 16 da CF:

> [...] busca evitar a utilização abusiva ou casuística do processo legislativo como instrumento de manipulação e de deformação do processo eleitoral (ADI n. 354, rel. Min. Octavio Gallotti, *DJ* de 12/2/1993). Enquanto o art. 150, III, *b,* da CF encerra garantia individual do contribuinte (ADI 939, rel. Min. Sydney Sanches, *DJ* de 18-3-1994 e ADI 3.685, rel. Min. Ellen Gracie, j. em 22-3-2006, Plenário, *DJ* de 10-8-2006)

O doutrinador Carlos Eduardo de Oliveira Lula[51] preleciona a respeito que:

> O princípio da Anualidade das leis eleitorais é uma proteção outorgada à sociedade contra os casuísmos existentes na esfera política. É, na verdade, uma consequência do princípio da segurança jurídica, fundamental para que o exercício dos direitos políticos não se veja embaraçado em face de eventuais circunstâncias do jogo do poder. Pretendeu o constituinte impedir que situações concretas, interesses ocasionais, conduzissem a alterações da legislação eleitoral, maculando a legitimidade das eleições.

Estão entre as normas que exigem edição com a anterioridade exigida pelo art. 16 da CF, portanto, todas aquelas que informam o sistema eleitoral, tais como: a) modelo de financiamento de campanha; b) modo de composição das listas partidárias; c) fórmulas matemáticas para conversão de votos em número de cadeiras parlamentares; d) regras de preenchimento de sobras; e) dimensões do distrito eleitoral etc.

Acerca das regras que instituem inelegibilidades, o STF entendeu inicialmente pela inaplicabilidade do art. 16 da CF, consoante se vê do seguinte julgado:

> Rejeição pela maioria – vencidos o relator e outros Ministros – da arguição de inconstitucionalidade do art. 27 da LC n. 64/1990 (Lei de Inelegibilidades) em face do art. 16 da CF: prevalência da tese, já vitoriosa no TSE, de que, cuidando-se de diploma exigido pelo art. 14, § 9º, da Carta Magna, para complementar o regime constitucional de inelegibilidades, à sua vigência imediata não se pode opor o art. 16 da mesma Constituição (RE 129.392, rel. Min. Sepúlveda Pertence, j. 17-6-1992, Plenário, *DJ* de 16-4-1993).

---

[51] LULA, Carlos Eduardo de Oliveira. *Direito Eleitoral.* São Paulo: Imperium, 2008, p. 79.

Entretanto, no julgamento do RE 633.703/MG, em 23 de março de 2011, que teve por relator o Ministro Gilmar Mendes, o Supremo Tribunal Federal, por apertada maioria, decidiu rever a orientação histórica da Corte para afirmar que as normas que instituem novas hipóteses de inelegibilidade também se submetem ao princípio da anterioridade anual.

■ 2.10. QUESTÕES

1. (MPE-RR – Promotor de Justiça Substituto – Cespe/Cebraspe – 2017) O princípio constitucional da anualidade ou da anterioridade da lei eleitoral
   a) não abrange resoluções do TSE que tenham caráter regulamentar.
   b) não repercute sobre decisões do TSE em casos concretos decididos durante o processo eleitoral e que venham a alterar a jurisprudência consolidada.
   c) estabelece período de *vacatio legis* para a entrada em vigor das leis eleitorais.
   d) tem aplicabilidade imediata e eficácia contida conforme a data do processo eleitoral.

2. (Câmara de Valinhos-SP – Analista Técnico Legislativo – Vunesp – 2017) Assinale a alternativa que corretamente discorre sobre os princípios do direito eleitoral.
   a) Os magistrados e os membros do Ministério Público Eleitoral são investidos na função eleitoral pelo prazo improrrogável de 4 (quatro) anos, por força do princípio da periodicidade da investidura das funções eleitorais.
   b) O princípio da lisura das eleições ou da isonomia de oportunidades está calcado na ideia de cidadania, de origem popular do poder e no combate à influência do poder econômico ou político nas eleições.
   c) Pelo princípio da anterioridade eleitoral, a lei que alterar o processo eleitoral entrará em vigor na data de sua publicação, mas não surtirá efeitos na eleição que ocorra até 90 (noventa) dias da data de sua vigência.
   d) O princípio da responsabilidade solidária consubstancia-se na responsabilidade solidária entre o candidato, o tesoureiro e o partido político, pela veracidade das informações financeiras e contábeis da campanha constantes das prestações de contas.
   e) O princípio da anualidade eleitoral determina que os partidos políticos prestem contas anualmente dos gastos efetuados com os valores recebidos a título de participação no Fundo Partidário.

3. (TJ-MG – Juiz de Direito Substituto – Consulplan – 2018) Avalie as seguintes asserções e a relação proposta entre elas.
   I. "É absoluta, plena ou de eficácia total, e de aplicabilidade imediata, sem quaisquer exceções, o princípio da anualidade ou anterioridade da lei eleitoral."
PORQUE
   II. "O princípio foi pensado pelo constituinte com o propósito de impedir mudanças repentinas, de última hora, no processo de escolha dos agentes políticos que emergem das eleições."
A respeito dessas asserções, assinale a alternativa correta.
   a) A segunda afirmativa é falsa e a primeira verdadeira.
   b) A primeira afirmativa é falsa e a segunda é verdadeira.
   c) As duas afirmativas são verdadeiras e a segunda justifica a primeira.
   d) As duas afirmativas são verdadeiras, mas a segunda não justifica a primeira.

4. (Câmara de Nova Odessa-SP – Assistente Legislativo – Vunesp – 2018) Se, hipoteticamente, tivesse sido sancionado, no dia 15 de maio de 2018, um projeto de lei que alterasse a Lei Federal n. 9.504/97, que estabelece as normas gerais para as eleições no Brasil, modificando, em larga medida, a disciplina da propaganda eleitoral, é correto dizer que a nova lei
   a) não poderia ser aplicada às eleições de outubro de 2018, em razão da incidência do princípio da lisura das eleições.
   b) poderia ser aplicada às eleições de outubro de 2018, em razão da incidência do princípio da democracia.

c) não poderia ser aplicada às eleições de outubro de 2018, em razão da incidência do princípio da anualidade eleitoral.
d) poderia ser aplicada às eleições de outubro de 2018, em razão da incidência do princípio do aproveitamento do voto.
e) não poderia ser aplicada às eleições de outubro de 2018, em razão da incidência do princípio federativo.

5. (Prefeitura de Morro Agudo-SP – Analista Legislativo – Vunesp – 2020) A necessidade de que, de tempos em tempos, os mandatos políticos devem ser revogados com a realização de novas eleições tem por fundamento o denominado princípio eleitoral
   a) da legalidade.
   b) da moralidade.
   c) republicano.
   d) da separação de poderes.
   e) do pluralismo político.

6. (AL-GO – Procurador – CS-UFG – 2015) Ao julgar o Recurso Extraordinário Eleitoral n. 633.703, em 23 de março de 2011, o Supremo Tribunal Federal entendeu que a Lei Complementar n. 135/2010 (Lei da Ficha Limpa) não deveria ser aplicada às eleições de 2010 por desrespeitar o art. 16 da Constituição Federal de 1988. Considerando o princípio da anualidade,
   a) a emenda constitucional que altera o processo eleitoral possui aplicação imediata.
   b) a lei que altera o processo eleitoral, assim que publicada, ingressa imediatamente no ordenamento jurídico pátrio, inocorrendo a *vacatio legis*.
   c) a lei que altera o processo eleitoral entra em vigor um ano após sua publicação, não tendo efeito no período da *vacatio legis*.
   d) a incidência da anualidade em relação à lei que altere o processo eleitoral dependerá de ponderação no caso concreto, por tratar-se de um princípio.

■ **GABARITO** ■

1. "a".
2. "b".
3. "b".
4. "c".
5. "c".
6. "b".

3

O SISTEMA DA JUSTIÇA ELEITORAL

Neste capítulo será apresentada a estrutura organizacional e a competência dos órgãos da Justiça Eleitoral, bem como as atribuições do Ministério Público Eleitoral e da Defensoria Pública e da Advocacia Eleitoral. Tais instituições compõem o sistema da Justiça Eleitoral, mecanismo multifacetário que tem por missão coletiva a aplicação do Direito Eleitoral, cada qual segundo a sua própria missão decorrente da Constituição e das Leis.

■ 3.1. A JUSTIÇA ELEITORAL
■ 3.1.1. Órgãos do Poder Judiciário Eleitoral

Segundo dispõe o art. 12 do Código Eleitoral, são órgãos da Justiça Eleitoral:

I – O Tribunal Superior Eleitoral, com sede na Capital da República e jurisdição em todo o País;
II – um Tribunal Regional, na Capital de cada Estado, no Distrito Federal e, mediante proposta do Tribunal Superior, na Capital do Território;
III – juntas eleitorais;
IV – juízes eleitorais.

Essa regra contém teor idêntico ao do art. 118 da Constituição de 1988.

■ 3.1.2. Composição do Tribunal Superior Eleitoral

De acordo com o que preceitua o **art. 119** da Constituição Federal, o Tribunal Superior Eleitoral **será composto** por, no mínimo, **sete membros**, escolhidos mediante **eleição**, pelo voto secreto: **a)** três juízes dentre os ministros do Supremo Tribunal Federal; e **b)** dois juízes dentre os ministros do Superior Tribunal de Justiça.

Compõem ainda o Tribunal Superior Eleitoral, por **nomeação** do **presidente da República**, dois juízes dentre seis advogados de notável saber jurídico e idoneidade moral, **indicados pelo Supremo Tribunal Federal**.

■ 3.1.3. Composição dos Tribunais Regionais Eleitorais

Os Tribunais Regionais Eleitorais compor-se-ão:

I – mediante eleição, pelo voto secreto:

a) de dois juízes dentre os desembargadores do Tribunal de Justiça;

b) de dois juízes, dentre juízes de direito, escolhidos pelo Tribunal de Justiça;

II – de um juiz do Tribunal Regional Federal com sede na Capital do Estado ou no Distrito Federal, ou, não havendo, de juiz federal, escolhido, em qualquer caso, pelo Tribunal Regional Federal respectivo;

III – por nomeação, pelo Presidente da República, de dois juízes dentre seis advogados de notável saber jurídico e idoneidade moral, indicados pelo Tribunal de Justiça.

3.1.4. Duração da investidura

Os juízes dos tribunais eleitorais servirão, obrigatoriamente, por dois anos e nunca por mais de dois biênios consecutivos. Tais biênios são contados, ininterruptamente, sem o desconto de qualquer afastamento, nem mesmo o decorrente de licença, férias ou licença especial. Tal regra comporta apenas uma exceção, segundo o disposto no § 3º do art. 14 do Código Eleitoral:

> **Art. 14.** [...]
> § 3º Da homologação da respectiva convenção partidária até a diplomação e nos feitos decorrentes do processo eleitoral, não poderão servir como juízes nos Tribunais Eleitorais, ou como juiz eleitoral, o cônjuge ou o parente consanguíneo ou afim, até o segundo grau, de candidato a cargo eletivo registrado na circunscrição. (Redação dada pela Lei n. 13.165, de 2015).

O período ao longo do qual vigora esse impedimento não integra o cômputo do prazo para o exercício do múnus de membro de tribunal eleitoral.

Por outro lado, consoante estatui o § 2º do art. 14 do Código Eleitoral, assim que ingressam em férias e licença especial, afastando-se, assim, de suas funções na Justiça Comum, os magistrados exercentes de funções eleitorais ficam automaticamente afastados da Justiça Eleitoral pelo tempo correspondente, exceto quando nos períodos de férias coincidirem a realização de eleição, apuração ou encerramento de alistamento.

Segundo dispõe o art. 15 do Código Eleitoral: "Os substitutos dos membros efetivos dos tribunais eleitorais serão escolhidos, na mesma ocasião e pelo mesmo processo, em número igual para cada categoria".

3.1.5. Os advogados nos tribunais eleitorais

Tanto o Tribunal Superior Eleitoral quanto os tribunais regionais eleitorais são integrados por dois advogados escolhidos por nomeação do Presidente da República. Os que compõem o TSE têm os seus nomes indicados pelo Supremo Tribunal Federal. Os integrantes de tribunais regionais são indicados em listas tríplices formadas segundo o critério do Tribunal de Justiça de cada Estado.

Diversamente do que ocorre nos demais tribunais, tais advogados não são submetidos a qualquer tipo de seleção no âmbito do seu conselho profissional (a

Ordem dos Advogados do Brasil). Note-se que representam dois sétimos do total dos membros da Corte, o que é consideravelmente bem mais que um quinto das vagas reservadas a egressos da advocacia e do Ministério Público nos demais tribunais.

Por isso mesmo, é razoável que tais magistrados-advogados sejam submetidos a cautelas especiais. Daí que a indicação de tais advogados não poderá recair em cidadão que ocupe cargo público de que seja demissível *ad nutum*; que seja diretor, proprietário ou sócio de empresa beneficiada com subvenção, privilégio, isenção ou favor em virtude de contrato com a administração pública; ou que exerça mandato de caráter político, federal, estadual ou municipal (art. 16, § 2º, do CE).

Por outro lado, até recentemente, não havia sido discutida oficialmente a extensão da norma proibitiva constante do art. 95, parágrafo único, V, da CF, a esses advogados investidos provisoriamente na função de julgadores.

Diz o referido dispositivo:

Art. 95. [...]
Parágrafo único. Aos juízes é vedado:
[...]
V – exercer a advocacia no juízo ou tribunal do qual se afastou, antes de decorridos três anos do afastamento do cargo por aposentadoria ou exoneração.

Trata-se de regra incluída no texto constitucional pela Emenda Constitucional n. 45, de 30 de dezembro de 2004.

O Conselho Nacional de Justiça (CNJ), em sessão de 25 de março de 2007, acolhendo postulação da Associação Brasileira dos Magistrados, Procuradores e Promotores Eleitorais (Abramppe), veiculada por meio do Pedido de Providências n. 200710000014851, declarou que aos referidos profissionais é vedada a advocacia perante a Corte que integraram pelo lapso de três anos após a extinção da sua investidura.

A apresentação do referido pedido de providências foi promovida após deliberação unânime tomada no interior da diretoria da associação postulante.

Dentre outras questões levadas à apreciação do CNJ estava a seguinte: "Devem [os advogados integrantes de tribunais eleitorais] submeter-se à regra de quarentena prevista para os juízes em geral (art. 95, parágrafo único, inc. V, da Constituição Federal)"?

Contra essa orientação posicionaram-se, sem obter a maioria, cinco conselheiros, que entendiam ser essa vedação extensiva a todas as instâncias da Justiça Eleitoral, na totalidade do território nacional. Apenas um conselheiro entendeu que esse período de defeso era inaplicável. Os demais concluíram pela aplicação da regra constitucional aos causídicos que atuaram como membros dos tribunais eleitorais, limitando-a, todavia, à atuação perante o colegiado de origem. Assim, por apertada maioria, foi vencida a tese de que essa vedação deveria estender-se à advocacia perante qualquer juízo ou instância eleitoral.

Conforme historia o voto proferido pelo relator, conselheiro Técio Lins e Silva:

> [...] posta a questão da "quarentena" em debate, os Conselheiros José Adonis e Paulo Lobo se opuseram veementemente ao entendimento que encaminhei com o voto e que acabo de expor. O Conselheiro Paulo Lobo, com a sua autoridade de comentarista do Estatuto da Advocacia e da OAB, desenvolveu acendrada crítica quanto ao impedimento ético decorrente do exercício da magistratura eleitoral pelo Advogado que deixa o cargo e volta para a advocacia, notadamente para a advocacia especializada no foro eleitoral.

Tais críticas levaram o relator a propor que se estendesse a proibição, pelo lapso de três anos, à advocacia eleitoral perante qualquer órgão ou instância em todo o território nacional.

Por fim, houve por bem o CNJ decidir que:

> [...] a quarentena, no caso de membro de Tribunal Eleitoral em vaga destinada a advogado, atinge, tão somente, o exercício da advocacia no próprio Tribunal Eleitoral do qual se afastou, reconhecendo a incompatibilidade relativa.

Não se duvida da correção do que fora decidido pelo CNJ, de evidente conteúdo preventivo, que busca reparar uma omissão capaz de servir para menoscabar a imagem do Judiciário Eleitoral.

Não se trata, aqui, de nenhuma questão de natureza pessoal. É incabível discutir a postura dos diversos advogados que já passaram pelos nossos tribunais eleitorais. O que se buscou com a provocação do Conselho Nacional de Justiça foi um posicionamento em abstrato, uma leitura do quadro constitucional ou, como queiram, um pronunciamento sobre os alicerces do Estado no tocante à matéria.

É preciso fugir às reflexões personalistas – baseadas no comportamento deste ou daquele – e adotar visões que contemplem o projeto de sociedade almejado pela nossa ordem constitucional, bem como a sujeição de todos ao primado da norma segundo a categorização de domínio legal proposta por Max Weber.

No caso sob análise, duas questões vieram à tona: a primeira relativa à competência do CNJ para emitir o aludido pronunciamento; a segunda, à efetiva extensão da quarentena aos advogados nomeados para integrar os tribunais eleitorais.

Quanto ao primeiro ponto, o art. 103-B, § 4º, I, da Constituição Federal é claro ao estabelecer, entre as atribuições do Conselho, o dever de "zelar pela autonomia do Poder Judiciário". Como garante dessa autonomia, incumbe-lhe necessariamente a adoção das providências necessárias não apenas a evitar a intromissão de outros poderes, mas também a salvaguardar essa função estatal no que toca à sua integridade como instituição. Trata-se da preservação do seu *status dignitatis*.

Autonomia é pressuposto para a independência do Poder Judiciário. A isenção institucional desse poder, ou função do Estado – elemento indispensável à consolidação da democracia –, demanda a adoção de medidas preventivas de caráter abstrato que obstem a sua permeabilidade a injunções indevidas.

O Judiciário não é autônomo quando exposto a qualquer forma de sujeição.

Dentre essas formas está, sem dúvida, a proximidade exacerbada entre julgadores e defensores profissionais de interesses privados.

Daí por que a Constituição albergou dentre as missões institucionais do CNJ o poder-dever de velar por essa tão indispensável autonomia, ao passo que lhe concedeu competência para, em cada caso concreto ou em atividade consultiva e regulamentar, promover a sua salvaguarda.

Não há dúvida, à vista de tais assertivas, de que o CNJ detém competência para discutir o tema levado à sua consideração pela Abramppe.

A decisão do Conselho tomou por base o art. 95, parágrafo único, V, da CF, no qual se trata das vedações impostas aos juízes. É certo, por isso, que nenhum outro órgão ou instância poderia tratar administrativamente dessa matéria senão o CNJ, dado que esta não diz respeito – senão indiretamente – ao exercício da advocacia, mas aos impedimentos que acompanham, mesmo após o seu afastamento, aqueles que exerceram a magistratura em qualquer juízo ou grau de jurisdição.

Tem-se, por isso, claro que o CNJ atuou nos estreitos limites de sua missão institucional.

Quanto ao segundo aspecto, que se confunde com o mérito da questão, registre-se que a própria regra da quarentena foi constitucionalmente concebida com o dúplice escopo de prevenir o tráfico de influência e de preservar a imagem pública do Judiciário. Trata-se de evitar um questionável exercício da advocacia perante tribunais por parte daqueles que recentemente deixaram de integrá-los.

Essa preocupação, por certo, não haveria de ser excepcionada na Justiça Eleitoral.

Não se trata de questionar a honorabilidade de tantos valorosos advogados que ilustraram os tribunais eleitorais com suas presenças. A leitura constitucional tão bem realizada pelo Conselho Nacional de Justiça não foi baseada nos valores ou mazelas individuais desses causídicos juízes, mas numa concepção de Estado fundada na impessoalidade e na isonomia.

Ruy Samuel Espíndola anota que os princípios constitucionais têm, dentre outras funções, a de servir de base para a atividade interpretativa. "Os princípios cumprem o papel de orientarem as soluções jurídicas"[1]. Não há falar-se em interpretação que não leve em conta o alicerce principiológico firmado na Constituição.

Por outro lado, segundo a preleção de Eros Roberto Grau, "jamais se aplica uma norma jurídica, mas sim o direito; não se interpretam normas constitucionais, isoladamente, mas sim a Constituição, no seu todo"[2]. Daí a importância de trazer ao debate o princípio da igualdade, um dos pilares sobre os quais se assenta o edifício

---

[1] ESPÍNDOLA, Ruy Samuel. *Conceito de princípios constitucionais*. São Paulo: Revista dos Tribunais, 1999, p. 68.

[2] GRAU, Eros Roberto. *Ordem econômica na Constituição de 1988* (interpretação e crítica). São Paulo: Revista dos Tribunais, 1990, p. 181.

constitucional. A isonomia preconizada no texto fundamental não tem valor senão quando pode ver-se refletida nas múltiplas esferas em que sua incidência é esperada.

O que a instituição da quarentena visa é justamente a preservação da isonomia entre os litigantes, a fim de que uns não se vejam assistidos por patronos recém-egressos dos mesmos tribunais onde corre o litígio, enquanto outros não logram a mesma sorte.

Se esse argumento não é válido para os que integraram os tribunais eleitorais nas vagas reservadas aos advogados, certamente não haveria de sê-lo para os demais. É preciso, pois, aplicar a Constituição em sua plenitude, sob pena de abrir-se o flanco para riscos que nossa lei fundamental tratou e repeliu de modo expresso.

Segundo a expressa dicção do art. 95, parágrafo único, V, da CF – aprofundamento normativo do princípio constitucional da isonomia –, ao juiz é vedado exercer a advocacia no juízo ou tribunal do qual se afastou antes de decorridos três anos do afastamento do cargo por aposentadoria ou exoneração.

Não houve qualquer exceção dirigida aos advogados integrantes dos tribunais eleitorais. A regra aplica-se, por conseguinte, também a estes. E por que haveria de ser diferente? Durante o período em que servem à Justiça Eleitoral, esses juristas são membros do Judiciário, ainda que noutros campos profissionais possam dar andamento às suas atividades advocatícias. Dentro da Justiça Eleitoral, enquanto corre o período da sua investidura, são esses advogados tão juízes quanto os demais integrantes dos tribunais de que participam.

Suponhamos que deixem um mesmo tribunal eleitoral, numa mesma data, um desembargador que se exonerou do seu cargo e um advogado que completou seu período de investidura. Ambos têm em comum o fato de terem exercido a magistratura eleitoral no órgão colegiado. Devem ambos, por conseguinte, suportar o mesmo óbice constitucional ao exercício da advocacia perante o órgão de onde saíram. Não haveria razão plausível para dar a situações tão similares um tratamento díspar.

Tamanha incongruência seria, por tudo, inaceitável, daí por que mesmo os advogados que integram o CNJ acolheram sem exceção a tese da aplicabilidade da regra constitucional, divergindo apenas quanto aos seus limites.

Aqui, vale um esclarecimento: a decisão também entendeu aplicável a "quarentena" aos advogados que atuaram como membros suplentes dos tribunais eleitorais.

Estamos certos de que a contribuição dos advogados em ofício nos tribunais eleitorais tende apenas a se fortalecer diante da certeza de que sua atuação tem por base propósitos republicanos. Se estamos diante de mais uma decisão acertada do Conselho Nacional de Justiça, o valor desse pronunciamento reside menos no seu conteúdo prático imediato que nas lições que faz projetar rumo ao futuro: o Estado brasileiro vai aos poucos se desfazendo das suas profundas raízes patrimonialistas.

■ 3.1.6. Órgãos diretivos dos tribunais eleitorais

Segundo o **art. 17** do Código Eleitoral, o Tribunal Superior Eleitoral **elegerá** para seu **presidente** um dos **ministros do Supremo Tribunal Federal**, cabendo ao outro a **vice-presidência**, e para corregedor-geral da Justiça Eleitoral um dos seus **membros**.

O parágrafo único do **art. 119** da Constituição, **todavia**, especifica que a **escolha** do corregedor-geral eleitoral **deve recair** forçosamente sobre um dos **ministros** oriundos do **Superior Tribunal de Justiça**.

Os provimentos emanados da Corregedoria-Geral vinculam os corregedores regionais, os quais lhes devem imediato e preciso cumprimento (art. 17, § 3º, do CE).

3.1.7. Competências do Tribunal Superior Eleitoral

O TSE possui competências de natureza jurisdicional e administrativa. Essa é, aliás, a principal marca característica da Justiça Eleitoral: a dúplice missão de emitir a sua jurisdição e de administrar-se a si mesma e aos pleitos eleitorais.

Daí a prestimosa lição de Suzana de Camargo Gomes[3], segundo a qual:

> Diante dos aspectos dispostos acerca da Justiça Eleitoral brasileira, é dado concluir que essa instituição possui características próprias, que, inclusive, não se identificam com as previstas pelas legislações de outros povos que também adotam o sistema jurisdicional de controle das eleições. Mas a verdade é que esse *plus* faz com que o sistema brasileiro apresente inúmeras vantagens em relação aos de outros países, tendo em vista os mecanismos aqui adotados para evitar a fraude no processo eleitoral e em razão do controle efetivo, que é realizado pelos Juízes nas diversas fases em que ocorre a manifestação da vontade popular na escolha dos seus dirigentes.

É certo que **todos os tribunais** exercem atribuições administrativas **quando**, por exemplo, **definem** a sua proposta orçamentária ou realizam a **gestão** do seu quadro de pessoal. Na Justiça Eleitoral, sem embargo, ademais das rotinas administrativas postas a cargo de qualquer órgão jurisdicional colegiado, **tem-se presente** uma **função administrativa atípica**, de natureza finalística, que só encontra paralelo entre os **órgãos** do Poder Executivo.

Quando administra as eleições, a Justiça Eleitoral exerce esse seu múnus como atividade-fim, não como atividade-meio, como ocorre com os demais órgãos do Poder Judiciário.

Marcos Ramayana[4], discorrendo a respeito da particular competência da Justiça Eleitoral, preleciona:

> Diversas competências estão afetas à Justiça Eleitoral: questões de natureza administrativa, *v.g.*, organização administrativa das Zonas Eleitorais, tais como locais destinados à votação, apuração, funcionários e o próprio alistamento eleitoral de natureza declaratória administrativa; questões atinentes ao poder regulamentar, pois o Poder Legislativo, ao editar as leis em matéria eleitoral, deixa sempre uma

---

[3] GOMES, Suzana de Camargo. *A Justiça Eleitoral e sua competência*. São Paulo: Revista dos Tribunais, 1998, p. 85.
[4] RAMAYANA, Marcos. *Direito Eleitoral*. Rio de Janeiro: Impetus, 2004, p. 60.

substancial margem de complementaridade afeta ao poder regulamentar do Tribunal Superior Eleitoral.

O autor chama a atenção para um importante aspecto da competência administrativa da Justiça Eleitoral, muitas vezes envolta em meandros de incompreensão. O poder normativo da Justiça Eleitoral é frequentemente confundido com atividade legislativa primária, quando de fato se trata da faculdade inerente ao responsável pela aplicação da norma de baixar as medidas necessárias à concreção dos comandos legislativos.

A matéria encontra-se perfeitamente estudada em livro de Leomar Barros Amorim de Sousa[5]. Diz o autor:

> Cumpre ressaltar, como logo a seguir será demonstrado, que não há um campo de reserva puro para cada poder, o que permite admitir-se possa um órgão do Judiciário ou do Legislativo, *v.g.*, exercer funções materialmente administrativas; ou o Executivo exercer funções materialmente legislativas.

E segue:

> Dessa forma, não se assegurando na partilha de competências políticas um espaço para o autogoverno de cada poder, é factível e absolutamente provável que reste inviabilizada, ou provavelmente muito enfraquecida, a sua independência. Haverá, em certa medida, apenas uma independência nominal [...].

É certo que não se pode pretender – hodiernamente – encontrar em cada Poder exclusivamente os traços que o distinguiram, ao menos teoricamente, das demais funções do Estado. Assim também ocorre na matéria. Ademais das disposições contidas na legislação, a Justiça Eleitoral invariavelmente terá de se socorrer da edição de normas regulamentares não para usurpar a função legiferante típica, mas para justamente cumprir os misteres que as leis lhe impõem.

■ 3.1.8. Competência em matéria jurisdicional

Relaciono, a seguir, as atribuições judiciais e administrativas do Tribunal Superior Eleitoral, segundo a Lei n. 4.737/1965. A competência do TSE em matéria jurisdicional vem definida no art. 22, I, do CE, que lhe atribui as seguintes responsabilidades:

> **Art. 22.** [...]
> I – [...]
> *a)* o registro e a cassação de registro de partidos políticos, dos seus diretórios nacionais e de candidatos à presidência e vice-presidência da República;
> *b)* os conflitos de jurisdição entre tribunais regionais e juízes eleitorais de estados diferentes;

---

[5] SOUSA, Leomar Barros de Amorim de. *A produção normativa do Poder Executivo*: medidas provisórias, leis delegadas e regulamentos. Brasília: Brasília Jurídica, 1999, p. 36.

c) a suspeição ou impedimento aos seus membros, ao procurador-geral e aos funcionários da sua secretaria;

d) os crimes eleitorais e os comuns que lhes forem conexos cometidos pelos seus próprios juízes e pelos juízes dos tribunais regionais;

e) (Execução suspensa pela RSF n. 132, de 1984);

f) as reclamações relativas a obrigações impostas por lei aos partidos políticos, quanto à sua contabilidade e à apuração da origem dos seus recursos;

g) as impugnações à apuração do resultado geral, proclamação dos eleitos e expedição de diploma na eleição de presidente e vice-presidente da República;

h) os pedidos de desaforamento dos feitos não decididos nos tribunais regionais dentro de trinta dias da conclusão ao relator, formulados por partido, candidato, Ministério Público ou parte legitimamente interessada;

i) as reclamações contra os seus próprios juízes que, no prazo de trinta dias a contar da conclusão, não houverem julgado os feitos a eles distribuídos;

j) a ação rescisória, nos casos de inelegibilidade, desde que intentada dentro de cento e vinte dias de decisão irrecorrível, possibilitando-se o exercício do mandato eletivo até o seu trânsito em julgado[6].

Além disso, compete ao Tribunal Superior Eleitoral o julgamento dos recursos interpostos das decisões dos tribunais regionais eleitorais, inclusive os que versarem matéria administrativa.

Acrescente-se a tudo isso a análise e julgamento das prestações de contas de candidatos e de partidos políticos, aos quais a Justiça Eleitoral há tempo entende também ostentarem natureza jurisdicional, a atrair até mesmo o fenômeno da preclusão. A tal respeito, o TSE já afirmou que

> A natureza jurisdicional do processo de prestação de contas importa na incidência da regra da preclusão, quando o ato processual não é praticado no momento oportuno. Incidência da Súmula 30 do TSE. [...]. (REspe n. 060026023, Acórdão, rel. Min. Alexandre de Moraes, Publicação: *DJe,* t. 166, 29-8-2022).

Convém ter sempre presente a competência da Justiça Eleitoral para julgar os crimes comuns praticados em conexão com crimes eleitorais.

A tal respeito, veja-se o seguinte precedente:

> COMPETÊNCIA – JUSTIÇA ELEITORAL – CRIMES CONEXOS. Compete à Justiça Eleitoral julgar os crimes eleitorais e os comuns que lhe forem conexos – inteligência dos artigos 109, inciso IV, e 121 da Constituição Federal, 35, inciso II, do Código Eleitoral e 78, inciso IV, do Código de Processo Penal (Inq. 4.435, AgR-quarto, rel. Min. Marco Aurélio, Tribunal Pleno, j. 14-3-2019, *DJe*-182, divulg 20-8-2019, public 21-8-2019).

---

[6] Para alterar o leque de competências do Tribunal Superior Eleitoral, o Congresso Nacional se valeu, em 1986, da aprovação da Lei Complementar n. 86, que inseriu nas atribuições daquela Corte o processamento e o julgamento da ação rescisória, antes inexistente em matéria eleitoral.

Trata-se de competência afeta a toda a Justiça Eleitoral. A competência funcional interna será definida segundo a organização judiciária eleitoral e se baseará, especialmente, na existência ou não de foro por prerrogativa de função; a territorial será firmada em virtude do local do crime.

3.1.9. Competência em matéria administrativa

As atribuições do Tribunal Superior Eleitoral estão relacionadas no art. 23 do CE, sendo as principais as seguintes:

Art. 23. [...]
I – elaborar o seu regimento interno;
II – organizar a sua Secretaria e a Corregedoria Geral, propondo ao Congresso Nacional a criação ou extinção dos cargos administrativos e a fixação dos respectivos vencimentos, provendo-os na forma da lei;
III – conceder aos seus membros licença e férias assim como afastamento do exercício dos cargos efetivos;
IV – aprovar o afastamento do exercício dos cargos efetivos dos juízes dos tribunais regionais eleitorais;
V – propor a criação de Tribunal Regional na sede de qualquer dos Territórios;
VI – propor ao Poder Legislativo o aumento do número dos juízes de qualquer Tribunal Eleitoral, indicando a forma desse aumento;
VII – fixar as datas para as eleições de presidente e vice-presidente da República, senadores e deputados federais, quando não o tiverem sido por lei:
VIII – aprovar a divisão dos Estados em zonas eleitorais ou a criação de novas zonas;
IX – expedir as instruções que julgar convenientes à execução deste Código;
X – fixar a diária do corregedor-geral, dos corregedores regionais e auxiliares em diligência fora da sede;
XI – enviar ao presidente da República a lista tríplice organizada pelos tribunais de justiça nos termos do art. 25;
XII – responder, sobre matéria eleitoral, às consultas que lhe forem feitas em tese por autoridade com jurisdição, federal ou órgão nacional de partido político;
XIII – autorizar a contagem dos votos pelas mesas receptoras nos Estados em que essa providência for solicitada pelo Tribunal Regional respectivo;
XIV – requisitar a força federal necessária ao cumprimento da lei, de suas próprias decisões ou das decisões dos Tribunais Regionais que o solicitarem, e para garantir a votação e a apuração;
XV – organizar e divulgar a Súmula de sua jurisprudência;
XVI – requisitar funcionários da União e do Distrito Federal quando o exigir o acúmulo ocasional do serviço de sua Secretaria;
XVII – publicar um boletim eleitoral;
XVIII – tomar quaisquer outras providências que julgar convenientes à execução da legislação eleitoral.

Ainda, com o advento da Lei n. 14.211/2021, **incluiu-se** ao Código Eleitoral o art. 23-A, **positivando** a definição que a **competência** normativa regulamentar **prevista** no parágrafo único do art. 1º e no inciso IX do *caput* do art. 23 deste Código restringem-se **especificadamente** a matérias autorizadas em lei, **restando vedado** ao Tribunal Superior Eleitoral **tratar** de matéria relativa à **organização** dos partidos políticos.

■ 3.1.10. Tribunais Regionais Eleitorais

Nos TREs, o presidente e o vice-presidente serão eleitos entre os três desembargadores do Tribunal de Justiça.

A regra contida na segunda parte do art. 26 do CE, segundo a qual "o terceiro desembargador será o corregedor regional da Justiça Eleitoral", não mais prevalece, eis que não acolhida pela vigente ordem constitucional.

Com efeito, o § 2º do art. 120 da CF cingiu-se a estabelecer que "O Tribunal Regional Eleitoral elegerá seu presidente e o vice-presidente dentre os desembargadores". Assim, compete a cada TRE, nos seus respectivos regimentos internos, definir os critérios para a designação dos seus corregedores.

De conformidade com o § 2º do art. 26 do CE, o Corregedor Regional deve se locomover para as zonas eleitorais nos seguintes casos:

> **Art. 26.** [...]
> § 2º [...]
> I – por determinação do Tribunal Superior Eleitoral ou do Tribunal Regional Eleitoral;
> II – a pedido dos juízes eleitorais;
> III – a requerimento de Partido, deferido pelo Tribunal Regional;
> IV – sempre que entender necessário.

Os tribunais regionais deliberam por maioria de votos, em sessão pública, com a presença da maioria de seus membros (art. 28 do CE).

Nos termos do art. 29 do CE, compete aos tribunais regionais eleitorais:

> **Art. 29.** [...]
> I – processar e julgar originariamente:
> *a)* o registro e o cancelamento do registro dos diretórios estaduais e municipais de partidos políticos, bem como de candidatos a governador, vice-governadores, e membro do Congresso Nacional e das assembleias legislativas;
> *b)* os conflitos de jurisdição entre juízes eleitorais do respectivo estado;
> *c)* a suspeição ou impedimentos aos seus membros ao procurador regional e aos funcionários da sua Secretaria assim como aos juízes e escrivães eleitorais;
> *d)* os crimes eleitorais cometidos pelos juízes eleitorais;
> *e)* o *habeas corpus* ou mandado de segurança, em matéria eleitoral, contra ato de autoridades que respondam perante os Tribunais de Justiça por crime de responsabilidade e, em grau de recurso, os denegados ou concedidos pelos juízes eleitorais; ou, ainda, o habeas corpus quando houver perigo de se consumar a violência antes que o juiz competente possa prover sobre a impetração;
> *f)* as reclamações relativas a obrigações impostas por lei aos partidos políticos, quanto a sua contabilidade e à apuração da origem dos seus recursos;

g) os pedidos de desaforamento dos feitos não decididos pelos juízes eleitorais em trinta dias da sua conclusão para julgamento, formulados por partido candidato Ministério Público ou parte legitimamente interessada sem prejuízo das sanções decorrentes do excesso de prazo.

II – julgar os recursos interpostos:

a) dos atos e das decisões proferidas pelos juízes e juntas eleitorais;

b) das decisões dos juízes eleitorais que concederem ou denegarem habeas corpus ou mandado de segurança.

Os tribunais regionais eleitorais possuem, ainda, nos termos do que dispõe o art. 30 do CE, as seguintes atribuições administrativas:

Art. 30. [...]

I – elaborar o seu regimento interno;

II – organizar a sua Secretaria e a Corregedoria Regional provendo-lhes os cargos na forma da lei, e propor ao Congresso Nacional, por intermédio do Tribunal Superior a criação ou supressão de cargos e a fixação dos respectivos vencimentos;

III – conceder aos seus membros e aos juízes eleitorais licença e férias, assim como afastamento do exercício dos cargos efetivos submetendo, quanto aqueles, a decisão à aprovação do Tribunal Superior Eleitoral;

IV – fixar a data das eleições de governador e vice-governador, deputados estaduais, prefeitos, vice-prefeitos, vereadores e juízes de paz, quando não determinada por disposição constitucional ou legal;

V – constituir as juntas eleitorais e designar a respectiva sede e jurisdição;

VI – indicar ao Tribunal Superior as zonas eleitorais ou seções em que a contagem dos votos deva ser feita pela mesa receptora;

VII – apurar com os resultados parciais enviados pelas juntas eleitorais, os resultados finais das eleições de governador e vice-governador de membros do Congresso Nacional e expedir os respectivos diplomas, remetendo dentro do prazo de 10 (dez) dias após a diplomação, ao Tribunal Superior, cópia das atas de seus trabalhos;

VIII – responder, sobre matéria eleitoral, às consultas que lhe forem feitas, em tese, por autoridade pública ou partido político;

IX – dividir a respectiva circunscrição em zonas eleitorais, submetendo essa divisão, assim como a criação de novas zonas, à aprovação do Tribunal Superior;

[...]

XII – requisitar a força necessária ao cumprimento de suas decisões solicitar ao Tribunal Superior a requisição de força federal;

XIII – autorizar, no Distrito Federal e nas capitais dos estados, ao seu presidente e, no interior, aos juízes eleitorais, a requisição de funcionários federais, estaduais ou municipais para auxiliarem os escrivães eleitorais, quando o exigir o acúmulo ocasional do serviço;

XIV – requisitar funcionários da União e, ainda, no Distrito Federal e em cada estado ou território, funcionários dos respectivos quadros administrativos, no caso de acúmulo ocasional de serviço de suas Secretarias;

XV – aplicar as penas disciplinares de advertência e de suspensão até 30 (trinta) dias aos juízes eleitorais;

XVI – cumprir e fazer cumprir as decisões e instruções do Tribunal Superior;

XVII – determinar, em caso de urgência, providências para a execução da lei na respectiva circunscrição;

O inciso X do referido art. 30 dispõe que compete aos TREs a aprovação da designação do ofício de justiça que deva responder pela escrivania eleitoral durante o biênio. Trata-se de norma deve ter havida por revogada, uma vez que a Lei n. 10.842, de 20 de fevereiro de 2004, que criou e transformou cargos e funções nos quadros de pessoal dos tribunais regionais eleitorais, destinados às zonas eleitorais, pôs fim às escrivanias eleitorais, estipulando que tal atribuição passaria a ser exercida pelos chefes dos cartórios eleitorais (art. 4º).

O inciso XVIII do mesmo artigo de lei inclui entre as missões institucionais dos tribunais regionais a organização do "fichário dos eleitores" do estado. Essa regra foi superada, sem a aconselhável revogação expressa, pela Lei n. 7.444/1985, cujo art. 1º estabelece que: "O alistamento eleitoral será feito mediante processamento eletrônico de dados".

De fato, o universo primitivo dos fichários de eleitores foi suprimido por uma moderna tecnologia que concede à Justiça Eleitoral uma base de dados que hoje contém mais de 156 milhões de cadastrados, informações essas administradas segundo as complexas determinações contidas na Resolução TSE n. 23.659/2021, a qual, já sob a égide da Lei Geral de Proteção de Dados, "dispõe sobre a gestão do Cadastro Eleitoral e sobre os serviços eleitorais que lhe são correlatos".

Outro inciso, o XIX, dava aos TREs o poder de "suprimir os mapas parciais de apuração mandando utilizar apenas os boletins e os mapas totalizadores, desde que o menor número de candidatos às eleições proporcionais justifique a supressão [...]".

Trata-se de outra determinação legal superada pelos avanços tecnológicos e por uma legislação que, sem revogar expressamente a referida disposição, acabou fazendo-o de modo tácito.

De acordo com o § 4º do art. 28 do CE, acrescentado pela Minirreforma Eleitoral de 2015 (Lei n. 13.165/2015): "As decisões dos Tribunais Regionais sobre quaisquer ações que importem cassação de registro, anulação geral de eleições ou perda de diplomas somente poderão ser tomadas com a presença de todos os seus membros". O § 5º imediatamente seguinte estipula que, nesse caso, se ocorrer impedimento de algum juiz, será convocado o suplente da mesma classe.

Também compete aos Tribunais Regionais Eleitorais assegurar cumprimento ao disposto nos §§ 12 e 13 do art. 14 da Constituição, que tratam da realização de consultas populares, desde que aprovadas pelas Câmaras de Vereadores e dirigidas à Justiça Eleitoral até 90 dias antes das eleições. A expressão "consultas populares" só pode fazer referência a plebiscitos ou referendos, mecanismo de exercício da democracia direta previstos nos incisos I e II do art. 14 da CF/1988.

3.1.11. Juntas Eleitorais

Apesar do seu reconhecimento constitucional como órgãos integrantes da estrutura da Justiça Eleitoral (art. 118, IV, da CF), as juntas eleitorais viram minguadas as suas atribuições com a introdução do sistema eletrônico de votação e apuração dos votos.

O art. 40 do CE relaciona as atividades institucionais a cabo das juntas:

Art. 40. [...]
I – apurar, no prazo de 10 (dez) dias, as eleições realizadas nas zonas eleitorais sob a sua jurisdição;
II – resolver as impugnações e demais incidentes verificados durante os trabalhos da contagem e da apuração;
III – expedir os boletins de apuração mencionados no art. 178;
IV – expedir diploma aos eleitos para cargos municipais.

Como se vê, a principal competência das juntas eleitorais diz respeito à contagem dos votos, à publicação dos resultados assim obtidos e à deliberação sobre impugnações e incidentes verificados durante o escrutínio. Além dessas atribuições, resta apenas a de promover a expedição dos diplomas eleitorais nas eleições ocorridas no âmbito dos municípios.

Com a informatização do processo de coleta, contabilização e publicação dos resultados da votação, as juntas eleitorais praticamente perderam a sua razão de ser. Sua atuação concreta, nos dias de hoje, cinge-se à mera subscrição formal das atas eleitorais. Quando muito, operam também na apuração da votação cédulas, que ocorre apenas de modo raro e subsidiário, quando por qualquer motivo não se verifica possível a utilização dos mecanismos eletrônicos de coleta e contabilização dos votos.

De acordo com o art. 59-A da Lei das Eleições, acrescentado pela Lei n. 13.165/2015: "No processo de votação eletrônica, a urna imprimirá o registro de cada voto, que será depositado, de forma automática e sem contato manual do eleitor, em local previamente lacrado". O parágrafo único do mesmo dispositivo estipula que: "O processo de votação não será concluído até que o eleitor confirme a correspondência entre o teor de seu voto e o registro impresso e exibido pela urna eletrônica".

A regra chegou a receber veto presidencial, mas este foi derrubado em sessão do Congresso nacional realizada em 18 de novembro de 2015.

Posteriormente, o tema fora objeto de questionamento de Constitucionalidade em juízo, perante o Supremo Tribunal Federal, na ADI 5.889, que fora julgada procedente, entendendo o relator Ministro Gilmar Mendes que o art. 59-A da Lei n. 9.054/1997 viola o sigilo e a liberdade do voto.

De qualquer forma, enquanto subsistem as normas atuais, apresentamos mais alguns detalhes sobre a constituição dessas juntas compostas por um juiz de direito, que será o presidente, e por dois a quatro cidadãos de notória idoneidade (art. 36 do CE). Sua nomeação deve ocorrer, nos termos do § 1º do mesmo dispositivo, no prazo de 60 dias antes da eleição, depois de aprovação do respectivo Tribunal Regional Eleitoral.

Não podem ser nomeados membros das juntas, escrutinadores ou auxiliares (art. 36, § 3º, do CE):

Art. 36. [...]

§ 3º [...]

I – os candidatos e seus parentes, ainda que por afinidade, até o segundo grau, inclusive, e bem assim o cônjuge;

II – os membros de diretorias de partidos políticos devidamente registrados e cujos nomes tenham sido oficialmente publicados;

III – as autoridades e agentes policiais, bem como os funcionários no desempenho de cargos de confiança do Executivo;

IV – os que pertencerem ao serviço eleitoral.

Apesar da sobrevivência de algumas atribuições formais das juntas, dentre as quais se destaca a expedição do diploma eleitoral, é certo que sua sobrevida pode estar sendo ameaçada pelos avanços tecnológicos na área da coleta e apuração dos votos.

Mas é preciso deixar claro o seguinte:

Permanece sem qualquer alteração a competência fixada no CE, art. 40, V, que consiste em diplomar os eleitos. Ao contrário do que parece, a diplomação é ato da Junta Eleitoral e não do Juiz Eleitoral. Este atua como presidente daquela e, nesta condição, assina os diplomas[7].

O art. 121 da CF outorga ao legislador complementar o dever de dispor sobre a organização e competência das juntas eleitorais. O momento é oportuno para a revisão do leque de poderes desse órgão colegiado que, envolvendo membros da comunidade, poderia ter missões mais pedagógicas e mobilizadoras, superando-se, assim, a sua virtual inutilidade institucional.

3.1.12. Juízes Eleitorais

Nos termos do **art. 32** do CE, aos juízes eleitorais em efetivo exercício **compete presidir** cada uma das zonas eleitorais; na **falta deste**, tal atribuição cabe ao seu **substituto** legal que goze das prerrogativas do art. 95 da Constituição, **quais sejam**, vitaliciedade, inamovibilidade e irredutibilidade de vencimentos.

A Constituição Federal estabelece, de forma inconteste, que a **função de juiz eleitoral** só pode ser exercida por um **juiz de direito**. Descabe falar-se na presidência da zona por juízes federais, já que a eles não alude o art. 121 da CF, a seguir transcrito: "Lei complementar **disporá sobre a organização e competência** dos tribunais, dos **juízes de direito** e das juntas eleitorais".

Havendo mais de uma vara, o Tribunal Regional designará aquela ou aquelas a que incumbe o serviço eleitoral.

A regra, também, aqui, é do uso de quadros tomados por empréstimo a outra instituição, no caso a Justiça Estadual.

---

[7] CASTRO, Edson de Resende. *Curso de Direito Eleitoral*. Belo Horizonte: Del Rey, 2022.

Lauro Barretto questiona esse particular modo de ser da Justiça Eleitoral, sustentando que: "No tocante à estrutura da Justiça Eleitoral, um dos fatores preponderantes de sua tradicional inoperância é a inexistência de uma magistratura própria e especializada"[8].

Nessa crítica, o autor encontrou o apoio de Joel José Cândido, que falando quanto à ausência de membros permanentes no exercício da jurisdição eleitoral, afirma: "Essa combinação multifacetária, em substituição a uma magistratura própria, com juízes especializados, precisa ser repensada".

Com efeito, é tempo de refletir com maior zelo sobre a forma de composição da Justiça Eleitoral, que talvez não mais atenda aos reclamos da sociedade, dentre os quais se encontra o relativo à rápida solução dos litígios.

Compete aos juízes eleitorais, nos termos do que preceitua o art. 35 do CE:

Art. 35. [...]
I – cumprir e fazer cumprir as decisões e determinações do Tribunal Superior e do Regional;
II – processar e julgar os crimes eleitorais e os comuns que lhe forem conexos, ressalvada a competência originária do Tribunal Superior e dos Tribunais Regionais;
III – decidir *habeas corpus* e mandado de segurança, em matéria eleitoral, desde que essa competência não esteja atribuída privativamente a instância superior.
IV – fazer as diligências que julgar necessárias a ordem e presteza do serviço eleitoral;
V – tomar conhecimento das reclamações que lhe forem feitas verbalmente ou por escrito, reduzindo-as a termo, e determinando as providências que cada caso exigir;
VI – indicar, para aprovação do Tribunal Regional, a serventia de justiça que deve ter o anexo da escrivania eleitoral;
[...]
VIII – dirigir os processos eleitorais e determinar a inscrição e a exclusão de eleitores;
IX – expedir títulos eleitorais e conceder transferência de eleitor;
X – dividir a zona em seções eleitorais;
XI – mandar organizar, em ordem alfabética, relação dos eleitores de cada seção, para remessa a mesa receptora, juntamente com a pasta das folhas individuais de votação;
XII – ordenar o registro e cassação do registro dos candidatos aos cargos eletivos municipais e comunicá-los ao Tribunal Regional;
XIII – designar, até 60 (sessenta) dias antes das eleições os locais das seções;
XIV – nomear, 60 (sessenta) dias antes da eleição, em audiência pública anunciada com pelo menos 5 (cinco) dias de antecedência, os membros das mesas receptoras;
XV – instruir os membros das mesas receptoras sobre as suas funções;
XVI – providenciar para a solução das ocorrências para a solução das ocorrências que se verificarem nas mesas receptoras;
XVII – tomar todas as providências ao seu alcance para evitar os atos viciosos das eleições;

---

[8] BARRETTO, Lauro. *Investigação judicial eleitoral e ação de impugnação de mandato eletivo*. 2. ed. rev. e ampl. Bauru: Edipro, 1999, p. 12.

XVIII – fornecer aos que não votaram por motivo justificado e aos não alistados, por dispensados do alistamento, um certificado que os isente das sanções legais;

XIX – comunicar, até às 12 horas do dia seguinte a realização da eleição, ao Tribunal Regional e aos delegados de partidos credenciados, o número de eleitores que votarem em cada uma das seções da zona sob sua jurisdição, bem como o total de votantes da zona.

3.1.13. Poder de polícia eleitoral

Como se observa, além de processar e julgar os processos judiciais afetos à sua esfera de competência, também o juiz eleitoral tem grande gama de atribuições tipicamente administrativas. O inciso XVII determina, por exemplo, que ele adote as "providências ao seu alcance para evitar os atos viciosos das eleições".

O poder de polícia é atributo da Administração Pública que a autoriza a instituir limitações à liberdade e à propriedade privada. Como já afirmado, a Justiça Eleitoral não exerce apenas atividades jurisdicionais, mas também administrativas.

Agindo na qualidade de administrador do processo eleitoral, o juiz detém o poder-dever de adotar as providências imediatas e urgentes com a finalidade de impedir ou fazer cessar a prática de atos atentatórios à qualidade das eleições.

É o que sucede, por exemplo, quando se determina a suspensão de propaganda realizada em descompasso com as normas de regência. Discute-se se o poder de polícia pode ser aplicado exclusivamente com suporte em regras previstas na Constituição e nas leis ou se os princípios constitucionais também estariam a legitimá-lo.

Não há dúvida de que a última opção é a acertada. É certo que a Justiça Eleitoral tem a sua atividade pautada pela necessidade de prévia autorização normativa. Entretanto, em nenhum ponto isso está a indicar que a reserva se dirige exclusivamente à existência de uma lei.

O que limita a administração do processo eleitoral, vinculando as suas opções, não é tão somente a lei, mas a norma. E norma é ideia que transcende o limitado círculo da legislação.

Inserem-se no conceito de norma tanto os princípios quanto as regras. Porém, as regras diferem dos princípios por sua aplicação direta a casos concretos. Elas buscam antever, enunciando hipóteses, conflitos comumente observados nas relações humanas. Sua dicção busca propiciar a solução específica para um dado conflito de interesses previamente reconhecido.

Já os princípios contêm enunciados genéricos que possuem as funções de fundamentar, orientar a interpretação, suprir ou integrar as regras[9].

---

[9] Funções dos princípios: fundamentadora, interpretativa e supletiva ou integradora: por força da função fundamentadora dos princípios, é certo que outras normas jurídicas neles encontram o seu fundamento de validade. O art. 261 do CPP (que assegura a necessidade de defesa ao acusado) tem por fundamento os princípios constitucionais da ampla defesa, do contraditório, da igualdade etc. Os princípios, ademais, não só orientam a interpretação de todo o ordenamento jurídico, senão também cumprem o papel de suprir eventual lacuna do sistema (função supletiva ou integradora).

A observância dos princípios vincula a toda a Administração – e, dessa maneira, a Justiça Eleitoral – de modo tão ou mais forte que as regras, com a peculiaridade de que regras legislativas editadas em descompasso com a Constituição são destituídas de exigibilidade.

Inúmeros princípios previstos explícita ou implicitamente na Constituição de 1988 estão a limitar o poder do administrador, ou a legitimá-lo. Assim é que, no exercício do poder de polícia, pode validamente a Administração considerar a necessidade de evitar ou reprimir a prática de atos atentatórios a princípios decorrentes das opções constitucionais.

O § 1º do art. 54 da Resolução TSE n. 23.608, de 18 de dezembro de 2019, declara:

> **Art. 54.** [...]
> § 1º O poder de polícia sobre a propaganda eleitoral é restrito às providências necessárias para inibir ou fazer cessar práticas ilegais, vedada a censura prévia sobre o teor dos programas e matérias jornalísticas ou de caráter meramente informativo a serem exibidos na televisão, no rádio, na Internet e na imprensa escrita.

Note-se, ademais, que o exercício do poder de polícia não concede à Justiça Eleitoral o poder de, sem provocação por parte dos legitimados, deflagrar ações e representações eleitorais. Nesse sentido, foi publicado pelo Tribunal Superior o verbete n. 18 da súmula da sua jurisprudência, cujo teor é o seguinte:

> **Poder de Polícia. Legitimidade. Procedimento. Multa. Propaganda Eleitoral.**
> Conquanto investido de poder de polícia, não tem legitimidade o juiz eleitoral para, de ofício, instaurar procedimento com a finalidade de impor multa pela veiculação de propaganda eleitoral em desacordo com a Lei n. 9.504/1997.

Eram essas as principais considerações que se tinha a apresentar quanto ao controvertido tema do poder de polícia em matéria eleitoral.

■ 3.2. O MINISTÉRIO PÚBLICO ELEITORAL

Atente para o seguinte dispositivo da Constituição:

> **Art. 128.** O Ministério Público abrange:
> I – o Ministério Público da União, que compreende:
> *a)* o Ministério Público Federal;

No momento da decisão, o juiz pode valer-se da interpretação extensiva, da aplicação analógica bem como do suplemento dos princípios gerais de direito (art. 3º do CPP). Considerando-se que a lei processual penal admite "interpretação extensiva, aplicação analógica bem como o suplemento dos princípios gerais de direito" (art. 3º do CPP), não havendo regra específica regente do caso torna-se possível solucioná-lo só com a invocação de um princípio (GOMES, Luiz Flávio. *Normas, regras e princípios, conceitos e distinções*. Disponível em: https://lfg.jusbrasil.com.br/noticias/2076425/normas-regras-e-principios-conceitos-e-distincoes-parte-2. Acesso em: 5 jan. 2023).

b) o Ministério Público do Trabalho;
c) o Ministério Público Militar;
d) o Ministério Público do Distrito Federal e Territórios.
II – os Ministérios Públicos dos Estados.

A **Constituição** deixou de dar **expresso reconhecimento** à existência do **Ministério Público Eleitoral (MPE)**. Descabe o argumento de que tal omissão deveu-se ao fato de que tal ente é ocupado por membros permanentes do Ministério Público da União e, perante as zonas eleitorais, do Ministério Público dos estados.

Se tal explicação fosse válida, não seria justificável o tratamento constitucional explícito conferido à própria Justiça Eleitoral, já que é toda ela composta igualmente por quadros tomados por empréstimo aos tribunais superiores e à Justiça Comum da União e dos estados, conforme o caso.

A despeito dessa censurável omissão, o Ministério Público Eleitoral exerce atribuições indispensáveis, tanto no curso de processos judiciais quanto no acompanhamento das funções administrativas a cabo da Justiça Eleitoral.

À falta de dispositivo constitucional específico que lhe reconheça tais missões institucionais, merece sempre lembrança o previsto no art. 127 da CF, a seguir transcrito: "O Ministério Público é instituição permanente, essencial à função jurisdicional do Estado, incumbindo-lhe a defesa da ordem jurídica, do regime democrático e dos interesses sociais e individuais indisponíveis". Não pode haver matéria que supere a aplicação das normas eleitorais no que tange à sua essencialidade para a defesa do regime democrático.

Sendo assim, é **indispensável** a presença do **Ministério Público Eleitoral** no **acompanhamento** dos feitos eleitorais, judiciais e administrativos, sendo a **ausência** de sua notificação falha que **acarreta nulidade insanável**. Daí por que o Tribunal Superior Eleitoral reconhece o direito dos membros do MPE até mesmo à intimação pessoal. É o que se observa do julgado cuja ementa é a seguir transcrita:

Recurso Especial. Eleições 2004. Processual Civil. Intimação Pessoal do Ministério Público. Obrigatoriedade. Anulação de Todos os Atos Decisórios a Partir da Sentença.
1. A intimação do Ministério Público deve ser feita, pessoalmente, por mandado.
2. Nulidade das intimações que foram realizadas sem observância das prescrições legais, com a consequente anulação dos atos decisórios prolatados sem a intervenção do Ministério Público, no caso, obrigatória.
3. Recurso especial conhecido e provido para declarar a nulidade de todos os atos decisórios, a partir da sentença, inclusive, determinando que sejam renovados após regular intimação pessoal, por mandado, do Ministério Público Eleitoral (REspe n. 26.014, Petrópolis/RJ, Acórdão de 31-10-2006, rel. Min. José Augusto Delgado, *DJ* de 14-11-2006, p. 172 e *RJTSE – Revista de Jurisprudência do TSE*, v. 17, t. 4, p. 395).

A relevância das funções cometidas ao Ministério Público Eleitoral é de tal ordem que a jurisprudência do Tribunal Superior Eleitoral é firme no sentido da sua legitimidade para a encampação, i.e., assunção da titularidade das demandas eleitorais em caso de inércia injustificada do seu propositor originário. É o que se vê nos seguintes excertos:

> **Agravo Regimental. Recurso Especial. Representação Art. 41-A da Lei n. 9.504/1997. Desistência Tácita. Autor. Titularidade. Ação. Ministério Público Eleitoral. Possibilidade. Interesse Público. Preclusão. Ausência.**
>
> 1. No tocante à suposta omissão do acórdão regional, o agravante não impugnou especificamente os fundamentos da decisão que negou seguimento a seu recurso especial. Incidência, *in casu*, da Súmula n. 182 do e. STJ: "É inviável o agravo do art. 545 do CPC que deixa de atacar especificamente os fundamentos da decisão agravada".
>
> 2. O Ministério Público Eleitoral, por incumbir-lhe a defesa da ordem jurídica, do regime democrático e dos interesses sociais e individuais indisponíveis (art. 127 da Constituição Federal), possui legitimidade para assumir a titularidade da representação fundada no art. 41-A da Lei n. 9.504/1997 no caso de abandono da causa pelo autor.
>
> 3. O Parquet assume a titularidade da representação para garantir que o interesse público na apuração de irregularidades no processo eleitoral não fique submetido a eventual colusão ou ajuste entre os litigantes. Assim, a manifestação da parte representada torna-se irrelevante diante da prevalência do interesse público sobre o interesse particular (AgR-REspe 35.740, Teresina/PI, Acórdão de 16-6-2010, rel. Min. Aldir Guimarães Passarinho Junior, *DJe* de 6-8-2010, p. 53-54).

Apresentadas essas considerações preliminares, **registre-se** que as funções cometidas ao **Procurador-Geral Eleitoral** são exercidas, nos termos do art. 18 do CE, pelo **Procurador-Geral da República**.

Em suas **faltas e impedimentos**, toma assento perante o Tribunal Superior Eleitoral o Vice-Procurador-Geral Eleitoral, cuja designação **deve recair**, sempre, nos termos dos arts. 67, II, e 73, parágrafo único, da Lei Complementar n. 75/1993, sobre um dos **Subprocuradores-Gerais da República**.

O Procurador-Geral Eleitoral pode designar outros membros do Ministério Público da União, com exercício no Distrito Federal, sem prejuízo das respectivas funções, para auxiliá-lo junto ao Tribunal Superior Eleitoral. Estes, entretanto, não terão assento perante o tribunal.

O Procurador-Geral Eleitoral é o chefe do Ministério Público Eleitoral, competindo-lhe, conforme o art. 24 do CE:

> **Art. 24.** [...]
>
> I – assistir às sessões do Tribunal Superior e tomar parte nas discussões;
>
> II – exercer a ação pública e promovê-la até final, em todos os feitos de competência originária do Tribunal;
>
> III – oficiar em todos os recursos encaminhados ao Tribunal;
>
> IV – manifestar-se, por escrito ou oralmente, em todos os assuntos submetidos à deliberação do Tribunal, quando solicitada sua audiência por qualquer dos juízes, ou por iniciativa sua, se entender necessário;
>
> V – defender a jurisdição do Tribunal;

VI – representar ao Tribunal sobre a fiel observância das leis eleitorais, especialmente quanto à sua aplicação uniforme em todo o País;
VII – requisitar diligências, certidões e esclarecimentos necessários ao desempenho de suas atribuições;
VIII – expedir instruções aos órgãos do Ministério Público junto aos Tribunais Regionais;
IX – acompanhar, quando solicitado, o Corregedor-Geral, pessoalmente ou por intermédio de Procurador que designe, nas diligências a serem realizadas.

Segundo esclarecem Vasconcelos e Silva:

> O Procurador-Geral da República ajuizou uma ADI (4617/DF) contra a previsão do § 3º do art. 45. Segundo o PGR, é inconstitucional não permitir que o Ministério Público possa também oferecer representação em caso de propaganda partidária vedada. O STF acolheu a tese da Procuradoria-Geral da República e decidiu que o Ministério Público possui legitimidade para representar contra propagandas partidárias irregulares. Assim, o STF deu interpretação conforme a Constituição ao § 3º do art. 45 da Lei, de modo a garantir que o Ministério Público também possa oferecer representação contra propaganda partidária irregular (e não apenas os partidos políticos)[10].

Perante o Tribunal Regional Eleitoral servirá um procurador regional, designado, assim como seu substituto, pelo Procurador-Geral da República. Sua escolha deve recair sobre procuradores regionais da República no Estado e no Distrito Federal, ou, onde não houver, sobre os procuradores da República vitalícios, para um mandato de dois anos (ver arts. 75, I, e 76 da LC n. 75/1993).

Nos termos do que estatui o art. 32, III, da Lei Orgânica do Ministério Público, compete aos promotores de justiça, dentro de suas esferas de atribuições, oficiar perante a Justiça Eleitoral de primeira instância.

Quanto a estes, José Jairo Gomes[11] preleciona:

> Em princípio, o Promotor deve estar lotado na comarca a que pertence a Zona Eleitoral para a qual foi designado. Não sendo isso possível, por razões administrativas, deve ser designado Promotor que atue em comarca próxima. As razões dessa limitação são óbvias. Evitam-se indicações de caráter político, com violação ao princípio da impessoalidade na Administração Pública. Prestigia-se o princípio da eficiência, dada a facilidade no acompanhamento de feitos judiciais. Por fim, presume-se que o Promotor que viva e atue na região esteja mais bem informado dos acontecimentos, preferindo a outros profissionais lotados em comarcas distantes.

Como se vê, a despeito da **omissão** observada no texto **constitucional**, tem o Ministério Público **atuação em todos** os âmbitos e instâncias da **Justiça Eleitoral**, em que desempenha importante e **imprescindível papel** garantidor da sociedade no **acompanhamento** dos processos eleitorais, judiciais e administrativos.

---

[10] VANCONCELOS, Clever; SILVA, Marco Anotio da. *Direito Eleitoral*. 3. ed. São Paulo: Saraiva-Jur, 2022. *E-book* Kindle.

[11] Gomes, José Jairo. *Direito Eleitoral*. Belo Horizonte: Del Rey, 2010, p. 69.

3.3. A DEFENSORIA PÚBLICA ELEITORAL

As atividades da Defensoria Pública em matéria eleitoral são desenvolvidas por órgãos das Defensorias Públicas da União e dos Estados, para tanto definidos segundo as normas internas de distribuição de atribuições.

A Lei Complementar n. 80/1994 (Lei Orgânica da Defensoria) – que organiza a Defensoria Pública da União, do Distrito Federal e dos Territórios e prescreve normas gerais para sua organização nos estados – dispõe em seu art. 14 que: "**A Defensoria Pública da União atuará** nos Estados, no Distrito Federal e nos Territórios, junto às Justiças Federal, do Trabalho, **Eleitoral**, Militar, **Tribunais Superiores** e instâncias administrativas da União".

Os §§ 1º e 2º do referido dispositivo tratam da autorização para celebração de convênios com as Defensorias Públicas dos Estados ou, não havendo, com outros órgãos públicos, para que, em seu nome, atuem junto aos órgãos de primeiro e segundo graus de jurisdição referidos no *caput*.

De acordo com a prescrição contida no art. 22 da LC n. 80/1994, atuarão perante o Tribunal Superior Eleitoral apenas Defensores Públicos Federais de Categoria Especial.

Aos membros da Defensoria Pública da União é vedado exercer atividade político-partidária enquanto atuarem junto à Justiça Eleitoral. É o que deflui da leitura do art. 46, V, da Lei Orgânica da Defensoria. Os arts. 91 e 130 estendem essa mesma restrição aos membros das Defensorias do Distrito Federal e dos Estados, respectivamente.

O Tribunal Superior Eleitoral afirma necessária a intimação pessoal das testemunhas arroladas pela Defensoria Pública em atuação perante a Justiça Eleitoral, afastando a aplicação da regra geral do comparecimento em banca. Veja-se a respeito o seguinte precedente:

> O art. 22, V, da Lei Complementar 64/90 prescreve, como ônus das partes, as providências necessárias ao comparecimento das suas testemunhas arroladas, independentemente de intimação. Contudo, o § 4º, IV do art. 455 do CPC prevê tratamento diferenciado para a intimação das testemunhas arroladas pelos órgãos estatais em juízo, estabelecendo a intimação judicial quando as testemunhas forem arroladas pelo Ministério Público ou pela Defensoria Pública. Não há vedação à aplicação suplementar do CPC, nos moldes da Res.-TSE 23.478.9 (RO Eleitoral 060158509, Acórdão, rel. Min. Sérgio Banhos, *DJe*, t. 108, 10-6-2022).

No **Recurso Especial Eleitoral n. 846,** Acórdão, relator o Ministro Og Fernandes, relator designado o Ministro Luís Roberto Barroso, *DJe*, t. 54, 28-3-2022, **o Tribunal Superior Eleitoral concluiu que a Defensoria Pública da União não faz jus a honorários quando litigue contra a mesma Fazenda Pública que a remunera**. O caso versa execução fiscal de multa imposta pela Justiça Eleitoral.

Em outra oportunidade, o Tribunal Superior Eleitoral decidiu que a Defensoria Pública não tem poderes para acessar diretamente o cadastro eleitoral para obtenção de dados, concluindo que "[...] **os defensores públicos podem ter acesso aos dados** restritos do cadastro mediante requerimento à autoridade judiciária competente". (Recurso em MS 060873339, Acórdão, rel. Min. Tarcísio Vieira de Carvalho Neto, *DJe*, t. 123, 1º-7-2019).

■ **3.4. A ADVOCACIA ELEITORAL**

A advocacia eleitoral constitui atividade relevante, imprescindível para o funcionamento do sistema de Justiça Eleitoral, de cuja atuação depende o exercício da ampla defesa e do contraditório por intermédio de profissional devidamente habilitado para fazê-lo.

A Constituição Federal, em seu art. 133, afirma que: "O advogado é indispensável à administração da justiça, sendo inviolável por seus atos e manifestações no exercício da profissão, nos limites da lei". Também, e especialmente, essa premissa contida na Lei Fundamental se observa perante da Justiça Eleitoral. Daí não se admitir que o cidadão ou a cidadã litiguem perante o Poder Judiciário Eleitoral sem o patrocínio de advogado.

E deve chamar a nossa atenção o fato de que, por força do que estatuem os arts. 119, II, e 120, § 1º, III, da Constituição Cidadã, dois dos sete Ministros que compõem o Tribunal Superior Eleitoral e outros dois entre os sete que integram os tribunais regionais eleitorais devem ser escolhidos entre os integrantes de listas compostas por seis advogados de notável saber jurídico e idoneidade moral. O tema foi tratado com maior vagar no item 3.1 deste capítulo, quando falamos sobre a composição dos tribunais eleitorais.

O próprio Conselho Federal da Ordem dos Advogados do Brasil possui importantes missões no tocante ao funcionamento das instituições eleitorais. De conformidade com o que estipula o art. 65, § 1º, da Lei das Eleições, o Conselho Federal da OAB, assim como os partidos político e o Ministério Público, podem indicar técnicos para acompanhar as diversas fases de especificação e de desenvolvimento dos programas de computador de propriedade do Tribunal Superior Eleitoral, desenvolvidos por ele ou sob sua encomenda.

De acordo com o disposto no art. 93-A, § 5º, da Lei n. 9.504/90197, os advogados dos candidatos ou dos partidos e coligações atuando perante os tribunais eleitorais serão intimados para os feitos que não versem sobre a **cassação do registro** ou do **diploma** de que trata esta Lei por meio da **publicação** de edital eletrônico publicado na página do **respectivo Tribunal na internet**, iniciando-se a contagem do **prazo** no **dia seguinte ao da divulgação**.

O art. 45, § 5º, da Res.-TSE n. 23.607/1997, por outro lado, define como obrigatória a constituição de advogada ou de advogado para a prestação de contas nas campanhas eleitorais.

A relevância e essencialidade da advocacia na defesa de advogados ou partidos e nas prestações de contas eleitorais são tão reconhecidas que o parágrafo único do art. 18-A da LE estipula que: "[...] os gastos advocatícios e de contabilidade referentes a consultoria, assessoria e honorários, relacionados à prestação de serviços em campanhas eleitorais e em favor destas, bem como em processo judicial decorrente de defesa de interesses de candidato ou partido político, não estão sujeitos a limites de gastos ou a limites que possam impor dificuldade ao exercício da ampla defesa".

3.5. QUESTÕES

1. (PGR – Procurador da República – 2022) Assinale a opção correta:
   a) O Ministério Público Eleitoral possui legitimidade para recorrer de decisão que julga o pedido de registro de candidatura, mesmo que não tenha apresentado impugnação anterior.
   b) O Ministério Público Eleitoral tem legitimidade ativa exclusiva para propor Ação de Investigação Judicial Eleitoral pela prática de conduta vedada a agente público em campanha eleitoral.
   c) O Tribunal Superior Eleitoral tem competência originária para processar e julgar candidatos à Presidência da República por crimes eleitorais cometidos durante a campanha eleitoral.
   d) Os partidos políticos têm legitimidade para recorrer da decisão que defere pedido de registro de candidatura mesmo que não a tenha impugnado.

2. (TJ-MG – Juiz de Direito Substituto – FGV – 2022) Sobre juiz eleitoral e Ministério Público Eleitoral, assinale a resposta correta.
   a) O juiz eleitoral é nomeado entre juízes de direito (justiça estadual), em sistema de rodízio (nas zonas eleitorais onde haja mais de um juiz), por um biênio. O promotor de justiça eleitoral é nomeado entre promotores de justiça (Ministério Público estadual), em sistema de rodízio (nas zonas eleitorais onde haja mais de um promotor de justiça), por um biênio.
   b) O juiz eleitoral é nomeado entre juízes de direito (justiça estadual), em sistema de rodízio (nas zonas eleitorais onde haja mais de um juiz), por um biênio; nas capitais dos estados e nas cidades onde haja varas da Justiça Federal, as funções de juiz eleitoral serão distribuídas igualitariamente entre juízes estaduais e juízes federais. O promotor de justiça eleitoral é nomeado entre promotores de justiça (Ministério Público estadual), em sistema de rodízio (nas zonas eleitorais onde haja mais de um promotor de justiça), por um biênio; nas capitais dos estados e nas cidades onde haja varas da Justiça Federal, as funções do Ministério Público eleitoral serão distribuídas igualitariamente entre promotores de justiça (Ministério Público estadual) e procuradores da República (Ministério Público federal).
   c) O juiz eleitoral é nomeado entre juízes de direito (justiça estadual), em sistema de rodízio (nas zonas eleitorais onde haja mais de um juiz), por um biênio; nas capitais dos estados e nas cidades onde haja mais de 200 mil eleitores, as funções de juiz eleitoral serão distribuídas igualitariamente entre juízes estaduais e juízes federais. O promotor de justiça eleitoral é nomeado entre promotores de justiça (Ministério Público estadual), em sistema de rodízio (nas zonas eleitorais onde haja mais de um promotor de justiça), por um biênio; nas capitais dos estados e nas cidades onde haja mais de 200 mil eleitores, as funções do Ministério Público eleitoral serão distribuídas igualitariamente entre promotores de justiça (Ministério Público estadual) e procuradores da República (Ministério Público federal).
   d) O juiz eleitoral é nomeado entre juízes de direito (justiça estadual), em sistema de rodízio (nas zonas eleitorais onde haja mais de um juiz), por um biênio. As funções do Ministério Público Eleitoral, junto às zonas eleitorais, em face do princípio da indivisibilidade do Ministério Público, são distribuídas igualitariamente, em sistema de rodízio, por um biênio, entre promotores de justiça (Ministério Público estadual) e procuradores da República (Ministério Público federal).

3. (TRE-PE – Analista Judiciário – Área Judiciária – Cespe/Cebraspe – 2017) Em relação ao Ministério Público Eleitoral (MPE), assinale a opção correta.
   a) Em caso de suspeita de infração penal, se o órgão do Ministério Público, em vez de apresentar a denúncia, requerer o arquivamento da comunicação, o juiz será obrigado a atender ao pedido.
   b) O procurador-geral da República exercerá as funções de procurador-geral junto ao TSE e poderá designar outros membros do Ministério Público da União para auxiliá-lo.
   c) Em se tratando de crimes na esfera eleitoral, prevê-se ação pública ou pública condicionada, sendo o Ministério Público o titular exclusivo da ação criminal.
   d) A carreira autônoma do MPE foi criada pela Constituição Federal de 1988.
   e) O MPE atua nas áreas penal e administrativa, mas não na cível.

4. (TJ-PE – Juiz Substituto – FGV – 2022) A Justiça Eleitoral caracteriza-se por princípios que a diferenciam da justiça comum.

Em relação à Justiça Eleitoral, é correto afirmar que:
a) os princípios da celeridade e da segurança jurídica são incompatíveis com o instituto da preclusão;
b) é inaplicável o princípio da responsabilidade solidária na apuração dos excessos na propaganda eleitoral;
c) as regras de desincompatibilização e a proibição da captação ilícita do sufrágio são manifestações do princípio da lisura eleitoral;
d) pelo princípio da autonomia partidária, não existe vedação a que o partido político receba recursos financeiros de governos estrangeiros;
e) o sistema jurídico eleitoral visa preservar valores que se referem à legitimidade das eleições e à liberdade do eleitor, por isso, as nulidades no ato da votação, independentemente de impugnação, devem ser conhecidas.

5. (TJ-PE – Juiz Substituto – FGV – 2022) A Justiça Eleitoral atua para garantir o exercício da democracia, cuidando de estabelecer diretrizes ético-jurídicas para que o processo eleitoral se desenvolva num clima de tolerância democrática.

Com relação às funções desempenhadas pela Justiça Eleitoral, é correto afirmar que:
a) a Justiça Eleitoral não desempenha função consultiva;
b) a função administrativa da Justiça Eleitoral tem por objetivo solucionar o conflito de interesses em matéria eleitoral;
c) a consulta prevista no Art. 23, inciso XII, do Código Eleitoral não se restringe à matéria eleitoral;
d) a vedação de agir de ofício se aplica aos juízes eleitorais tanto no desempenho da função jurisdicional quanto no da função administrativa;
e) no exercício da função normativa, o Tribunal Superior Eleitoral tem competência para emitir resoluções e outros atos normativos de caráter genérico em matéria eleitoral.

6. (TJ-GO – Juiz Substituto – FCC – 2021) A respeito da organização da Justiça Eleitoral, considere:
I. A Justiça Eleitoral é composta pelos seguintes órgãos: Tribunal Superior Eleitoral, Tribunais Regionais Eleitorais, Juízes Eleitorais, Juntas Eleitorais, Zonas Eleitorais e Seções Eleitorais.
II. A Justiça Eleitoral desempenha, além das funções administrativa, jurisdicional e normativa, a função consultiva.
III. Os juízes de direito que exercem funções eleitorais são designados pelo Tribunal Regional Eleitoral em caráter vitalício.
IV. A zona eleitoral é o espaço territorial sob a jurisdição do juiz eleitoral para fins de organização do eleitorado, ao passo que a seção eleitoral é a menor unidade na divisão judiciária eleitoral. Está correto o que se afirma APENAS em
a) I e IV.
b) II e IV.
c) I e II.
d) I e III.
e) II e III.

■ **GABARITO** ■

1. "a".
2. "a".
3. "b".
4. "c".
5. "e".
6. "b".

4

PROCESSO ADMINISTRATIVO ELEITORAL

Em sentido estrito, **processo eleitoral** é o conjunto de atos a **cargo** da Justiça Eleitoral que habilitam o cidadão a **exercer o direito de votar** em eleições, plebiscitos e referendos, a apresentar-se como postulante a candidato, a receber votos e, caso eleito, a ser diplomado. Integram, pois, o **conceito** de processo eleitoral, o **alistamento e o sistema eleitoral**.

Em sentido *lato*, a expressão compreende todos os atos necessários à formação da representação popular. Neste capítulo, estudaremos o processo eleitoral em seu sentido amplo. Os **atos** vão desde a constituição do **colégio eleitoral** até a **diplomação** dos eleitos – ato jurídico constitutivo e declaratório que lhes autoriza a tomar posse nos respectivos mandatos –, **abrangendo** ainda a sua **cassação** em virtude da prática de **atos antijurídicos** observados, nos limites definidos em lei, ao **longo** do **período eleitoral** ou até mesmo da **prestação de contas** de campanha.

Sendo o Direito Eleitoral um ramo do Direito Público, suas normas são de natureza cogente (que obriga ou proíbe determinada conduta), imperativas, com a garantia de que não podem ser alteradas a qualquer tempo pela vontade dos particulares ou entidades envolvidas no processo eleitoral. Para garantir que as normas eleitorais não sejam alteradas a qualquer tempo, já explanamos no tópico "Princípio da anualidade ou da anterioridade anual" que o art. 16 da CF determina que a lei que alterar o processo eleitoral entrará em vigor na data de sua publicação, não se aplicando à eleição que ocorrer até um ano da data de sua vigência. Remetemos o leitor à leitura do item específico no capítulo desta obra atinente aos "Princípios do Direito Eleitoral".

Trataremos, a seguir, de cada um desses distintos momentos do processo eleitoral.

■ 4.1. ALISTAMENTO ELEITORAL
■ 4.1.1. Aspectos iniciais

O alistamento eleitoral está inicialmente previsto nos arts. 42 a 51 do Código Eleitoral. Segundo dispõe o art. 42: "O alistamento se faz mediante a qualificação e inscrição do eleitor". O **alistamento** é, assim, o ato jurídico **complexo** por meio do qual o eleitor procura **demonstrar** perante a Justiça Eleitoral o **preenchimento** dos **requisitos** constitucionais e legais para **votar** (qualificação) e, logrando fazê-lo, vê-se admitido a **integrar** o cadastro de **eleitores** (inscrição).

De acordo com o *Glossário Eleitoral* do Tribunal Superior Eleitoral[1]:

"Alistamento eleitoral" é um dos verbetes que constam do Glossário Eleitoral Brasileiro, serviço disponível para o cidadão no Portal do Tribunal Superior Eleitoral (TSE). O Glossário informa que esse alistamento é a primeira fase do processo eleitoral. Trata-se de um procedimento administrativo cartorário e compreende dois atos inconfundíveis: a qualificação e a inscrição do eleitor. A qualificação é a prova de que o cidadão satisfaz as exigências legais para exercer o direito de voto, enquanto que a inscrição eleitoral, que permite ao cidadão obter o título de eleitor, faz com que ele passe a integrar o Cadastro Nacional de Eleitores da Justiça Eleitoral. O ato de alistamento eleitoral é feito por meio de processamento eletrônico e se consuma com o preenchimento do requerimento de alistamento eleitoral (RAE). O alistamento é a forma pela qual o cidadão adquire seus direitos políticos, tornando-se titular de direito político ativo (capacidade para votar). O ato de se alistar também possibilita sua elegibilidade e filiação partidária, após a expedição do respectivo título de eleitor. O ato de alistamento eleitoral é feito por meio de processamento eletrônico e se consuma com o preenchimento do requerimento de alistamento eleitoral (RAE). O alistamento é a forma pela qual o cidadão adquire seus direitos políticos, tornando-se titular de direito político ativo (capacidade para votar). O ato de se alistar também possibilita sua elegibilidade e filiação partidária, após a expedição do respectivo título de eleitor.

Para Lourival Serejo[2]:

O alistamento distingue-se como a primeira etapa do processo eleitoral propriamente dito, pois é a partir daí que o cidadão passa a fazer parte do corpo de eleitores do País, adquirindo seu título eleitoral, principal instrumento da cidadania. É de suma importância para toda credibilidade do resultado das eleições que esse momento seja resguardado de todos os vícios que macularam a Justiça Eleitoral na chamada República Velha.

O alistamento eleitoral integra os denominados "direitos políticos", sendo estes definidos como as normas que asseguram a participação do cidadão no processo eleitoral, como agentes ativos, como eleitores, ou passivamente, como candidatos. O primeiro requisito para o alistamento é a detenção de capacidade eleitoral, vista como o direito de participar da vida democrática do Estado por meio de processos oficiais de escolha de mandatários, majoritários ou não, baseados no exercício do voto.

A **capacidade** eleitoral **ativa confunde-se** com o direito de **exprimir** o voto na **escolha** de mandatários ou no **exercício** direto da **democracia**. Para Edson de Resende Castro: "O alistamento eleitoral [...] é o procedimento administrativo eleitoral em que se verifica se o requerente tem capacidade eleitoral ativa e pode exercê-la nas urnas"[3].

---

[1] Sistema mantido pela Justiça Eleitoral com o objetivo de integrar todos os aplicativos relacionados ao Cadastro de Eleitores. *Glossário Eleitoral do TSE*. Disponível em: https://www.tse.jus.br/imprensa/noticias-tse/2019/Marco/voce-sabe-o-que-e-alistamento-eleitoral-o-glossario-eleitoral--brasileiro-esclarece. Acesso em: 3 jan. 2023.

[2] SEREJO, Lourival. *Programa de Direito Eleitoral*. Belo Horizonte: Del Rey, 2006, p. 28.

[3] CASTRO, Edson de Resende. *Teoria e prática do Direito Eleitoral*. Belo Horizonte: Mandamentos, 2008, p. 83.

A **qualificação** consiste na apresentação **espontânea** do eleitor ao Cartório Eleitoral (art. 42 do CE) a fim de **requerer** seu ingresso no **corpo de eleitores**. Para tanto, preencher o Requerimento de Alistamento Eleitoral (RAE), anexando os documentos enumerados no art. 44 do CE, quais sejam:

> **Art. 44.** [...]
> I – carteira de identidade expedida pelo órgão competente do Distrito Federal ou dos Estados, podendo ser carteira expedida por órgão profissional, como a OAB, CRM, CREA, etc.;
> II – certificado de quitação do serviço militar para os eleitores do sexo masculino maiores de 18 anos;
> III – certidão de idade extraída do Registro Civil, tendo como base a idade mínima de 16 anos;
> IV – instrumento público do qual se infira, por direito, ter o requerente idade superior a dezoito anos e do qual constem, também, os demais elementos necessários à sua qualificação; a Carteira Nacional de Habilitação não pode, pois não contém dados sobre a nacionalidade. Da mesma forma, não é permitido o passaporte por não conter dados da filiação. Sobre o passaporte, destaca-se que é possível sua utilização no momento da votação, conforme decidiu o TSE no PA n. 2458-35.2010.6.00.0000 IDF;
> V – documento do qual se infira a nacionalidade brasileira, originária ou adquirida, do requerente.

Registre-se que, consoante define a Súmula 2 do Tribunal Superior Eleitoral:

> Assinada e recebida a ficha de filiação partidária até o termo final do prazo fixado em lei, considera-se satisfeita a correspondente condição de elegibilidade, ainda que não tenha fluído, até a mesma data, o tríduo legal de impugnação.

A **disciplina do alistamento** eleitoral está tratada de forma **minudente** pela **Resolução TSE n. 23.659/2021**, que em seu art. 41 estatui que: "Os pedidos de alistamento, revisão, transferência e segunda via, inclusive no caso de pessoa residente no exterior, **serão formalizados** perante a Justiça Eleitoral por meio do Requerimento de Alistamento Eleitoral (**RAE**), disponibilizado pelo Tribunal Superior Eleitoral em modelo a ser **preenchido** e processado **eletronicamente**".

O art. 34 da referida Resolução do TSE traz algumas especificidades no tratamento da matéria. Diz o dispositivo:

> **Art. 34.** Para o alistamento, a pessoa requerente apresentará um ou mais dos seguintes documentos de identificação:
> I – carteira de identidade ou carteira emitida pelos órgãos criados por lei federal, controladores do exercício profissional;
> II – certidão de nascimento ou de casamento expedida no Brasil ou registrada em repartição diplomática brasileira e transladada para o registro civil, conforme a legislação própria;
> III – documento público do qual se infira ter a pessoa requerente a idade mínima de 15 anos, e do qual constem os demais elementos necessários à sua qualificação;

IV – documento congênere ao registro civil, expedido pela Fundação Nacional do Índio (Funai);

V – documento do qual se infira a nacionalidade brasileira, originária ou adquirida, da pessoa requerente;

VI – publicação oficial da Portaria do Ministro da Justiça e o documento de identidade de que tratam os arts. 22 do Decreto n. 3.927, de 2001, e 5º da Lei n. 7.116, de 1983, para as pessoas portuguesas que tenham obtido o gozo dos direitos políticos no Brasil.

Parágrafo único. A apresentação de mais de um documento somente será exigível nas situações em que o primeiro documento apresentado não contenha, por si só, todos os dados para os quais se exige comprovação.

A principal distinção da norma acima transcrita em relação às previsões do Código Eleitoral diz respeito à mudança na idade mínima para a obtenção do *status* de eleitor que, por força do disposto na CF/1988 foi reduzida, ainda que facultativamente, de 18 para 16 anos.

A esse respeito, ensina Olívia Raposo da Silva Telles[4]:

> A Constituição de 1988 deu um importante passo no sentido da universalização do direito de votar facultando o alistamento e o voto aos analfabetos e aos que têm entre 16 e 18 anos (art. 14). A incorporação dos jovens entre dezesseis e dezoito anos, como salienta Maria Tereza Sadek, distingue o Brasil na comunidade das nações. Segundo a citada autora, apenas a Nicarágua segue esse modelo – em todos os demais a idade mínima para votar é de 18 anos.

Já a inscrição é ato que decorre do deferimento, pelo juiz eleitoral, do pedido de qualificação. Nos termos do que preceitua o § 2º do art. 45 do CE, se tiver dúvida quanto à identidade do requerente ou sobre qualquer outro requisito para o alistamento, o juiz eleitoral poderá (na verdade, ele deverá) converter o julgamento em diligência para que o alistando esclareça ou complete a prova, até mesmo comparecendo pessoalmente à sua presença, se a medida se verificar necessária.

Como já mencionamos, o vigente Código Eleitoral tem diversas das suas normas superadas por normas extravagantes, algumas delas encontradas até mesmo em simples resoluções baixadas pelo Tribunal Superior Eleitoral.

Mais que a lógica formal do conceito tradicional da hierarquia das normas, prevalece nessa matéria a lógica de uma dinâmica muitas vezes ditada pelos avanços alcançados no mundo tecnológico, nem sempre acompanhados pelo legislador.

Daí que o Código Eleitoral ainda fale, no § 12 do art. 45, em "remessa ao Tribunal Regional da ficha do eleitor, após a expedição do seu título". O princípio adotado pelo Código Eleitoral é o da vinculação permanente do eleitor à seção eleitoral indicada em seu título (art. 46, § 3º). Tal princípio comporta as seguintes exceções:

a) se se transferir de zona ou município hipótese em que deverá requerer transferência;

---

[4] TELLES, Olívia Raposo da Silva. *Direito Eleitoral comparado – Brasil, Estados Unidos, França*. São Paulo: Saraiva, 2009, p. 138.

b) se, até 150 (cento e cinquenta)[5] dias antes da eleição provar, perante o juiz eleitoral, que mudou de residência dentro do mesmo município, de um distrito para outro ou para lugar muito distante da seção em que se acha inscrito, caso em que serão feitas na folha de votação e no título eleitoral, para esse fim exibindo as alterações correspondentes, devidamente autenticadas pela autoridade judiciária.

Em tais casos, poderá o eleitor requerer transferência de domicílio eleitoral nos termos do que dispõe o art. 55. Segundo o § 1º do referido dispositivo, **a transferência só será admitida se forem satisfeitas as seguintes exigências**:

a) entrada do requerimento no cartório eleitoral do novo domicílio até 151 dias antes da data da eleição. Não obstante conste da referida norma do CE o prazo de 100 dias, o art. 91 da Lei n. 9.504/1997 o alterou para 150 dias. Como é necessário ser anterior a esta data, deve-se, pois, acrescentar mais um dia ao cômputo final. O prazo, portanto, é de 151 dias.

b) transcorrência de pelo menos 1 (um) ano da inscrição primitiva;

c) residência mínima de 3 (três) meses no novo domicílio, atestada pela autoridade policial ou provada por outros meios convincentes.

Os incisos I e II do art. 55 não se aplicam quando se tratar de transferência de servidor público civil, militar, autárquico, ou de membro de sua família, por motivo de remoção ou transferência (art. 55, § 2º, do CE).

Mas um **alerta**: é necessário **escapar** a uma **interpretação** restritiva do dispositivo, pois a Resolução do TSE n. 23.659/2021 **definiu**, em seu art. 23, que: "Para fins de **fixação** do **domicílio eleitoral** no alistamento e na transferência, deverá ser **comprovada** a existência de **vínculo** residencial, afetivo, familiar, profissional, comunitário ou de outra natureza que **justifique** a escolha do **município**".

Essa posição mais ampla em relação ao domicílio eleitoral já era admitida pelo Tribunal Superior há anos no que pertine à verificação do preenchimento da condição de inelegibilidade prevista no art. 14, § 3º, IV, da CF/1988, que exige o vínculo domiciliar como pressuposto para a candidatura. O tema será estudado no capítulo relativo às condições de elegibilidade e inelegibilidade.

■ 4.1.2. Recursos do deferimento ou indeferimento da transferência eleitoral

Sendo **deferida a transferência**, pode qualquer eleitor (art. 57, § 2º, do CE) ou delegado do partido político (Ac. TSE n. 10.725/1989 e Lei n. 6.996/1982, art. 7º, § 1º) **recorrer** em um prazo de **cinco dias**. O CE, em seu art. 57, § 2º, determinava **três dias**, mas foi **alterado** pela Lei n. 6.996/1982, art. 7º, § 1º:

Do indeferimento da transferência poderá recorrer o alistando ou o partido em cinco dias (Lei n. 6.996/1982, art. 7º, § 1º).

---

[5] O texto original do artigo fala em 100 (cem) dias. Mas como veremos logo em seguida, esse prazo foi alterado pelo teor do art. 91 da Lei das Eleições.

Após recorrer ao TRE, ele tem cinco dias para decidir, e o novo título somente será expedido após decorrer os prazos de recurso. Eleitor transferido não poderá votar no novo domicílio eleitoral em eleição suplementar à que tiver sido realizada antes de sua transferência (art. 60 do CE).

4.1.3. Da quitação eleitoral na transferência

A **transferência** somente se **efetivará** se o eleitor estiver com todas as suas **obrigações** devidamente **cumpridas** perante a Justiça Eleitoral (art. 61 do CE).

4.1.4. Alistamento obrigatório, facultativo e vedado

As hipóteses em que o alistamento eleitoral e o exercício de voto são tidos como obrigatórios ou facultativos estão previstas no art. 14, § 1º, da CF. Ali se dispõe que o **alistamento** eleitoral e o **voto** são **obrigatórios** para os **maiores** de 18 anos e são **facultativos** para os analfabetos, os maiores de 70 anos e os maiores de 16 e menores de 18 anos. **Não** podem **alistar-se** como eleitores os **estrangeiros** e, durante o período do **serviço militar obrigatório**, os **conscritos** (art. 14, § 2º, da CF).

Os estrangeiros maiores de 18 anos e menores de 70 anos naturalizados brasileiros estão obrigados a se alistar eleitoralmente até um ano após o deferimento da naturalização. No caso de os naturalizados maiores de 18 anos não se alistarem até os 19 anos ou os com idade inferior a 70 anos não se alistarem até um ano após a naturalização, o juiz eleitoral aplicará multa, no ato da inscrição, de 3% a 10% do salário mínimo.

4.1.5. Cancelamento da inscrição eleitoral

Dispõe o art. 71 do Código Eleitoral serem as seguintes as causas de cancelamento:

Art. 71. [...]
I – a infração dos arts. 5º[6] e 42[7];
II – a suspensão ou perda dos direitos políticos;
III – a pluralidade de inscrição;
IV – o falecimento do eleitor;
V – deixar de votar em 3 (três) eleições consecutivas.

A ocorrência de qualquer das causas enumeradas no art. 71 acarretará a exclusão do eleitor, que poderá ser promovida de ofício, a requerimento de delegado de partido ou de qualquer eleitor. Mas deve ser observado o que dispõe o § 2º do art. 130 da Re-

---

[6] "Art. 5º Não podem alistar-se eleitores: I – os analfabetos; (revogado pelo art. 14, § 1º, II, *a*, da CF/88); II – os que não saibam exprimir-se na língua nacional; III – os que estejam privados, temporária ou definitivamente dos direitos políticos."

[7] "Art. 42. O alistamento se faz mediante a qualificação e inscrição do eleitor. Parágrafo único. Para o efeito da inscrição, é domicílio eleitoral o lugar de residência ou moradia do requerente, e, verificado ter o alistando mais de uma, considerar-se-á domicílio qualquer delas."

solução do TSE n. 23.659/2021 que menciona que não se submete ao cancelamento, pela **regra da não utilização** para o exercício do voto por três eleições consecutivas quando: "**a)** o exercício do voto seja facultativo; **b)** em razão de deficiência que torne impossível ou demasiadamente oneroso o exercício do voto, tenha sido lançado o comando a que se refere a alínea *b* do § 1º do art. 15 desta Resolução; ou **c)** em razão da suspensão de direitos políticos, o exercício do voto esteja impedido".

Em caso de exclusão promovida por iniciativa do próprio juiz eleitoral deve-se atentar para a seguinte orientação de Adriano Soares da Costa:

> Todavia, resolvendo o próprio juiz iniciar o processo, é de bom tom que o faça com esteio em certidão do escrivão eleitoral, dando conta da causa motriz da exclusão. Depois deve citar o eleitor para que se defenda e, ouvido o MP, após as diligências necessárias, poderá decidir.

Nessa mesma esteira, a jurisprudência do TSE vem pontuando que:

> [...] O procedimento de exclusão previsto pelo Código Eleitoral (arts. 71 e seguintes), observado o rito nele disciplinado, no qual se assegura ao eleitor o exercício do contraditório e da ampla defesa, admite a retirada do eleitor da folha de votação, após a sentença de cancelamento, ainda que haja recurso, cujo efeito é apenas devolutivo. Efetivada a providência em período que inviabilize a regularização do eleitor no cadastro, não ficará o excluído sujeito às sanções decorrentes do não cumprimento das obrigações eleitorais (Processo Administrativo n. 19348, rel. Min. Francisco Peçanha Martins).

O cancelamento da inscrição se dá consoante o procedimento previsto no art. 77 do Código Eleitoral, que prevê a seguinte ritualística:

> **Art. 77.** O juiz eleitoral processará a exclusão pela forma seguinte:
> I – mandará autuar a petição ou representação com os documentos que a instruírem:
> II – fará publicar edital com prazo de 10 (dez) dias para ciência dos interessados, que poderão contestar dentro de 5 (cinco) dias;
> III – concederá dilação probatória de 5 (cinco) a 10 (dez) dias, se requerida;
> IV – decidirá no prazo de 5 (cinco) dias.

Observe-se que no **procedimento de exclusão**, ao eleitor que se encontra no **polo passivo** do referido **procedimento** devem ser **garantidos** os princípios constitucionais do **contraditório e da ampla defesa**, conforme disposto no inciso LV do art. 5º da CF, sob **pena** de **nulidade** do procedimento.

4.1.6. Recursos

Deferido o pedido, em cinco dias, o título e o documento que instruiu o pedido serão entregues pelo juiz, escrivão, funcionário ou preparador.

Atualmente, devido ao fato de o Processo Judicial Eletrônico (PJe) estar implantado em todos os cartórios eleitorais, permite-se a emissão do título no exato instante do seu requerimento.

A entrega far-se-á ao próprio eleitor, mediante recibo, ou a quem o eleitor autorizar por escrito o recebimento, cancelando-se o título cuja assinatura não for idêntica à do requerimento de inscrição e à do recibo, que será anexado ao processo eleitoral. Não anexando o recibo, incorre o juiz em multa de um a cinco salários mínimos. Nessa multa incorrerão ainda o escrivão, funcionário ou preparador, se responsáveis, bem como qualquer deles, se entregarem ao eleitor o título cuja assinatura não seja idêntica à do requerimento de inscrição e do recibo ou o fizerem a pessoa não autorizada por escrito.

Já a **expedição** da via **digital** do título eleitoral será **realizada** por meio de **aplicativo** da Justiça Eleitoral ("e-título" ou outro que venha a substituí-lo) e deverá **observar** as normas de **acessibilidade**, na forma da Lei Brasileira de Inclusão da Pessoa com Deficiência e dos protocolos técnicos aplicáveis (art. 69 da Res.-TSE n. 23.659/2021).

Após expedido o título é obrigatória a remessa da ficha do eleitor ao Tribunal Regional (art. 45, § 12, do CE). No caso de indeferimento do requerimento de inscrição, caberá recurso interposto pelo alistando (art. 45, § 7º, do CE) no prazo de cinco dias (art. 7º, § 1º, da Lei n. 6.996/1982). O Cartório devolverá ao requerente, mediante recibo, fotografias e documentos com que houver instruído o seu requerimento (art. 45, § 10, do CE).

É importante salientar que, conforme afirmado anteriormente, o alistamento ou a transferência deverá ser feito em até 150 + 1 dia antes da eleição (art. 91 da Lei n. 9.504/1997).

4.1.7. Falta no trabalho para registro ou transferência de título de eleitor

O **empregado** que necessita se **afastar do emprego** para fins de registro ou transferência **deve comunicar** ao empregador com **48 horas de antecedência**. A falta não lhe causará prejuízo de salário por um período não excedente a dois dias (art. 48 do CE e art. 473, V, da CLT).

4.1.8. Encerramento do alistamento ou da transferência

Nenhum requerimento de inscrição ou de transferência **será recebido** dentro dos 150 dias **anteriores à data da eleição** (art. 91 da Lei n. 9.504/1997). O art. 67 do CE, que dispõe de modo diverso sobre o mesmo tema, deve ser havido por revogado.

4.1.9. Fraude no alistamento

O Tribunal Regional Eleitoral deverá determinar a realização de correição e, provada a fraude em proporção comprometedora, ordenará a revisão do eleitorado, com o cancelamento de ofício das inscrições correspondentes aos títulos que não forem apresentados à revisão (art. 71, § 4º, do CE).

Durante o processo e até a exclusão pode o eleitor votar validamente (art. 72 do CE).

Poderá ser realizada *ex officio* pelo juiz eleitoral, sempre que tiver conhecimento de alguma das causas do cancelamento (art. 74 do CE).

Caso haja exclusão da inscrição será legitimado para recorrer o interessado, outro eleitor ou o delegado de partido (art. 73 do CE). O prazo será de três dias para recorrer ao TRE (art. 80 do CE).

Em se confirmando a manutenção da inscrição, também cabe recurso ao TRE, conforme decidiu o TSE no Acórdão n. 21.611/2004. O sujeito ativo pode ser o MPE e o delegado de partido. O prazo é de três dias (art. 80 do CE).

Mas não se deve perder de vista o fato de que no art. 27 da Resolução do TSE n. 23.659/2021 a única hipótese de restabelecimento de inscrição cancelada decorre de equívoco da Justiça Eleitoral. Não sendo esse o caso, o recurso é o único meio de que o eleitor pode se valer para ver revista a sua situação jurídica.

4.1.10. Delegado do partido

Segundo a **definição** dada pelo *Glossário Eleitoral do TSE*, o **delegado** do partido: "É a **pessoa credenciada** pelo partido político na Justiça Eleitoral para **representá-lo** nos assuntos de seu **interesse**"[8].

Durante todo o procedimento de inscrição de eleitor ou de transferência, o partido político com registro no TSE far-se-á representar por seus delegados credenciados, conforme o art. 11 da Lei n. 9.096/1995, perante o juiz eleitoral, TRE e TSE.

4.1.11. Quantidade de delegados perante o juízo eleitoral

Cada partido poderá nomear dois delegados e até três em cada zona eleitoral (art. 66, § 1º, do CE). Perante os preparadores, cada partido poderá nomear até dois delegados, que assistam e fiscalizem os seus atos.

4.1.12. Representatividade dos delegados credenciados

Os delegados credenciados pelo órgão de direção nacional representam o partido perante quaisquer tribunais ou juízes eleitorais. Já os credenciados pelos órgãos estaduais somente oficiam perante o Tribunal Regional Eleitoral e juízes eleitorais dos estados, Distrito Federal ou território federal; por sua vez, os credenciados pelo órgão municipal do partido oficiam perante o juiz eleitoral da respectiva jurisdição (art. 11, parágrafo único, da Lei n. 9.096/1995, e art. 66, § 4º, do CE).

4.1.13. Função dos delegados cadastrados no alistamento

O art. 66 do CE autoriza delegados partidários a acompanhar processos de inscrição; promover exclusão de eleitor inscrito ilegalmente e defender eleitor com registro indeferido; examinar, sem perturbação do serviço e em presença dos servido-

---

[8] *Glossário Eleitoral do TSE*. Disponível em: https://www.tse.jus.br/imprensa/noticias-tse/2022/Abril/voce-sabe-o-que-e-delegado-de-partido-o-glossario-esclarece. Acesso em: 9 jan. 2023.

res designados, os documentos relativos ao alistamento eleitoral, podendo deles tirar cópias, sem ônus para a Justiça Eleitoral e de forma fundamentada[9].

O art. 75, I, da Resolução do TSE n. 23.659/2021 acrescenta que os delegados dos partidos políticos podem requerer segundas vias e quaisquer outros e até mesmo emissão e entrega de títulos eleitorais.

4.2. FILIAÇÃO PARTIDÁRIA

4.2.1. Quanto ao eleitor

Para concorrer a cargo eletivo o cidadão deverá se dirigir a uma agremiação político-partidária, observar as normas estatutárias e critérios definidos pelos respectivos órgãos de direção e dar seu aceite ao estatuto do partido. A partir desse momento, surge o vínculo que o Direito Eleitoral chama de "filiação partidária". Esse vínculo partidário é de suma importância ao pretenso candidato, visto ser esta, a filiação partidária, elencada entre as condições de elegibilidade previstas no art. 14, § 3º, da CF. A Lei Eleitoral define regras para que esse vínculo possibilite ao cidadão sua participação como sujeito passivo no pleito eleitoral vindouro.

Para que o eleitor possa filiar-se ele deve estar no pleno gozo de seus direitos políticos (art. 16 da Lei n. 9.096/1995). Mas a condição de inelegível não constitui óbice para que ele se filie a partido político. Assim entende o TSE nos Acórdãos n. 12.371/1992, 23.351/2004, 22.014/2004 e 12.371/1992. Nada impede, porém que o estatuto partidário disponha de modo diverso, exigindo do filiado a condição de elegível.

Acerca desse ponto, o Tribunal Superior Eleitoral já afirmou que:

> Não havendo candidatura avulsa, a prova da data de filiação partidária é indispensável para conferir se o escolhido em convenção já possui um ano de filiação ao partido [...] (Ac. n. 179, de 4-9-1998, rel. Min. Néri da Silveira). Sobre o tema, consulte-se a Lei n. 9.504/1997, em seu art. 9º.

A representação política brasileira, assim, não prescinde da intermediação dos partidos políticos, tidos como espaço adequado para o recrutamento, formação política e seleção preliminar dos postulantes ao mandato eletivo[10].

Em casos de duplicidades das filiações, tendo o eleitor se filiado a determinado partido político e, após, novamente se filiado a partido diverso, resulta na nulidade do vínculo anterior, tornando ausente o requisito exigido pela Constituição e pela Lei n. 9.096/1995, isso porque o parágrafo único do seu art. 22 é claro ao dispor que:

---

[9] Ver art. 75, III, da Resolução do TSE n. 23.659/2021, parte final.

[10] Está pendente no Supremo Tribunal Federal o julgamento do Tema 974, que trata da possibilidade de candidaturas avulsas para pleitos majoritários.

Art. 22. [...]

Parágrafo único. Havendo coexistência de filiações partidárias, prevalecerá a mais recente, devendo a Justiça Eleitoral determinar o cancelamento das demais.

O TSE entendia não haver duplicidade no caso de a inscrição, caracterizadora da duplicidade, haver sido realizada antes da remessa da lista de filiados pelos partidos (Súmula 14 do TSE). A súmula foi cancelada pela Resolução do TSE n. 21.885/2004, por entendimento de que não haveria mais aplicabilidade por ter sido ela editada em decorrência de problemas advindos da transição da antiga Lei n. 5.682/1971 (Lei Orgânica dos Partidos Políticos) para a Lei n. 9.096/1995 (Lei dos Partidos Políticos).

Segundo o § 4º do art. 65 da antiga lei, valeria sempre a primeira ficha enviada à Justiça Eleitoral. As regras para filiação atuais diferem das anteriores, impossibilitando a aplicação da súmula revogada.

Já nas **regras atuais**, conforme o parágrafo único do art. 22 da Lei n. 9.096/1995, em **caso de simultaneidade** de filiações partidárias, sempre **prevalecerá** aquela **mais recente**, devendo a Justiça Eleitoral determinar o cancelamento das filiações pretéritas.

Deferido internamente o pedido de filiação, o partido político, por seus órgãos de direção municipais, regionais ou nacional, deverá inserir os dados do filiado no sistema eletrônico da Justiça Eleitoral ("Filia"), que automaticamente enviará aos juízes eleitorais, para arquivamento, publicação e cumprimento dos prazos de filiação partidária para efeito de candidatura a cargos eletivos, a relação dos nomes de todos os seus filiados, da qual constará a data de filiação, o número dos títulos eleitorais e das seções em que estão inscritos, conforme determinação do art. 19 da Lei n. 9.096/1995.

Os **partidos** políticos podem **estabelecer** em estatuto **prazos de filiação** partidária **superiores aos previstos na lei** (art. 20 da Lei n. 9.096/1995). O que deve ser observado é o lapso temporal **mínimo e inalterável** de seis meses antes das eleições para **registro** com **fins** de **concorrer** às eleições (art. 9º da Lei n. 9.504/1997, alterado pela Lei n. 13.165/2015). A lei manda ainda que a Justiça Eleitoral envie aos partidos políticos, na respectiva circunscrição, até o dia 5 de junho do ano da eleição, a relação de todos os devedores de multa eleitoral, a qual embasará a expedição das certidões de quitação eleitoral (§ 9º do art. 11 da Lei das Eleições). Tentou-se, assim, permitir aos partidos a adoção de providências para o saneamento de eventuais vícios na filiação dos seus postulantes a candidato.

Note-se, ainda quanto a esse **ponto**, que: "A **prova de filiação** partidária daquele cujo nome **não constou** da **lista** de filiados de que trata o art. 19 da Lei n. 9.096/95, **pode** ser **realizada** por **outros elementos** de convicção, **salvo** quando se tratar de **documentos** produzidos **unilateralmente**, destituídos de fé pública". É o que dita a **Súmula 20** do Tribunal Superior Eleitoral, a qual implica a possibilidade do suprimento da **prova** de filiação por outros meios idôneos por **meio de medida** que será **postulada** diretamente **perante** a Zona Eleitoral.

Acrescente-se ao tema que, de acordo com a Súmula 52 do Tribunal Superior Eleitoral: "Em registro de candidatura, não cabe examinar o acerto ou desacerto da decisão que examinou, em processo específico, a filiação partidária do eleitor".

4.2.2. Filiação, mandato e fidelidade partidária

Dispõe o § 1º do art. 17 da CF:

> **Art. 17.** [...]
> § 1º É assegurada aos partidos políticos autonomia para definir sua estrutura interna e estabelecer regras sobre escolha, formação e duração de seus órgãos permanentes e provisórios e sobre sua organização e funcionamento e para adotar os critérios de escolha e o regime de suas coligações nas eleições majoritárias, vedada a sua celebração nas eleições proporcionais, sem obrigatoriedade de vinculação entre as candidaturas em âmbito nacional, estadual, distrital ou municipal, devendo seus estatutos estabelecer normas de disciplina e fidelidade partidária. (Redação dada pela Emenda Constitucional n. 97, de 2017)

Atente-se para a parte final do dispositivo, que expressamente consigna, quanto aos estatutos dos partidos políticos, que estes *devem* "estabelecer normas de disciplina e fidelidade partidária". Note-se que o Capítulo V, que trata "dos partidos políticos", encontra-se inserido no Título II da Constituição Federal, onde estão enunciados os direitos e garantias fundamentais, embora se reconheça que estes também se espraiem por outras partes da Lei Maior.

O pertencimento a partido político é constitucionalmente reconhecido, portanto, como um direito fundamental. Para a garantia desse direito, a Constituição da República prevê diversas garantias institucionais, sendo uma delas da mais alta relevância: os partidos não poderem ignorar o tema da fidelidade dos seus membros pelos compromissos por estes assumidos.

O tema é de tamanha envergadura constitucional que a filiação partidária está situada entre as condições de elegibilidade. Daí a razão pela qual inexiste, no Brasil, a figura da candidatura avulsa. Toda candidatura será – sempre – intermediada por uma agremiação partidária por expressa determinação contida na Constituição.

Note-se, ademais, que a expressão fidelidade partidária não é dotada de tal polissemia que indique a imprescindibilidade de uma lei que lhe delimite os contornos. Ser fiel a um partido político corresponde a nele permanecer após, por seu intermédio, alcançar o mandato eletivo.

Assim é porque a Constituição Federal instituiu entre nós uma democracia representativa partidária, a qual se situa em etapa evolutiva superior à simples democracia representativa, na qual prevalecia a representação política do indivíduo.

Os direitos políticos, e dentre estes o de organização partidária, não são detidos individualmente, embora possam ser pessoalmente exercidos pelo cidadão que deles não esteja privado. Por meio dos partidos políticos opera-se a manifestação dos grupos politicamente organizados, dos quais se espera uma mobilização motivada em interesses lícitos, legítimos e supraindividuais.

Os partidos são a "correia de transmissão" entre os interesses dos grupos civicamente mobilizados e a institucionalidade estatal acessível por via eletiva.

De acordo com a Ciência Política, em estudo desenvolvido por Matthias Catón, da *International Idea*, os partidos políticos detêm as seguintes funções:

> First, political parties develop policies and programmes. This is the content side of their responsibility. It ensures that there are different choices in the politicalmarketplace – not only in terms of candidates but also in terms of ideas. Once in government, a party can start implementing these ideas.
>
> Second, parties pick up demands from society and bundle them into packages. Demands are numerous and sometimes conflicting. Parties are able to discuss andevaluate these issues and shape human needs into policy alternatives. In so doing they are an important part of the political process.
>
> Third, parties are the main vehicles for recruiting and selecting people for government and legislative office. Although they are often criticized for filling posts withtheir own people, this is what they are supposed to do: high level public positions, that is, those considered political rather then technical, need to be filled somehow andparties provide a responsible vehicle for that.
>
> Fourth, parties either oversee or control government depending on whether they are in government or opposition[11].

Os partidos políticos têm, pois, essas quatro finalidades precípuas: a) desenvolver políticas e programas de ação; b) canalizar demandas sociais; c) recrutar e selecionar pessoas para futuros mandatos; d) relacionar-se com o governo, concedendo-lhe apoio ou oferecendo-lhe oposição.

Não é, pois, o candidato quem viabiliza a própria participação eleitoral. De acordo com o desiderato expressado pela Constituição é o partido quem torna possível a veiculação da candidatura, atuando desde a filiação de forma a favorecer a descoberta e o preparo de novos quadros para o governo e para o Parlamento.

---

[11] *Political parties*: necessary for democracy? Disponível em: http://www.idea.int/parties/international_assistance/parties_necesseary.cfm. Acesso em: 9 jan. 2023.
Em tradução livre: "Em primeiro lugar, os partidos políticos desenvolvem políticas públicas e programas governamentais. Esses são os conteúdos de suas responsabilidades. Isso assegura que eles tenham diferentes escolhas no mercado político – não apenas em termos de candidatos, mas também em termos de ideias. Uma vez no governo, um partido pode implementar as suas ideias. Em segundo, os partidos optam por demandas da sociedade e as acomodam em pacotes. Demandas são numerosas e algumas vezes conflitantes. Os partidos têm a capacidade de discutir e avaliar os assuntos e modelar as necessidades humanas em políticas alternativas. Em assim operarem, os partidos se tornam importantes atores do processo político. Em terceiro lugar, os partidos são os principais veículos para recrutar e selecionar pessoas para gabinetes dos poderes Executivo e Legislativo. Apesar de serem frequentemente criticados por preencherem cargos com seus membros, é exatamente o que devem fazer: preencher os cargos públicos de alto nível, isto é, aqueles considerados de função política, em vez de técnicos devem ser ocupados de algum modo, e os partidos constituem uma forma responsável de isso ocorrer. Em quarto lugar, os partidos ou fiscalizam ou controlam o governo, a depender de estarem na situação ou na oposição".

Daí a necessidade de excluir-se do mandato aquele que, defraudando os meios institucionais que tornaram possível sua eleição, trata de mudar-se para partido político diverso daquele por meio do qual alcançou o mandato eletivo. Tal compreensão do texto constitucional levou o Tribunal Superior Eleitoral, em resposta à Consulta n. 1.398/2007, a firmar o entendimento de que

> [...] os Partidos Políticos e as coligações conservam direito à vaga obtida pelo sistema proporcional, quando houver pedido de cancelamento de filiação ou de transferência do candidato eleito por um partido para outra legenda.

Tal entendimento foi mantido pelo Supremo Tribunal Federal quando do julgamento dos Mandados de Segurança n. 26.602, 26.603 e 26.604, em julgamento ocorrido em 4 de outubro de 2007. Veja-se, a respeito, a seguinte ementa que, apesar de longa, é de imprescindível transcrição na íntegra:

> Mandado de segurança impetrado pelo Partido dos Democratas (DEM) contra ato do presidente da Câmara dos Deputados. Natureza jurídica e efeitos da decisão do TSE na Consulta n. 1.398/2007. Natureza e titularidade do mandato legislativo. Os partidos políticos e os eleitos no sistema representativo proporcional. Fidelidade partidária. Efeitos da desfiliação partidária pelo eleito: perda do direito de continuar a exercer o mandato eletivo. Distinção entre sanção por ilícito e sacrifício do direito por prática lícita e juridicamente consequente. Impertinência da invocação do art. 55 da CF. Direito do impetrante de manter o número de cadeiras obtidas na Câmara dos Deputados nas eleições. Direito à ampla defesa do parlamentar que se desfilie do partido político. Princípio da segurança jurídica e modulação dos efeitos da mudança de orientação jurisprudencial: marco temporal fixado em 27/3/2007. [...] Mandado de segurança contra ato do presidente da Câmara dos Deputados. Vacância dos cargos de deputado federal dos litisconsortes passivos, deputados federais eleitos pelo partido impetrante e transferidos, por vontade própria, para outra agremiação no curso do mandato. [...] Resposta do TSE a consulta eleitoral não tem natureza jurisdicional nem efeito vinculante. Mandado de segurança impetrado contra ato concreto praticado pelo presidente da Câmara dos Deputados, sem relação de dependência necessária com a resposta à Consulta n. 1.398 do TSE. O Código Eleitoral, recepcionado como lei material complementar na parte que disciplina a organização e a competência da Justiça Eleitoral (art. 121 da Constituição de 1988), estabelece, no inciso XII do art. 23, entre as competências privativas do TSE "responder, sobre matéria eleitoral, às consultas que lhe forem feitas em tese por autoridade com jurisdição federal ou órgão nacional de partido político". A expressão *matéria eleitoral* garante ao TSE a titularidade da competência para se manifestar em todas as consultas que tenham como fundamento matéria eleitoral, independente do instrumento normativo no qual esteja incluído. No Brasil, a eleição de deputados faz-se pelo sistema da representação proporcional, por lista aberta, uninominal. No sistema que acolhe – como se dá no Brasil desde a Constituição de 1934 – a representação proporcional para a eleição de deputados e vereadores, o eleitor exerce sua liberdade de escolha apenas entre os candidatos registrados pelo partido político, sendo eles, portanto, seguidores necessários do programa partidário de sua opção. O destinatário do voto é o partido político viabilizador da candidatura por ele oferecida. O eleito vincula-se, necessariamente, a determinado partido político e tem em seu programa e ideário o norte de sua

atuação, a ele se subordinando por força de lei (art. 24 da Lei n. 9.096/1995). Não pode, então, o eleito afastar-se do que suposto pelo mandante – o eleitor –, com base na legislação vigente que determina ser exclusivamente partidária a escolha por ele feita. Injurídico é o descompromisso do eleito com o partido – o que se estende ao eleitor – pela ruptura da equação político-jurídica estabelecida. A fidelidade partidária é corolário lógico-jurídico necessário do sistema constitucional vigente, sem necessidade de sua expressão literal. Sem ela não há atenção aos princípios obrigatórios que informam o ordenamento constitucional. A desfiliação partidária como causa do afastamento do parlamentar do cargo no qual se investira não configura, expressamente, pela Constituição, hipótese de cassação de mandato. O desligamento do parlamentar do mandato, em razão da ruptura, imotivada e assumida no exercício de sua liberdade pessoal, do vínculo partidário que assumira, no sistema de representação política proporcional, provoca o desprovimento automático do cargo. A licitude da desfiliação não é juridicamente inconsequente, importando em sacrifício do direito pelo eleito, não sanção por ilícito, que não se dá na espécie. É direito do partido político manter o número de cadeiras obtidas nas eleições proporcionais. É garantido o direito à ampla defesa do parlamentar que se desfilie de partido político. Razões de segurança jurídica, e que se impõem também na evolução jurisprudencial, determinam seja o cuidado novo sobre tema antigo pela jurisdição concebido como forma de certeza e não causa de sobressaltos para os cidadãos. Não tendo havido mudanças na legislação sobre o tema, tem-se reconhecido o direito de o impetrante titularizar os mandatos por ele obtidos nas eleições de 2006, mas com modulação dos efeitos dessa decisão para que se produzam eles a partir da data da resposta do TSE à Consulta n. 1.398/2007 (MS n. 26.604, rel. Min. Cármen Lúcia, j. em 4-10-2007, Plenário, *DJe* de 3-10-2008). No mesmo sentido: MS n. 26.602, rel. Min. Eros Grau, j. em 4-10-2007, Plenário, *DJe* de 17-10-2008; MS n. 26.603, rel. Min. Celso de Mello, j. em 4-10-2007, Plenário, *DJe* de 19-12-2008. *Vide:* MS n. 27.938, rel. Min. Joaquim Barbosa, j. em 11-3-2010, Plenário, *DJe* de 30-4-2010; ADI n. 3.999 e ADI n. 4.086, rel. Min. Joaquim Barbosa, j. em 12-11-2008, Plenário, *DJe* de 17-4-2009.

O tema foi posteriormente enfrentado pelo legislador, que editou o novo art. 22-A da Lei dos Partidos Políticos (Lei n. 9.096/1995), com o seguinte teor:

> **Art. 22-A.** Perderá o mandato o detentor de cargo eletivo que se desfiliar, sem justa causa, do partido pelo qual foi eleito.
> Parágrafo único. Consideram-se justa causa para a desfiliação partidária somente as seguintes hipóteses:
> I – mudança substancial ou desvio reiterado do programa partidário;
> II – grave discriminação política pessoal; e
> III – mudança de partido efetuada durante o período de trinta dias que antecede o prazo de filiação exigido em lei para concorrer à eleição, majoritária ou proporcional, ao término do mandato vigente.

Como se vê, descabe qualquer dúvida quanto ao dever de observância da fidelidade partidária a que estão submetidos os detentores de mandato eletivo.

O legislador foi ainda mais restritivo que a Resolução anteriormente baixada pelo TSE acerca do tema.

Antes, a Resolução n. 22.610, de 25 de outubro de 2007, previa que a criação de novo partido e a incorporação ou fusão da agremiação a que se encontrava vinculado o parlamentar também justificam a desfiliação. Essas hipóteses não foram incorporadas pelo legislador, mas entende-se que essa causa de afastamento da fidelidade segue válida e aplicável.

A Constituição Federal, por intermédio da EC n. 17/2017, sofreu o acréscimo de um § 5º a seu art. 17 para estatuir que:

> **Art. 17.** [...]
> § 5º Ao eleito por partido que não preencher os requisitos previstos no § 3º deste artigo é assegurado o mandato e facultada a filiação, sem perda do mandato, a outro partido que os tenha atingido, não sendo essa filiação considerada para fins de distribuição dos recursos do fundo partidário e de acesso gratuito ao tempo de rádio e de televisão.

Recentemente, Tribunal Superior Eleitoral firmou o entendimento segundo o qual:

> Configura infidelidade partidária a migração, para terceira agremiação política, do parlamentar que já tenha se filiado anteriormente a outra legenda em decorrência da não superação da cláusula de barreira do partido pelo qual se elegeu (Consulta n. 0600161-20.2021, Brasília/DF, rel. Min. Alexandre de Moraes, julgada na sessão virtual de 11 a 17-2-2022).

Como se vê, o abandono do partido pelo qual foi eleito o parlamentar não implica uma autorização permanente para novas mudanças de agremiação. Operada a primeira transferência partidária sob o permissivo da fusão ou da incorporação, deve o mandatário observar o dever de fidelidade para com a nova grei.

Por outro lado, o TSE decidiu recentemente o seguinte:

> [...] 6. Embora a mera resistência interna ao lançamento de candidatura não configure, por si só, justa causa que autorize a desfiliação, a presente hipótese é diversa, pois se trata de comportamentos adotados no âmbito do Partido que, sem respaldo em deliberações colegiadas, culminaram por afastar a possibilidade de o Deputado participar do processo de escolha em convenção, constituindo fato concreto e determinado apto a demonstrar a evidente situação de desprestígio e a grave discriminação pessoal por ele sofrida. 7. Agravo Regimental desprovido (RO Eleitoral n. 060018384, Acórdão, rel. Min. Alexandre de Moraes, *DJe*, Tomo 237, de 24-11-2022).

Registre-se, ademais, que a Emenda Constitucional n. 111/2021 incluiu ao art. 17 da CF o seguinte § 6º:

> **Art. 17.** [...]
> § 6º Os Deputados Federais, os Deputados Estaduais, os Deputados Distritais e os Vereadores que se desligarem do partido pelo qual tenham sido eleitos perderão o mandato, salvo nos casos de anuência do partido ou de outras hipóteses de justa causa estabelecidas em lei, não computada, em qualquer caso, a migração de partido para fins de distribuição de recursos do fundo partidário ou de outros fundos públicos e de acesso gratuito ao rádio e à televisão.

A matéria ganhou, pois, *status* **constitucional** mais delimitado, **incluindo-se** expressamente a **anuência do partido** como outra circunstância que **autoriza a migração partidária** (ou transfuguismo).

Todo o tema relativo à **infidelidade** partidária até aqui tratado, registre-se, diz **respeito** apenas e **tão somente** aos mandatos eletivos **preenchidos** segundo o **critério proporcional**, sendo certo que: "A **perda do mandato** em razão da desfiliação partidária **não se aplica** aos candidatos eleitos pelo sistema **majoritário**", segundo o que expressamente declara a **Súmula 67** do TSE.

4.2.3. Coligações e federações partidárias

São muitos os pontos que distinguem as coligações das federações partidárias. Ambas, contudo, têm em comum o fato de serem alianças entre partidos, possuindo a sua celebração efeito direto sobre a maneira como eles se apresentam ante os processos eleitorais.

Enquanto as coligações são marcadas pela efemeridade – sua existência nasce com a convenção eleitoral e termina na data do pleito –, as federações nascem de deliberação pré-eleitoral e sobrevivem por no mínimo quatro anos e ao longo de todos os mandatos, enquanto não desconstituídas pelas direções nacionais dos partidos que as integram.

As coligações são realizadas pelas direções partidárias em todos os níveis das disputas eleitorais: municipais, estaduais e nacional. O § 1º do art. 17 da Constituição Federal deixa cada partido livre "para adotar os critérios de escolha e o regime de suas coligações nas eleições majoritárias, vedada a sua celebração nas eleições proporcionais, sem obrigatoriedade de vinculação entre as candidaturas em âmbito nacional, estadual, distrital ou municipal".

Já as federações têm a sua instituição autorizada pela Lei n. 14.208, de 28 de dezembro de 2021, a qual inseriu um art. 11-A (*caput*) na Lei dos Partidos Políticos para definir que: "Dois ou mais partidos políticos poderão reunir-se em federação, a qual, após sua constituição e respectivo registro perante o Tribunal Superior Eleitoral, atuará como se fosse uma única agremiação partidária".

Enquanto as coligações não sobrevivem ao processo eleitoral para o qual foram criadas, é da natureza mesma das federações a sua perenidade.

O § 3º do art. 11-A da Lei dos Partidos Políticos (LPP) estabelece as seguintes regras a serem observadas quando do estabelecimento das federações:

Art. 11-A. [...]
§ 3º [...]
I – a federação somente poderá ser integrada por partidos com registro definitivo no Tribunal Superior Eleitoral;
II – os partidos reunidos em federação deverão permanecer a ela filiados por, no mínimo, 4 (quatro) anos;
III – a federação poderá ser constituída até a data final do período de realização das convenções partidárias;

IV – a federação terá abrangência nacional e seu registro será encaminhado ao Tribunal Superior Eleitoral.

O prazo fixado no inciso III do § 3º do art. 11-A da LPP, todavia, foi alterado no julgamento da ADI n. 7.021, como bem noticiam Velloso e Agra:

> Importante mencionar que o estatuto comum da federação deverá conter regras para a composição de lista para as eleições proporcionais, que vinculará a escolha de candidatos da federação em todos os níveis (art. 11-A, § 7º, da Lei n. 9.096/95). A Resolução TSE n. 23.670/2021 prevê que somente participarão das eleições as federações que tenham registro deferido até 6 (seis) meses antes do pleito. A regra advém do entendimento perfilhado pelo Ministro Luís Roberto Barroso, relator da ADI n. 7.021, que conferiu interpretação conforme a Constituição ao *caput* do art. 11-A da LPP, de modo a exigir que "para participar das eleições, as federações estejam constituídas como pessoa jurídica e obtenham o registro de seu estatuto perante o TSE no mesmo prazo aplicável aos partidos políticos". Em julgamento realizado no dia 9 de fevereiro de 2022, o Supremo Tribunal Federal, por maioria, referendou a cautelar deferida parcialmente pelo Ministro Luís Roberto Barroso, apenas para adequar o prazo para constituição e registro das federações partidárias, que deverá ser de até 6 (seis) meses antes do pleito, ressalvadas as federações constituídas para as eleições de 2022, as quais deverão preencher tais condições até 31 de maio de 2022. À vista dos impactos que tal decisão acarretou ao Calendário Eleitoral, o TSE, por meio da Resolução n. 23.674/2021, marcou o dia 31 de maio de 2022 como a data limite para que todas as federações que pretendam participar das eleições de 2022 tenham obtido registro de seus estatutos no TSE (2022).

É muito importante ter presente que as coligações permanecem contempladas pelo nosso ordenamento jurídico, possuindo até mesmo previsão constitucional como acima foi observado. Entretanto, elas dizem respeito apenas aos cargos majoritários, quais sejam os dos chefes dos Executivos municipais, estaduais e federais e os do Senado.

Para que possam ser levadas ao devido registro perante o TSE as federações deverão ser previamente constituídas sob a forma de associações, devidamente registradas no cartório competente do Registro Civil das Pessoas Jurídicas do local de sua sede. É o que dispõe o § 1º do art. 1º da Resolução do TSE n. 23.670/2021.

As federações se aplicam exclusivamente às eleições proporcionais. Quanto a estas, a lei estabelece que o descumprimento do prazo mínimo de permanência na aliança formalizada acarretará ao partido vedação de ingressar em nova federação, de celebrar coligação nas 2 (duas) eleições seguintes e, até completar o prazo mínimo remanescente, de utilizar o fundo partidário. É o que estabelece o § 4º do art. 11-A da LPP. Além disso, o § 5º do mesmo dispositivo estipula que: "Na hipótese de desligamento de 1 (um) ou mais partidos, a federação continuará em funcionamento, até a eleição seguinte, desde que nela permaneçam 2 (dois) ou mais partidos".

Como são equiparadas a um partido político uno para múltiplos efeitos – embora respeitada a vida interna e a não dissolução dos partidos que a integram –, as federações obrigam aqueles que por seu intermédio foram eleitos a observarem a regra da fidelidade partidária. A tal respeito o § 9º do art. 11-A da LPP preconiza que: "Perderá o mandato o detentor de cargo eletivo que se desfiliar, sem justa causa, de partido que integra federação". A ordem da suplência também é definida como se todos integrassem a mesma hoste partidária.

A Resolução do TSE n. 23.670/2021 estabelece, em seu art. 5º, os contornos da preservação da identidade e autonomia das agremiações que a integram, permitindo-lhes que conservem:

> **Art. 5º** [...]
> I – seu nome, sigla e número próprios, inexistindo atribuição de número à federação;
> II – seu quadro de filiados;
> III – o direito ao recebimento direto dos repasses do Fundo Partidário e do Fundo Especial de Financiamento de Campanhas e o direito de acesso gratuito ao rádio e à televisão para a veiculação de propaganda;
> IV – o dever de prestar contas; e
> V – a responsabilidade pelos recolhimentos e sanções que lhes sejam imputados por decisão judicial.

No Parlamento, cada federação será tratada como se partido político fosse. Ela será a base para verificação da proporcionalidade na composição das comissões, por exemplo.

Diferentemente das coligações, que possuem uma eficácia mais eleitoral e pragmática, a forma de atuação das federações pressupõe uma aliança mais calcada em aspectos ideológicos e programáticos que aquelas.

COLIGAÇÕES	FEDERAÇÕES
Nascem com as convenções	Nascem antes das convenções
Terminam com a realização da votação	Permanecem por no mínimo 4 anos
Podem ser nacionais, estaduais ou municipais	Só existem em âmbito nacional
Não necessitam de registro cartorial	Devem ser registradas no cartório do Registro Civil das Pessoas Jurídicas
Os partidos podem não ter criação definitiva	Partidos criados em definitivo podem celebrá-las
Eleições majoritárias	Eleições proporcionais
Partidos autônomos na atuação no parlamento	Atuação parlamentar em bloco
Preponderância do pragmatismo	Preponderância de alianças programáticas

■ 4.3. DOMICÍLIO ELEITORAL

O candidato deverá possuir domicílio eleitoral na respectiva circunscrição pelo prazo de, pelo menos, seis meses antes do pleito. É o que determina o art. 9º da Lei n. 9.504/1997, com redação dada pela Lei n. 13.488/2017.

O **domicílio eleitoral**, por força do delineamento que lhe conferiu a jurisprudência, **não se confunde com o domicílio civil**.

De acordo com o parágrafo único do art. 42 do Código Eleitoral: "Para o efeito da inscrição, é domicílio eleitoral o lugar de residência ou moradia do requerente, e, verificado ter o alistando mais de uma, considerar-se-á domicílio qualquer delas".

Adriano Soares da Costa[12] sustenta que:

> Quem pretenda fixar o conceito de domicílio eleitoral deve, preliminarmente, desvestir-se de qualquer juízo civilista: domicílio eleitoral e domicílio civil são conceitos distintos e de extensões diferentes. Enquanto este requer a existência de ânimo definitivo na fixação da residência, aquele apenas exige a residência ou moradia. [...] Residência é o lugar onde se mora, onde há permanência do indivíduo por algum tempo. Se há propriedade de uma casa de campo, e nela passa-se temporadas, há residência; assim também se se possui casa de veraneio, ou casa de praia. Portanto, pode-se ter mais de uma residência. Basta à configuração da residência a estadia mais prolongada, costumeira, dia e noite. A habitualidade da moradia é nuclear no conceito de residência.

Com efeito, o Tribunal Superior Eleitoral assentou o entendimento de que:

> O domicílio eleitoral não se confunde, necessariamente, com o domicílio civil. A circunstância de o eleitor residir em determinado município não constitui obstáculo a que se candidate em outra localidade onde é inscrito e com a qual mantém vínculos (negócios, propriedades, atividades políticas). (Ac. n. 18.124, de 16-11-2000, rel. Min. Garcia Vieira, red. designado Min. Fernando Neves).

Como se vê, a jurisprudência ampliou muito o conteúdo do parágrafo único do art. 42 do CE, chegando a estipular que: "Para o Código Eleitoral, domicílio é o lugar em que a pessoa mantém vínculos políticos, sociais e afetivos" (*RJTSE – Revista de Jurisprudência do TSE*, v. 16, t. 1, p. 262). O TSE igualmente já afirmou que: "É de se deferir a inscrição do eleitor no Município onde tem domicílio o seu genitor" (*RJTSE – Revista de Jurisprudência do TSE*, v. 5, t. 4, p. 26).

Além disso, já se reconheceu que: "Admite-se o domicílio eleitoral em localidade onde o eleitor mantenha vínculo patrimonial" (*RJTSE – Revista de Jurisprudência do TSE*, v. 6, t. 1, p. 376). Joel José Cândido[13] critica essa amplitude conferida ao conceito de domicílio eleitoral pelos precedentes jurisprudenciais, afirmando:

> O ideal, a nosso entender, é que o ânimo de permanecer fosse o norte da conceituação – tal como se dá na caracterização do domicílio civil – do domicílio para fins eleitorais, o que a redação atual não impede. Evitar-se-iam, assim, candidaturas alienígenas, ditadas apenas por interesses políticos ocasionais.

O tema possui relevância constitucional, pois o art. 15, IV, da Lei Maior considera condição de elegibilidade o "domicílio eleitoral na circunscrição".

De acordo com a nova redação conferida ao art. 9º da LE pela Lei n. 13.488/2017:

---

[12] COSTA, Adriano Soares da. *Instituições de Direito Eleitoral*. 6. ed. rev., ampl. e atual. Belo Horizonte: Del Rey, 2006, p. 139.

[13] CÂNDIDO, Joel José. *Direito Eleitoral brasileiro*. Bauru: Edipro, 2008, p. 91.

"Para concorrer às eleições, o candidato deverá possuir domicílio eleitoral na respectiva circunscrição pelo prazo de seis meses e estar com a filiação deferida pelo partido no mesmo prazo". Por fim, quanto ao tema da transferência de domicílio, remete-se o leitor ao estudado no item que trata do alistamento eleitoral.

4.4. CONVENÇÕES ELEITORAIS

4.4.1. Considerações iniciais

Os **partidos** são **livres** para **definir** as normas para a **escolha e substituição** dos **candidatos** e para a **formação** de coligações e de federações partidárias, **desde que** as incluam no estatuto do partido, com as **ressalvas contidas** na própria lei orientadora (*vide*, a respeito, o art. 7º da Lei n. 9.504/1997 e o art. 6º da Lei n. 9.504/1997).

Omisso o estatuto, caberá ao órgão de direção nacional do partido estabelecer as normas a que se refere este artigo, publicando-as no *Diário Oficial da União* até 180 dias antes das eleições (art. 7º, § 1º). Segundo o art. 8º da LE, com a redação que lhe foi conferida pela Lei n. 13.165/2015: "A escolha dos candidatos pelos partidos e a deliberação sobre coligações deverão ser feitas no período de 20 de julho a 5 de agosto do ano em que se realizarem as eleições, lavrando-se a respectiva ata em livro aberto, rubricado pela Justiça Eleitoral, publicada em vinte e quatro horas em qualquer meio de comunicação".

O **objetivo principal** das convenções partidárias é **escolher e sortear**, em cada circunscrição, os **números** com que cada **candidato concorrerá**, observado o que dispõem o art. 100, § 2º, do Código Eleitoral e o art. 9º da Lei n. 9.504/1997. Mas também é de ressaltar a **importância das convenções** como momento da **definição** da **política** de coligações, quando se **tratar** de candidatura **majoritária**, ou para a observância dos padrões para a **formação** de **federações** partidárias, estas no caso de **eleições proporcionais**.

Sobre convenções partidárias, bem trata Castro[14]:

> O pedido de registro de candidatura é formulado pelo Partido Político ou Coligação, e é dirigida ao Juiz Eleitoral (nas eleições municipais), ao Tribunal Eleitoral (nas eleições gerais: Deputados, Senadores e Governador) e ao Tribunal Superior (nas eleições Presidenciais). Antes disso, entretanto, é necessário lembrar que há atos a serem praticados na esfera interna dos partidos, mas que interessam sobremaneira ao processo eleitoral. São as convenções partidárias. A convenção nada mais é que uma espécie de assembleia do partido político, a que comparecem quem os respectivos estatutos conferem o direito de voto (os convencionais).

Caso não seja indicado pelas convenções o número máximo de candidatos previsto, os partidos poderão preencher as vagas remanescentes até 30 dias antes do pleito (art. 10, § 5º, da Lei n. 9.504/1997, com redação dada pela Lei n. 13.165/2015), respeitando sempre a reserva de gênero (matéria já tratada no tópico relativo à igual-

---

[14] Castro, 2022, *e-book* Kindle.

dade e gênero no capítulo "Princípios do Direito Eleitoral"). A convenção partidária pode ser invalidada quando forem infringidos alguns atos incompatíveis com o que dita a legislação.

Gomes[15] destaca esse ponto, ao lecionar que:

> Compreende-se por invalidade a qualidade ostentada pelo ato, ao ingressar no mundo jurídico, consistente em ser produzido em desarmonia com o ordenamento. Pode ocorrer de a convenção – ou atos nela praticados – ser realizada ao arrepio de regras legais ou estatutárias de observância obrigatória. Neste caso, expõe-se à invalidação, porquanto à agremiação política não é dado descumprir as disposições regentes do processo eleitoral. É este o caso, por exemplo, da convenção realizada em lugar ou data diferente dos estampados no edital de convenção, que não observou o *quorum* mínimo de votação, que ocorreu fora do período legal, que foi convocada por quem não detinha legitimidade para fazê-lo.

Por ser matéria *interna corporis*, o foro competente para julgar discussões havidas no âmbito da convenção é da Justiça Comum e não da Justiça Eleitoral[16]. Entretanto, quando ocorre fato jurídico apto a acarretar o registro indevido de candidato, a apreciação da causa compete à Justiça Eleitoral.

Veja a esse respeito o seguinte julgado do Tribunal Superior Eleitoral:

> [...] Mandado de segurança. Ato coator do presidente da comissão executiva nacional do partido progressista – PP. Anulação parcial da convenção realizada pelo diretório estadual do PP no estado do Ceará, quanto à decisão que firmou coligação. [...] 1. A Justiça Eleitoral possui competência para apreciar as controvérsias internas de partido político, sempre que delas advierem reflexos no processo eleitoral, circunstância que mitiga o postulado fundamental da autonomia partidária, *ex vi* do art. 17, § 1º, da Constituição da República. [...] 3. Não se identifica, no estatuto partidário, nenhum dispositivo restringindo o órgão de direção estadual a coligar-se, dentro da respectiva circunscrição, com outro partido, o que demonstra a plausibilidade do direito invocado pelos impetrantes (Ac. n. 060066407 no MSCiv, de 10-8-2022, rel. Min. Ricardo Lewandowski).

No caso de uma convenção deliberar contrariamente às diretrizes traçadas pela convenção nacional, aquela poderá ser anulada pela instância superior da agremiação (art. 7º, § 2º, da Lei n. 9.504/1997). O prazo para comunicar à Justiça Eleitoral acerca dessa alteração é determinado pelos §§ 1º e 3º do art. 13 da citada lei, a saber:

Art. 13. [...]

---

[15] GOMES, José Jairo. *Direito Eleitoral*. Belo Horizonte: Del Rey, 2010, p. 201.

[16] "Convenção Partidária – Desavenças – Competência da Justiça Comum – Processo Civil – Conflito de Competência – Convenção de Partido Político: Discussão em torno de desavenças surgidas na convenção. 1. Estabeleceu-se como precedente desta Corte o entendimento de que só é competente a Justiça Eleitoral para processar e julgar os feitos relativos a questões eleitorais após iniciado o procedimento eleitoral. 2. Desavenças de pré-candidaturas, no âmbito da convenção partidária, são da competência da Justiça Comum. 3. Conflito conhecido para declarar-se competente o juiz estadual suscitante" (STJ, CC 30.176/MA, 1ª S., rel. Min. Eliana Calmon, *DJ* de 4-2-2002).

§ 1º A escolha do substituto far-se-á na forma estabelecida no estatuto do partido a que pertencer o substituído, e o registro deverá ser requerido até 10 (dez) dias contados do fato ou da notificação do partido da decisão judicial que deu origem à substituição.
[...]
§ 3º Tanto nas eleições majoritárias como nas proporcionais, a substituição só se efetivará se o novo pedido for apresentado até 20 (vinte) dias antes do pleito, exceto em caso de falecimento de candidato, quando a substituição poderá ser efetivada após esse prazo.

Outro **aspecto relevante** é o de que: "O **filiado** a partido político, ainda que **não seja candidato**, possui **legitimidade** e interesse para **impugnar** pedido de registro de **coligação partidária** da qual é **integrante**, em razão de eventuais **irregularidades** havidas **em convenção**", consoante expressamente define a **Súmula 53** do TSE.

É também na convenção eleitoral que se definem os números dos candidatos e os seus nomes na forma em que figurarão nas urnas. E caso de homonímia, o art. 39 da Resolução do TSE n. 23.209/2019 assim dispõe:

Art. 39. Verificada a ocorrência de homonímia, a juíza ou o juiz ou tribunal deve proceder da seguinte forma (Lei n. 9.504/1997, art. 12, § 1º, I a V):

I – havendo dúvida, pode exigir da candidata ou do candidato prova de que é conhecida(o) pela opção de nome indicada no pedido de registro;

II – à candidata ou ao candidato que, até 15 de agosto, estiver exercendo mandato eletivo ou o tenha exercido nos últimos 4 (quatro) anos, ou que se tenha candidatado, nesse mesmo prazo, com o nome que indicou, deve ser deferido o seu uso, ficando outras candidatas ou outros candidatos impedidas(os) de fazer propaganda com esse mesmo nome;

III – deve ser deferido o uso do nome indicado, desde que este identifique a candidata ou o candidato por sua vida política, social ou profissional, ficando as outras candidatas ou os outros candidatos impedidas(os) de fazer propaganda com o mesmo nome;

IV – tratando-se de candidatas ou candidatos cuja homonímia não se resolva pelas regras dos incisos II e III, o órgão julgador deve notificá-las(os) para que, em 2 (dois) dias, cheguem a acordo sobre os respectivos nomes a serem usados;

V – não havendo acordo no caso do inciso IV, a Justiça Eleitoral deve registrar cada candidata ou candidato com o nome e sobrenome constantes do pedido de registro.

Convém ainda **anotar que**, segundo a **Súmula 4** do TSE: "**Não** havendo **preferência** entre candidatos que pretendam o registro da **mesma variação nominal**, defere-se o do que **primeiro** o tenha **requerido**".

Eis, em suma, os itens que devem constar da ata da convenção, consoante estipula o art. 7º da Resolução do TSE n. 23.609/2019, com acréscimos realizados pela Resolução n. 23.675/2021:

Art. 7º A ata da convenção do partido político ou da federação conterá os seguintes dados:

I – local;

II – data e hora;

III – identificação e qualificação de quem presidiu;

IV – deliberação para quais cargos concorrerá;

V – no caso de coligação, seu nome, se já definido, e o nome dos partidos e das federações que a compõem;

VI – da(o) representante da coligação, nos termos do art. 5º desta Resolução, se já indicada(o), ainda que de outro partido ou federação; e

VI-A – da(o) representante da federação, a qual atuará em seu nome nos feitos relativos à eleição proporcional e, em caso de concorrer isoladamente, à eleição majoritária.

VII – relação de candidatas e candidatos escolhidos em convenção, com a indicação do cargo para o qual concorrem, o número atribuído conforme os arts. 14 e 15 desta Resolução, o nome completo, o nome para urna, a inscrição eleitoral, o CPF e o gênero.

Parágrafo único. A convocação ou presidência da convenção por pessoa com direitos políticos suspensos, por si só, não torna inválida a ata ou os atos nela registrados.

A definição dos números dos candidatos é feita com observância do quanto estipulado no art. 14 da Resolução do TSE n. 23.209/2019. Na definição de eventuais conflitos a tal respeito, devem ser observadas as regras estabelecidas pelo art. 15 da citada Resolução, cujo teor é o seguinte:

Art. 15. A identificação numérica referida no artigo anterior será determinada por sorteio, ressalvado:

I – o direito de preferência das candidatas ou dos candidatos que concorrem ao mesmo cargo pelo mesmo partido a manter os números que lhes foram atribuídos na eleição anterior;

II – o direito da pessoa detentora de mandato de senador, deputado federal, estadual, distrital e vereador a fazer uso da prerrogativa indicada no inciso I ou a requerer novo número ao órgão de direção de seu partido político.

Resta dizer, quanto às **convenções eleitorais**, que estas não se **confundem** com as **convenções partidárias**, sendo **ambas espécies** do gênero **convenções políticas**. As convenções partidárias têm previsão na Lei Orgânica dos Partidos Políticos, sendo que o seu art. 51 assegura à agremiação "[...] com estatuto registrado no Tribunal Superior Eleitoral o direito à utilização gratuita de escolas públicas ou Casas Legislativas para a realização de suas reuniões ou convenções, responsabilizando-se pelos danos porventura causados com a realização do evento".

■ 4.4.2. Candidaturas natas

Aos que estivessem exercendo cargos de deputado federal, estadual, distrital ou de vereador, em qualquer período da legislatura em curso, era assegurado o registro de candidatura para o mesmo cargo pelo partido a que estivessem filiados (art. 8º, § 1º, da Lei n. 9.504/1997). Porém, o Supremo Tribunal Federal **considerou atentatório** à Constituição o **dispositivo** que previa a **candidatura** nata de detentores de **mandato**.

Transcreve-se, a seguir, a ementa do julgado:

EMENTA: Direito Constitucional e Eleitoral: Candidatura nata. Da isonomia entre os pré-candidatos. Dos partidos políticos. Ação direta de inconstitucionalidade do § 1º do art. 8º da n. 9.504, de 30 de setembro de 1997, segundo o qual: "§ 1º Aos detentores de mandato de deputado federal, estadual ou distrital, ou de vereador, e aos que tenham exercido esses cargos em qualquer período da legislatura que estiver em curso, é assegurado o registro de candidatura para o mesmo cargo pelo partido a que estejam filiados". Alegação de ofensa aos arts. 5º, *caput*, e 17 da Constituição Federal. Pedido de medida cautelar de suspensão da norma impugnada. Plausibilidade jurídica da ação, reconhecida, por maioria (8 votos *x* 1), sendo 3, com base em ambos os princípios (da isonomia, art. 5º, *caput*, e da autonomia partidária, art. 17) e 5, apenas, com apoio nesta última. *Periculum in mora* também presente. Cautelar deferida (TP, ADI n. 2.530-MC/DF, rel. Min. Sydney Sanches, j. 24-4-2002).

Além disso, segundo a redação dada ao art. 9º da Lei das Eleições pela Lei n. 13.488/2017, como já mencionado anteriormente neste capítulo: "Para concorrer às eleições, o candidato deverá possuir domicílio eleitoral na respectiva circunscrição pelo prazo de seis meses e estar com a filiação deferida pelo partido no mesmo prazo".

Ainda merece destaque neste tópico a posição do Tribunal Superior Eleitoral de estabelecer marcos mais rigorosos para a destituição de comissões partidárias provisórias nas imediações das convenções eleitorais. Veja-se, a tal respeito, o seguinte julgado:

ELEIÇÕES 2020. AGRAVO REGIMENTAL. AGRAVO EM RECURSO ESPECIAL. NEGATIVA DE SEGUIMENTO. MANDADO DE SEGURANÇA. ATO ILEGAL. DESTITUIÇÃO DE COMISSÃO PROVISÓRIA MUNICIPAL. INOBSERVÂNCIA DOS PRINCÍPIOS DO CONTRADITÓRIO E DA AMPLA DEFESA. DESPROVIMENTO. SÍNTESE DO CASO 1. O Tribunal Regional Eleitoral do Ceará concedeu a ordem postulada em mandado de segurança, para declarar a nulidade e cassar o ato coator praticado pelo Presidente do Diretório do Partido Social Cristão (PSC) do Estado do Ceará, que dissolveu a Comissão Provisória do partido no município de São Benedito/CE de forma sumária e sem obedecer aos princípios do contraditório e da ampla defesa, em data próxima às convenções partidárias para o pleito de 2020. 2. Por meio da decisão agravada, neguei seguimento ao agravo em recurso especial, nos termos do art. 36, § 6º, do Regimento Interno do Tribunal Superior Eleitoral. ANÁLISE DO AGRAVO REGIMENTAL 3. O agravante reitera as teses de necessidade de observância do prazo de 180 dias de validade das comissões provisórias partidárias, previsto nos arts. 39 da Res.-TSE 23.571 e 37 do estatuto partidário, bem como a alegada violação ao princípio da autonomia partidária, sem, contudo, infirmar o principal fundamento da decisão agravada, alusivo à afronta aos princípios do contraditório e da ampla defesa, que, por si só, é suficiente para a manutenção desta. Incidência, portanto, do verbete sumular 26 do TSE. 4. O posicionamento do Tribunal de origem está em consonância com a jurisprudência desta Corte Superior, no sentido de que "a destituição de Comissões Provisórias somente se afigura legítima se e somente se atender às diretrizes e aos imperativos normativos, constitucionais e legais, notadamente a observância das garantias fundamentais do contraditório e da ampla defesa" (REspe 123-71, rel. Min. Luiz Fux, *DJe* de 30-11-2017). CONCLUSÃO: Agravo regimental a que se nega provimento (AgR-REspe 060024842, Acórdão, rel. Min. Sergio Silveira Banhos, PSESS – Publicado em Sessão, de 4-12-2020).

4.4.3. Do local das convenções

Para a **realização das convenções**, os partidos políticos **poderão** usar **gratuitamente** prédios públicos, **responsabilizando-se** por danos causados com a realização do evento (art. 8º, § 2º, da Lei n. 9.504/1997). Os partidos políticos deverão comunicar por escrito ao responsável pelo local, com antecedência mínima de 72 horas. Em havendo coincidência de datas, será observada a ordem de protocolo das comunicações (art. 8º, § 5º, da Resolução do TSE n. 23.455/2015).

4.4.4. Convenções eleitorais em meio virtual

O Tribunal Superior Eleitoral respondeu às Consultas 0600460-31, 0600413-57 e 0600479-37, que versam a possibilidade da realização de convenções por meios virtuais. Foram formuladas na Consulta 0600413-57 as seguintes indagações:

a) É possível a realização de convenções partidárias por meios eletrônicos?

b) Se a resposta à questão anterior for positiva, quais seriam os requisitos técnicos mínimos para o sistema a ser utilizado?

c) Após a eventual realização da convenção partidária por meio eletrônico, se ocorrer apenas o envio da ata pela agremiação partidária, devidamente preenchida na forma da lei, à Justiça Eleitoral seria suficiente?

d) Como nas convenções presenciais não se exige reconhecimento de firma ou outra forma de autenticação das assinaturas nas atas das convenções partidárias, poderiam os presidentes (estaduais ou municipais) das agremiações políticas apresentarem as atas das convenções eletrônicas acompanhadas das respectivas listas dos participantes declarando sua autenticidade, sob as penas da lei?

Parecer exarado nos autos da consulta acima por Elaine Carneiro Batista, Assessora-chefe da Assessoria Consultiva do Tribunal Superior Eleitoral, opinou pela resposta positiva ao primeiro item da consulta, deixando claro que "[...] não há óbice, sob o ângulo jurídico, à realização de convenções partidárias de maneira virtual".

No tocante às demais indagações, o parecer foi no sentido de que: "Sejam analisados os demais questionamentos em sede de processo administrativo, dada a relevância da matéria, uma vez que relacionados a aspectos operacionais da eventual utilização de formato virtual para a realização de convenções partidárias nas eleições municipais de 2020, em razão da pandemia gerada pela Covid-19".

Em sessão realizada em 4 de junho de 2020, o Tribunal Superior Eleitoral, por unanimidade, confirmou a possibilidade de os partidos políticos realizarem convenções partidárias por meio virtual para a escolha dos candidatos que disputaram as Eleições 2020.

Por fim, o TSE editou a Resolução n. 23.623, de 30 de junho de 2020, cujo art. 1º tem o seguinte teor:

> **Art. 1º** Os partidos políticos podem realizar convenções partidárias em formato virtual para a escolha de candidatos e formação de coligações majoritárias nas Eleições 2020, ainda que não previstas no estatuto partidário e nas diretrizes publicadas pelo Diretório Nacional até 7 de abril de 2020 (Consultas n. 0600413-57, 0600460-31 e 0600479-37).

Convenção eleitoral é a assembleia geral dos filiados a um partido político ou dos delegados por estes eleitos, no âmbito da circunscrição em que se darão as eleições, visando a composição das listas de candidatos e a definição das coligações a serem celebradas a partir daquele ano, possíveis apenas no que toca aos cargos majoritários. É certo que inexiste obstáculo legal à realização de tais convenções em ambiente virtual. O *caput* do art. 8º da Lei n. 9.504/1997 (Lei das Eleições), já o vimos, nada dispõe sobre o lugar em que as convenções devem ser realizadas, senão com o lapso temporal a ser observado. Segundo o dispositivo: "A escolha dos candidatos pelos partidos e a deliberação sobre coligações deverão ser feitas no período de 20 de julho a 5 de agosto do ano em que se realizarem as eleições [...]".

O § 2º do mesmo art. 8º *autoriza* a utilização de prédios públicos para a reunião dos convencionais, mas em nenhum momento dispõe sobre os demais espaços em que essa reunião deliberativa oficial deve se dar. Tampouco a Resolução n. 23.609, de 18 de dezembro de 2019, a qual: "Dispõe sobre a escolha e o registro de candidatos para as eleições", indica de modo fechado a ambiência a que se deve realizar tal ato. Tem-se, assim, que, excetuando-se a menção à possibilidade do uso de prédio público para a realização do ato, à Lei das Eleições e à resolução específica que cuida da matéria.

Os parágrafos do art. 6º da Resolução n. 23.609/2019 cingem-se a dispor sobre os atos a serem observados quando da opção, pelo partido, do uso de prédios públicos para a realização do evento formal. Nada dispõem quanto ao *lugar* em que se deve realizar a convenção eleitoral.

Passa-se, então, à análise esmiuçada dos diversos aspectos envolvidos pela matéria.

a) Ata da convenção digital e lista de presença

O § 3º do art. 6º da Resolução n. 23.609/2019 estabelece:

Art. 6º [...]

§ 3º A ata e a respectiva lista de presença deverá ser lavrada em livro aberto e rubricado pela Justiça Eleitoral, que poderá *ser requerido para* conferência da veracidade das informações apresentadas.

A ata da convenção, como já foi analisado anteriormente, é o documento que reúne todas a informações legalmente relevantes sobre as medidas e cautelas adotadas durante a efetivação do ato, as quais estão relacionadas no art. 7º da Resolução n. 23.609/2019. No tocante ao local (art. 7º, I, da Resolução n. 23.609/2019), em se tratando de ato levado a efeito *online*, cuida-se de indicar a ferramenta eletrônica adotada.

A lista de participantes deve disponibilizar dados suficientes para que qualquer interessado ou legitimado possa verificar a identidade do convencional e sua vinculação com o partido. Nesse ponto não há maiores dificuldades, pois a manutenção dos arquivos digitais alusivos à convenção *online* permitirá que posteriormente se confirme o comparecimento ou não de alguém em particular.

O sistema a ser utilizado deve, pois, reclamar do convencional que informe, pelo menos, seu nome completo e o número da sua inscrição eleitoral.

A ata da convenção e a lista dos presentes serão inseridas posteriormente no Módulo Externo do Sistema de Candidaturas (CANDex) a fim de que sejam publicadas no sítio do Tribunal Superior Eleitoral, na página de Divulgação de Candidaturas e de Prestação de Contas Eleitorais (DivulgaCandContas) e de que integrem os autos de registro de candidatura (Cf. art. 8º da Lei n. 9.504/1997 e § 4º do art. 6º da Resolução n. 23.609/2019).

b) Forma de deliberação

A convenção, por natureza, é um espaço de deliberação. Aqueles que o estatuto partidário autoriza a dela tomarem parte têm o direito de votar sobre as matérias postas em discussão.

Esse sistema de votação deverá ser auditável. Além disso, o sistema deve admitir a emissão sigilosa do voto, desde que o estatuto partidário assegure aos convencionais o exercício do voto secreto.

c) Inscrição do convencional

É recomendável que o partido mantenha cadastro com os contatos eletrônicos dos seus filiados, de modo a poder enviar a eles *e-mails* ou mensagens instantâneas com orientações sobre a participação e com formulário de inscrição *online*.

Essas providências tornarão possível a formação da lista de participantes composta pelos dados cadastrais de todos os participantes da convenção.

d) Documentação

A convenção eletrônica deve ser acompanhada pela realização de uma videoconferência com propósito definido pelos princípios do processo eleitoral. É por tudo necessário que seja providenciada a gravação em vídeo de todo o ato, registro esse que deve ser conservado até o exaurimento do prazo para as ações eleitorais. Isso para se assegurar aplicabilidade ao § 7º do art. 6º da Resolução n. 23.609/2019, cujo teor é o seguinte:

> **Art. 6º** [...]
> § 7º Os livros de que tratam os §§ 3º e 3º-A deste artigo deverão ser conservados até o término do prazo decadencial para propositura das ações eleitorais, permanecendo a obrigação em caso de ajuizamento de ação que verse sobre a validade do Demonstrativo de Regularidade de Atos Partidários (DRAP) ou outros fatos havidos na convenção partidária. (Redação dada pela Resolução n. 23.675/2021)

A gravação a que se alude acima tem o condão de substituir o livro, isso com uma grande vantagem sobre o sistema convencional. Ficará disponível um documento muito mais fiável e passível de auditoria que um simples livro contendo textos que não necessariamente relatam o que realmente ocorreu no evento partidário.

Convém registrar que o TSE relativizou até mesmo o caráter imperioso da lavratura da ata na forma exata definida pela norma. Eis o posicionamento:

Embora o art. 8º da Lei n. 9.504/97 estabeleça a exigência de que a lavratura de ata de convenção ocorra em livro aberto e rubricado pela Justiça Eleitoral, é possível o deferimento do demonstrativo de regularidade de atos partidários se não for evidenciado nenhum indício de grave irregularidade ou de fraude no caso concreto (Ac. de 18-4-2017 no AgR-AI 23.212, rel. Min. Rosa Weber).

Embora as convenções virtuais tenham nascido em virtude da pandemia do Covid-19, o fato é que elas permanecem válidas e hígidas em nosso processo eleitoral, constituindo um instrumento válido para expandir a participação dos convencionais, eliminando custos e facilitando o fortalecimento da democracia partidária.

4.4.5. Da propaganda nas convenções eleitorais

Trataremos desse tema no item atinente à "Propaganda eleitoral", o qual se encontra mais adiante neste mesmo Capítulo.

4.4.6. Das formas de convenções eleitorais

Segundo Joel José Cândido[17], são três as formas de convenções eleitorais: convenções municipais, regionais e nacionais.

As escolhas dos candidatos para cada um desses cargos guardam idênticas simetrias, processando-se através de: Convenções municipais: para a escolha dos candidatos do partido a Prefeito, Vice-Prefeito e vereadores; Convenções regionais: para a escolha dos candidatos do partido a Governador, Vice-Governador, Senadores, Deputados federais e Deputados estaduais; e Convenções nacionais: para a escolha dos candidatos do partido a presidente e Vice-Presidente da República.

A **convenção municipal** servirá para escolha dos candidatos do partido ao cargo de prefeito, vice-prefeito e vereador. Todos os eleitores do município, regularmente filiados ao partido, podem participar. Essa convenção será realizada pelo diretório municipal ou pela comissão executiva do partido.

As **convenções regionais** servirão para escolha dos candidatos a governador, vice-governador, senador e suplente, deputado federal, deputado estadual e deputado distrital. Participarão os dirigentes regionais do partido, os delegados dos diretórios municipais e, eventualmente, representantes de comissões diretoras municipais provisórias, além dos parlamentares filiados ao partido. Fica a organização a cargo do diretório regional.

As **convenções nacionais** definem os candidatos a presidente da República e seu vice. Podem participar os dirigentes do partido em âmbito nacional, delegados dos diretórios regionais ou representantes dos órgãos regionais provisórios e os parlamentares filiados ao partido. A organização da convenção fica a cargo do diretório nacional.

---

[17] CÂNDIDO, Joel José. *Direito Eleitoral brasileiro*. Bauru: Edipro, 2010, p. 102.

Ao final das **convenções partidárias** restará **redigida e aprovada** a ata da realização da convenção. Trata-se de documento da mais alta relevância para o processo administrativo eleitoral, visto **habilitar o pretendente a mandato eletivo** a ver registrada a sua candidatura junto à Justiça Eleitoral.

■ 4.5. REGISTRO DAS CANDIDATURAS

■ 4.5.1. O registro dos candidatos

A disciplina do registro das candidaturas, conquanto constitua matéria versada no Código Eleitoral, está em grande parte regulada atualmente pelos arts. 10 e seguintes da Lei das Eleições.

A redação do art. 11, *caput*, da Lei das Eleições, determina que o **prazo** de **entrada** em cartório ou na Secretaria do Tribunal do **requerimento de registro** de candidato a cargo eletivo **terminará**, improrrogavelmente, às **19 horas do dia 15 de agosto** do ano em que se realizarem as eleições.

O pressuposto é de que os candidatos preencham todos os requisitos para a candidatura e o demonstrem já por ocasião do protocolo do Requerimento de Registro de Candidatura (RRC). Todavia, resta assente na Lei das Eleições, mais especificamente no § 10 do seu art. 11, que:

> **Art. 11.** [...]
> § 10 As condições de elegibilidade e as causas de inelegibilidade devem ser aferidas no momento da formalização do pedido de registro da candidatura, ressalvadas as alterações, fáticas ou jurídicas, supervenientes ao registro que afastem a inelegibilidade.

A **Súmula 43** do TSE, aliás, **declara** expressamente que: "As **alterações fáticas ou jurídicas** supervenientes ao **registro** que beneficiem o candidato, nos termos da parte final do art. 11, § 10, da Lei n. 9.504/97, também devem ser **admitidas** para as condições de elegibilidade". O verbete foi cunhado com a finalidade de, **ante a redação equívoca** do dispositivo legal, afastar qualquer incompreensão quanto ao fato de a norma também abarcar as **condições de elegibilidade**.

Veja-se que a **Súmula 70** do Tribunal Superior Eleitoral expressamente **declara** que: "O **encerramento do prazo** de inelegibilidade antes do dia da eleição constitui fato superveniente que **afasta a inelegibilidade**, nos termos do art. 11, § 10, da Lei n. 9.504/97".

O § 1º do art. 11 da Lei n. 9.504/1997 elenca todos os documentos que devem acompanhar o pedido de registro de candidatura:

> **Art. 11.** [...]
> § 1º O pedido de registro deve ser instruído com os seguintes documentos:
> I – cópia da ata a que se refere o art. 8º (ata da convenção);
> II – autorização do candidato, por escrito;
> III – prova de filiação partidária;
> IV – declaração de bens, assinada pelo candidato;

V – cópia do título eleitoral ou certidão, fornecida pelo cartório eleitoral, de que o candidato é eleitor na circunscrição ou requereu sua inscrição ou transferência de domicílio no prazo previsto no art. 9º;

VI – certidão de quitação eleitoral;

VII – certidões criminais fornecidas pelos órgãos de distribuição da Justiça Eleitoral, Federal e Estadual;

VIII – fotografia do candidato, nas dimensões estabelecidas em instrução da Justiça Eleitoral, para efeito do disposto no § 1º do art. 59;

IX – propostas defendidas pelo candidato a Prefeito, a Governador de Estado e a Presidente da República.

Vamos discutir, a partir de agora, os mais relevantes entre esses requisitos.

Registre-se, de saída, que diante da falta de apresentação de quaisquer dos documentos exigidos para o registro, deve o juiz eleitoral assinar prazo de 72 horas para o suprimento da falta (§ 3º do art. 11 da Lei das Eleições). Não sendo adotada a providência no prazo assinado, o pedido deve ser indeferido.

Demais disso convém salientar que a Súmula 3 do TSE assim dispõe:

> No processo de registro de candidatos, não tendo o juiz aberto prazo para o suprimento de defeito da instrução do pedido, pode o documento, cuja falta houver motivado o indeferimento, ser juntado com o recurso ordinário.

Em interessante precedente, o Supremo Tribunal Federal já reconheceu que:

> O indeferimento de registro de candidato por deficiência de documentação exigida por lei não implica suspensão de direitos políticos: a titularidade plena dos direitos políticos não o dispensava do registro de sua candidatura por partido ou coligação e esse, da prova documentada dos pressupostos de elegibilidade, entre eles, o pleno exercício dos mesmos direitos políticos (CF, art. 14, § 3º, II): negar o registro por falta de prova oportuna desse pressuposto não equivale obviamente a negar-lhe a realidade, mas apenas a afirmá-la não comprovada (TP, AI n. 231.917/ AgR/SEAg.Reg no AgI, rel. Min. Sepúlveda Pertence, j. 3-12-1998).

Mas convém ter presente que, de acordo com o novo § 13º do art. 11 da LE, introduzido pela Lei n. 12.891, de 11 de dezembro de 2013: "Fica dispensada a apresentação pelo partido, coligação ou candidato de documentos produzidos a partir de informações detidas pela Justiça Eleitoral, entre eles os indicados nos incisos III, V e VI do § 1º deste artigo".

Anote-se que os Tribunais Regionais Eleitorais terão até vinte dias antes da data das eleições para providenciarem o envio, ao Tribunal Superior Eleitoral, para fins de centralização e divulgação de dados, da lista dos candidatos às eleições majoritárias e proporcionais, da qual constará obrigatoriamente a referência ao sexo e ao cargo a que concorrem.

Por fim, quanto a esse ponto, a **Súmula 51** do TSE define que: "O **processo de registro de candidatura** não é o **meio** adequado para se **afastarem** os eventuais **vícios** apurados no processo de **prestação de contas** de campanha ou partidárias".

4.5.2. Publicidade da documentação

Merece registro que uma das maiores novidades introduzidas pela reforma da legislação eleitoral de 2009 – a que deu origem à Lei n. 12.034 –, foi a encontrada no § 6º acrescentado ao art. 11 da Lei das Eleições. Diz o dispositivo: "A Justiça Eleitoral possibilitará aos interessados acesso aos documentos apresentados para os fins do disposto no § 1º".

O escopo da alteração normativa foi exatamente o de – dando concreção ao princípio constitucional da publicidade (art. 37 da CF) – determinar à Justiça Eleitoral a criação de mecanismos de fácil consulta aos pedidos de registro de candidatura e a todos os documentos que os instruem. Quando a lei fala em "interessados", refere-se à multidão dos admitidos ao cadastro eleitoral, cuja opção eleitoral pode depender, por exemplo, do conhecimento do teor da declaração de bens e das certidões criminais do candidato. Daí que descabe à Justiça Eleitoral aquilatar a razão pela qual o eleitor busca acesso a essas informações. O interesse cívico, em tal matéria, é facilmente presumível.

O Tribunal Superior Eleitoral disponibilizou o Sistema de Divulgação de Candidaturas – DivulgaCandContas[18] –, que permite a fácil consulta, por meio da internet, dos pedidos de registro referentes a cada candidato.

4.5.3. Filiação

O art. 14, § 3º, V, da CF inclui a filiação a partido político entre as condições de elegibilidade. Trata-se de circunstância da qual decorre a conclusão de que não vivemos sob uma democracia representativa clássica, ou liberal, originariamente marcada por candidaturas individuais. O desenho institucional adotado pela Constituição de 1988 apresenta o Brasil como uma democracia representativa partidária, em que os partidos são tidos como mediadores indispensáveis aos quantos pretendem alcançar a condição de representante[19].

Não é sem motivos essa opção constitucional. No dizer de Fávila Ribeiro[20]:

> O primeiro objetivo do partido, que nunca ficará exaurido, é o de angariar o seu corpo permanente de filiados, motivando-os a nele permanecerem e por ele porfiarem, através de aconchegante clima participativo, compartilhando de seus processos deliberativos, tecendo-se, assim, consistentes relações de identidade política e solidariedade.

Por isso mesmo, o art. 11, § 1º, III, da Lei das Eleições inclui a prova da filiação partidária entre os documentos de apresentação obrigatória quando da formulação do

---

[18] Disponível em: https://divulgacandcontas.tse.jus.br/divulga/#/. Acesso em: 9 jan. 2023.
[19] Esses foram os principais fundamentos que levaram o Tribunal Superior Eleitoral e, posteriormente, o Supremo Tribunal Federal a reconhecerem a impossibilidade de, sem justa causa, deixar o mandatário o partido pelo qual foi eleito.
[20] RIBEIRO, Fávila. *Direito Eleitoral*. 5. ed. Rio de Janeiro: Forense, 1998, p. 370.

pedido de registro de candidatura. Segundo o art. 9º da Lei das Eleições, com redação definida pela Lei n. 13.488/2017, o candidato deverá estar com a filiação deferida pelo partido no mínimo seis meses antes da data da eleição. Somente podem concorrer às eleições candidatos registrados por partidos, não sendo permitido registro de candidato, mesmo que para cargos diferentes, por mais de uma circunscrição ou para mais de um cargo na mesma circunscrição (art. 88 do CE).

Os partidos devem, necessariamente, possuir diretório devidamente registrado na circunscrição em que se realizar a eleição (art. 90 do CE). Convém registrar que o § 1º do art. 17 da CF assegura aos partidos autonomia para promover a "escolha, formação e duração de seus órgãos permanentes e provisórios".

Entretanto, o TSE firmou o entendimento – que manteve mesmo após a mudança do texto da Lei Fundamental pela EC n. 17/2017 – segundo o qual deve ser observado prazo de validade de 180 dias para as comissões provisórias. Merece transcrição o seguinte excerto:

> O Ministro Sérgio Banhos, relator, ressaltou que, não obstante a Emenda Constitucional n. 97/2017 – que alterou o art. 17, § 1º, da Constituição da República – tenha assegurado às agremiações autonomia quanto à formação e à duração de seus órgãos permanentes e provisórios, este Tribunal já conferiu interpretação sistemática ao dispositivo, para consagrar o regime democrático no âmbito partidário. Lembrou, na ocasião, o entendimento de que a leitura do referido parágrafo não pode estar dissociada do disposto no *caput*, que afirma a liberdade dos partidos políticos "resguardados a soberania nacional, o regime democrático, o pluripartidarismo, os direitos fundamentais da pessoa humana". Na mesma linha intelectiva, o relator afastou a literalidade do art. 3º, § 3º, da referida Lei dos Partidos Políticos, o qual prevê duração de até oito anos para os órgãos partidários provisórios, ao entender que o dispositivo ofende os princípios constitucionais, especialmente o do regime democrático. Nessa senda, determinou a adequação do estatuto partidário ao que dispõe o art. 39 da Res.-TSE n. 23.571/2018, de modo que seja observado o prazo de validade de 180 dias das comissões provisórias. Petição n. 18, Brasília/DF, rel. Min. Sérgio Banhos, j. 5-9-2019.

É o entendimento que segue em vigor na mais alta Corte Eleitoral.

4.5.4. Declaração de bens

Dentre os documentos de apresentação obrigatória à Justiça Eleitoral está a declaração de bens. O objetivo da norma está atrelado à ideia de controle social da política, ou de *accountability*. Deseja-se com isso que o eleitor conheça o patrimônio do candidato e possa acompanhar a sua evolução em caso de vitória eleitoral, além de se prestar à verificação de eventual abuso do poder econômico durante as eleições.

O oferecimento de declaração falsa de bens no momento do registro de candidatura pode configurar, em tese, o delito de *falsidade ideológica eleitoral*, tipificado no art. 350 do CE. Entretanto, o Tribunal Superior Eleitoral firmou entendimento segundo o qual:

Para que a conduta amolde-se ao art. 350 do Código Eleitoral, é necessário comprovar o elemento subjetivo, ou seja, que a omissão foi dolosa e teve a finalidade específica de alterar a verdade sobre fato relevante para fins eleitorais (AgI n. 65.548, Acórdão, rel. Min. Edson Fachin, *DJe* de 7-2-2020).

4.5.5. Quitação de débitos eleitorais

No que pertine à certidão de quitação eleitoral, seu teor está definido pelo § 7º acrescentado ao art. 11 da Lei das Eleições pela Lei n. 12.034/2009:

> **Art. 11.** [...]
> § 7º A certidão de quitação eleitoral abrangerá exclusivamente a plenitude do gozo dos direitos políticos, o regular exercício do voto, o atendimento a convocações da Justiça Eleitoral para auxiliar os trabalhos relativos ao pleito, a inexistência de multas aplicadas, em caráter definitivo, pela Justiça Eleitoral e não remitidas, e a apresentação de contas de campanha eleitoral.

A lei estipula, *numerus clausus*, todo o rol dos impedimentos que podem afetar a obtenção da certidão de quitação eleitoral.

Falaremos em momento posterior desta obra sobre o *pleno exercício dos direitos políticos*. A abstenção eleitoral, a recusa a oficiar como mesário, apesar de designado pela Justiça Eleitoral, e o não pagamento ou ausência de parcelamento de multas fixadas por essa instituição também acarretam a negativa da certidão.

Resta falar quanto às **hipóteses** relativas à prestação de contas de campanha. A Justiça Eleitoral deve conceder a **quitação eleitoral** aos candidatos que tiveram previamente **contas** de campanha **rejeitadas**, devendo **negá-la**, contudo, aos que **não** as **apresentaram** no tempo devido.

De conformidade com o que preceitua o art. 80, I, da Resolução n. 23.607/2019, "a **decisão que julgar as contas** eleitorais como **não prestadas** acarreta à candidata ou ao candidato, o **impedimento** de obter a **certidão de quitação** eleitoral até o fim da legislatura, persistindo os efeitos da restrição após esse período **até** a efetiva **apresentação das contas**".

Esse, aliás, é também o sentido da **Súmula 42** do TSE: "A decisão que julga não prestadas as contas de campanha impede o candidato de obter a certidão de quitação eleitoral durante o curso do mandato ao qual concorreu, persistindo esses efeitos, após esse período, até a efetiva apresentação das contas".

Outra **Súmula**, a de número **57**, conclui que: "A **apresentação das contas** de campanha é **suficiente** para a obtenção da **quitação eleitoral**, nos termos da nova redação conferida ao art. 11, § 7º, da Lei n. 9.504/97, pela Lei n. 12.034/2009".

Edson de Resende Castro nos ensina a seguinte lição a respeito do tema:

> Fácil perceber, então, que a apresentação das contas de campanha à Justiça Eleitoral, para levar o candidato à quitação eleitoral, deverá ser devidamente instruída com todas as informações e todos os documentos exigidos pelo TSE, capazes de demonstrar a real movimentação dos recursos da campanha e proporcionar à Justiça Eleitoral efetivas

condições de exercer a fiscalização. Contas apresentadas apenas formalmente, sem o conteúdo mínimo necessário, não devem ser rejeitadas, mas, antes, julgadas não prestadas, pois sequer terão seu mérito avaliado, exatamente pela ausência de conteúdo satisfatório[21].

Já no que toca ao **pagamento das multas** eleitorais, a **Súmula 40** do Tribunal Superior Eleitoral estabelece que: "O **pagamento** da multa eleitoral pelo candidato ou a comprovação do cumprimento regular de seu **parcelamento** após o **pedido de registro**, mas **antes do julgamento** respectivo, **afasta** a ausência de quitação eleitoral".

Mas há **outro meio** pelo qual se pode obter a quitação do débito eleitoral consistente no não pagamento da multa. Trata-se da **prescrição**, esta prevista na **Súmula 56** do TSE: "A multa eleitoral constitui dívida ativa de natureza não tributária, submetendo-se ao **prazo prescricional de 10 (dez) anos**, nos moldes do art. 205 do Código Civil".

Ainda **analisando as Súmulas** do Tribunal Superior Eleitoral, **a de número 63** define que: "A **execução fiscal** de multa eleitoral só pode **atingir** os sócios se preenchidos os requisitos para a **desconsideração da personalidade jurídica** previstos no art. 50 do Código Civil, tendo em vista a **natureza não tributária da dívida**, observados, ainda, o contraditório e a ampla defesa".

Consequências da decisão que julgar as contas eleitorais como não prestadas	
I – à candidata ou ao candidato,	o impedimento de obter a certidão de quitação eleitoral até o fim da legislatura, persistindo os efeitos da restrição após esse período até a efetiva apresentação das contas;
II – ao partido político:	a) a perda do direito ao recebimento da quota do Fundo Partidário, do Fundo Especial de Financiamento de Campanha, e
	b) a suspensão do registro ou anotação do órgão partidário, após decisão, com trânsito em julgado, precedida de processo regular que assegure ampla defesa.

■ 4.5.6. Certidões de objeto e pé

Quanto às certidões criminais fornecidas pelos órgãos de distribuição da Justiça Eleitoral, Federal e Estadual, entende-se que devem ser do tipo "objeto e pé", ou seja, devem mencionar as eventuais pendências judiciais e o estado em que se encontram, desde que, claro, sejam positivas.

■ 4.5.7. Propostas dos candidatos a mandatos no Executivo

O § 1º, IX, do art. 11 da Lei das Eleições exige ainda a apresentação das propostas defendidas pelo candidato a prefeito, a governador e a presidente da República.

---

[21] CASTRO, Edson de Resende. *Curso de Direito Eleitoral*. Belo Horizonte: Del Rey, 2022. *E-book Kindle*.

A medida adotada pelo legislador (o acréscimo veio com a Lei n. 12.043/2009) significa um reconhecimento de que as eleições precisam ser aprimoradas desde uma perspectiva programática. A Justiça Eleitoral não poderá aferir a qualidade das propostas apresentadas, por óbvio. Mas deverá negar registro ao candidato que, instado a fazê-lo, não supra tempestivamente a eventual falta na apresentação de tais propostas junto com o pedido de registro de candidatura.

■ 4.5.8. Competência para o registro

Os pedidos de registro de candidatura serão formulados (art. 89 do CE):

Art. 89. [...]
I – no Tribunal Superior Eleitoral os candidatos a presidente e vice-presidente da República;
II – nos Tribunais Regionais Eleitorais os candidatos a senador, deputado federal, governador e vice-governador e deputado estadual;
III – nos Juízos Eleitorais os candidatos a vereador, prefeito e vice-prefeito e juiz de paz.

Em conformidade com o que dita o art. 91 do CE: "O registro de candidatos a presidente e vice-presidente, governador e vice-governador, ou prefeito e vice-prefeito, far-se-á sempre em chapa única e indivisível, ainda que resulte a indicação de aliança de partidos".

■ 4.5.9. O registro das chapas

O art. 91 do CE determina que o registro dos candidatos para os cargos de prefeitos e vices, governadores e vice, senadores e suplentes, mesmo que resulte de indicação de aliança partidária, seja realizado em uma única chapa, considerada *una e indivisível*.

Em 2021 foi acrescentado um § 3º ao art. 91 pela Lei n. 14.211, cujo texto deixa certo que: "É facultado aos partidos políticos celebrar coligações no registro de candidatos às eleições majoritárias".

■ 4.5.10. Definição dos candidatos a serem registrados por partido

Para chegarmos à quantidade de concorrentes admitidos a registro, temos que tomar por base a quantidade de vagas disponíveis. Para isso, consideraremos em separado os diversos cargos eletivos.

■ *4.5.10.1. Para o cargo de vereador*

O art. 29, IV, da CF, alterado pela Emenda Constitucional n. 58/2009, estabelece a quantidade de cadeiras disponíveis para a Câmara Municipal, tendo em conta o número de habitantes do município, este apurado segundo dados do Instituto Brasileiro de Geografia e Estatística (IBGE). A quantidade mínima de vereadores é 9 e o máximo é 55, respeitando a seguinte regra:

N. DE VEREADORES	N. DE HABITANTES NOS MUNICÍPIOS
9	até 15 mil
11	acima de 15 mil até 30 mil
13	acima de 30 mil até 50 mil
15	acima de 50 mil até 80 mil
17	acima de 80 mil 120 mil
19	acima de 120 mil até 160 mil
21	acima de 160 mil até 300 mil
23	acima de 300 mil até 450 mil
25	acima de 450 mil até 600 mil
27	acima de 600 mil até 750 mil
29	acima de 750 mil até 900 mil
31	acima de 900 mil até 1,050 milhão
33	acima de 1,050 milhão até 1,2 milhão
35	acima de 1,2 milhão até 1,350 milhão
37	acima de 1,350 milhão até 1,5 milhão
39	acima de 1,5 milhão até 1,8 milhão
41	acima de 1,8 milhão até 2,4 milhões
43	acima de 2,4 milhões até 3 milhões
45	acima de 3 milhões até 4 milhões
47	acima de 4 milhões até 5 milhões
49	acima de 5 milhões até 6 milhões
51	acima de 6 milhões até 7 milhões
53	acima de 7 milhões até 8 milhões
55	acima de 8 milhões

■ **4.5.10.2. Quantidade de candidatos por vaga**

A Lei n. 9.504/1997, em seu art. 10, com a nova redação que lhe foi conferida pela Lei 14.211/2021, estipula que a lista de candidatos apresentada por partido político corresponda, no máximo, ao total de até 100% (cem por cento) do número de lugares a preencher, seja para a Câmara dos Deputados, Câmara Legislativa, as Assembleias Legislativas e as Câmaras Municipais, mais 1 (um), ou seja, são indicados candidatos em número equivalente a cem por cento do número de vagas a serem preenchidas mais um. Exemplificando: se a cidade conta com 8 mil eleitores, segundo a Constituição Federal, a quantidade de vagas na Câmara de Vereadores será de 9 (art. 29, IV, *a*). Sendo possível acrescer mais um, poderá o partido lançar 10 candidatos.

■ **4.5.10.3. Representação proporcional**
■ **4.5.10.3.1. Inovação legal**

Sobre a representação política, temos que o nosso modelo parlamentar baseia-se em um sistema proporcional com votação uninominal. A exceção fica por conta do Senado, cuja composição é feita por meio de votos também uninominais, mas apurados segundo o critério majoritário. Na votação proporcional preponderam, na definição dos eleitos, as complexas regras contidas nos arts. 106 a 108 do Código Eleitoral. Transcreve-se:

> **Art. 106.** Determina-se o quociente eleitoral dividindo-se o número de votos válidos apurados pelo de lugares a preencher em cada circunscrição eleitoral, desprezada a fração se igual ou inferior a meio, equivalente a um, se superior.
> **Art. 107.** Determina-se para cada partido o quociente partidário dividindo-se pelo quociente eleitoral o número de votos válidos dados sob a mesma legenda, desprezada a fração.
> **Art. 108.** Estarão eleitos, entre os candidatos registrados por um partido que tenham obtido votos em número igual ou superior a 10% (dez por cento) do quociente eleitoral, tantos quantos o respectivo quociente partidário indicar, na ordem da votação nominal que cada um tenha recebido.
> Parágrafo único. Os lugares não preenchidos em razão da exigência de votação nominal mínima a que se refere o *caput* serão distribuídos de acordo com as regras do art. 109.

Os arts 107 e 108 tiveram redação definida pela Lei n. 14.211/2021.

Esta era a redação anterior do art. 108 do CE: "Art. 108. Estarão eleitos tantos candidatos registrados por um Partido ou coligação quantos o respectivo quociente partidário indicar, na ordem da votação nominal que cada um tenha recebido".

Percebe-se, desde logo, que a nova redação conferida ao dispositivo tem por meta negar acesso aos mandatos candidatos que, a critério do legislador, receberam votação amiudada. Com efeito, incomoda ao desconhecedor dos princípios que informam a representação proporcional que candidatos possam ser eleitos com votação menor que outros que não conquistaram mandato. Para atingir o escopo de evitar a eleição de candidatos que alcançaram votação diminuta, o legislador tratou de excluir aqueles que não "tenham obtido votos em número igual ou superior a 10% (dez por cento) do quociente eleitoral". A norma, para alguns, contém de forma ostensiva a mácula da inconstitucionalidade. Isso ocorre em virtude do malferimento ao princípio da representação proporcional, a seguir estudado. Entretanto, o Ministro Dias Toffoli, relatando a ADI n. 5.420/DF, negou pedido da Procuradoria Geral da República no sentido de suspender a eficácia do aludido dispositivo.

Para tanto afirmou o relator:

> [...] a alteração legislativa mais se aproxima de uma tentativa de equilíbrio entre essas variáveis do sistema proporcional, na medida em que, nitidamente, visou impedir o "arrastamento" de candidatos com votação inexpressiva às cadeiras legislativas (e que, caso eleitos, não refletiriam a vontade popular registrada em urna), tão somente em função do quociente partidário obtido pela legenda.

Competirá ao Plenário do Supremo Tribunal Federal emitir pronunciamento final sobre o caso.

■ *4.5.10.3.2. O significado jurídico-político das eleições proporcionais*

Dispõe o art. 45 da Constituição Federal que: "A Câmara dos Deputados compõe-se de representantes do povo, eleitos, pelo sistema proporcional, em cada Estado, em cada Território e no Distrito Federal". Temos, pois, que as cadeiras parlamentares da Câmara dos Deputados devem ser compostas segundo o critério proporcional. Pelo princípio da simetria, ele se aplica igualmente às Assembleias Legislativas, à Câmara Distrital e às Câmaras de Vereadores. Em todas as expressões do Parlamento brasileiro, em todos os níveis da Federação. Exceção à aplicação desse princípio na composição do Parlamento se dá na eleição para os membros do Senado da República, que se opera segundo o critério majoritário[22].

O **critério** (ou sistema) **proporcional** tem por premissa a **representação** política das diversas correntes de **pensamento político presentes na sociedade**, observada a relevância conquistada por cada uma delas no tecido social. Por seu intermédio, busca-se assegurar a presença no Parlamento de todas as expressões partidárias dotadas de algum nível de legitimidade, na proporção do apoio conquistado por cada uma delas entre os cidadãos.

Contrapõe-se o sistema proporcional ao majoritário no ponto em que este objetiva a seleção de líderes personalizados, enquanto aquele tem por base o reconhecimento da importância de linhas programáticas coletivamente representadas pelos diferentes partidos políticos.

É providencial, a respeito, a expressão do cientista político Jairo Nicolau[23]:

> A fórmula proporcional tem duas preocupações fundamentais: assegurar que a diversidade de opiniões de uma sociedade esteja refletida no Legislativo e garantir uma correspondência entre os votos recebidos pelos partidos e sua representação. A principal virtude da representação proporcional, segundo seus defensores, estaria em sua capacidade de espelhar no Legislativo todas as preferências e opiniões relevantes existentes na sociedade. O inspirador nessa concepção foi o líder político francês Mirabeau, que, durante a Constituinte de Provença, em 1789, defendeu que a função do Parlamento era refletir o mais fielmente possível as feições do eleitorado, tal como um mapa reproduz em miniatura os diferentes traços geográficos de um território.

A representação proporcional se assenta, pois, nos partidos políticos, não nos indivíduos. Ao critério majoritário não importa assegurar que todas as linhas do pensamento político se façam presentes no Parlamento. Menos ainda que isso se dê em dimensão correspondente ao grau de acolhimento dessas linhas entre o colégio de eleitores. Trata-se de selecionar líderes individuais, tendo-se por base o protagonismo pessoal por estes conquistado em suas circunscrições eleitorais.

No sistema proporcional, todavia, nega-se primazia à liderança personificada para dar lugar à expressão política dos partidos.

---

[22] A tal respeito, dispõe o art. 46 da CF que: "O Senado Federal compõe-se de representantes dos estados e do Distrito Federal, eleitos segundo o princípio majoritário".

[23] NICOLAU, Jairo M. *Sistemas eleitorais*. 5. ed. Rio de Janeiro: FGV, 2004, p. 37.

Como preleciona Pinto Ferreira[24]:

> [...] a representação proporcional é um sistema através do qual se assegura aos diferentes partidos políticos no Parlamento uma representação correspondente à força numérica de cada um. Ela objetiva assim fazer do Parlamento um espelho tão fiel quanto possível do colorido partidário nacional.

E segue o notável jurista:

> Dificilmente pode negar-se o valor da representação proporcional. Ela busca tanto quanto possível fazer do Parlamento um sistema fiel da opinião pública partidária. Através dela se assegura a representação das minorias, e não somente o controle desbragado das maiorias espezinhando as minorias públicas. É de aceitar-se como razoável a ideia de representação das minorias, garantida através da representação proporcional[25].

O **sistema proporcional** tem, pois, também o **mérito de assegurar** às **diferentes linhas partidárias** que contem com a legitimidade do voto assento no **debate parlamentar**. Os partidos têm realmente a sua importância exaltada pelo texto constitucional. Segundo Lourival Serejo: "Mesmo tendo personalidade jurídica de direito privado, os partidos políticos não perderam sua vocação publicística, como peças fundamentais para o funcionamento da democracia e afirmação da República"[26].

Essa concessão de particular relevância constitucional aos partidos políticos tem uma razão de ser. Em virtude de sua atuação coletiva, os partidos são capazes de congregar diversos segmentos sociais, funcionando como correia de transmissão entre as correntes de pensamento e o funcionamento das Casas Parlamentares. Os partidos são os meios pelos quais são veiculadas as diversas aspirações da sociedade, o que expande e potencializa a capacidade de vocalização das demandas sociais.

O foco da representação proporcional é, pois, o partido, não o indivíduo. E foi por essa representação coletiva das inclinações políticas que inequivocamente optou a vigente ordem constitucional[27].

■ 4.5.10.3.3. *As candidaturas coletivas (candidaturas promovidas coletivamente)*

A experiência das candidaturas coletivas nasceu da mobilização de **grupos** que militam em torno de temas sociais, como a defesa da democracia, da participação popular nos assuntos do governo, do meio ambiente ou da igualdade de gênero, por exemplo.

---

[24] FERREIRA, Pinto. *Manual prático de Direito Eleitoral*. São Paulo: Saraiva, 1973, p. 144-145.
[25] FERREIRA, Pinto. *Manual prático de Direito Eleitoral*. São Paulo: Saraiva, 1973, p. 148-149.
[26] SEREJO, Lourival. *Programa de Direito Eleitoral*. Belo Horizonte: Del Rey, 2006. p. 58.
[27] A liderança política centrada nas lideranças individuais, nota distintiva do critério majoritário, não foi acolhida para a seleção dos representantes do povo no Parlamento. Nem o Senado representa uma exceção a essa regra, já que por seu intermédio se promove a representação dos Estados, não do povo, no Congresso Nacional.

Embora a expressão "candidaturas coletivas" se refira à pluralidade de membros de uma campanha eleitoral, ela de fato constitui uma estratégia de disputa de um único mandato. Ao fim e ao cabo, **um dos integrantes do grupo** – e só um deles – deverá ser devidamente registrado como candidato para que possa validamente participar da disputa, ainda que carregue no seu nome de urna a referência à denominação do coletivo. Trata-se, na verdade, da promoção coletiva de candidatura.

A estratégia consiste em dar voz política a todos os membros da equipe durante a campanha e durante o mandato eventualmente conquistado, embora tecnicamente apenas um deles figure como candidato e, se eleito, exercerá pessoal e indelegavelmente o mandato.

A Resolução do TSE n. 23.675/2021 fez incluir na Resolução do TSE n. 23.609/19 os §§ 2º a 4º no art. 25 para regulamentar a forma como deve constar da urna eletrônica a denominação de uma candidatura coletiva, o que fez nos seguintes termos:

> **Art. 25.** [...]
> § 2º No caso de candidaturas promovidas coletivamente, a candidata ou o candidato poderá, na composição de seu nome para a urna, apor ao nome pelo qual se identifica individualmente a designação do grupo ou coletivo social que apoia sua candidatura, respeitado o limite máximo de caracteres.
> § 3º É vedado o registro de nome de urna contendo apenas a designação do respectivo grupo ou coletivo social.
> § 4º Não constitui dúvida quanto à identidade da candidata ou do candidato a menção feita, em seu nome para urna, a projeto coletivo de que faça parte.

Como se pode observar, trata-se na prática do registro de uma candidatura individual, que todavia se apresenta coletivamente para a defesa de propósitos políticos comuns. Isso implica afirmar que apenas em relação ao candidato ou candidata serão verificados os requisitos para a elegibilidade, não se dizendo o mesmo quanto a nenhum dos demais integrantes, que por isso não precisarão ser sequer filiados a partido político.

As eleições de 2022 foram as primeiras em que houve essa previsão por parte das resoluções baixadas pelo Tribunal Superior Eleitoral, sendo o tema ainda uma grande novidade no estudo do Direito Eleitoral. Apesar disso, é certo afirmar que o TSE reconheceu, admitiu como válida e lícita a promoção coletiva de candidaturas.

■ 4.5.10.3.4. *A distribuição das sobras*

De acordo com o novo art. 109 do Código Eleitoral (conferido pela Lei n. 14.211/2021), os lugares não preenchidos com a aplicação dos quocientes partidários e em razão da exigência de votação nominal mínima a que se refere o art. 108 serão distribuídos de acordo com as seguintes regras:

> **Art. 109.** [...]
> I – dividir-se-á o número de votos válidos atribuídos a cada partido pelo número de lugares por ele obtido mais 1 (um), cabendo ao partido que apresentar a maior média um

dos lugares a preencher, desde que tenha candidato que atenda à exigência de votação nominal mínima;

II – repetir-se-á a operação para cada um dos lugares a preencher;

III – quando não houver mais partidos com candidatos que atendam às duas exigências do inciso I deste *caput*, as cadeiras serão distribuídas aos partidos que apresentarem as maiores médias.

§ 1º O preenchimento dos lugares com que cada partido for contemplado far-se-á segundo a ordem de votação recebida por seus candidatos.

§ 2º Poderão concorrer à distribuição dos lugares todos os partidos que participaram do pleito, desde que tenham obtido pelo menos 80% (oitenta por cento) do quociente eleitoral, e os candidatos que tenham obtido votos em número igual ou superior a 20% (vinte por cento) desse quociente.

Essa é a **grande novidade** no que toca à **distribuição das sobras**: a possibilidade da **participação** de partidos que não tenham alcançado o **quociente eleitoral**. Para tanto **faz-se necessário** que o **alcance** de pelo menos **80%** do quociente eleitoral e que a agremiação tenha pelo **menos um candidato** que tenha obtido votos em número igual ou superior a **20%** desse quociente.

■ 4.5.10.3.5. *Eleições para vereador*

No caso dos vereadores, será demonstrado como se deve proceder ao cálculo do quociente eleitoral. Para favorecer a plena compreensão da matéria, apresentamos a seguir uma didática sobre o método de aferição dos eleitos segundo os critérios definidos pelos dispositivos anteriormente citados.

Exemplo: divisão de 17 cadeiras no município onde votaram 50.037 eleitores.

1ª operação: determinar o nº de votos válidos, deduzindo do comparecimento os votos nulos e os em branco (art. 106, parágrafo único, do CE e art. 5º da Lei n. 9.504/1997).						
Comparecimento 50.037	–	Votos em branco: 883	–	Votos nulos: 2.832	=	Votos válidos: 46.322

2ª operação: determinar o quociente eleitoral, dividindo-se os votos válidos pelos lugares a preencher (art. 106 do CE). Despreza-se a fração, se igual ou inferior a 0,5, arredondando-a para 1, se superior.						
Votos válidos 46.322	÷	nº de cadeiras 17	=	2.724,8	=	Quociente eleitoral 2.725

3ª operação: determinar os quocientes partidários, dividindo-se a votação de cada partido (votos nominais + legenda) pelo quociente eleitoral (art. 107 do CE). Despreza-se a fração, qualquer que seja.			
Partidos	Votação	Quociente Eleitoral	Quociente Partidário
A	15.992	÷ 2.725 = 5,8	= 5
B	12.811	÷ 2.725 = 4,7	= 4
C	7.025	÷ 2.725 = 2,5	= 2

D	6.144	÷ 2.725 = 2,2	= 2
E	2.237	÷ 2.725 = 0,8	= 0 *
F	2.113	÷ 2.725 = 0,7	= 0 *
			Total = 13 (sobram 4 vagas a distribuir)

* Os partidos E e F, que não alcançaram o quociente eleitoral, concorrem à distribuição de lugares restantes (sobras) desde que tenham conquistado pelos menos 80% do QE e tenham candidatos que alcançaram não menos que 20% desse quociente.

No caso, apenas o partido E pode concorrer à distribuição de lugares restantes (sobras), pois superou os 80% do QE. Já o partido F não poderá concorrer, pois não alcançou os 80% do QE.

4ª operação: distribuição das sobras de lugares não preenchidos pelo quociente partidário. Dividir a votação de cada partido pelo número de lugares por ele obtidos + 1 (art.109, I, do CE). Ao partido que alcançar a maior média, atribui-se a 1ª sobra.

Partidos	Votação	Lugares +1 ÷	Médias	
A	15.992	÷ 6 (5+1)	= 2.665,3	(maior média 1ª sobra)
B	12.811	÷ 5 (4+1)	= 2.562,2	
C	7.025	÷ 3 (2+1)	= 2.341,6	
D	6.144	÷ 3 (2+1)	= 2.048,0	
E	2.237	÷ 0 (0+1)	= 2.237	

5ª operação: Como há outra sobra, repete-se a divisão. Agora, o partido A, beneficiado com a 1ª sobra, já conta com 6 lugares, aumentando o divisor para 7 (6+1) (art. 109, II, do CE).

Partidos	Votação	Lugares +1	Médias	
A	15.992	÷ 7 (6+1)	= 2.284,5	
B	12.811	÷ 5 (4+1)	= 2.562,2	(maior média 2ª sobra)
C	7.025	÷ 3 (2+1)	= 2.341,6	
D	6.144	÷ 3 (2+1)	= 2.048,0	
E	2.237	÷ 0 (0+1)	= 2.237	

6ª operação: Como há outra sobra, repete-se a divisão. Agora, o partido B, beneficiado com a 2ª sobra, já conta com 5 lugares, aumentando o divisor para 6 (5+1) (art. 109, II, do CE).

Partidos	Votação	Lugares +1	Médias	
A	15.992	÷ 7 (6+1)	= 2.284,5	
B	12.811	÷ 6 (5+1)	= 2.135,1	
C	7.025	÷ 3 (2+1)	= 2.341,6	(maior média 3ª sobra)
D	6.144	÷ 3 (2+1)	= 2.048,0	
E	2.237	÷ 0 (0+1)	= 2.237	

7ª operação: Como há outra sobra, repete-se a divisão. Agora, o partido C, beneficiado com a 3ª sobra, já conta com 3 lugares, aumentando o divisor para 4 (3+1) (art. 109, II, do CE).				
Partidos	Votação	Lugares +1	Médias	
A	15.992	÷ 7 (6+1)	= 2.284,5	(maior média 4ª sobra)
B	12.811	÷ 6 (5+1)	= 2.135,1	
C	7.025	÷ 4 (3+1)	= 1.756,2	
D	6.144	÷ 3 (2+1)	= 2.048,0	
E	2.237	÷ 0 (0+1)	= 2.237	

Observação:

No exemplo acima, a 7ª operação eliminou a última sobra. Nos casos em que o número de sobras persistir, prosseguem-se os cálculos até que todas as vagas sejam distribuídas.

PARTIDOS	NÚMERO DE CADEIRAS OBTIDAS		
	Pelo quociente partidário	Pelas sobras	Total
A	5	2	7
B	4	1	5
C	2	1	3
D	2	0	2
E	0	0	0
TOTAL	13	4	17

Também se considerou que, na hipótese, todos os candidatos obtiveram mais de 273 votos, correspondentes a 10% do Quociente Eleitoral na distribuição das vagas por Quociente Partidário e mais que 545 votos, correspondentes a 20% do Quociente Eleitoral na distribuição das vagas por Média.

Vale lembrar que a regra da votação mínima exigida não se aplica à definição da ordem dos suplentes quando assumirem as vagas (art. 112, parágrafo único, do CE, com redação conferida pela Lei n. 13.165/2015).

■ 4.5.10.3.6. Quantidade de candidatos a deputado estadual

Antes de adentrarmos no campo de quantos candidatos podem concorrer, temos que verificar quantas são as cadeiras disponíveis na Assembleia Legislativa. Para se aferir a quantidade de vagas na Assembleia, os passos a serem seguidos são:

> **Primeiro passo: estados com até 12 deputados federais.**
>
> Inicialmente, deve-se aferir a quantidade de deputados federais para o respectivo estado.
>
> Estados com até 12 deputados federais, podem ter até o triplo de cadeiras na Assembleia Legislativa (ver art. 27, *caput*, da CF).
>
> Ex.: cadeiras para deputado federal:
>
> Esses estados podem contar com o triplo de vagas na Assembleia. Portanto, segundo a Resolução do TSE n. 23.220/2010, a Paraíba dispõe de 36 vagas na Assembleia (12 deputados federais x 3); Espírito Santo e Piauí, 30 vagas; Alagoas 27 vagas; Amazonas, Mato Grosso, Mato Grosso do Sul, Distrito Federal, Sergipe, Rondônia, Tocantins, Acre, Amapá e Roraima, todos, respectivamente, 24 vagas nas Assembleias.

> **Segundo passo: estados com mais de 12 deputados federais:**
>
> Para esses casos, não podemos considerar o triplo do número de deputados federais para chegarmos ao número de cadeiras da Assembleia Legislativa. Afinal, a CF determina que o cálculo, feito dessa forma, não pode atingir resultado superior a 36.
>
> Verifiquemos o número de assentos possíveis.
>
> Em estados com mais de 13 deputados, se multiplicamos tal número por 3, temos que o resultado ultrapassa o número de 36. Ex.: Santa Catarina conta com 16 deputados federais. Assim, multiplicando-se tal número por 3 temos por resultado 48.
>
> Esse valor ultrapassa em muito o número 36. Para esse caso, então, devemos fazer o seguinte cálculo de acordo com o art. 27 da CF:
>
> NAL: número de cadeiras na Assembleia Legislativa
>
> NDF: número de cadeiras para deputado federal
>
> Número 36: fixado pelo *caput* do art. 27 da CF/1988
>
> Número 12: a cada deputado federal corresponde um deputado estadual (parte final do art. 27 da CF).
>
> Assim, chega-se à fórmula: NAL = 36 + (NDF − 12)

Seguindo o cálculo demonstrado, o resultado representará a quantidade de assentos disponíveis na Assembleia Legislativa quando o número de deputados federais for superior ou igual a 12.

■ 4.5.10.3.7. Quantidade de candidatos a serem lançados para a Câmara dos Deputados, a Câmara Legislativa e as Assembleias Legislativas

O modo como se afere a quantidade de candidatos que cada partido ou coligação pode lançar para concorrer às eleições está previsto no art. 10 da Lei n. 9.504/1997, que sofreu alteração após a vigência da Lei n. 14.211/2021. No caso do número de parlamentares, cada partido poderá registrar candidatos para a Câmara dos Deputados, a Câmara Legislativa, as Assembleias Legislativas e as Câmaras Municipais no total de até 100% do número de lugares a preencher mais um.

Exemplificamos tomando como base o estado do Maranhão, que conta com 18 parlamentares na Câmara Federal.

> Número de deputados federais = 18
> NAL = 36 + (NDF − 12)
> NAL = 36 + (18 − 12)
> NAL = 42 deputados estaduais
> Partido ou coligação = 42 + 1 = 43 candidatos

4.5.10.3.8. Estados com mais de 20 parlamentares na Câmara dos Deputados

É o caso, por exemplo, do Rio Grande do Sul, que conta com 31 vagas para a Câmara Federal:

```
NAL = 36 + (NDF – 12)
NAL = 36 + (31 – 12)
NAL = 55 vagas
```

4.5.10.3.9. Quantidade de vagas para deputado federal

A quantidade de vagas para a Câmara Federal é definida em conformidade com a Lei Complementar n. 78, de 30 de dezembro de 1993, que regulamenta o art. 45, § 1º, da CF.

Conforme o parágrafo único do art. 1º da LC n. 78/1993, o TSE é o responsável para fornecer aos TREs e aos partidos políticos a quantidade de vagas para o cargo de deputado federal a serem disputadas em cada estado, sempre respeitando o número máximo de 513 vagas (Res.-TSE n. 22.134/2005 e 22.135/2005).

A Resolução n. 23.220/2010 indica a quantidade de vagas disponíveis para cada estado. Após decisão tomada pelo Plenário do TSE, em 9 de abril de 2013, as vagas passaram a ser definidas do seguinte modo:

São Paulo	70	Minas Gerais	53
Rio de Janeiro	46	Bahia	39
Rio Grande do Sul	31	Paraná	30
Pernambuco	25	Ceará	22
Pará	17	Maranhão	18
Santa Catarina	16	Goiás	17
Paraíba	12	Espírito Santo	10
Piauí	10	Alagoas	9
Amazonas	8	Mato Grosso	8
Mato Grosso do Sul	8	Distrito Federal	8
Sergipe	8	Rondônia	8
Tocantins	8	Acre	8
Amapá	8	Roraima	8
Rio Grande do Norte	8		

4.5.10.3.10. Quantidade de candidatos às Câmaras de Vereadores

Consoante estabelece o art. 10 da Lei n. 9.504/1997, alterado pela Lei n. 14.211/2021, prevalece a regra geral de apresentação de candidatos em número correspondente a 100% do total de cadeiras em disputa mais um.

4.5.11. Falta de preenchimento das vagas na convenção

No caso de as convenções para a escolha de candidatos não indicarem o número máximo de candidatos previsto no *caput* do art. 10, os órgãos de direção dos partidos respectivos poderão preencher as vagas remanescentes até 30 dias antes do pleito (art. 10°, § 5°, da Lei n. 9.504/1997, com redação conferida pela Lei n. 13.165/2015). Não obstante, vale relembrar que, em todos os casos, seja na formação originária da lista de candidatos do partido ou federação ou no preenchimento de vagas após a convenção, deve-se guardar estrito respeito à cota de gênero (*veja o* tópico "igualdade e gênero" no Capítulo 2 desta obra), a qual sempre deverá ser observada (art. 10, § 3°).

4.5.12. Substituição de candidato

O Senado da República inseriu no texto da Minirreforma Eleitoral de 2013 nova redação para o § 3° do art. 13 da Lei das Eleições. Segundo o texto aprovado:

> **Art. 13.** [...]
> § 3° Tanto nas eleições majoritárias como nas proporcionais, a substituição só se efetivará se o novo pedido for apresentado até 20 dias antes do pleito, exceto em caso de falecimento do candidato, quando a substituição poderá ser efetivada após esse prazo.

Esse prazo poderia ao menos permitir que os eleitores fossem cientificados da substituição. A Câmara dos Deputados retirou da Minirreforma o referido dispositivo legal. Felizmente, exercendo sua capacidade revisora, o Senado restituiu ao projeto o seu texto original, que ficou definitivamente incorporado ao texto da LE após a publicação da Lei n. 12.891, de 11 de dezembro de 2013.

Dessa forma, **desde** as eleições de **2014** a **substituição** de candidatos só pode ser **efetuada até 20 dias antes do pleito**, salvo na hipótese de falecimento do postulante ao mandato eletivo.

4.6. PROPAGANDA ELEITORAL

4.6.1. Aspectos gerais

Propaganda eleitoral e propaganda partidária são espécies do gênero "propaganda política". Propaganda pode ser definida como a "difusão deliberada e sistemática de mensagens destinadas a um determinado auditório e visando a criar uma imagem positiva ou negativa de determinados fenômenos (pessoas, movimentos, acontecimentos, instituições etc.)"[28].

Assim, por meio da propaganda política busca-se estimular a adesão ou a repulsa dos cidadãos a indivíduos, partidos e programas ideológicos que disputam o cenário político em geral.

---

[28] BOBBIO, Norberto; MATTEUCCI, Nicola; PASQUINO, Gianfranco. *Dicionário de política*. São Paulo: Editora UnB – Imprensa Oficial, 2004, p. 1018.

Denomina-se propaganda partidária aquela realizada pelos partidos políticos com o fim de conquistar novos filiados, defender o seu programa, apresentar seus líderes e contraditar oponentes. A matéria está prevista nos arts. 50-A a 50-E da Lei dos Partidos Políticos.

É garantida aos partidos políticos a propaganda partidária gratuita mediante transmissão no rádio e na televisão, que será realizada entre as 19h30min e as 22h30min, em âmbito nacional e estadual, por iniciativa e sob a responsabilidade dos respectivos órgãos de direção partidária, conforme disposto no art. 50-A da Lei dos Partidos Políticos, incluído pela Lei n. 14.291/2022.

Os objetivos da propaganda partidária estão elencados nos incisos do art. 50-B da Lei dos Partidos Políticos, sendo os seguintes:

Art. 50-B. [...]
I – difundir os programas partidários;
II – transmitir mensagens aos filiados sobre a execução do programa partidário, os eventos com este relacionados e as atividades congressuais do partido;
III – divulgar a posição do partido em relação a temas políticos e ações da sociedade civil;
IV – incentivar a filiação partidária e esclarecer o papel dos partidos na democracia brasileira; (Incluído pela Lei n. 14.291, de 2022)
V – promover e difundir a participação política das mulheres, dos jovens e dos negros.

Ponto que cumpre ser mencionado é a obrigação legislativa da garantia de tempo mínimo para a difusão de participação política das mulheres, assegurando-se-lhes o percentual mínimo de 30% do tempo total disponível (art. 50-B, § 2º, da Lei dos Partidos Políticos).

Já a propaganda eleitoral é aquela voltada à promoção de candidaturas com vista à conquista dos votos. Sua disciplina está contida na Lei das Eleições e trataremos a seguir.

A Lei n. 12.034/2009 instituiu uma terceira forma de propaganda: a pré-eleitoral. Tem ela o objetivo de tornar possível a realização de ações partidárias importantes para a mobilização da sua militância, bem como para tratar da organização dos processos eleitorais, planos de governos ou alianças partidárias. O tema será tratado mais amiúde em momento posterior desta obra.

O § 1º do art. 3º da Lei dos Partidos Políticos, introduzido pela Minirreforma Eleitoral, proclama ser "assegurada aos candidatos, partidos políticos e coligações autonomia para definir o cronograma das atividades eleitorais de campanha e executá-lo em qualquer dia e horário, observados os limites estabelecidos em lei".

A Minirreforma Eleitoral acrescentou ainda ao art. 6º da LE o § 5º, o qual estipula que: "A responsabilidade pelo pagamento de multas decorrentes de propaganda eleitoral é solidária entre os candidatos e os respectivos partidos, não alcançando outros partidos mesmo quando integrantes de uma mesma coligação".

São muitos os campos da propaganda eleitoral sobre os quais ainda se aguarda a devida evolução, apesar de ser necessário o reconhecimento de estarmos diante de um dos campos em que mais evolução houve nos últimos anos.

4.6.2. O tempo da propaganda

4.6.2.1. Propaganda antecipada

A propaganda eleitoral somente é permitida após o dia 15 de agosto do ano da eleição. É o que expressamente declara o art. 36 da Lei n. 9.504/1997. Trata-se de uma importante inovação contida na Lei n. 13.165/2015. Isso **equivale** a **afirmar** que o **início do período** de propaganda eleitoral **ocorre** no dia **16** de cada ano de eleição.

Antes desse período, a realização de ato de propaganda eleitoral sujeita o responsável pela sua divulgação, quando comprovado o seu prévio conhecimento, e o beneficiário poderá ser multado no valor de R$ 5.000,00 a R$ 25.000,00, ou ao equivalente ao custo da propaganda, se este for maior (art. 36, § 3º, da LE).

Para a caracterização da propaganda antecipada é desnecessário que sua realização se dê de forma ostensiva. Basta que da análise contextual deflua a convicção de que se buscou, por seu intermédio, a promoção de uma candidatura.

A Resolução do TSE n. 23.610/2019 define em seu art. 3º-A o que caracteriza a propaganda eleitoral antecipada:

> Art. 3º-A. Considera-se propaganda antecipada passível de multa aquela divulgada extemporaneamente cuja mensagem contenha pedido explícito de voto, ou que veicule conteúdo eleitoral em local vedado ou por meio, forma ou instrumento proscrito no período de campanha.

Não se pode confundir, todavia, propaganda antecipada com propaganda pré-eleitoral, ou pré-campanha. Enquanto aquela constitui afronta às regras eleitorais, esta é expressamente admitida pela Lei das Eleições. É o que será visto a seguir. A marca mais decisiva da propaganda antecipada é o pedido explícito de votos, algo que a lei veda na pré-campanha.

Quando do julgamento do Ag. no REspe 4.346, Ag. no AI 924, o Ministro Luiz Fux, na qualidade de relator, fixou as balizas para o reconhecimento do que se pode considerar ou não propaganda antecipada.

São três os critérios para a verificação da legalidade ou ilegalidade dos atos de propaganda segundo a perspectiva da legislação eleitoral:

1) O pedido explícito de votos caracteriza a realização de propaganda antecipada irregular, independentemente da forma utilizada ou da existência de gastos de recursos;

2) os atos publicitários não eleitorais, ou seja, aqueles sem nenhum conteúdo, direta ou indiretamente relacionados à disputa, constituem "indiferentes eleitorais";

3) O uso de elementos classicamente reconhecidos como caracterizadores da propaganda, desacompanhados de pedido explícito de voto, não constitui ato irregular.

CRITÉRIOS PARA A VERIFICAÇÃO DA LEGALIDADE OU ILEGALIDADE DOS ATOS DE PROPAGANDA
1) O pedido explícito de votos caracteriza a realização de propaganda antecipada irregular, independentemente da forma utilizada ou da existência de gastos de recursos;
2) os atos publicitários não eleitorais, ou seja, aqueles sem nenhum conteúdo, direta ou indiretamente relacionados à disputa, constituem "indiferentes eleitorais";
3) O uso de elementos classicamente reconhecidos como caracterizadores da propaganda, desacompanhados de pedido explícito de voto, não constitui ato irregular.

No mesmo voto, o Ministro Luiz Fux fez referência a um *leading case* da Suprema Corte dos Estados Unidos, o caso Buckley *versus* Valeo, julgado em 1976. Naquela ocasião a Corte Constitucional norte-americana estabeleceu a diferença entre propaganda eleitoral e outras mensagens de propagação de ideias políticas pelo uso de pelo menos uma entre oito "**palavras mágicas**" (*magic words*): "vote em, eleja, apoie, marque sua cédula, Fulano para o Congresso, vote contra, derrote e rejeite".

■ 4.6.2.2. Propaganda pré-eleitoral ou pré-campanha

O certo é que, desde a admissão da denominada propaganda pré-eleitoral, tornou-se bem menos provável, mas não impossível, a caracterização da propaganda eleitoral antecipada.

Para que haja **propaganda eleitoral antecipada** é preciso que haja **pedido explícito de votos**, não bastando a simples revelação do desejo de lançar-se candidato ou até mesmo o pedido de apoio político. É o que estipula o § 2º do art. 36-A da Lei das Eleições.

As **regras alusivas à pré-campanha**, as quais incluem a possibilidade de pedido de apoio político e a revelação da pré-candidatura, **constituem** medidas salutares que atendem aos **princípios constitucionais da liberdade e da livre manifestação do pensamento**. Interessa à sociedade saber quem pretende pleitear o mandato eletivo, quais são suas ideias e de que meios pretende se valer para alcançar o cargo almejado.

A pré-campanha tem também o mérito de elevar o nível dos debates políticos, além de permitir que candidatos menos conhecidos possam difundir suas ideias e propostas, ademais de possibilitar a democratização da construção dos programas.

A Lei das Eleições prevê, em seu art. 36-A, algumas hipóteses em que a atividade política dos partidos não poderá ser considerada propaganda eleitoral antecipada, ainda que sejam praticados atos referentes ao futuro pleito, tais como discussões quanto à política de alianças a ser aplicada. São as seguintes as exceções contidas no art. 36-A da Lei n. 9.504/1997:

Art. 36-A. [...]
I – a participação de filiados a partidos políticos ou de pré-candidatos em entrevistas, programas, encontros ou debates no rádio, na televisão e na internet, inclusive com a exposição de plataformas e projetos políticos, desde que não haja pedido de

votos, observado pelas emissoras de rádio e de televisão o dever de conferir tratamento isonômico;

II – a realização de encontros, seminários ou congressos, em ambiente fechado e a expensas dos partidos políticos, para tratar da organização dos processos eleitorais, discussão de políticas públicas, planos de governo ou alianças partidárias visando às eleições, podendo tais atividades ser divulgadas pelos instrumentos de comunicação intrapartidária;

III – a realização de prévias partidárias e a respectiva distribuição de material informativo, a divulgação dos nomes dos filiados que participarão da disputa e a realização de debates entre os pré-candidatos;

IV – a divulgação de atos de parlamentares e debates legislativos, desde que não se faça pedido de votos;

V – a divulgação de posicionamento pessoal sobre questões políticas, inclusive nas redes sociais;

VI – a realização, a expensas de partido político, de reuniões de iniciativa da sociedade civil, de veículo ou meio de comunicação ou do próprio partido, em qualquer localidade, para divulgar ideias, objetivos e propostas partidárias.

VII – campanha de arrecadação prévia de recursos na modalidade prevista no inciso IV do § 4º do art. 23 desta Lei.

§ 1º É vedada a transmissão ao vivo por emissoras de rádio e de televisão das prévias partidárias, sem prejuízo da cobertura dos meios de comunicação social.

§ 2º Nas hipóteses dos incisos I a VI do *caput*, são permitidos o pedido de apoio político e a divulgação da pré-candidatura, das ações políticas desenvolvidas e das que se pretende desenvolver.

§ 3º O disposto no § 2º não se aplica aos profissionais de comunicação social no exercício da profissão.

■ 4.6.2.3. Propaganda intrapartidária

Tais exceções somam-se àquela já prevista antes do advento da Lei n. 12.034/2009, segundo a qual se autoriza o postulante à candidatura a cargo eletivo a realizar, na quinzena anterior à escolha pelo partido, propaganda intrapartidária com vista à indicação de seu nome em convenção, vedado o uso de rádio, televisão e *outdoor*.

Neste mesmo sentido o § 1º do art. 36 da Lei n. 9.504/1995 dispõe que: "Ao postulante a candidatura a cargo eletivo é permitida a realização, na quinzena anterior à escolha pelo partido, de propaganda intrapartidária com vista à indicação de seu nome, vedado o uso de rádio, televisão e outdoor".

Para esse tipo de propaganda eleitoral, é permitido fixar faixas e cartazes nas proximidades da convenção, com mensagem dirigida aos convencionais. A propaganda realizada com esse propósito deverá ser imediatamente retirada após a convenção.

■ 4.6.2.4. Propaganda eleitoral

A propaganda eleitoral somente é permitida após o dia 15 de agosto do ano da eleição (art. 36 da LE), ou seja, a partir do dia 16 de agosto. Desde esse momento é

autorizada a realização de comícios, de reuniões e de passeatas, além da divulgação paga na imprensa escrita e da distribuição de impressos, e a colocação de propaganda em bens particulares, feitos de adesivo ou papel, desde que não excedam a meio metro quadrado.

De acordo com o novo § 2º do art. 37 da Lei das Eleições, não é permitida a veiculação de material de propaganda eleitoral em bens públicos ou particulares, exceto de bandeiras ao longo de vias públicas, desde que móveis e que não dificultem o bom andamento do trânsito de pessoas e veículos, além de adesivo plástico em automóveis, caminhões, bicicletas, motocicletas e janelas residenciais, desde que não exceda a meio metro quadrado e não contrarie a legislação eleitoral, sujeitando-se o infrator à restauração do bem e, caso não cumpra no prazo, à multa no valor de R$ 2.000,00 a R$ 8.000,00. A propaganda por meio das cadeias de rádio e televisão e dos canais de televisão por assinatura tem início nos 35 dias anteriores à antevéspera das eleições (art. 47 da LE).

A **propaganda eleitoral na internet** só é permitida após o dia **15 de agosto** do ano da eleição (art. 57-A da LE). Inicia-se também, portanto, no dia 16 de agosto. Partidos registrados podem fazer funcionar durante a campanha, das 8 às 22 horas, alto-falantes ou amplificadores de som, nas suas sedes ou em veículos (art. 39, § 3º, da Lei n. 9.504/1997). E só é tolerada até a véspera do dia da votação, sendo que o art. 87, IV, da LE até mesmo tipifica criminalmente a conduta do que se vale de *sites* e redes sociais para difundir candidaturas no dia da votação. Eis que diz o texto legal:

> **Art. 87.** Constituem crimes, no dia da eleição, puníveis com detenção de 6 (seis) meses a 1 (um) ano, com a alternativa de prestação de serviços à comunidade pelo mesmo período, e multa no valor de R$ 5.320,50 (cinco mil, trezentos e vinte reais e cinquenta centavos) a R$ 15.961,50 (quinze mil, novecentos e sessenta e um reais e cinquenta centavos) (Lei n. 9.504/1997, art. 39, § 5º, I a IV):
> [...]
> IV – a publicação de novos conteúdos ou o impulsionamento de conteúdos nas aplicações de internet de que trata o art. 57-B da Lei n. 9.504/1997, podendo ser mantidos em funcionamento as aplicações e os conteúdos publicados anteriormente.

Considera-se carro de som, além do previsto no § 12, qualquer **veículo, motorizado ou não**, ou ainda tracionado por animais, que transite divulgando *jingles* ou mensagens de candidatos.

O referido § 12 do art. 39 da LE assim dispõe:

> **Art. 39.** [...]
> § 12. Para efeitos desta Lei, considera-se:
> I – carro de som: veículo automotor que usa equipamento de som com potência nominal de amplificação de, no máximo, 10.000 (dez mil) watts;
> II – minitrio: veículo automotor que usa equipamento de som com potência nominal de amplificação maior que 10.000 (dez mil) watts e até 20.000 (vinte mil) watts;
> III – trio elétrico: veículo automotor que usa equipamento de som com potência nominal de amplificação maior que 20.000 (vinte mil) watts.

Termina na antevéspera do pleito o prazo para a realização de propaganda **paga na imprensa escrita** e a reprodução na **internet do jornal impresso** (art. 43 da LE).

Na propaganda dos **candidatos** a cargo **majoritário** deverão constar, também, os nomes dos candidatos a vice ou suplente de senador, de **modo claro e legível**, em tamanho não inferior a **30%** do nome do titular. É o que dispõe o art. 36, § 4º, da Lei n. 9.504/1997.

A aglomeração de pessoas portando vestuário padronizado, bem como das que portem bandeiras, broches, dísticos e adesivos, de modo a caracterizar manifestação coletiva, com ou sem utilização de veículos só é possível até a véspera do pleito (art. 39-A, § 1º, da LE).

No mesmo sentido, o § 9º do art. 39 da LE **permite** a distribuição de material gráfico, caminhada, carreata, passeata, carro de som que transite pela cidade divulgando *jingles* **ou mensagens** de candidatos **até as 22 horas** do dia que **antecede** a eleição.

Além das regras eleitorais para propaganda eleitoral, o candidato e o partido político devem observar o código de postura do município, visto que este pode proibir certas ilegalidades eleitorais. Exemplificando: a Lei Eleitoral permite afixação de cartazes dentro das especificações ali definidas. O Código de Postura não permite. Neste caso, prevalecem as disposições do último.

■ 4.6.2.5. Pesquisas e testes pré-eleitorais

A realização de pesquisas segundo metodologia própria das ciências sociais é inerente à atividade política. São diversos os métodos e técnicas de pesquisa de interesse direto de partidos, candidatos, empresas e meios de comunicação, que as realizam a fim de orientar as suas atividades. Ao me referir a empresas, lembro a frequência com que a iniciativa privada contrata a realização de pesquisas objetivando antecipar-se aos eventos eleitorais obtendo informações estratégicas sobre os possíveis cenários.

De fato, as pesquisas eleitorais permitem a obtenção de informações importantes para o debate público. Até mesmo a oscilação dos resultados faz parte dessas discussões, devendo-se ter presente, sempre, que o resultado de uma *survey* corresponde a uma "fotografia" do momento em que se deu a sua realização. E o tempo faz com que variem as opções políticas, o que ocorre às vezes drasticamente e em lapso temporal diminuto.

Cioso da importância da matéria, o Supremo Tribunal Federal declarou inconstitucional norma que limitava a 15 dias antes do pleito a divulgação de pesquisas eleitorais, oportunidade em que restou lavrada a seguinte ementa:

> AÇÃO DIRETA DE INCONSTITUCIONALIDADE. LEI 11.300/2006 (MINIRREFORMA ELEITORAL). ALEGADA OFENSA AO PRINCÍPIO DA ANTERIORIDADE DA LEI ELEITORAL (CF, ART. 16). INOCORRÊNCIA. MERO APERFEIÇOAMENTO DOS PROCEDIMENTOS ELEITORAIS. INEXISTÊNCIA DE

ALTERAÇÃO DO PROCESSO ELEITORAL. PROIBIÇÃO DE DIVULGAÇÃO DE PESQUISAS ELEITORAIS QUINZE DIAS ANTES DO PLEITO. INCONSTITUCIONALIDADE. GARANTIA DA LIBERDADE DE EXPRESSÃO E DO DIREITO À INFORMAÇÃO LIVRE E PLURAL NO ESTADO DEMOCRÁTICO DE DIREITO. PROCEDÊNCIA PARCIAL DA AÇÃO DIRETA. I – Inocorrência de rompimento da igualdade de participação dos partidos políticos e dos respectivos candidatos no processo eleitoral. II – Legislação que não introduz deformação de modo a afetar a normalidade das eleições. III – Dispositivos que não constituem fator de perturbação do pleito. IV – Inexistência de alteração motivada por propósito casuístico. V – Inaplicabilidade do postulado da anterioridade da lei eleitoral. VI – Direto à informação livre e plural como valor indissociável da ideia de democracia. VII – Ação direta julgada parcialmente procedente para declarar a inconstitucionalidade do art. 35-A da Lei introduzido pela Lei 11.300/2006 na Lei 9.504/1997 (TP, ADI 3741, rel. Ricardo Lewandowski, j. 6-8-2006, *DJ* 23-2-2007, p. 16, *ement* v. 2265-01, p. 171).

Em se tratando de partidos ou candidatos, estes podem livremente contratar a realização de pesquisas eleitorais internas, como usualmente são chamadas aquelas que não serão divulgadas ao grande público, reservando-se a orientar a tomada de decisões na definição dos rumos da campanha. Essas pesquisas podem assumir a metodologia que mais interesse ao contratante, para isso se prestando uma grande gama de metodologias qualitativas, tais como grupos de discussão.

Entretanto, qualquer que seja o responsável pela contratação, caso essa pesquisa de destine à divulgação, deverão ser observados os estritos limites do que dispõem os arts. 33 a 35 da Lei das Eleições.

Em primeiro lugar, a pesquisa que se presta a registro perante a Justiça Eleitoral e divulgação pública será aquela realizada segundo a metodologia de pesquisa de opinião e segundo o critério quantitativa (*survey*), pois é essa a técnica descrita no art. 33 da LE, que obriga as entidades e empresas que realizarem pesquisas de opinião a registrar, para cada uma delas, as seguintes informações:

Art. 33. [...]
I – quem contratou a pesquisa;
II – valor e origem dos recursos despendidos no trabalho;
III – metodologia e período de realização da pesquisa;
IV – plano amostral e ponderação quanto a sexo, idade, grau de instrução, nível econômico e área física de realização do trabalho a ser executado, intervalo de confiança e margem de erro;
V – sistema interno de controle e verificação, conferência e fiscalização da coleta de dados e do trabalho de campo;
VI – questionário completo aplicado ou a ser aplicado;
VII – nome de quem pagou pela realização do trabalho e cópia da respectiva nota fiscal.

O registro será sempre requerido perante os órgãos da Justiça Eleitoral aos quais compete fazer o registro dos candidatos, que afixará em 24 horas no local de costume e divulgará em seu sítio na internet aviso comunicando o registro das informações a que se refere este artigo, colocando-as à disposição dos partidos ou coligações com candidatos ao pleito, os quais a elas terão livre acesso pelo prazo de 30 dias. É o que se colhe da leitura dos §§ 1º e 2º do art. 33 da Lei n. 9.504/1997.

A fiscalização, pelos partidos, da **metodologia de pesquisa e dos dados coletados** é assegurada pela disponibilização de "[...] acesso ao sistema interno de controle, verificação e fiscalização da coleta de dados das entidades que divulgaram pesquisas de opinião relativas às eleições, incluídos os referentes à identificação dos entrevistadores e, por meio de escolha livre e aleatória de planilhas individuais, mapas ou equivalentes, confrontar e conferir os dados publicados, preservada a identidade dos respondentes" (art. 34, § 1º, da LE).

Conforme anota Gonçalves: "Se a pesquisa contrariar as exigências legais ou da Resolução, estes mesmos legitimados poderão impugnar seu registro e sua divulgação. O prazo para fazê-lo é de cinco dias, período mínimo exigido entre o pedido de registro e sua divulgação, art. 33, *caput*, da Lei 9.504/97. O juiz poderá suspender cautelarmente a divulgação da pesquisa ou determinar a inclusão de esclarecimentos na divulgação"[29].

A divulgação de pesquisa fora dos parâmetros legais sujeita o infrator às seguintes sanções:

CONDUTA	SANÇÃO
Divulgação de pesquisa sem o prévio registro das informações de que trata o art. 33 da LE	Multa no valor de cinqüenta mil a cem mil UFIR (§ 3º do art. 33 da LE)
Divulgação de pesquisa fraudulenta	Crime, punível com detenção de seis meses a um ano e multa no valor de cinqüenta mil a cem mil UFIR (§ 4º do art. 33 da LE)
Desrespeito aos direitos dos partidos de exercer fiscalização sobre as pesquisas ou qualquer ato que vise a retardar, impedir ou dificultar a ação fiscalizadora dos partidos:	Crime, punível com detenção, de seis meses a um ano, com a alternativa de prestação de serviços à comunidade pelo mesmo prazo, e multa no valor de dez mil a vinte mil UFIR (§ 2º do art. 34 da LE)
Comprovação de irregularidade nos dados da pesquisa publicados	Crime, punível com detenção, de seis meses a um ano, com a alternativa de prestação de serviços à comunidade pelo mesmo prazo, e multa no valor de dez mil a vinte mil UFIR sem prejuízo da obrigatoriedade da veiculação dos dados corretos no mesmo espaço, local, horário, página, caracteres e outros elementos de destaque, de acordo com o veículo usado (§ 3º do art. 34 da LE).

Segundo dispõe o art. 35 da LE: "Pelos crimes definidos nos arts. 33, § 4º, e 34, §§ 2º e 3º, podem ser responsabilizados penalmente os representantes legais da empresa ou entidade de pesquisa e do órgão veiculador".

A realização de enquetes relacionadas ao processo eleitoral é proibida em período eleitoral (art. 33, § 5º, da LE).

---

[29] GONÇALVES, 2021.

4.6.3. Quanto à licitude da propaganda

4.6.3.1. Propaganda eleitoral lícita

A propaganda é fundamentalmente pautada pelo **princípio da liberdade de expressão**. Não havendo norma que declare de forma expressa a sua ilicitude, deve esta ser havida como lícita.

Podem ser citados os seguintes exemplos da aplicação legal desse princípio:

I) independe da obtenção de licença municipal e de autorização da Justiça Eleitoral a veiculação de propaganda eleitoral pela distribuição de folhetos, volantes e outros impressos, os quais devem ser editados sob a responsabilidade do partido, coligação ou candidato (art. 38 da LE);

II) a realização de qualquer ato de propaganda partidária ou eleitoral, em recinto aberto ou fechado, não depende de licença da polícia (art. 39 da LE), sem prejuízo da necessidade de comunicação à autoridade policial em, no mínimo, 24 horas antes de sua realização, a fim de que esta lhe garanta, segundo a prioridade do aviso, o direito contra quem tencione usar o local no mesmo dia e horário (§ 1º do mesmo dispositivo);

III) não são admitidos cortes instantâneos ou qualquer tipo de censura prévia nos programas eleitorais gratuitos (art. 53 da LE).

IV) Além disso, nos termos no que dispõe o art. 41 da LE, a propaganda exercida nos termos da legislação eleitoral não poderá ser objeto de multa nem cerceada sob alegação do exercício do poder de polícia ou de violação de postura municipal.

É permitida também a colocação de mesas para distribuição de material de campanha e bandeiras ao longo das vias públicas, desde que móveis e que não dificultem o bom andamento do trânsito de pessoas e veículos. A mobilidade referida estará caracterizada com a colocação e a retirada dos meios de propaganda entre as 6 horas e as 22 horas (art. 37, §§ 6º e 7º, da LE). A liberdade de expressão é ainda maior para o próprio eleitor que, mesmo no dia das eleições, pode manifestar individual e silenciosamente a sua preferência por partido político, coligação ou candidato, desde que o faça exclusivamente pelo uso de bandeiras, broches, dísticos e adesivos (art. 39-A da LE).

4.6.3.2. Propaganda eleitoral ilícita

4.6.3.2.1. Infrações administrativas

A legislação eleitoral contém, todavia, uma **série de restrições** à plenitude de liberdade de expressão política, objetivando **assegurar o respeito** a outros princípios igualmente relevantes, tais como o da **igualdade e da legalidade**.

O desrespeito aos limites impostos pela legislação pode configurar desde infrações administrativas até crimes. Como exemplos de infrações administrativas decorrentes da propaganda efetuada com desrespeito à legislação eleitoral, temos as seguintes hipóteses:

I) funcionamento de alto-falantes ou amplificadores de som fora do intervalo temporal que vai das 8 às 22 horas ou em distância inferior a 200 metros das sedes dos poderes constituídos, dos quartéis e outros estabelecimentos militares, dos hospitais e casas de saúde ou das escolas, bibliotecas públicas, igrejas e teatros, quando em atividade (art. 39, § 3º, da LE);

II) a realização de comícios e a utilização de aparelhagem de sonorização fora do horário compreendido entre as 8 e as 24 horas, com exceção do comício de encerramento da campanha, que poderá ser prorrogado por mais duas horas. (art. 39, § 4º, da LE);

III) a realização de propaganda política paga no rádio e na televisão (art. 36, § 2º, da LE);

IV) Nos bens cujo uso dependa de cessão ou permissão do poder público, ou que a ele pertençam, e nos bens de uso comum, inclusive postes de iluminação pública, sinalização de tráfego, viadutos, passarelas, pontes, paradas de ônibus e outros equipamentos urbanos, é vedada a veiculação de propaganda de qualquer natureza, inclusive pichação, inscrição a tinta e exposição de placas, estandartes, faixas, cavaletes, bonecos e assemelhados (art. 37 da LE);

V) Em bens particulares, independe de obtenção de licença municipal e de autorização da Justiça Eleitoral a veiculação de propaganda eleitoral, desde que seja feita em adesivo ou papel, não exceda a meio metro quadrado e não contrarie a legislação eleitoral, sujeitando-se o infrator às penalidades previstas no § 1º (art. 37, § 2º, da LE);

VI) aposição de propaganda eleitoral nas árvores e nos jardins localizados em áreas públicas, bem como em muros, cercas e tapumes divisórios, mesmo que não lhes cause dano (art. 37, § 5º, da LE);

VII) uso de trios elétricos em campanhas eleitorais, exceto para a sonorização de comícios (art. 39, § 10, da LE);

VIII) realização de propaganda, por servidores da Justiça Eleitoral, mesários e escrutinadores, no recinto das seções eleitorais e juntas apuradoras, mesmo através do vestuário ou de objeto que contenha apologia a partido político, coligação ou candidato (art. 39-A, § 2º, da LE).

De acordo com a **Súmula 47** do TSE: "A **retirada** da propaganda **irregular**, quando realizada em bem **particular, não é capaz** de elidir a **multa** prevista no art. 37, § 1º, da Lei n. 9.504/97".

Com a finalidade de evitar o desequilíbrio dos pleitos pela influência indevida do poder econômico, foram ainda estabelecidas as seguintes medidas restritivas:

I) vedação do uso, distribuição por comitê, candidato, ou com a sua autorização, de camisetas, chaveiros, bonés, canetas, brindes, cestas básicas ou quaisquer outros bens ou materiais que possam proporcionar vantagem ao eleitor;

II) proibição da realização de *showmício* e de evento assemelhado para promoção de candidatos, bem como a apresentação, remunerada ou não, de artistas com a finalidade de animar comício e reunião eleitoral;

III) proscrição da propaganda eleitoral realizada por meio de *outdoors* (art. 39, (§§ 6º a 8º, da LE).

Nesse sentido, o TSE já assentou entendimento no sentido de que:

O candidato que exerce a profissão de cantor pode permanecer exercendo-a em período eleitoral, desde que não tenha como finalidade a animação de comício ou reunião eleitoral e que não haja nenhuma alusão à candidatura ou à campanha eleitoral, ainda que em caráter subliminar [...]. (Resolução n. 23.251, de 15-4-2010, rel. Min. Arnaldo Versiani).

Da mesma forma não é admissível a:

presença de artistas ou animadores, bem como utilização de camisas e outros materiais que possam proporcionar vantagem ao eleitor, "em eventos fechados de propriedades privadas" (*sic*). (TSE, Resolução n. 22.274, de 29-6-2006, rel. Min. Carlos Ayres Britto).

A Lei das Eleições ainda proíbe, em seu art. 41-A, que o candidato doe, ofereça, prometa, ou entregue, ao eleitor, com o fim de obter-lhe o voto, bem ou vantagem pessoal de qualquer natureza, inclusive emprego ou função pública (art. 41-A, acrescentado pela Lei n. 9.840/1999).

Por inovação introduzida pela Lei n. 12.034/2009, tornou-se expressamente proibida a prática de atos de violência ou grave ameaça à pessoa, com o fim de obter-lhe o voto. Trata-se do § 2º acrescentado ao art. 41-A da Lei das Eleições.

Todas essas condutas constituem a captação ilícita de sufrágio. Tal matéria será pormenorizadamente versada no decorrer do conteúdo.

Neste ponto, registra-se apenas que a colocação tópica da matéria entre os dispositivos relacionados à propaganda eleitoral constituiu uma acertada opção do legislador. É que a concessão de um benefício ou até mesmo um ato de agressão pode se converter em meio para favorecer o êxito da propagada. Um eleitorado submetido a dependência material ou mantido sob ameaça estará naturalmente mais suscetível aos efeitos da propaganda eleitoral. Trata-se, pois, de regras que atendem à necessidade de proteção do eleitor contra práticas ilícitas capazes de suprimir a sua liberdade de opção eleitoral.

4.6.3.2.2. *Propaganda criminosa*

Algumas **modalidades** indesejáveis de **propaganda** ou algumas condutas voltadas a potencializar os seus efeitos possuem tamanho **impacto negativo** sobre os **pleitos** que o legislador houve por bem defini-las como **crimes eleitorais**.

Podemos citar os seguintes exemplos de propaganda eleitoral criminosa:

I) o uso, na propaganda eleitoral, de símbolos, frases ou imagens, associadas ou semelhantes às empregadas por órgão de governo, empresa pública ou sociedade de economia (art. 40 da LE);

II) a realização, no dia do pleito, das seguintes condutas: o uso de alto-falantes e amplificadores de som ou a promoção de comício ou carreata; a arregimentação de eleitor ou a propaganda de boca de urna;

III) a divulgação de qualquer espécie de propaganda de partidos políticos ou de seus candidatos no dia da eleição (art. 39, § 5º, da LE).

O Código Eleitoral também estabelece tipos que incriminam condutas relacionadas à conquista do voto por indevida influência direta sobre o eleitor. Exemplos podem ser encontrados nos arts. 299 a 302 do CE.

■ 4.6.4. A propaganda no rádio e na televisão

A Lei das Eleições cuida de forma minuciosa da matéria relativa à propaganda realizada por meio do rádio e da televisão. Trata-se de um ambiente em que por tradição se exerce maior controle que sobre os demais meios de comunicação, tais como jornais e revistas. Assim é porque, diversamente do que ocorre com a imprensa escrita, a rádio e a teledifusão não se situam exclusivamente no plano da livre-iniciativa, sendo antes atributos do Estado, a quem a Constituição outorga o direito de explorar diretamente tais atividades ou concedê-las ao particular para que o faça. É o que decorre da análise dos arts. 223 e 49, XII, da Constituição.

Edson de Resende Castro[30] esclarece essa matéria:

> Percebe-se que, enquanto a imprensa escrita pode assumir uma posição política e emitir opinião a respeito de candidatos, o rádio e a televisão, exatamente por serem concessões públicas e porque atingem a massa de eleitores e têm um poder de penetração e convencimento infinitamente superiores ao do jornal, estão obrigados à isenção e à imparcialidade, principalmente quando transmitindo entrevistas jornalísticas. Então, nem mesmo ao noticiarem o dia a dia dos candidatos as emissoras podem dar-lhes tratamento diferenciado. Ao contrário, devem cuidar para que todos tenha espaço nos seus noticiários [...].

Nessa linha, o art. 45 da Lei das Eleições veda às emissoras de rádio e televisão, em sua programação normal e noticiário:

> **Art. 45.** [...]
> I – transmitir, ainda que sob a forma de entrevista jornalística, imagens de realização de pesquisa ou qualquer outro tipo de consulta popular de natureza eleitoral em que seja possível identificar o entrevistado ou em que haja manipulação de dados;
> II – usar trucagem, montagem ou outro recurso de áudio ou vídeo que, de qualquer forma, degradem ou ridicularizem candidato, partido ou coligação, ou produzir ou veicular programa com esse efeito;
> III – veicular propaganda política ou difundir opinião favorável ou contrária a candidato, partido, coligação, a seus órgãos ou representantes;
> IV – dar tratamento privilegiado a candidato, partido ou coligação;
> V – veicular ou divulgar filmes, novelas, minisséries ou qualquer outro programa com alusão ou crítica a candidato ou partido político, mesmo que dissimuladamente, exceto programas jornalísticos ou debates políticos;
> VI – divulgar nome de programa que se refira a candidato escolhido em convenção,

---

[30] CASTRO, Edson de Resende. *Teoria e prática do Direito Eleitoral*. Belo Horizonte: Mandamentos, 2010, p. 245.

ainda quando preexistente, inclusive se coincidente com o nome do candidato ou com a variação nominal por ele adotada. Sendo o nome do programa o mesmo que o do candidato, fica proibida a sua divulgação, sob pena de cancelamento do respectivo registro.

O § 1º desse mesmo art. 45 proíbe a transmissão de programa apresentado ou comentado por pré-candidato a partir de 30 de junho do ano da eleição, sob pena, no caso de sua escolha na convenção partidária, de imposição da multa prevista no § 2º e de cancelamento do registro da candidatura do beneficiário. A lei compreende o forte impacto eleitoral que teria a permanência de um candidato, em plena campanha, à frente de programas muitas vezes dotados de grande audiência. A vedação dessa conduta deriva da aplicação do princípio da isonomia.

É a própria lei quem define o que vem a ser **trucagem** e **montagem**, para o fim a que se destina o inciso II do art. 45 da LE. Os §§ 4º e 5º desse mesmo artigo afirmam que:

> **Art. 45.** [...]
> § 4º Entende-se por trucagem todo e qualquer efeito realizado em áudio ou vídeo que degradar ou ridicularizar candidato, partido político ou coligação, ou que desvirtuar a realidade e beneficiar ou prejudicar qualquer candidato, partido político ou coligação.
> § 5º Entende-se por montagem toda e qualquer junção de registros de áudio ou vídeo que degradar ou ridicularizar candidato, partido político ou coligação, ou que desvirtuar a realidade e beneficiar ou prejudicar qualquer candidato, partido político ou coligação.

A finalidade de tais disposições é a de impedir a exposição de candidatos a situações ridículas criadas pelos meios tecnológicos referidos pelo legislador, fator que poderia desfavorecer injustamente a participação dos aspirantes aos cargos em disputa na corrida eleitoral.

A apresentação da propaganda eleitoral gratuita será realizada segundo as regras extensivamente dispostas no § 1º do art. 47 da Lei das Eleições.

Na distribuição do tempo de programa no rádio e na televisão devem ser observadas as regras previstas no § 2º do art. 47 da Lei n. 9.504/1997. Dentre elas, sobreleva em importância o previsto no inciso I. Segundo o dispositivo, 90 por cento desse tempo será distribuído proporcionalmente ao número de representantes na Câmara dos Deputados, considerado, no caso de coligação para eleições majoritárias, o resultado da soma do número de representantes dos seis maiores partidos que a integrem e, nos casos de federação nas eleições proporcionais, o resultado da soma do número de representantes de todos os partidos que a integrem. Trata-se de grande inovação no que toca à distribuição do tempo entre os candidatos a cargos majoritários. Somente os seis maiores partidos integrantes da coligação influenciarão na definição do tempo final da propaganda no rádio e na TV, não importando quantos partidos a integrem. Foi uma das modificações da legislação oriunda da Minirreforma Eleitoral de 2015.

O § 6º do art. 45 da LE permite aos partidos políticos a utilização, na propaganda eleitoral, de seus candidatos em âmbito regional, inclusive no horário eleitoral gratuito, de imagem e voz de candidato ou militante de partido político que integre a sua coligação em âmbito nacional. O *caput* do art. 55 da LE estende ao partido, coligação ou candidato as vedações indicadas nos incisos I e II do art. 45 no que se refere à sua participação em programas eleitorais gratuitos no rádio e na televisão. Ficam **proibidos**, assim, a transmissão de imagens de realização de **pesquisa** ou qualquer outro tipo de consulta popular de natureza eleitoral em que **seja possível identificar o entrevistado** ou em que haja **manipulação de dados** e o uso de **trucagem**, montagem ou outro recurso de **áudio ou vídeo** que, de qualquer forma, degradem ou **ridicularizem os adversários**.

Segundo o art. 23 da Resolução do TSE n. 23.600/2019 fica proibida, desde o dia 16 de agosto do ano da eleição, a realização de enquetes relacionadas ao processo eleitoral.

Enquete ou sondagem é o levantamento de opiniões **sem plano** amostral, que dependa da **participação espontânea** da parte interessada, e que **não utilize** método científico para sua realização. Tal tipo de levantamento de dados levado a efeito sem a metodologia da investigação científica utilizada em pesquisas de opinião pública (*surveys*) é facilmente **realizável** por meios das **redes sociais**, o que a torna frequente em períodos eleitorais. Entretanto, **quando realizada** dentro do interregno definido por lei para a realização de **campanhas** eleitorais, **sujeita** o infrator a pesadas **cominações legais**, recebendo o **mesmo tratamento** conferido à **pesquisa de opinião** pública **sem registro** na Justiça Eleitoral.

Além da transmissão do programa eleitoral gratuito, que é obrigatório para todas as concessionárias de rádio e teledifusão, a legislação faculta às emissoras a transmissão de debates sobre as eleições majoritária ou proporcional, desde que assegurada a participação de candidatos dos partidos com representação na Câmara dos Deputados, e facultada a dos demais (art. 46 da LE, alterado pela Lei n. 13.488/2017).

Em tais circunstâncias devem ser observadas as seguintes normas:

> **Art. 46.** Independentemente da veiculação de propaganda eleitoral gratuita no horário definido nesta Lei, é facultada a transmissão por emissora de rádio ou televisão de debates sobre as eleições majoritária ou proporcional, assegurada a participação de candidatos dos partidos com representação no Congresso Nacional, de, no mínimo, cinco parlamentares, e facultada a dos demais, observado o seguinte:
>
> I – nas eleições majoritárias, a apresentação dos debates poderá ser feita:
>
> *a)* em conjunto, estando presentes todos os candidatos a um mesmo cargo eletivo;
>
> *b)* em grupos, estando presentes, no mínimo, três candidatos;
>
> II – nas eleições proporcionais, os debates deverão ser organizados de modo que assegurem a presença de número equivalente de candidatos de todos os partidos a um mesmo cargo eletivo e poderão desdobrar-se em mais de um dia, respeitada a proporção de homens e mulheres estabelecida no § 3º do art. 10 desta Lei; (Redação dada pela Lei n. 14.211, de 2021)
>
> III – os debates deverão ser parte de programação previamente estabelecida e divulgada pela emissora, fazendo-se mediante sorteio a escolha do dia e da ordem de fala de cada candidato, salvo se celebrado acordo em outro sentido entre os partidos e coligações interessados.

O § 1º do art. 46 da LE torna possível a realização de debate sem a presença de candidato de algum partido, desde que o veículo de comunicação responsável comprove havê-lo convidado com a antecedência mínima de 72 horas da realização do evento.

As regras do debate devem ser estabelecidas em acordo celebrado entre os partidos políticos e a pessoa jurídica interessada na realização do evento, dando-se ciência à Justiça Eleitoral (art. 46, § 4º, da LE). O § 5º do art. 46 da LE foi atualizado pela Lei n. 14.211/2021, passando a ter o seguinte conteúdo:

> **Art. 46.** [...]
> § 5º Para os debates que se realizarem no primeiro turno das eleições, serão consideradas aprovadas as regras, inclusive as que definirem o número de participantes, que obtiverem a concordância de pelo menos 2/3 (dois terços) dos candidatos aptos, no caso de eleição majoritária, e de pelo menos 2/3 (dois terços) dos partidos com candidatos aptos, no caso de eleição proporcional.

A distribuição do tempo de propaganda no rádio e na televisão deve ser feita com observância dos seguintes critérios definidos no art. 47, § 2º, I e II, da Lei n. 9.504/1997:

> **Art. 47.** [...]
> § 2º [...]
> I – 90% (noventa por cento) distribuídos proporcionalmente ao número de representantes na Câmara dos Deputados, considerado, no caso de coligação para as eleições majoritárias, o resultado da soma do número de representantes dos 6 (seis) maiores partidos que a integrem; (Redação dada pela Lei n. 14.211, de 2021)
> II – 10% (dez por cento) distribuídos igualitariamente.

Trata-se de medida – a prevista no inciso I do § 2º do art. 47 da LE – que diminui o peso de partidos pequenos marcados pelo fisiologismo. Alcança do número de seis partidos maiores, a presença de partidos pequenos na coligação não terá mais o efeito prático de aumentar o tempo disponível para propaganda no rádio e na televisão.

■ 4.6.5. A propaganda na internet

■ 4.6.5.1. A chegada da inovação

Grande inovação surgiu nas Eleições 2010 com a expressa admissão do uso da internet como veículo para a emissão de propaganda. A relevância desse ambiente de comunicação para os processos políticos é inegável, sendo a *internet* apresentada como "[...] uma forma de exercer bem e facilmente o poder"[31].

Até as eleições de 2008, o uso do ambiente virtual era restrito, cabendo aos candidatos interessados a alternativa de disponibilizar sítio eletrônico com a extensão ".can". Assim dispunha o art. 18 da Resolução n. 22.718/2008: "A propaganda

---

[31] TEINBERG, Gustavo. *Política em pedaços ou política em* bits. Brasília: Editora UnB, 2004, p. 201.

eleitoral na internet somente será permitida na página do candidato destinada exclusivamente à campanha eleitoral".

A resolução chegava ao extremo de estabelecer a forma pela qual se deveria definir o endereço eletrônico do domínio. Isso serviu para adiar a chegada das eleições aos tempos da comunicação massiva permitida pela rede mundial de computadores, mas não impediu que o próprio legislador disponibilizasse o uso desse recurso pelas suas mais variadas formas.

■ 4.6.5.2. O desenvolvimento das normas

O art. 57-B da Lei das Eleições, expressamente autorizou a propaganda eleitoral pelos seguintes meios:

> **Art. 57-B.** [...]
> I – em sítio do candidato, com endereço eletrônico comunicado à Justiça Eleitoral e hospedado, direta ou indiretamente, em provedor de serviço de internet estabelecido no País;
> II – em sítio do partido ou da coligação, com endereço eletrônico comunicado à Justiça Eleitoral e hospedado, direta ou indiretamente, em provedor de serviço de internet estabelecido no País;
> III – por meio de mensagem eletrônica para endereços cadastrados gratuitamente pelo candidato, partido ou coligação;
> IV – por meio de *blogs*, redes sociais, sítios de mensagens instantâneas e aplicações de internet assemelhadas cujo conteúdo seja gerado ou editado por: (Redação dada pela Lei n. 13.488, de 2017)
> *a*) candidatos, partidos ou coligações; ou (Incluído pela Lei n. 13.488, de 2017)
> *b*) qualquer pessoa natural, desde que não contrate impulsionamento de conteúdos. (Incluído pela Lei n. 13.488, de 2017)

Consoante dispõe o art. 57-A da LE, cuja redação foi definida pela Minirreforma Eleitoral de 2015: "É permitida a propaganda eleitoral na internet, nos termos desta Lei, após o dia 15 de agosto do ano da eleição".

O art. 57-D da Lei das Eleições estabelece que:

> **Art. 57-D.** É livre a manifestação do pensamento, vedado o anonimato durante a campanha eleitoral, por meio da rede mundial de computadores – internet, assegurado o direito de resposta, nos termos das alíneas *a*, *b* e *c* do inciso IV do § 3º dos arts. 58 e 58-A, e por outros meios de comunicação interpessoal mediante mensagem eletrônica.

A redação final do dispositivo, que reafirma o primado da liberdade de expressão, foi fruto de uma renhida luta de segmentos organizados da sociedade contra o texto original do projeto de lei, que marchava em sentido inverso ao estender à *internet* as mesmas regras limitadoras aplicadas à televisão e ao rádio no art. 45 da Lei n. 9.504/1997.

Caso prevalecesse a redação inicial, a lei imporia rígido controle às atividades de comunicação social e limitaria a atuação dos provedores de acesso, submetendo-os às vedações hoje aplicáveis às empresas de rádio e teledifusão.

Estaria proibida, por exemplo, a emissão de "opinião favorável ou contrária a candidato, partido, coligação, a seus órgãos ou representantes" ou a veiculação de "consulta popular de natureza eleitoral em que seja possível identificar o entrevistado", dentre outras vedações igualmente contidas no referido art. 45. Matérias jornalísticas veiculadas em *sites* de comunicação social e nas páginas eletrônicas dos provedores de acesso, não importando o seu porte ou abrangência, teriam de se contentar com a divulgação de agendas dos candidatos e a elaboração de matérias sem qualquer juízo crítico ou valorativo. Pesadas multas estavam previstas para os transgressores dessas normas.

Analistas, cronistas e jornalistas investigativos estariam fora da comunicação social na *internet* nos períodos eleitorais, atentando-se, assim, contra a liberdade de exercício da comunicação e da manifestação do pensamento, em frontal desrespeito ao disposto no art. 5º, I (liberdade de manifestação do pensamento) e II (liberdade dos meios de comunicação), da Constituição Federal.

Felizmente, o Senado Federal alterou o texto aprovado na Câmara para o art. 57-D da Lei das Eleições, conferindo-lhe a redação a final aprovada e sancionada pela Presidência da República. O art. 57-F, por outro lado, determina aplicação de multa aos provedores de conteúdo e de serviços multimídia que hospedam a divulgação da propaganda eleitoral de candidato, de partido ou de coligação as penalidades previstas na Lei, desde que estes, no prazo determinado pela Justiça Eleitoral, contado a partir da notificação de decisão sobre a existência de propaganda irregular, não tomem providências para a cessação dessa divulgação.

Quanto às mensagens de propaganda enviadas por meio de correio eletrônico (*e-mail*), estipulou-se que os programas utilizados para seu envio:

> [...] deverão dispor de mecanismo que permita seu descadastramento pelo destinatário, obrigado o remetente a providenciá-lo no prazo de quarenta e oito horas, cominando-se multa no valor de cem reais por cada *e-mail* enviado após o término desse prazo (art. 57-G da LE).

Foi também prevista a aplicação de pesada multa – de R$ 5.000,00 a R$ 30.000,00 – para o responsável por propaganda eleitoral na internet, em que se atribua indevidamente sua autoria a terceiro, inclusive a candidato, partido ou coligação (art. 57-H).

■ 4.6.5.3. *A propaganda eleitoral nas redes sociais*

O debate sobre a possibilidade, ou não, da utilização das redes sociais para divulgação de propagandas eleitorais iniciou-se ainda em 2012, quando o Tribunal Superior Eleitoral decidiu pela ilicitude do envio de mensagem por meio do Twitter, antes do dia 6 de julho do ano do pleito, em que o candidato faça expressa menção às suas pretensões eleitorais. A decisão, tomada por apertada maioria (foram quatro votos a três), mereceu o voto contrário do ministro Gilson Dipp, que na oportunidade emitiu o seguinte pronunciamento:

No Twitter não há a divulgação de mensagem para o público em geral, para destinatários imprecisos, indefinidos, como ocorre no rádio e na televisão, mas para destinatários certos, definidos. Não há no Twitter a participação involuntária ou desconhecida dos seguidores. Não há passividade das pessoas nem generalização, pois a mensagem é transmitida para quem realmente deseja participar de um diálogo e se cadastrou para isso (Recl. na Rep. n. 182.524).

Com efeito, não é cabível a comparação do Twitter com o rádio e a televisão. Nos dois últimos veículos, a mensagem é emitida de forma unidirecional, não sendo dado ao receptor interagir sob a forma de concordância, crítica ou questionamento. É o oposto do que ocorre no Twitter, em que não há emissão univetorial de informações, sujeitando-se o candidato à conquista de adeptos ou, no outro extremo, até mesmo à execração pública imediata.

Contudo, passados dez anos do início dos debates e atuações jurisdicionais, a Legislação Eleitoral se atualizou drasticamente, diante da nova realidade fática de utilização das redes sociais, prevendo expressamente a possibilidade de realizar a propaganda eleitoral nas redes sociais.

A Resolução do TSE n. 23.610/2019 prevê expressamente a autorização de difundir a propaganda eleitoral na internet por meio das redes sociais:

Art. 28. A propaganda eleitoral na internet poderá ser realizada nas seguintes formas: [...]

IV – por meio de *blogs*, redes sociais, sítios de mensagens instantâneas e aplicações de internet assemelhadas, dentre as quais aplicativos de mensagens instantâneas, cujo conteúdo seja gerado ou editado por:

A Resolução citada acima traz, inclusive, em seu art. 37, inciso XV, o conceito de *rede social na internet*: "a estrutura social composta por pessoas ou organizações, conectadas por um ou vários tipos de relações, que compartilham valores e objetivos comuns".

De igual forma, ante a flexibilização quanto à utilização das redes sociais, na rede mundial de computadores, com viés de propagação de propagandas políticas, foram adotadas, na Resolução do TSE n. 23.610/2019 meios hábeis a repelir utilizações indevidas, como, por exemplo, a possibilidade de ordenar a remoção de propagandas em desacordo com a legislação, como, por exemplo, o que dispõe o art. 6º e seguintes da Resolução mencionada.

4.6.6. Direito de resposta

De acordo com o que prevê o art. 58 da LE:

Art. 58. A partir da escolha de candidatos em convenção, é assegurado o direito de resposta a candidato, partido ou coligação atingidos, ainda que de forma indireta, por conceito, imagem ou afirmação caluniosa, difamatória, injuriosa ou sabidamente inverídica, difundidos por qualquer veículo de comunicação social.

Trata-se de **aplicação** do direito fundamental previsto no art. 5º, V, da CF, que **assegura** a todos o **direito de resposta**, proporcional ao agravo. O exercício do direito de resposta perante a Justiça Eleitoral deverá ser **promovido pelo ofendido**, diretamente ou por procurador, nos seguintes prazos, contados a partir da veiculação da ofensa, conforme § 1º do art. 58 da LE:

Art. 58. [...]
§ 1º [...]
I – vinte e quatro horas, quando se tratar do horário eleitoral gratuito;
II – quarenta e oito horas, quando se tratar da programação normal das emissoras de rádio e televisão;
III – setenta e duas horas, quando se tratar de órgão da imprensa escrita;
IV – a qualquer tempo, quando se tratar de conteúdo que esteja sendo divulgado na internet, ou em 72 (setenta e duas) horas, após a sua retirada.

O inciso IV foi incluído nesse rol pela Lei n. 13.165/2015.

Assim que recebido o pleito de uso do direito de resposta, a Justiça Eleitoral notificará, desde logo, o ofensor para que se defenda em 24 horas, devendo a decisão ser prolatada no prazo máximo de 72 horas da data da formulação do pedido.

O § 3º do art. 58 da Lei n. 9.504/1997 dispõe sobre diversas regras a serem observadas segundo o veículo por meio do qual a ofensa tenha sido veiculada:

Art. 58. [...]
§ 3º [...]
I – em órgão da imprensa escrita:
a) o pedido deverá ser instruído com um exemplar da publicação e o texto para resposta;
b) deferido o pedido, a divulgação da resposta dar-se-á no mesmo veículo, espaço, local, página, tamanho, caracteres e outros elementos de realce usados na ofensa, em até quarenta e oito horas após a decisão ou, tratando-se de veículo com periodicidade de circulação maior que quarenta e oito horas, na primeira vez em que circular;
c) por solicitação do ofendido, a divulgação da resposta será feita no mesmo dia da semana em que a ofensa foi divulgada, ainda que fora do prazo de quarenta e oito horas;
d) se a ofensa for produzida em dia e hora que inviabilizem sua reparação dentro dos prazos estabelecidos nas alíneas anteriores, a Justiça Eleitoral determinará a imediata divulgação da resposta;
e) o ofensor deverá comprovar nos autos o cumprimento da decisão, mediante dados sobre a regular distribuição dos exemplares, a quantidade impressa e o raio de abrangência na distribuição;
II – em programação normal das emissoras de rádio e de televisão:
a) a Justiça Eleitoral, à vista do pedido, deverá notificar imediatamente o responsável pela emissora que realizou o programa para que entregue em vinte e quatro horas, sob as penas do art. 347 da Lei n. 4.737, de 15 de julho de 1965 – Código Eleitoral, cópia da fita da transmissão, que será devolvida após a decisão;
b) o responsável pela emissora, ao ser notificado pela Justiça Eleitoral ou informado pelo reclamante ou representante, por cópia protocolada do pedido de resposta, preservará a gravação até a decisão final do processo;

c) deferido o pedido, a resposta será dada em até quarenta e oito horas após a decisão, em tempo igual ao da ofensa, porém nunca inferior a um minuto;

III – no horário eleitoral gratuito:

a) o ofendido usará, para a resposta, tempo igual ao da ofensa, nunca inferior, porém, a um minuto;

b) a resposta será veiculada no horário destinado ao partido ou coligação responsável pela ofensa, devendo necessariamente dirigir-se aos fatos nela veiculados;

c) se o tempo reservado ao partido ou coligação responsável pela ofensa for inferior a um minuto, a resposta será levada ao ar tantas vezes quantas sejam necessárias para a sua complementação;

d) deferido o pedido para resposta, a emissora geradora e o partido ou coligação atingidos deverão ser notificados imediatamente da decisão, na qual deverão estar indicados quais os períodos, diurno ou noturno, para a veiculação da resposta, que deverá ter lugar no início do programa do partido ou coligação;

e) o meio magnético com a resposta deverá ser entregue à emissora geradora, até trinta e seis horas após a ciência da decisão, para veiculação no programa subsequente do partido ou coligação em cujo horário se praticou a ofensa;

f) se o ofendido for candidato, partido ou coligação que tenha usado o tempo concedido sem responder aos fatos veiculados na ofensa, terá subtraído tempo idêntico do respectivo programa eleitoral; tratando-se de terceiros, ficarão sujeitos à suspensão de igual tempo em eventuais novos pedidos de resposta e à multa no valor de duas mil a cinco mil Ufir;

IV – em propaganda eleitoral na internet:

a) deferido o pedido, o usuário ofensor deverá divulgar a resposta do ofendido em até quarenta e oito horas após sua entrega em mídia física, e deverá empregar nessa divulgação o mesmo impulsionamento de conteúdo eventualmente contratado nos termos referidos no art. 57-C desta Lei e o mesmo veículo, espaço, local, horário, página eletrônica, tamanho, caracteres e outros elementos de realce usados na ofensa; (Redação dada pela Lei n. 13.488, de 2017)

b) a resposta ficará disponível para acesso pelos usuários do serviço de internet por tempo não inferior ao dobro em que esteve disponível a mensagem considerada ofensiva;

c) os custos de veiculação da resposta correrão por conta do responsável pela propaganda original.

Prevê ainda o art. 58, em seu § 4º, que:

Art. 58. [...]
§ 4º Se a ofensa ocorrer em dia e hora que inviabilizem sua reparação dentro dos prazos estabelecidos nos parágrafos anteriores, a resposta será divulgada nos horários que a Justiça Eleitoral determinar, ainda que nas quarenta e oito horas anteriores ao pleito, em termos e forma previamente aprovados, de modo a não ensejar tréplica.

Os §§ 5º a 7º do art. 58 da LE contêm diversas disposições que objetivam conceder a devida celeridade à marcha dos pedidos de resposta.

O art. 58-A da Lei das Eleições, por seu turno, assegura **tramitação preferencial** aos pedidos de direito de resposta e as representações por propaganda eleitoral irregular em rádio, televisão e internet.

4.6.7. Propaganda eleitoral e igualdade racial

A Resolução do TSE n. 23.610/2019, a qual dispõe sobre diversas modalidades de propaganda, fixou normas diretamente relacionadas ao tema das candidaturas afro-brasileiras nos seus arts. 77 e 116.

O primeiro deles tem o seguinte teor:

> **Art. 77.** [...]
> § 1º **A distribuição do tempo de propaganda eleitoral gratuita no rádio e na televisão para as candidaturas proporcionais deve observar os seguintes parâmetros**:
> [...]
> II – **destinação proporcional ao percentual de candidaturas de mulheres negras e não negras, calculado com base no total de pedidos de registro apresentados** pelo partido ou pela federação **na circunscrição** (Consulta n. 60.030.647, *DJe* de 5-10-2020);
> III – destinação proporcional ao percentual de candidaturas de **homens negros e não negros**, calculado com base no total de pedidos de registro apresentados pelo partido ou pela federação na circunscrição (Consulta n. 60.030.647, *DJe* de 5-10-2020).
> § 3º **Os percentuais de candidatas negras e de candidatos negros serão definidos**, a cada eleição, **com base na autodeclaração da cor preta e da cor parda, lançada no formulário do registro de candidatura**.

O Tribunal Superior Eleitoral assegurou, assim, a devida observância ao **princípio da proporcionalidade**, a ser assegurado levando-se em conta os percentuais de candidaturas negras dentro de cada sexo.

Já no art. 116, a Resolução assim dispôs:

> **Art. 116. O Tribunal Superior Eleitoral, no período compreendido entre 1º de abril e 30 de julho dos anos eleitorais, promoverá, em até 5 (cinco) minutos diários**, contínuos ou não, requisitados às emissoras de rádio e televisão, **propaganda institucional**, em rádio e televisão, **destinada a incentivar a participação** feminina, das(os) jovens e **da comunidade negra na política**, bem como a esclarecer as cidadãs e os cidadãos sobre as regras e o funcionamento do sistema eleitoral brasileiro (Lei n. 9.504/1997, art. 93-A).

Trata-se de materializar a opção do legislador firmada no art. 93-A da Lei das Eleições de assegurar o fomento dessas candidaturas, estimulando-se a participação política de grupos sub-representados.

No meu sentir, nas próximas eleições se mostra razoável pretender comissões de heteroverificação, a fim de aquilatar a veracidade das declarações raciais, ao menos quando houver notícia de infração às normas ou de ofício pela autoridade judiciária que preside o processo de registro da candidatura, quando houver fundada dúvida quanto ao ponto.

4.7. VOTAÇÃO

4.7.1. O voto

A votação constitui um dos mais importantes momentos da ritualística democrática. Conquanto não se possa resumir a experiência democrática à expressão do voto, é certo que este é um dos seus principais elementos de caracterização, já que é inerente ao autoritarismo a supressão da manifestação eleitoral.

Note-se, contudo, que não é na simples possibilidade de comparecimento à urna para emissão de um comando eletrônico ou para a aposição de um escrito sobre uma cártula aquilo em que consiste o voto em sua dimensão mais ampla. O **voto** é o **instrumento** por meio do qual se **materializa** o **direito** fundamental de **sufrágio**. Nesse sentido, a Constituição e as leis preveem diversas garantias para o seu exercício.

Conquanto seja exercido individualmente, o voto constitui direito público subjetivo, não se referindo à esfera privada do eleitor, mas à dimensão em que exercita os direitos relativos ao seu pertencimento à *Polis*. Daí que não se pode reputar o voto como um direito individual. É, antes, um direito público, ainda que exercitado por cada cidadão em particular.

Trata-se, ademais, de um direito fundamental. É sabido que os direitos fundamentais se encontram afirmados em diversas partes do texto constitucional. De qualquer forma, convém lembrar que o Título II da Constituição, que trata "dos direitos e garantias fundamentais" possui várias outras disposições além das contidas no seu Capítulo I, que elenca os direitos e garantias individuais e coletivos. O Capítulo IV, no qual estão enunciados os "direitos políticos" também se encontra no título da Lei Maior alusivo aos direitos fundamentais.

O voto é uma das formas mais aprimoradas da expressão política dos cidadãos, dirigindo-se não apenas à seleção de mandatários, mas à definição de opções legislativas em temas passíveis de submissão a referendo ou iniciativa popular.

Segundo dispõe o **art. 14** da CF: "A **soberania popular** será **exercida** pelo **sufrágio** universal e pelo **voto** direto e **secreto**, com **valor igual** para **todos**, e, nos termos da lei, **mediante**; I – plebiscito; II – referendo; III – iniciativa popular".

Como se vê, o voto é forma de manifestação da soberania, que numa república democrática é detida pelo conjunto dos cidadãos (povo).

4.7.2. O sufrágio universal

O voto é assegurado a todos os integrantes da comunidade dos cidadãos. Remetemos o leitor à leitura do item "Princípio do sufrágio universal" no Capítulo 1 deste livro.

4.7.3. Voto obrigatório

De acordo com o § 1º do art. 14 da Constituição de 1988: "O alistamento eleitoral e o voto são: I – obrigatórios para os maiores de dezoito anos; II – facultativos para: *a*) os analfabetos; *b*) os maiores de setenta anos; *c*) os maiores de dezesseis e menores de dezoito anos".

Discute-se sobre a conveniência de manter-se a obrigatoriedade do voto. Argumenta-se que a democracia deve estar sempre ligada à liberdade de manifestação política, o que inclui o direito à abstenção. A **obrigatoriedade do voto**, no entanto, é **adotada** no Brasil como **estímulo à participação** eleitoral, na **busca** da **inclusão**

política de todos os setores da **sociedade**. De outra parte, teme-se que a implantação do voto facultativo favoreça a desmobilização política de segmentos independentes, ao passo que as parcelas mais dependentes de vínculos clientelistas continuariam submetidas a determinações de comparecimento à urna. Com menos eleitores, seria mais fácil monitorar o conteúdo do voto. Além disso, a prova do comparecimento às urnas poderia ser exigida como requisito para a doação de bens ou vantagens de natureza pessoal.

■ 4.7.4. Atos preparatórios

Mencionamos, a esta altura, que o Código Eleitoral, a partir do seu art. 114, dispõe acerca dos "atos preparatórios da votação", os quais aludem às providências a cargo da Justiça Eleitoral no sentido de viabilizar a ocorrência do pleito.

Os atos **preparatórios à votação** são medidas de evidente **caráter administrativo**, que têm em mira o cumprimento de uma das principais missões institucionais da **Justiça Eleitoral**, qual seja, aquela relativa à **concessão** ao eleitor da **oportunidade** de exercer livremente o seu **direito de votar**.

Assim, dispõe o Código Eleitoral sobre o fechamento da lista dos votantes e a definição das seções eleitorais; composição e os trabalhos das mesas receptoras de votos; a fiscalização perante tais mesas; o material usado para a votação e sobre o lugar onde esta deverá ser realizada; a polícia dos trabalhos eleitorais; o início e o término da votação e a apuração dos votos.

Registre-se que grande parte das cautelas adotadas pelo Código Eleitoral estão superadas por avanços legislativos, tecnológicos e institucionais, que remodelaram profundamente as eleições desde o advento do referido diploma legal, ainda em 1965. Tudo está a reclamar a revisão dessa codificação.

■ 4.7.5. Garantias eleitorais

As garantias eleitorais estão relacionadas – de modo não exaustivo – no Título I da Parte V do Código Eleitoral, entre os arts. 234 a 239. O tópico tem por finalidade elencar diversas cláusulas de proteção para os eleitores, candidatos e para os serviços eleitorais.

Segundo dispõe o art. 234 do Código Eleitoral: "Ninguém poderá impedir ou embaraçar o exercício do sufrágio". Para que o comando normativo se revele eficiente, a legislação eleitoral prevê diversas garantias ao exercício do voto.

■ *4.7.5.1. Salvo conduto*

Estipula o art. 235 do CE que o juiz eleitoral, ou o presidente da mesa receptora, pode expedir salvo-conduto com a cominação de prisão por desobediência até cinco dias, em favor do eleitor que sofrer violência, moral ou física, na sua liberdade de votar, ou pelo fato de haver votado.

Aqui claramente se objetiva acautelar a liberdade de manifestação eleitoral dos cidadãos, a fim de qualquer deles não se veja limitado em sua capacidade de exercer o direito de voto.

O parágrafo único do mesmo dispositivo estipula que a medida será válida para o período compreendido entre 72 horas antes até 48 horas depois do pleito.

4.7.5.2. Imunidade provisória

É nesse sentido que se estabelece a imunidade provisória para os candidatos e candidatas, o que vem previsto no art. 236 do CE, cujo teor é o seguinte:

> **Art. 236.** Nenhuma autoridade poderá, desde 5 (cinco) dias antes e até 48 (quarenta e oito) horas depois do encerramento da eleição, prender ou deter qualquer eleitor, salvo em flagrante delito ou em virtude de sentença criminal condenatória por crime inafiançável, ou, ainda, por desrespeito a salvo-conduto.

4.7.5.3. Proteção contra abusos

Perseguem o mesmo objetivo que garantir o livre exercício do voto as normas que coíbem a captação ilícita de sufrágio (art. 41-A da LE), as condutas vedadas aos agentes públicos em períodos eleitorais (arts. 73 e s. da LE) e reprimem o abuso de poder sob todas suas formas (art. 237 do CE e arts. 1º, I, *d*, e 22 da Lei de Inelegibilidades).

Para assegurar a eficiência da atuação das instituições eleitorais na defesa do exercício livre do direito de voto, o § 1º do art. 237 do CE deixa certo que:

> **Art. 237.** [...]
> § 1º O eleitor é parte legítima para denunciar os culpados e promover-lhes a responsabilidade, e a nenhum servidor público, inclusive de autarquia, de entidade paraestatal e de sociedade de economia mista, será lícito negar ou retardar ato de ofício tendente a esse fim.

Além disso, o § 2º do mesmo dispositivo legal estatui que:

> **Art. 237.** [...]
> § 2º Qualquer eleitor ou partido político poderá se dirigir ao Corregedor-Geral ou Regional, relatando fatos e indicando provas, e pedir abertura de investigação para apurar uso indevido do poder econômico, desvio ou abuso do poder de autoridade, em benefício de candidato ou de partido político.

O art. 91 da Lei das Eleições estabelece, em seu parágrafo único, que:

> **Art. 91.** [...]
> Parágrafo único. A retenção de título eleitoral ou do comprovante de alistamento eleitoral constitui crime, punível com detenção, de um a três meses, com a alternativa de prestação de serviços à comunidade por igual período, e multa no valor de cinco mil a dez mil Ufir.

O art. 91-A da mesma Lei n. 9.504/1997, acrescentado pela Lei n. 12.034/2009, estipula que, além da exibição do respectivo título, o eleitor, no momento da votação, deverá apresentar documento de identificação com fotografia.

Trata-se de elogiável medida adotada pelo legislador, que visa suprir a falta de maiores dados de identificação pessoal no título de eleitor. Assim, evita-se que um eleitor vote em lugar em outro, em autêntico ato de fraude que, infelizmente, nunca foi raro em nossos pleitos eleitorais.

A tal respeito, o Tribunal Superior Eleitoral emitiu o seguinte pronunciamento:

> Documento de identificação com foto. Incorporação. Funcionalidade. Sistema Elo. Reimpressão. Cédula eleitoral. 1. A Lei n. 12.034, de 2009, acrescentando o art. 91-A à Lei n. 9.504, de 1997, trouxe como inovação a obrigatoriedade de exibição do título de eleitor e de documento de identificação com foto para o exercício do voto. 2. À Justiça Eleitoral incumbe a adoção de providências para garantir, com o maior alcance possível, a plenitude do gozo dos direitos políticos positivos ao eleitorado, inclusive aos que, embora preservem o direito de voto, se encontrem com restrições à quitação eleitoral, impeditivas da obtenção de segunda via da cédula eleitoral. 3. Implementação, no Sistema Elo, de funcionalidade que possibilite a reimpressão, em caráter excepcional e temporário, de títulos eleitorais, a partir de requerimento padronizado, com dados idênticos aos do documento extraviado ou inutilizado em qualquer cartório ou posto de atendimento eleitoral, observada a data limite para o requerimento de segunda via (Resolução n. 23.281, de 16-6-2010, rel. Min. Aldir Passarinho Junior).

De acordo com o parágrafo único do mesmo art. 91-A da LE, por outro lado, fica proibido ao eleitor portar aparelho de **telefonia celular**, máquinas fotográficas e filmadoras dentro da cabina de votação. A norma dificulta a adoção de técnicas modernas de monitoramento do voto. Quase todos os aparelhos celulares modernos e máquinas fotográficas digitais dispõem de mecanismos de filmagem que facilmente permitiram a documentação em vídeo do ato de votar. Daí a conveniência da cautela adotada pelo legislador.

4.7.5.4. *Distanciamento da força pública*

O art. 238 do CE estipula ser proibida, durante o ato eleitoral, a presença de força pública no edifício em que funcionar mesa receptora, ou nas imediações.

O ato eleitoral a que se refere o dispositivo é o próprio exercício do voto; a força pública corresponde às polícias civil e militar e às Forças Armadas. Aqui o que se protege é uma vez mais a liberdade do eleitor, a fim de que as armas do Estado não possam ser utilizadas para intimidar ou constranger os cidadãos e cidadãs.

Isso não quer dizer que a legislação eleitoral prescinde do concurso da força pública para assegurar a segurança dos processos eleitorais. Daí o Código Eleitoral, em seu art. 141, dispor que a **força armada** conservar-se-á a cem metros da seção eleitoral e não poderá aproximar-se do lugar da votação, ou nele penetrar, sem ordem do presidente da mesa.

Tal disposição é compatível com o disposto no art. 127, III, do CE, que confere ao presidente da mesa receptora, e, em sua falta, a quem o substituir, poderes para manter a ordem dos serviços eleitorais, para o que disporá de força pública necessária.

4.7.5.5. Prioridade postal

O art. 239 do CE assegura aos partidos políticos a prioridade postal durante os 60 dias anteriores à realização das eleições, para remessa de material de propaganda de seus candidatos registrados.

Convém deixar registrado quanto a este ponto que o § 4º do art. 10 da Resolução do TSE n. 23.620/2019 estipula que o tratamento de dados pessoais por qualquer controlador ou operador para fins de propaganda eleitoral deverá respeitar a finalidade para a qual o dado foi coletado, observados os demais princípios e normas previstas na Lei Geral de Proteção de Dados (LGPD) e as disposições desta Resolução.

A seguir veremos outras garantias não constantes do rol acima apresentado, mas igualmente relevantes para assegurar o cumprimento das finalidades ali descritas.

4.7.5.6. Pessoas com deficiência

A Resolução do TSE n. 23.381, de 19 de junho de 2012, institui, no âmbito da Justiça Eleitoral, programa de acessibilidade destinado à implementação gradual de medidas para a redução de barreiras físicas, arquitetônicas, de comunicação e de atitudes, tudo com o objetivo de promover o "[...] acesso amplo e irrestrito, com segurança e autonomia de pessoas portadoras de deficiência ou com mobilidade reduzida" (art. 2º).

Esta Resolução apresenta no parágrafo único do seu art. 1º os conceitos de "pessoa com deficiência", "pessoa com mobilidade reduzida" e "acessibilidade". No art. 3º, determina a adoção de plano de ação voltado ao alcance de medidas que assegurem a participação do seu público-alvo nos processos eleitorais.

Com efeito, é dever do poder público velar pela estrita observância do que dispõe o § 2º do art. 227 da CF, que determina a adoção de providências legislativas no sentido de fixarem normas de construção dos logradouros e dos edifícios de uso público e de fabricação de veículos de transporte coletivo, a fim de garantir acesso adequado às pessoas deficiência. Cumprindo sua parte do dever de velar pelo direito fundamental – e, portanto, dotado de eficácia imediata plena –, deve a Justiça Eleitoral adotar cautelas especiais na seleção dos locais de votação e até no estabelecimento de seções especiais, assegurando às pessoas com mobilidade reduzida o livre e facilitado acesso à urna.

Como bem preconiza a aludida Resolução, não se trata de remover apenas barreiras físicas, como igualmente de mudar a postura dos agentes encarregados da administração dos processos eleitorais, em todos os níveis, assegurando o pleno exercício da cidadania àqueles submetidos a limitações biológicas.

4.7.5.7. O voto do preso

Não existe exceção normativa para a obrigatoriedade do voto do preso provisório. A despeito de eventual discussão sobre a conveniência de se admitir também o voto do condenado, não há lugar para qualquer discussão quanto ao dever do Estado de assegurar por todos os meios o comparecimento eleitoral dos que estejam provisoriamente segregados enquanto respondem a feitos criminais.

O TSE já vinha afirmando que: "A possibilidade de presos provisórios virem a votar depende da instalação de seções especiais, bem como de os interessados terem efetuado pedido de transferência eleitoral" (Resolução n. 21.804, de 8-6-2004, rel. Min. Humberto Gomes de Barros).

A Resolução do TSE n. 23.669/2021 dispõe sobre o tema, constando do seu teor a seguinte disposição:

> **Art. 39.** As juízas e os juízes eleitorais, sob a coordenação dos TREs, deverão disponibilizar seções em estabelecimentos penais e em unidades de internação tratadas pelo Estatuto da Criança e do Adolescente (ECA), a fim de que as presas e os presos provisórios(as), e os(as) adolescentes custodiados(as) em unidades de internação tenham assegurado o direito constitucional ao voto
>
> Parágrafo único. Para efeito desta resolução, consideram-se:
>
> I – presas ou presos provisórios(as): as pessoas recolhidas em estabelecimentos penais sem condenação criminal transitada em julgado;
>
> II – adolescentes custodiados(as) em ambiente de internação: os(as) maiores de 16 (dezesseis) e menores de 21 (vinte e um) anos submetidos(as) a medida socioeducativa de internação ou a internação provisória, nos termos da Lei n. 8.069/1990, que dispõe sobre o ECA;
>
> III – estabelecimentos penais: todas as instalações e os estabelecimentos onde haja presas e presos provisórios(as); e
>
> IV – unidades de internação: todas as instalações e unidades onde haja adolescentes custodiados(as) em ambiente de internação.

Tal resolução contém um significativo avanço, dispondo sobre os meios e fixando prazos para a tomada de medidas necessárias ao respeito ao direito de voto dos presos provisórios. Infelizmente, na prática, o tema ainda suscita preconceitos, ocultos sob a argumentação pública de que regras de segurança inviabilizam a observância dessa garantia eleitoral decorrente da própria Constituição.

Cumpre registrar que **adolescentes internados provisoriamente** ou já em cumprimento de medida socioeducativa de internação não podem ser privados do direito ao alistamento e ao voto. Se o adolescente já tem idade para o exercício da cidadania eleitoral, é dever do Estado assegurar-lhe o devido respeito à sua vontade de participar como votante na democracia do seu País. O alistamento e o voto são faculdades do adolescente, não do poder público.

■ 4.8. APURAÇÃO

Apuração é o meio pelo qual os votos são totalizados e submetidos ao tratamento definido em lei para a determinação dos eleitos. Trata-se de ato complexo que demanda duas distintas atividades:

a) contabilização numérica dos votos obtidos por cada candidato (totalização);

b) submissão desses números às fórmulas acolhidas pelo sistema eleitoral para a identificação final dos eleitos.

A apuração dos votos sofreu profundas alterações após a introdução do **voto eletrônico**, processo iniciado em meados dos anos 1990. No sistema eletrônico de votação, a apuração é feita por intermédio de programas de computador (*softwares*), produzidos segundo as determinações do sistema de preenchimento das cadeiras parlamentares. Segundo dispõe o art. 66 da Lei n. 9.504/1997, os partidos e coligações têm o direito de fiscalizar todas as fases do processo de votação e apuração das eleições e o processamento eletrônico da totalização dos resultados.

A lei assegura, ademais, que:

Art. 66. [...]

§ 1º Todos os programas de computador de propriedade do Tribunal Superior Eleitoral, desenvolvidos por ele ou sob sua encomenda, utilizados nas urnas eletrônicas para os processos de votação, apuração e totalização, poderão ter suas fases de especificação e de desenvolvimento acompanhadas por técnicos indicados pelos partidos políticos, Ordem dos Advogados do Brasil e Ministério Público, até seis meses antes das eleições.

Segundo o § 5º do mesmo art. 66 da LE, a carga ou preparação das urnas eletrônicas deverá ser realizada em sessão pública, com prévia convocação dos fiscais dos partidos e coligações para a assistirem e procederem aos atos de fiscalização.

A lei prevê, ainda, para assegurar maior fidedignidade ao processo de apuração eletrônica, a realização de uma votação paralela, também sob a fiscalização de partidos e coligações, no dia da eleição, em urnas colhidas por amostragem segundo critérios definidos pelo TSE (art. 66, § 6º, da LE). É permitido, e por tudo recomendável, que os partidos concorrentes ao pleito constituam:

[...] sistema próprio de fiscalização, apuração e totalização dos resultados contratando, inclusive, empresas de auditoria de sistemas, que, credenciadas junto à Justiça Eleitoral, receberão, previamente, os programas de computador e os mesmos dados alimentadores do sistema oficial de apuração e totalização (art. 66, § 7º, da LE).

O §§ 1º e 2º do art. 68 da Lei das Eleições estabelece que:

Art. 68. [...]

§ 1º O Presidente da Mesa Receptora é obrigado a entregar cópia do boletim de urna aos partidos e coligações concorrentes ao pleito cujos representantes o requeiram até uma hora após a expedição.

§ 2º O descumprimento do disposto no parágrafo anterior constitui crime, punível com detenção, de um a três meses, com a alternativa de prestação de serviço à comunidade pelo mesmo período, e multa no valor de um mil a cinco mil UFIR.

Além disso, o art. 72 da Lei n. 9.504/1997 ainda incrimina, com previsão de pena de reclusão de cinco a dez anos, as seguintes condutas:

Art. 72. [...]

I – obter acesso a sistema de tratamento automático de dados usado pelo serviço eleitoral, a fim de alterar a apuração ou a contagem de votos;

II – desenvolver ou introduzir comando, instrução, ou programa de computador capaz de destruir, apagar, eliminar, alterar, gravar ou transmitir dado, instrução ou programa ou provocar qualquer outro resultado diverso do esperado em sistema de tratamento automático de dados usados pelo serviço eleitoral;

III – causar, propositadamente, dano físico ao equipamento usado na votação ou na totalização de votos ou a suas partes.

■ 4.9. PROCLAMAÇÃO DOS RESULTADOS

À vista dos dados obtidos no processo de apuração dos votos, compete à Justiça Eleitoral **proclamar o resultado** da votação. A proclamação dos eleitos consiste na divulgação oficial, pela Justiça Eleitoral, dos resultados alcançados na apuração após a aplicação do sistema majoritário, nas eleições para o Executivo e para o Senado da República, e proporcional, nas eleições para a Câmara dos Deputados, Assembleias Legislativas, Câmara Distrital e Câmaras de Vereadores.

José Jairo Gomes[32] destaca, com razão, que:

> [...] embora feita formalmente, não há previsão de recurso para atacar a "proclamação dos eleitos". As questões aí ocorrentes poderão ser discutidas no recurso contra a diplomação.

A jurisprudência do TSE afirma que:

> O erro de cálculo das vagas à Câmara Municipal não fica sujeito à preclusão nas diversas fases do processo eleitoral, porquanto a emenda, até de ofício, pode ser efetuada. Mas uma vez "Proclamados e diplomados os vereadores sem que tenha havido recurso – encerrado o processo eleitoral –, o erro não mais pode ser corrigido, sob pena de se negar estabilidade jurídica à decisão que diplomou o recorrente" (Ac. n. 11.943, de 30-6-1995, rel. Min. Jesus Costa Lima).

Segundo o que dispõe o art. 49 da LE, alterado pela Lei n. 13.488/2017:

Art. 49. Se houver segundo turno, as emissoras de rádio e televisão reservarão, a partir da sexta-feira seguinte à realização do primeiro turno e até a antevéspera da eleição, horário destinado à divulgação da propaganda eleitoral gratuita, dividida em dois blocos diários de dez minutos para cada eleição, e os blocos terão início às sete e às doze horas, no rádio, e às treze e às vinte horas e trinta minutos, na televisão.

De acordo com o precedente do TSE:

---

[32] GOMES, José Jairo. *Direito Eleitoral*. São Paulo: Atlas, 2011, p. 413.

> A Junta Eleitoral deve proclamar eleito o candidato que obtiver a maioria dos votos válidos, não computados os votos nulos e os em branco. Todavia, não há prejuízo de que nova proclamação seja feita em razão de superveniente deferimento do registro de candidato que se encontrava *sub judice*. (Resolução n. 22.992, de 19-12-2008, rel. Min. Felix Fischer).

■ 4.10. AS CONTAS DE CAMPANHA

O tema também integra o processo eleitoral em sentido amplo. Por razões didáticas, trataremos dele mais amiúde no capítulo seguinte.

■ 4.11. DIPLOMAÇÃO DOS ELEITOS

Chegamos, então, à última fase do processo administrativo eleitoral: a diplomação. A importância desse momento do iter que tem início com o alistamento do eleitorado vem sendo cada vez mais reconhecida.

No texto a seguir veremos que:

a) a diplomação é uma decisão que põe termo ao processo de seleção dos candidatos;
b) a diplomação é uma decisão tomada em sessão realizada pelo tribunal (art. 202, § 1º, do CE). O diploma eleitoral é apenas subscrito, não outorgado pelo presidente;
c) a diplomação é uma decisão final, similar a uma sentença ou acórdão, marcada até mesmo pelo alcance do trânsito em julgado (expressa dicção do CE).

Para que alcancemos uma conclusão válida acerca da natureza jurídica da diplomação, é inicialmente imprescindível que realizemos uma incursão pelo estudo desse importante ato que põe termo ao processo eleitoral.

Preocupemo-nos, então, com a diplomação, o seu conteúdo e a sua extensão no universo jurídico pátrio.

Trata-se de providência adotada pela presidência do Tribunal ou da Junta Eleitoral. Assim estipula o art. 215 do Código Eleitoral: "Os candidatos eleitos, assim como os suplentes, receberão diploma assinado pelo Presidente do Tribunal Regional ou da Junta Eleitoral, conforme o caso".

Como se depreende da leitura do dispositivo, o diploma não é, todavia, formalmente "outorgado" pelo presidente do Tribunal ou da Junta, mas tão somente "assinado" por este. Isso porque, observando essa particularidade desde uma perspectiva mais precisa, o que verificamos é que a concessão do diploma diz respeito a toda a Corte ou Junta, em nome de quem, representativa e simbolicamente, age aquele que a preside.

Não fosse assim, a lei não se referiria ao presidente da Junta Eleitoral, mas ao juiz eleitoral. Enquanto aquele é o órgão de representação da Junta, este atua em nome próprio. Se o ato fosse verdadeiramente singular, mencionaria a lei a sua expedição pelo juiz, não pelo presidente do colegiado.

O próprio Código Eleitoral põe fora de dúvida ser a diplomação um ato a cargo do colegiado quando, no § 1º do art. 202, estipula: "§ 1º Na mesma sessão o Tribunal

Regional proclamará os eleitos e os respectivos suplentes e marcará data para a expedição solene dos diplomas em sessão pública [...]".

Como se vê, a decisão pela outorga do diploma é tomada pelo Tribunal e apenas executada pelo seu presidente.

A diplomação é, portanto, um ato administrativo-judicial realizado pela presidência do Tribunal ou Junta Eleitorais em nome do colegiado por um deles dirigido.

Esse ato não se apresenta isolado, estanque, dissociado de qualquer contexto. Ele diversamente vem a lume como corolário de um encadeamento de providências administrativas que têm por meta a superação das diversas fases do processo eleitoral até que ele atinja o seu apogeu, que se dá justamente pela outorga do diploma.

Ultrapassadas diversas etapas que vão desde a escolha prévia em convenção partidária e chegam à proclamação dos eleitos, só assim é dado ao candidato ver considerada a validade de toda essa trajetória, o que ocorre por via da realização de um juízo pleno de valorações ao qual o Código Eleitoral denomina diplomação.

Trata-se, por conseguinte, de um ato judicial em que se afirma a validade da utilização dos critérios levados em conta ao dar-se a alguém por eleito. Não é, portanto – dentre os diversos atos judiciais –, algum destituído de carga decisória.

Outorgar o diploma é afirmar a validade do pleito. É dizer, no caso das eleições proporcionais, a cuja imagem aqui recorro exemplificativamente, que os critérios adotados para a verificação dos quocientes eleitoral e partidário (arts. 106 a 108 do CE) foram aplicados de modo escorreito.

Um candidato pode ter sido eleito segundo as regras atualmente utilizadas para o preenchimento das sobras. Sua diplomação quer dizer que a Corte ou Junta Eleitorais admite que esses critérios foram observados acertadamente, não havendo outros reparos a realizar. É que eventuais imprecisões no cálculo dos quocientes e no preenchimento das sobras nem sequer dependeriam de provocação por terceiros para que o Tribunal pudesse revê-los. Trata-se de matérias passíveis de revisão de ofício, conforme se depreende a análise atenta do Código Eleitoral. Segundo o art. 199, § 5º, a Junta Apuradora constituída pelo Tribunal Regional Eleitoral deve apresentar-lhe relatório acompanhado dos seguintes documentos:

Art. 199. [...]

§ 5º [...]

I – o número de votos válidos e anulados em cada Junta Eleitoral, relativos a cada eleição;

II – as seções apuradas e os votos nulos e anulados de cada uma;

III – as seções anuladas, os motivos por que o foram e o número de votos anulados ou não apurados;

IV – as seções onde não houve eleição e os motivos;

V – as impugnações apresentadas às Juntas e como foram resolvidas por elas, assim como os recursos que tenham sido interposto:

VI – a votação de cada partido;

VII – a votação de cada candidato;

VIII – o quociente eleitoral;
IX – os quocientes partidários;
X – a distribuição das sobras.

A lei dispõe, minudentemente, sobre essa lista de providências. Tal fato ocorre porque é justamente a partir da análise de todo o conteúdo apresentado pela Comissão Apuradora que o Tribunal adotará uma das seguintes providências:

a) antes de aprovar o relatório da Comissão Apuradora e, em três dias improrrogáveis, julgará as impugnações e as reclamações não providas pela Comissão Apuradora, e, se as deferir, voltará o relatório à Comissão para que sejam feitas as alterações resultantes da decisão (art. 200, § 2º, do CE);

b) determinará a realização de eleições suplementares na hipótese de verificar que os votos das seções anuladas e daquelas cujos eleitores foram impedidos de votar, poderão alterar a representação de candidato eleito pelo princípio majoritário (art. 201 do CE);

c) não havendo vícios a suprir no relatório, o Tribunal Regional "na mesma sessão" proclamará os eleitos e os respectivos suplentes e marcará a data para a expedição solene dos diplomas em sessão pública (art. 202, § 1º, do CE).

Como se vê, ao deparar-se com o relatório final apresentado pela Comissão Apuradora, o Tribunal Eleitoral, não apenas o seu presidente, fica diante de três opções: a) determinar a realização de eleições suplementares; b) ordenar a realização de retificações no dito relatório ou proclamar os eleitos; c) marcar data para a diplomação.

No âmbito do Tribunal Superior ocorre algo similar. O art. 208 do Código Eleitoral se reporta ao relatório referente às eleições havidas em cada estado, o qual ficará na Secretaria do Tribunal, pelo prazo de dois dias, para exame dos partidos e candidatos interessados, que poderão apresentar alegações ou documentos no prazo de dois dias.

A razão de ser da apresentação desse relatório e da abertura de prazo para alegações e juntada de documentos é que, após essa oportunidade, o Tribunal Superior Eleitoral realizará sessão em que esse relatório será submetido a julgamento com preferência sobre todas as demais matérias. É o que estipula a cabeça do art. 209.

Pode ser que, na verificação dos relatórios oriundos dos Tribunais Regionais Eleitorais, decida o Tribunal pela alteração nas apurações do § 2º do art. 209. É possível ainda, nessa oportunidade, que o TSE decida ordenar a realização de eleições suplementares, desde que verifique que os votos das seções anuladas e daquelas cujos eleitores foram impedidos de votar, em todo o País, poderão alterar a classificação de candidato (art. 212). Só quando superadas todas essas providências poderá finalmente o Tribunal Superior Eleitoral aprovar em sessão a apuração geral (art. 212). Sem essa decisão colegiada o presidente do Tribunal Superior Eleitoral ficará impedido de subscrever o diploma a ser concedido ao presidente da República e ao respectivo vice. Isso serve ao mesmo tempo para deixar fora de dúvidas as peculiaridades do processo eleitoral:

a) a diplomação é ato marcadamente decisório;

b) o diploma eleitoral é tão somente subscrito pelo Presidente do Tribunal ou Junta, sendo sua concessão decorrente de uma decisão alvitrada pelo órgão colegiado que ambos integram.

A revisibilidade dos cálculos que autorizam concluir-se pela eleição de um dado candidato se prende ao fato de esta constituir matéria de ordem pública. Sobre ela não incide preclusão, não chegado o momento em que, afirmando a validade de todo o processo, dá-se a concessão do diploma eleitoral. Sobre o tema, se manifestou a Procuradoria Geral Eleitoral quando do julgamento do Mandado de Segurança n. 3.123/ES, julgado pelo Tribunal Superior Eleitoral em acórdão publicado no *Diário da Justiça* em 14-11-2003:

> Destarte, caem por terra as argumentações da impetrante, ditas fundamentadas no art. 63, §§ 1º e 2º, da Resolução n. 21.000/2002, do art. 200, §§ 1º e 2º, do Código Eleitoral, e do art. 5º, inciso LV, da Constituição Federal, pois sendo a matéria tratada de ordem pública e tendo o TRE/ES procedido à devida correção de erro nos quocientes eleitoral e partidário em procedimento iniciado com a notícia descrita em petição, demonstra-se evidente a inexistência de prazo a ser superado que implique em preclusão, bem como a inexigibilidade da instauração de contraditório que viesse a oportunizar a ampla defesa, uma vez que competia à Corte Eleitoral praticar tal ato, acaso não provocada, de ofício.

Nesse sentido, já se decidiu no âmbito do Tribunal Superior Eleitoral que, "se ainda estiver aberto o processo eleitoral, é possível ao juiz, mesmo de ofício, proceder à correção do erro material [...]". (Ac. n. 15.218, de 8-8-2000, rel. Min. Fernando Neves).

Bem diverso é o que ocorre quando, já operada a diplomação, reconhece-se o encerramento do processo eleitoral. Nesse sentido, o TSE já decidiu que:

> [...] proclamados e diplomados os vereadores sem que tenha havido recurso – encerrado o processo eleitoral –, o erro não mais pode ser corrigido, sob pena de se negar estabilidade jurídica a decisão que diplomou o recorrente [...]. [...] Na hipótese dos autos a preclusão é inarredável. [...] O erro de cálculo não se sujeita à preclusão apenas para efeito de sua arguição nas diferentes fases do processo eleitoral. Estando em aberto o processo eleitoral [...] pode ser corrigido até de ofício pelo juiz ou Tribunal. Encerrado o processo eleitoral [...] com o trânsito em julgado da diplomação, não nos parece mais possível a correção. [...] (Ac. n. 11.979, de 22-6-1995, rel. Min. Jesus Costa Lima).

Nota-se, assim, que o saneamento das imprecisões verificadas no encerramento do processo eleitoral constitui matéria de ordem pública, apta a ensejar a adoção, de ofício ou por requerimento, das providências que se fizerem necessárias.

Ao Tribunal ou Junta toca a atribuição de velar pela observância de todas as etapas do processo administrativo eleitoral. É seu o dever constitucional de empreender, sem necessidade de provocação, a superação de cada fase do processo de seleção de mandatários até que possa, lançando seus olhos sobre os atos sucessivamente realizados, dar por finda a sua missão pela via da outorga dos diplomas aos candidatos.

Conceder um diploma significa afirmar que o processo eleitoral por si realizado foi, em toda sua inteireza, marcado pela aplicação acertada das normas que informam o processo eleitoral. Trata-se, portanto, de um ato judicial com carga decisória, que põe fim ao denominado "processo administrativo eleitoral". É este um ato decisório de natureza declaratória, como já reconheceu o Tribunal Superior Eleitoral. É o que vê do precedente a seguir:

> "[...] 1. A diplomação tem natureza jurídica declaratória, tendo o eleito direito de exercer seu mandato em razão da vontade popular externada nas urnas" (AgR-REspe 060080218, Acórdão, rel. Min. Ricardo Lewandowski, *DJe* de 24-8-2022, t. 162).

E explico: o diploma eleitoral é a expressão factual, externa, de uma decisão tomada por uma autoridade judicial ao cabo de um complexo processo administrativo. A diplomação é, assim, em parte ato da Administração, em parte decisão de um órgão do Judiciário. Em ambas as dimensões prevalece, como marca mais evidente, uma inegável carga de ato decisório.

E essa decisão possui efeitos declaratórios. Se, de um lado, por seu intermédio a autoridade que presidiu o processo eleitoral efetivamente declara a validade dos atos por si praticados, de outro ela inaugura um novo tempo de direitos para o diplomado.

Resta dizer que ele se reporta a uma decisão final. Nem sequer se trata de uma decisão interlocutória, a qual estaria passível de alterações futuras por parte do órgão prolator.

A diplomação é, diversamente, decisão que põe termo a um processo, nesse ponto confundindo-se com as sentenças ou acórdãos judiciais. Isso é deixado fora de dúvidas pelo Código Eleitoral. Em seu art. 183 ele se reporta claramente ao trânsito em julgado da diplomação. Transcrevo o dispositivo:

> **Art. 183.** Concluída a apuração, e antes de se passar à subsequente, as cédulas serão recolhidas à urna, sendo esta fechada e lacrada, não podendo ser reaberta senão depois de transitada em julgado a diplomação, salvo nos casos de recontagem de votos.

E, logo em seguida, o Código Eleitoral volta a reafirmar essa particularidade:

> **Art. 185.** Sessenta dias após o trânsito em julgado da diplomação de todos os candidatos, eleitos nos pleitos eleitorais realizados simultaneamente e prévia publicação de edital de convocação, as cédulas serão retiradas das urnas e imediatamente incineradas, na presença do Juiz Eleitoral e em ato público, vedado a qualquer pessoa inclusive ao Juiz, o seu exame na ocasião da incineração.

Não há dúvida, portanto, de que ao falar em diplomação estamos efetivamente diante de uma **decisão de natureza declaratória**, que põe fim a um processo. É como se conclui o processo administrativo eleitoral.

4.12. NULIDADE E ANULABILIDADE DOS VOTOS: CARACTERIZAÇÃO E EFEITOS

4.12.1. Distinção entre nulidade e anulabilidade em matéria eleitoral

O voto, segundo a dicção do Código Eleitoral, pode ser **nulo ou anulável**. Ambas as figuras, juntamente com o voto reputado juridicamente inexistente, constituem espécies do gênero "**voto inválido**". Diz-se inválido o voto inapto a constituir pronunciamento político lícito do eleitor em favor de qualquer partido ou candidato em virtude de preterição de formalidade legal. O voto reputado inválido não integrará o cômputo da votação final nominal ou de legenda em proveito de nenhum postulante ou agremiação[33].

Seja ele nulo ou anulável, o voto não produzirá efeitos positivos para o candidato ou partido a que se destinou. Como bem registra José Jairo Gomes: "Na prática, em uma visão geral, ambas rendem a ineficácia do ato, pois implicam recusa dos efeitos da declaração de vontade: *quod nullum est nullum effectum producit*"[34]. Entretanto, como será demonstrado a seguir, o Código Eleitoral reservou consequências diversas para uma hipótese ou outra. Sob a genérica denominação "voto inválido" encontramos, como afirmado, as figuras do inexistente, nulo ou anulável. Interessam aos fins deste trabalho apenas as duas últimas categorias. A nulidade absoluta do voto, na notável lição de José Jairo Gomes, é pautada pelo "interesse público, geral, da sociedade"[35]. Já na anulabilidade (nulidade relativa), tem-se por tônica o interesse menos genérico e a necessária irresignação das partes ou do Ministério Público Eleitoral ante o ilícito observado.

De outra parte, "a sentença que afirma a nulidade tem natureza meramente declaratória, enquanto a que afirma a anulabilidade tem natureza constitutiva, ou melhor, constitutivo-negativa"[36]. Prevalência do interesse geral, desnecessidade de provocação das partes para seu reconhecimento e reconhecimento em decisão, administrativa ou judicial, de natureza declaratória são, pois, o tripé conceitual sobre o qual se assenta o voto imanentemente nulo. O voto anulável, por sua vez, se notabiliza pela prevalência do interesse das partes concorrentes no prélio eleitoral (partidos, candidatos e coligações). Por isso mesmo, não pode ser reconhecido de ofício, possuindo a sentença que o reconhece presente carga claramente constitutiva negativa. O Código Eleitoral falta profundamente com a boa técnica ao dispor sobre votos nulos e anuláveis. É preciso, pois, perquirir a essência de cada hipótese jurídica à luz das premissas aqui demonstradas para verificar se se está diante de um caso ou outro.

---

[33] A invalidação dos votos pode ter impacto direto no resultado das eleições. Exemplo: nos termos § 3º do art. 77 da CF: "Se nenhum candidato alcançar maioria absoluta na primeira votação, far-se-á nova eleição em até vinte dias após a proclamação do resultado, concorrendo os dois candidatos mais votados e considerando-se eleito aquele que obtiver a maioria dos votos válidos".

[34] GOMES, José Jairo. Invalidade no Direito Eleitoral: nulidade e anulabilidade de votos. *Revista Brasileira de Direito Eleitoral*, ano 1, n. 1, Belo Horizonte, p. 63-104, jul./dez. 2009, p. 68.

[35] GOMES, José Jairo. Invalidade no Direito Eleitoral: nulidade e anulabilidade de votos. *Revista Brasileira de Direito Eleitoral*, ano 1, n. 1, Belo Horizonte, p. 63-104, jul./dez. 2009, p. 68.

[36] GOMES, José Jairo. Invalidade no Direito Eleitoral: nulidade e anulabilidade de votos. *Revista Brasileira de Direito Eleitoral*, ano 1, n. 1, Belo Horizonte, p. 63-104, jul./dez. 2009, p. 68.

O art. 175 do CE[37] parece indicar todas as **hipóteses em que o voto será nulo**. Uma interpretação literal – por isso mesmo insuficiente e superficial – nos levaria a essa conclusão, ante o modo como está redigido o dispositivo. Entretanto, o que temos até aqui diz respeito tão somente à nulidade das cédulas de votação.

Outro rol de nulidades absolutas está contido no art. 220 do Código Eleitoral, este agora referente à invalidade da votação. Diz o referido dispositivo:

> **Art. 220.** É nula a votação:
> I – quando feita perante mesa não nomeada pelo juiz eleitoral, ou constituída com ofensa à letra da lei;
> II – quando efetuada em folhas de votação falsas;
> III – quando realizada em dia, hora, ou local diferentes do designado ou encerrada antes das 17 horas;
> IV – quando preterida formalidade essencial do sigilo dos sufrágios.
> V – quando a seção eleitoral tiver sido localizada com infração do disposto nos §§ 4º e 5º do art. 135.

Na sequência, o art. 221 traz uma série de infrações ao Código Eleitoral que o próprio dispositivo afirma tratar-se de causas de nulidade relativa:

> **Art. 221.** É anulável a votação:
> I – quando houver extravio de documento reputado essencial;
> II – quando pôr negado ou sofrer restrição o direito de fiscalizar, e o fato constar da ata ou de protesto interposto, por escrito, no momento:
> III – quando votar, sem as cautelas do art. 147, § 2º.
> *a)* eleitor excluído por sentença não cumprida por ocasião da remessa das folhas individuais de votação à mesa, desde que haja oportuna reclamação de partido;
> *b)* eleitor de outra seção, salvo a hipótese do art. 145;
> *c)* alguém com falsa identidade em lugar do eleitor chamado.

---

[37] "Art. 175. Serão nulas as cédulas: I – que não corresponderem ao modelo oficial; II – que não estiverem devidamente autenticadas; III – que contiverem expressões, frases ou sinais que possam identificar o voto. § 1º Serão nulos os votos, em cada eleição majoritária: I – quando forem assinalados os nomes de dois ou mais candidatos para o mesmo cargo; II – quando a assinalação estiver colocada fora do quadrilátero próprio, desde que torne duvidosa a manifestação da vontade do eleitor. § 2º Serão nulos os votos, em cada eleição pelo sistema proporcional: I – quando o candidato não for indicado, através do nome ou do número, com clareza suficiente para distingui-lo de outro candidato ao mesmo cargo, mas de outro partido, e o eleitor não indicar a legenda; II – se o eleitor escrever o nome de mais de um candidato ao mesmo cargo, pertencentes a partidos diversos, ou, indicando apenas os números, o fizer também de candidatos de partidos diferentes; III – se o eleitor, não manifestando preferência por candidato, ou o fazendo de modo que não se possa identificar o de sua preferência, escrever duas ou mais legendas diferentes no espaço relativo à mesma eleição. § 3º Serão nulos, para todos os efeitos, os votos dados a candidatos inelegíveis ou não registrados. § 4º O disposto no parágrafo anterior não se aplica quando a decisão de inelegibilidade ou de cancelamento de registro for proferida após a realização da eleição a que concorreu o candidato alcançado pela sentença, caso em que os votos serão contados para o partido pelo qual tiver sido feito o seu registro."

O dispositivo apresenta um rol de circunstâncias em que o voto pode ser tido como "anulável". Todavia, considerados os marcos teóricos até aqui estudados devemos concluir que o art. 221 também contém um rol de matérias aptas a caracterizar hipóteses de **nulidade absoluta**. Todos os temas tratados no art. 221 do CE são de interesse notadamente público. Não se pode, por exemplo, considerar de menor gravidade a negativa ou restrição ao exercício de fiscalizar ou autorização para voto de eleitores excluídos por sentença ou com identidade falsa. Trata-se de exemplos em que é inegável o interesse público no reconhecimento da nulidade. Por isso mesmo, o art. 223 reconhece que também as nulidades dessa ordem podem ser "decretadas de ofício pela Junta"[38].

A própria localização tópica desse art. 223 permite essa conclusão: tanto as nulidades previstas no art. 220, quanto as relacionadas no art. 221, apesar da errônea redação dada a este último dispositivo de lei, são de natureza absoluta. Se estamos diante de matéria em que fica evidente o interesse público e que podem ser reconhecidas de ofício, como claramente quer o Código Eleitoral, não podemos concluir pela existência de meras nulidades relativas nos arts. 220 e 221. Outra é a situação do art. 222 do CE, transcrito a seguir:

> **Art. 222.** É também anulável a votação, quando viciada de falsidade, fraude, coação, uso de meios de que trata o art. 237, ou emprego de processo de propaganda ou captação de sufrágios vedado por lei.

Aqui, não há que se falar em reconhecimento *ex officio* de nulidades. As matérias versadas no art. 222 são exclusivamente veiculáveis por meio de ações e representações judiciais.

Aí reside outra **diferença** entre as nulidades absolutas e relativas em matéria eleitoral: as primeiras podem ser reconhecidas de ofício e em decisões de natureza administrativa ou judicial, enquanto as segundas demandarão sempre a existência de abertura da via judicial para que, eventualmente, possam ter a sua ocorrência admitida.

VOTO INVÁLIDO	
Nulidades absolutas	Nulidades relativas
Interesse público	Interesse das partes

---

[38] "Art. 223. A nulidade de qualquer ato, não decretada de ofício pela Junta, só poderá ser arguida quando de sua prática, não mais podendo ser alegada, salvo se a arguição se basear em motivo superveniente ou de ordem constitucional. § 1º Se a nulidade ocorrer em fase na qual não possa ser alegada no ato, poderá ser arguida na primeira oportunidade que para tanto se apresente. § 2º Se se basear em motivo superveniente deverá ser alegada imediatamente, assim que se tornar conhecida, podendo as razões do recurso ser aditadas no prazo de 2 (dois) dias. § 3º A nulidade de qualquer ato, baseada em motivo de ordem constitucional, não poderá ser conhecida em recurso interposto fora do prazo. Perdido o prazo numa fase própria, só em outra que se apresentar poderá ser arguida."

VOTO INVÁLIDO	
Reconhecimento de ofício	Necessidade de provocação
Decisão declaratória	Decisão constitutiva negativa
Via administrativa ou judicial	Sempre por via judicial
Alcança seções em particular	Compromete toda a votação dada a um candidato
Nova votação dentro do mesmo pleito	Abertura de um novo pleito
Eleição suplementar (art. 187 do CE)	Novas eleições ou posse do segundo colocado (art. 224 do CE).

Pode-se afirmar, assim, que as nulidades a que se referem os arts. 220 e 221 do CE são absolutas, apesar da atecnia do legislador. As nulidades relativas são apenas as relacionadas no art. 222 do CE. Isso quer dizer que, enquanto as nulidades absolutas podem ser reconhecidas em Juízo ou de ofício, as nulidades relativas só podem ser reconhecidas em sede de ação judicial. Verificada a nulidade, proferir-se-á sentença dotada de carga constitutiva negativa. O diploma, o registro de candidato ou o mandato são desconstituídos por força de comando judicial[39].

E, uma vez ocorrente essa ordem desconstitutiva, terá lugar, sempre, a aplicação do art. 224. Se, todavia, estivermos diante de uma nulidade absoluta, não teremos hipótese de aplicação do art. 224 do CE, mas do art. 187 do mesmo dispositivo, que expressamente dispõe:

> **Art. 187.** Verificando a Junta Apuradora que os votos das seções anuladas e daquelas cujos eleitores foram impedidos de votar, poderão alterar a representação de qualquer partido ou classificação de candidato eleito pelo princípio majoritário, nas eleições municipais, fará imediata comunicação do fato ao Tribunal Regional, que marcará, se for o caso, dia para a renovação da votação naquelas seções.
> § 1º Nas eleições suplementares municipais observar-se-á, no que couber, o disposto no art. 201.
> § 2º Essas eleições serão realizadas perante novas mesas receptoras, nomeadas pelo juiz eleitoral, e apuradas pela própria Junta que, considerando os anteriores e os novos resultados, confirmará ou invalidará os diplomas que houver expedido.
> § 3º Havendo renovação de eleições para os cargos de prefeito e vice-prefeito, os diplomas somente serão expedidos depois de apuradas as eleições suplementares.
> § 4º Nas eleições suplementares, quando ser referirem a mandatos de representação proporcional, a votação e a apuração far-se-ão exclusivamente para as legendas registradas.

---

[39] "A cassação do diploma implica o reconhecimento da nulidade da eleição, independentemente de expressa declaração [...]. A nulidade da votação está subsumida na decisão que cassa o diploma". "Assim, reconhecida a captação de sufrágio, por decisão judicial, em representação fundada no art. 41-A da Lei n. 9.504/97, resta configurada a anulação dos votos prevista no art. 222, CE, aplicando-se o art. 224 se a nulidade alcançar a mais da metade dos votos" (Ac. n. 19.759, de 10-12-2002, rel. Min. Luiz Carlos Madeira).

Isso ocorre por conta de outra **distinção** entre as nulidades absolutas e relativas: estas contaminam a seção ou as seções em que se observou a falha, demandando a realização de eleições suplementares (art. 187 do CE). Já aquelas comprometem os votos atribuídos ao candidato contra quem versa a demanda, o que reclama a adoção do art. 224 do CE.

No art. 220, por exemplo, teremos a nulidade dos votos colhidos perante mesa não nomeada pelo juiz eleitoral ou quando localizada em local vedado pela lei (incisos I e V). Mas a nulidade também se abate sobre a seção em que votar alguém com identidade falsa (art. 221, III, *c*, do CE). Nos exemplos extraídos dos mencionados arts. 220 e 221, a nulidade sempre incidirá sobre a seção. E reclamará, quando os votos ali coletados puderem alterar o resultado do pleito, a eleição e eleições suplementares que atingirão exclusivamente as seções afetadas.

José Jairo Gomes[40] preleciona sobre o tema:

> Ressalte-se que o fato de alguns atos serem invalidados pode não ter efeito relevante no processo eleitoral ou numa dada eleição. A despeito da invalidação de alguns votos de uma seção, pode ocorrer de os demais se manterem rígidos. É que a extensão dos efeitos da invalidação à eleição requer a presença de outros fatores. Na verdade, dependendo do tipo de eleição, a invalidação de alguns votos de uma seção eleitoral ou de dada circunscrição não significa que toda a eleição se encontra maculada, pois o evento é restrito e localizado. [...] Daí dispor o Código em seu art. 187, referindo-se às eleições municipais, que, sendo verificado pela junta eleitoral que os votos das seções invalidadas podem alterar a representação de qualquer partido ou classificando de candidato eleito pelo princípio majoritária, deverá aquele órgão fazer imediata comunicado do fato ao Tribunal Regional, que marcará, se for o caso, dia para a renovação da votação naquelas seções (CE, art. 187). Da nova votação só participam os eleitores que hajam comparecido ao escrutínio invalidado.

Como se vê, a consequência da **nulidade de seções eleitorais** é sempre – quando possível a alteração da representação – a realização de votação suplementar dentro do mesmo pleito.

Já nas ações judiciais, quando reconhecida a nulidade relativa e desconstituído o registro, diploma ou mandato, sempre será aplicável o disposto no art. 224 do CE.

Observe-se a seguinte situação hipotética: o que ocorre se o julgamento condenando o candidato a prefeito e vice-prefeito por corrupção eleitoral se der após a eleição, e eles tiverem sido eleitos? Será necessário saber a porcentagem de votos válidos que o candidato destituído do seu cargo recebeu na eleição. Isso porque todos os seus votos serão considerados nulos. Se essa nulidade atingir mais de 50% dos votos válidos, nova eleição será marcada (art. 224 do CE). Com menos de 50% dos votos válidos, o segundo colocado será proclamado eleito.

Assim decidiu o TSE nos casos de pleito majoritário (eleição para prefeito e vice-prefeito):

---

[40] GOMES, José Jairo. *Direito Eleitoral*. São Paulo: Atlas, 2015, p. 513.

> Recurso especial eleitoral. Ação de investigação judicial eleitoral. Captação ilegal de sufrágio (art. 41-A da Lei n. 9.504/1997). [...]. 3. O TSE entende que, nas eleições majoritárias, é aplicável o art. 224 do CE aos casos em que, havendo a incidência do art. 41-A da Lei n. 9.504/1997, a nulidade atingir mais de metade dos votos. Recursos Providos em parte para tornar insubsistente a diplomação do segundo colocado e respectivo vice e determinar que o TRE, nos termos do art. 224 do CE, marque data para a realização de novas eleições. [...] a condenação do prefeito eleito com base no art. 41-A da Lei n. 9.504/1997 impõe a anulação dos votos a ele conferidos. Tendo obtido 50,06% dos votos válidos, a anulação implica a realização de nova eleição, por força do art. 224 do CE. [...] (Ac. n. 21.169, de 10-6-2003, rel. Min. Ellen Gracie).

Aplica-se, em tais hipóteses, o disposto no art. 224 do CE:

> **Art. 224.** Se a nulidade atingir a mais de metade dos votos do País nas eleições presidenciais, do Estado nas eleições federais e estaduais ou do município nas eleições municipais, julgar-se-ão prejudicadas as demais votações e o Tribunal marcará dia para nova eleição do prazo de 20 (vinte) a 40 (quarenta) dias.

Essas são as situações previstas para o caso de candidatos a prefeito, governador, presidente e seus respectivos vices. No caso das eleições proporcionais, os votos do candidato submetido a medida de cassação serão computados ao partido ou à coligação a que pertence. Têm lugar os mesmos efeitos que sobreviriam caso os eleitores houvessem votado apenas na legenda partidária.

> Declarada a nulidade de voto de candidato a vereador, em razão da captação ilícita, aplica-se o disposto no art. 175, § 4º, do CE (Ac. n. 19.759, de 10-12-2002, rel. Min. Luiz Carlos Madeira).

Segundo o § 3º do art. 175 do CE: "Serão nulos, para todos os efeitos, os votos dados a candidatos inelegíveis ou não registrados". Já o § 4º transcrito estipula que:

> **Art. 175.** [...]
> § 4º O disposto no parágrafo anterior não se aplica quando a decisão de inelegibilidade ou de cancelamento de registro for proferida após a realização da eleição a que concorreu o candidato alcançado pela sentença, caso em que os votos serão contados para o partido pelo qual tiver sido feito o seu registro.

Então, registre-se que **a aplicação do art. 224 estará sempre vinculada à ocorrência de casos de perda de mandato e diploma por via judicial**. São a essas situações específicas que o dispositivo se dirige. A invalidação de seções eleitorais sempre acarretará a aplicação do art. 187 do CE, com a realização de eleições. Ocorrente a nulidade absoluta, o caso será de nova votação nas seções afetadas, tudo no contexto do mesmo pleito. Havendo nulidade relativa, ocorrerá um novo pleito, sendo reaberto todo o processo eletivo, até mesmo com novo período para o registro de candidatos, ou, dependendo do caso, a posse do segundo colocado[41].

---

[41] "Eleições municipais. Renovação do pleito majoritário. Excepcionalidade [...] 1. Na renovação do pleito, por se tratar de situação excepcional, os processos de registro merecem tratamento específi-

4.12.2. Nulidades de seções e de votações: soluções distintas

Considere-se, porém, que se discorde das considerações até aqui tecidas sobre o tema do voto nulo ou anulável e se considere, por apego à literalidade do dispositivo, que o art. 221 do CE de fato elenca hipóteses de anulabilidade. Mesmo nesse caso se deve admitir que o Código Eleitoral previu duas distintas consequências para o reconhecimento da nulidade relativa.

POSSÍVEIS CONSEQUÊNCIAS	
Eleições suplementares	Novas eleições
Previsão no art. 187 do CE	Precisão no art. 224 do CE
Reconhecimento de ofício	Apenas em ação judicial
Nulidade de seções eleitorais	Nulidade da votação atribuída a um candidato
Via administrativa ou judicial	Sempre por via judicial
Não há um novo pleito	Há um novo pleito
Só votam os que concederão voto nas seções anuladas	Votam todos os eleitores, mesmo os que faltaram no pleito anulado

Nas hipóteses do art. 221 do CE não se pode falar em nulidade de toda a votação, mas apenas nas cédulas e seções comprometidas pelas falhas relacionadas no dispositivo. Não se pode pretender, por exemplo, que toda a votação seja anulada porque em uma sessão votou "alguém com falsa identidade em lugar do eleitor chamado" (art. 221, III, *c*).

A diferença entre as consequências previstas no Código Eleitoral para os casos de nulidade reside na **seguinte fórmula**:

co e diferenciado dos demais, interpretando-se de forma sistêmica as normas eleitorais, inclusive se levando em conta o princípio da razoabilidade. [...]" NE: "[...] a renovação da eleição, nesta hipótese, deve ser tratada como um novo pleito, ou seja, deve-se começar o processo eleitoral do início, com novas convenções, escolha e registro de candidatos, adaptando-se os prazos a serem cumpridos, inclusive aqueles que estabelecem períodos de desincompatibilização. [...]" (Ac. n. 21.141, de 15-5-2003, rel. Min. Fernando Neves).

"Direito Eleitoral. Mandado de segurança. Resolução regional que disciplina renovação de eleição municipal. Art. 224 da Lei n. 4.737/65. Orientação da Corte. Precedentes. Concedida a segurança. i – A teoria das nulidades indica a restituição da situação jurídica ao estado anterior, recompondo--se o quadro fático. Trata-se da incidência do princípio de *que quod nullum est, nullum producit effectum*, desenvolvido inicialmente pelos romanos e até hoje aplicado nos ordenamentos normativos, inclusive o brasileiro. ii – Neste passo, recompor-se a situação significa proceder a outro pleito, com a reabertura de todo o processo eleitoral. [...]" NE: "[...] Neste passo, recompor-se a situação jurídica significa proceder a outro pleito, com a reabertura de todo o processo eleitoral [...] no caso do 224 do Código Eleitoral, desde a escolha dos candidatos em convenção. [...]" (Ac. n. 3.058, de 10-10-2002, rel. Min. Sálvio de Figueiredo).

a) ocorrente a nulidade de votos, cédulas e sessões eleitorais (arts. 165, 166, 220 e 221 do CE), realizam-se eleições suplementares, com a convocação dos eleitores inscritos nas sessões atingidas;

b) se, entretanto, a nulidade se abate sobre toda a votação atribuída a um candidato, aí o caso se resolve nos termos do *caput* do art. 224 do CE.

Como se observa, a nulidade capaz de acarretar a renovação das eleições ou a posse do segundo colocado sempre será aquela "que importe o indeferimento do registro, a cassação do diploma ou a perda do mandato de candidato eleito", já que a isso se refere todo o art. 222 do CE.

■ 4.13. QUESTÕES

1. (Câmara de Boituva-SP – Analista Jurídico – Vunesp – 2020) Assinale a alternativa correta.
   a) Dentre as condições para transferência do alistamento do domicílio eleitoral está a obrigatoriedade de residência mínima de três meses no novo endereço declarado pelo eleitor, sob as penas da lei.
   b) A perda do mandato em razão da desfiliação partidária é aplicável aos candidatos eleitos pelo sistema proporcional e majoritário.
   c) A idade mínima para o cidadão concorrer ao cargo de vereador é de vinte e um anos.
   d) É possível a candidatura avulsa somente ao cargo majoritário.
   e) Na hipótese de fusão, a existência legal do novo partido terá início somente com o registro no Tribunal Superior Eleitoral, cujo requerimento deve ser acompanhado das atas das decisões dos órgãos competentes.

2. (TJ-MS – Juiz Substituto – FCC – 2020) Consideradas a disciplina normativa e a jurisprudência do Tribunal Superior Eleitoral a respeito do alistamento, da transferência do eleitor, do domicílio eleitoral e do cancelamento da inscrição,
   a) o domicílio eleitoral é determinado pelo lugar em que o eleitor estabelece a sua residência com ânimo definitivo, não se admitindo a demonstração de outros vínculos para tal determinação.
   b) a transferência de título eleitoral de servidor público civil, militar, autárquico, ou de membro de sua família, por motivo de remoção ou transferência, não exige o transcurso de, pelo menos, 1 (um) ano do alistamento ou da última transferência.
   c) a transferência de domicílio eleitoral deve ocorrer independentemente da apresentação, pelo eleitor, de declaração relativa a período mínimo de residência no novo domicílio.
   d) a suspensão e a perda dos direitos políticos não são causas de cancelamento do alistamento eleitoral.
   e) o eleitor transferido poderá votar no novo domicílio eleitoral em eleição suplementar à que tiver sido realizada antes de sua transferência.

3. (TRE-PA – Analista Judiciário – Administrativa – IBFC – 2020) O Código Eleitoral, instituído pela Lei n. 4.737/1965, traz disposições acerca do alistamento eleitoral. Sobre o assunto, analise as afirmativas abaixo.
   I. O alistamento eleitoral é obrigatório para os analfabetos.
   II. O alistamento faz-se mediante a qualificação e inscrição do eleitor.
   III. Os cegos alfabetizados pelo sistema "Braille", que reunirem as demais condições de alistamento, podem qualificar-se mediante o preenchimento da fórmula impressa e a aposição do nome com as letras do referido alfabeto.

Assinale a alternativa correta.
   a) As afirmativas I, II e III estão corretas.
   b) Apenas as afirmativas I e II estão corretas.
   c) Apenas as afirmativas II e III estão corretas.
   d) Apenas a afirmativa I está correta.

4) (TRE-PA – Analista Judiciário – Administrativa – IBFC – 2020) No que diz respeito às disposições da Lei n. 9.504/97 sobre o direito de resposta, analise as afirmativas abaixo e dê valores Verdadeiro (V) ou Falso (F):
   ( ) A partir da escolha de candidatos em convenção, é assegurado o direito de resposta a candidato, partido ou coligação atingidos, ainda que de forma indireta, por conceito, imagem ou afirmação caluniosa, difamatória, injuriosa ou sabidamente inverídica, difundidos por qualquer veículo de comunicação social.
   ( ) O ofendido, ou seu representante legal, poderá pedir o exercício do direito de resposta à Justiça Eleitoral no prazo de vinte e quatro horas, quando se tratar do horário eleitoral gratuito, contados a partir da veiculação da ofensa.
   ( ) O ofendido, ou seu representante legal, poderá pedir o exercício do direito de resposta à Justiça Eleitoral no prazo de noventa e seis horas, quando se tratar de órgão da imprensa escrita, contados a partir da veiculação da ofensa.

Assinale a alternativa que apresenta a sequência correta de cima para baixo.
   a) V, V, V
   b) V, V, F
   c) V, F, V
   d) F, F, V

5. (TRE-MA – Analista Judiciário – Judiciária – Ieses – 2015) Em relação às convenções para escolha de candidatos assinale a alternativa correta:
   a) Para a realização das convenções de escolha de candidatos, os partidos políticos só poderão usar prédios públicos se for realizado o pagamento antecipado do valor correspondente a utilização do prédio.
   b) As normas para a escolha e substituição dos candidatos e para a formação de coligações serão estabelecidas na lei eleitoral, sendo vedado ao estatuto dos partidos políticos tratar desse tema.
   c) Se a convenção partidária de nível inferior se opuser, na deliberação sobre coligações, às diretrizes legitimamente estabelecidas pelo órgão de direção nacional, nos termos do respectivo estatuto, poderá esse órgão anular a deliberação e os atos dela decorrentes.
   d) A escolha dos candidatos pelos partidos e a deliberação sobre coligações deverão ser feitas no período de 12 de junho a 05 de julho do ano em que se realizarem as eleições, devendo ser lavrada ata com assinatura do presidente do partido e todos os candidatos escolhidos.

6. (TJ-SC – Juiz Substituto – FGV – 2022) "A fraude à cota de gênero de candidaturas femininas representa afronta aos princípios da igualdade, da cidadania e do pluralismo político, na medida em que a *ratio* do Art. 10, § 3º, da Lei n. 9.504/1997 é ampliar a participação das mulheres no processo político-eleitoral." (Min. Alexandre de Moraes, REspEL 190/GO, DJE 04/02/2022).

Nesse contexto, é correto afirmar que:
   a) a apuração da fraude à cota de gênero pode ser feita através do manejo de diversas ações, salvo a ação de impugnação de mandato;
   b) a caracterização da fraude acarreta como consequência jurídica a cassação dos candidatos vinculados ao DRAP que participaram, anuíram ou tiveram ciência da fraude;
   c) a caracterização da fraude acarreta a inelegibilidade dos candidatos vinculados ao DRAP, independentemente de prova de sua participação, ciência ou anuência;
   d) ainda que haja o reconhecimento da fraude de gênero, os quocientes eleitoral e partidários permanecem inalterados, sem recontagem;
   e) a obtenção de votação zerada ou pífia, a prestação de contas sem movimentação financeira e a ausência de atos efetivos de campanha são elementos suficientes para evidenciar o propósito de burlar o cumprimento da norma que estabelece a cota de gênero, quando ausentes elementos que indiquem se tratar de desistência tácita da competição.

7. (TJ-MG – Juiz de Direito Substituto – FGV – 2022) Analise as afirmativas a seguir e assinale (V) para a verdadeira ou (F) para a falsa.
   ( ) Conforme a Constituição Federal de 1988, serão eleitos pelo sistema majoritário os prefeitos e vices, governadores e vices, senadores e o presidente da República e vice.

( ) Para efeito de apuração das eleições no sistema proporcional, a Lei n. 9.504/1997 (Lei das Eleições) considera votos válidos apenas os votos dados aos candidatos regularmente inscritos e às legendas partidárias.

( ) Para efeito de apuração das eleições no sistema proporcional, o Código Eleitoral dispõe que a determinação do quociente partidário, para cada partido, resulta da divisão do número de votos válidos dados sob a mesma legenda, pelo número de partidos ou coligações concorrentes, desprezada a fração.

( ) O Art. 10, § 3º, da Lei n. 9.504/1997 (Lei das Eleições) estabelece que, no registro das candidaturas para a disputa das eleições pelo sistema proporcional, "*cada partido ou coligação preencherá o mínimo de 30% (trinta por cento) e o máximo de 70% (setenta por cento) para candidaturas de cada sexo*". O Tribunal Superior Eleitoral decidiu que, na impossibilidade de registro de candidaturas femininas no percentual mínimo de 30%, o partido ou a coligação deve reduzir o número de candidatos do sexo masculino para adequar-se os respectivos percentuais; ressalva, porém as eleições para vereador nos municípios com menos dez mil eleitores, nos quais, conforme dados atualizados do Instituto Brasileiro de Geografia e Estatística-IBGE, a população masculina seja igual ou superior a 70% da população total do município.

As afirmativas são, na ordem apresentada, respectivamente,
a) V – F – V – F.
b) V – V – F – F.
c) F – V – F – V.
d) V – V – V – F.

8) (MPE-GO – Promotor de Justiça Substituto – FGV – 2022) O direito de ser votado pressupõe que o cidadão goze de condições de elegibilidade, que sobre ele não incida causa de inelegibilidade ou impedimento e que satisfaça às formalidades legais no momento do registro de sua candidatura.

Com relação ao registro de candidatura, é correto afirmar que:
a) a ação de impugnação de registro de candidatura tem por objetivo declarar a inelegibilidade do candidato;
b) o candidato escolhido por convenção, mesmo sem ter o registro deferido, é parte legítima para a propositura de ação de impugnação de registro da candidatura de outros candidatos a cargos eletivos diferentes daquele que o impugnante almeja disputar;
c) o partido coligado tem legitimidade para isoladamente atuar em sede de ação de impugnação de registro de candidatura, bem como para interpor recurso;
d) por resoluções, o Tribunal Superior Eleitoral confere a qualquer eleitor legitimidade para apresentar notícia de inelegibilidade perante a Justiça Eleitoral, bem como para interpor recurso da decisão que não a acolhe;
e) no pedido de registro de candidatura, embora não tenha natureza contenciosa, nem o Juízo Eleitoral nem o Tribunal Eleitoral podem conhecer de ofício questões pertinentes à ausência de condição de elegibilidade.

9. (TJ-SP – Juiz Substituto – Vunesp – 2021) José da Silva, prefeito municipal eleito duas vezes consecutivas em sua cidade natal, candidata-se, na sequência, ao cargo de prefeito municipal da cidade vizinha, para onde se mudou e transferiu seu domicílio eleitoral de forma regular e dentro do prazo legal das inscrições. Diante desse quadro, é possível afirmar que
a) a vedação legal atinge somente os cargos de presidente e governador, excluindo o cargo de prefeito, em respeito à soberania dos municípios.
b) prevista está a vedação que atinge todos os cargos majoritários e estabelece não ser possível o exercício de terceiro mandato seguido, referindo-se ao cargo pleiteado, independentemente de ser ele exercido na mesma cidade ou em municípios diferentes.
c) a vedação à reeleição para mais de um período é hipótese de inelegibilidade relativa e somente poderá ser positivada se houver impugnação ao pedido de registro de sua candidatura.
d) é válida sua candidatura, uma vez que a norma que prevê a reeleição para cargos majoritários é omissa, donde é permitido concluir que ela veda a reeleição para mais de um período para a mesma cidade.

10. (TJ-SP – Juiz Substituto – Vunesp – 2021) José da Silva, cidadão brasileiro, regular e corretamente inscrito em partido político, mas não obtendo a indicação de sua candidatura ao pleito majoritário de sua cidade, resolve lançar sua candidatura de modo avulso, buscando o registro junto à Justiça Eleitoral, invocando o artigo 23, 1.b, da Convenção Interamericana dos Direitos Humanos (Pacto de São José), que dispõe ter todo cidadão direito de votar e de ser eleito nas eleições periódicas. Diante desse quadro, é correto afirmar que

a) embora respaldado em norma prevista em direito internacional, de votar e ser votado, sua candidatura não pode ser admitida, uma vez que o Brasil não é signatário do pacto invocado.
b) sua candidatura deve ser admitida, uma vez que a única condição de elegibilidade, nos termos do nosso sistema eleitoral, é ter filiação partidária (artigo 14, § 3º, da Constituição Federal).
c) sua candidatura deve ser admitida, pois, além de ter a filiação partidária, está se habilitando para cargo majoritário e não proporcional, não dependo, assim, de votos de outros candidatos, ou soma de votos, destinados ao partido.
d) embora a norma constitucional estipule como condição de elegibilidade tão só a filiação partidária, delegou à lei ordinária a sua regulamentação, a qual prevê a impossibilidade da candidatura avulsa, privilegiando os partidos políticos e suas indicações.

11. (AL-CE – Analista Legislativo – Direito – Cespe/Cebraspe – 2021) Determinado partido político, ao elaborar seu planejamento estratégico, estabeleceu metas que demandam emprego de recursos superiores aos disponíveis para os anos seguintes.

Nessa situação hipotética, algumas possibilidades são objeto de debate em seus órgãos de direção. Assinale a opção correspondente à única que encontra amparo em lei.

a) Reduzir, em caráter temporário, assegurada a compensação posterior em benefício das atividades-fim do partido, os repasses de recursos do fundo partidário previstos para a criação e manutenção de instituto ou fundação de pesquisa, doutrinação e educação política, e para a criação e manutenção de programas de promoção e difusão da participação política de mulheres.
b) Definir regras de contribuição de recursos para filiados, por meio de mensalidades, e projetar campanhas de arrecadação entre cidadãos não filiados, observado o disposto na lei.
c) Empregar parte dos recursos disponíveis para investimento em empresas de elevada lucratividade e utilizar o retorno desse investimento em atividades assinaladas, pelo planejamento, como prioritárias.
d) Solicitar apoio financeiro temporário de cooperativas, organizações não governamentais, organizações empresariais e de trabalhadores, de preferência dos ramos de atividade vinculados com a história, os objetivos e a agenda programática do partido.
e) Promover campanha de arrecadação de fundos, por meio da internet, assegurado o anonimato dos doadores.

12. (TRE-PA – Técnico Judiciário – Administrativa – IBFC – 2020) Sobre a utilização dos recursos do Fundo Partidário, tal qual prevista no inciso I do artigo 44 da Lei n. 9.096 de 1995, com as alterações procedidas pela Lei n. 13.165 de 2015, leia atentamente o dispositivo abaixo:

"Art 44. Os recursos oriundos do Fundo Partidário serão aplicados: I – na manutenção das sedes e serviços do partido, _____ o pagamento de pessoal, a qualquer título, observado, _____, os seguintes limites: a) _____ para _____;
b) _____ para _____;"

Assinale a alternativa que preencha correta e respectivamente as lacunas.

a) exceto para / do total recebido / 40% / o órgão nacional / 60% / cada órgão estadual e municipal
b) permitido / do total recebido / 50% / o órgão nacional / 60% / cada órgão estadual e municipal
c) permitido / do total recebido / 60% / o órgão nacional / 50% / cada órgão estadual e municipal
d) exceto para / da metade recebida / 40% / cada órgão estadual e municipal / 60% / o órgão nacional

■ **GABARITO** ■

1. "a".
2. "b".
3. "c".
4. "b".
5. "c".
6. "e".
7. "b".
8. "b".
9. "b".
10. "d".
11. "b".
12. "b".

5

ARRECADAÇÃO, DESPESAS E PRESTAÇÃO DE CONTAS ELEITORAIS

■ 5.1. ASPECTOS GERAIS

A prestação de contas de campanha é um tema que ganhou muito relevo nos últimos anos. Pode-se afirmar que a atividade consistia mais numa formalidade sem maiores repercussões que um instrumento real de monitoramento, transparência e controle da legitimidade dos processos eleitorais. Desde a edição da Lei n. 11.300/2006, todavia, a legislação passou a conferir maior importância a esse importante momento do processo eleitoral.

Trata-se de um tema da mais alta envergadura, considerada a premissa inafastável de que todos os partidos e candidatos devem prestar contas, mesmo não realizando quaisquer atividades de arrecadação ou gastos e, quanto a estes últimos, **mesmo que desistam da candidatura antes da data da eleição**.

■ 5.2. FINANCIAMENTO DAS CAMPANHAS ELEITORAIS

Para uma adequada compreensão do modelo de prestação de contas, nosso ponto de partida devem ser as normas que informam o levantamento dos fundos necessários ao financiamento da campanha. Se a arrecadação não é efetuada em consonância com a lei, não poderá haver prestação de contas válida.

A Constituição de 1988 não estabelece a forma pela qual deve ocorrer o financiamento das campanhas eleitorais. A matéria está toda ela regulada pela legislação ordinária. Como vimos, o tema está tratado na Lei das Eleições (Lei n. 9.504/1997). O Brasil adota um sistema de financiamento predominantemente – mas não exclusivamente – privado.

O art. 20 da LE estipula que: "O candidato a cargo eletivo fará, diretamente ou por intermédio de pessoa por ele designada, a administração financeira de sua campanha usando recursos repassados pelo partido, inclusive os relativos à cota do Fundo Partidário, recursos próprios ou doações de pessoas físicas, na forma estabelecida nesta Lei", conforme a redação conferida ao dispositivo pela Lei n. 13.165/2015.

As **fontes de recursos** materiais para a **promoção das campanhas**, nos termos do que disciplina o art. 15 da Resolução do TSE n. 23.607/2019, são as seguintes:

Art. 15. [...]

I – recursos próprios das candidatas ou dos candidatos;

II – doações financeiras ou estimáveis em dinheiro de pessoas físicas;

III – doações de outros partidos políticos e de outras candidatas ou de outros candidatos;

IV – comercialização de bens e/ou serviços ou promoção de eventos de arrecadação realizados diretamente pela candidata ou pelo candidato ou pelo partido político;

V – recursos próprios dos partidos políticos, desde que identificada a sua origem e que sejam provenientes:

a) do Fundo Partidário, de que trata o art. 38 da Lei n. 9.096/1995;

b) do Fundo Especial de Financiamento de Campanha (FEFC);

c) de doações de pessoas físicas efetuadas aos partidos políticos;

d) de contribuição das suas filiadas ou dos seus filiados;

e) da comercialização de bens, serviços ou promoção de eventos de arrecadação;

f) de rendimentos decorrentes da locação de bens próprios dos partidos políticos;

VI – rendimentos gerados pela aplicação de suas disponibilidades.

FONTES DE VERBAS PARA AS CAMPANHAS ELEITORAIS	
I – recursos próprios das candidatas ou dos candidatos;	
II – doações financeiras ou estimáveis em dinheiro de pessoas físicas;	
III – doações de outros partidos políticos e de outras candidatas ou de outros candidatos;	
IV – comercialização de bens e/ou serviços ou promoção de eventos de arrecadação realizados diretamente pela candidata ou pelo candidato ou pelo partido político;	
V – recursos próprios dos partidos políticos, desde que identificada a sua origem e que sejam provenientes:	a) do Fundo Partidário, de que trata o art. 38 da Lei n. 9.096/1995;
	b) do Fundo Especial de Financiamento de Campanha (FEFC);
	c) de doações de pessoas físicas efetuadas aos partidos políticos;
	d) de contribuição das suas filiadas ou dos seus filiados;
	e) da comercialização de bens, serviços ou promoção de eventos de arrecadação;
	f) de rendimentos decorrentes da locação de bens próprios dos partidos políticos;
VI – rendimentos gerados pela aplicação de suas disponibilidades.	

Trataremos, a seguir, de cada uma das fontes de recursos financeiros para as campanhas eleitorais.

■ 5.2.1. Recursos próprios dos candidatos

De acordo com o que estipulam o art. 23, § 2º-A, da Lei n. 9.504/1997 e o art. 27, § 1º, da Resolução do TSE n. 23.607/2019, "a candidata ou o candidato poderá usar recursos próprios em sua campanha até o total de 10% (dez por cento) dos limites previstos para gastos de campanha no cargo em que concorrer".

Havendo pluralidade de candidatos em chapas majoritárias, devem ser somados os recursos utilizados pelos **vices ou suplentes** com os dos titulares (cabeças de chapa), para o fim da verificação do limite estabelecido no parágrafo acima. Trata-se de comando dimanado do art. 27, § 1º-A, da Resolução do TSE n. 23.607/2019.

■ 5.2.2. Doações de pessoas físicas

Segundo dispõe o art. 27, *caput*, da Resolução do TSE n. 23.607/2019, forte no que dita o art. 23, § 1º, da Lei das Eleições, as doações realizadas por pessoas físicas ficam sujeitas ao limite de **10% dos rendimentos brutos** auferidos pela doadora ou pelo doador no ano-calendário anterior à eleição.

Essa verificação é realizada tomando-se como base a Declaração do Imposto de Renda da Pessoa Física, como está assente na jurisprudência do Tribunal Superior Eleitoral, consoante se vê do excerto a seguir transcrito:

> [...] 1. Nos pleitos mais recentes, somente a pessoa física pode fazer doação eleitoral, limitada a 10% de seu rendimento bruto relativo ao ano anterior à eleição, comprovados por meio da declaração de imposto de renda, sob pena de sofrer, se houver descumprimento, penalidade de multa (art. 23, §§ 1º e 3º, da Lei n. 9.504/1997) e, conforme o caso, se ocorrer também a interferência na normalidade e na legitimidade do processo eleitoral, de inelegibilidade (art. 1º, I, *p*, da LC n. 64/1990). 2. A imposição da penalidade, em processos referentes à doação acima do limite legal, decorre da simples inobservância ao limite expresso na lei. Em outras palavras, a verificação do excesso é feita de forma objetiva, bastando o simples extrapolamento da quantia doada, sendo irrelevante perquirir qualquer elemento subjetivo advindo da conduta do doador, como a boa-fé. 3. O parâmetro para o cálculo do limite das doações eleitorais para as pessoas físicas é o rendimento bruto do doador auferido no ano anterior às eleições, e não a sua capacidade financeira ou o valor de seu patrimônio (bens e direitos). 4. Extratos de conta-poupança são meras informações acerca de transações bancárias realizadas em curto período, não tendo o condão de comprovar a existência de rendimento bruto anual superior, na hipótese, ao parâmetro utilizado pela Receita Federal aos isentos. De fato, o agravante era beneficiário do programa Bolsa Família e estava inscrito como desempregado no Cadastro Geral de Empregados e Desempregados (Caged). 5. A Lei n. 13.488/2017, apesar de ter alterado a fórmula de cálculo da multa aplicável à pessoa física que efetua doação para campanhas em quantia superior ao limite legal, não pode ter aplicação retroativa para alcançar o momento em que o vício da doação eleitoral irregular foi praticado, em consonância com o princípio do *tempus regit actum*. 6. É possível, nas representações por doação acima do limite legal, determinar a anotação, no Cadastro Nacional de Eleitores, do nome do doador que não observou o limite legal, para fins da ocorrência da inelegibilidade prevista no art. 1º, I, *p*, da LC n. 64/1990, possuindo tal registro caráter meramente informativo (não implica declaração de inelegibilidade, tampouco ausência de quitação eleitoral). 7. Negado provimento ao agravo interno (AgI n. 50.082, Acórdão, rel. Min. Og Fernandes, *DJe* de 24-8-2020, t. 168, p. 122-127).

Quanto à comprovação do rendimento bruto do ano anterior, o TSE vem admitindo a apresentação de declaração retificadora do Imposto de Renda da Pessoa Física, desde que realizada já com a contestação ou, posteriormente, desde que se comprove circunstância grave que justifique o impedimento da apresentação anterior.

Em um dos seus julgados, o TSE pontificou o seguinte:

> [...] 2. Esta Corte fixou tese para as Eleições 2014 no sentido de que, "conquanto a declaração retificadora garanta a possibilidade de correção dos dados pelo próprio contribuinte perante o fisco, para que tal documento surta efeitos perante a Justiça Eleitoral, sua juntada deve ser apresentada na defesa ou na primeira oportunidade em que couber à parte se manifestar, ressalvada a existência de justo impedimento anterior, devidamente comprovado, consoante o disposto nos arts. 5º e 435 do CPC/2015, sob pena de preclusão" (REspe 138-07/SP, redator para acórdão Min. Tarcisio Vieira de Carvalho Neto, *DJe* de 2-5-2018). 3. Na espécie, a pessoa física realizou declaração retificadora do imposto de renda de 2013, alegadamente apta a comprovar regularidade de doação eleitoral à campanha em 2014, apenas em 20-7-2017, e juntou-a aos autos em 3-8-2017, um dia depois de proferida a sentença, sem demonstrar justo impedimento para a anterior juntada, circunstância que, segundo ressaltado em voto vencido proferido na origem, denotou oportunismo que visou unicamente afastar o ilícito. 4. A moldura fática delineada no voto vencido viabiliza o reenquadramento jurídico dos fatos, nos termos do disposto no § 3º do art. 941 do CPC/2015 e da jurisprudência desta Corte. 5. Agravo regimental desprovido, mantendo-se a determinação de retorno dos autos ao TRE/AL para que examine a declaração originária de imposto de renda (REspe 10.061, Acórdão, rel. Min. Jorge Mussi, *DJe* de 24-5-2019).

Em outro julgado, o TSE admitiu a juntada da retificada enquanto não ultrapassadas as vias ordinárias. Mas isso ocorreu devido ao fato de que a Receita Federal havia apresentado informações incompletas. Transcreve trecho do *decisum*:

> [...] Com mais razão, se deve admitir a juntada da declaração original de imposto de renda enquanto não exaurida a instância ordinária, quando as informações fornecidas ao juízo eleitoral pela Receita Federal estavam incompletas. Nesse caso, não há qualquer abuso por parte da representada na apresentação do documento, estando evidenciada a sua boa-fé. III – CONCLUSÃO 5. Agravo interno a que se nega provimento (AgI n. 5.778, Acórdão, rel. Min. Luís Roberto Barroso, *DJe* de 20-9-2019).

Além da hipótese da doação em dinheiro, há outra modalidade de contribuição para uma campanha eleitoral. Refiro-me à doação de valores estimáveis em dinheiro, ou simplesmente "doações estimáveis", as quais dizem respeito à disponibilização de bens ou à realização de serviços em benefício da candidatura.

O limite de doação fixado, o qual tivemos oportunidade de analisar há pouco, não é aplicável a doações estimáveis em dinheiro relativas à utilização de bens móveis ou imóveis de propriedade da doadora ou do doador ou à prestação de serviços próprios. Neste caso, o **valor estimado** não pode ultrapassar R$ 40.000,00. *Vide*, a respeito, o art. 23, § 7º, da Lei das Eleições.

A sanção prevista para o doador que descumprir o referido limite consiste no pagamento de multa no valor de até 100% da quantia em excesso, o que não impede que candidata ou candidato beneficiados venham a responder por abuso do poder econômico, assegurando-se-lhes a ampla defesa e o contraditório, nos tempos do que estatui o art. 23, § 3º, da Lei das Eleições.

Segundo estabelece o art. 27, § 8º, da Resolução do TSE n. 23.607/2019: "A aferição do limite de doação da(o) contribuinte dispensada(o) da apresentação de Declaração de Ajuste Anual do Imposto de Renda deve ser realizada com base no limite de isenção previsto para o exercício financeiro do ano da eleição".

A partir de inovação introduzida na Lei das Eleições pela Lei n. 12.034/2009, que alterou a redação do § 4º do art. 23, tornou-se possível a doação realizada por intermédio de mecanismo disponível em sítio do candidato, partido ou coligação na internet, permitindo inclusive o uso de cartão de crédito, e que deverá atender aos seguintes requisitos: a) identificação do doador; b) emissão obrigatória de recibo eleitoral para cada doação realizada.

Já a **arrecadação por meio de sítio do candidato**, partido ou coligação na internet, por meio de serviço de financiamento coletivo de arrecadação, ou *crowdfundig*, deverá atender aos seguintes requisitos: a) cadastro prévio na Justiça Eleitoral, que estabelecerá regulamentação para prestação de contas, fiscalização instantânea das doações, contas intermediárias, se houver, e repasses aos candidatos; b) identificação obrigatória, com o nome completo e o número de inscrição no Cadastro de Pessoas Físicas (CPF) de cada um dos doadores e das quantias doadas; c) disponibilização em sítio eletrônico de lista com identificação dos doadores e das respectivas quantias doadas, a ser atualizada instantaneamente a cada nova doação; d) emissão obrigatória de recibo para o doador, relativo a cada doação realizada, sob a responsabilidade da entidade arrecadadora, com envio imediato para a Justiça Eleitoral e para o candidato de todas as informações relativas à doação; e) ampla ciência a candidatos e eleitores acerca das taxas administrativas a serem cobradas pela realização do serviço; f) não incidência em quaisquer das hipóteses listadas no art. 24 da LE; g) observância do calendário eleitoral, especialmente no que diz respeito ao início do período de arrecadação financeira, nos termos dispostos no § 2º do art. 22-A da LE; h) observância dos dispositivos na Lei das Eleições relacionados à propaganda na internet (art. 22 da Res.-TSE n. 23.607/2019).

A respeito do *crowdfunding* assim se pronunciam Vasconcelos e Silva:

> O *crowdfunding* eleitoral consiste no uso dessas ferramentas de arrecadação para captação de doações para financiar campanhas eleitorais, como forma de fomento à participação popular no processo eleitoral, colaborando com os candidatos em que o eleitor deposita sua fé. O Tribunal Superior Eleitoral, até a edição da Lei n. 13.488/2017, reputava ilícita referida modalidade de financiamento de campanha[1].

O quadro abaixo apresenta uma síntese dos requisitos necessários para a realização do *crowdfunding*.

---

[1] VANCONCELOS, Clever; SILVA, Marco Anotio da. *Direito Eleitoral*. 3. ed. São Paulo: Saraiva-Jur, 2022. *E-book Kindle*.

REQUISITOS PARA A ARRECADAÇÃO POR MEIO DE SERVIÇO DE FINANCIAMENTO COLETIVO
▫ cadastro prévio na Justiça Eleitoral, que estabelecerá regulamentação para prestação de contas, fiscalização instantânea das doações, contas intermediárias, se houver, e repasses aos candidatos;
▫ identificação obrigatória, com o nome completo e o número de inscrição no Cadastro de Pessoas Físicas (CPF) de cada um dos doadores e das quantias doadas;
▫ disponibilização em sítio eletrônico de lista com identificação dos doadores e das respectivas quantias doadas, a ser atualizada instantaneamente a cada nova doação;
▫ emissão obrigatória de recibo para o doador, relativo a cada doação realizada, sob a responsabilidade da entidade arrecadadora, com envio imediato para a Justiça Eleitoral e para o candidato de todas as informações relativas à doação;
▫ ampla ciência a candidatos e eleitores acerca das taxas administrativas a serem cobradas pela realização do serviço;
▫ não incidência em quaisquer das hipóteses listadas no art. 24 da LE;
▫ observância do calendário eleitoral, especialmente no que diz respeito ao início do período de arrecadação financeira, nos termos dispostos no § 2º do art. 22-A da LE;
▫ observância dos dispositivos na Lei das Eleições relacionados à propaganda na internet.

Qualquer eleitor pode, ainda, realizar gastos, em apoio a candidato de sua preferência, até a quantia equivalente a um mil Ufir, não sujeitos à contabilização, desde que não reembolsados (art. 27 da LE). As doações realizadas por pessoas físicas a partidos e candidatos no Brasil ainda são proporcionalmente diminutas. De fato, não há uma cultura de participação cívica que leve em conta a necessidade de sustentação de candidaturas a partir do apoio material fornecido pelos próprios eleitores. Ao introduzir expressamente a possibilidade de as doações serem efetuadas por meio da rede mundial de computadores, a Lei n. 12.034/2009 buscou facilitar essa importante forma de participação dos cidadãos na vida democrática do seu País.

■ 5.2.3. Doações de outros partidos políticos e de outras candidatas ou de outros candidatos

As doações de recursos captados para campanha eleitoral realizadas entre partidos políticos, entre partido político e candidata ou candidato e entre candidatas ou candidatos estão sujeitas à emissão de recibo eleitoral, mas não se submetem ao limite previsto de 10% da renda bruta do ano anterior, exceto quando se tratar de doação realizada pela pessoa física da candidata ou do candidato, com recursos próprios, para outra candidata ou outro candidato ou partido político.

O **CNPJ** de campanha do candidato **pode**, pois, **doar** até o limite de **arrecadação do donatário**. Mas a **pessoa física** do doador se submete ao mesmo **limite de doação** a todos imposto.

Tais determinações constam do art. 27, *caput* e § 1º, da Resolução do TSE n. 23.607/2019.

5.2.4. Comercialização de bens e/ou serviços ou promoção de eventos de arrecadação

A norma autoriza a comercialização de bens e/ou serviços e/ou a promoção de eventos com a finalidade de arrecadar recursos para campanha eleitoral. Para tanto, o partido político ou a candidata ou o candidato deve observar as seguintes determinações:

> I – comunicar sua realização, formalmente e com antecedência mínima de 5 (cinco) dias úteis, à Justiça Eleitoral, que poderá determinar sua fiscalização;
> II – manter à disposição da Justiça Eleitoral a documentação necessária à comprovação de sua realização e de seus custos, despesas e receita obtida.

Os valores arrecadados devem receber o mesmo tratamento conferido às doações e devem observar todas as regras para o recebimento de doação, o que se estende à emissão de recibos e à observância dos rendimentos do adquirente.

O candidato pode, também, realizar eventos artísticos para a arrecadação de fundos de campanha, oportunidades nas quais a Justiça Eleitoral poderá estar presente por meio de fiscais *ad hoc*, nomeados entre seus servidores. As despesas e receitas de tais eventos deverão ser comprovadas por documentação idônea.

Confira-se, a respeito deste tópico, o que dita o art. 30 da Resolução do TSE n. 23.607/2019.

5.2.5. O Fundo Especial de Financiamento de Campanha (FEFC)

O Fundo Especial de Financiamento de Campanha, popularmente conhecido como **Fundo Eleitoral**, foi **criado** em **2017** como **alternativa** à retirada da possibilidade de **financiamento** de campanhas políticas por **pessoas jurídicas**.

Trata-se, junto com a destinação de parte do Fundo Partidário, da institucionalização do financiamento público de campanhas, em oposição ao modelo baseado em recursos provenientes de corporações privadas anteriormente predominante no Brasil.

A composição do Fundo Eleitoral está descrita no art. 16-C da LE, incluído pela Lei n. 13.487/2017, o qual dispõe:

> **Art. 16-C.** O Fundo Especial de Financiamento de Campanha (FEFC) é constituído por dotações orçamentárias da União em ano eleitoral, em valor ao menos equivalente:
> I – ao definido pelo Tribunal Superior Eleitoral, a cada eleição, com base nos parâmetros definidos em lei;
> II – ao percentual do montante total dos recursos da reserva específica a programações decorrentes de emendas de bancada estadual impositiva, que será encaminhado no projeto de lei orçamentária anual.

Note-se que a Resolução do TSE n. 23.605/2019, fundada no que estipulou o art. 2º da Emenda Constitucional n. 111, firmou no § 3º-A do seu art. 5º que: "Para fins de distribuição entre os partidos políticos dos recursos do Fundo Partidário e do FEFC, os votos dados a candidatas ou a candidatos negras(os) para a Câmara dos Deputados nas eleições realizadas de 2022 a 2030 **serão contados em dobro**". Para esse fim devem ser consideradas as retotalizações ocorridas até o primeiro dia útil de junho do ano da eleição. Ou seja, decisões judiciais que acarretem a nulidade de votações ou que validem os votos obtidos por candidatos à Câmara dos Deputados também devem ser consideradas para esse fim, desde que corram até 1º de junho do ano da eleição. Veja-se a respeito o § 1º do art. 5º da Resolução do TSE n. 23.605/2019.

Como a norma constitucional determina a contagem em dobro dos votos alcançados por mulheres e por pessoas negras, pode surgir dúvida a respeito do cálculo a se adotar em caso de a candidata ser, além de mulher, afro-brasileira. Tal possível impasse foi antevisto pelo TSE, que estipulou no § 3º-B do art. 5º da Resolução do TSE n. 23.605/2019 que a referida contagem em dobro de votos somente se aplica uma única vez.

Cuida-se de medida alvissareira, que terá uso inédito nas eleições que se avizinham, voltada a estimular os dirigentes partidários a estimular e valorizar estrategicamente as candidaturas de pessoas negras e de mulheres.

Assim, ao passo em que se assegura às candidaturas afro-brasileiras recursos aptos a dar-lhes suporte econômico, cuidou o constituinte derivado de premiar os partidos que asseguraram efetividade a essa franquia financeira. Assim, o partido que mais converter em votos o incentivo financeiro que haverá de destinar às candidaturas negras e a mulheres mais fruirá dos benefícios pecuniários que defluirão desse êxito.

O montante total disponibilizado para o FEFC é definido na Lei Orçamentária Anual aprovada no ano que antecede a data do pleito.

A Resolução do TSE n. 23.605/2019 determina que, em **se tratando** de **Federação**, os recursos devidos do **Fundo Eleitoral** devem ser **distribuídos** aos **diretórios nacionais** na exata **proporção** do direito de cada um dos **partidos** que a **constituem** (art. 1º, § 6º).

Caso desejem, os partidos e/ou federações podem comunicar ao TSE a renúncia ao Fundo Eleitoral, devendo este ato ser formalizado até o primeiro dia útil do mês de junho. Nessa hipótese, fica vedada a redistribuição deste valor a outros partidos (art. 2º, § 2º).

Os critérios para distribuição dos valores do Fundo Eleitoral estão dispostos na Resolução do TSE n. 23.605/2019, em seu art. 5º, cujo teor o seguinte:

> **Art. 5º** Os recursos do FEFC devem ser distribuídos, em parcela única, aos diretórios nacionais dos partidos políticos, observados os seguintes critérios (Lei n. 9.504/1997, art. 16-D):
> I – 2% (dois por cento), divididos igualitariamente entre todos os partidos com estatutos registrados no TSE;
> II – 35% (trinta e cinco por cento), divididos entre os partidos que tenham pelo menos uma pessoa representante na Câmara dos Deputados, na proporção do percentual de votos por eles obtidos na última eleição geral para a Câmara dos Deputados;

III – 48% (quarenta e oito por cento), divididos entre os partidos, na proporção do número de representantes na Câmara dos Deputados, consideradas as legendas das(os) titulares; e

IV – 15% (quinze por cento), divididos entre os partidos, na proporção do número de representantes no Senado Federal, consideradas as legendas das(os) titulares.

Já a distribuição das **verbas originárias do FEFC** que chegam a cada partido constitui matéria interna das agremiações, competindo-lhes, por sua Comissão Executiva Nacional, a fixação dos critérios adotados para a divisão dos valores. É o que dispõe a Lei n. 9.504/1997, em seu art. 16-C, § 7º. Definidos tais critérios, estes devem comunicar o decidido à Presidência do Tribunal Superior Eleitoral, nos termos do que preceitua o art. 6º, § 4º, da Resolução do TSE n. 23.605/2019, que assim dispõem:

> **Art. 6º** [...]
> § 4º Após a reunião da executiva nacional que deliberar sobre os critérios de distribuição do FEFC, os diretórios nacionais dos partidos políticos devem encaminhar petição por meio eletrônico à Presidência do TSE indicando os critérios fixados para distribuição do FEFC, acompanhado de:
> I – ata da reunião, subscrita por integrantes da executiva nacional do partido, com reconhecimento de firma em Cartório ou certificação digital;
> II – prova material de ampla divulgação dos critérios de distribuição do FEFC; e
> III – indicação dos dados bancários de uma única conta corrente, aberta exclusivamente em nome do diretório nacional do partido político para movimentação dos recursos do FEFC.

Em se tratando de partidos reunidos em federação, os recursos do FEFC devem ser distribuídos aos diretórios nacionais na proporção do direito de cada um dos partidos que a integram, observados aquilo que acima foi dito quanto ao art. 16-C da Lei das Eleições[2]. É o que dita o § 3º do art. 1º da Resolução do TSE n. 23.605/2019.

■ 5.2.5.1. Observância da proporção de mulheres e de pessoas negras

Trata-se de decisão política *interna corporis*, não podendo ser sindicada pela Justiça Eleitoral, salvo no tocante à distribuição por grupos sociais brindados por políticas afirmativas normativamente reconhecidas, como ocorre com as mulheres e com as pessoas negras.

No caso das mulheres, o § 8º do art. 17 da Constituição estipula o seguinte:

> **Art. 17.** [...]
> § 8º O montante do Fundo Especial de Financiamento de Campanha e da parcela do fundo partidário destinada a campanhas eleitorais, bem como o tempo de propaganda

---

[2] É possível verificar os critérios fixados pelos partidos políticos para a distribuição dos recursos do FEFC em: https://www.tse.jus.br/eleicoes/eleicoes-2022/prestacao-de-contas/fundo-especial-de-financiamento-de-campanha-fefc. Acesso em: 9 jan. 2023.

gratuita no rádio e na televisão a ser distribuído pelos partidos às respectivas candidatas, deverão ser de no mínimo 30% (trinta por cento), proporcional ao número de candidatas, e a distribuição deverá ser realizada conforme critérios definidos pelos respectivos órgãos de direção e pelas normas estatutárias, considerados a autonomia e o interesse partidário.

Note-se que o **dispositivo** constitucional reserva **30%** no **mínimo** para as **candidaturas femininas**. Caso a **proporção** de mulheres na lista de candidatos e candidatas seja **superior** a tal percentual, faz-se **necessário o ajuste** a fim que se observe a **mesma proporcionalidade** na **distribuição** dos recursos.

5.2.5.2. Reserva de fundos para candidaturas de afro-brasileiros e de mulheres no FEFC

a) Candidaturas de afro-brasileiros(as): pertencimento racial e sua declaração

Segundo dispõe o art. 24 da Resolução do TSE n. 23.609/2019:

> **Art. 24.** O formulário RRC deve ser preenchido com as seguintes informações:
> I – dados pessoais: inscrição eleitoral, nome completo ou, se houver, nome social declarado no Cadastro Eleitoral, data de nascimento, unidade da Federação e município de nascimento, nacionalidade, gênero, **cor ou raça**, se pessoa com deficiência e qual o tipo, estado civil, ocupação, grau de instrução, indicação de ocupação de cargo em comissão ou função comissionada na administração pública, número da carteira de identidade com o órgão expedidor e a unidade da Federação, número de registro no Cadastro de Pessoa Física (CPF);

O inciso IX do mesmo dispositivo estatui que o candidato deve firmar "declaração de ciência da candidata ou do candidato de que as informações prestadas quanto a nome social, gênero, cor ou raça, deficiência, estado civil, ocupação e dados para contato serão utilizados para atualização dos seus dados no Cadastro Eleitoral. (Incluído pela Resolução n. 23.675/2021)".

Veja-se que, embora o art. 24 da Resolução do TSE n. 23.609/2019 se refira a cor ou raça, a Resolução n. 23.605/2019 se reporta a "candidaturas de pessoas negras". Fica evidente que o critério a ser utilizado não é apenas o da cor da pele – embora ele também seja relevante – quando se trata de financiamento de campanhas para pessoas negras. Isso se explica pelo fato de que a norma objetiva reparar prejuízos históricos impostos a certa parte de pessoas não brancas: os afrodescendentes, assim compreendidos os descendentes de pessoas escravizadas originárias do continente africano.

Considerando-se que o objetivo da norma é alavancar a candidatura de pessoas submetidas a **risco de discriminação** em virtude do pertencimento à comunidade afro-brasileira, afigura-se adequada a adoção do critério fenotípico, assim compreendido o conjunto de características ostensivas do postulante, tais como a cor da sua pele, a forma do rosto, lábios e nariz, bem como do seu cabelo.

b) Proporcionalidade e percentuais mínimos do FEFC para mulheres e pessoas negras

Possuem relevância para o tema aqui tratado duas distintas Resoluções editadas pelo Tribunal Superior Eleitoral.

A Resolução n. 23.605, de 17 de dezembro de 2019 – que estabelece diretrizes gerais para a gestão e distribuição dos recursos do Fundo Especial de Financiamento de Campanha (FEFC) –, sofreu diversas alterações definidas pela Resolução n. 23.664, de 9 de dezembro de 2021, de forma a amoldar-se às decisões tomadas pelo Supremo Tribunal Federal na ADPF n. 738.

Em seu art. 6º, § 1º, ficam estipulados os critérios para a aplicação do total dos recursos que tem como fonte o FEFC. Para tanto foram definidos os seguintes percentuais mínimos obrigatórios no tocante a candidaturas femininas e de pessoas negras:

> **Art. 6º** [...]
> § 1º Os critérios a serem fixados pela direção executiva nacional do partido devem prever a obrigação de aplicação do total recebido do FEFC de acordo com os seguintes percentuais (STF: ADI n. 5.617/DF, *DJE* de 3.10.2018, e ADPF-MC n. 738/DF, *DJE* de 29.10.2020; e TSE: Consulta n. 0600252-18, *DJE* de 15.8.2018, e Consulta n. 0600306-47, *DJE* de 5.10.2020): (Redação dada pela Resolução n. 23.664/2021)
> I – para as candidaturas femininas o percentual corresponderá a proporção dessas candidaturas em relação a soma das candidaturas masculinas e femininas do partido, não podendo ser inferior a 30% (trinta por cento); (Incluído pela Resolução n. 23.664/2021)
> II – para as candidaturas de pessoas negras o percentual corresponderá à proporção de: (Incluído pela Resolução n. 23.664/2021)
> *a*) mulheres negras e não negras do gênero feminino do partido; e (Incluído pela Resolução n. 23.664/2021)
> *b*) homens negros e não negros do gênero masculino do partido; (Incluído pela Resolução n. 23.664/2021)
> III – os percentuais de candidaturas femininas e de pessoas negras serão obtidos pela razão dessas candidaturas em relação ao total de candidaturas do partido em âmbito nacional. (Incluído pela Resolução n. 23.664/2021)

A regra apenas corporifica o pronunciamento definitivo do Supremo Tribunal Federal sobre a matéria, mas, como veremos, muitos outros aspectos dessa e de outras resoluções do TSE vieram dissipar dúvidas quanto à aplicação prática dessas diretrizes.

c) Apuração nacional da proporcionalidade de candidaturas femininas e de pessoas negras

Outra particularidade também inaugurada pela Resolução n. 23.664, de 9 de dezembro de 2021, clama por particular atenção. Ela inseriu o inciso III no § 1º do art. 6º da Resolução n. 23.605, de 17 de dezembro de 2019, do Tribunal Superior Eleitoral:

Art. 6º [...]
III – os percentuais de candidaturas femininas e de pessoas negras serão obtidos pela razão dessas candidaturas em relação ao total de candidaturas do partido em âmbito nacional.

Não se pode duvidar da expressa decisão do Tribunal Superior Eleitoral de determinar que as direções nacionais dos partidos verifiquem a proporção dessas candidaturas, considerada a totalidade daquelas apresentadas pela agremiação em âmbito nacional.

Assim, tem-se que o partido primeiro verifica o **número global** dos candidatos(as), levando em conta o País como espaço de amostragem para em seguida, também nacionalmente, totalizar as candidaturas femininas e de pessoas negras a todos os cargos em disputa pelo ente partidário: presidente, vice-presidente, governador, vice-governador, senador, suplentes de senador, deputados federais e deputados estaduais. Só após isso se pode calcular o **percentual de candidaturas de pessoas afro-brasileiras** dentro do cômputo global de candidatos.

Os partidos políticos, por suas direções nacionais, poderão definir estrategicamente em quais candidaturas femininas e negras aplicar os recursos do FEFC, sempre considerando o País como circunscrição para esse fim específico, desde que observe atentamente a proporcionalidade acima mencionada.

d) Quem define o destino das verbas do FEFC destinadas a candidaturas femininas e afro-brasileiras

Assim como a apuração dos valores é procedida em âmbito nacional, tem-se que a instância partidária responsável pela definição das candidaturas a serem beneficiadas pelo destaque do FEFC destinado a candidatos(as) negros(as) é o órgão de direção nacional.

Essa interpretação é coerente com o que dispõe a Resolução n. 23.607, de 17 de dezembro de 2019, a qual dispõe sobre a arrecadação e os gastos de recursos por partidos políticos e candidatas ou candidatos e sobre a prestação de contas nas eleições.

No § 5º-A do seu art. 17, a referida Resolução dispõe expressamente que: "A regularidade da aplicação mínima dos percentuais relativos às candidaturas afro-brasileiras será apurada na prestação de contas do diretório nacional do partido político". Isso se refere, todavia, apenas ao uso do FEFC. Quanto ao Fundo Partidário, como se verá adiante, o tratamento da matéria, ainda na mesma Resolução, é diverso.

Em suma, a destinação dos recursos do FEFC a candidaturas negras será feita sob responsabilidade direta do órgão partidário nacional, que também terá a responsabilidade indelegável de prestar contas perante o Tribunal Superior Eleitoral com relação a essas quantias.

De qualquer sorte, os partidos políticos precisam definir os critérios para a distribuição, entre seus candidatos, das verbas do FEFC. Quem o estabelece é o art. 6º da Resolução n. 23.605/2019, cujo teor é o seguinte:

Art. 6º Os recursos do FEFC ficarão à disposição do partido político somente após a definição dos critérios para a sua distribuição, os quais devem ser aprovados pela maioria absoluta de integrantes do órgão de direção executiva nacional do partido (Lei n. 9.504/1997, art. 16-C, § 7º).

Esse plano obrigatoriamente observará as reservas de recursos para candidaturas de pessoas negras, assim como também ocorre com as femininas.

Em síntese, temos que as regras previstas na Resolução do TSE n. 23.605/2019 constroem em seu conjunto o seguinte cenário para ao FEFC em relação às candidaturas de afro-brasileiros:

> i) em primeiro lugar, cabe ao partido político, por meio do seu órgão de direção nacional, antes mesmo de receber os recursos do FEFC, fixar internamente os critérios de distribuição dos valores aos seus respectivos candidatos (art. 6º, *caput*), devendo observar os termos da Resolução do TSE n. 23.605/2019 quanto aos "percentuais de candidaturas femininas e de pessoas negras [...] obtidos pela razão dessas candidaturas em relação ao total de candidaturas do partido em âmbito nacional" (art. 6º, § 1º, III);
>
> ii) definidos esses critérios pela legenda, o TSE realizará a distribuição dos recursos do FEFC ao diretório nacional (arts. 1º, *caput*, 4º, 5º, *caput*, e 6º, § 5º);
>
> iii) feita a distribuição pelo TSE, os candidatos filiados ao partido, para fim de acesso aos recursos, devem formular requerimento escrito ao diretório nacional, que então procederá à devida destinação conforme os critérios internos e percentuais referidos no item "a" acima (art. 8º, *caput*, e parágrafo único);
>
> iv) nos termos do art. 9º da Resolução do TSE n. 23.605/2019, tem-se que "a regularidade dos gastos eleitorais realizados com recursos do FEFC por candidatas ou candidatos e por partidos políticos será analisada na respectiva prestação de contas de campanha eleitoral".

Feitas essas considerações, conclui-se que (a) a apuração dos percentuais do FEFC para candidaturas negras e femininas é realizada considerando-se o total de candidatos da grei em âmbito nacional; (b) a destinação do FEFC pela legenda a seus candidatos é definida pelo diretório nacional, observando-se suas normas internas e os critérios percentuais da Resolução do TSE n. 23.605/2019; (c) a prestação de contas de campanha acerca da regularidade da aplicação dos recursos é de responsabilidade de quem efetuou os gastos (se o candidato recebeu os valores e realizou diretamente as despesas, ele é quem presta; se foi o próprio partido que empregou de forma direta em benefício de seus candidatos, recai sobre ele essa incumbência); d) a responsabilidade pela prestação de contas da transferência dos recursos aos candidatos é da direção executiva nacional do partido.

e) Desnecessidade de consideração da proporcionalidade nos estados e no Distrito Federal

Ao definir que a proporcionalidade das candidaturas de pessoas se dará na dimensão nacional, a norma deixa claro não haver necessidade de que a distribuição dos recursos leve em conta o percentual observado em cada estado ou no Distrito Federal.

É o **diretório ou comissão provisória nacional** quem detém o poder de decidir quais candidaturas de mulheres e de pessoas afro-brasileiras receberão aporte de recursos oriundos do FEFC. Os critérios que orientarão essa destinação são de natureza política, dizendo respeito à estratégia eleitoral definida pelo partido. Na alocação dos valores não será levada em conta a proporção observada nas circunscrições estadual e distrital. Por razões óbvias, o partido deverá observar o limite máximo de arrecadação previsto para cada candidatura.

Isso se justifica pela necessidade de conceder ao partido político a possibilidade de definir toda a sua estratégia nacional para a eleição efetiva de mulheres e de pessoas negras, com liberdade para carrear mais recursos para regiões do País onde a vitória eleitoral de afro-brasileiros seja mais provável.

Isso não se dá da mesma maneira com o Fundo Partidário, onde existe tratamento diferenciado para a matéria, segundo expressa definição legal consoante se verá seguir.

■ 5.2.5.3. Uso restrito das verbas do FEFC e do Fundo Partidário destinadas a mulheres e a pessoas negras

É importante que se tenha presente que a Resolução do TSE n. 23.607/2019 estipula no § 6º do seu art. 17 o seguinte:

> Art. 17. [...]
> § 6º A verba do Fundo Especial de Financiamento das Campanhas (FEFC) destinada ao custeio das campanhas femininas e de pessoas negras **deve ser aplicada exclusivamente nestas campanhas, sendo ilícito o seu emprego no financiamento de outras campanhas não contempladas nas cotas a que se destinam**.

Como se vê, o uso das verbas do FEFC do Fundo Partidário, quando destinado ao fomento das candidaturas de pessoas negras e de mulheres, restringe-se à realização de despesas realizadas pelas campanhas a que foram originariamente destinadas. Não se admite, por expressa vedação normativa, que a qualquer pretexto sejam tais valores totalmente ou em parte transferidos para outras candidaturas, salvo as contempladas pelas políticas afirmativas relativas ao sexo feminino ou às pessoas negras.

Tampouco é possível que um candidato negro contemplado com recursos em virtude dessa peculiaridade transfira recursos para uma candidatura feminina, a não ser que esta seja de uma mulher negra. Os recursos concedidos à política de incentivo às candidaturas pessoas negras e de mulheres não se comunicam entre si.

Sem embargo, essa regra admite temperamentos expressamente previstos no § 7º do mesmo artigo acima citado. São duas as situações, que não chegam a representar exceções à regra firmada pelo § 6º:

> Art. 17. [...]
> § 7º O disposto no § 6º deste artigo não impede: o pagamento de despesas comuns com candidatos do gênero masculino e de pessoas não negras; a transferência ao órgão partidário de verbas destinadas ao custeio da sua cota-parte em despesas coletivas, desde que haja benefício para campanhas femininas e de pessoas negras.

Aqui se entende claramente que as despesas haverão de ser compartilhadas entre os candidatos que decidiram realizar as despesas em conjunto, ficando cada um responsável pelo pagamento da parte que lhe toca em proporções igualitárias. Assim se evitam atos de mera simulação voltados a proporcionar a transferência de recursos vedada pela Resolução, como ocorreria, por exemplo, se um candidato afro-brasileiro pagasse mais do que um não negro pela confecção de uma peça de publicidade conjunta.

5.2.5.4. Sanções

a) desvio de finalidade das verbas do FEFC destinadas às políticas afirmativas

A Resolução n. 23.607/2019 fixou sanções previstas para os casos de transferência de verbas do FEFC para outras candidaturas não inseridas na política afirmativa específica prevista nas normas.

Se o partido político deixou de transferir devidamente e na exata extensão do seu dever legal os recursos do FEFC para as candidaturas de afro-brasileiros, disso derivarão sérias consequências.

Segundo a primeira delas, contida no § 8º do art. 17 da referida Resolução,

> **Art. 17.** [...]
> § 8º O emprego ilícito de recursos do Fundo Especial de Financiamento das Campanhas (FEFC) nos termos dos §§ 6º e 7º deste artigo, inclusive na hipótese de desvio de finalidade, sujeitará os(as) responsáveis e beneficiárias ou beneficiários às sanções do art. 30-A da Lei n. 9.504/1997, sem prejuízo das demais cominações legais cabíveis.

Trata-se da representação por captação e gastos de recursos de campanha realizados ao arrepio da lei, conduta que sujeita o infrator à cassação do diploma eventualmente conquistado, nos termos do que dispõe o § 2º do art. 30-A da Lei das Eleições.

Um **candidato branco** que tenha declarado no momento do registro da sua candidatura possuir essa condição ficará sujeito à perda do diploma caso tenha sido beneficiado pelo FEFC ou pelo Fundo Partidário com recursos destinados a pessoas negras. A simples declaração falsa acerca da identidade racial não constitui razão suficiente para a aplicação do § 2º do art. 30-A da LE. Mas se a essa manifestação se seguiu o recebimento de recursos destinados a candidaturas negras, então estaremos diante de um caso em que se reclama a cassação do diploma eleitoral.

A fraude consistente em pagar despesa inexistente ou a maior à vista de contratos e notas fiscais não fidedignas a fim de se promover o levantamento de dinheiro em conluio com o contratado pode igualmente constituir meio de transferência de recursos para candidatos não contemplados com a reserva de valores baseados na raça. Essa é outra possível causa para a desconstituição do mandato alcançado por meio dessa ilegalidade.

b) Outros veículos processuais

Observados os casos concretos, é de admitir em tese a possibilidade do manejo da ação de investigação judicial eleitoral (AIJE) (art. 22 da Lei de Inelegibilidades) e da ação de impugnação de mandato eletivo (art. 14, § 10, da CF).

A AIJE pode ter lugar, por exemplo, caso se comprove a ocorrência de abuso de poder político e econômico pelo dirigente partidário responsável pela transferência indevida de recursos originariamente destinadas a afro-brasileiros(as).

A ação de impugnação de mandato eletivo (AIME), por sua vez, é, a princípio, cabível desde que se comprove a ocorrência de corrupção, fraude ou de abuso de poder econômico. A fraude, aqui, pode se dar ante a falsificação de declarações sobre a matriz racial do candidato; o abuso de poder econômico radicaria, em tal hipótese, na destinação de verba destinada a candidatos que por ela não poderiam ser beneficiados.

c) A prova da fraude em matéria racial

Embora a norma aplicável utilize o critério da autodeclaração para a definição do perfil racial do(a) candidato(a), caso haja contestação judicial dessa condição em sede judicial, a aferição da veracidade do alegado deverá se dar por via pericial, determinando o julgador a realização dessa modalidade de prova.

d) devolução de verbas

Além disso, assim dispõe o § 9º do art. 17 da Resolução n. 23.607/2019:

> **Art. 17.** [...]
> § 9º Na hipótese de repasse de recursos do FEFC em desacordo com as regras dispostas neste artigo, configura-se a aplicação irregular dos recursos, devendo o valor repassado irregularmente ser recolhido ao Tesouro Nacional pelo órgão ou candidata ou candidato que realizou o repasse tido por irregular, respondendo solidariamente pela devolução a pessoa recebedora, na medida dos recursos que houver utilizado.

Nesse caso a reprimenda é de ordem pecuniária, afetando diretamente tanto o ente partidário ou candidato(a) que operou a transferência ilícita da verba quanto aquele(a) que a recebeu, este último na dimensão exata do montante que o(a) beneficiou.

■ 5.2.5.5. *Contagem em dobro dos votos*

A já referida Resolução do TSE n. 23.605/2019, fundada no que estipulou o art. 2º da Emenda Constitucional n. 111, firmou no § 3º-A do seu art. 5º que: "Para fins de distribuição entre os partidos políticos dos recursos do Fundo Partidário e do FEFC, os votos dados a candidatas ou a candidatos negras(os) para a Câmara dos Deputados nas eleições realizadas de 2022 a 2030 **serão contados em dobro.**

Cuida-se de medida alvissareira, que terá uso inédito nas eleições que se avizinham, voltada a incentivar os dirigentes partidários a estimular e valorizar estrategicamente as candidaturas de pessoas negras e de mulheres.

Assim, ao passo em que se assegura às candidaturas afro-brasileiras recursos aptos a dar-lhes suporte econômico, cuidou o constituinte derivado de premiar os partidos que asseguraram efetividade a essa franquia financeira. Assim, o partido que mais converter em votos o incentivo financeiro que haverá de destinar às candidaturas negras, mais fruirá dos benefícios pecuniários que defluirão desse êxito.

■ 5.2.6. O Fundo Partidário

Quanto ao Fundo Especial de Assistência Financeira aos Partidos Políticos, ou Fundo Partidário, o tema vem tratado nos arts. 38 a 44 da Lei dos Partidos Políticos (Lei n. 9.096/1997). São as seguintes as origens dos recursos integrantes do Fundo:

> I – multas e penalidades pecuniárias aplicadas nos termos do Código Eleitoral e leis conexas;
> II – recursos financeiros que lhe forem destinados por lei, em caráter permanente ou eventual;
> III – doações de pessoa física ou jurídica, efetuadas por intermédio de depósitos bancários diretamente na conta do Fundo Partidário;
> IV – dotações orçamentárias da União em valor nunca inferior, cada ano, ao número de eleitores inscritos em 31 de dezembro do ano anterior ao da proposta orçamentária, multiplicados por trinta e cinco centavos de real, em valores de agosto de 1995.

A Lei dos Partidos Políticos expressamente **admite** a possibilidade de os **recursos** do Fundo Partidário serem utilizados para o **financiamento de candidaturas**. Essa destinação está presente no seu art. 44, inciso III. A legislação **não fixa**, todavia, **critérios** para a distribuição de tais verbas entre os diversos candidatos apresentados por cada partido. Trata-se, pois, de **matéria reservada à vida interna dos partidos** políticos, que pode livremente dispor sobre a forma como deverá ser feita essa distribuição.

O tema do financiamento público de candidaturas de mulheres e de pessoas negras ganha contornos diferentes daqueles que orientam o FEFC quando se tem em conta o uso de verbas do Fundo Especial de Assistência Financeira aos Partidos Políticos (Fundo Partidário).

Aqui a situação é distinta: para esses recursos específicos, observa-se a **circunscrição do pleito, e não o espectro nacional**. É o que consta do art. 19 da Resolução do TSE n. 23.607/2019, que dispõe sobre a arrecadação e gastos de recursos e prestação de contas:

> **Art. 19.** Os partidos políticos podem aplicar nas campanhas eleitorais os recursos do **Fundo Partidário**, inclusive aqueles recebidos em exercícios anteriores.
> [...]
> § 3º Para o financiamento de candidaturas femininas e de pessoas negras, a representação do partido político na circunscrição do pleito deve destinar os seguintes percentuais relativos aos seus gastos contratados com recursos do Fundo Partidário: (Redação dada pela Resolução n. 23.665/2021)
> [...]

II – para as candidaturas de pessoas negras o percentual corresponderá à proporção de:

a) mulheres negras e não negras do gênero feminino do partido; e

b) homens negros e não negros do gênero masculino do partido;

III – os percentuais de candidaturas femininas e de pessoas negras será obtido pela razão dessas candidaturas em relação ao total de candidaturas da representação do partido político na circunscrição do pleito.

[...]

§ 4º-A A regularidade da aplicação mínima dos percentuais mencionados nos incisos I e II do § 3º deste artigo será apurada na prestação de contas da representação do partido político na circunscrição do pleito.

Como se vê da redação do § 4º-A do art. 19 da Resolução do TSE n. 23.607/2019, enquanto os recursos do FEFC são geridos e sujeitos à prestação de contas pelos órgãos partidários nacionais, as verbas do **Fundo Partidário**, quando em uso para financiamento de campanhas, são movimentadas e submetidas a prestação de contas pelos órgãos partidários aos quais tais verbas foram dirigidas.

Vale ressaltar que a proporcionalidade nacional observada nos recursos do FEFC não se aplica às normas atinentes à prestação de contas sobre as verbas de campanha provenientes do Fundo Partidário. Na apreciação da Consulta n. 0600401-72.2022.6.00.0000 – Brasília/DF, o Tribunal Superior Eleitoral, na sessão de 18 de agosto de 2022, respondeu negativamente à seguinte indagação:

> Questionamento 1: "Pode-se adotar o âmbito nacional de fiscalização de recursos do Fundo Partidário destinados às candidaturas de mulheres e pessoas negras, tal como feito pelo art. 17 da Resolução do TSE n. 23.607/2019, com as alterações promovidas pela Res. 23.665/2021, no tocante ao Fundo Especial de Financiamento de Campanhas (FEFC), possibilitando que a regularidade da aplicação mínima dos referidos percentuais sejam apurados na prestação de contas somente do diretório nacional do partido político, dispensando-se os órgãos dirigentes estaduais de tal incumbência no tocante aos recursos que eventualmente tenham recebido?"

Isso nos permite afirmar que **a prestação de contas eleitorais alusiva ao Fundo Partidário não se submete à verificação em âmbito nacional**, devendo, por conseguinte, ser julgada na esfera de competência originária do órgão do Poder Judiciário Eleitoral correspondente à espécie de cargo eletivo disputado.

5.2.7. Fonte de financiamento vedada5.2.7.1. Proibição de doação por pessoas jurídicas

5.2.7.1. *Proibição de doação por pessoas jurídicas*

a) Revogação e declaração de inconstitucionalidade

O art. 81 da Lei das Eleições, que **autorizava** a realização de **doações** por **pessoas jurídicas**, restou expressamente **revogado** por determinação expressa do art. 15 da Lei n. 13.165/2015. Além disso, o Supremo Tribunal Federal já havia declarado **inconstitucional** o referido dispositivo, quando do julgamento da **ADI n. 4.650**. A decisão, por oito votos a três, foi tomada em 17 de setembro de 2015. Diversos fundamentos presentes na Constituição foram invocados, mas podem ser destacados aqueles que negam às pessoas jurídicas a titularidade de direitos políticos. Empresas não detêm cidadania; não podem, por conseguinte, influir decisivamente nos pleitos eleitorais por meio do uso das suas riquezas.

Chama a atenção, quanto à fundamentação do julgamento (democracia, princípio republicado, cidadania etc.), a sua condição de direitos fundamentais. Em suma, o STF concluiu que o financiamento empresarial de campanhas viola preceitos que a própria Constituição trata como irrevogáveis ao assegurar-lhes a condição de cláusulas pétreas. Isso implica dizer que, assim como pontuado pelo Ministro Marco Aurélio de Mello, nem mesmo uma proposta de emenda à Constituição pode reavivar a chama do dinheiro empresarial desequilibrando os pleitos eleitorais.

Até agora, segmentos numericamente diminutos vinham controlando com a sua fortuna a sorte das candidaturas. Estudos recentes demonstram que os eleitos gastam onze vezes mais que o total despendido pelos derrotados.

Não é de fato o empresariado brasileiro quem abastece as campanhas eleitorais, senão um percentual irrelevante de megaempresas que se nutrem dos cofres públicos. Empreiteiras, bancos e grandes beneficiários de verbas do BNDES encimam as listas de grandes doadores. Resultado: apenas 10 empresas financiaram as campanhas de 70% dos deputados eleitos em 2014. Planos de saúde, universidades privadas e outras instituições submetidas ao controle governamental de suas atividades também estão entre os "generosos" campeões de verbas de campanha.

Esse fenômeno inibe a livre concorrência ao afastar as empresas em geral da possibilidade de contratar com o governo. Além disso, facilita a concessão de suborno a autoridades por formas lícitas, dificultando o trabalho dos órgãos de fiscalização.

Por outro lado, o argumento de que o fim do financiamento empresarial aumentará o caixa dois é pueril: parte da visão preconceituosa de que nosso empresariado é composto por foras da lei. A maioria se deterá pela decisão do Supremo Tribunal Federal de banir essa prática. Os segmentos não afetos à observância da lei, minoritários, terão que se deparar com a norma penal em caso de persistirem na conduta.

O financiamento das campanhas deve estar a cargo dos próprios cidadãos, aos quais a Constituição devota a titularidade do poder político. A política deve ser exercida pela cidadania. As empresas devem seguir na sua imprescindível função de dar sustentabilidade econômica ao País, disputando em condições de igualdade os contratos governamentais.

Felizmente, a Lei das Eleições prevê um modelo plural de fontes de financiamento, na qual a participação individual dos cidadãos está contemplada. Assim, é plenamente possível obter verbas para campanhas num quadro de vedação de fontes empresariais.

Fato é que, desde as Eleições Municipais de 2016, não houve mais de se falar em doação de empresas para campanhas políticas.

b) Outras fontes vedadas

O art. 24 da Lei estipula expressa **vedação de recebimento** de recursos em dinheiro ou estimáveis em moeda corrente, direta ou indiretamente, inclusive por meio de publicidade de qualquer espécie, procedente de: I – entidade ou governo estrangeiro; II – órgão da administração pública direta e indireta ou fundação mantida com recursos provenientes do poder público; III – concessionário ou permissionário de serviço público; IV – entidade de direito privado que receba, na condição de beneficiária, contribuição compulsória em virtude de disposição legal; V – entidade de utilidade pública; VI – entidade de classe ou sindical; VII – pessoa jurídica sem fins lucrativos que receba recursos do exterior; VIII – entidades beneficentes e religiosas; IX – entidades esportivas; X – organizações não governamentais que recebam recursos públicos; XI – organizações da sociedade civil de interesse público.

■ 5.2.7.2. *Sanções para a arrecadação ilícita de verbas de campanha*

a) Configuração de abuso do poder econômico

O uso de **verbas** de origem ilegal para o **financiamento** de campanhas eleitorais deve conduzir ao **reconhecimento** da presença do abuso do poder econômico.

É importante registrar que, desde o advento da Lei da Ficha Limpa (LC n. 135/2010), não há mais que se falar em demonstração da potencialidade de impacto do ato no resultado do pleito para a demonstração da sua abusividade. Basta, nos termos do que dispõe o inciso XVI do art. 22 da Lei de Inelegibilidades (LI), demonstrar a conduta.

O recebimento de recursos de fontes ilícitas para incrementar as verbas de campanha constitui ato abusivo, flagrante e induvidoso. É evidente o desequilíbrio entre as forças em disputa provocado pelo acesso a verbas vedadas pela lei. Se um dos candidatos se vale desse meio para embalar a sua campanha estará forçosamente incidindo no quanto dispõem os arts. 1º, I, *d*, e 22, XIV, da Lei de Inelegibilidades.

O uso de fontes vedadas de financiamento – o que inclui o uso de verbas de ordem empresarial – foi rechaçado pelo legislador e, com forte fundamentação, pelo Supremo Tribunal Federal, justamente por caracterizar meio de influência indevida nas eleições, com o fito de suprimir a sua lisura. O tema é de tamanha transcendência e gravidade que mereceu tratamento na Declaração Universal dos Direitos Humanos, que, em seu art. XXI, 3, proclama o direito de todo ser humano a eleições não apenas periódicas, mas fundamentalmente legítimas.

A falta de reconhecimento do caráter abusivo da conduta, quando demonstrado o acesso a verbas de campanha não autorizadas por lei, dependerá da comprovação de que não se vislumbra qualquer gravidade. Não será grave o recebimento de quantia ínfima, insuscetível de gerar vantagem para o candidato. Mas mesmo isso deve ser aferido contextualmente: quantia que nada representa de significativo em uma campanha para senador da República pode ser relevante numa campanha para vereador.

Os precedentes do TSE já afirmam que o denominado "caixa dois" configura a prática de abuso do poder econômico:

[...] 1. A utilização de "caixa dois" configura abuso de poder econômico, com a força de influenciar ilicitamente o resultado do pleito. [...] 3. A aprovação das contas de campanha não obsta o ajuizamento de ação que visa a apurar eventual abuso de poder econômico. Precedentes. [...] NE: Trecho do voto do relator: "[...] para a caracterização de abuso do poder econômico levam-se em conta elementos e requisitos diferentes daqueles observados no julgamento das contas [...]" (Ac. de 19-12-2007 no REspe 28.387, rel. Min. Carlos Ayres Britto).

Segundo o acórdão recorrido, estaria sobejamente demonstrada a prática de captação e gasto ilícito de recursos, apto a configurar abuso do poder econômico, tendo sido ressaltada a existência de caixa dois, em razão da movimentação de todos os gastos eleitorais sem transitar pela conta bancária de campanha, aberta tardiamente, além de terem sido apresentadas contas retificadoras com alteração substancial dos valores sem justificativa para tal, prática punível na forma do disposto nos arts. 30-A da Lei das Eleições e 14, § 10, da CF (REspe n. 131.064, Ac. 17-11-2015, rel. Min. Maria Thereza Rocha de Assis Moura, *DJe* de 14-12-2015, v. 1, t. 235, p. 168-169).

Presente o abuso de poder econômico decorrente do recebimento de doações empresariais ou de outras fontes vedadas, aplicam-se, com alicerce no inciso XIV do art. 22 da LI, as seguintes medidas:

a) cassação do diploma eventualmente outorgado ao candidato que a praticou ou por ela foi beneficiado;

b) inelegibilidade de todos os que participaram da conduta.

Até mesmo o **candidato derrotado** que tenha se **valido** de meios **inidôneos** para **financiar sua campanha** pode ser objeto de **investigação** judicial com o objetivo de atribuir-lhe a **inelegibilidade**. Como a lei **não exige** mais a **potencialidade** de impacto no resultado do pleito, descabe **discutir** se o praticante do abuso foi **bem-sucedido ou não** em seu objetivo de atingir o mandato.

A norma se ocupa dos meios empregados pelo candidato em sua campanha, não dos resultados que atingiu em decorrência. Trata-se de importante mecanismo de inibição de abusos na captação de verbas de campanha.

b) Aplicação do art. 30-A da Lei das Eleições

O reconhecimento de que o uso em campanha de verbas provenientes de fontes ilícitas constitui evidente ato de abuso econômico não afasta a incidência do comando legal inserto no art. 30-A da Lei das Eleições, a seguir transcrito:

Art. 30-A. Qualquer partido político ou coligação poderá representar à Justiça Eleitoral, no prazo de 15 (quinze) dias da diplomação, relatando fatos e indicando provas, e pedir a abertura de investigação judicial para apurar condutas em desacordo com as normas desta Lei, relativas à arrecadação e gastos de recursos.

§ 1º Na apuração de que trata este artigo, aplicar-se-á o procedimento previsto no art. 22 da Lei Complementar n. 64, de 18 de maio de 1990, no que couber.

§ 2º Comprovados captação ou gastos ilícitos de recursos, para fins eleitorais, será negado diploma ao candidato, ou cassado, se já houver sido outorgado.

§ 3º O prazo de recurso contra decisões proferidas em representações propostas com base neste artigo será de 3 (três) dias, a contar da data da publicação do julgamento no *Diário Oficial*.

Trata-se de representação que, conquanto siga o mesmo rito definido para a Investigação Judicial Eleitoral, com esta não se confunde. A Ação de Investigação Judicial Eleitoral (AIJE) será sempre utilizada para a discussão em Juízo das práticas de abuso de poder. Aqui, cuida-se de **infração** à Lei das Eleições, naquilo em que esta dispõe sobre as normas a serem observadas **quando da obtenção de receitas** ou da realização de **gastos** eleitorais, reclamando a aplicação da sanção previstas no § 2º do mesmo art. 30-A da LE, ou seja, negativa de concessão do diploma ou sua desconstituição.

Registre-se que a aplicação do art. 30-A da LE, quando proferida ou confirmada por órgão jurisdicional colegiado, induz à inelegibilidade prevista no art. 1º, I, *j*, da Lei de Inelegibilidades.

5.2.8. O início da arrecadação

Dispõe o § 1º do art. 22 da LE que os bancos são obrigados a: I – acatar, em até três dias, o pedido de abertura de conta de qualquer candidato escolhido em convenção, sendo-lhes vedado condicioná-la a depósito mínimo e à cobrança de taxas ou de outras despesas de manutenção; II – identificar, nos extratos bancários das contas correntes a que se refere o *caput*, o CPF ou o CNPJ do doador; III – encerrar a conta bancária no final do ano da eleição, transferindo a totalidade do saldo existente para a conta bancária do órgão de direção indicado pelo partido, na forma prevista no art. 31, e informar o fato à Justiça Eleitoral.

Deve-se ter em mente que a exigência de **abertura de conta de campanha** não se aplica aos casos de candidatura para prefeito e vereador em municípios onde não haja agência bancária ou posto de atendimento bancário. É o que dispõe o § 2º do art. 22 da LE, acrescentado pela Lei n. 13.165/2015.

Admite-se, também, a abertura de tal conta em bancos digitais.

5.2.9. A forma da arrecadação

Diz o § 4º do art. 23 da LE que as **doações** de recursos financeiros somente poderão ser **efetuadas** na **conta** bancária aberta para o fim **exclusivo** de servir à movimentação de **recursos** financeiros pelo candidato. Tomando decisão em questão de ordem, em 2002, o TSE revogou a Súmula 16, cujo teor era o seguinte:

> A falta de abertura de conta bancária específica não é fundamento suficiente para a rejeição de contas de campanha eleitoral, desde que, por outros meios, se possa demonstrar sua regularidade (art. 34 da Lei n. 9.096, de 19-9-1995).

Desde então, o Tribunal Superior Eleitoral passou a afirmar que: "É obrigatório para o partido político e para os candidatos abrir conta bancária específica para registrar todo o movimento financeiro da campanha (art. 22 da Lei n. 9.504/1997). [...]". (Ac. de 17-4-2007 no AgRgAg n. 6.226, rel. Min. Gerardo Grossi).

Os depósitos em tais contas só poderão ser efetuados por uma das seguintes formas:

I. cheques cruzados e nominais ou transferência eletrônica de depósitos;

II. depósitos em espécie devidamente identificados até o limite fixado no inciso I do § 1º do mesmo art. 23 da LE;

III. mecanismo disponível em sítio do candidato, partido ou coligação na internet, como já mencionado no item 4.4.

De acordo com o § 1º do art. 21 da Resolução do TSE n. 23.607/20219, "As **doações** financeiras de **valor igual ou superior** a R$ 1.064,10 (mil e sessenta e quatro reais e dez centavos) só poderão ser realizadas **mediante transferência eletrônica** entre as contas bancárias da doadora ou do doador e da beneficiária ou do beneficiário da doação ou **cheque cruzado e nominal**".

Admite-se também, para tal finalidade, o uso do PIX, desde que o dinheiro provenha de conta ostentada por pessoa física e utilize como chave o CNPJ da campanha.

Aliás, uma das falhas mais frequentes na prática das prestações de contas eleitorais é justamente a relativa à falta de identificação precisa do doador. Trata-se de falta grave que inviabiliza o alcance das finalidades de transparência pretendidas pelo legislador.

A lei isenta candidatos, partidos e coligações de qualquer responsabilidade por fraudes ou erros cometidos pelo doador sem conhecimento daqueles, na hipótese de doações realizadas por meio das modalidades previstas nos incisos III e IV do § 4º (art. 23, § 6º, da LE).

5.3. AS DESPESAS DE CAMPANHA

5.3.1. Aspectos gerais

Segundo dispõe o art. 17 da Lei das Eleições: "As despesas da campanha eleitoral serão realizadas sob a responsabilidade dos partidos, ou de seus candidatos, e financiadas na forma desta Lei".

Com efeito, a candidatura é a véspera do exercício do mandato. Está, pois, impregnada por uma eloquente vocação publicística, mantendo, assim, maior proximidade com a Administração do que com o universo eminentemente privado para vida partidária interna. Nesse campo, como em diversos outros, as atividades político-partidárias são marcadas pelo interesse público em seu controle pelas vias institucionais. Por isso mesmo, a atividade partidária, apesar de tipicamente privada, está envolta em contornos de matriz social que autorizam a responsabilização daqueles que falham com os deveres impostos pelas leis.

A arrecadação de fundos e a realização das respectivas despesas de campanha não pode se dar de modo arbitrário. Ambas as atividades devem se ater aos princípios da moralidade, da legalidade e da publicidade.

Maria Sylvia Zanella Di Pietro afirma que o princípio da moralidade resta negativamente afetado

> [...] quando o conteúdo de determinado ato contrariar o senso comum de honestidade, retidão, equilíbrio, justiça, respeito à dignidade do ser humano, à boa-fé, ao trabalho, à ética das instituições. A moralidade exige proporcionalidade entre os meios e os fins a atingir; entre os sacrifícios impostos à coletividade e os benefícios por ela auferidos; entre as vantagens usufruídas pelas autoridades públicas e os encargos impostos à maioria dos cidadãos[3].

Essa lição, extraída da seara do Direito Administrativo, bem se amolda aos domínios do Eleitoral. Desborda da moralidade jurídica a conduta do partido ou candidato que implique ofensa às finalidades próprias do processo eleitoral, resultando em quebra da igualdade de oportunidades ou na adoção de condutas incompatíveis com a legitimidade de que devem se revestir os pleitos. A busca de meios inidôneos – ainda que não especificamente vedados pela lei – para a obtenção de verbas para a campanha basta para fazer surgir a necessidade de responsabilização do agente.

Adota-se, por outro lado, o princípio da legalidade. Aqui, nós nos referimos à legalidade estrita. Como veremos nas disposições a seguir, a lei estabelece uma série de limites à arrecadação e aos gastos de campanha. Não se trata de atividades livres, mas vinculadas por força de lei. O conceito pode ser mais bem afirmado segundo a máxima: a obtenção e movimentação de fundos de campanha só pode ocorrer no tempo e na forma expressamente autorizados pela legislação de referência.

O terceiro princípio é o da **publicidade**. Os recursos angariados pelos partidos políticos e candidatos não integram a sua reserva de privacidade. Estão todos, desde logo, submetidos a pressupostos que banem todo sigilo. A surpresa e o segredo não são instrumentos de campanha. Não há como negar aplicação a todos os primados da Lei Federal n. 12.527, de 18 de novembro de 2011, cognominada Lei de Acesso à Informação Pública (LAI). No momento a partir do qual a Lei dos Partidos Políticos lhes destinou verbas públicas para a sua manutenção (arts. 38 a 44 da Lei n. 9.096/1995) e autorizou a destinação de parte desses recursos para as campanhas eleitorais (art. 44, III, da mesma lei partidária), passam a ter incidência as regras que informam a Lei de Acesso à Informação Pública. Assim, qualquer cidadão pode se valer dos instrumentos contidos na Lei n. 12.527/2011 para verificar, a qualquer tempo, como se dá a destinação dos recursos pelos partidos durante as campanhas eleitorais.

Essa tese não está imune à controvérsia. Algum intérprete pode entender que a legislação partidária e eleitoral é a única a reger as atividades dos partidos e candidatos. Entretanto, a nova legislação que assegura plena acessibilidade a toda informação de interesse público é, ademais de posterior, aplicável, por sua expressa dicção, a todos os entes, públicos ou privados, que movimentam recursos provenientes do orçamento.

---

[3] DI PIETRO, Maria Sylvia Zanella. *Discricionariedade administrativa na Constituição de 1988*. 3. ed. São Paulo: Atlas, 2012, p. 111.

As normas que regulam o financiamento das campanhas não podem, entretanto, autorizar uma invasão sobre as razões das opções dos partidos ou candidatos na hora de contratar serviços de apoio às campanhas. O **controle das verbas** de campanha não permite a **invasão** do mérito das **decisões** partidárias e dos candidatos, **salvo** se essas **contrastam** com a **moralidade** político-administrativa e as **prescrições legais**.

5.3.2. Despesas lícitas

O art. 26 da Lei das Eleições estabelece o rol taxativo das despesas que licitamente podem ser realizadas nas campanhas eleitorais. Tais gastos estão sintetizados na tabela a seguir:

GASTOS ELEITORAIS
Confecção de material impresso de qualquer natureza e tamanho, devendo ser observado, no caso dos adesivos, que tenham a dimensão máxima de 50 (cinquenta) centímetros por 40 (quarenta) centímetros.
Propaganda e publicidade direta ou indireta, por qualquer meio de divulgação, destinada a conquistar votos
Aluguel de locais para a promoção de atos de campanha eleitoral
Despesas com transporte ou deslocamento de candidato e de pessoal a serviço das candidaturas, aí não se incluindo despesas com combustível e manutenção de veículo automotor usado pelo candidato na campanha nem com a remuneração, alimentação e hospedagem do condutor do veículo.
Correspondência e despesas postais
Despesas de instalação, organização e funcionamento de Comitês e serviços necessários às eleições
Remuneração ou gratificação de qualquer espécie a pessoal que preste serviços às candidaturas ou aos comitês eleitorais
Montagem e operação de carros de som, de propaganda e assemelhados
Realização de comícios ou eventos destinados à promoção de candidatura
Produção de programas de rádio, televisão ou vídeo, inclusive os destinados à propaganda gratuita
Realização de pesquisas ou testes pré-eleitorais
Custos com a criação e inclusão de sítios na internet e com o impulsionamento de conteúdos contratados diretamente com provedor da aplicação de internet com sede e foro no País, o que inclui a priorização paga de conteúdos resultantes de aplicações de busca na internet.
Consultoria, assessoria e pagamento de honorários realizadas em decorrência da prestação de serviços advocatícios e de contabilidade

5.3.2.1. *Restrições a gastos eleitorais*

O § 1º do art. 26 da LE estabelece os seguintes limites com relação ao total do gasto da campanha:

Art. 26. [...]
I – alimentação do pessoal que presta serviços às candidaturas ou aos comitês eleitorais: 10% (dez por cento);
II – aluguel de veículos automotores: 20% (vinte por cento).

O § 3º do art. 26 da LE não considera gastos eleitorais nem sujeita a prestação de contas as seguintes despesas pessoais do candidato:

Art. 26. [...]

a) combustível e manutenção de veículo automotor usado pelo candidato na campanha;

b) remuneração, alimentação e hospedagem do condutor do veículo a que se refere a alínea *a* deste parágrafo;

c) alimentação e hospedagem própria;

d) uso de linhas telefônicas registradas em seu nome como pessoa física, até o limite de três linhas.

■ 5.3.2.2. *Fogos de artifício que produzem estampido*

Pode-se discutir, por outro lado, a legalidade da utilização de verbas eleitorais para a aquisição de fogos de artifício. A princípio se admite tratar-se de "propaganda e publicidade direta ou indireta, por qualquer meio de divulgação, destinada a conquistar votos".

Não há norma eleitoral expressa que vede o uso de tais elementos presentes na cultura política brasileira, especialmente nas menores cidades. Entretanto, quando se leva em consideração outros marcos normativos, veremos que a matéria pode vir a receber tratamento restritivo por resolução a ser editada pelo Tribunal Superior Eleitoral.

Mas o art. 225 da CF, ao dispor que "todos têm direito ao meio ambiente ecologicamente equilibrado, bem de uso comum do povo e essencial à sadia qualidade de vida [...]", não se dirige exclusivamente à tutela dos direitos dos animais humanos, como também tutela a esfera jurídica dos animais não humanos.

Prova disso é que o § 1º, VII, do art. 225 estipula que: "Para assegurar a efetividade desse direito, incumbe ao Poder Público: [...] VII – proteger a fauna e a flora, vedadas, na forma da lei, as práticas que coloquem em risco sua função ecológica, provoquem a extinção de espécies ou submetam os animais a crueldade".

A Lei n. 9.605/1998, que dentre outras matérias dispõe sobre as sanções penais e administrativas derivadas de condutas e atividades lesivas ao meio ambiente, tipifica em seu art. 32 a conduta de "praticar ato de abuso, maus-tratos, ferir ou mutilar animais silvestres, domésticos ou domesticados, nativos ou exóticos", impondo ao autor da conduta delitiva pela de detenção, de três meses a um ano, e multa. O § 1º-A da referida lei, incluído pela Lei n. 14.064/2020, amplia a pena criminal para dois a cinco anos de reclusão, acrescida de multa e proibição da guarda quando se tratar de cão ou gato o ser submetido a maus tratos.

No Distrito Federal, a Lei n. 6.647, de 17 de agosto de 2020, proíbe o manuseio, a utilização, a queima e a soltura de fogos ou qualquer artefato pirotécnico que produza estampidos. O art. 1º da referida lei apresenta uma exceção, referindo-se aos que produzem efeitos visuais sem estampido ou barulho de baixa intensidade. O parágrafo único da referida lei dispõe que: "A exceção prevista no *caput* não se aplica aos eventos realizados com a participação de animais, em áreas próximas a zoológicos, santuários e abrigos de animais, em parques públicos e em áreas de preservação permanente".

No estado de São Paulo, a Lei n. 17.389/2021 igualmente proíbe a soltura, comercialização, armazenagem e transporte de fogos de artifício com estampido. A Lei Municipal n. 16.897/2018, de São Paulo-SP, igualmente proíbe o manuseio, a utilização, a queima e a soltura de fogos de estampidos e de artifícios, assim como de quaisquer artefatos pirotécnicos de efeito sonoro ruidoso. Esta lei foi submetida à apreciação do Supremo Tribunal Federal no julgamento da Arguição de Descumprimento de Preceito Fundamental (ADPF n. 567/SP). Parte da ementa do julgado foi assim redigida: A jurisprudência dessa Corte admite, em matéria de proteção da saúde e do meio ambiente, que os estados e municípios editem normas mais protetivas, com fundamento em suas peculiaridades regionais e na preponderância de seu interesse. "A Lei Municipal 16.897/2018, ao proibir o uso de fogos de artifício de efeito sonoro ruidoso no Município de São Paulo, promoveu um padrão mais elevado de proteção à saúde e ao meio ambiente, tendo sido editada dentro de limites razoáveis do regular exercício de competência legislativa pelo ente municipal".

Trata-se de estratégia de mobilização baseada em artefatos que causam graves riscos para a saúde, especialmente de pessoas idosas, e que provocam graves consequências para pessoas autistas, além de impactar duramente o sensível aparelho auditivo de inúmeras espécies animais, o que inclui cães e gatos.

As normas eleitorais devem atentar para com os direitos dos animais, matéria em que o Direito tem evoluído consideravelmente. Daí não haver como não considerar inadequada, desnecessária e lesiva a direitos a prática de produzir estampidos por meio de fogos de artifício. Se necessário, podem ser usadas versões que prestigiem a imagem em lugar da poluição sonora, salvaguardando a saúde de pessoas enfermas ou idosas, pessoas com deficiência e animais domésticos, além de evitar a perturbação da tranquilidade de muitos que se incomodam com tal estratégia.

Trata-se, volto a repetir, de **matéria** sobre a qual ainda **não** se **debruçaram** a **legislação eleitoral** ou as resoluções do TSE, mas que, a meu sentir, **pode** perfeitamente **ser tratada** em seus comandos normativos para as **próximas eleições** pela nossa mais alta **Corte Eleitoral**.

■ 5.3.3. Limites de gastos

Os gastos eleitorais não podem ser realizados de forma ilimitada. Entretanto, o legislador, ao dispor sobre o tema, deu a seguinte redação, conforme extrai-se do art. 18 da LE:

> **Art. 18.** Os limites de gastos de campanha serão definidos em lei e divulgados pelo Tribunal Superior Eleitoral.

O comando legislativo delegou ao TSE a incumbência de, anteriormente ao pleito, fixar os limites de gastos para cada campanha eleitoral.

Além do teto geral de gastos fixado pela lei, agora estão fixados os limites de movimentação de recursos estabelecidos para cada cargo em disputa. Assim, nas eleições municipais, as normas definem valores máximos de gastos para o candidato a prefeito e para os candidatos a vereador. No caso das candidaturas proporcionais, foi definido o teto que balizará as despesas realizadas pela totalidade dos concorrentes em cada município. A fixação de limites diferentes para candidatos de uma mesma agremiação a um mesmo caso implicaria odiosa discriminação, malferindo os princípios democrático e da igualdade.

Pode ocorrer que o teto definido seja extrapolado. Hipótese como essa pode ocorrer, por exemplo, quando são descobertas despesas de campanhas não devidamente contabilizadas. Tais valores devem ser somados ao legitimamente declarado, podendo ocorrer que o somatório implique superação do limite fixado pelo partido. Nessa hipótese, deve ser observado o que estatui o art. 18-B da Lei n. 9.504/1997, com redação conferida pela Lei n. 13.165/2015. Diz o dispositivo:

Art. 18-B.
O descumprimento dos limites de gastos fixados para cada campanha acarretará o pagamento de multa em valor equivalente a 100% (cem por cento) da quantia que ultrapassar o limite estabelecido, sem prejuízo da apuração da ocorrência de abuso do poder econômico.

Em igual sentido dispõe o art. 4º da Resolução TSE n. 23.607/2019:

Art. 4º Os limites de gastos de campanha serão definidos em lei e divulgados pelo Tribunal Superior Eleitoral.
[...]
§ 2º A Presidência do Tribunal Superior Eleitoral publicará portaria até 20 de julho do ano das eleições para divulgação dos limites de gastos de campanha.
§ 2º-A O limite de gastos fixado para o cargo da eleição majoritária é único e inclui os gastos realizados pela candidata ou pelo candidato ao cargo de vice ou suplente.

Assim, adiante, o TSE publicou a Portaria n. 647/2022, a qual fixou os seguintes valores, para disputa do cargo de Presidente da República, nas Eleições Presidenciáveis de 2022:

CARGO	LIMITE DE GASTOS	ACRÉSCIMO 2º TURNO
Presidente da República	R$ 88.944.030,80	R$ 44.472.015,40

Como se pode observar, o ato exarado pelo TSE regulamenta o estabelecimento de limites para as despesas de campanha, sendo que os limites atribuídos aos demais cargos pleiteados, como Governador, Senador, Deputado Federal, Distrital e Estadual, por exemplo, variam de estado para estado.

A referida Portaria do TSE n. 647/2022 se faz acompanhar por um anexo que já antecipa os valores de gastos para cada cargo em disputa em todos os estados do Brasil nas eleições findas de 2022.

5.4. A PRESTAÇÃO DE CONTAS ELEITORAIS

5.4.1 Responsabilidade pela prestação de contas

O art. 20 da LE estipula que: "O **candidato** a cargo eletivo **fará, diretamente** ou por **intermédio** de **pessoa** por ele designada, a **administração financeira** de sua campanha usando recursos repassados pelo partido, inclusive os relativos à cota do Fundo Partidário, recursos próprios ou doações de pessoas físicas, na **forma estabelecida nesta Lei**". Trata-se de inovação contida na Minirreforma Eleitoral de 2015.

A Minirreforma Eleitoral de 2015 aboliu a figura dos "comitês financeiros", atribuindo aos candidatos a responsabilidade pessoal pela gestão dos recursos de campanha.

O fim dos comitês financeiros está patenteado tanto pela revogação do art. 19 da LE, por previsão expressa do art. 15 da Lei n. 13.165/2015, quanto pela inserção dos novos §§ 1º e 2º do art. 28 da LE, também fruto da Minirreforma de 2015. Dizem os dispositivos legais:

> Art. 28. [...]
> § 1º As prestações de contas dos candidatos às eleições majoritárias serão feitas pelo próprio candidato, devendo ser acompanhadas dos extratos das contas bancárias referentes à movimentação dos recursos financeiros usados na campanha e da relação dos cheques recebidos, com a indicação dos respectivos números, valores e emitentes.
> § 2º As prestações de contas dos candidatos às eleições proporcionais serão feitas pelo próprio candidato.

Como se vê, a responsabilidade pela prestação das contas de campanha é, sempre do próprio candidato. Essa orientação parece ser contrariada pelo disposto no art. 29 da LE, que ainda faz menção ao comitê. Diz o artigo que: "Ao receber as prestações de contas e demais informações dos candidatos às eleições majoritárias e dos candidatos às eleições proporcionais que optarem por prestar contas por seu intermédio, os comitês deverão [...]".

Ao intérprete pode parecer que o candidato ainda dispõe da faculdade de optar por prestar contas por meio do comitê financeiro. Entretanto, essa faculdade se encerrou com a revogação do art. 19 da LE, base normativa na qual se assentava a existência dessa controvertida figura jurídica. Além disso, não faria sentido a lei atribuir responsabilidade expressa aos candidatos pela prestação das suas contas para, depois, manter existentes os comitês financeiros de campanha.

Registre-se, por fim, que encerrando qualquer debate sobre o tema, as resoluções do TSE que dispõe sobre a arrecadação e os gastos de recursos por partidos políticos e candidatos e sobre a prestação de contas nas eleições, não trazem mais qualquer menção a comitês financeiros desde a Minirreforma Eleitoral de 2015, atribuindo toda a responsabilidade pela prestação de contas a partidos e candidatos.

5.4.2. Administração das contas pelos candidatos

Como já vimos, o candidato detém responsabilidade pessoal pela administração das suas contas de campanha. O art. 20 da Lei n. 9.504/1997 expressamente autoriza o candidato a designar uma pessoa para movimentar, em nome daquele, a conta única de campanha. Embora a lei silencie a esse respeito, a "pessoa" a quem pode ser delegada a tarefa de empreender a movimentação financeira haverá de ser pessoa física, não jurídica. Como a lei comete ao candidato a missão de promover os gastos de campanha, apenas outro indivíduo haverá de receber eventual delegação, o que favorece a responsabilização pessoal pretendida pelo dispositivo. Entendo que o cometimento dessa função a pessoa jurídica desafia a rejeição das contas de campanha pela Justiça Eleitoral.

Segundo o que expressamente prevê o **art. 21** da LE: "O **candidato** é solidariamente **responsável** com a **pessoa indicada** na forma do art. 20 desta Lei pela veracidade das informações financeiras e contábeis de sua campanha, devendo **ambos assinar** a respectiva prestação de contas". **A lei não exige** que a delegação recaia sobre **profissional da contabilidade**. O candidato poderá optar por não o fazer, escolhendo para tal posição alguém da sua direta confiança.

▪ 5.4.3. Atuação obrigatória de contadores e advogados na prestação de contas

De qualquer sorte, a prestação de contas não prescindirá da atuação de um contabilista, eis que assim o exige o § 4º do art. 45 da Resolução do TSE n. 23.607/2019, cujo teor é o seguinte:

> **Art. 45.** [...]
> § 4º A arrecadação de recursos e a realização de gastos eleitorais devem ser acompanhadas por profissional habilitada(o) em contabilidade desde o início da campanha, a(o) qual realizará os registros contábeis pertinentes e auxiliará a candidata ou o candidato e o partido na elaboração da prestação de contas, observando as normas estabelecidas pelo Conselho Federal de Contabilidade e as regras estabelecidas nesta Resolução.

Ainda segundo a mesma resolução, é obrigatória a constituição de advogada ou de advogado para a prestação de contas (art. 45, § 5º).

Mesmo que não haja movimentação de recursos financeiros ou estimáveis em dinheiro, a prestação de contas deve ser composta, dentre outras informações, pelos nomes da(o) profissional habilitada(o) em contabilidade e da advogada ou do advogado, consoante determina o art. 53, II, da Resolução do TSE n. 23.607/2019.

Essa regra não é escanteada pelo permissivo contido no art. 62 da mesma Resolução, que trata do sistema simplificado de prestação de contas para candidatas ou candidatos que apresentarem movimentação financeira correspondente, no máximo, ao valor de R$ 20.000,00. De acordo com o disposto no § 1º do mesmo dispositivo, o sistema simplificado também se aplica às eleições para cargo de prefeito e vereador em municípios com menos de 50 mil eleitores. Ali não se faz menção a contadores ou advogados, mas sua presença continua a ser obrigatória

Trata-se de despesas os pagamentos da remuneração de contador e advogado e como tal devem ser lançadas na prestação de contas, ainda que não influenciem o limite de gastos. Se realizadas por partido político em favor de uma pluralidade de candidatos, cada um deve individualmente declará-las, incluindo a sua cota-parte no limite de gastos, como estabelece os arts. 5º, *caput*, e 20, II, da Resolução do TSE n. 23.607/2019.

Ainda que sejam realizadas *pro bono* pelos profissionais, devem ser lançadas na prestação de contas, mas não serão consideradas para a aferição do limite de gastos nem constituirão doação de bens e serviços estimáveis em dinheiro (art. 23, § 10, da LE).

Em julgado recentíssimo, o Tribunal Regional Eleitoral do Rio Grande do Sul não encontrou irregularidade na definição de honorários *ad exitum* fixados em favor de contador e de advogados, ou seja, pagos em montante maior a final em caso de pleno alcance das obrigações contratuais. Eis o precedente:

> [...] 3. Aplicação de verbas públicas para pagamento de cláusula de êxito em contrato de serviços contábeis e de honorários advocatícios. Valor total previsto desde o início da contratação, quando formalizado o documento, com pagamento vinculado entre o trabalho que seria desempenhado por advogados e contador durante a campanha. Firmados acordos, dentro da esfera privada de vontade e interesses, estabelecendo que os serviços prestados seriam remunerados com uma gratificação em caso de vitória na eleição, procedimento usual no âmbito de contratos advocatícios, não se evidenciando vedação de sua aplicabilidade também para o pacto de prestação de serviços contábeis. Inexistência de qualquer inovação ou despesa adicional na contratação. Tampouco há vedação na legislação eleitoral de que o pagamento de honorários por serviços advocatícios e contábeis relativos à cláusula de êxito – devidamente prevista no contrato de prestação de serviços – seja realizado com a utilização de verbas públicas do Fundo Especial de Financiamento de Campanha Eleitoral (FEFC). [...] 5. Aprovação das contas, na forma do art. 74, inc. I, da Resolução TSE n. 23.607/19 (Prestação de Contas Eleitorais n. 060249508, Acórdão, rel. Des. Kalin Cogo Rodrigues, PSESS – Publicado em Sessão, de 15-12-2022).

De acordo com o § 8º do art. 41 da Resolução do TSE n. 23.607/2019, os valores despendidos com a contratação de contadores e advogados nas campanhas eleitorais são excluídos dos limites de gastos. A norma está em concordância com o que estabelece o art. 26, § 4º, da Lei das Eleições, segundo o qual: "As despesas com consultoria, assessoria e pagamento de honorários realizadas em decorrência da prestação de serviços advocatícios e de contabilidade no curso das campanhas eleitorais serão consideradas gastos eleitorais, mas serão excluídas do limite de gastos de campanha".

■ 5.4.4. Despesas e custos comuns assumidos pelo partido

A Resolução do TSE n. 23.607/2019, em seu art. 20, dispõe que:

> **Art. 20.** As despesas e os custos assumidos pelo partido político e utilizados em benefício de uma ou mais candidaturas devem ser registrados, observado o disposto no art. 38, § 2º, da Lei n. 9.504/1997:
> I – integralmente como despesas financeiras na conta do partido;
> II – como transferências realizadas de recursos estimáveis às candidatas ou aos candidatos beneficiadas(os), de acordo com o valor individualizado, apurado mediante o rateio entre todas as candidaturas beneficiadas, na proporção do benefício auferido,

exceto para as doações estimáveis decorrentes de gastos partidários com honorários de serviços advocatícios e de contabilidade.

Tais despesas serão declaradas, pois, tanto na prestação de contas eleitoral do partido quanto nas prestações de contas dos candidatos e candidatas individualmente beneficiados.

5.4.5. Contas bancárias específicas

A lei obriga os partidos e candidatos a abrirem contas bancárias específicas para registrar todo o movimento financeiro da campanha (art. 22 da LE).

A Resolução do TSE n. 23.607/2019 estabelece a necessidade da abertura das seguintes contas de campanha:

a) conta bancária genérica para recebimento de doações e outras formas de transferência voluntária de recursos, tais como as ligadas à comercialização de itens (art. 8º);
b) conta para recebimento de recursos provenientes do Fundo Partidário (art. 9º);
c) conta para recebimento de valores do Fundo Especial de Financiamento de Campanhas (art. 9º).

O partido político e os candidatos devem obrigatoriamente dispor de contas bancárias para realizar a movimentação financeira. A cada candidato devem corresponder contas bancárias específicas, a fim de facilitar a fiscalização e auditoria. A não abertura das contas tornará impossível a prestação de contas final, condenando-as à rejeição. Robustece esse entendimento o fato de o Tribunal Superior Eleitoral já haver reconhecido ser obrigatória a abertura da conta bancária mesmo que não haja movimentação financeira.

Tal entendimento é confirmado pelo seguinte precedente:

> Nos termos do art. 22, *caput,* da Lei n. 9.504/1997 e do art. 71, § 2º, da Res.-TSE n. 23.463/2015, a abertura de conta bancária específica de campanha é obrigatória, ainda que não haja arrecadação ou movimentação de recursos financeiros. Dessa forma, essa omissão constitui irregularidade grave e insanável que acarreta a desaprovação das contas. [...]" (Ac. de 21-2-2019 no REspe 71.110, rel. Min. Luís Roberto Barroso).

Há uma exceção a essa regra prevista no § 2º do art. 22 da Lei n. 9.504/1997, segundo a qual "**não será necessária** a adoção da providência apenas nas candidaturas a prefeito e vereador em **municípios** onde **não** haja **agência bancária** ou **posto** de atendimento **bancário**".

Os bancos, por sua vez, são obrigados a acatar no prazo de três dias o pedido de abertura de conta de qualquer candidato escolhido em convenção. Não é admitido que se condicione a abertura dessas contas a depósito mínimo e à cobrança de taxas ou outras despesas de manutenção (art. 22, § 1º, da LE).

Diz o § 3º do art. 22 da LE:

Art. 22. [...]

§ 3º O uso de recursos financeiros para pagamentos de gastos eleitorais que não provenham da conta específica de que trata o *caput deste* artigo implicará a desaprovação da prestação de contas do partido ou candidato; comprovado abuso de poder econômico, será cancelado o registro da candidatura ou cassado o diploma, se já houver sido outorgado.

O art. 38 da Resolução do TSE n. 23.607/2019 autoriza o uso do PIX para pagamento das despesas de campanha, desde que a chave utilizada seja o CPF ou o CNPJ.

É grande a importância das contas específicas de campanha. A movimentação de valores fora desse mecanismo acarreta, nos termos do dispositivo, a desaprovação das contas de campanha. A realização de despesas não contabilizadas de campanha deve, pois, acarretar a rejeição das contas. Essa hipótese fica mais evidente nos casos de não abertura da conta bancária, o que submete todo fluxo de recursos à ilegalidade, com seus consectários legais.

Merece discussão o tema relativo ao veículo processual por cujo intermédio se deve discutir o cancelamento do registro ou a cassação do diploma daquele que se houve fora das prescrições legais quanto à necessidade de movimentação de todos os recursos de campanha por meio da conta única.

O dispositivo é claro ao prever essa sanção, correlacionando-a com a realização de despesas de modo diverso do prescrito pela lei.

A referência à **comprovação** do abuso de poder econômico **exige** que o **debate** sobre a aplicação da medida de **cassação** deva ocorrer em **ação diversa**, manejada nos moldes do **art. 22** da Lei de Inelegibilidades. Por isso, **ocorrendo a reprovação das contas** eleitorais em que se verifiquem **presentes** indícios da ocorrência de **ilícitos**, os autos deverão ser **remetidos** ao Ministério Público Eleitoral e até mesmo, **conforme o caso**, para a Polícia Federal, a fim de que ali se promova a **devida apuração**.

A Resolução do TSE n. 23.607/2019 possibilita à Justiça Eleitoral que, existindo indícios de crime na prestação de contas do candidato, determine a instauração de investigação policial. Vejamos:

Art. 75. O julgamento da prestação de contas pela Justiça Eleitoral não afasta a possibilidade de apuração por outros órgãos quanto à prática de eventuais ilícitos antecedentes e/ou vinculados, verificados no curso de investigações em andamento ou futuras.

Parágrafo único. A autoridade judicial responsável pela análise das contas, ao vericar a presença de indícios de irregularidades que possam congurar ilícitos, remeterá as respectivas informações e documentos aos órgãos competentes para apuração de eventuais crimes (Lei n. 9.096/1995, art. 35; e Código de Processo Penal, art. 40).

Quanto ao abuso de poder econômico, não é de se exigir para a sua configuração a prova da potencialidade de impacto no resultado do pleito, algo expressamente vedado pela lei desde a alteração da redação do inciso XVI do art. 22 da Lei de Inelegibilidades por força da Lei Complementar n. 135/2010 (Lei da Ficha Limpa).

Segundo expressamente dispõe a redação do dispositivo acima citado, "para a configuração do ato abusivo, não será considerada a potencialidade de o fato alterar o resultado da eleição, mas apenas a gravidade das circunstâncias que o caracterizam".

Assim, presente a prova de que gastos foram efetuados sem que o dinheiro necessário para sua satisfação seja proveniente das contas de campanha, o caso é de reprovação das contas, salvo se a quantia for irrisória, segundo o prudente critério do julgador. Nesse caso, porém, não será possível a fixação da inelegibilidade prevista no inciso XV do art. 22 da Lei de Inelegibilidades, já que tal consequência não está prevista na lei.

A norma estipula que, em caso de rejeição das contas de campanha, a Justiça Eleitoral remeterá cópia de todo o processo ao Ministério Público Eleitoral para os fins previstos no art. 22 da Lei Complementar n. 64, de 18 de maio de 1990. É o que determina o § 4º do art. 22 da LE. Para que se considere presente o abuso de poder econômico como critério de inelegibilidade é necessário que o tema seja veiculado por meio da AIJE instituída pelo art. 22 da Lei Complementar n. 64/1990. Essa é a razão pela qual o § 4º do art. 22 da Lei das Eleições manda remeter ao Ministério Público cópia das prestações de contas rejeitadas.

■ 5.4.6. Registro de candidatos no CNPJ

Candidatos estão obrigados à inscrição no Cadastro Nacional da Pessoa Jurídica – CNPJ. É o que dispõe o art. 22-A da LE.

Segundo o art. 4º, § 7º, da Instrução Normativa n. 1.863/2018, que dispõe sobre o Cadastro Nacional da Pessoa Jurídica (CNPJ): "A inscrição dos partidos políticos no CNPJ ocorre por meio de seus órgãos de direção nacional, regional e local, cadastrados exclusivamente na condição de estabelecimento matriz".

Já o § 8º da mesma Instrução Normativa estatui que: "Não são inscritas no CNPJ as coligações de partidos políticos".

O § 1º do art. 22-A da LE estabelece que "após o recebimento do pedido de registro da candidatura, a Justiça Eleitoral deverá fornecer em até 3 (três) dias úteis, o número de registro de CNPJ".

De conformidade com o Calendário das Eleições de 2022 (Resolução n. 23.674, de 16 de dezembro de 2021), o dia 20 de julho será a "data a partir da qual a Justiça Eleitoral encaminhará à Secretaria da Receita Federal do Brasil o pedido de inscrição no CNPJ das candidaturas cujos registros tenham sido requeridos pelos partidos políticos, federações ou coligações, o qual deverá ser atendido em até 3 (três) dias úteis". Só após abertura da conta bancária e o registro no CNPJ poderão os candidatos realizar a arrecadação de doações e realizar gastos de campanha (art. 22-A, § 2º, da LE).

■ 5.4.7. Despesas não contabilizadas de campanha

Importante inovação decorrente da edição da Lei n. 11.300/2006 é a constante do § 3º do art. 22 da Lei das Eleições. Já o analisamos inicialmente no item 5.4.5, em que tratamos da conta bancária específica. Porém, há mais a considerar sobre essa norma. A instituição do referido dispositivo se deveu ao escândalo que marcou o cenário político em 2005, no episódio que foi denominado pela grande mídia como "Mensalão". Na oportunidade, elaborou-se a tese de que os recursos cuja movimentação fora descoberta pelos órgãos de investigação eram, na verdade, referentes a "despesas de campanha não contabilizadas", como forma de evitar a leitura dos fatos como relativas ao cometimento de crimes graves, tais como peculato e concussão.

Como na época não havia norma na legislação eleitoral que previsse sanção específica para os que **movimentaram recursos financeiros de campanha fora da conta bancária aberta pelo candidato**, descobriu-se um meio de isentar os autores das transações de qualquer responsabilidade legal.

Com a alteração legislativa acima mencionada, a conduta de movimentar valores de campanha fora da respectiva conta passou a constituir fundamento para o cancelamento do registro da candidatura ou a cassação do diploma. Em 2007, o TSE já afirmava o entendimento de que a formação do denominado "caixa dois", ou o uso de verbas de campanha não contabilizadas, constitui forma de abuso de poder econômico. É o que se vê no seguinte julgado:

> ELEIÇÕES 2020. AGRAVOS EM RECURSO ESPECIAL. AIJE E AIME. JULGAMENTO CONJUNTO. ABUSO DO PODER ECONÔMICO, USO INDEVIDO DOS MEIOS DE COMUNICAÇÃO SOCIAL, FRAUDE E GASTOS ILÍCITOS DE CAMPANHA. CASSAÇÃO DOS CANDIDATOS ELEITOS A PREFEITO E VICE. INELEGIBILIDADE DO TITULAR DA CHAPA MAJORITÁRIA. CONVOCAÇÃO DE NOVAS ELEIÇÕES. DESPROVIMENTO. 1. Inexistência de violação aos arts. 275 do Código Eleitoral, 489, § 1º, e 1.022 do Código de Processo Civil, uma vez que os alegados vícios denotam tão somente insurgência afeta à solução jurídica empregada, o que não se coaduna com a via dos aclaratórios, de cognição estreita, vocacionada ao aprimoramento do julgamento. 2. A fraude disposta no art. 14, § 10, da Constituição Federal apresenta conceito elastecido a fim de que nele se subsuma todo tipo de simulação com a finalidade de interferir no processo eleitoral, criar-lhe embaraço ou dano, repercutindo maliciosamente na isonomia entre os candidatos. Precedente. 3. A gravidade da fraude perpetrada foi extraída dos elementos juntados aos autos analisados em sua integralidade, a tratar-se de efetiva espionagem de agente político à frente da municipalidade, cargo que os ora agravantes pretendiam galgar na disputa das eleições, utilizando-se, no afã de se apresentarem como opção mais vantajosa aos eleitores, de estratégias de campanha ardilosas, em clara quebra da boa-fé e da ética que se esperam daqueles que buscam ocupar os mais altos cargos de gestão da administração pública. 4. Inequívoca a prática de caixa dois na campanha, acrescida da notória má-fé dos recorrentes, a comprometer a moralidade e a legitimidade do pleito, sendo irrelevante a acuidade do percentual considerado pela Corte de origem na definição do valor total omitido na prestação de contas para aferir a gravidade da conduta. 5. Agravos providos e recursos especiais desprovidos (AgR-REspe 060030710, Acórdão, rel. Min. Carlos Horbach, *DJe* de 23-5-2022, t. 93).

Convém lembrar que, de conformidade com o disposto no § 4º do art. 22 da LE, também já referido anteriormente: "Rejeitadas as contas, a Justiça Eleitoral remeterá cópia de todo o processo ao Ministério Público Eleitoral para os fins previstos no art. 22 da Lei Complementar n. 64, de 18 de maio de 1990".

5.4.8. Legitimidade para a prestação de contas

Como vimos, os §§ 1º e 2º do art. 28 da Lei das Eleições atribuem aos candidatos a responsabilidade pela prestação de suas contas de campanha. Estas devem ser acompanhadas dos extratos das contas bancárias referentes à movimentação dos recursos financeiros usados na campanha e da relação dos cheques recebidos, com a indicação dos respectivos números, valores e emitentes.

5.4.9. O tempo da prestação de contas

É preciso analisar desde uma perspectiva crítica as disposições da lei sobre o momento em que devem ser apresentadas as prestações de contas de campanha.

A Lei das Eleições agora **estipula** que o **dever** de **prestar contas** deve ser observado em **três diferentes estágios**, sendo eles:

a) relatórios financeiros;
b) prestação de contas provisória ou parcial;
c) prestação de contas definitiva ou final.

Trata-se de matéria que sofreu ampla alteração por meio da Minirreforma Eleitoral de 2015. A primeira etapa da prestação de contas consiste na apresentação contínua de relatórios financeiros. Ela vem definida no art. 28, § 4º, I, da LE. Por seu intermédio são apresentados os dados relativos aos recursos em dinheiro recebidos para financiamento de sua campanha eleitoral, em até 72 horas contadas do recebimento.

ESTÁGIOS DO DEVER DE TRANSPARÊNCIA:	1. relatórios financeiros
	2. prestação de contas provisória ou parcial
	3. prestação de contas definitiva ou final

De acordo com o § 2º do art. 47 da Resolução do TSE n. 23.607/2019, os relatórios financeiros de campanha serão informados à Justiça Eleitoral, por meio do Sistema de Prestação de Contas Eleitorais, em até 72 horas contadas a partir da data do crédito da doação financeira na conta bancária sempre que a arrecadação for realizada por cartão de crédito ou mecanismo de financiamento coletivo.

O segundo momento é a prestação de contas provisória ou parcial. Ela vem prevista no art. 28, § 4º, II, da LE e se constitui em relatório discriminando as transferências do Fundo Partidário, os recursos em dinheiro e os estimáveis em dinheiro recebidos, bem como os gastos realizados. A Resolução do TSE n. 23.607/2019, no § 1º do seu art. 47, estipula que a prestação de contas parcial deve ser realizada exclusivamente em meio eletrônico, por intermédio do Sistema de Prestação de Contas

Eleitorais, com a discriminação dos recursos financeiros ou estimáveis em dinheiro para financiamento da campanha eleitoral, contendo, cumulativamente:

> **Art. 47.** [...]
> I – a indicação dos nomes, do CPF das pessoas físicas doadoras ou do CNPJ dos partidos políticos ou das candidatas ou dos candidatos doadoras ou doadores;
> II – a especificação dos respectivos valores doados;
> III – a identificação dos gastos realizados, com detalhamento das fornecedoras ou dos fornecedores;
> IV – a indicação da advogada ou do advogado.

Nesse passo andou muito bem o TSE quanto à extensão do primado da transparência. O art. 28, § 4º, II, da LE não exige a publicização dos nomes dos doadores individuais e partidos de onde provêm as doações. Mas a medida tem ampla justificação constitucional e legal.

De acordo com o §§ 3º e 4º do art. 47 da Resolução do TSE n. 23.607/2019, a prestação de contas parcial de campanha deve ser encaminhada por meio do SPCE pela internet entre os dias 9 a 13 de setembro do ano eleitoral, dela constando o registro da movimentação financeira e/ou estimável em dinheiro ocorrida desde o início da campanha até o dia 8 de setembro do mesmo ano. Demais disso, no dia 15 de setembro, o Tribunal Superior Eleitoral divulgará, na sua página, na internet, a prestação de contas parcial de campanha de candidatos e partidos políticos com a indicação dos nomes, do CPF ou CNPJ dos doadores e dos respectivos valores doados.

A **prestação de contas parcial** foi instituída pela Lei n. 11.300/2006, com o aparente propósito de aumentar o grau de transparência das campanhas eleitorais. Entretanto, a medida não logrou atingir esse objetivo. Pecou a nova determinação legal por excluir da prestação de contas provisória a indicação específica dos nomes dos doadores e dos valores de suas contribuições para os esforços de campanha.

Ribeiro, acerca desse ponto, teceu as seguintes considerações:

> [...] A possibilidade de ocultação do nome dos doadores nas divulgações parciais é incoerente com a transparência objetivada pela norma. Por outro lado, mesmo que fosse obrigatória a identificação dos doadores ou, pelo menos, dos principais, as datas previstas para divulgação poderiam incentivar certas doações somente a partir de 6 de setembro, para evitar seu conhecimento pelo público antes da data da votação[4].

Ocorre que, sendo prevista a realização dessa prestação de contas por meio da internet, nada impediria que os candidatos fossem compelidos a indicar em tempo real os seus doadores e as respectivas quantias recebidas, o que atingiria mesmo as doações recebidas de última hora. Tal procedimento garantiria a devida observância ao princípio da publicidade, que, encetado no art. 37 da Constituição de 1988, alcan-

---

[4] RIBEIRO, Renato Ventura. *Lei Eleitoral comentada*. São Paulo: Quartier Latin, 2006, p. 209.

ça inegavelmente a Justiça Eleitoral em todas as atividades de gestão dos processos administrativos eleitorais, como é o caso da prestação de contas.

À vista da falha contida na legislação, o eleitorado ficava impedido de tomar ciência dos nomes daqueles que apoiam os candidatos em quem pretende votar, o que esmaece a sua capacidade de escolha. Da forma como estava redigida, a norma tornava possível o conhecimento dos nomes dos doadores apenas depois de superado o pleito, o que favorecia a conquista de apoio entre doadores de comportamento público duvidoso.

Desde 2012, entretanto, por determinação da presidente do Tribunal Superior Eleitoral, Cármen Lúcia, amparada na Lei de Acesso à Informação, foi aberta a lista de doadores e fornecedores contratados ainda durante as campanhas.

A tese nasceu na Zona Eleitoral de João Lisboa (MA), a partir do Provimento n. 1/2012, por mim editada como Juiz Eleitoral da 58ª Zona Eleitoral do Maranhão. Àquele tempo, ainda magistrado, fui o primeiro juiz brasileiro a exigir divulgação antecipada dos doadores de campanha eleitoral. Nos municípios correspondentes à Zona, os dados contendo nomes de pessoas, empresas doadoras, valores e seus respectivos CPFs e CNPJs estão disponíveis desde a primeira parcial, através do *link*: www.doadoreseleicoes2012.blogspot.com.br.

Após essa iniciativa, vários juízes de estados, como Paraná, Tocantins, Amazonas e Mato Grosso, também passaram a exigir a medida de transparência em suas Zonas de competência. Até então, a declaração detalhada das doações era exigida apenas no final do pleito eleitoral, impedindo que o eleitor tivesse acesso a informações que podem, inclusive, vir a decidir o seu voto.

É fundamental que o eleitor tenha conhecimento de que pessoas e empresas financiam os candidatos, já que quem banca uma campanha dita o perfil do futuro mandato. Já **a prestação de contas definitiva** deve ser apresentada à Justiça Eleitoral até o **trigésimo dia posterior** à realização das **eleições**. **Havendo** segundo turno, o encaminhamento da **prestação relativa aos dois turnos** deve ocorrer até o **vigésimo dia posterior** à sua **realização**. É o que expressamente determinam os incisos III e IV do art. 29 da Lei das Eleições.

■ 5.4.10. Restos a pagar e sobras de campanha

Os §§ 3º e 4º do art. 29 da LE estipulam que eventuais débitos de campanha não quitados até a data de apresentação da prestação de contas poderão ser assumidos pelo partido político, por decisão do seu órgão nacional de direção partidária. Nesse caso, o órgão partidário da respectiva circunscrição eleitoral passará a responder por todas as dívidas solidariamente com o candidato. Em tal hipótese, a existência do débito não poderá ser considerada como causa para a rejeição das contas.

Se, ao contrário, verificar-se ao término da campanha a ocorrência de sobra de recursos financeiros, esta deve ser declarada na prestação de contas e, após julgados todos os recursos, transferida ao órgão do partido na circunscrição do pleito ou à coligação, neste caso, para divisão entre os partidos que a compõem.

As **sobras** de recursos financeiros de campanha serão **utilizadas** pelos **partidos** políticos, devendo tais valores ser declarados em suas prestações de contas perante a Justiça Eleitoral, com a identificação dos candidatos. Tais disposições constam do art. 31 da LE, tendo sido introduzidas pela Lei n. 12.891/2013, e do § 1º do art. 50 da Resolução do TSE n. 23.607/2019.

A regra comporta, entretanto, uma exceção: é preciso ter presente que na hipótese ocorrência de **sobras de recursos originários do FEFC**, por disposição expressa dos arts. 11 e 17, § 3º, da Resolução do TSE n. 23.607/2019, deve-se proceder a sua **devolução ao Tesouro Naciona**l por meio de Guia de Recolhimento da União (GRU).

■ 5.4.11. O julgamento da prestação de contas

Ao apreciar as contas de campanha, a Justiça Eleitoral pode decidir:

I – pela aprovação, quando estiverem regulares;

II – pela aprovação com ressalvas, quando verificadas falhas que não lhes comprometam a regularidade;

III – pela desaprovação, quando verificadas falhas que lhes comprometam a regularidade;

IV – pela não prestação, quando não apresentadas as contas após a notificação emitida pela Justiça Eleitoral, na qual constará a obrigação expressa de prestar as suas contas, no prazo de 72 horas (art. 30 da LE).

Diz a lei expressamente que meros erros formais e materiais corrigidos não autorizam a rejeição das contas e a cominação de sanção a candidato ou partido. É nesse mesmo sentido a orientação jurisprudencial do TSE:

> Divergências de pouca importância, na movimentação bancária e na alimentação de dados do SPCE, não permitem a desaprovação de contas, havendo de ser relevadas como erros materiais. [...]. (Resolução n. 22.499, de 13-12-2006, rel. Min. Gerardo Grossi).

Como se observa, os erros formais ou materiais irrelevantes no conjunto da prestação de contas, que não comprometam o seu resultado, não acarretam a rejeição das contas (art. 30, §§ 2º e 2º-A, da LE). De acordo com o novo § 1º do art. 30 da LE: "A decisão que julgar as contas dos candidatos eleitos será publicada em sessão até três dias antes da diplomação".

Por outro lado, se houver indício de irregularidade na prestação de contas, a Justiça Eleitoral poderá requisitar do candidato as informações adicionais necessárias, bem como determinar diligências para a complementação dos dados ou o saneamento das falhas. É o que preconiza o § 4º do art. 30 da LE.

■ 5.4.12. Exceções à necessidade de registro na prestação de contas

Walber Agra relaciona as despesas que, por expressa disposição de lei, não necessitam constar da prestação de contas. É o que se vê da citação a seguir:

Excluem-se da regra da necessidade de registro na prestação de contas três hipóteses: a cessão de bens imóveis, limitada ao valor de quatro mil reais por pessoa cedente; as doações estimáveis em dinheiro entre candidatos ou partidos, decorrentes do uso comum tanto de sedes quanto de materiais de propaganda eleitoral, cujo gasto deverá ser registrado na prestação de contas do responsável pelo pagamento da despesa; e a cessão de automóvel de propriedade do candidato, do cônjuge e de seus parentes até o terceiro grau para seu uso pessoal durante a campanha, consonante o § 6º do art. 28 da Lei Eleitoral[5].

■ 5.5. QUESTÕES

1. (MPE-AP – Promotor de Justiça Substituto – Cespe/Cebraspe – 2021) A respeito da prestação de contas simplificada à justiça eleitoral, assinale a opção correta.
   a) Esse tipo de prestação de contas poderá ser adotado nas eleições para prefeito e vereadores em municípios com até duzentos mil eleitores.
   b) Os candidatos são dispensados de apresentar os comprovantes de recursos utilizados que tenham sido provenientes do fundo partidário.
   c) Havendo irregularidades sanáveis detectadas pelo órgão técnico, o prestador de contas será intimado a se manifestar no prazo de trinta dias, sendo vedada a juntada de novos documentos.
   d) As contas poderão ser julgadas regulares, sem a realização de diligências, independentemente de parecer favorável do Ministério Público Eleitoral (MPE).
   e) Os candidatos não eleitos às prefeituras municipais com gastos de até vinte mil reais – valor que pode ser atualizado monetariamente a cada eleição – poderão submeter-se ao exame simplificado.

2. (PC-BA – Investigador de Polícia Civil – IBFC – 2022) No que se refere às disposições constitucionais sobre partidos políticos, analise as afirmativas abaixo.
   I. Os partidos políticos devem aplicar no mínimo 5% (cinco por cento) dos recursos do fundo partidário na criação e na manutenção de programas de promoção e difusão da participação política das mulheres, de acordo com os interesses intrapartidários.
   II. É vedada a utilização pelos partidos políticos de organização paramilitar.
   III. Os partidos políticos, após adquirirem personalidade jurídica, na forma da lei civil, registrarão seus estatutos no Tribunal Superior Eleitoral.

Estão corretas as afirmativas:
   a) I, II e III.
   b) I e II apenas.
   c) II e III apenas.
   d) I e III apenas.
   e) I apenas.

3. (MP-RJ – Promotor de Justiça Substituto – MPE – 2022) Considere que José é candidato a governador e, durante a campanha eleitoral, teve gastos com correspondência e despesas postais, realização de pesquisa, aluguel de veículos automotores, alimentação do pessoal que presta serviço ao seu comitê eleitoral, combustível do carro usado por ele na campanha e alimentação e hospedagem própria em diversas cidades do estado. Com base na situação hipotética e no disposto na legislação correlata, é correto afirmar que a(s) despesa(s) com
   a) combustível do carro usado por José na campanha, assim como a sua alimentação e hospedagem, não são consideradas gastos eleitorais nem se sujeitam a prestação de contas.
   b) aluguel de veículos automotores não poderá ultrapassar 10% (dez por cento) do total do gasto da campanha de José.

---

[5] AGRA, Walber de Moura. *Manual prático de Direito Eleitoral*. Belo Horizonte: Forum, 2022. *E-book Kindle*.

c) correspondência e despesas postais não são consideradas gastos eleitorais, mas devem ser informadas na prestação de contas.
d) a realização de pesquisa e alimentação do pessoal que presta serviço ao comitê eleitoral não poderá ultrapassar 05% (cinco por cento) do total do gasto da campanha eleitoral.
e) a realização de pesquisa eleitoral não são consideradas gastos eleitorais, mas, assim como todas as despesas relacionadas com a campanha eleitoral, devem ser informadas na prestação de contas feita pelo próprio candidato.

4. (TRE-PA – Analista Judiciário – Área Judiciária – IBFC – 2020) Com relação à prestação de contas de campanhas eleitorais, considere a Lei n. 9.504/1997 e suas alterações, e analise as afirmativas abaixo:

I. Os valores transferidos pelos partidos políticos oriundos de doações serão registrados na prestação de contas dos candidatos como transferência dos partidos e, na prestação de contas anual dos partidos, como transferência aos candidatos.
II. Ficam dispensadas de comprovação na prestação de contas a cessão de automóvel de propriedade do candidato, do cônjuge e de seus parentes até o quarto grau para seu uso pessoal durante a campanha.
III. Até doze meses após a diplomação, os candidatos ou partidos conservarão a documentação concernente a suas contas. Estando pendente de julgamento qualquer processo judicial relativo às contas, a documentação a elas concernente deverá ser conservada até o término do mandato eletivo.
IV. Os gastos com passagens aéreas efetuados nas campanhas eleitorais serão comprovados mediante a apresentação de fatura ou duplicata emitida por agência de viagem, quando for o caso, desde que informados os beneficiários, as datas e os itinerários, vedada a exigência de apresentação de qualquer outro documento para esse fim.

Assinale a alternativa correta.
a) Apenas as afirmativas I, II e III estão corretas.
b) Apenas as afirmativas II, III e IV estão corretas.
c) Apenas as afirmativas I e IV estão corretas.
d) Apenas a afirmativa I está correta.

5. (TRE-PA – Analista Judiciário – Área Judiciária – IBFC – 2020) Sobre a arrecadação e a aplicação de recursos nas campanhas eleitorais, considere a Lei n. 9.504/1997 e suas alterações, e assinale a alternativa incorreta.
a) As despesas com consultoria, assessoria e pagamento de honorários realizadas em decorrência da prestação de serviços advocatícios e de contabilidade no curso das campanhas eleitorais serão consideradas gastos eleitorais, mas serão excluídas do limite de gastos de campanha
b) A sanção de suspensão do repasse de novas quotas do Fundo Partidário, por desaprovação total ou parcial da prestação de contas do candidato, deverá ser aplicada de forma proporcional e razoável, pelo período de 3 (três) a 12 (doze) meses, vedado o desconto do valor a ser repassado na importância apontada como irregular
c) O candidato poderá usar recursos próprios em sua campanha até o total de 10% (dez por cento) dos limites previstos para gastos de campanha no cargo em que concorrer. A doação de quantia acima dos limites fixados sujeita o infrator ao pagamento de multa no valor de até 100% (cem por cento) da quantia em excesso
d) O pagamento efetuado por pessoas físicas, candidatos ou partidos em decorrência de honorários de serviços advocatícios e de contabilidade, relacionados à prestação de serviços em campanhas eleitorais e em favor destas, bem como em processo judicial decorrente de defesa de interesses de candidato ou partido político, não constitui doação de bens e serviços estimáveis em dinheiro

6. (TJ-MS – Juiz Substituto – FCC – 2020) Ao disciplinar a arrecadação e a aplicação de recursos nas campanhas eleitorais, a Lei n. 9.504, de 30 de setembro de 1997, estabelece que
a) as despesas de natureza pessoal do candidato com combustível e manutenção de veículo automotor por ele usado na campanha são consideradas gastos eleitorais, sujeitando-se à prestação de contas.
b) as despesas relativas à realização de pesquisas ou testes pré-eleitorais não são consideradas gastos eleitorais, não se lhes aplicando o dever de registro, nem os limites fixados na lei.

c) o descumprimento dos limites de gastos fixados para cada campanha acarretará o pagamento de multa em valor equivalente a 100% (cem por cento) da quantia que ultrapassar o limite estabelecido, sem prejuízo da apuração da ocorrência de abuso do poder econômico.
d) é facultativo para o partido e para os candidatos abrir conta bancária específica para registrar o movimento financeiro da campanha.
e) é vedado ao candidato utilizar recursos próprios em sua campanha.

■ GABARITO ■

1. "e".
2. "a".
3. "a".
4. "c".
5. "b".
6. "c".

6

CONDIÇÕES DE ELEGIBILIDADE E INELEGIBILIDADES

■ 6.1. CONSIDERAÇÕES PRELIMINARES

A **elegibilidade** não é um direito inato. **Adquire-se** o direito de registrar-se candidato e postular **mandato eletivo** por intermédio do preenchimento de condições estipuladas na **Constituição e nas leis**.

Apenas os **brasileiros – natos ou naturalizados –** que preencherem certas **condições** de elegibilidade e não incidirem em causas de **inelegibilidade** têm o direito de postular mandato eletivo, **disputando** validamente o voto dos eleitores.

Condições de elegibilidade e causas de inelegibilidade são requisitos para a obtenção do **registro de candidatura**, inexistindo diferença ontológica entre elas. Em todos os casos estamos diante de condições impostas pelas normas para o alcance do direito de lançar-se candidato.

As condições de elegibilidade são apresentadas em forma positiva, uma vez que é **dever** do pretenso candidato **demonstrar** o preenchimento dessas **condições**. Já as inelegibilidades, ao revés, apresentam-se sob a forma de um dever (o de desincompatibilizar-se de certos cargos e funções) ou de uma condição negativa em razão da qual aquele que nele incide vê-se alijado do direito à candidatura.

Alguns autores, como Edson de Resende Castro, referem-se às condições de elegibilidade extraconstitucionais como "condições de registrabilidade". Diz o prestigiado autor mineiro:

> Como "condições de registrabilidade" podem-se considerar, na verdade, aquelas exigências fixadas na Lei Eleitoral ou nas resoluções do TSE, que nada têm a ver com a elegibilidade do candidato, mas que apenas proporcionam meios de instrumentação da candidatura. Assim, a apresentação de fotografias do candidato, nas dimensões estabelecidas em instrução para sua aparição na urna eletrônica, e a autorização do candidato para que o partido requeira seu registro[1].

Com efeito, além das condições de elegibilidade e das causas de inelegibilidade, temos outras normas cuja observância é imprescindível para a obtenção do registro.

---

[1] CASTRO, Edson de Resende. *Teoria e prática do Direito Eleitoral*. Belo Horizonte: Mandamentos, 2010, p. 130-131.

A prévia **aprovação** do nome em **convenção partidária**, por exemplo, não é lembrada como condição **constitucional** de elegibilidade. Contentou-se a CF, como veremos, com a exigência da prévia filiação a partido político, calando-se quanto à convenção. Entretanto, a necessidade da sujeição da pretendida candidatura à referida instância de deliberação é explicitamente exigida pelos arts. 7º e seguintes da Lei n. 9.504/1997.

Muitas outras **exigências** devem ser preenchidas pelo **postulante** à candidatura. Diversas delas estão elencadas no **art. 11 da Lei das Eleições**, tais como apresentação de declaração de bens, certidões negativas, fotografia e até o programa de governo, este para os candidatos ao Executivo.

É, de fato, um tema de grande interesse para o Direito Eleitoral, ladeando em importância com as condições de elegibilidade e as causas de inelegibilidade.

■ 6.2. CONDIÇÕES DE ELEGIBILIDADE

As condições de elegibilidade estão previstas na Constituição, no art. 14, § 3º, da CF. Transcreve-se:

> **Art. 14.** [...]
> § 3º São condições de elegibilidade, na forma da lei:
> I – a nacionalidade brasileira;
> II – o pleno exercício dos direitos políticos;
> III – o alistamento eleitoral;
> IV – o domicílio eleitoral na circunscrição;
> V – a filiação partidária;
> VI – a idade mínima de:
> *a*) trinta e cinco anos para Presidente e Vice-Presidente da República e Senador;
> *b*) trinta anos para Governador e Vice-Governador de Estado e do Distrito Federal;
> *c*) vinte e um anos para Deputado Federal, Deputado Estadual ou Distrital, Prefeito, Vice-Prefeito e juiz de paz;
> *d*) dezoito anos para Vereador.

Passaremos a estudar, a seguir, cada uma dessas condições.

■ 6.2.1. Nacionalidade brasileira

O inciso I do § 3º do art. 14 da Constituição insere entre as condições de inelegibilidade a ostentação de nacionalidade brasileira.

Decerto que **aos brasileiros** – tanto os natos quanto os naturalizados – é assegurado **o direito à elegibilidade**. O acesso aos mandatos de presidente e vice-presidente da República, todavia, é restrito aos brasileiros natos (art. 12, § 3º, I, da CF). Embora possam ser eleitos para os cargos de deputado federal e senador, os naturalizados esbarram na vedação constitucional do seu acesso à presidência de qualquer das Casas integrantes do Congresso Nacional (art. 12, § 3º, II e III, da CF).

Convém considerar-se também que:

São brasileiros natos os nascidos no estrangeiro, de pai brasileiro ou mãe brasileira, desde que sejam registrados em repartição brasileira competente ou venham a residir na República Federativa do Brasil e optem, em qualquer tempo, depois de atingida a maioridade, pela nacionalidade brasileira (CF, art. 12, I, c, com redação definida pela EC n. 54/2007).

A respeito do mencionado dispositivo constitucional, proclama a jurisprudência que:

> A opção expressa pela nacionalidade brasileira, homologada pela Justiça Federal, é requisito constitucional para aquisição da nacionalidade brasileira por aqueles que estão na situação prevista no art. 12, I, c, da CF (TSE, Ac. de 9-9-2008 no REspe 29.266, rel. Min. Eros Grau; no mesmo sentido o Ac. de 9-9-2008, no REspe 29.200, rel. Min. Eros Grau).

Aos estrangeiros é negado até mesmo o **exercício do voto**, porquanto são estes declarados inalistáveis pelo § 2º do art. 14 da CF.

Em consonância com o que estipula o § 1º do art. 12 da CF: "Aos portugueses com residência permanente no País, se houver reciprocidade em favor de brasileiros, serão atribuídos os direitos inerentes ao brasileiro, salvo os casos previstos nesta Constituição".

O Decreto n. 3.927/2001, que: "Promulga o Tratado de Amizade, Cooperação e Consulta, entre a República Federativa do Brasil e a República Portuguesa, celebrado em Porto Seguro em 22 de abril de 2000", dispõe, dentre outros temas, sobre o "Estatuto de Igualdade entre Brasileiros e Portugueses", revogando a Convenção sobre Igualdade de Direitos e Deveres entre Brasileiros e Portugueses aprovada pelo Decreto n. 70.436/1972.

O art. 17 do Decreto n. 3.927/2001 dispõe o seguinte:

Art. 17.
1. O gozo de direitos políticos por brasileiros em Portugal e por portugueses no Brasil só será reconhecido aos que tiverem três anos de residência habitual e depende de requerimento à autoridade competente.
2. A igualdade quanto aos direitos políticos não abrange as pessoas que, no Estado da nacionalidade, houverem sido privadas de direitos equivalentes.
3. O gozo de direitos políticos no Estado de residência importa na suspensão do exercício dos mesmos direitos no Estado da nacionalidade.

Note-se que: "No momento do alistamento eleitoral, o português deve comprovar a condição de igualdade" (RO n. 1.122, Ac. de 29-9-2006, rel. Min. Carlos Augusto Ayres de Freitas Britto, PSESS – publicado em sessão, em 29-9-2006).

Tenha-se presente, todavia, que no mesmo precedente concluiu-se pela inexigência de apresentação de portaria do Ministério da Justiça no momento do registro de candidato, pois a posse do título de eleitor gera presunção de que tal documento tenha sido apresentado no alistamento eleitoral.

Mas é preciso ter em conta que:

> [...] o fato de o recorrente ter disputado o cargo de vereador nas eleições de 2004 não o exime de demonstrar sua condição de português com igualdade de direitos, a qual deveria ter sido comprovada com a juntada da portaria expedida pelo Ministério da Justiça [...] (TSE, Ac. de 28-9-2006 no REspe 26.583, rel. Min. Carlos Ayres Britto).

De acordo com o § 4º do art. 12 da CF:

Art. 12. [...]

§ 4º Será declarada a perda da nacionalidade do brasileiro que:

I – tiver cancelada sua naturalização, por sentença judicial, em virtude de atividade nociva ao interesse nacional;

II – adquirir outra nacionalidade, salvo nos casos:

a) de reconhecimento de nacionalidade originária pela lei estrangeira;

b) de imposição de naturalização, pela norma estrangeira, ao brasileiro residente em Estado estrangeiro, como condição para permanência em seu território ou para o exercício de direitos civis.

Vale mencionar, quanto aos que optem pela nacionalidade brasileira, a eficácia *ex tunc* dessa iniciativa. A esse respeito merece transcrição o seguinte excerto:

> [...] Homologação de opção pela nacionalidade brasileira (artigo 12, inciso I, alínea *c*, da CB). Efeitos *ex tunc*. Convalidação alistamento e filiação partidária. 1. O STF reconhece que a homologação, por sentença judicial, de opção pela nacionalidade brasileira (artigo 12, inciso I, alínea *c*, da Constituição do Brasil) possui efeitos *ex tunc*. 2. A sentença homologatória da opção pela nacionalidade brasileira deve ser considerada fato novo suficiente para convalidar o alistamento eleitoral e a filiação partidária, em razão de seus efeitos retroativos, que são absolutos. 3. Embargos acolhidos, com efeitos infringentes. Registro de candidatura da embargante ao cargo de Vereador deferido. NE: Assim, embora a opção e respectiva homologação tenham ocorrido após o pedido de registro de candidatura, a embargante há de ser tida como brasileira desde o seu nascimento. Já não pende a condição suspensiva da nacionalidade brasileira (Ac. de 12-11-2008 no ED-REspe 29.200, rel. Min. Eros Grau).

6.2.2. Pleno exercício dos direitos políticos

6.2.2.1. Cassação, perda e suspensão dos direitos políticos

O art. 15 da Constituição Federal **proíbe** a cassação de direitos políticos, assim entendido o ato promovido fora do devido processo legal ou motivado por **causas ideológicas**, filosóficas ou **partidárias** adotado com o fim de silenciar a **dissidência**. A história brasileira registra diversos momentos em que os regimes de exceção trataram de retirar dos **opositores** qualquer forma de expressão política oficial, lançando-os forçosamente à ação oficiosa ou clandestina.

Os direitos políticos, nos termos da Constituição de 1988, podem, sem embargo, ser perdidos ou suspensos, o que nada tem a ver com a sua cassação. A **perda** e a **suspensão** só podem ocorrer nos estritos limites do permissivo **constitucional** (art.

15), no qual são elencados fundamentos idôneos, objetivos, a autorizar a tomada dessa **medida extrema**. Na cassação, os motivos são sempre subjetivos, destituídos de sustentação válida, por serem **desamparados** pelos princípios **democrático e republicano**. A cassação dos direitos políticos, por outro lado, destina-se a atingir pessoas ou grupos predeterminados, ainda quando tal desiderato procura ser ocultado sob a forma de um edito dotado de aparente abstração e generalidade.

6.2.2.2. Hipóteses de perda ou suspensão

A perda e a suspensão de direitos políticos autorizada pela **Constituição** Cidadã derivam, sim, de previsão normativa não destinada a alguém em **particular**, senão a situações **específicas** que, segundo a ordem fundamental, aconselha a negação provisória ou permanente da detenção dos **direitos políticos**.

Passemos à sua análise.

6.2.2.2.1. Cancelamento da naturalização por sentença transitada em julgado

Não podem alistar-se como eleitores os estrangeiros. É o que expressamente dispõe a primeira parte do § 2º do art.14 da CF. Por conseguinte, a **perda** da condição de **brasileiro** implica, necessariamente, a **exclusão** do colégio de cidadãos.

Corresponde ao **cancelamento** da naturalização a perda da **nacionalidade**, a qual ocorre sempre que se dá a opção por outra nacionalidade, **salvo** nos casos de reconhecimento de nacionalidade originária pela lei estrangeira ou de imposição de naturalização, pela norma estrangeira, ao brasileiro residente em outro país, como condição para **permanência** em seu território ou para o exercício de **direitos civis** (art. 12, § 4º).

Assim, conquanto o inciso I do art. 15 da Constituição se reporte apenas à desconstituição judicial definitiva da naturalização como causa de perda dos direitos políticos, também possui esse condão o abandono opcional da nacionalidade. Não se realiza, aqui, uma interpretação extensiva do texto constitucional para restringir o exercício dos direitos políticos, mas uma interpretação sistêmica, que leva em conta, e não se detém pelas imperfeições redacionais da Constituição de 1988.

6.2.2.2.2. Incapacidade civil absoluta

Os absolutamente incapazes de exercer pessoalmente os atos da vida civil não se encontram na detenção de direitos políticos, dos quais podem estar destituídos provisoriamente, conforme a natureza da enfermidade ou deficiência que os acomete. Os interditos, ou seja, aqueles **submetidos** a curatela em virtude de **sentença judicial**, submetem-se a forma de **suspensão** dos direitos políticos. Caso superem a circunstância **pessoal** que os levou à interdição, readquirem desde logo o direito de **compor** o colégio eleitoral.

Mas atentem para a seguinte observação de Dias, Junqueira e Andrade:

Sobre a relação entre capacidade civil e os direitos políticos das pessoas com deficiência, é imprescindível notar que, a partir da alteração do artigo 3º do Código Civil pela Lei Brasileira de Inclusão (LBI) – artigo 114 –, somente os menores de 16 (dezesseis) anos são considerados absolutamente incapazes de exercerem pessoalmente os atos da vida civil, não mais alcançando as pessoas com deficiência. Assim, a alteração promovida pela LBI não apenas esvaziou de conteúdo o disposto no artigo 15, inciso II, da Constituição, que prevê a incapacidade civil absoluta como uma das hipóteses de perda ou suspensão dos direitos políticos, como, depois de toda sua histórica exclusão, finalmente assegurou, também às pessoas com deficiência, o direito fundamental de votarem e ser votadas[2].

Trata-se, pois, de norma que possui reflexo imediato sobre a suspensão dos direitos políticos em virtude de incapacidade civil absoluta, para o qual eu chamo a devida atenção.

6.2.2.2.3. Condenação criminal transitada em julgado, enquanto durarem seus efeitos

Aspectos gerais

A **condenação** criminal **transitada** em julgado implica ausência de condição de elegibilidade e do **exercício** de qualquer dos demais direitos políticos por todo o período em que durarem os seus efeitos **principal ou secundário**.

Não fica **suspensa** apenas a **elegibilidade** (*jus honorum*), mas também a **capacidade eleitoral** ativa (direito de voto) e até mesmo a fruição de outros direitos decorrentes do pertencimento ao **corpo de cidadãos**.

O Tribunal Superior Eleitoral já assentou o entendimento segundo o qual:

> A suspensão de direitos políticos implica a automática suspensão da filiação partidária por igual período, circunstância que interdita o cidadão privado de seus direitos políticos de exercer cargos de natureza política ou de direção dentro da agremiação partidária (REspe n. 17.396, Acórdão, rel. Min. Luiz Fux, *DJe* de 3-4-2017, t. 66, p. 77-78).

É efeito principal da sentença penal condenatória a imposição de pena criminal. Segundo o art. 91 do CP, são efeitos secundários genéricos da condenação:

Art. 91. [...]
I – tornar certa a obrigação de indenizar o dano causado pelo crime;
II – a perda em favor da União, ressalvado o direito do lesado ou de terceiro de boa-fé:
a) dos instrumentos do crime, desde que consistam em coisas cujo fabrico, alienação, uso, porte ou detenção constitua fato ilícito;

---

[2] DIAS, Joelson; JUNQUEIRA, Ana Luísa Junqueira; ANDRADE, Bruno. *O direito à acessibilidade nas eleições*. Disponível em: https://www.conjur.com.br/2022-abr-04/direito-eleitoral-direito-acessibilidade-eleicoes. Acesso em: 9 jan. 2023.

b) do produto do crime ou de qualquer bem ou valor que constitua proveito auferido pelo agente com a prática do fato criminoso.

O art. 92, por seu turno, alinha os seguintes efeitos secundários específicos:

Art. 92. [...]
I – a perda de cargo, função pública ou mandato eletivo:
a) quando aplicada pena privativa de liberdade por tempo igual ou superior a um ano, nos crimes praticados com abuso de poder ou violação de dever para com a Administração Pública;
b) quando for aplicada pena privativa de liberdade por tempo superior a 4 (quatro) anos nos demais casos.
II – a incapacidade para o exercício do poder familiar, da tutela ou da curatela nos crimes dolosos sujeitos à pena de reclusão cometidos contra outrem igualmente titular do mesmo poder familiar, contra filho, filha ou outro descendente ou contra tutelado ou curatelado; (Redação dada pela Lei n. 13.715, de 2018)
III – a inabilitação para dirigir veículo, quando utilizado como meio para a prática de crime doloso.

De qualquer sorte, é preciso ter em mente que: "A suspensão de direitos políticos decorrente de **condenação criminal** transitada em julgado cessa com o cumprimento ou a extinção da pena, independendo de reabilitação ou de prova de reparação dos danos". É o que expressamente diz a **Súmula 9 do TSE**.

É de Gonçalves a seguinte e importante lição:

O sursis, suspensão condicional da pena, substituição da pena por medida alternativa ou o livramento condicional, por terem como pressuposto a condenação transitada em julgado, obstam o exercício dos direitos políticos. Já a suspensão condicional do processo, o sursis processual, ou a transação penal previstos na Lei 9.099/1995, por serem medidas que evitam o trâmite do processo-crime e a formação da coisa julgada condenatória, não suspendem os direitos políticos[3].

Por outra parte: "**Não compete** à Justiça Eleitoral, em processo de registro de candidatura, **verificar** a prescrição da pretensão punitiva ou executória do **candidato** e declarar a **extinção** da pena imposta pela **Justiça Comum**", consoante deixa certa a **Súmula 58 do TSE**.

Correntes teóricas

a) Eficácia automática
Para da linha de pensamento aceita pelos nossos tribunais, apenas após o exaurimento de todos os efeitos da pena, aí incluídos os secundários, ocorre o restabelecimento dos direitos políticos, que até então estavam suspensos.

---

[3] GONÇALVES, 2021.

A suspensão dos direitos políticos pela superveniência da sentença penal condenatória transitada em julgado dispensa expressa determinação do julgado proferido pela Justiça Criminal. Trata-se de consequência da condenação, decorrendo de expressa previsão constitucional.

Não faria sentido exigir-se expresso pronunciamento em sede de sentença criminal a esse respeito, uma vez que tal exigência não ocorre em relação aos julgados relativos à desconstituição da naturalidade ou ao reconhecimento da incapacidade civil absoluta. Em todas essas hipóteses é conveniente que a sentença determine que, após o exaurimento dos recursos, seja a providência comunicada ao Cartório Eleitoral para a devida anotação. Não é isso, entretanto, obrigatório. Se a sentença silenciou a tal respeito, nem por isso o registro eleitoral da ocorrência restará obstado, bastando que a medida venha a ser requerida a qualquer tempo à Justiça Eleitoral por qualquer interessado.

Tampouco é necessário que a sentença contenha os fundamentos pelos quais os direitos políticos do acusado restam suspensos. Essa suspensão deriva automaticamente do comando constitucional, sendo desnecessária fundamentação específica a tal respeito.

A **sentença** que conclua pela convolação da pena privativa de liberdade em pena privativa de direitos **implica** igualmente a **suspensão** dos direitos políticos. Primeiro, porque a **Constituição** não fixou tal circunstância como hábil ao excepcionamento da medida. Em segundo, porque a pena restritiva de direitos é, igualmente, **fixada** por sentença penal condenatória, como exigido pela **Constituição** para a suspensão da cidadania.

É discutível a extensão da medida de suspensão dos direitos políticos em decorrência de sentença penal condenatória transitada em julgado. Eventual correção, todavia, deverá se dar em sede de Emenda à Constituição, não sendo dado ao legislador substituir-se ao constituinte originário ou derivado para emprestar ao texto constitucional sentido que este efetivamente não alberga.

Tampouco se mostra necessária a edição de lei a fim de que se regulamente a aplicação do disposto no art. 15, III, da Constituição.

É essa a posição adotada pelo Tribunal Superior Eleitoral, consoante se vê dos seguintes excertos:

> ELEIÇÕES 2018. AGRAVO REGIMENTAL. REGISTRO DE CANDIDATURA. DEPUTADO FEDERAL. INDEFERIMENTO. RECURSO ORDINÁRIO. FUNGIBILIDADE. RECURSO ESPECIAL. SENTENÇA CRIMINAL TRANSITADA EM JULGADO. SUSPENSÃO DOS DIREITOS POLÍTICOS. CONDIÇÃO DE ELEGIBILIDADE. ART. 15, III, DA CF. AUSÊNCIA. DECISÃO AGRAVADA. FUNDAMENTOS. NÃO IMPUGNAÇÃO. SÚMULA N. 26/TSE. DESPROVIMENTO. [...] 3. No caso vertente, o próprio candidato trouxe aos autos o acórdão referente à condenação criminal e a certidão com o respectivo trânsito em julgado que deram ensejo à suspensão de seus direitos políticos, após regular intimação. 4. A decisão monocrática do relator, em que indeferido o registro do candidato, foi exarada com fulcro no art. 52 da Res.-TSE n. 23.548/2017, diploma normativo que rege especificamente os registros de

candidatura nas eleições 2018. Segundo o referido instrumento normativo, "o relator poderá decidir monocraticamente os pedidos de registro de candidatura nos quais não tenha havido impugnação". 5. O colegiado do TRE/DF confirmou o indeferimento do registro de candidatura no julgamento dos aclaratórios, recebidos como agravo regimental, nos quais o candidato apresentou suas razões de maneira ampla, abordando, inclusive, as teses ventiladas no recurso especial. 6. *In casu*, o registro foi indeferido na Corte de origem, porquanto o candidato, ora agravante, foi condenado pela prática dolosa de crimes de lesão corporal e de ameaça em violência doméstica, descritos nos arts. 129, § 9º, e 147 do Código Penal, conforme acórdão transitado em julgado em 10.4.2018. Segundo consta do acórdão regional, a pena ainda não foi cumprida. 7. Para a incidência do art. 15, III, da CF, é irrelevante a espécie de crime, a natureza da pena, bem como a suspensão condicional do processo, conforme iterativa jurisprudência desta Corte Superior. O aludido dispositivo constitucional é autoaplicável, sendo efeito automático do trânsito em julgado do decreto condenatório criminal. Precedentes. 8. Quanto ao impedimento de praticar qualquer ato de campanha determinado pelo Tribunal a quo em 4.10.2018 e sua eventual caracterização como abuso de direito, evidencia-se a prejudicialidade do tema ante a impossibilidade de obtenção de provimento judicial eficaz, haja vista a realização do pleito em 7.10.2018. Assim, eventual caracterização de prática ilícita deverá ocorrer na seara adequada, caso necessário. 9. Agravo regimental desprovido (REspe 060108893, Acórdão, rel. Min. Tarcisio Vieira de Carvalho Neto, PSESS – publicado em sessão, de 13-11-2018).

O reconhecimento da causa de inelegibilidade descrita no art. 1º, I, l, da Lei Complementar 64/1990, segundo a jurisprudência do Tribunal Superior Eleitoral, reafirmada nas Eleições de 2016, demanda a condenação à suspensão dos direitos políticos, por meio de decisão transitada em julgado ou proferida por órgão colegiado, em razão de ato doloso de improbidade administrativa que importe, cumulativamente, dano ao erário e enriquecimento ilícito (REspe 23.184, Acórdão, rel. Min. Luiz Fux, *DJe* de 12-3-2018, t. 49, p. 109-111).

A sentença que, aplicando pena criminal, exclua expressamente a suspensão dos direitos políticos por qualquer fundamento é nula quanto a tal ponto. Não pode um julgado infirmar a ordem constitucional, carecendo de eficácia, nessa parte, o julgado que incida nessa errônea orientação. Tal premissa não se aplica obviamente ao comando sentencial que haja transitado em julgado sem a reforma de uma tal determinação.

b) Motivação necessária

A **suspensão** dos direitos políticos pela **superveniência** da sentença penal condenatória transitada em julgado não **dispensa** expressa determinação no julgado proferido pela **Justiça Criminal**. Não se trata de mera consequência da condenação, exigindo expressa fixação no julgado.

A perda ou suspensão dos direitos políticos só pode se **operar** por via de pronunciamento **judicial**. Todas as demais causas previstas no **art. 15 da CF** têm esse mesmo ponto em comum: a necessidade de **fixação** por meio de **sentença**. O cancelamento da naturalização e a perda da nacionalidade, a incapacidade civil absoluta, a recusa ao cumprimento de obrigação a todos imposta e a improbidade administrativa demandam, sempre, **pronunciamento** judicial.

No caso da condenação criminal é necessário que a sentença revele os fundamentos pelos quais os direitos políticos do acusado devem restar suspensos. Essa suspensão não deriva automaticamente do comando constitucional, sendo necessária fundamentação específica a tal respeito.

Isso é assim em virtude do princípio constitucional da individualização da pena (**art. 5º, XLVI, da CF**). Não há pena – e a suspensão dos direitos políticos nessa hipótese é efeito secundário da sanção penal – que não se submeta à necessidade de que sejam consideradas as peculiaridades do fato incriminado e dos atributos pessoais do agente para sua aplicação.

Concluir pela aplicação transversal da suspensão dos direitos políticos para toda e qualquer condenação criminal constituiria uma forma de responsabilização penal objetiva, execrada por nosso ordenamento jurídico.

A plena inclusão na comunidade dos cidadãos é a regra decorrente da presença da cidadania entre os **fundamentos da República** (art. 1º, II, da CF). O afastamento dessa regra demanda apreciação individual de cada caso sujeito à apreciação da Justiça Criminal, em observância ao princípio constitucional da individualização da pena.

Não faz sentido a supressão temporária dos direitos políticos de alguém que cometeu delito de menor relevância, em nada conectado com a esfera de relações do apenado com as instituições democráticas. Assim, não é razoável privar da participação política o condenado à pena restritiva de direitos por uma infração de menor potencial ofensivo.

Para os condenados a pena privativa de liberdade, o caso ganha outras particularidades. Parece desnecessário concluir-se pela suspensão da capacidade eleitoral passiva (uma das esferas dos direitos políticos do indivíduo) durante o período em que o condenado estiver submetido à segregação.

Não é isso, todavia, o que ocorre nos demais delitos, quando não se conclui pela necessidade do afastamento da liberdade de deambulação. Aqui, a suspensão dos direitos políticos será possível, mas como caracteriza **efeito secundário da sentença** por se tratar de forma de interdição temporária de direitos, reclamará declaração motivada por parte do órgão jurisdicional (art. 92, parágrafo único, do CP).

Não parece razoável, sob essa ótica, por exemplo, que em sede de sentença condenatória pela prática do crime de corrupção eleitoral, estabeleça o julgado a suspensão dos direitos políticos do réu, ainda que não seja cominada pena privativa de liberdade. Será necessário, todavia, que nesse caso o Judiciário fundamente sua opção pela aplicação desse efeito da condenação criminal.

Na mesma linha de raciocínio, a extensão dos limites da suspensão deveria ser definida no julgado. Por vezes, bastará a suspensão da capacidade eleitoral passiva; por vezes, em casos extremos, será necessário também o impedimento provisório ao exercício do voto.

c) Necessidade de regulamentação legal

Para uma terceira e última corrente: "O art. 15, III, da Constituição Federal está disposto de forma genérica, não tendo sido regulamentado pelos arts. 91 e 92 do Código Penal nem por outra lei, não ficando claros os seus limites e forma de aplicação, de forma que descabe a restrição do exercício do direito de cidadania do condenado, até que o legislador regulamente a matéria" (TJMG, Processo n. 1.0153.07.065787-6/001 (1). Numeração única: 0657876-09.2007.8.13.0153, rel. Des. Doorgal Andrada, j. 10-3-2010, publicado em 14-4-2010).

Segundo esse entendimento, seria necessária a edição de lei que regulasse a forma e os limites de aplicação dessa medida, não devidamente tratada como efeito secundário da pena pelos arts. 91 e 92 do CP.

Composição civil e transação penal

A **composição** civil dos danos e a transação penal entabuladas consoante autorizam os arts. 74 e 76 da Lei dos Juizados Especiais **não** implicam **suspensão** dos direitos políticos, eis que não estão definidas por **sentença** penal **condenatória** em sentido **estrito**, ainda que na segunda hipótese ocorra a aplicação imediata de pena **restritiva** de direitos ou multas.

6.2.2.2.4. Recusa de cumprir obrigação a todos imposta ou prestação alternativa

Segundo dispõe o inciso VIII do art. 5º da CF:

Art. 5º [...]
VIII – ninguém será privado de direitos por motivo de crença religiosa ou de convicção filosófica ou política, salvo se as invocar para eximir-se de obrigação legal a todos imposta e recusar-se a cumprir prestação alternativa, fixada em lei.

O art. 143, § 1º, da **Constituição**, por seu turno, estipula que às Forças Armadas **compete**, na forma da lei, atribuir serviço **alternativo** aos que, em tempo de paz, após alistados, alegarem **imperativo** de consciência, entendendo-se como tal o decorrente de crença religiosa e de **convicção** filosófica ou política, para se eximirem de atividades de **caráter** essencialmente **militar**.

Já o § 2º do mesmo dispositivo dispõe que as mulheres e os eclesiásticos ficam isentos do serviço militar obrigatório em tempo de paz, sujeitos, porém, a outros encargos que a lei lhes atribuir.

A Lei n. 8.239, de 4 de outubro de 1991, regulamentou o art. 143, §§ 1º e 2º, da Constituição Federal, dispondo sobre a prestação de Serviço Alternativo ao Serviço Militar Obrigatório.

Segundo os §§ 2º e 3º do art. 3º da referida lei, **entende-se** por serviço alternativo o **exercício** de atividades de caráter administrativo, assistencial, filantrópico ou mesmo produtivo, em substituição às atividades de caráter **essencialmente militar**. Tais atividades deverão ser prestadas em organizações militares da ativa e em órgãos de formação de **reservas** das **Forças Armadas** ou em órgãos subordinados aos Ministérios Civis, mediante convênios entre estes e os Ministérios Militares, desde que haja interesse **recíproco** e, também, sejam atendidas as **aptidões** do convocado.

6.2.2.2.5. Improbidade administrativa

Dispõe o § 4º do art. 37 da Constituição Federal que:

> **Art. 37.** [...]
> § 4º Os atos de improbidade administrativa importarão a suspensão dos direitos políticos, a perda da função pública, a indisponibilidade dos bens e o ressarcimento ao erário, na forma e gradação previstas em lei, sem prejuízo da ação penal cabível.

A Lei n. 8.429/1992 dispõe sobre as sanções aplicáveis aos agentes públicos nos casos de enriquecimento ilícito no exercício de mandato, cargo, emprego ou função na Administração pública direta, indireta ou fundacional e dá outras providências.

A **imposição da suspensão** dos direitos políticos está explicitamente prevista no art. 12, I a III, da **Lei de Improbidade Administrativa**. Ali a aplicação da medida é escalonada, variando de três até o máximo quatorze anos:

> **Art. 12.** Independentemente do ressarcimento integral do dano patrimonial, se efetivo, e das sanções penais comuns e de responsabilidade, civis e administrativas previstas na legislação específica, está o responsável pelo ato de improbidade sujeito às seguintes cominações, que podem ser aplicadas isolada ou cumulativamente, de acordo com a gravidade do fato:
> I – na hipótese do art. 9º desta Lei, perda dos bens ou valores acrescidos ilicitamente ao patrimônio, perda da função pública, suspensão dos direitos políticos até 14 (catorze) anos, pagamento de multa civil equivalente ao valor do acréscimo patrimonial e proibição de contratar com o poder público ou de receber benefícios ou incentivos fiscais ou creditícios, direta ou indiretamente, ainda que por intermédio de pessoa jurídica da qual seja sócio majoritário, pelo prazo não superior a 14 (catorze) anos;
> II – na hipótese do art. 10 desta Lei, perda dos bens ou valores acrescidos ilicitamente ao patrimônio, se concorrer esta circunstância, perda da função pública, suspensão dos direitos políticos até 12 (doze) anos, pagamento de multa civil equivalente ao valor do dano e proibição de contratar com o poder público ou de receber benefícios ou incentivos fiscais ou creditícios, direta ou indiretamente, ainda que por intermédio de pessoa jurídica da qual seja sócio majoritário, pelo prazo não superior a 12 (doze) anos;
> III – na hipótese do art. 11 desta Lei, pagamento de multa civil de até 24 (vinte e quatro) vezes o valor da remuneração percebida pelo agente e proibição de contratar com o poder público ou de receber benefícios ou incentivos fiscais ou creditícios, direta ou indiretamente, ainda que por intermédio de pessoa jurídica da qual seja sócio majoritário, pelo prazo não superior a 4 (quatro) anos;

Segundo assente na jurisprudência do TSE:

> A suspensão dos direitos políticos apenas se dá após o trânsito em julgado de sentença condenatória proferida pela autoridade competente, nos termos do que prevê o art. 20 da Lei 8.429/1992, o que não ocorreu na hipótese dos autos (TSE, Ac. de 15-10-2009 no RCED n. 762, rel. Min. Ricardo Lewandowski).

E neste mesmo sentido fora incluído o § 9º do art. 12 da Lei de Improbidade Administrativa, com o advento da Lei n. 14.230/2021, que prevê que: "§ 9º As sanções previstas neste artigo somente poderão ser executadas após o trânsito em julgado da sentença condenatória".

A referida Lei n. 14.230/2021 foi analisada pelo Supremo Tribunal Federal no julgamento de recurso extraordinário, o ARE 843.989, com repercussão geral, onde foram fixadas as seguintes teses:

> 1) É necessária a comprovação de responsabilidade subjetiva para a tipificação dos atos de improbidade administrativa, exigindo-se a presença do elemento subjetivo dolo;
> 2) A norma benéfica da Lei n. 14.230/2021, que trata da revogação da modalidade culposa do ato de improbidade, é irretroativa, não tendo incidência em relação à eficácia da coisa julgada, tampouco durante o processo de execução das penas;
> 3) A nova Lei n. 14.230/2021 aplica-se aos atos de improbidade administrativa culposos praticados na vigência do texto anterior, porém sem condenação transitada em julgado, em virtude da revogação expressa do tipo culposo, devendo o juízo competente analisar eventual dolo por parte do agente; e4) O novo regime prescricional previsto na Lei n. 14.230/2021 é irretroativo, aplicando-se os novos marcos temporais a partir da publicação da lei.

Por outro lado, o Tribunal Superior Eleitoral já decidiu que:

> A sanção de suspensão dos direitos políticos, por meio de ação de improbidade administrativa, não possui natureza penal e depende de aplicação expressa e motivada por parte do juízo competente, estando condicionada a sua efetividade ao trânsito em julgado da sentença condenatória, consoante expressa previsão legal do art. 20 da Lei n. 8.429/1992 [...]. (TSE, Ac. de 22-9-2004 no REspe 23.347, rel. Min. Caputo Bastos).

Além disso:

> [...] 3. Conforme pacífica jurisprudência do Tribunal, a suspensão de direitos políticos por ato de improbidade depende de decisão expressa e motivada do juízo competente. 4. A condenação de candidato por ato de improbidade administrativa – ainda que decorrente de afronta à Lei de Licitações – não gera inelegibilidade, se a sentença, em sede de ação civil pública, não impôs expressamente a suspensão de direitos políticos [...]. (TSE, Ac. de 10-3-2009 no AgR-REspe 34.303, rel. Min. Eros Grau).

■ 6.2.3. Alistamento eleitoral, domicílio eleitoral na circunscrição e filiação partidária

Remetemos o leitor ao já discorrido sobre o tema no capítulo relativo ao "Processo Administrativo Eleitoral".

■ 6.2.4. Limites etários mínimos

Os candidatos, segundo o inciso VI do § 3º do art. 14 da CF, devem ter a idade mínima de:

Idade	Cargo Pleiteado
35 anos	Presidente e Vice-presidente da República e Senador
30 anos	Governador e Vice-governador de Estado e do DF
21 anos	Deputado Federal, Deputado Estadual ou Distrital, Prefeito, Vice-Prefeito e Juiz de Paz
18 anos	Vereador

Segundo o art. 11, § 2º, da Lei n. 9.504, com redação conferida pela Lei n. 13.165/2015: "A **idade mínima** constitucionalmente estabelecida como **condição** de **elegibilidade** é verificada tendo por referência a data da posse, salvo quando fixada em dezoito anos, hipótese em que será aferida na **data-limite** para o pedido de **registro**". Esta é a base normativa em vigor e a que deve ser considerada em caso de concurso oficial.

Trata-se, entretanto, de norma de duvidosa constitucionalidade. As idades mínimas a que se refere o art. 14, § 3º, VI, da CF são condições para a candidatura, não para a posse em cargo eletivo. **O legislador**, ao dispor do modo como o fez no § 2º do art. 11 da Lei n. 9.504, contrariou o **mandamento** constitucional, tornando **possível** a candidatura de quem ainda não preenche **condição** de elegibilidade baseada em aspectos **etários**.

Esse equívoco se agravou após a mudança do texto da norma, que ocorreu na Minirreforma Eleitoral de 2015. Agora, há duas formas distintas de contagem: uma para o cargo de vereador – único caso em que a idade mínima é de 18 anos –; e outra para os demais cargos. Tampouco tem o condão de afastar o texto constitucional o § 10 do mesmo art. 11, de acordo com o qual:

> **Art. 11.** [...]
> § 10 As condições de elegibilidade e as causas de inelegibilidade devem ser aferidas no momento da formalização do pedido de registro da candidatura, ressalvadas as alterações, fáticas ou jurídicas, supervenientes ao registro que afastem a inelegibilidade.

O TSE pontificou o entendimento segundo o qual:

> Indefere-se pedido de registro de candidato que não possui, na data da posse, a idade mínima para o cargo que pretende disputar, por ausência da condição de elegibilidade prevista no art. 14, § 3º, VI, da Constituição Federal. [...]. NE: Alegação pelo candidato de que estaria pendente de julgamento ação de retificação da data de seu nascimento (Ac. de 29-8-2006 no AgRgRO n. 911, rel. Min. Marcelo Ribeiro).

Do mesmo modo, não preenche a condição de elegibilidade o candidato com idade inferior às exigências da Constituição Federal, ainda que emancipado. Confirma-se, a respeito, o teor do Ac. de 3-9-2002 no REspe 20.059, TSE, rel. Min. Fernando Neves.

6.3. INELEGIBILIDADES
6.3.1. Considerações iniciais
6.3.1.1. Conceito

Inelegibilidades são **condições** jurídicas **negativas** que, quando verificadas, **impedem** o acesso à **candidatura**. Elas suprimem **temporariamente** a capacidade eleitoral passiva, ou seja, o direito de ser **votado**.

Vasconcelos e Silva esclarecem o seguinte quanto ao ponto:

> A inelegibilidade é a impossibilidade jurídica do exercício da capacidade eleitoral passiva (direito de ser votado), em nada se confundindo com a perda da capacidade eleitoral ativa (direito de votar). Deveras, quando há a restrição de ambas as capacidades eleitorais estamos nos deparando com situação de perda ou suspensão dos direitos políticos e não de mera inelegibilidade[4].

A natureza das inelegibilidades foi discutida de modo aprofundado no julgamento proferido pelo Supremo Tribunal Federal quando da apreciação das Ações Declaratórias de Constitucionalidade n. 29 e 30, propostas pelo Partido Popular Socialista e pelo Conselho Federal da Ordem dos Advogados do Brasil, respectivamente, com a finalidade de afirmar a total compatibilidade da Lei da Ficha Limpa (Lei Complementar n. 135/2010) com os princípios afirmados pela Constituição Cidadã.

No centro do debate estava a discussão acerca de consistir a inelegibilidade em pena (ou sanção) ou condição para o registro da candidatura.

A resposta a essa pergunta conduziria à solução dos dois principais impasses finalmente resolvidos pelo Supremo Tribunal Federal. Um era relativo à aplicabilidade do princípio da presunção de inocência; outro se referia à incidência do princípio da irretroatividade da lei penal.

Ambos os princípios são inerentes ao Direito Penal. O saber jurídico possui muitos campos (Administrativo, Ambiental, Penal, Trabalhista, Civil, Eleitoral etc.), cada um dos quais regido por uma principiologia própria. É justamente no campo dos princípios que as disciplinas jurídicas se distinguem.

Enquanto no Direito Penal uma sentença só pode ser executada quando se esgotam os recursos, no Direito Processual Civil, por exemplo, é comum a execução provisória dos julgados (art. 520 do CPC).

Então, o que de fato é uma inelegibilidade? Qual é a sua natureza jurídica?

Os que afirmam ser a inelegibilidade uma sanção se apegam a seus aspectos exteriores. Consideram que o fato de ela impedir o acesso de alguém ao registro válido da candidatura constitui uma punição, a reprovação de uma conduta baseada num juízo de perfil condenatório.

---

[4] VANCONCELOS, Clever; SILVA, Marco Anotio da. *Direito Eleitoral*. 3. ed. São Paulo: SaraivaJur, 2022. *E-book Kindle*.

Não é isso, todavia, o que ocorre. **Inelegibilidade não é uma sanção**, mas sim uma **condição** jurídica. Condição é um requisito para o exercício de um direito. Em muitas situações o direito permite que se exija o preenchimento de certos requisitos. Elas **permitem** verificar se o **pretendente** possui as **qualidades esperadas** para deter a titularidade do bem ao qual quer ter **acesso**.

Isso acontece em muitos campos. Se alguém pretende vender uma casa e aceita receber o valor em parcelas, pode estipular que só negociará com quem se predispuser a adiantar certo montante. Trata-se do estabelecimento de uma condição. Se alguém oferece uma vaga de emprego, pode exigir do pretendente a prova de habilitação técnica.

Seguindo a mesma linha de raciocínio, o Tribunal Superior Eleitoral acolheu, na CTA n. 1147-09.2010.6.00.0000/DF, o seguinte entendimento:

> Realmente, não há, a meu ver, como se imaginar a inelegibilidade como pena ou sanção em si mesma, na medida em que a ela se aplica a determinadas categorias, por exemplo, a de juízes ou a de integrantes do Ministério Público, não porque eles devam sofrer essa pena, mas, sim, porque o legislador os incluiu na categoria daqueles que podem exercer certo grau de influência no eleitorado. Daí, inclusive, a necessidade de prévio afastamento definitivo de suas funções. O mesmo se diga a respeito dos parentes de titular de cargo eletivo, que também sofrem a mesma restrição de elegibilidade. Ainda os inalistáveis e os analfabetos padecem de semelhante inelegibilidade, sem que se possa falar de imposição de pena. A inelegibilidade, assim como a falta de qualquer condição de elegibilidade, nada mais é do que uma restrição temporária à possibilidade de qualquer pessoa se candidatar, ou melhor, de exercer algum mandato. Isso pode ocorrer por eventual influência no eleitorado, ou por sua condição pessoal, ou pela categoria a que pertença, ou, ainda, por incidir em qualquer outra causa de inelegibilidade (rel. Min. Arnaldo Versiani).

Uma **inelegibilidade** é justamente um **requisito** cujo preenchimento **impede** alguém de ver-se **registrado** determinado **candidato** na Justiça Eleitoral. **Não há** nisso qualquer **caráter punitivo**. A Constituição foi emendada em 1994 para determinar ao legislador que editasse lei complementar fixando inelegibilidades que levassem em conta a "**vida pregressa**" do candidato.

Como o Congresso não adotou essa providência, mantendo inalterada a Lei de Inelegibilidades (publicada em 1990), a sociedade lançou mão do instrumento da iniciativa popular de projeto de lei (art. 14, III, da CF) para reclamar a adoção da providência legislativa.

As inelegibilidades são condições negativas impostas aos postulantes a candidatos. Por meio dessas cláusulas se estabelece o perfil que a sociedade espera dos aspirantes a cargos eletivos. Quando se afirma que alguém já condenado por um órgão colegiado por narcotráfico, pedofilia, homicídio ou corrupção não pode lançar-se candidato, não se leva em conta sua eventual culpa pelo delito que lhe é atribuído, mas tão somente a existência de um dado objetivo: a condenação.

A tal respeito, assim se pronunciou o Ministro Luiz Fux, quando do voto que conduziu o julgamento do STF sobre a constitucionalidade da LC n. 135/2010:

Questiona-se, então: é razoável a expectativa de candidatura de um indivíduo já condenado por decisão colegiada? A resposta há de ser negativa. Da exigência constitucional de moralidade para o exercício de mandatos eletivos (art. 14, § 9º) se há de inferir que uma condenação prolatada em segunda instância ou por um colegiado no exercício da competência de foro por prerrogativa de função, a rejeição de contas públicas, a perda de cargo público ou o impedimento do exercício de profissão por violação de dever ético-profissional excluirão a razoabilidade da expectativa. A rigor, há de se inverter a avaliação: é razoável entender que um indivíduo que se enquadre em tais hipóteses qualificadas não esteja, *a priori*, apto a exercer mandato eletivo.

Note-se, por outro lado, que, segundo as normas brasileiras, os analfabetos e os cônjuges de mandatários (estes em certas situações) são inelegíveis. É uma boa demonstração de que a inelegibilidade não possui caráter punitivo.

Da mesma forma, os **condenados** por tribunais nos casos **gravíssimos** que a lei menciona, são afastados pela lei de acesso a candidatura, pouco importando se são culpados ou não. A **culpa** – elemento subjetivo – haverá de **interessar** apenas à **Justiça Criminal**.

À **Justiça Eleitoral**, no momento de processar o **pedido** de **registro** do candidato, importam apenas **dados** de natureza **objetiva** (se é alfabetizado, se atingiu a idade mínima exigida, se não possui condenações em certas hipóteses).

Observe-se que a Lei de Inelegibilidades mesmo antes das profundas alterações operadas pela Lei da Ficha Limpa já considerava inelegíveis:

> [...]
> os que, em estabelecimentos de crédito, financiamento ou seguro, que tenham sido ou estejam sendo objeto de processo de liquidação judicial ou extrajudicial, hajam exercido, nos 12 (doze) meses anteriores à respectiva decretação, cargo ou função de direção, administração ou representação, enquanto não forem exonerados de qualquer responsabilidade (art. 1º, I, *i*, LC n. 64/1990).

Ou seja, o gestor de empresa que "esteja sendo objeto de processo de liquidação" em certas condições é considerado inelegível. Curiosamente, tal dispositivo jamais teve a sua constitucionalidade questionada. Não há nessa norma qualquer traço de pena. Não se está penalizando o administrador da empresa, mas prevenindo a gestão pública de recebê-lo em seus quadros. Enquanto a pena tem suas lentes voltadas para o passado (um fato que torna o responsável passível de punição), a inelegibilidade tem sua vista projetada para o futuro: interessa-lhe a proteção dos mandatos, dificultando o seu acesso por parte de pessoas que ostentem indicadores objetivos de pô-los em risco.

É a própria Constituição quem afirma essa particularidade:

> Lei Complementar estabelecerá outros casos de inelegibilidade e os prazos de sua cessação, a fim de proteger a probidade administrativa, a moralidade para o exercício do mandato, considerada a vida pregressa do candidato [...].

Como se vê, enquanto a **pena** tem propósitos **punitivos**, a **inelegibilidade** tem por meta o **estabelecimento do perfil** esperado dos candidatos. Essa é a **finalidade** de todas as **exigências** fixadas na **Lei da Ficha Limpa**. Ou seja, nos domínios eleitorais prevalece o **princípio da proteção** afirmado expressamente no citado § 9º do art. 14 da Constituição Federal.

Visto que inelegibilidade não é pena, o que atrairia o princípio da presunção de inocência, afasta-se, desde logo, a exigência do trânsito em julgado.

Podemos **afirmar**, pois, que **inelegibilidade** não é **pena**, mas sim uma **condição**. Não há nisso nada de novo. Essa já é a posição adotada pelo Supremo Tribunal Federal.

Veja-se, a respeito, o precedente transcrito oriundo do TRE/MG:

> [...] Inelegibilidade não constitui pena, logo, não há violação da presunção de inocência (art. 5º, inciso LVII, da CF/1988) (TRE-MG, RCAND n. 476.074, rel. Des. Luciana Diniz Nepomuceno, PSESS em 26-7-2010).

Observe-se a posição do Supremo Tribunal Federal. Afasta-se da inelegibilidade a natureza de pena. Por razões lógicas, reconhece-se sua aptidão para alcançar fatos ocorridos no pretérito. É a própria Constituição quem o declara: a inelegibilidade levará em conta a "vida pregressa" do candidato.

Digamos que a norma até aqui não considerasse que as pessoas casadas com atuais mandatários fossem inelegíveis. Se ela passasse a fazê-lo a partir de hoje, seria razoável imaginar que os que se casaram antes da edição da regra permaneceriam elegíveis? É a esse raciocínio absurdo que se chega ao adotar-se a ideia de que a inelegibilidade não pode considerar fatos ocorridos no passado.

Na verdade, não ocorre na edição de novas causas de inelegibilidade qualquer aplicação retroativa de normas. A referida lei estipulou novas condições (causas de inelegibilidade) que passaram a ser aplicadas nas eleições de 2012.

Trata-se de uma inovação que não altera fatos ocorridos no passado nem deles lança mão para finalidades punitivas. Observam-se apenas os dados escolhidos pelo legislador como relevantes para, cumprindo a missão constitucional, verificar-se a "vida pregressa dos candidatos".

Só haveria retroatividade, nesse caso, se a nova lei pretendesse alterar o resultado de eleições realizadas sob o pálio de normas diversas. Nada disso ocorre neste caso.

■ 6.3.1.2. Inelegibilidade, condição, sanção

Não existe **direito adquirido** a um dado regime de inelegibilidades, nem mesmo a um prazo de duração desse óbice à candidatura.

Muito se tem perguntado sobre o que ocorre com aquele que, tendo incidido em causa de **inelegibilidade no passado**, já viu o prazo anteriormente definido fluir completamente.

Respondendo a essa **indagação**, afirmamos que qualquer prazo de inelegibilidade, **superado** ou em **andamento**, deve ceder lugar aos novos limites temporais definidos pela LC n. 135/2010 (Lei da Ficha Limpa).

Assim, alguém que, tomando-se por exemplo, teve suas **contas** públicas **rejeitadas** estava antes sujeito a **inelegibilidade** por **três** anos. Pelas novas regras, o prazo passou a ser de **oito** anos. Por isso, mesmo que aquele triênio inicialmente definido tenha sido integralmente ultrapassado, voltará o postulante ao mandato a incidir em vedação à candidatura.

Isso é assim porque a Lei da Ficha Limpa **introduziu** prazos mais **longos** que as normas por ela revogadas. E não se adquire o direito a estar submetido a certo **conjunto** de condições jurídicas para a **candidatura**.

Questão um pouco mais delicada é a referente aos condenados por abuso de poder político, econômico ou dos meios de comunicação. Segundo o inciso XIV do art. 22 da Lei de Inelegibilidades, estes serão submetidos à "sanção" de inelegibilidade e à cassação do registro ou diploma outorgados ao candidato beneficiado.

Muitos se apressaram a ver nisso uma forma de "inelegibilidade-sanção" ou, para Adriano Soares da Costa, uma "inelegibilidade cominada simples"[5]. Tais figuras, todavia, não existem no Direito Eleitoral.

A inelegibilidade é sempre uma condição jurídica, nunca uma sanção. E julgo desnecessário argumentar contra o recurso ao mais indigente dos recursos interpretativos que é o apego desmedido à literalidade da lei.

As inelegibilidades não possuem natureza penal, devo insistir. Elas são, como brilhantemente, preleciona Dalmo Dallari[6], condições sem cuja observância não se pode alcançar o *status* jurídico de candidato.

Também se observa isso no abuso de poder. Quando o candidato é descoberto na prática desse desvio, incorre em uma condição negativa de eficácia futura (para as eleições que se realizarão nos próximos oito anos) e numa sanção expressamente prevista pelo art. 22, XIV, da Lei de Inelegibilidades: a cassação do diploma. A referida norma contém, frise-se, uma condição (a inelegibilidade) e uma sanção à cassação do registro ou diploma.

O inciso XIV do art. 22 sequer precisaria, aliás, mencionar a inelegibilidade que se abate sobre o praticante do abuso de poder. A alínea *d* do inciso I do art. 1º da Lei de Inelegibilidades já o faz ao estabelecer a inelegibilidade de todos:

> **Art. 1º** [...]
> *d)* os que tenham contra sua pessoa representação julgada procedente pela Justiça Eleitoral, em decisão transitada em julgado ou proferida por órgão colegiado, em processo de apuração de abuso do poder econômico ou político, para a eleição na qual concorrem ou tenham sido diplomados, bem como para as que se realizarem nos 8 (oito) anos seguintes;Então, pode-se afirmar que aquele condenado por abuso de poder nas eleições está, desde logo, submetido a prazo de inelegibilidade de oito anos, o que independe

---

[5] COSTA, Adriano Soares da. *Instituições de Direito Eleitoral*. 6. ed. rev., ampl. e atual. Belo Horizonte: Del Rey, 2006, p. 163.
[6] DALLARI, Dalmo. *A gramática da ficha suja*. Disponível em: https://www.gentedeopiniao.com.br/politica-nacional/a-gramatica-da-ficha-suja-por-dalmo-de-abreu-dallari. Acesso em: 3 jan. 2023.

de qualquer sentença ou acórdão que "imponha" essa restrição eleitoral. Não é o órgão judicial quem fixa tal inelegibilidade, mas a lei. Se alguma referência ao prazo de inelegibilidade faz-se constar do julgado, ele não substitui a fonte da sua fixação: a expressa disposição legal.

Esse entendimento acabou sendo definitiva e expressamente albergado pelo Supremo Tribunal Federal no seguinte julgado:

> RECURSO EXTRAORDINÁRIO. REPERCUSSÃO GERAL. DIREITO CONSTITUCIONAL E ELEITORAL. ELEIÇÕES 2012. PREFEITO. HIPÓTESES DE INELEGIBILIDADE. ART. 14, § 9º, DA CONSTITUIÇÃO DA REPÚBLICA DE 1988. MORALIDADE PARA O EXERCÍCIO DE MANDATOS ELETIVOS, CONSIDERADA A VIDA PREGRESSA DO CANDIDATO. CONDENAÇÃO EM AÇÃO DE INVESTIGAÇÃO JUDICIAL ELEITORAL POR ABUSO DE PODER COMETIDO NA CONDIÇÃO DE DETENTOR DE CARGO ELETIVO. DECLARAÇÃO DE INELEGIBILIDADE POR TRÊS ANOS. APLICABILIDADE DOS PRAZOS PREVISTOS NA LC N. 135/2010. INEXISTÊNCIA DE ULTRAJE À IRRETROATIVIDADE DAS LEIS E À COISA JULGADA. MODIFICAÇÃO DO REGIME JURÍDICO ELEITORAL. INEXISTÊNCIA DE REGIME DUAL DE INELEGIBILIDADES NA LEI COMPLEMENTAR N. 64/1990. TODAS AS CAUSAS RESTRITIVAS CONTEMPLADAS NO ART. 1º, INCISO I, DA LC N. 64/1990, CONSUBSTANCIAM EFEITOS REFLEXOS A SEREM AFERIDOS QUANDO DA FORMALIZAÇÃO DO REGISTRO DE CANDIDATURA. O ART. 22, XIV, DA LC N. 64/1990, NÃO TRADUZ HIPÓTESE AUTÔNOMA DE INELEGIBILIDADE (SANÇÃO). REPRODUÇÃO NO RITO PROCEDIMENTAL DA AIJE DA CAUSA CONSTANTE DO ART. 1º, INCISO I, ALÍNEA *D*, DA LC N. 64/1990. INTERPRETAÇÃO SISTÊMICO-TELEOLÓGICA DO ESTATUTO DAS INELEGIBILIDADES. RECURSO EXTRAORDINÁRIO DESPROVIDO. 1. O exercício legítimo do *ius honorum* (i.e., direito de ser votado) encontra balizamentos e limites no modelo insculpido pelo constituinte de 1988, que não contemplou um direito amplo de elegibilidade, ao consignar, de um lado, a necessidade de preenchimento das condições de elegibilidade, e, de outro, a não incursão em quaisquer das hipóteses de inelegibilidade, constitucionais ou legais complementares. 2. As limitações ao direito de ser votado fundam-se nos princípios constitucionais da moralidade e da probidade, considerada a vida pregressa do candidato, da normalidade e da legitimidade das eleições contra a influência do poder econômico ou o abuso do exercício de função, cargo ou emprego na administração direta ou indireta, a teor do que preconiza o art. 14, § 9º, da Lei Fundamental de 1988. 3. A inelegibilidade do art. 22, XIV, da Lei Complementar n. 64/1990, não encerra sanção, porquanto a procedência dos pedidos deduzidos em ação de investigação judicial eleitoral se assemelha, quanto aos efeitos jurídico-eleitorais, às demais hipóteses das alíneas do art. 1º, I. 4. A causa restritiva ao exercício do *ius honorum* judicialmente reconhecida, com espeque no art. 22, XIV, produz seus efeitos na esfera jurídico-eleitoral do condenado, se – e somente se – o pretenso candidato formalizar requerimento de registro de candidatura em pleitos vindouros, ou, em se tratando de recurso contra a expedição do diploma, nas hipóteses de inelegibilidades infraconstitucionais supervenientes. 5. O art. 22, XIV, da LC n. 64/1990, reproduz no rito procedimental da Ação de Investigação Judicial Eleitoral (AIJE) a inelegibilidade da alínea *d*, especificamente indicando os comandos impostos

ao juiz nas hipóteses de condenação por abuso de poder econômico, abuso de poder de autoridade e pelo uso indevido dos meios de comunicação (i.e., cassação do diploma e declaração de inelegibilidade), sem introduzir qualquer hipótese autônoma de inelegibilidade. 6. O legislador eleitoral complementar incorreu em manifesta atecnia ao afirmar que a inelegibilidade do art. 22, XIV, encerraria sanção, máxime porque a natureza jurídica de instituto é efetivamente perquirida a partir da análise dos efeitos jurídicos que efetivamente dele advêm. 7. O art. 22, XIV, da LC n. 64/1990, em sua exegese literal, não veicula peremptoriamente inelegibilidade-sanção, na medida em que referido dispositivo apresenta – e impõe – dois comandos contraditórios ao magistrado, em eventual condenação por abuso de poder político e econômico: de um lado, determina que seja declarada a inelegibilidade, o que pressupõe que essa situação jurídica preexiste e está apenas sendo reconhecida judicialmente; e, por outro lado, comina a sanção de inelegibilidade, pressupondo que é a sentença que constituirá esse novo estado jurídico, pressupondo que é a sentença que declarará esse novo estado jurídico (RE 929.670, rel. Ricardo Lewandowski, rel. p/ Ac. Luiz Fux, TP, j. 1º-3-2018, Acórdão Eletrônico Repercussão Geral – Mérito *DJe*-076, divulg 11-4-2019, public 12-4-2019).

Outro argumento se presta à demonstração de que não se está diante de uma sanção. O art. 22 da Lei de Inelegibilidades fala, em seu inciso XIV, sobre a incidência de uma inelegibilidade e sobre a imposição de uma cassação de registro ou de diploma. A segunda medida, esta sim de caráter sancionatório, incide apenas sobre "o candidato beneficiado". A inelegibilidade recai sobre os responsáveis pelo abuso.

Se o candidato não praticou ele próprio o abuso, estará submetido apenas à cassação do registro ou diploma, não à inelegibilidade. Já os responsáveis pelo ato estarão submetidos apenas à inelegibilidade, que os acompanhará pelos oito anos que virão. Então, não se pode dizer em relação a estes que sofrerão qualquer sanção. Incidiram, isso sim, em uma hipótese de inelegibilidade dotada da mesma natureza jurídica que caracteriza qualquer outra: a de condição.

A inelegibilidade nesse caso, repetimos, deriva não de imposição judicial, mas de determinação contida na lei. Sujeita-se, pois, às mudanças legislativas que sobrevenham. Sendo assim, se o prazo de uma inelegibilidade é expandido, é irrelevante que tenha constado do julgado qualquer determinação em sentido diverso.

Sendo objetivo, os que tiveram contra si definida judicialmente uma inelegibilidade por três anos em virtude de abuso de poder estão submetidos agora ao novo prazo de oito anos fixado pela Lei da Ficha Limpa. Se esse prazo – agora de oito anos – ainda não fluiu completamente, então o candidato seguirá inelegível até que isso ocorra.

Essa matéria foi expressamente resolvida pelo Supremo Tribunal Federal quando do julgamento da Lei da Ficha Limpa, que chegou a essa mesma conclusão. Em julgamento que vincula todo o Poder Judiciário brasileiro, a Suprema Corte afirmou nem mesmo haver ofensa à coisa julgada em tais hipóteses.

Para que não reste dúvida, pedimos licença para transcrever parte substancial do voto do relator, acolhido pela maioria dos ministros:

É essa característica continuativa do enquadramento do cidadão na legislação eleitoral, aliás, que também permite concluir pela validade da extensão dos prazos de inelegibilidade, originariamente previstos em 3 (três), 4(quatro) ou 5 (cinco) anos, para 8 (oito) anos, nos casos em que os mesmos encontram-se em curso ou já se encerraram. Em outras palavras, é de se entender que, mesmo no caso em que o indivíduo já foi atingido pela inelegibilidade de acordo com as hipóteses e prazos anteriormente previstos na Lei Complementar n. 64/1990, esses prazos poderão ser estendidos – se ainda em curso – ou mesmo restaurados para que cheguem a 8 (oito)anos, por força da *lex nova*, desde que não ultrapassem esse prazo.

Explica-se: trata-se, tão somente, de imposição de um novo requisito negativo para que o cidadão possa candidatar-se a cargo eletivo, que não se confunde com agravamento de pena ou com *bis in idem*. Observe-se, para tanto, que o legislador cuidou de distinguir claramente a inelegibilidade das condenações – assim é que, por exemplo, o art. 1º, I, *e*, da Lei Complementar n. 64/1990 expressamente impõe a inelegibilidade para período posterior ao cumprimento da pena.

Tendo em vista essa observação, haverá, em primeiro lugar, uma questão de isonomia a ser atendida: não se vislumbra justificativa para que um indivíduo que já tenha sido condenado definitivamente (uma vez que a lei anterior não admitia inelegibilidade para condenações ainda recorríveis) cumpra período de inelegibilidade inferior ao de outro cuja condenação não transitou em julgado.

Em segundo lugar, não se há de falar em alguma afronta à coisa julgada nessa extensão de prazo de inelegibilidade, nos casos em que a mesma é decorrente de condenação judicial. Afinal, ela não significa interferência no cumprimento de decisão judicial anterior: o Poder Judiciário fixou a penalidade, que terá sido cumprida antes do momento em que, unicamente por força de lei – como se dá nas relações jurídicas *ex lege* –, tornou-se inelegível o indivíduo. A coisa julgada não terá sido violada ou desconstituída.

Demais disso, tem-se, como antes exposto, uma relação jurídica continuativa, para a qual a coisa julgada opera sob a cláusula *rebus sic stantibus*. A edição da Lei Complementar n. 135/2010 modificou o panorama normativo das inelegibilidades, de sorte que a sua aplicação, posterior às condenações, não desafiaria a autoridade da coisa julgada (voto condutor proferido no julgamento das ADCs n. 29 e 30 e da ADI n. 4.578).

Como se vê, a Lei da Ficha Limpa promoveu alteração substancial nos prazos de duração das inelegibilidades. Mais que isso, suas novas disposições se aplicam a todas as hipóteses de inelegibilidade verificadas anteriormente à sua vigência, cujos prazos, mesmo os eventualmente mencionados em decisões judiciais transitadas em julgado, estão agora dilargados por força da vontade do soberano popular convertida em lei já declarada constitucional pelo STF. Está superada, assim, a antes já precária teoria que acolhia o mito da "inelegibilidade-sanção" ou da "inelegibilidade cominada simples".

Ditas tais palavras iniciais, passemos ao estudo das inelegibilidades em espécie.

6.3.2. Inelegibilidades em espécie
6.3.2.1. *Inelegibilidades constitucionais*
6.3.2.1.1. *Inalistabilidade*

Segundo o § 4º do art. 14 da CF: "São inelegíveis os inalistáveis e os analfabetos". Inalistável é o que não está apto a integrar o colégio de eleitores, inscrevendo-se e qualificando-se para participar do cadastro de votantes mantido pela Justiça Eleitoral.

Remetemos o leitor ao quanto dissemos sobre o ponto no item "Alistamento eleitoral", no capítulo destinado ao estudo do Processo Administrativo Eleitoral.

■ 6.3.2.1.2 Analfabetismo

■ **Considerações gerais**

A inelegibilidade do analfabeto está definida na Constituição Federal.

Em 1985, os analfabetos recuperaram o direito de voto, com a promulgação da Emenda Constitucional n. 25, mas seguiram impedidos de pleitear o registro das suas candidaturas.

Não há consenso sobre o significado do vocábulo "analfabeto". Comumente se utiliza a palavra para designar aquele que não sabe ler nem escrever, mesmo de forma elementar.

Diz-se, por outro lado, analfabeto funcional aquele que, mesmo sabendo ler e escrever frases simples, não possui as habilidades necessárias para satisfazer às suas demandas pessoais cotidianas e se desenvolver pessoal e profissionalmente.

Para o fim previsto na Constituição, considera-se analfabeto e, portanto, inapto a lançar-se candidato aquele que não possui a aptidão da escrita rudimentar e é incapaz de decodificar sinais linguísticos escritos.

Segundo precedente firmado pelo Tribunal Superior Eleitoral, é de indeferir-se o registro de candidatura no caso em que o candidato:

> [...] para comprovar a condição de alfabetizado, o candidato apresentou declaração de próprio punho autenticada, mas produzida sem a presença de servidor da Justiça Eleitoral (REspe 060051298, Acórdão, rel. Min. Luis Felipe Salomão, *DJe* de 8-3-2021, t. 41).

Do mesmo modo: "A mera participação em programa de alfabetização de jovens e adultos não gera a presunção de que o agravante foi alfabetizado [...]". (Ac. de 25-11-2008 no AgR-REspe 30.131, rel. Min. Eros Grau). No entanto, é de se reconhecer a elegibilidade do candidato que "apresentou comprovantes de escolaridade, fornecidos por secretaria municipal de educação, consistentes em boletim escolar [...]". (TSE, Ac. de 13-10-2008 no AgR-REspe 29.976, rel. Min. Arnaldo Versiani).

De outra parte: "O **exercício** de mandato eletivo não é circunstância **capaz**, por si só, de **comprovar** a condição de **alfabetizado** do candidato" (Súmula 15 do TSE), mas: "A Carteira Nacional de Habilitação gera a presunção da escolaridade necessária ao deferimento do registro de candidatura" (Súmula 55 do TSE).

■ **Teste de alfabetização**

A jurisprudência **admite** a rejeição da candidatura do "candidato que, submetido a teste de alfabetização, não demonstrou possuir habilidades mínimas para ser

considerado alfabetizado" (REspe 13.180), assim considerado "o candidato que se mostra incapaz de esboçar um mínimo de sinais gráficos compreensíveis" (REspe 12.804), ou "que não mostre **aptidão** para leitura" (REspe 12.952).

Com efeito, ante a existência de dúvida, o **juiz** eleitoral **pode** realizar **testes** objetivando **aferir** a alfabetização do **candidato**, desde que o faça de forma individual e reservada, de modo a **não lhe causar** qualquer **constrangimento**, em respeito à dignidade da pessoa humana, autêntico fundamento em que se assenta a nossa República (art. 1º, III, da CF).

Neste sentido o TSE tem sua jurisprudência uníssona

> [...] [a] prova de alfabetização de que trata o inciso IV pode ser suprida por declaração de próprio punho preenchida pelo interessado, em ambiente individual e reservado, na presença de servidor de qualquer Cartório Eleitoral do território da circunscrição em que o candidato disputa o cargo, ainda que se trate de eleições gerais (Ac. de 11-2-2021 no AgR-REspe n. 060051298, rel. Min. Luis Felipe Salomão).

Afigura-se recomendável, sempre que possível, a nomeação de perito para auxiliar a Justiça Eleitoral na identificação de eventual caso de analfabetismo. O apoio de um pedagogo pode favorecer a descoberta de situações tais, reservando-se a palavra final sobre o acolhimento ou não do seu laudo à autoridade judiciária.

Note-se que, segundo a Súmula 15 do TSE: "O exercício de cargo eletivo não é circunstância suficiente para, em recurso especial, determinar-se a reforma de decisão mediante a qual o candidato foi considerado analfabeto".

Seguindo essa linha de entendimento, o Tribunal Superior Eleitoral já assentou que:

> Não se admite o registro de candidato que, embora já tenha ocupado a vereança, declarou-se analfabeto, não tendo sucesso na prova a que se submeteu, na presença do juiz. É inelegível para qualquer cargo o analfabeto (Constituição, art. 14, § 4º, e Lei Complementar n. 64/1990, art. 1º, I, *a* (Ac. TSE n. 13.069/SP, decisão de 16-9-1996).

Registre-se, por oportuno, que: "O rigor da aferição no que tange à alfabetização do candidato não pode configurar um cerceio ao direito atinente à inelegibilidade" (Ac. n. 30.071, de 14-10-2008, rel. Min. Arnaldo Versiani). Não se afigura razoável, pois, a imposição de teste que demande do postulante ao registro da candidatura qualquer nível mais complexo de saber. Exige-se apenas a alfabetização, não a detenção do saber na forma culta.

A existência de prova documental de escolarização afasta desde logo a necessidade do teste de aferição. Assim, se:

> [...] o candidato apresentou comprovantes de escolaridade, fornecidos por secretaria municipal de educação, consistentes em boletim escolar, declaração e certificado, é de se reconhecer que o candidato é alfabetizado e, portanto, elegível (AgR-REspe 29.976, Ac. de 13-10-2008, rel. Min. Arnaldo Versiani Leite Soares, PSESS – publicado em sessão, em 13-10-2008).

Entretanto, havendo dúvida razoável quanto à existência de fraude e não havendo tempo hábil para a realização de outras diligências, torna-se possível a submissão do pretendente a candidato ao competente teste de alfabetização.

A esse respeito o Tribunal Superior Eleitoral já afirmou que:

> Conforme já decidido pelo Tribunal (Recurso Especial n. 21.920, rel. Min. Caputo Bastos), para comprovação de alfabetização, é facultado ao candidato, na ausência de comprovante de escolaridade, apresentar declaração de próprio punho. Não obstante, é permitido ao juiz, se for o caso, determinar a aferição da alfabetização, por outros meios, o que será feito caso persista dúvida quanto à declaração apresentada (AgR-REspe 31.511, Ac. de 6-10-2008, rel. Min. Arnaldo Versiani Leite Soares, PSESS – publicado em sessão, em 6-10-2008).

■ **Estrangeiros, indígenas e língua portuguesa**

A alfabetização a que se refere a Constituição é aquela que torna possível a expressão escrita e a leitura em língua portuguesa, não se justificando a candidatura daquele que cultiva exclusivamente o saber de qualquer língua estrangeira.

Convém lembrar o teor do art. 13 da CF: "A língua portuguesa é o idioma oficial da República Federativa do Brasil". Não nos parece razoável, todavia, negar-se a elegibilidade, por essa razão, àquele que tem o domínio exclusivo de língua historicamente falada em nosso território desde tempos anteriores à ocupação colonialista.

Diz o art. 231 da Constituição Federal:

> **Art. 231.** São reconhecidos aos índios sua organização social, costumes, línguas, crenças e tradições, e os direitos originários sobre as terras que tradicionalmente ocupam, competindo à União demarcá-las, proteger e fazer respeitar todos os seus bens.

O Tribunal Superior Eleitoral reconhece o direito de voto aos indígenas alfabetizados, como se vê no seguinte precedente:

> PROCESSO ADMINISTRATIVO. ALISTAMENTO. VOTO. INDÍGENA. CATEGORIZAÇÃO ESTABELECIDA EM LEI ESPECIAL. "ISOLADO". "EM VIAS DE INTEGRAÇÃO". INEXISTÊNCIA. ÓBICE LEGAL. CARÁTER FACULTATIVO. POSSIBILIDADE. EXIBIÇÃO. DOCUMENTO. REGISTRO CIVIL DE NASCIMENTO OU ADMINISTRATIVO DA FUNAI. 1. A atual ordem constitucional, ao ampliar o direito à participação política dos cidadãos, restringindo o alistamento somente aos estrangeiros e aos conscritos, enquanto no serviço militar obrigatório, e o exercício do voto àqueles que tenham suspensos seus direitos políticos, assegurou-os, em caráter facultativo, a todos os indígenas, independentemente da categorização estabelecida na legislação especial infraconstitucional anterior, observadas as exigências de natureza constitucional e eleitoral pertinentes à matéria, como a nacionalidade brasileira e a idade mínima. 2. Os índios que venham a se alfabetizar, devem se inscrever como eleitores, não estando sujeitos ao pagamento de multa pelo

alistamento extemporâneo, de acordo com a orientação prevista no art. 16, parágrafo único, da Res.-TSE 21.538, de 2003. 3. Para o ato de alistamento, faculta-se aos indígenas que não disponham do documento de registro civil de nascimento a apresentação do congênere administrativo expedido pela Fundação Nacional do Índio (FUNAI) (Processo Administrativo n. 180.681, Acórdão, rel. Min. Nancy Andrighi, *RJTSE – Revista de Jurisprudência do TSE*, v. 23, t. 1, de 6-12-2011, p. 77).

Como se vê, não se impõe aos indígenas, desde que nativos deste país, o dever de assimilar a língua portuguesa. Antes, se lhes concede o direito de preservar sua língua, como uma das partes mais essenciais à sua própria cultura, preexistente até mesmo ao Estado brasileiro.

No meu entender, todavia, eventual indagação quanto ao direito de voto do indígena brasileiro não educado na língua portuguesa deve ser respondida afirmativamente, sob pena de desrespeito à regra constitucional especial que, afastando o comando genérico que afirma a oficialidade única da língua portuguesa, reconhece proteção particular às línguas presentes neste continente desde tempos imemoriais.

Trata-se, ao assegurar-se a candidatura aos integrantes de tribos não submetidas à língua aqui introduzida pelos colonizadores portugueses, de aplicar concretamente o princípio democrático, garantindo às minorias étnicas a devida participação no corpo de representantes políticos do soberano popular.

■ 6.3.2.1.3. Limitação à reelegibilidade

O § 5º do art. 14 da **Constituição** Federal **estabelece** que o presidente da República, os governadores de estado e do Distrito Federal, os prefeitos e quem os houver sucedido, ou substituído no curso dos mandatos, **poderão** ser reeleitos para um **único** período **subsequente**. Trata-se de norma submetida inicialmente a grande crítica, mas que após sucessivas aplicações parece estar estavelmente firmada entre os nossos institutos eleitorais. **Baseia-se**, antes de tudo, numa **ideia** razoável: a de que os governos devem ser dotados de **tempo mínimo hábil** para o desenvolvimento de **políticas** de longo prazo.

É certo que, entre nós, a medida recebeu merecidos questionamentos, ante o risco que traz, em si, de favorecer o uso eleitoral dos bens e serviços do governo. Sem embargo da seriedade e da plausibilidade dessas críticas, parece-nos que daí deve resultar não a revogação pura e simples do instituto, mas o fortalecimento da atividade das instituições encarregadas de fiscalizar o correto andamento das campanhas eleitorais, a fim de evitar o abuso de poder e a ocorrência de condutas vedadas aos agentes públicos, em desprestígio da igualdade de chances entre os pretendentes ao mandato eletivo em disputa.

É possível, por outro lado, afirmar-se a inadmissibilidade de qualquer inovação normativa que objetive permitir reeleições indeterminadas ou, simplesmente, a conquista de um terceiro mandato sucessivo. Trata-se de medida que colide frontalmente com os princípios republicano e democrático, suprimindo ou, pelo menos, reduzindo inaceitavelmente a alternância de cidadãos no governo do nosso país.

A vedação à conquista de um terceiro mandato sucessivo para a chefia do Poder Executivo já foi invocada para negar elegibilidade a alguém que buscava manter-se sucessivamente no exercício do cargo de prefeito. É o caso dos denominados "prefeitos itinerantes", cuja afirmação pelo Tribunal Superior Eleitoral pode ser verificada no seguinte precedente:

> Inelegibilidade. Prefeito. Reeleição. Candidatura. Município diverso.
> 1. De acordo com a orientação firmada para as eleições de 2008, o exercício de dois mandatos consecutivos no cargo de prefeito torna o candidato inelegível para o mesmo cargo, ainda que em município diverso.
> 2. As condições de elegibilidade e as causas de inelegibilidade devem ser aferidas a cada eleição, na conformidade das regras aplicáveis no pleito, não cabendo cogitar-se de coisa julgada, direito adquirido ou segurança jurídica.
> Agravo regimental não provido (AgR-REspe 35.880, Ac. de 28-4-2011, rel. Min. Arnaldo Versiani Leite Soares, *DJe* de 27-5-2011, t. 100, p. 38).

Note-se que a vedação de um terceiro mandato sucessivo não impede que candidatos eleitos por duas vezes para vice-prefeito, vice-governador ou vice-presidente postulem uma nova eleição, desta feita para figurar na condição de titular do cargo eletivo (Resolução do TSE n. 21.026/2002). Mas ao ocupante de dois mandatos consecutivos de vice veda-se a disputa de uma terceira candidatura sequencial ao mesmo cargo (Resolução n. 22.761/2008).

Se o vice, por outra parte, vier substituir ao titular, ainda que eventualmente, dentro dos seis meses anteriores ao pleito, não poderá concorrer ao cargo deste (Resolução n. 22.758/2008).

O Chefe do Executivo que renuncia ao segundo mandato, ainda que após havê-lo exercido por breve tempo, não pode concorrer ao mesmo cargo no pleito subsequente, sob pena de configurar-se um terceiro mandato sucessivo. Assim se manifestou o TSE por meio da Resolução n. 22.529/2007.

Diferente é a seguinte situação:

> [...] Registro de candidatura. Substituição. Prefeito. Curto período. Decisão judicial. Recondução do titular. NE: É Reelegível o prefeito que na eleição anterior, na qualidade de segundo colocado, assumiu a titularidade por alguns dias, não caracterizando terceiro mandato (TSE, Ac. de 11-10-2008 no REspe 32.831, rel. Min. Fernando Gonçalves).

Por outra parte, registra-se que o vice-prefeito reeleito pode se candidatar ao cargo de prefeito nas eleições seguintes ao segundo mandato (Resolução n. 22.625, de 13-11-2007, rel. Min. Arnaldo Versiani).

■ **6.3.2.1.4. *Renúncia para disputa de outro cargo***

Segundo o § 6º do art. 14 da Constituição:

Art. 14. [...]

§ 6º Para concorrerem a outros cargos, o Presidente da República, os Governadores de Estado e do Distrito Federal e os Prefeitos devem renunciar aos respectivos mandatos até seis meses antes do pleito.

Nessa **situação** incide o **prefeito** que deseje, num **mandato subsequente**, postular a posição de vice. Nessa hipótese, será **imperiosa** a **renúncia** até os seis meses que antecedem o pleito, **sob pena** de ver-se inviabilizada a candidatura, por presente uma **causa** constitucional de **inelegibilidade**. Edson de Resende Castro (2010, p. 143) lembra que ao vice não se aplica a regra da renúncia prévia. "Este poderá candidatar-se não só ao mesmo cargo (reeleição), como também a outros cargos, sem renúncia, desde que, nos últimos seis meses anteriores ao pleito, não tenha sucedido ou substituído o titular".

Mas "o prefeito, em primeiro mandato, não pode candidatar-se ao cargo de vice-prefeito se não houver se desincompatibilizado no período de seis meses que antecede o pleito [...]" (Resolução n. 22.763, de 15-4-2008, rel. Min. Caputo Bastos). Na mesma linha, temos que:

Nos termos do art. 14, § 6º, da Constituição Federal e na linha da jurisprudência desta Corte (Cta n. 841/RJ, rel. Min. Fernando Neves, *DJ* de 27-2-2003, e 893/DF, rel. Min. Barros Monteiro, sessão de 12-8-2003), o prefeito pode candidatar-se ao cargo de vereador, no mesmo município, desde que renuncie ao seu mandato até seis meses antes do pleito, sendo irrelevante, no caso, se o Chefe do Executivo Municipal está no primeiro ou no segundo mandato (TSE, Resolução n. 21.482, de 2-9-2003, rel. Min. Peçanha Martins).

Não basta, todavia, o mero afastamento de fato do cargo ou função. O TSE já afirmou que "[...] o simples afastamento fático não é suficiente para atender o interstício de 6 (seis) meses do afastamento do cargo de que dispõe o art. 14, § 6º, da CF [...]" (Ac. n. 24.069, de 16-12-2004, rel. Min. Humberto Gomes de Barros).

■ 6.3.2.1.5. Inelegibilidade de cônjuges e parentes

São **inelegíveis**, no **território** de jurisdição do **titular**, o cônjuge e os parentes consanguíneos ou afins, até o **segundo grau ou por adoção**, do presidente da República, de governador de estado ou território, do Distrito Federal, de prefeito ou de quem os haja **substituído** dentro dos **seis** meses anteriores ao pleito, **salvo** se já titular de mandato eletivo e candidato à reeleição. É o que estatui o § 7º do art. 14 da Constituição Federal.

Tal **regra** desde logo comporta a **seguinte exceção**: se o titular do mandato pode candidatar-se à reeleição, nada obsta que seu cônjuge ou seu parente venha a disputar, em seu lugar, a sua sucessão. A esse respeito o TSE já pontificou na Súmula 6 da sua jurisprudência, cujo texto é o seguinte:

São inelegíveis para o cargo de Chefe do Executivo o cônjuge e os parentes, indicados no § 7º do art. 14 da Constituição Federal, do titular do mandato, salvo se este, reelegível, tenha falecido, renunciado ou se afastado definitivamente do cargo até seis meses antes do pleito.

Em linha equivalente, a **Súmula 12** do TSE definiu que: "São inelegíveis, no município desmembrado, e ainda não instalado, o cônjuge e os parentes consanguíneos ou afins, até o segundo grau ou por adoção, do prefeito do município-mãe, ou de quem o tenha substituído, dentro dos seis meses anteriores ao pleito, salvo se já titular de mandato eletivo".

De acordo com a **Súmula Vinculante 18, do Supremo Tribunal Federal**: "A dissolução da sociedade ou do vínculo conjugal, no curso do mandato, não afasta a inelegibilidade prevista no § 7º do art. 14 da Constituição Federal".

Mas o irmão do chefe do Executivo continua inelegível para o mesmo cargo, no território onde este exerceu suas funções, ainda que este tenha falecido em data anterior aos seis meses da realização do pleito (REspe 17.199). A relação conjugal não é apenas aquela decorrente do matrimônio. A união estável basta para a incidência da norma, uma vez que esta é constitucionalmente reconhecida como entidade familiar (art. 226, § 4º, da CF).

Note-se, por outro lado, que:

> Cônjuge de prefeito que exerceu mandato entre 2001 e 2004, eleita prefeita em eleição suplementar, em 2007, não poderá ser reeleita, sob pena de se caracterizar o terceiro mandato no mesmo grupo familiar (AgR-REspe 31.765, Ac. de 12-2-2009, rel. Min. Joaquim Benedito Barbosa Gomes, *DJe* de 16-3-2009, p. 33).

No mesmo sentido, já se decidiu que:

> O cônjuge ou parente de prefeito reeleito que teve o diploma cassado no segundo mandato não pode se candidatar ao pleito seguinte, sob pena de se configurar o exercício de três mandatos consecutivos por membros de uma mesma família (Precedentes: Cta n. 1.548/DF, rel. Min. Marcelo Ribeiro, *DJ* de 15-5-2008; REspe 25.275/SP, rel. Min. José Delgado, *DJ* de 9-6-2006; Cta n. 1.031/DF, rel. Min. Carlos Velloso, *DJ* de 28-6-2004; Cta n. 915, rel. Min. Ellen Gracie Northfleet, *DJ* de 19-9-2003).

O Tribunal Superior Eleitoral já equiparou a união homoafetiva à sociedade conjugal para o fim de aplicar a restrição contida no § 7º do art. 14 da CF. Veja-se a ementa do julgado:

> Registro de candidato. Candidata ao cargo de prefeito. Relação estável homossexual com a prefeita reeleita do município. Inelegibilidade. Art. 14, § 7º, da Constituição Federal. Os sujeitos de uma relação estável homossexual, à semelhança do que ocorre com os de relação estável, de concubinato e de casamento, submetem-se à regra de inelegibilidade prevista no art. 14, § 7º, da Constituição Federal. Recurso a que se dá provimento (REspe 24.564, Ac. n. 24.564, de 1º-10-2004, rel. Min. Gilmar Ferreira Mendes, PSESS – publicado em sessão, em 1º-10-2004, *RJTSE – Revista de Jurisprudência do TSE*, v. 17, t. 1, p. 234).

Nessa mesma linha de **raciocínio**, o Tribunal Superior Eleitoral tem **acolhido** na sua jurisprudência o **reconhecimento** das relações familiares **socioafetivas**. Por isso, a **adoção** de fato já vem sendo entendida como vínculo suficiente para a incidência da **inelegibilidade** decorrente do vínculo de **parentesco**.

É o que se vê no seguinte julgado:

> Recurso contra expedição de diploma. Adoção de fato. Inelegibilidade.
>
> 1. Para afastar a conclusão do TRE/PI, de que ficou comprovada a relação socioafetiva de filho de criação de antecessor do ex-prefeito, seria necessário o revolvimento do acervo probatório, inviável em sede de recurso especial, a teor da Súmula n. 279 do Supremo Tribunal Federal.
>
> 2. Advínculo Relações Socioafetivas, em razão de sua influência na realidade social, gera direitos e deveres inerentes ao parentesco, inclusive para fins da inelegibilidade prevista no § 7º do art. 14 da Constituição Federal. 3. A inelegibilidade fundada no art. 14, § 7º, da Constituição Federal pode ser arguida em recurso contra a expedição de diploma, por se tratar de inelegibilidade de natureza constitucional, razão pela qual não há falar em preclusão. Recurso não provido (REspe 5.410.103, Ac. de 15-2-2011, rel. Min. Arnaldo Versiani Leite Soares, *DJe* de 22-3-2011, t. 55, p. 34).

De outra banda, o irmão do presidente da Câmara que, interinamente, assumiu o cargo de prefeito nos seis meses anteriores ao pleito é inelegível (REspe 34.243, Ac. de 19-11-2008, rel. Min. Felix Fischer, PSESS – publicado em sessão, em 19-11-2008).

■ 6.3.2.2. Inelegibilidades Infraconstitucionais

■ 6.3.2.2.1. Considerações preliminares

Aqui se inicia o estudo da Lei das Inelegibilidades, a LC n. 64/1990, que contém a relação das novas hipóteses de afastamento provisório da capacidade eleitoral passiva nos termos reclamados pelo § 9º do art. 14 da Constituição Federal.

■ 6.3.2.2.2. Perda do mandato parlamentar

São **inelegíveis**, nos termos do que estatui o art. 1º, I, *b*, da Lei de Inelegibilidades, os membros do Congresso Nacional, das Assembleias Legislativas, da Câmara Legislativa e das Câmaras Municipais, que hajam perdido os respectivos mandatos por infringência do disposto nos incisos I e II do art. 55 da Constituição Federal, dos dispositivos equivalentes sobre perda de mandato das Constituições Estaduais e Leis Orgânicas dos Municípios e do Distrito Federal, **para as eleições** que se realizarem durante o **período remanescente do mandato** para o qual foram eleitos e nos **oito anos** subsequentes ao término da legislatura.

Os dois incisos mencionados do art. 55 da CF estipulam como causas para a perda do mandato de deputado ou senador a infração a qualquer das proibições estabelecidas no art. 54 da Lei Fundamental ou o procedimento declarado incompatível com o decoro parlamentar.

As normas do art. 54 que autorizam a decretação da perda do mandato parlamentar são as seguintes:

Art. 54. Os Deputados e Senadores não poderão:

I – desde a expedição do diploma:

a) firmar ou manter contrato com pessoa jurídica de direito público, autarquia, empresa pública, sociedade de economia mista ou empresa concessionária de serviço público, salvo quando o contrato obedecer a cláusulas uniformes;

b) aceitar ou exercer cargo, função ou emprego remunerado, inclusive os de que sejam demissíveis *ad nutum*, nas entidades constantes da alínea anterior;

II – desde a posse:

a) ser proprietários, controladores ou diretores de empresa que goze de favor decorrente de contrato com pessoa jurídica de direito público, ou nela exercer função remunerada;

b) ocupar cargo ou função de que sejam demissíveis *ad nutum*, nas entidades referidas no inciso I, *a*;

c) patrocinar causa em que seja interessada qualquer das entidades a que se refere o inciso I, *a*;

d) ser titulares de mais de um cargo ou mandato público eletivo.

A destituição do mandato de deputado federal ou senador com base nos mencionados incisos do art. 55 da CF será decidida pela Câmara dos Deputados ou pelo Senado Federal, por voto secreto e maioria absoluta, mediante provocação da respectiva Mesa ou de partido político representado no Congresso Nacional, assegurada ampla defesa. É o que expressamente prevê o § 2º do mesmo dispositivo. Uma vez aplicada a medida de perda do mandato, opera-se a inelegibilidade do atingido para as eleições que se realizarem durante o período remanescente do mandato para o qual foi eleito e pelos oito anos subsequentes ao término da legislatura.

Em **2020**, o Supremo Tribunal Federal rechaçou Ação Declaratória de Inconstitucionalidade em que se **atacou** o marco temporal definido para o início da **contagem** do prazo de **inelegibilidade** por aplicação o art. 1º, I, *b*, da Lei de Inelegibilidades. Isso ocorreu no julgamento da ADI n. 4.089. Transcreve-se, a seguir, ementa do julgado:

> 1. Ação direta de inconstitucionalidade. 2. Art. 1º, inciso I, alínea *b*, da Lei de Inelegibilidades (LC 64/1990), com as alterações promovidas pela LC 81/1994. Alegação de inconstitucionalidade do marco inicial da contagem do prazo de oito anos de inelegibilidade, a partir do término da legislatura aplicado a agentes políticos que vierem a perder seus mandatos. Inocorrência. 3. Violação ao princípio da igualdade, com fundamento em suposto tratamento diferenciado conferido ao Presidente da República pelo art. 52, parágrafo único da Constituição. Não configuração. 4. Diversidade da natureza jurídica dos institutos da inelegibilidade e da inabilitação. Ausência de liame conceitual entre os dois institutos capaz de sustentar o tratamento igualitário perseguido pelo requerente. Inelegibilidade: *status* eleitoral, configuração imediata. Inabilitação: sanção decorrente de condenação do Chefe do Poder Executivo por crime de responsabilidade. 5. Marco inicial da contagem do prazo de inelegibilidade. Liberdade de conformação do legislador extraída diretamente de autorização constitucional. Art. 14, § 9º, da Constituição. 6. Preponderância da proteção ao bem comum e ao interesse público em relação aos interesses meramente individuais ou privados. Fortalecimento do siste-

ma democrático e representativo. Incidência dos princípios da moralidade e da probidade administrativa. 7. Ação direta de inconstitucionalidade julgada improcedente (TP, ADI n. 4.089, rel. Edson Fachin, j. em 18-8-2020, processo eletrônico *DJe*-254, divulg 20-10-2020, public 21-10-2020).

Restou assim mantido hígido o texto original desse ponto do Estatuto das Inelegiblidades.

■ 6.3.2.2.3. Perda do mandato de chefe do Executivo

Dispõe a alínea *c* do inciso I do art. 1º da Lei de Inelegibilidades, com a redação que lhe deu a **Lei da Ficha Limpa**, que o governador e o vice-governador de estado e do Distrito Federal e o prefeito e o vice-prefeito que perderem seus cargos eletivos por infringência a dispositivo da Constituição Estadual, da Lei Orgânica do Distrito Federal ou da Lei Orgânica do Município **ficam inelegíveis** para as eleições que se realizarem durante o **período** remanescente e nos **oito** anos subsequentes ao término do mandato para o qual tenham sido **eleitos**.

Em sua redação anterior, o dispositivo restringia a candidatura "durante o período remanescente e nos 3 (três) anos subsequentes ao término do mandato para o qual tenham sido eleitos". A inovação, nesse ponto, consistiu apenas na extensão do prazo anteriormente fixado pela lei, considerado insuficiente. Além disso, adotou-se o mesmo padrão temporal já fixado, antes mesmo da Lei Complementar n. 135/2010, pela alínea *b* do inciso I do art. 1º da Lei de Inelegibilidades.

A perda do mandato a que se refere o dispositivo é a decorrente de decisão do Senado nos processos por crime de responsabilidade. Convém lembrar que, em conformidade com o art. 52, I, da Constituição, compete privativamente ao Senado Federal processar e julgar o presidente e o vice-presidente da República nos crimes de responsabilidade.

■ 6.3.2.2.4. Abuso de poder econômico ou político

■ Aspectos gerais

A lei declara **inelegíveis** os que tiverem contra sua pessoa **representação** considerada **procedente** pela Justiça Eleitoral, em decisão transitada em julgado ou proferida por **órgão colegiado**, em processo de apuração de abuso do poder econômico ou político, para a eleição na qual **concorrem** ou tenham sido **diplomados**, bem como para as que se realizarem nos oito anos seguintes (art. 1º, I, *d*, da Lei de Inelegibilidades). A alínea *h* do mesmo art. 1º, inciso I, volta a tratar do tema apenas para abranger especialmente detentores de cargo na administração pública direta, indireta ou fundacional que beneficiarem a si ou a terceiros pelo abuso do poder econômico ou político.

Trata-se de **inovação** introduzida pela Lei da Ficha Limpa. **Antes, a inelegibilidade** só atingia aquele que, tendo sido descoberto na prática do abuso de poder nas eleições, via tal fato reconhecido em **julgado** não mais passível de **recurso**.

Abreviou-se a chegada da inelegibilidade ante a conclusão de que a candidatura da pessoa a quem um tribunal já atribui o cometimento dessa grave violação deve, desde logo, ter a sua elegibilidade restrita. Não se trata de antecipar qualquer aplicação de pena, pois, como vimos, as inelegibilidades nada mais são que condições para a futura obtenção de um registro de candidatura.

Evita-se, com isso, o manejo **abusivo** de medidas **protelatórias** por meio das quais se visava obter o **transcurso** integral do **prazo** de **inelegibilidade**, que antes era de apenas **três** anos, sem que se pudesse ver findo o processo de apuração da **prática abusiva**.

A decisão proferida por um juiz eleitoral, agindo isoladamente em primeiro grau de jurisdição, não será capaz de deflagrar a hipótese de inelegibilidade cuja superveniência depende de pronunciamento de um órgão jurisdicional colegiado. Exceção se faça à decisão judicial transitada em julgado, que acaso tenha concluído pela presença do abuso de poder bastará para a restrição à elegibilidade, mesmo que proferida por órgão jurisdicional singular.

Em conformidade com o que conclui a **Súmula 69 do TSE**: "Os prazos de inelegibilidade previstos nas alíneas *j* e *h* do inciso I do art. 1º da LC n. 64/1990 têm termo inicial no dia do primeiro turno da eleição e termo final no dia de igual número no oitavo ano seguinte".

Representação

A Lei de Inelegibilidades reclama a existência de uma "representação julgada procedente pela Justiça Eleitoral, em decisão transitada em julgado ou proferida por órgão colegiado, em processo de apuração de abuso do poder econômico ou político".

Interpretar literalmente o texto legal para concluir que apenas uma representação pode ocasionar uma decisão geradora de inelegibilidade constitui grave equívoco.

O termo "representação", presente no dispositivo desde a sua redação originária, corresponde a toda e qualquer ação ou representação eleitoral na qual se reconheça a prática do abuso de poder. Tal pode se dar na ação de impugnação de mandato eletivo, no recurso contra a expedição de diploma ou na investigação judicial eleitoral. É, em suma, irrelevante o veículo processual manejado, tendo de verificar-se apenas se houve o reconhecimento, pela Justiça Eleitoral, da prática do abuso de poder econômico ou político.

Adotar-se uma interpretação literal, neste caso, levaria o dispositivo à inocuidade, podendo ser reconhecido em várias modalidades processuais distintas.

Infelizmente, num primeiro momento, o TSE adotou a interpretação mais estreita, recusando dar ao dispositivo a profundidade e o sentido definidos pelo legislador.

Perfeito foi, a esse respeito, o seguinte voto proferido pelo Ministro Ricardo Lewandowski:

> Devemos investigar, portanto, se a expressão "representação julgada procedente", contida no art. 1º, 1, alínea *d*, pode ser interpretada no sentido de que outras ações que também apurem abuso de poder – como, no caso, o Recurso Contra Expedi

ção de Diploma (RCED) – têm por efeito a hipótese de inelegibilidade prevista na alínea *d*.

Antes de qualquer passo interpretativo da nova redação da alínea *d*, assento que sou conhecedor da jurisprudência estabelecida nesta Corte que historicamente concedeu à palavra "representação" o sentido de que incluiria apenas a ação de Investigação Judicial eleitoral. Precedente: RCED n. 669-AL, rel. Min. Ari Pargendier.

Entendo, contudo, que a complexidade das alterações introduzidas pela LC n. 135/2010 demanda uma reanálise da matéria. Tal afirmação assenta-se no pressuposto de que a inelegibilidade é um efeito secundário da condenação, o qual é determinado, em diversas hipóteses, pela causa de pedir da ação e não pelo instrumento manejado para tanto, sob pena de ferir, entre outros princípios, o postulado da isonomia.

Com efeito, penso que a referência à "representação", como inserida na alínea *d*, não se limita à ação de investigação judicial eleitoral (AIJE). Três são os fundamentos que arrimam tal afirmação: i) a sistemática da própria Lei n. 64/1990; ii) a natureza dos instrumentos disponíveis para investigação do abuso de poder; iii) o princípio da isonomia.

Nesse sentido, extraio da LC n. 64/1990 que, quando se utiliza a palavra "representação" como instrumento para viabilizar a abertura "de ação de investigação judicial" (AIJE), a norma o faz expressamente. É o caso do art. 22, *caput*, que dispõe a respeito da "representação" ajuizada especificamente para "pedir abertura de investigação judicial para apurar uso indevido, desvio ou abuso do poder econômico ou do poder de autoridade, ou utilização indevida de veículos ou meios de comunicação social".

É de se notar, pois, a substancial diferença existente entre a norma do art. 22 da LC n. 64/1990 e o disposto na alínea *d*, em que não há menção a nenhum pedido ou ação específica, mas apenas às causas de pedir "abuso de poder político e econômico".

Corrobora com essa tese a interpretação sistemática da legislação eleitoral, da qual se extrai que o termo "representação" não revela o *nomen juris* de uma ação específica.

[...] Ocorre que dentre todas as vedações existentes na Lei das Eleições não se encontra regulação quanto ao abuso de poder político, econômico ou ao uso indevido dos meios de comunicação. Tal regulação está prevista na LC n. 64/1990. Por consequência lógica, é indubitável que o vocábulo "representação" contido no art. 1º, 1, alínea *d*, da LC n. 64/1990 deverá ser aplicado com significação que cumpra a finalidade da norma, qual seja, afastar da vida pública políticos condenados por abuso de poder político e econômico.

Nessa linha, reafirmo que ao termo "representação" atribuo o sentido de "ação". Assim, quando o legislador refere-se à hipótese de "representação", devemos entender que ele não se refere a um tipo específico de ação, mas faz alusão às ações intentadas com o fim de se apurar abuso de poder econômico ou político.

Essa conclusão é reforçada pela análise da natureza das ações cujo objeto é apurar e sancionar o abuso de poder: ação de investigação judicial eleitoral (AIJE), ação de impugnação de mandato eletivo (AIME) e recurso contra expedição de diploma (RCED). Todas servem à apuração de abuso de poder, alcançadas, portanto, pelo art. 1, 1, alínea *d*.

[...] Nota-se, no tocante à inelegibilidade, que a diferença entre as ações residia no fato de que apenas a AIJE tinha como consequência direta sua declaração. Penso, contudo, que a partir da LC n. 135/2010 tais consequências foram profundamente alteradas.

A jurisprudência anterior do TSE, que afirmava não ser possível aplicar inelegibilidade como consequência na AIME, não mais se sustenta diante das novas causas de inelegibilidade e do disposto no art. 1º, *d*, da LC n. 64/1990.

De fato, a inelegibilidade existirá como efeito natural da condenação, seja em ação de impugnação de mandato eletivo (AIME), seja em recurso contra expedição de diploma (RCED).
[...] Reitero, pois, que apenas na hipótese de AIJE cabe à Justiça Eleitoral declarar inelegibilidade na sentença ou no acórdão. Entretanto, nos demais casos, incluindo aqueles em que se apura o abuso, a inelegibilidade será consequência da condenação.
(Voto vencido da lavra do Min. Ricardo Lewandowski, RO n. 312.894, Ac. de 30-9-2010, rel. Min. Hamilton Carvalhido, TSE, PSESS – publicado em sessão, em 30-9-2010).

Verifica-se, pois, a necessidade de uma evolução da jurisprudência do Tribunal Superior Eleitoral, a fim de que não se perca a vitalidade de tão importante instituto de proteção dos mandatos eletivos.

Abuso de poder econômico

O abuso de poder econômico é uma categoria aberta, cuja presença deve ser considerada em cada caso segundo prudente arbítrio. Com efeito, não seria razoável que o legislador pretendesse descrever minuciosamente todas as situações em que se pode verificar tal desvio eleitoral, ante a magnitude atingida pela matéria no plano fático.

Segundo o Glossário do TSE[7], o **conceito** de abuso de poder econômico "em matéria **eleitoral** se refere à utilização **excessiva**, antes ou durante a campanha eleitoral, de recursos materiais ou humanos que representem **valor** econômico, buscando **beneficiar** candidato, partido ou coligação, **afetando** assim a normalidade e a **legitimidade das eleições**".

Para a caracterização do abuso de poder econômico, faz-se necessária a demonstração do "mau uso de recursos patrimoniais" (Ac. de 6-8-2009 no RO n. 1.445, rel. Min. Marcelo Ribeiro, red. designado Min. Felix Fischer).

Segundo Luiz Carlos dos Santos Gonçalves:

> O abuso supõe ilegalidade. O exercício regular do poder político, econômico ou social, ainda que possa acarretar vantagens eleitorais para determinado grupo, partido ou candidato, não prejudica a lisura do pleito. Mas nem toda ilegalidade merece a conceituação de abusiva. Um cartaz eleitoral afixado em local proibido é ilegal, mas não será um abuso de poder. Exige-se uma aptidão, intensidade ou peso suficientes para pôr em risco a normalidade, a retidão, a legitimidade e a competitividade do pleito[8].

É preciso ter presente desde logo que o abuso de poder a que se refere o dispositivo é só aquele dotado de finalidade eleitoral. É preciso que se dirija a eleitores, ainda que não se exija que estes possam ser individualmente identificados. Por conseguinte, o abuso de poder pode mobilizar uma comunidade certa ou até um número indefinido de eleitores, sem que isso descaracterize os seus objetivos eleitorais.

---

[7] Disponível em: https://www.tse.jus.br/eleitor/glossario/termos-iniciados-com-a-letra-a. Acesso em: 3 jan. 2023.
[8] GONÇALVES, 2021.

Por isso já se considerou que:

> Configura abuso de poder econômico a ampla divulgação, em programa de televisão apresentado por candidato, da distribuição de benefícios à população carente por meio de programa social de sua responsabilidade, acompanhado de pedidos de votos e do condicionamento da continuidade das doações à eleição de candidato no pleito vindouro (TSE, Ac. de 25-5-2010 no RO n. 2.369, rel. Min. Arnaldo Versiani).

Assim, a vantagem econômica dirigida aos habitantes de um bairro, ainda que não se possa identificar quais eleitores foram especificamente contemplados, basta para a configuração do abuso.

Não se pode considerar abusivo o ato não concretizado. Para que ocorra um abuso, é preciso que a conduta vista como ilícita tenha sido concretizada. Assim, a mera tentativa de abuso não acarreta a inelegibilidade, embora possa merecer tratamento legal no campo da vedação à captação ilícita de sufrágio, matéria extensivamente tratada nesta obra.

Diversa é a situação do ato abusivo que se configura mesmo sem a concessão de benefícios diretos para os eleitores. Analisando caso ocorrido em uma pequena cidade do interior do Ceará, o Tribunal Regional Eleitoral considerou abusivo, dentro das especificidades do caso, o uso de um helicóptero para a realização de propaganda eleitoral, com a realização de voos rasantes sobre as casas dos eleitores. O caso chegou ao Tribunal Superior Eleitoral, que no REspe 21.403 decidiu pela execução imediata da medida de desconstituição do diploma.

Do mesmo modo, já se concluiu que: "A utilização de 'caixa dois' em campanha eleitoral configura, em tese, abuso de poder econômico [...]" (TSE, Ac. de 29-6-022 no REsp n. 45.262, rel. Min. Benedito Gonçalves).Para que ocorra abuso de poder econômico ou de autoridade é preciso que se verifique, desde logo, um desnível entre o agente que promove o ilícito e os eleitores a quem este se destina. Não se imagina a presença desse instituto senão onde ocorre uma relação em que de um lado está um detentor de riquezas – pertencentes a si ou a seus apoiadores – e do outro, um ou mais eleitores em situação de hipossuficiência econômica.

Abuso de poder político ou de autoridade

O abuso de poder político também não encontra definição minuciosa no texto legal, que se contenta com incluí-lo, como cláusula aberta, entre as hipóteses cujo reconhecimento faz incidir uma causa de inelegibilidade.

O **TSE** em seu Glossário **define** o abuso de poder político ou de autoridade como ocorrendo "nas **situações** em que o detentor do poder, [...] **vale-se** de sua posição para agir de modo a **influenciar** o eleitor, em detrimento da **liberdade** de **voto**. Caracteriza-se dessa forma, como ato de autoridade exercido em detrimento do voto".

Tira-se, por exemplo, a situação de abuso de poder político aquele prefeito candidato a reeleição que, às vésperas da eleição, ordena que agentes públicos, fiscais, façam varreduras em empresas e/ou locais ligados a adversários políticos e deixem de realizá-las em locais vinculados a seus correligionários.

É na realidade dos fatos que se deve buscar a verificação do eventual ato abusivo. É preciso, na hipótese, que o próprio candidato ou qualquer dos seus apoiadores esteja no exercício de cargo, função ou emprego público que lhes possibilitem demonstrar capacidade para a solução de problemas pessoais dos eleitores ou carrear recursos materiais ou serviços para a campanha.

No primeiro caso, **evita-se** que a Administração Pública **seja utilizada** como fator de favorecimento do **clientelismo**. Com efeito, a disponibilização de serviços a eleitores em particular ou a concessão de **vantagens** especiais para certos **eleitores** em detrimento dos demais basta para a configuração do abuso de poder político. O **uso do mandato** eletivo, por exemplo, com o fim de **obter** para o eleitor posição privilegiada em fila de atendimento ao Sistema Único de Saúde **basta** para a **caracterização** do abuso de poder político, a reclamar a declaração da inelegibilidade do **praticante** dessa conduta.

Na **segunda hipótese**, temos o **favorecimento** da própria campanha eleitoral, mediante a **utilização** de prédios, recursos financeiros, impressos ou quaisquer bens e serviços **provenientes da Administração**.

O abuso do poder político pode ser praticado por integrantes do Executivo, Legislativo e Judiciário. Tanto os integrantes da Administração direta como indireta estão submetidos à mesma vedação.

Já se decidiu no âmbito do TSE que:

> Configura abuso de autoridade a utilização, por parlamentar, para fins de campanha eleitoral, de correspondência postada, ainda que nos limites da quota autorizada por ato da Assembleia Legislativa, mas cujo conteúdo extrapola o exercício das prerrogativas parlamentares (Ac. de 25-4-2000 no REspe 16.067, rel. Min. Maurício Corrêa).

Mas:

> O aparecimento de parlamentar em programa televisivo em período anterior ao destinado à veiculação da propaganda eleitoral, em circunstâncias que não revelam caráter nitidamente eleitoral, não constitui abuso de poder ou utilização indevida dos meios de comunicação social [...]. (TSE, Ac. de 7-4-2005 na Rp n. 373, rel. Min. Peçanha Martins).

Registre-se que para a prática do abuso de poder político mostra-se desnecessário que o candidato beneficiado seja ele próprio detentor de cargo ou função perante o órgão público. Nesse sentido, já se firmou o seguinte entendimento:

> [...]. 3. Embora não fosse agente público, o recorrente foi beneficiário direto da conduta abusiva de seu irmão, servidor da Funai, que agindo nessa qualidade desequilibrou e comprometeu a legitimidade do pleito. É o quanto basta para a configuração do abuso de poder político com a cassação de seu registro de candidatura, tal como previsto no art.22, XIV, da LC n. 64/1990. 4. Conforme jurisprudência do e. TSE, o abuso de poder pode ser apurado tanto em relação ao beneficiário como em relação ao autor, porquanto o que se busca preservar é a lisura do pleito (AAG n. 7.191/BA, rel. Min. Joaquim Barbosa, *DJe* de 26-9-2008) [...]. (Ac. de 1º-6-2010 no ED-REspe 37.250, rel. Min. Aldir Passarinho Junior).

Da potencialidade à gravidade das circunstâncias

Até bem recentemente, a jurisprudência exigia para a configuração do ato abusivo que este pudesse ter qualquer impacto no resultado do pleito. Embora se reconhecesse a impossibilidade de uma aferição matemática desse impacto, afastava-se a aplicação da regra quando o ato atingia número reduzido de eleitores em comparação com a diferença numérica entre os votos obtidos por cada candidato.

Essa orientação, não decorrente de qualquer dispositivo legal, vinha sendo pacificamente accita pela jurisprudência, servindo de base para decisões que, mesmo reconhecendo a prática de graves ilegalidades, deixavam de declarar a inelegibilidade ante a falta da demonstração do impacto potencial no resultado do pleito.

Por tal razão, o legislador popular, por meio da Lei da Ficha Limpa, fez inserir no inciso XVI do art. 22 da Lei de Inelegibilidades a seguinte determinação: "para a configuração do ato abusivo, não será considerada a potencialidade de o fato alterar o resultado da eleição, mas apenas a gravidade das circunstâncias que o caracterizam".

Assim, está o Judiciário proibido, por expressa vedação legal, de considerar o possível efeito do ato abusivo sobre o número de votos alcançado pelo seu beneficiário imediato.

Em lugar da ideia de potencialidade de impacto, o legislador introduziu o conceito de "gravidade das circunstâncias". Cada caso deve ser analisado segundo o prudente arbítrio do Poder Judiciário, a fim de que não se aplique a medida de inelegibilidade em casos irrelevantes. O simples uso de um aparelho de fax pertencente ao poder público para a comunicação à Polícia quanto à realização de um comício constitui uma irregularidade passível de repressão no âmbito administrativo, mas não será capaz de autorizar a decretação de uma inelegibilidade.

A gravidade da conduta deve ser analisada de forma contextual, sendo admissível qualquer reflexão quanto ao número de votos possivelmente alcançado por meio daquela atividade. A entrega de vantagem econômica a um eleitor em troca de votos constitui fato grave. Do mesmo modo, a utilização do mandato para a concessão de vantagem pessoal a alguém em troca do seu voto deve ser seguida pela declaração da sua inelegibilidade.

A gravidade das circunstâncias não pode ser buscada no seu impacto eleitoral, mas no plano da ética, da legalidade e da moralidade jurídica, dispensado apenas aqueles cuja reprovabilidade é ínfima.

Para se compreender a alteração normativa é preciso ter em mente que o legislador popular inseriu no Direito Eleitoral uma mudança filosófica, impedindo que a Justiça Eleitoral se preocupasse com o resultado dos pleitos e analisasse a sua atenção para a forma como os candidatos se conduzem na busca pelo voto. O TSE superou em sua jurisprudência as exigências passadas de averiguação da potencialidade:

> A teor da jurisprudência deste Tribunal Superior, endossada pelo acórdão recorrido, a configuração do ato abusivo não depende da potencialidade de o fato alterar o resultado da eleição, mas da gravidade das circunstâncias que caracterizam, consoante o inciso

XVI do art. 22 da Lei Complementar n. 64/1990. (REspe 82.911, Ac. de 17-11-2015, rel. Min. Admar Gonzaga Neto, *DJe* de 3-12-2015, t. 229, p. 196).

O art. 22 da LC n. 64190, com a redação conferida pela LC n. 135/2010, com a inclusão do inciso XVI, consoante a exegese emprestada pelo E. TSE não mais considera a potencialidade de o fato alterar o resultado da eleição, mas apenas a gravidade das circunstâncias que o caracterizam (AgR-AgI n. 44.432, Ac. de 29-9-2015, rel. Min. Luiz Fux, *DJe* de 9-12-2015).

Indo além, o Tribunal Superior Eleitoral reconhece que a apreciação conjunta de fatos que isoladamente não teriam essa força pode levar ao reconhecimento da gravidade para o fim de ser reconhecer a prática abusiva. É o que se vê do seguinte aresto:

> A apuração do abuso do poder econômico, nos feitos em que os fatos apontados são múltiplos, deve ser aferida a partir do conjunto de irregularidades apontadas. Assim, ainda que algumas delas não possua, em si, gravidade suficiente para autorizar a cassação do registro ou do diploma dos representados, é possível que, no conjunto, a gravidade seja reconhecida. Precedentes (REspe 57.046, Ac. de 5-11-2015, rel. Min. Henrique Neves da Silva, *DJe* de 10-12-2015, t. 233, p. 127-128).

Todo ato abusivo será, em regra, grave. A ilicitude é suficiente para atestar a gravidade da conduta, tanto é que a lei a leva em conta para excluí-la do campo do aceitável. Se a conduta é ilegal, só não ensejará o reconhecimento da abusividade se sua expressão for desmerecedora de qualquer consideração, por incapaz que seja de gerar sequer uma reprovação mínima. Mas só o ato de proporções irrisórias será considerado de gravidade insuficiente para reclamar a aplicação da inelegibilidade decorrente do abuso de poder.

Aplicação aos derrotados no pleito eleitoral

Uma das maiores **implicações** da Lei da Ficha Limpa para o Direito Eleitoral está na supressão da análise do possível **impacto** do ato abusivo no **resultado** do **pleito**. Ao retirar das considerações da Justiça Eleitoral qualquer atenção para com o benefício eleitoral auferido pelo beneficiário do abuso de poder, logrou a Lei da Ficha Limpa, pelo texto do inciso XVI do art. 22 da Lei de Inelegibilidades, permitir que a **inelegibilidade** decorrente desse **ilícito** se abata também sobre os que foram **derrotados** no pleito.

É **razoável** admitir que mesmo o candidato derrotado pode haver incidido em **práticas ilícitas** voltadas à consecução deletéria do voto. Se buscássemos qualquer potencialidade de **impacto eleitoral** da sua conduta, afastariam desde logo a ocorrência do abuso ante a simples observância de que o fato não teve proporções **suficientes** para colaborar para a conquista da **vitória** nas urnas.

Agora, em que pese a lei reputar irrelevante e inadequada a análise do impacto eleitoral do ato abusivo, verificado o ato grave, qual seja, a conduta ilícita não relevável, estará presente o abuso de poder, a **reclamar** o surgimento da **inelegibilidade** mesmo para os que eventualmente não tenham logrado **êxito** na disputa eleitoral.

Período de verificação

Diferente do que ocorre com a captação ilícita de sufrágio, cuja identificação só ocorre após a apresentação do pedido de registro de candidatura por força do que estatui o art. 41-A da Lei das Eleições, a configuração do abuso de poder econômico pode ocorrer antes mesmo desse marco temporal, antecedendo até mesmo a escolha dos candidatos em convenções.

Plenamente cabível a ocorrência de abuso de poder econômico quando ainda da realização de pré-campanha, onde nem sequer existe a figura regular do candidato, constando, ao tempo, somente pré-candidatos.

O TSE inclusive já determinou a cassação do diploma e a declaração de inelegibilidade de determinado pré-candidato, pela constatação de abuso de poder econômico durante a pré-campanha, por entender ocorrer, no caso em questão, desigualdade na disputa eleitoral:

> ELEIÇÕES 2018. RECURSO ORDINÁRIO. AÇÃO DE INVESTIGAÇÃO JUDICIAL ELEITORAL. ABUSO DO PODER ECONÔMICO. FILANTROPIA. ASSISTENCIALISMO. PRESTAÇÃO DE SERVIÇO MÉDICO GRATUITO À POPULAÇÃO CARENTE EM ANO ELEITORAL. EXALTAÇÃO DA FIGURA DO MÉDICO, TAMBÉM DEPUTADO ESTADUAL E PRÉ-CANDIDATO. VEÍCULO DE TRANSPORTE DE PASSAGEIROS PLOTADO COM A FOTO E O NOME DO PRÉ-CANDIDATO. DESIGUALDADE NA DISPUTA. DESEQUILÍBRIO DO PLEITO. REFORMA DO ARESTO REGIONAL. PROCEDÊNCIA DA AIJE. CASSAÇÃO DO DIPLOMA E DECLARAÇÃO DE INELEGIBILIDADE. ART. 22, XIV, DA LC 64/1990. Recurso ordinário interposto pelo Ministério Público Eleitoral provido, para cassar o diploma de deputado estadual do investigado, em decorrência da prática de abuso do poder econômico, impondo-lhe a sanção de inelegibilidade para as eleições a se realizarem nos oito anos subsequentes ao pleito de 2018, nos termos do art. 22, XIV, da LC 64/1990. Recurso ordinário manejado pelo investigado não conhecido, por ausência de interesse recursal (RO Eleitoral n. 060390065, Acórdão, rel. Min. Sergio Silveira Banhos, *DJe* de 26-11-2020, t. 245).

Contagem do prazo de inelegibilidade

De **conformidade** com o que estipula a **Súmula 19** do Tribunal Superior Eleitoral: "O prazo de inelegibilidade decorrente da condenação por abuso do poder econômico ou político tem **início** no dia da eleição em que este se verificou e finda no dia de igual número no oitavo **ano** seguinte (art. 22, XIV, da LC n. 64/1990)".

6.3.2.2.5. *Condenação criminal*

Considerações preliminares

A Lei Complementar n. 64/1990 já considerava inelegíveis pessoas condenadas criminalmente em virtude de certas condutas. Segundo o dispositivo original da Lei de Inelegibilidades, agora revogado, eram considerados inelegíveis os:

[...] condenados criminalmente, com sentença transitada em julgado, pela prática de crime contra a economia popular, a fé pública, a administração pública, o patrimônio público, o mercado financeiro, pelo tráfico de entorpecentes e por crimes eleitorais, pelo prazo de 3 (três) anos, após o cumprimento da pena.

Com a edição da Lei Complementar n. 135/2010, o dispositivo passou a ter a seguinte redação:

Art. 1º
[...]
e) os que forem condenados, em decisão transitada em julgado ou proferida por órgão judicial colegiado, desde a condenação até o transcurso do prazo de 8 (oito) anos após o cumprimento da pena, pelos crimes:

1. contra a economia popular, a fé pública, a administração pública e o patrimônio público;

2. contra o patrimônio privado, o sistema financeiro, o mercado de capitais e os previstos na lei que regula a falência;

3. contra o meio ambiente e a saúde pública;

4. eleitorais, para os quais a lei comine pena privativa de liberdade;

5. de abuso de autoridade, nos casos em que houver condenação à perda do cargo ou à inabilitação para o exercício de função pública;

6. de lavagem ou ocultação de bens, direitos e valores;

7. de tráfico de entorpecentes e drogas afins, racismo, tortura, terrorismo e hediondos;

8. de redução à condição análoga à de escravo;

9. contra a vida e a dignidade sexual; e

10. praticados por organização criminosa, quadrilha ou bando.

O dispositivo bem se presta a demonstrar a distinção entre suspensão dos direitos políticos e inelegibilidade. A suspensão dos direitos políticos possui natureza de pena secundária, estando por isso submetido ao princípio penal da presunção de inocência. Já a inelegibilidade é uma condição para o registro da candidatura, submetendo-se, assim, ao princípio constitucional da proteção, enunciado no § 9º do art. 14 da CF.

A **suspensão** dos direitos políticos em virtude da **condenação** criminal cessa quando se opera o **exaurimento** dos efeitos da pena. Já a **inelegibilidade** ultrapassa esse **marco**, para limitar a candidatura por prazo maior que o previsto quando da imposição da **pena** pela **Justiça Criminal**.

A inelegibilidade decorrente de condenação criminal prescinde do trânsito em julgado da pena. A matéria propiciou denso debate no âmbito do Supremo Tribunal Federal, tendo sido vitoriosa, por ampla margem, a tese segundo a qual, por não constituir pena, as inelegibilidades não estão submetidas ao princípio da presunção de inocência.

A tal respeito, assim se pronunciou o Ministro Luiz Fux:

> Destarte, reconduzir a presunção de inocência aos efeitos próprios da condenação criminal se presta a impedir que se aniquile a teleologia do art. 14, § 9º, da Carta Política, de modo que, sem danos à presunção de inocência, seja preservada a validade de norma cujo conteúdo, como acima visto, é adequado a um constitucionalismo democrático (trecho do voto do Min. Luiz Fux, julgamento das ADCs n. 29 e 30 e da ADI n. 4.578).

Estamos diante de nova hipótese de inelegibilidade que não demanda, pois, como já afirmado, o trânsito em julgado da sentença penal condenatória para que possa ser observada.

Tampouco é necessário que da sentença criminal conste qualquer menção à inelegibilidade prevista na alínea *e* do inciso I do art. 1º da Lei de Inelegibilidades. A inelegibilidade, aqui, se opera por força de lei, sendo prescindível e mesmo inadequada qualquer menção a ela na esfera penal.

Ocorrendo a condenação penal proferida por órgão colegiado, nasce, desde logo, a inelegibilidade, cuja cessação só se dará pela reforma ou rescisão do julgado, suprimindo-se a decisão condenatória ou pelo transcurso do prazo de oito anos, desde o exaurimento dos efeitos da pena.

A condenação criminal proferida nos termos da alínea e servirá como título comprobatório da inelegibilidade, sendo vedado ao órgão da Justiça Eleitoral apreciar o mérito do julgado criminal para aferir a correção do seu mérito. É que a inelegibilidade não decorre da possível culpabilidade do postulante ao registro – elemento que só interessa ao âmbito da Justiça Criminal –, mas da simples existência do pronunciamento jurisdicional dotado de carga condenatória.

A Súmula 61 do Tribunal Superior Eleitoral, por seu turno, pontifica que: "O prazo concernente à hipótese de inelegibilidade prevista no art. 1º, I, *e*, da LC n. 64/1990 projeta-se por oito anos após o cumprimento da pena, seja ela privativa de liberdade, restritiva de direito ou multa".

Critérios adotados

Os **crimes** mencionados na alínea *e* foram **escolhidos** pelo legislador segundo critérios de **gravidade**. Ademais, a própria LC n. 135/2010 tratou de excluir da aplicação da inelegibilidade prevista na alínea *e*: os crimes **culposos** e aqueles definidos em lei como de **menor potencial ofensivo**, bem como os crimes de ação penal **privada**.

Evitou-se, assim, que **crimes** socialmente considerados como de **menor impacto** pudessem dar azo à **inelegibilidade**. Do mesmo modo, foram excluídas eventuais condenações decorrentes de ações penais privadas. Com isso, desestimula-se a busca da imposição de inelegibilidade a desafetos por meio da propositura privada de ações penais. Além disso, ao **assegurar** que a condenação **geradora** de inelegibilidade deve, necessariamente, ser proferida em **ação penal de natureza pública**, assegurou-se a necessidade da submissão da demanda a um importante **crivo** inicial: o convencimento do órgão de representação do **Ministério Público**.

Nem mesmo da ação penal privada subsidiária da pública poderá surgir condenação capaz de implicar inelegibilidade prevista no art. 1º, I, *e*, da Lei de Inelegibilidades.

Órgão colegiado

Por **órgão colegiado**, para o fim da aplicação do dispositivo legal aqui estudado, **compreende-se** todo **grupo** de **magistrados** encarregado de emitir pronunciamento em **matéria** criminal. Nessa figura se incluem **todos** os tribunais – por suas turmas, câmaras e plenário –, bem como o **Tribunal do Júri Popular** e as Auditorias Militares.

Não **reclama** a Lei da Ficha Limpa que a **condenação criminal** tenha sido definida em **segundo grau de jurisdição**, mas apenas que sua **emissão** não decorra do pronunciamento de um **magistrado singular**, a não ser que sobre este **recaia** o trânsito em julgado.

Assim, **por exemplo**, nos **crimes** dolosos contra a vida, da **decisão** condenatória **proferida** pelo **Conselho de Sentença** do Tribunal do Júri Popular decorrerá forçosamente a incidência da **causa** de **inelegibilidade** a que alude o art. 1º, I, *e*, da Lei de Inelegibilidades.

Condenação penal e prescrição

As inelegibilidades previstas na alínea *e* do inciso I do art. 1º da Lei de Inelegibilidades dependem, para sua ocorrência, exclusivamente da existência de um pronunciamento condenatório oriundo de um órgão colegiado. A efetiva imposição de pena é irrelevante para o surgimento da restrição à candidatura. Sendo assim, dentre as formas de prescrição, a única que impede o surgimento da inelegibilidade é aquela que impede até mesmo a emissão do juízo condenatório, doutrinariamente conhecida como prescrição da pretensão punitiva propriamente dita (art. 109 do CP). Já a prescrição superveniente (art. 110, § 1º, c/c art. 109 do CP), a prescrição retroativa (art. 110, §§ 1º e 2º, c/c art. 109 do CP) e a prescrição da pretensão executória (art. 110, *caput*, do CP) não impedem o surgimento da inelegibilidade decorrente da condenação criminal por órgão colegiado. É que em todos esses casos há um juízo condenatório. Se ele vier a ser proferido por órgão jurisdicional colegiado, presente estará a restrição à capacidade eleitoral passiva. Afigura-se irrelevante para a geração da inelegibilidade que, por razão de política criminal, a lei crie óbices, nos três últimos casos, à efetiva aplicação da pena, já que a Lei da Ficha Limpa não faz tal exigência, nascendo a restrição à candidatura do simples pronunciamento condenatório colegiado.

Explica-se essa afirmação. Como já extensivamente demonstrado, inelegibilidade não é pena, mas condição para o registro de candidatura. A eventual aplicação de pena interessa tão somente à Justiça Criminal. À Justiça Eleitoral compete a verificação da presença das hipóteses albergadas pelo art.1º, I, *e*, da Lei de Inelegibilidades. Presente a condenação por órgão colegiado, mostra-se necessário o reconhecimento da restrição à capacidade eleitoral passiva. Se o legislador quisesse abrir exceções, tê-lo-ia feito expressamente, não sendo dado ao intérprete abrandar o espírito da norma para atingir finalidade indesejada pela legislação decorrente da iniciativa popular.

Nesse sentido, é o seguinte precedente do Tribunal Regional Eleitoral de São Paulo:

In casu, o impugnado A.G.F. foi condenado às penas de 1 ano e 2 meses de reclusão e multa de 10 salários mínimos, por violação do art. 50, inciso I, e art. 51, todos da Lei n. 6.776/1979, com trânsito em julgado em 30/8/2002 (processo n.566- 01.1996.011234 – 767/1996 da 1a Vara Criminal da Comarca de São Carlos). Em 3/12/2003, foi declarada a extinção das penas impostas ao réu, por ter o Estado decaído do direito de executá-las, permanecendo os efeitos secundários da condenação (fls. 10, 51 e 63/1968).

Não se pode olvidar que, tratando-se de crime contra a administração pública, está o pretendente inelegível desde a data da condenação transitada em julgado, ou seja, 30/8/2002, até o transcurso do prazo de oito anos após o cumprimento da pena (art. 1º, inciso I, alínea *e*, item 1, da Lei Complementar n. 64/1990). No caso, foi declarada a extinção da punibilidade do pretendente em 3/12/2003, estando inelegível, portanto, até 3/12/2011 (TRE-SP, Registro de Candidato n. 235.857, Acórdão de 23-8-2010, rel. Penteado Navarro, PSESS – publicado em sessão, em 23-8-2010).

Plenamente acertado o acórdão regional. A prescrição declarada após a emissão do decreto condenatório tem, para o fim da aplicação das regras sobre inelegibilidade, apenas o condão de deflagrar a contagem do prazo de oito anos durante o qual o registro de candidatura restará inacessível. O reconhecimento da prescrição põe fim a todos os efeitos da pena, do que decorre a abertura da contagem do prazo de inelegibilidade.

Registre-se, contudo, que a jurisprudência do Tribunal Superior Eleitoral firmou-se no sentido de que:

[...] o reconhecimento da prescrição da pretensão punitiva de forma retroativa afasta a incidência de hipótese de inelegibilidade, pois possui os mesmos efeitos da absolvição ou da reabilitação [...]. (TSE, RO n. 160.446, Decisão Monocrática de 13-10-2010, rel. Min. Cármen Lúcia, PSESS – publicado em 18-10-2010).

Compreende-se a orientação da nossa mais alta Corte Eleitoral, uma vez que, sobrevindo o reconhecimento da prescrição da pretensão punitiva, não há falar-se no nascimento de uma condenação criminal apta a produzir qualquer efeito na esfera de direitos do réu.

Em sua **Súmula** de número **59**, o TSE afirma que: "O **reconhecimento** da prescrição da pretensão **executória** pela Justiça Comum não afasta a **inelegibilidade** prevista no art. 1º, I, *e*, da LC n. 64/1990, porquanto **não** extingue os efeitos **secundários** da condenação". Isso implica reconhecer que, enquanto a **prescrição** da pretensão punitiva **impede** o surgimento do título judicial que **embasa** a inelegibilidade, o mesmo não ocorre com a **prescrição** da pretensão punitiva, que **não** exerce o mesmo **impacto** de restituir ou assegurar a elegibilidade ao que sofreu a condenação.

Ainda tratando de prescrição da pretensão executória, na Súmula 60 do TSE deixa certo que: "O prazo da causa de inelegibilidade prevista no art. 1º, I, *e*, da LC n. 64/1990 deve ser contado a partir da data em que ocorrida a prescrição da pretensão executória e não do momento da sua declaração judicial".

Contagem do prazo de inelegibilidade

A **contagem** do prazo para o fluxo da inelegibilidade **decorrente** de sentença penal condenatória **difere** marcantemente das demais hipóteses **previstas** na Lei Complementar n. 64/1990, nele devendo ser observados os diferentes marcos: a) o prazo passa a fluir com a publicação do edito judicial condenatório lançado em torno dos temas albergados pelo art. 1º, I, *e*, da LI; b) esse fluxo se encerra com o trânsito em julgado da sentença penal onde imposta a condenação; c) passa a observar-se, então, a suspensão dos direitos políticos, tal como previsto no art. 15, III, da CF; d) concluído o cumprimento da pena, passar a fluir um prazo final de oito anos de privação do *ius honorum*.

Esse entendimento foi **respaldado** pelo Supremo Tribunal Federal quando do recente julgamento da **ADI n. 5.630**, em que o relator designado para o acórdão, Ministro Alexandre de Moraes, lançou a seguinte ementa:

> CONSTITUCIONAL. ELEITORAL. AÇÃO DIRETA. ART. 1º, I, ALÍNEA "E", DA LEI COMPLEMENTAR 64/1990 (REDAÇÃO DA LC 135/2010). INELEGIBILIDADE DECORRENTE DE CONDENAÇÃO CRIMINAL. INÍCIO DA CONTAGEM DO PRAZO DE 8 ANOS A PARTIR DA DATA DO CUMPRIMENTO DA PENA. DETRAÇÃO DO TEMPO DE INELEGIBILIDADE ENTRE O JULGAMENTO COLEGIADO E O TRÂNSITO EM JULGADO DA CONDENAÇÃO. DETRAÇÃO DO PERÍODO ENTRE O TRÂNSITO EM JULGADO E O FIM DO CUMPRIMENTO DA PENA. ALEGAÇÃO DE VIOLAÇÃO AOS ARTS. 14, § 9º, E 15, CAPUT E INCISO III, DA CF. VITUAL CASSAÇÃO DE DIREITOS POLÍTICOS E INDETERMINAÇÃO DO PRAZO DA INELEGIBILIDADE. PEDIDO JULGAGO IMPROCEDENTE. 1. A Lei Complementar 135/2010 modificou o regime das inelegibilidades, majorando o prazo para 8 (oito) anos e estabelecendo inelegibilidade no curso do processo judicial, após o julgamento colegiado em segunda instância, visando a conferir efetividade à tutela da moralidade administrativa e à legitimidade dos processos eleitorais, como reconhecido pela CORTE no julgamento das ADCs 29 e 30 e da ADI 4578, em que se afirmou a constitucionalidade do tratamento rigoroso da matéria, inclusive em relação à inelegibilidade efetivada antes do trânsito em julgado da ação. 2. Carece de fundamento legal a pretensão a subtrair do prazo de 8 (oito) anos de inelegibilidade posterior ao cumprimento da pena o tempo em que a capacidade eleitoral passiva do agente foi obstaculizada pela inelegibilidade anterior ao trânsito em julgado e pelos efeitos penais da condenação, conforme expressamente debatido e rejeitado pela CORTE no julgamento das ADCs 29 e 30 e da ADI 4578. 3. A fluência integral do prazo de 8 anos de inelegibilidade após o fim do cumprimento da pena (art. 1º , I, "e", da LC 64/1990, com a redação da LC 135/2010) é medida proporcional, isonômica e necessária para a prevenção de abusos no processo eleitoral e para a proteção da moralidade e probidade administrativas. 4. Ação Direta julgada improcedente (TP, ADI n. 6.630, rel. Nunes Marques, rel. p/ Ac. Alexandre de Moraes, j. 9-3-2022, processo eletrônico *DJe*-122, divulg 23-6-2022, public 24-6-2022).

Com efeito, reputo acertada a posição da Suprema Corte. A proporcionalidade e a razoabilidade estão presentes na definição da inelegibilidade decorrente da condenação criminal. Os prazos são superados mais ou menos rapidamente na proporção da pena aplicada, o que, por seu turno, depende da gravidade do delito e da dosimetria da pena.

6.3.2.2.6. Crimes contra a ordem tributária

Segundo já assentado pela jurisprudência do TSE:

> Não procede a alegação de que a lei não contempla como hipótese de inelegibilidade os crimes contra a ordem tributária. Os crimes contra a administração pública devem ser interpretados em sentido amplo, não abrangendo apenas aqueles previstos no Código Penal, mas também aqueles em que há ofensa ao patrimônio público, como ocorreu na hipótese, em razão da diminuição na receita tributária (TSE, RO n. 534.481, Decisão Monocrática de 15-12-2010, rel. Min. Cármen Lúcia, *DJe* 4-2-2011).

6.3.2.2.7. Indignidade para o oficialato

São também inelegíveis os que forem declarados indignos do oficialato, ou com ele incompatíveis. A medida se estenderá pelo prazo de oito anos contado da decisão.

A indignidade para o oficialato é pena criminal acessória prevista no art. 98, II, do CPM. Segundo o art. 100 do mesmo diploma legal, fica sujeito à declaração de indignidade para o oficialato o militar condenado, qualquer que seja a pena, nos crimes de traição, espionagem ou covardia, ou em qualquer dos definidos nos arts. 161, 235, 240, 242, 243, 244, 245, 251, 252, 303, 304, 311 e 312.

Também os Conselhos de Justiça Especiais e Permanentes das Auditorias Militares proferirão decisões que, acaso condenatórias, acarretarão a inelegibilidade decorrente de condenação criminal, desde que a imputação contenha matéria mencionada na alínea *e*. Trata-se de órgãos jurisdicionais colegiados, preenchendo por isso as exigências da Lei da Ficha Limpa. Também na indignidade para o oficialato, a inelegibilidade nasce com a só decisão condenatória, ainda que proferida em primeiro grau de jurisdição, sendo inexigível, por falta de estipulação legal que a reclame, o trânsito em julgado.

6.3.2.2.8. Rejeição de contas públicas

Aspectos gerais

Trataremos, a seguir, das **profundas** mudanças que a Lei da Ficha Limpa realizou no tema da inelegibilidade dos que tiveram **contas públicas rejeitadas**. A nova redação da alínea *g* do art. 1º, inciso I, da Lei de Inelegibilidades, declara inelegíveis:

> Art. 1º [...]
> g) os que tiverem suas contas relativas ao exercício de cargos ou funções públicas rejeitadas por irregularidade insanável que configure ato doloso de improbidade administrativa, e por decisão irrecorrível do órgão competente, salvo se esta houver sido suspensa ou anulada pelo Poder Judiciário, para as eleições que se realizarem nos 8 (oito) anos seguintes, contados a partir da data da decisão, aplicando-se o disposto no inciso II do

art. 71 da Constituição Federal, a todos os ordenadores de despesa, sem exclusão de mandatários que houverem agido nessa condição.

Em primeiro lugar, é preciso registrar que o referido dispositivo fora objeto de questionamentos de constitucionalidade, tendo, ao final, decidido que não havia qualquer dúvida sobre a constitucionalidade de qualquer aspecto desse dispositivo, segundo expressamente decidido pelo Supremo Tribunal Federal, sendo a disposição plenamente compatível em todos os seus termos com a nossa Constituição.

Ao iniciar seu voto, o ministro Luiz Fux deixou certo que a decisão da Suprema Corte nas ADCs n. 29 e 30 e na ADI n. 4.578 trataria de todas as "hipóteses de inelegibilidade introduzidas nas alíneas *c, d, e, f, g, h, j, k, l, m, n, o, p* e *q* do art. 1º, inciso I, da Lei Complementar n. 64/1990, por força da Lei Complementar n. 135/2010".

A ampla maioria dos membros do Supremo Tribunal Federal, acolhendo o voto do relator, decidiu por "declarar a constitucionalidade das hipóteses de inelegibilidade instituídas pelas alíneas *c, d, f, g, h, j, m, n, o, p* e *q* do art. 1º, inciso I, da Lei Complementar n. 64/1990, introduzidas pela Lei Complementar n. 135/10".

Como se vê, a alínea *g* consta explicitamente do rol dos dispositivos declarados constitucionais pelo STF. Para que não paire dúvida sobre a tomada consciente dessa decisão pela Suprema Corte, convém lembrar que o Ministro Dias Toffoli chegou a abrir divergência com relação a esse ponto específico. Segundo o ministro:

> [...] a parte final da alínea *g* ora em discussão, ao determinar a aplicação do inciso II do art. 71 da Constituição aos mandatários (incluem-se aqui, por óbvio, os Chefes do Poder Executivo) quando atuarem na condição de ordenador de despesa e, portanto, subtraindo o julgamento político pelo Poder Legislativo previsto no inciso I do art. 71 da Carta Federal, afigura-se inconstitucional.

Diante dessa sua leitura, propôs o ministro Toffoli que fosse:

> [...] conferida interpretação conforme à parte final da alínea *g,* ora em discussão, para esclarecer que os Chefes do Poder Executivo, ainda quando atuam como ordenadores de despesa, submetem-se aos termos do inciso I do art. 71 da Carta Federal.

Esse entendimento divergente foi acolhido pelos ministros Gilmar Mendes, Cezar Peluso e Celso de Mello. Todos os demais seguiram o relator na declaração da plena compatibilidade do disposto na alínea g com os princípios e normas constantes da nossa Constituição Federal, sem a necessidade de realização da interpretação, conforme a proposta pelo prolator do primeiro voto divergente. Trata-se, assim, de aplicar o dispositivo nos termos em que foi aprovado pelo Congresso Nacional. Serão destacados, a seguir, os principais aspectos a serem observados quando da verificação da inelegibilidade dos que tiveram contas públicas rejeitadas.

É preciso ter presente, desde logo, à mente do legislador que, movimentado por iniciativa popular de projeto de lei, pretendeu restringir a candidatura de pessoas que ostentam graves máculas na sua vida pregressa, como determinava desde 1994 o § 9º do art. 14 da CF. Assim, ao interpretar o dispositivo deve-se ter presente que se trata de uma norma de garantia que dá concretude ao princípio da proteção. A atitude do intérprete deve ser, pois, a de buscar no texto legal a leitura que mais se amolde à proteção da sociedade contra o alcance de mandatos por pessoas que levem consigo qualquer indicador de que sejam capazes de conspurcá-lo por práticas de improbidade.

Convém ressaltar que a LC n. 184/2021 acrescentou um § 4º-A ao art. 1º da Lei de Inelegibilidades com o seguinte teor:

> **Art. 1º** [...]
>
> § 4º-A. A inelegibilidade prevista na alínea *g* do inciso I do *caput* deste artigo não se aplica aos responsáveis que tenham tido suas contas julgadas irregulares sem imputação de débito e sancionados exclusivamente com o pagamento de multa.

Vejamos, a seguir, outras questões que merecem destaque nessa matéria.

■ Mandatários que atuaram como ordenadores de despesa

A norma **transformou** em texto legal a opinião de respeitável **doutrina** que já verificava que, quando opera diretamente movimentando dinheiro público, abandona o mandatário a sua **condição de governante** para rebaixar-se à **condição** de mero **ordenador de despesas**. Opera como ordenador de despesas toda e qualquer autoridade de cujos atos resultem emissão de empenho, autorização de pagamento, suprimento ou dispêndio de recursos da União, dos estados e dos municípios. É o que decorre do disposto no § 1º do art. 80 do Decreto-lei n. 200/1967.

O papel do chefe do Executivo não é o de realizar tais atividades. Há casos, sobretudo nos menores municípios, em que prefeitos levam consigo o talonário de cheques com os quais movimentam, sem qualquer solenidade, os valores econômicos pertencentes ao erário. A realização, pelo chefe do Executivo, de atos típicos dos ordenadores de despesa não faz sentido em uma Administração dotada de um mínimo de organização, formalismo e respeito às normas. Ela revela, antes de tudo, a confusão entre a tarefa de elaborar políticas públicas e a ação de realizar pessoalmente as despesas públicas, tarefa que sempre deveria ser cometida a setores técnicos.

A frequência com que particularmente os prefeitos das menores cidades persistem na realização pessoal de atos típicos dos ordenadores de despesa pode ser explicada pelos vícios culturais inerentes ao clientelismo e pelo favorecimento da corrupção. No primeiro caso, muitos se sentem fortalecidos ao demonstrar seu poder imediato sobre a destinação dos recursos públicos, agindo como os grandes provedores de quem todos dependem e a quem todos devem, portanto, sujeição. No segundo, considera-se conveniente que a prática do desvio de verbas seja procedida como conhecimento do menor número de testemunhas.

Essa é a explicação pela qual o legislador popular quis desestimular essa prática, fazendo com que a inelegibilidade incida desde o momento em que o Tribunal de Contas se pronunciou contra a aprovação. Esse pronunciamento, dotado de força decisória e apto a promover a imputação ao gestor do dever de restituir os valores indevidamente aplicados, é agora capaz de gerar restrição à elegibilidade de todos os responsáveis, inclusive dos mandatários que atuaram como ordenadores de despesa.

O ponto foi tratado literalmente no novo disciplinamento legal conferido à matéria: chefes do Executivo tornam-se inelegíveis após a rejeição das contas pelo Tribunal, desde que hajam atuado como ordenadores de despesas, conforme disposto na alínea g, *in fine*. Seguiu-se, assim, robusta orientação doutrinária, acolhida e propagada por muitos, por exemplo, pelo notável conselheiro do Tribunal de Contas do Estado do Maranhão e professor da Universidade Federal daquele estado, José de Ribamar Caldas Furtado.

Caldas Furtado preleciona existirem dois regimes jurídicos de contas públicas:

> [...] o que abrange as denominadas contas de governo, exclusivo para a gestão política do Chefe do Poder Executivo, que prevê o julgamento político levado a efeito pelo Parlamento, mediante auxílio do Tribunal de Contas, que emitirá parecer prévio (CF, art. 71, I, c/c art. 49, IX);
>
> b) o que alcança as intituladas contas de gestão, prestadas ou tomadas, dos administradores de recursos públicos, que impõe o julgamento técnico realizado em caráter definitivo pela Corte de Contas (CF, art. 71, II), consubstanciado em acórdão, que terá eficácia de título executivo (CF, art. 71, § 3º), quando imputar débito (reparação de dano patrimonial) ou aplicar multa (punição)[9].

A Lei da Ficha Limpa acolheu expressamente a existência dessa distinção presente no texto da Constituição. E foi além, ao dispor ser aplicável "[...] o disposto no inciso II do art. 71 da Constituição Federal, a todos os ordenadores de despesa, sem exclusão de mandatários que houverem agido nessa condição".

O tema ganhou novo tratamento com a realização de importante guinada hermenêutica havida já nas eleições gerais de 2014. A nova leitura realizada pelo Tribunal Superior Eleitoral resgata o propósito do legislador popular, além de assegurar respeito à Constituição e aos julgados do Supremo Tribunal Federal.

Cita-se, a seguir, de forma mais extensiva o julgado:

> 1. O regime jurídico-fiscalizatório da tomada de contas dos Prefeitos reclama a leitura sob um viés material, atinente ao conteúdo das contas prestadas (*i.e.*, se anuais ou de gestão), e não meramente formal e subjetivo (*i.e.*, pelo simples fato de ser o chefe do Poder Executivo) (FERRAZ, Luciano. *Controle da Administração Pública*: elementos para a compreensão dos Tribunais de Contas. Belo Horizonte: Mandamentos, 1999, p. 143-152).
>
> 2. O Prefeito, ao atuar como ordenador de despesas, não desempenha função eminentemente política, mas, ao revés, sua atuação diz respeito diretamente ao funcionamento da máquina administrativa municipal, equiparável, bem por isso, aos demais adminis

---

[9] FURTADO, José de Ribamar Caldas. *O caso do prefeito ordenador de despesas*. Disponível em: https://www.atricon.org.br/wp-content/uploads/2014/08/O-CASO-DO-PREFEITO-ORDENADOR-DE-DESPESAS.pdf. Acesso em: 4 jan. 2022.

tradores de recursos públicos. Consectariamente, não se coaduna com a leitura constitucionalmente adequada fiscalização das suas contas que a responsabilidade específica e individualizável do Prefeito pela execução de despesas públicas recaia única e exclusivamente sobre a Câmara Municipal.

3. A exegese literal das disposições constitucionais evidencia que não cuidou o constituinte, desde logo, de excepcionar os chefes do Poder Executivo do âmbito de incidência do inciso II do art. 71, aludindo apenas e tão somente a "administradores e demais responsáveis por dinheiros, bens e valores públicos".

4. O processo de tomada de decisões por órgãos judiciais não pode prescindir de uma análise consequencialista, máxime porque a decisão mais adequada a determinado caso concreto é aquela que, dentro dos limites semânticos da norma, promove os corretos e necessários incentivos ao aperfeiçoamento das instituições democráticas, e a repercussão dos impactos da decisão na realidade social.

5. O consequencialismo como postura judicial reclama eficiência administrativa, na medida em que o julgamento das contas pontuais (*i.e.*, de gestão) do Executivo municipal pela Corte de Contas tende a gerar os incentivos corretos, promovendo com maior eficiência a realização dos gastos públicos e adequando as condutas dos Prefeitos às diretrizes normativas balizadoras da atuação dos responsáveis pela gestão das despesas públicas.

6. A cláusula final da alínea *g* ("[...] aplicando-se o disposto no inciso II do art. 71 da Constituição Federal, a todos os ordenadores de despesa, sem exclusão de mandatários que houverem agido nessa condição") é inequívoca em asseverar que as Cortes de Contas são a autoridade competente para julgar as contas dos Prefeitos, nas hipóteses em que eles atuarem na qualidade de ordenadores de despesa (*i.e.*, contas de gestão).

7. A Suprema Corte é a única instância judicial autorizada a realizar o rejulgamento da matéria, adstrita às hipóteses, "[de] mudanças no ordenamento constitucional, na situação de fato subjacente à norma ou até mesmo na própria percepção do direito que deve prevalecer em relação a determinada matéria" (BARROSO, Luís Roberto. *O controle de constitucionalidade no direito brasileiro*: exposição sistemática da doutrina e análise crítica da jurisprudência. 5. ed. São Paulo: Saraiva, p. 264).

8. A causa de inelegibilidade veiculada na alínea *g* do inciso I do art. 1º da LC n. 64/1990, na novel redação dada pela LC n.135/2010, recebeu a chancela de sua constitucionalidade no julgamento das ADCs n. 29 e n. 30, ambas de minha relatoria.

9. O pronunciamento da Suprema Corte, nas ADCs n. 29 e n. 30, deve ser compulsoriamente observado por juízes e Tribunais, posto ser revestido de eficácia *erga omnes* e efeitos vinculantes, não se revelando possível proceder-se a reduções teleológicas no âmbito de incidência das disposições declaradas constitucionais.

10. *In casu*, ao afastar-se o chefe do Executivo municipal do âmbito de incidência da parte final da alínea *g*, o Tribunal Superior Eleitoral procede a uma redução teleológica que não se coaduna com o pronunciamento do Supremo Tribunal Federal, no julgamento das ADCs n. 29 e n. 30: o alcance subjetivo do efeito vinculante interdita a reanálise da questão constitucional decidida pelo Supremo Tribunal por juízes e Tribunais, o que, na espécie, importa a alteração da orientação que prevalecia nesta Corte Superior, de que competiria às Câmaras Municipais, e não às Cortes de Contas, o julgamento das contas de gestão dos Prefeitos.

(AgR-RO n. 36.778, Ac. 23-10-2014, rel. Min. Luiz Fux, PSESS – publicado em sessão, de 23-10-2014).

Esse julgado assegura ampla eficácia à alínea g. Ele projeta para as Eleições a alvissareira condição de momento ímpar na aplicação da Lei da Ficha Limpa. Ato contínuo, o TSE reafirmou a correção dessa tese, como se vê do aresto abaixo transcrito:

> ELEIÇÕES 2014. RECURSO ORDINÁRIO. IMPUGNAÇÃO COM MAIS DE UM FUNDAMENTO. REGISTRO NEGADO POR APENAS UM DOS FUNDAMENTOS. RECURSO DO IMPUGNANTE. AUSÊNCIA DE SU- CUMBÊNCIA. INVIABILIDADE. FIXAÇÃO DE TESE PELA POSSIBILIDADE DO EXAME DOS FUNDAMENTOS AFASTADOS E REITERADOS EM CONTRARRAZÕES. INELEGIBILIDADES. AÇÃO DE IMPROBIDADE. DUPLO REQUISITO DE DANO AO ERÁRIO E ENRIQUECIMENTO ILÍCITO. CONDENAÇÃO POR CONDUTA VEDADA APENADA APENAS COM MULTA. AUSÊNCIA DE INELEGIBILIDADES. INELEGIBILIDADE POR REJEIÇÃO DE CONTAS. ORDENADOR DE DESPESAS. DECISÃO DA CORTE DE CONTAS. SUFICIÊNCIA. RETORNO DOS AUTOS AO REGIONAL. ANÁLISE DOS DEMAIS REQUISITOS.
>
> [...] Consoante pacificado para as eleições de 2014, a partir do julgamento do RO n. 401-37/CE: "a inelegibilidade prevista na alínea g do inciso I do art. 1º da LC n. 64, de 1990, pode ser examinada a partir de decisão irrecorrível dos tribunais de contas que rejeitam as contas do prefeito que age como ordenador de despesas".
>
> Estando ausente a inelegibilidade reconhecida pelo acórdão regional e a arguida em contrarrazões (condenação por conduta vedada), assim como tendo sido afastada a tese da Corte regional que impedia o exame da inelegibilidade por rejeição de contas, os autos devem retornar ao TRE para análise dos demais requisitos caracterizadores da inelegibilidade prevista no art. 1º, I, g, da LC n. 64, de 1990.
>
> (AgR-RO n. 260.409, Ac. 23-4-2015, rel. Min. Henrique Neves da Silva, *DJe* 23-6-2015, t. 117, p. 87-88).

Os Tribunais de Contas saíram com ainda maior poder. Nada de que não sejam credores por expressa decisão do Poder Constituinte.

Sinal disso é o que se expressa na Súmula 41 do TSE, pela qual se define que: "Não cabe à Justiça Eleitoral decidir sobre o acerto ou desacerto das decisões proferidas por outros Órgãos do Judiciário ou dos Tribunais de Contas que configurem causa de inelegibilidade".

Se consideramos que àquele tempo a orientação do TSE não reconhecia inelegíveis os prefeitos ordenadores de despesa após a rejeição das contas pelo órgão técnico, veremos o quão promissora será a ampliação da efetividade da norma nas próximas eleições municipais. Afinal, todos sabemos, é nos pleitos eleitorais locais que se apresenta a maior "clientela" da Lei da Ficha Limpa.

■ Órgão competente

As **contas políticas** (ou contas de governo) do presidente da República, dos governadores e prefeitos, continuam a ser **julgadas** pelo **Poder Legislativo** nos termos do que dispõem o inciso I do art. 71 e ainda os dispositivos correlatos das Constituições estaduais e Leis Orgânicas do Distrito Federal e dos municípios, mesmo quando estes atuem na qualidade de ordenadores de despesa.

Esse é o entendimento pacífico do Tribunal Superior Eleitoral, amparado em precedentes do Supremo Tribunal Federal, como se vê do aresto a seguir transcrito:

> [...] 1. Conforme decidido pelo STF em 17.8.2016, no RE n. 848.826, sob a sistemática da repercussão geral, "Para os fins do art. 1º, inciso I, alínea "g", da Lei Complementar 64, de 18 de maio de 1990, alterado pela Lei Complementar 135, de 4 de junho de 2010, a apreciação das contas de prefeitos, tanto as de governo quanto as de gestão, será exercida pelas Câmaras Municipais, com o auxílio dos Tribunais de Contas competentes, cujo parecer prévio somente deixará de prevalecer por decisão de 2/3 dos vereadores" (Tema 835).
>
> 2. No caso em exame, a Prefeitura de Itabaiana/SE, em período no qual o recorrente exercia o mandato de prefeito, foi submetida à Inspeção Ordinária realizada pelo TCE/SE, razão pela qual, segundo a tese fixada pelo STF, a ausência de julgamento das contas pelo Poder Legislativo Municipal elide a incidência da cláusula de inelegibilidade prevista no art. 1º, I, *g*, da LC n. 64/1990
>
> (RO n. 44.880, Acórdão, rel. Min. Luciana Lóssio, *DJe* 6-10-2016, t. 193, p. 28-29).

Registre-se, por fim, que as transferências de valores entre entes distintos da Federação já excepcionavam o pronunciamento do órgão político. Assim, não compete à Câmara de Vereadores, por exemplo, discutir decisão tomada pelo Tribunal de Contas da União em desfavor de prefeitos e outros agentes públicos que malversaram recursos federais transferidos ao município. O mesmo se aplica às transferências realizadas da União para os estados e destes para os municípios.

Da mesma forma, valores procedentes de consórcios intermunicipais demandam julgamento das contas diretamente pelo Tribunal de Contas, afigurando-se desnecessária e incabível a apreciação pelas Câmaras de Vereadores. Nesse sentido:

> ELEIÇÕES 2016. RECURSO ELEITORAL. REGISTRO DE CANDIDATURA. PREFEITO. INELEGIBILIDADE DO ART. 1º, I, *g*, DA LC 64/1990. CONSÓRCIO INTERMUNICIPAL. RESPONSÁVEL LEGAL. CONTAS REJEITADAS PELO TRIBUNAL DE CONTAS DO ESTADO. ÓRGÃO COMPETENTE. DOLO NÃO CARACTERIZADO. INELEGIBILIDADE AFASTADA. PROVIMENTO. 1. O Supremo Tribunal Federal, ao julgar os Recursos Extraordinários nos 848.826/CE e 729.744/MG, em 17.8.2016, fixou a atribuição exclusiva da Câmara Municipal para o exame das contas, sejam de governo ou de gestão, dos Chefes do Poder Executivo. No entanto, tais decisões não abrangeram a competência para o julgamento das contas relativas aos convênios firmados entre diferentes entes federativos, entendimento que deve ser estendido ao caso dos autos. 2. *In casu*, o entendimento perfilhado no acórdão regional, segundo o qual o Tribunal de Contas do Estado de São Paulo é o órgão competente para julgamento das contas de prefeito relativas à atuação como representante legal de consórcio público intermunicipal não contradiz o atual posicionamento adotado pelo STF sob o regime de repercussão geral. [...] (REspe 7.751, Acórdão, rel. Min. Luciana Lóssio, *DJe* 7-4-2017, t. 70, p. 82-83).

▪ Irregularidade insanável por ato doloso de improbidade administrativa

A lei passou a declarar o que é "irregularidade insanável". Não havia na redação anterior do dispositivo qualquer preocupação em indicar ao intérprete quais os aspectos que caracterizariam a insanabilidade do vício.

Agora, **considera-se** insanável a **irregularidade**, ainda no texto da alínea *g*, "que **configure** ato doloso de **improbidade** administrativa".

Antes de adentrar no mérito dessa temática, convém registrar que o Tribunal Superior Eleitoral tem **entendimento firmado** no sentido de que o **prejuízo** ao erário e o enriquecimento ilícito decorrente de **ato doloso** de improbidade administrativa não precisam estar expressamente reconhecidos na sentença que **origina** a **inelegibilidade**. É da Justiça Eleitoral o papel de verificar o preenchimento desses requisitos. É o que se vê no seguinte precedente:

> Consoante explicitado no acórdão regional, foram reconhecidas nas decisões proferidas pela Justiça comum o dano erário, diante dos pagamentos ilegais de subsídios, o enriquecimento ilícito dos agentes públicos – dentre os quais o próprio recorrente, sendo todos eles condenados a restituir os valores – e a conduta dolosa. 16. Recurso especial a que se nega provimento, comunicando-se de imediato ao TRE/MS para os fins dos arts. 224 do Código Eleitoral e 220 da Res.-TSE 23.611/2020 (REspe 060022535, Acórdão, rel. Min. Luis Felipe Salomão, *DJe* 8-4-2021, t. 62, p. 0).

Uma leitura superficial do texto poderia levar o intérprete à conclusão de que houve uma redução do escopo do instituto jurídico. Mas não foi o que ocorreu. A jurisprudência do Tribunal Superior Eleitoral já havia firmado há tempos o entendimento de que "irregularidade insanável é aquela que indica ato de improbidade administrativa" (Ver Acórdão n. 588, JTSE 1/2003).

No mesmo sentido são os seguintes e elucidativos julgados:

> A irregularidade que enseja a aplicação da alínea *g*, inciso I do art. 1º da LC n. 64/1990 é insanável, que tem a ver com atos de improbidade (CF, arts. 15, V, e 37, § 4º) não se prestando para tal finalidade aquela de caráter meramente formal (Referências: Acórdãos n. 9.816, 10.136 e 11.976).
>
> [...] irregularidade insanável é aquela que indica ato de improbidade administrativa ou qualquer forma de desvio de valores (Ac. n. 21.896, de 26-8-2004, rel. Min. Peçanha Martins).

Nesse aspecto, nada mais fez o legislador que introduzir no texto normativo algo já sedimentado na jurisprudência do TSE, com o que não houve alteração alguma. Caberia aqui a discussão sobre se a presença da expressão "ato doloso" não estaria igualmente reduzindo a abrangência do comando legal. Mais uma vez a resposta é negativa.

Não é cabível, aqui, qualquer referência ao conceito que o dolo recebe em se tratando de Direito Penal. Lembremos que estamos diante de um pronunciamento da Justiça Eleitoral acerca de irregularidades descritas em um parecer ou acórdão de um Tribunal de Contas. Não há em tais documentos referências suficientes para se aquilatar o psiquismo do responsável pelas contas, a ponto de tornar possível uma análise minimamente sofisticada do seu elemento volitivo.

O Tribunal Superior Eleitoral se contenta com a observação do dolo genérico. É o que se vê no aresto seguinte:

> ELEIÇÕES 2020. RECURSO ESPECIAL. REGISTRO DE CANDIDATURA. VEREADOR. INDEFERIMENTO NAS INSTÂNCIAS ORDINÁRIAS. INELEGIBILIDADE. ART. 1º, I, *G*, DA LC N. 64/1990. PRELIMINAR. INCONSTITUCIONALIDADE. IMPROCEDÊNCIA. ACÓRDÃO REGIONAL EM CONFORMIDADE COM A JURISPRUDÊNCIA DO TSE. ENUNCIADO N. 30 DA SÚMULA DO TSE. DISSÍDIO PRETORIANO. AUSÊNCIA DE SIMILITUDE FÁTICA. ENUNCIADO N. 28 DA SÚMULA DO TSE. MÉRITO. GASTOS IRREGULARES COM PUBLICIDADE INSTITUCIONAL. IRREGULARIDADE INSANÁVEL DECORRENTE DE ATO DOLOSO DE IMPROBIDADE ADMINISTRATIVA. PRETENSÃO DE REEXAME DE FATOS E PROVAS. ENUNCIADO N. 24 DA SÚMULA DO TSE. NEGADO PROVIMENTO AO RECURSO ESPECIAL. [...] O dolo a que alude o referido dispositivo legal é o genérico, e não o específico, ou seja, a simples vontade de praticar a conduta em si que ensejou a improbidade (AgR-RO n. 14.326, Ac. de 17-12-2014, rel. Min. Luciana Christina Guimarães Lóssio, PSESS – publicado em sessão, de 17-12-2014).

A análise da **vontade do agente**, cuja perquirição é inafastável da **verificação** do dolo, é simplesmente **impossível** nessa matéria se buscamos aqui o mesmo **conceito** de dolo a que estão acostumados os **penalistas**. Mais uma vez, a mudança reafirma a **independência epistemológica** do Direito Eleitoral como disciplina jurídica que se submete a institutos próprios.

A referência a **dolo** foi inserida no texto do dispositivo com o **específico** fim de excluir da aplicação do dispositivo aquele **administrador** que evidentemente em nada concorreu para a **ocorrência** do vício detectado quando da **tomada de contas**.

O administrador tem toda a sua atividade determinada por **limites** legais. A sua atividade é imposta por **deveres de conduta**. Sua inação diante de uma medida de cautela ou fiscalizatória **não** constitui uma simples **negligência**, senão muito mais apropriadamente uma **omissão dolosa**.

Nesse sentido, o TSE já afirmou que:

> Segundo a jurisprudência do Tribunal Superior Eleitoral, o pagamento a maior de remuneração a agentes públicos (dentre eles o próprio agravante) configura ato doloso de improbidade administrativa, configurando-se o dolo genérico na medida em que o administrador deixa de observar os dispositivos constitucionais que vinculam sua atuação. Incidência da inelegibilidade do art. 1º, I, *g*, da LC 64/1990 (AgR-REspe 95.890, Ac. de 24-6-2014, rel. Min. João Otávio de Noronha, *DJe* 4-8-2014, t. 142, p. 67).

De outra parte, a atuação ordinária do administrador é sempre pautada por atos de vontade. É assim, por exemplo, quando encaminha ao Legislativo mensagem de lei orçamentária que desrespeita os limites constitucionais de gastos com a educação ou a saúde. Ocorre o mesmo quando, desrespeitando o orçamento corretamente definido, deixa de efetuar as despesas a que se sabe obrigado. Na primeira hipótese, tivemos uma infração político-administrativa dolosa simples; na segunda, estamos diante de uma omissão dolosa.

Nessa linha é o seguinte precedente do Tribunal Regional Eleitoral de São Paulo:

> Quanto ao elemento subjetivo do ilícito, o dolo, anoto que é possível aferir, não apenas por presunção, que o ora candidato, atuando como Superintendente da autarquia municipal, conhecia ou ordenou as medidas lesivas tomadas, e delas tomou parte; e pela sua posição, tinha o poder se sustá-las ou deflagrar processo de reversão, o que não está comprovado nos autos. [...] Pensar que todas as irregularidades praticadas passavam à míngua do conhecimento do requerente é fantasioso, pela quantidade e pela própria característica das falhas apuradas, e mesmo porque, era dele o posto diretivo mais alto da autarquia (TRE-SP, Registro de Candidato n. 349.744, Ac. de 23-8-2010, rel. Moreira de Carvalho, PSESS – publicado em sessão, em 23-8-2010).

Por outro lado, quando a lei faz menção à improbidade administrativa, reporta-se a atos positivos ou negativos que defluem do comportamento do administrador, o qual agiu ou deixou de agir ao arrepio das obrigações pelas quais sabe estar limitado, sendo inadmissível a alegação de ignorância. É justamente nesse sentido que o art. 11 da Lei de Improbidade Administrativa (Lei n. 8.429/1992) dispõe constituir "ato de improbidade administrativa que atenta contra os princípios da administração pública a ação ou omissão dolosa que viole os deveres de honestidade, de imparcialidade e de legalidade, caracterizada por uma das seguintes condutas: [...]".

Vejam-se os atos que o referido dispositivo considera ilícitos:

I – (Revogado.)

II – (Revogado.)

III – revelar fato ou circunstância de que tem ciência em razão das atribuições e que deva permanecer em segredo, propiciando beneficiamento por informação privilegiada ou colocando em risco a segurança da sociedade e do Estado;

IV – negar publicidade aos atos oficiais, exceto em razão de sua imprescindibilidade para a segurança da sociedade e do Estado ou de outras hipóteses instituídas em lei;

V – frustrar, em ofensa à imparcialidade, o caráter concorrencial de concurso público, de chamamento ou de procedimento licitatório, com vistas à obtenção de benefício próprio, direto ou indireto, ou de terceiros;

VI – deixar de prestar contas quando esteja obrigado a fazê-lo, desde que disponha das condições para isso, com vistas a ocultar irregularidades;

VII – revelar ou permitir que chegue ao conhecimento de terceiro, antes da respectiva divulgação oficial, teor de medida política ou econômica capaz de afetar o preço de mercadoria, bem ou serviço;

VIII – descumprir as normas relativas à celebração, fiscalização e aprovação de contas de parcerias firmadas pela administração pública com entidades privadas;

IX – (Revogado.)

X – transferir recurso a entidade privada, em razão da prestação de serviços na área de saúde sem a prévia celebração de contrato, convênio ou instrumento congênere, nos termos do parágrafo único do art. 24 da Lei n. 8.080, de 19 de setembro de 1990;

XI – nomear cônjuge, companheiro ou parente em linha reta, colateral ou por afinidade, até o terceiro grau, inclusive, da autoridade nomeante ou de servidor da mesma pessoa jurídica investido em cargo de direção, chefia ou assessoramento, para o exercício de cargo em comissão ou de confiança ou, ainda, de função gratificada na administração pública direta e indireta em qualquer dos Poderes da União, dos Estados, do Distrito Federal e dos Municípios, compreendido o ajuste mediante designações recíprocas;

XII – praticar, no âmbito da administração pública e com recursos do erário, ato de publicidade que contrarie o disposto no § 1º do art. 37 da Constituição Federal, de forma a promover inequívoco enaltecimento do agente público e personalização de atos, de programas, de obras, de serviços ou de campanhas dos órgãos públicos.

Por ser bastante recorrente a hipótese, é preciso frisar que o administrador que não observa a obrigação constitucional de prover cargos efetivos com servidores concursados não pode alegar tê-lo feito por negligência[10]. Trata-se de evidente omissão dolosa a impor o reconhecimento da inelegibilidade do administrador ímprobo, desde que a irregularidade reste reconhecida no acórdão ou parecer proferido pelo Tribunal de Contas.

Da mesma forma, o administrador que deixa de realizar licitação pública, quando a lei o determina, pratica um ato pautado por grave omissão dolosa a reclamar o seu afastamento dos pleitos a realizarem-se pelos oito anos seguintes. Nesse sentido, segue plenamente aplicável a jurisprudência do Tribunal Superior Eleitoral, que quanto ao tema já pontificava que:

> [...] O pagamento indevido de diárias, a abertura de crédito suplementar sem a correspondente autorização legislativa e a grave desobediência à Lei de Licitações, a exemplo da inobservância do procedimento licitatório apropriado, constituem, em regra, falhas insanáveis configuradoras de ato doloso de improbidade administrativa. Precedentes (REspe 060010311, Acórdão, rel. Min. Luis Felipe Salomão, *DJe* 4-6-2021, t. 101).

Assim deve ser, já que o inciso VIII do art. 10 da Lei de Improbidade Administrativa inclui essa prática entre as hipóteses de improbidade administrativa, lembrando que, neste caso, deve-se haver a efetiva perda patrimonial.

No caso do art. 9º da Lei de Improbidade Administrativa, em que se alinham hipóteses em que houve enriquecimento ilícito do administrador ímprobo, descarta-se igualmente de saída qualquer hipótese de alegação de ato meramente culposo. Diz o referido dispositivo:

Art. 9º Constitui ato de improbidade administrativa importando em enriquecimento ilícito auferir, mediante a prática de ato doloso, qualquer tipo de vantagem patrimonial indevida em razão do exercício de cargo, de mandato, de função, de emprego ou de atividade nas entidades referidas no art. 1º desta Lei, e notadamente:

---

[10] Nesse sentido, o Tribunal de Justiça de São Paulo vem entendendo acertadamente que: "Não comprovado que os cargos, para os quais houve contratação sem concurso público, eram em comissão, mas sim para o exercício de funções normais e técnicas, não havendo especial necessidade de aptidão ou técnica incomum a ser desempenhada, tampouco necessidade de excepcional interesse público, a contratação sem concurso não se justifica e caracteriza improbidade administrativa" (Apelação com Revisão: CR 5958605800/SP, rel. Regina Capistrano, j. 26-8-2008, 1ª Câmara de Direito Público, publicação: 3-9-2008).

I – receber, para si ou para outrem, dinheiro, bem móvel ou imóvel, ou qualquer outra vantagem econômica, direta ou indireta, a título de comissão, percentagem, gratificação ou presente de quem tenha interesse, direto ou indireto, que possa ser atingido ou amparado por ação ou omissão decorrente das atribuições do agente público;

II – perceber vantagem econômica, direta ou indireta, para facilitar a aquisição, permuta ou locação de bem móvel ou imóvel, ou a contratação de serviços pelas entidades referidas no art. 1º por preço superior ao valor de mercado;

III – perceber vantagem econômica, direta ou indireta, para facilitar a alienação, permuta ou locação de bem público ou o fornecimento de serviço por ente estatal por preço inferior ao valor de mercado;

IV – utilizar, em obra ou serviço particular, qualquer bem móvel, de propriedade ou à disposição de qualquer das entidades referidas no art. 1º desta Lei, bem como o trabalho de servidores, de empregados ou de terceiros contratados por essas entidades;

V – receber vantagem econômica de qualquer natureza, direta ou indireta, para tolerar a exploração ou a prática de jogos de azar, de lenocínio, de narcotráfico, de contrabando, de usura ou de qualquer outra atividade ilícita, ou aceitar promessa de tal vantagem;

VI – receber vantagem econômica de qualquer natureza, direta ou indireta, para fazer declaração falsa sobre qualquer dado técnico que envolva obras públicas ou qualquer outro serviço ou sobre quantidade, peso, medida, qualidade ou característica de mercadorias ou bens fornecidos a qualquer das entidades referidas no art. 1º desta Lei;

VII – adquirir, para si ou para outrem, no exercício de mandato, de cargo, de emprego ou de função pública, e em razão deles, bens de qualquer natureza, decorrentes dos atos descritos no *caput* deste artigo, cujo valor seja desproporcional à evolução do patrimônio ou à renda do agente público, assegurada a demonstração pelo agente da licitude da origem dessa evolução;

VIII – aceitar emprego, comissão ou exercer atividade de consultoria ou assessoramento para pessoa física ou jurídica que tenha interesse suscetível de ser atingido ou amparado por ação ou omissão decorrente das atribuições do agente público, durante a atividade;

IX – perceber vantagem econômica para intermediar a liberação ou aplicação de verba pública de qualquer natureza;

X – receber vantagem econômica de qualquer natureza, direta ou indiretamente, para omitir ato de ofício, providência ou declaração a que esteja obrigado;

XI – incorporar, por qualquer forma, ao seu patrimônio bens, rendas, verbas ou valores integrantes do acervo patrimonial das entidades mencionadas no art. 1º desta lei;

XII – usar, em proveito próprio, bens, rendas, verbas ou valores integrantes do acervo patrimonial das entidades mencionadas no art. 1º desta lei.

O terceiro dispositivo da Lei de Improbidade Administrativa que relaciona **atos** de improbidade faz expressa **referência** à ação e omissão dolosa. Embora ali também se preveja a **possibilidade** do cometimento dessas condutas sob a forma **culposa**, essa não poderá ser encontrada na realidade concreta. Isso porque todas elas tratam de casos que ensejam "perda patrimonial, desvio, apropriação, malbaratamento ou dilapidação dos bens ou haveres" do poder público.

Estão relacionadas a seguir as hipóteses do aludido art. 10:

Art. 10. [...]

I – facilitar ou concorrer, por qualquer forma, para a indevida incorporação ao patrimônio particular, de pessoa física ou jurídica, de bens, de rendas, de verbas ou de valores integrantes do acervo patrimonial das entidades referidas no art. 1º desta Lei;

II – permitir ou concorrer para que pessoa física ou jurídica privada utilize bens, rendas, verbas ou valores integrantes do acervo patrimonial das entidades mencionadas no art. 1º desta Lei, sem a observância das formalidades legais ou regulamentares aplicáveis à espécie;

III – doar à pessoa física ou jurídica bem como ao ente despersonalizado, ainda que de fins educativos ou assistências, bens, rendas, verbas ou valores do patrimônio de qualquer das entidades mencionadas no art. 1º desta Lei, sem observância das formalidades legais e regulamentares aplicáveis à espécie;

IV – permitir ou facilitar a alienação, permuta ou locação de bem integrante do patrimônio de qualquer das entidades referidas no art. 1º desta Lei, ou ainda a prestação de serviço por parte delas, por preço inferior ao de mercado;

V – permitir ou facilitar a aquisição, permuta ou locação de bem ou serviço por preço superior ao de mercado;

VI – realizar operação financeira sem observância das normas legais e regulamentares ou aceitar garantia insuficiente ou inidônea;

VII – conceder benefício administrativo ou fiscal sem a observância das formalidades legais ou regulamentares aplicáveis à espécie;

VIII – frustrar a licitude de processo licitatório ou de processo seletivo para celebração de parcerias com entidades sem fins lucrativos, ou dispensá-los indevidamente, acarretando perda patrimonial efetiva;

IX – ordenar ou permitir a realização de despesas não autorizadas em lei ou regulamento;

X – agir ilicitamente na arrecadação de tributo ou de renda, bem como no que diz respeito à conservação do patrimônio público;

XI – liberar verba pública sem a estrita observância das normas pertinentes ou influir de qualquer forma para a sua aplicação irregular;

XII – permitir, facilitar ou concorrer para que terceiro se enriqueça ilicitamente;

XIII – permitir que se utilize, em obra ou serviço particular, veículos, máquinas, equipamentos ou material de qualquer natureza, de propriedade ou à disposição da qualquer das entidades mencionadas no art. 1º desta Lei, bem como o trabalho de servidor público, empregados ou terceiros contratados por essas entidades;

XIV – celebrar contrato ou outro instrumento que tenha por objeto a prestação de serviços públicos por meio da gestão associada sem observar as formalidades previstas na lei;

XV – celebrar contrato de rateio de consórcio público sem suficiente e prévia dotação orçamentária, ou sem observar as formalidades previstas na lei;

XVI – facilitar ou concorrer, por qualquer forma, para a incorporação, ao patrimônio particular de pessoa física ou jurídica, de bens, rendas, verbas ou valores públicos transferidos pela administração pública a entidades privadas mediante celebração de parcerias, sem a observância das formalidades legais ou regulamentares aplicáveis à espécie;

XVII – permitir ou concorrer para que pessoa física ou jurídica privada utilize bens, rendas, verbas ou valores públicos transferidos pela administração pública a entidade privada mediante celebração de parcerias, sem a observância das formalidades legais ou regulamentares aplicáveis à espécie;

XVIII – celebrar parcerias da administração pública com entidades privadas sem a observância das formalidades legais ou regulamentares aplicáveis à espécie;

XIX – agir para a configuração de ilícito na celebração, na fiscalização e na análise das prestações de contas de parcerias firmadas pela administração pública com entidades privadas;

XX – liberar recursos de parcerias firmadas pela administração pública com entidades privadas sem a estrita observância das normas pertinentes ou influir de qualquer forma para a sua aplicação irregular;

XXI – (Revogado.)

XXII – conceder, aplicar ou manter benefício financeiro ou tributário contrário ao que dispõem o caput e o § 1º do art. 8º-A da Lei Complementar n. 116, de 31 de julho de 2003.

Não há, definitivamente, entre essas hipóteses, uma só delas que admita a sua realização na **forma culposa**. Mesmo na referência legal a "agir ilicitamente na arrecadação de tributo ou renda, bem como no que diz respeito à conservação do patrimônio público" (art. 10, X, da Lei n. 8.429/1992), o uso do vocábulo "**negligentemente**", o qual dispunha na primeira redação, fora **alterado** visando não criar confusão jurídica, alterando-o para "**ilicitamente**".

Estando o administrador obrigado a arrecadar tributos nos marcos legais e a velar pela conservação do patrimônio público, sua inação diante de tais comportamentos não constitui mera negligência, mas típica omissão dolosa, implicar a exclusão temporária da sua aptidão eleitoral passiva, gerando assim, sua ilicitude.

Como se vê, nesse ponto a **Lei da Ficha Limpa** nada mais fez que explicitar a **correção** da jurisprudência atualmente reinante no TSE, sendo inadmissível qualquer conclusão de que houve um **abrandamento do instituto**.

É preciso ter em vista, sempre, o contexto sociopolítico em que se deu a aprovação da iniciativa popular de projeto de lei. Toda a mobilização realizada teve por motivação justamente o excesso de leniência da redação original da Lei de Inelegibilidades. Seria por tudo inadmissível interpretar-se o novo instituto à luz de premissas que não levem em conta os afluxos sociológicos e teleológicos que devem informar a hermenêutica do novo dispositivo de lei.

De qualquer sorte, está claro que atos simplesmente culposos **não** implicarão **condenação** por improbidade desde o advento da Lei n. 14.230, de 25 de outubro de 2021. Sem embargo, a Lei de Inelegibilidades, com as alterações sofridas pela aprovação da Lei da Ficha Limpa já afastava a inelegibilidade dos que se houveram com **culpa** no cometimento de qualquer **ato lesivo** ao patrimônio da **Administração**.

Com a recente alteração da LIA, foram acrescentados os seguintes parágrafos ao art. 1º da referida lei:

Art. 1º [...]

§ 1º Consideram-se atos de improbidade administrativa as condutas dolosas tipificadas nos arts. 9º, 10 e 11 desta Lei, ressalvados tipos previstos em leis especiais.

§ 2º Considera-se dolo a vontade livre e consciente de alcançar o resultado ilícito tipificado nos arts. 9º, 10 e 11 desta Lei, não bastando a voluntariedade do agente.

Resta dizer que, **tanto** para o fim de **aplicação** da Lei de Improbidade Administrativa **quanto** da Lei de Inelegibilidades, o **ato doloso** pode ser tanto comissivo como **omissivo**. A omissão **dolosa** também atrai a **aplicação** da lei, **não** havendo como ser **confundida** com **ato culposo**, que demanda imperícia, imprudência ou negligência.

O que são vícios sanáveis

Para que estejamos diante de irregularidades sanáveis – **incapazes de gerar inelegibilidade** –, teremos de ter presentes irregularidades menores, de cunho meramente procedimental, que não sejam capazes de afastar a substância do ato, tirando a sua moralidade e probidade perante as normas que informam a Administração Pública.

Anteriormente, a lei se **contentava** em reclamar a presença de **vícios** insanáveis para que se **verificasse** a inelegibilidade por **rejeição** de contas públicas. A jurisprudência já afirmava que a insanabilidade do vício estava presente quando constatada a **ocorrência** da improbidade administrativa. O legislador popular simplesmente erigiu a texto normativo aquilo que já se preconizava em âmbito jurisprudencial. Há, a esse respeito, um didático precedente proferido pelo Tribunal Regional Eleitoral de São Paulo:

> Já quanto à insanabilidade dos vícios apontados na decisão do TCE, consigno que esta Corte Regional, em inúmeras deliberações já realizadas acerca do assunto, assentou que só é possível entender como sanáveis as irregularidades quando demonstrada a possibilidade de convalidação dos atos espúrios, quer por decorrência de sua forma, quer por seu conteúdo, afastando-se prejuízo irreparável ao cidadão e à administração pública (nesse sentido: RE n. 28.214, rel. Juiz Paulo Alcides) (TRE-SP, Registro de Candidato n. 349.744, Ac. de 23-8-2010, rel. Moreira de Carvalho, PSESS – publicado em sessão, em 23-8-2010).

Ato de improbidade administrativa

Ao fazer referência à improbidade administrativa, a lei obviamente não exigiu de qualquer modo a propositura da ação correspondente na órbita civil como requisito para a ocorrência da inelegibilidade.

Para que o administrador com contas rejeitadas fique inelegível, basta que a irregularidade apurada pelo Tribunal de Contas corresponda abstratamente a uma das formas de improbidade relacionadas nos arts. 9º a 11 da Lei de Improbidade Administrativa.

Essa equação é feita a partir da leitura do parecer ou acórdão proferido pelo Tribunal de Contas, confrontando-se os fatos ali narrados com as figuras previstas nos referidos dispositivos da Lei n. 8.429/1992.

Revisão judicial da rejeição de contas

No regime da anterior redação da alínea *g* sob estudo, baixou o Tribunal Superior Eleitoral a sua contestada Súmula 1, segundo a qual: "Proposta a ação para desconstituir a decisão que rejeitou as contas, anteriormente à impugnação, fica suspensa a inelegibilidade".

Essa orientação da jurisprudência seguiu firme até o ano de 2006, quando o TSE passou a decidir pela necessidade de que a decisão sobre as contas tenha sido suspensa ou anulada pelo Poder Judiciário como condição para o resgate da elegibilidade[11].

Entretanto, o Tribunal Superior Eleitoral revogou explicitamente o Enunciado n. 1 da sua súmula jurisprudencial por via do Ac.-TSE, de 10-5-2016, no PA n. 32.345, *DJe* de 24, 27 e 28-6-2016.

Ocorre que, com a redação conferida pela LC n. 135/2010 à alínea *g* do art. 1º, I, da LI, **não** há qualquer **dúvida** sobre a necessidade da **anulação** ou da suspensão judicial da decisão que implicou a **rejeição** das contas para que esta deixe de produzir seus efeitos no plano das **inelegibilidades**, não bastando a simples **propositura** de ação judicial.

6.3.2.2.9. Dirigentes de instituições em fase de liquidação

A Lei Complementar n. 64/1990 sempre **considerou** inelegíveis os que, em estabelecimentos de crédito, financiamento ou seguro, que tenham sido ou estejam sendo **objeto** de processo de **liquidação** judicial ou extrajudicial, hajam exercido, nos doze meses anteriores à respectiva decretação, cargo ou função de direção, administração ou representação, enquanto não forem exonerados de qualquer **responsabilidade**. O prazo da inelegibilidade neste caso é também de **oito anos**, estes contados da **abertura** do processo de liquidação (art. 1º, I, *i*, da LI).

Tal dispositivo já havia contemplado, antes mesmo da Lei da Ficha Limpa, hipótese de inelegibilidade não baseada em sentença transitada em julgado. Só com a conclusão judicial de que o detentor de cargo ou função de direção, administração e representação não tem qualquer responsabilidade pela liquidação judicial ou extrajudicial do estabelecimento é que sobrevém o resgate da elegibilidade.

6.3.2.2.10. Condenações em matéria eleitoral

São também **inelegíveis** os que forem **condenados**, em decisão transitada em julgado ou proferida por órgão colegiado da **Justiça Eleitoral**, por corrupção eleitoral, por captação ilícita de sufrágio, por doação, captação ou gastos ilícitos de recursos de campanha ou por **conduta vedada** aos agentes públicos em campanhas

---

[11] "A partir das eleições 2006, este Tribunal firmou jurisprudência no sentido de que o ajuizamento de ação desconstitutiva não é suficiente para suspender a inelegibilidade apurada no momento do registro de candidatura, em razão da rejeição de prestação de contas" (AgReg no REspe 34.352/PE, rel. Min. Joaquim Barbosa, em 17-2-2009).

eleitorais que impliquem cassação do registro ou do diploma, pelo **prazo** de oito anos, a contar da eleição.

Com a inserção desse dispositivo pela via da Lei da Ficha Limpa, a Lei de Inelegibilidades passou a considerar relevantes decisões da Justiça Eleitoral que antes acarretavam apenas a perda do registro ou do diploma eleitoral, sem que disso ocorresse a inelegibilidade do atingido pela medida judicial.

Causava perplexidade a participação eleitoral daquele que acabava de ser destituído de outro cargo eletivo em virtude do cometimento de graves ilícitos contra a administração das eleições e a formação livre da vontade do eleitor.

As condenações mencionadas pelo dispositivo podem ser de natureza criminal, como no caso do delito de corrupção eleitoral previsto no art. 299 do CE, ou cível-eleitoral, nas demais hipóteses.

De acordo com a **Súmula 69** do Tribunal Superior Eleitoral: "Os prazos de inelegibilidade previstos nas alíneas *j* e *h* do inciso I do art. 1º da LC n. 64/1990 têm termo inicial no dia do primeiro turno da eleição e termo final no dia de igual número no oitavo ano seguinte".

■ 6.3.2.2.11. Renúncia

O presidente da República, o governador de estado e do Distrito Federal, o prefeito, os membros do Congresso Nacional, das Assembleias Legislativas, da Câmara Legislativa e das Câmaras Municipais **que renunciarem** a seus mandatos **desde** o oferecimento de representação ou petição **capaz** de autorizar a abertura de **processo** por **infringência** a dispositivo da Constituição Federal, da Constituição Estadual, da Lei Orgânica do Distrito Federal ou da Lei Orgânica do Município, **ficam inelegíveis** para as eleições que se realizarem durante o **período** remanescente do **mandato** para o qual foram eleitos **e** nos **oito anos subsequentes** ao término da legislatura (art. 1º, I, *k*, da Lei de Inelegibilidades).

Essa é mais uma das inovações advindas da edição da Lei da Ficha Limpa.

A Constituição autoriza o legislador a fixar, por lei complementar, quais hipóteses são consideradas suficientemente relevantes ao ponto de se impedir desde logo a participação eleitoral, evitando-se o lançamento de candidaturas consideradas de risco para as instituições democráticas e para a sociedade. É o que dispõe o art. 14, § 9º, da CF.

A atenção ao dispositivo constitucional citado foi finalmente disciplinada por meio da edição da Lei Complementar n. 135/2010, já conhecida como a Lei da Ficha Limpa.

Não descuidou a referida lei de dar tratamento legal a uma prática tão infamante quanto presente na vida política brasileira: a renúncia ao mandato eletivo como forma de evitar a apuração de denúncias.

Muitos foram aqueles que se **valeram da fragilidade** da nossa legislação eleitoral para **renunciar** ao mandato obtido pelo voto, dele dispondo como se um bem particular fosse, pelo vil **propósito** de **impedir** a descoberta de graves **atos** de **cor-**

rupção ou fraude. E a República teve que assistir a tudo isso inerte, como se todos fôssemos estupefatos assistentes de uma comédia de mau gosto. A nova norma é clara ao afastar do pleito qualquer um que – estando às voltas com a apresentação de qualquer **pedido** que possa **implicar** aplicação de **sanções** políticas – **abandone** o mandato popular para satisfazer seu interesse pessoal de **impunidade**.

Trata-se de nova causa de inelegibilidade, a atingir não apenas aqueles que vierem a incidir nessa conduta, como todos os que, já havendo renunciado no passado, o tenham feito nos limites temporais fixados pela norma.

Isso acontece porque, como afirmado à unanimidade pelo Supremo Tribunal Federal, inelegibilidade não é pena, atingindo, por isso, fatos praticados anteriormente à sua vigência (MS n. 22.087-2, rel. Min. Carlos Velloso). Trata-se de um critério jurídico-político a ser observado pela autoridade responsável pela apreciação do pedido de registro de candidatura.

O fato é que quem renunciou antes da vigência da Lei da Ficha Limpa também será por ela atingido, a não ser que tenha feito isso há muito tempo. Explica-se: é que o prazo de inelegibilidade definido pela lei nesse caso não é de apenas oito anos. A restrição acompanha o renunciante pelo resto do prazo do mandato. Exemplificando, imaginemos a hipótese de um deputado federal que, eleito em 2002, tenha renunciado ao seu cargo em 2003. Sua inelegibilidade começou no momento da renúncia, mas perdurou até 2014 (término do mandado em 2006, mais oito anos). No caso de senador eleito em 2006 que haja renunciado ao seu cargo eletivo em 2007, sua inelegibilidade só chegará ao fim em 2022, já que seu mandato deveria terminar em 2014, havendo-se de acrescentar a este ano o período extra de oito anos de restrição adotado pela Lei da Ficha Limpa.

Como se vê, também nesse aspecto a LC n. 135/2010 trouxe para a sociedade brasileira um excelente instrumento de prevenção de afrontas aos mandatos. Ao instituir a inelegibilidade do renunciante de má-fé, a lei iniciativa popular apresentou à sociedade importante e pedagógica disposição legal que, desde logo, robustece a ideia de República, impedindo o acesso aos mandatos por aqueles que nem mesmo tiveram a dignidade de se defenderem de graves acusações de corrupção.

Segundo o § 5º do art. 1º da LI, acrescentado pela Lei da Ficha Limpa:

Art. 1º [...]
§ 5º A renúncia para atender à desincompatibilização com vistas a candidatura a cargo eletivo ou para assunção de mandato não gerará a inelegibilidade prevista na alínea *k*, a menos que a Justiça Eleitoral reconheça fraude ao disposto nesta Lei Complementar.

A norma deixa fora de dúvida que a renúncia dissociada da apresentação de notícia formal de fato capaz de conduzir à perda do mandato não é capaz, por si só, de levar à inelegibilidade do renunciante.

■ 6.3.2.2.12. Improbidade administrativa

Já vimos na parte atinente às condições de elegibilidade que a condenação por ato de improbidade implica, nos termos do que dispõem o art. 37, § 4º, da CF e a Lei n. 8.429/1992, a suspensão dos direitos políticos.

Ocorre que aqueles **condenados** à suspensão dos direitos políticos, em **decisão** transitada em julgado ou proferida por órgão judicial **colegiado**, por ato doloso de improbidade administrativa que importe lesão ao patrimônio público enriquecimento ilícito, desde a condenação ou o trânsito em julgado até o transcurso do prazo de oito anos após o cumprimento da pena, estarão, ademais, inelegíveis por força do que estatui a alínea *l* do art. 1º da Lei de Inelegibilidade, introduzida pela Lei da Ficha Limpa:

> **Art. 1º** [...]
>
> *l*) os que forem condenados à suspensão dos direitos políticos, em decisão transitada em julgado ou proferida por órgão judicial colegiado, por ato doloso de improbidade administrativa que importe lesão ao patrimônio público e enriquecimento ilícito, desde a condenação ou o trânsito em julgado até o transcurso do prazo de 8 (oito) anos após o cumprimento da pena; (Incluída pela Lei Complementar n. 135, de 2010)

Estamos diante de mais um caso em que a suspensão dos direitos políticos demanda o prévio trânsito em julgado, aqui por força do que estatui o art. 20 da Lei n. 8.429/1992, enquanto para o surgimento da inelegibilidade basta a prolação de decisão condenatória por parte de órgão jurisdicional colegiado.

Como analisamos ao tratar da inelegibilidade decorrente da rejeição de contas públicas, a cujo texto remetemos o leitor, não há um só ato de improbidade administrativa que possa ser praticado culposamente. É evidente que o legislador não está a exigir o dolo a que se refere a lei penal, mas a cautela e a vigilância inerentes aos deveres dos administradores públicos.

O administrador que não cumpre com seus deveres não pode ser considerado negligente, mas praticante de omissão dolosa.

O TSE vem afirmando que o dolo deve ser analisado pela Justiça Eleitoral quando do julgamento do pedido de registro, sendo irrelevante que isso conste da parte dispositiva do julgado proferido na ação de improbidade:

> ELEIÇÕES 2020. RECURSO ESPECIAL ELEITORAL. REGISTRO DE CANDIDATURA. PREFEITO ELEITO. INDEFERIMENTO. VIOLAÇÃO AOS ARTS. 275 DO CE E 1.022 DO CPC. INEXISTÊNCIA. MÉRITO. INELEGIBILIDADE DO ART. 1º, I, *g*, DA LC N. 64/1990. PARECER DESFAVORÁVEL DO TCE/SP NOS EXERCÍCIOS FINANCEIROS DE 2015 E 2016. REJEIÇÃO DE CONTAS PELA CÂMARA MUNICIPAL. DÉFICIT FINANCEIRO NOS DOIS ANOS EM RAZÃO DE SUCESSIVAS ABERTURAS DE CRÉDITOS ADICIONAIS SEM LASTRO FINANCEIRO E EM DESATENÇÃO À LEI ORÇAMENTÁRIA ANUAL. DESEQUILÍBRIO ORÇAMENTÁRIO DO MUNICÍPIO. FALTA DE PAGAMENTO DE PRECATÓRIOS. REALIZAÇÃO DE DESPESAS NOS DOIS ÚLTIMOS QUADRIMESTRES DO ÚLTIMO ANO DE MANDATO SEM SUFICIENTE DISPONIBILIDADE DE CAIXA. DESCUMPRIMENTO DOS ARTS. 1º E 42 DA LEI DE RESPONSABILIDADE FISCAL E 100 DA CONSTITUIÇÃO FEDERAL DE 1988. DESRESPEITO À LEGISLAÇÃO ELEITORAL. AUMENTO DE SALÁRIOS ACIMA DA INFLAÇÃO. MÁ GESTÃO DAS FINANÇAS DO MUNICÍPIO. CONFIGURAÇÃO DE ATO DOLOSO DE IMPROBIDADE ADMINISTRATIVA. INSANABILIDADE. PRECEDENTES. DESPROVIMENTO.

> [...] 9. Quanto ao elemento subjetivo, na esteira da jurisprudência deste Tribunal Superior, é desnecessário que haja o dolo específico, bastando a comprovação do dolo genérico, que na espécie restou demonstrado por meio da inobservância de preceitos legais e constitucionais e pelo descuido com as finanças públicas, mesmo com o recebimento de alertas pelo tribunal de contas, acarretando o agravamento no déficit dos cofres públicos. 10. Recurso especial a que se nega provimento, mantendo-se o indeferimento do registro de candidatura do recorrente ao cargo de prefeito de Angatuba/SP, com determinação de realização de novas eleições, nos termos do art. 224, § 3º, do CE (REspe 060014951, Acórdão, rel. Min. Edson Fachin, *DJe* 3-5-2021, t. 78).

Toda improbidade produz, por outro lado, lesão ao patrimônio público, que não pode ser reduzida ao seu âmbito material. Também integra esse conceito o patrimônio moral da Administração Pública, o qual estará sempre afetado sempre que alguém faltar com os deveres constitucional e legalmente impostos aos gestores.

O enriquecimento ilícito a que alude o dispositivo pode ser o próprio ou de terceiro. Segundo já definiu o TSE: "O ato doloso de improbidade administrativa pode implicar o enriquecimento ilícito tanto do próprio agente, mediante proveito pessoal, quanto de terceiros por ele beneficiados" (AgR-REspe 19.440, São José do Vale do Rio Preto/RJ. Ac. de 8-11-2012, rel. Min. Arnaldo Versiani Leite Soares).

Esse enriquecimento indevido, por outro lado, acontecerá sempre que verbas públicas forem manejadas ao arrepio da lei. A licitação fraudulenta, simulada ou indevidamente dispensada ou considerada inexigível sempre acarretará o enriquecimento sem causa do seu beneficiário.

■ *6.3.2.2.13. Expulsos do exercício de profissão regulamentada*

São inelegíveis, nos termos do art. 1º, I, *m*, da LI, os que forem **excluídos** do exercício da profissão, por **decisão** sancionatória do **órgão profissional** competente, em decorrência de **infração** ético-profissional, pelo prazo de **oito anos**, salvo se o ato houver sido **anulado ou suspenso** pelo Poder Judiciário.

Trata-se de norma que não constava originalmente do texto do projeto de lei de iniciativa popular que deu origem à Lei da Ficha Limpa, tendo sido acrescentada durante a sua tramitação no âmbito da Câmara dos Deputados.

São alcançados os integrantes de profissões regulamentadas que tenham sido expulsos da sua atividade em virtude de sanção disciplinar aplicada por Conselho Profissional.

Os conselhos federais e regionais de profissões regulamentadas são autarquias públicas que têm o dever de velar pela higidez das atividades profissionais desenvolvidas por aqueles que estão sob sua fiscalização por força de lei. Ocorrendo a exclusão, ainda poderá o submetido a essa medida lançar-se candidato, desde que obtenha perante o Poder Judiciário ordem que anule ou suspenda a eficácia da medida.

■ *6.3.2.2.14. Simulação de desfazimento de vínculo conjugal*

A **inelegibilidade** dos que forem **condenados**, em decisão transitada em julgado ou proferida por órgão judicial **colegiado**, em razão de terem desfeito ou **simulado** desfazer **vínculo conjugal** ou de união estável para evitar caracterização de inelegibilidade, pelo prazo de **oito anos** após a decisão que reconhecer a fraude, está definida pela alínea *n* do inciso I do art. 1º da Lei de Inelegibilidades.

A lei se refere aos casos em que a Justiça Eleitoral reconhece a simulação do divórcio ou da separação de fato, quando praticada para afastar a incidência do § 7º do art. 14 da Constituição, o qual estabelece hipótese de inelegibilidade que afeta os cônjuges de mandatários.

Antes, o reconhecimento da tentativa de burlar a norma constitucional (art. 14, § 7º) acarretava apenas o indeferimento do registro. A partir da edição da LC n. 135/2010 passou a implicar também a inelegibilidade dos envolvidos pelo prazo de oito anos contados da decisão.

A recorrência da simulação de ruptura do vínculo matrimonial sempre foi tão frequente no foro eleitoral que o Supremo Tribunal Federal editou a sua Súmula Vinculante, cujo teor é o seguinte:

> A dissolução da sociedade ou do vínculo conjugal, no curso do mandato, não afasta a inelegibilidade prevista no § 7º do art. 14 da Constituição Federal.

Se, todavia, ficar verificado que a dissolução foi apenas simulada, sobrevivendo a união conjugal no plano fático, pode ser invocada a cláusula de inelegibilidade prevista no art. 1º, I, *n*, da Lei de Inelegibilidades.

■ 6.3.2.2.15. Servidores demitidos

A Lei Complementar n. 135/2012 incluiu na LC n. 64/1990 nova hipótese de inelegibilidade para atingir "os que forem demitidos do serviço público em decorrência de processo administrativo ou judicial, pelo prazo de 8 (oito) anos, contado da decisão, salvo se o ato houver sido suspenso ou anulado pelo Poder Judiciário" (art. 1º, I, *o*).

A LC n. 135/2010 **reputa inelegíveis** os servidores que, submetidos a processo administrativo ou judicial, tiveram contra si ordenada a aplicação da pena de **demissão**.

A **exoneração** de cargo comissionado ou função de confiança, a pedido ou determinada pelo superior hierárquico, obviamente **não sujeita** o agente público atingido à vedação **temporária** de acesso ao registro da candidatura.

Preocupou-se o legislador com a situação daquele que, tendo praticado falta considerada grave, tenha sido punido com a sanção administrativa máxima. Não se ocupou o legislador de dirigir a inelegibilidade a fatos específicos. Todo processo que culmine com a pena de demissão tornará incidente a hipótese de inelegibilidade.

Assim, o servidor que praticar desvios graves estará sempre sujeito à privação temporária da capacidade eleitoral passiva, bastando para isso que tenha sido punido com pena de demissão. A hipótese do servidor que se viu demitido por abandonar o cargo a que estava vinculado não é excepcionada pela norma, que considera grave tal conduta. Com efeito, alguém que não se mostre apto a exercer atividade pública e que a deixa por meio do abandono, pratica falta que autoriza a conclusão de que pode não dispor de condições para assumir as altas responsabilidades inerentes ao mandato político.

A Constituição autoriza a edição de inelegibilidades exatamente para que estas atuem de forma preventiva, delineando o perfil esperado dos candidatos. Servidores que praticaram faltas tão graves a ponto de merecerem a demissão não estão entre as pessoas cuja apresentação da candidatura é desejada.

■ 6.3.2.2.16. Realizadores de doações ilícitas

As **pessoas físicas** responsáveis por **doações eleitorais** tidas por ilegais por **decisão** transitada em julgado ou proferida por órgão **colegiado** da Justiça Eleitoral ficam **inelegíveis** pelo prazo de **oito anos** após a decisão, observando-se o procedimento previsto no art. 22 da Lei de Inelegibilidades (art. 1º, I, *p*).

Sempre que ocorrente a doação ilegal de campanha, assim entendida aquela realizada fora dos parâmetros legais, o doador será submetido a período de afastamento da elegibilidade pelo prazo de oito anos.

Assim, se na apreciação das contas de campanha ou no julgamento da representação a que alude o art. 30-A da Lei das Eleições encontram-se indícios ou provas da ocorrência de doações fora dos limites estabelecidos pela lei, mostra-se necessária a propositura de representação contra o responsável, a fim de que se lhe assegure o direito de defesa. Julgada procedente tal representação, sobrevirá a inelegibilidade.

■ 6.3.2.2.17. Magistrados e membros do Ministério Público aposentados compulsoriamente

Também são **inelegíveis** os magistrados e os membros do Ministério Público que tenham sido **submetidos** à **pena** administrativa de **aposentadoria compulsória**, que tenham perdido o cargo por sentença ou que tenham pedido exoneração ou aposentadoria voluntária na pendência de processo administrativo disciplinar, pelo prazo de **oito anos** (art. 1º, I, *q*, da LI, acrescentado pela LC n. 135/2010). A norma impede a candidatura de membros da Magistratura ou do Ministério Público da União ou dos estados que venham a sofrer a medida sancionatória máxima em sede administrativa.

■ 6.4. INCOMPATIBILIDADES

O inciso II do art. 1º da Lei de Inelegibilidades **estabelece** a necessidade de **desincompatibilização** dos detentores de cargos públicos para que se verifique possível a postulação do registro de candidatura. O não atendimento às **regras de afastamento** dos cargos e funções leva à **verificação** de causa de **inelegibilidade**, fulminando a pretensão eleitoral.

Devemos ter em mente, por conseguinte, que as regras sobre desincompatibilização se inserem no contexto das hipóteses de inelegibilidade, não se constituindo, pois, em categoria autônoma. Seu tratamento em item apartado nesta obra se deve exclusivamente a aspectos didáticos, dada a sua particular relevância.

Para que o candidato se desincompatibilize das suas atividades não basta o mero afastamento formal ou documental. "O afastamento de fato das atividades laborais é imprescindível para caracterizar a desincompatibilização" (TSE, Ac. de 25-11-2010 no AgR-RO n. 132.527, rel. Min. Cármen Lúcia).

Note-se que:

> [...] a desincompatibilização, *stricto sensu*, é denominação que se deve reservar ao afastamento definitivo, por renúncia, a exoneração, dispensa ou aposentadoria, do mandato eletivo, cargo ou emprego público gerador de inelegibilidade [...] (Res.-TSE n. 18.019, de 2-4-1992, rel. Min. Sepúlveda Pertence).

Há tempos assentou-se no TSE o entendimento de que é desnecessária a "demonstração de que o exercício do cargo influenciou no resultado do pleito. [...] para que se reconheça a inelegibilidade por falta de desincompatibilização tempestiva" (Ac. n. 16.590, de 4-2-2003, rel. Min. Nelson Jobim).

É irrelevante, para o fim de verificar-se a inelegibilidade por ausência tempestiva de desincompatibilização, que a função pública exercida não seja remunerada. A esse respeito, o TSE já decidiu no seguinte sentido:

> Conselho de autoridade portuária. Conselheiro sem remuneração. Necessidade de desincompatibilização formal. O membro do Conselho de Autoridade Portuária deve desincompatibilizar-se no prazo do art. 1º, II, l, da Lei Complementar n. 64/1990, com pedido de exoneração formal, não bastando o abandono ou o afastamento do serviço. [...] NE: Trecho do voto do relator: A simples declaração de ausência do pré-candidato nas sessões do conselho não prova desincompatibilização, que deve ser formal. O ônus da prova, a respeito, é do pré-candidato, e não, do impugnante (Ac. de 11-9-2007 no AREspe 26.871, rel. Min. Cezar Peluso).

O art. 1º, II, *a*, da LC n. 64/1990 declara inelegíveis para presidente e vice-presidente da República até seis meses depois de afastados definitivamente de seus cargos e funções:

Art. 1º
[...]
1. os Ministros de Estado;
2. os chefes dos órgãos de assessoramento direto, civil e militar, da Presidência da República;
3. o chefe do órgão de assessoramento de informações da Presidência da República;
4. o chefe do Estado-Maior das Forças Armadas;
5. o Advogado-Geral da União e o Consultor-Geral da República;
6. os chefes do Estado-Maior da Marinha, do Exército e da Aeronáutica;
7. os Comandantes do Exército, Marinha e Aeronáutica;
8. os Magistrados[12];

---

[12] Os magistrados, os membros dos tribunais de contas e os do Ministério Público devem

9. os Presidentes, Diretores e Superintendentes de autarquias, empresas públicas, sociedades de economia mista e fundações públicas e as mantidas pelo poder público;

10. os Governadores de Estado, do Distrito Federal e de Territórios;

11. os Interventores Federais;

12. os Secretários de Estado;

13. os Prefeitos Municipais;

14. os membros do Tribunal de Contas da União, dos Estados e do Distrito Federal[13];

15. o Diretor-Geral do Departamento de Polícia Federal;

16. os Secretários-Gerais, os Secretários-Executivos, os Secretários Nacionais, os Secretários Federais dos Ministérios e as pessoas que ocupem cargos equivalentes.

São igualmente inelegíveis:

■ os que tenham exercido, nos 6 (seis) meses anteriores à eleição, nos Estados, no Distrito Federal, Territórios e em qualquer dos poderes da União, cargo ou função, de nomeação pelo presidente da República, sujeito à aprovação prévia do Senado Federal (art. 1º, II, *b*, da LC n. 64/1990);

■ os que, até 6 (seis) meses antes da eleição, tiverem competência ou interesse, direta, indireta ou eventual, no lançamento, arrecadação ou fiscalização de impostos, taxas e contribuições de caráter obrigatório, inclusive para fiscais, ou para aplicar multas relacionadas com essas atividades (art. 1º, II, *d*, da LI);

■ os que, até 6 (seis) meses antes da eleição, tenham exercido cargo ou função de direção, administração ou representação nas empresas de que tratam os arts. 3º e 5º da Lei n. 4.137, de 10 de setembro de 1962, quando, pelo âmbito e natureza de suas atividades, possam tais empresas influir na economia nacional também são declarados inelegíveis (art. 1º, II, *e*, da LC n. 64/1990);

■ os que, detendo o controle de empresas ou grupo de empresas que atuem no Brasil, nas condições monopolísticas previstas no parágrafo único do art. 5º da lei citada na alínea anterior, não apresentarem à Justiça Eleitoral, até 6 (seis) meses antes do pleito, a prova de que fizeram cessar o abuso apurado, do poder econômico, ou de que transferiram, por força regular, o controle de referidas empresas ou grupo de empresas (art. 1º, II, *f*, da LC n. 64/1990);

■ os que tenham, dentro dos 4 (quatro) meses anteriores ao pleito, ocupado cargo ou função de direção, administração ou representação em entidades representativas de classe, mantidas, total ou parcialmente, por contribuições impostas

---

filiar-se a partido político e afastar-se definitivamente de suas funções até seis meses antes das eleições (art. 13 da Res.-TSE n. 22.156, de 13-3-2006).

[13] "Magistrados e membros do Tribunal de Contas. Elegibilidade. Desincompatibilização e filiação partidária. 1. Para concorrer às eleições, o membro do Tribunal de Contas terá que estar afastado de forma definitiva do seu cargo pelo menos por 6 (seis) meses (LC n. 64/1990, art. 1º, II, *a*, 14), devendo satisfazer a exigência constitucional de filiação partidária nesse mesmo prazo. 2. Precedentes" (Resolução n. 20.539, de 16-12-1999, rel. Min. Edson Vidigal).

pelo poder Público ou com recursos arrecadados e repassados pela Previdência Social (art.1º, II, *g*, da LC n. 64/1990)[14];

■ os que, até 6 (seis) meses depois de afastados das funções, tenham exercido cargo de presidente, diretor ou superintendente de sociedades com objetivos exclusivos de operações financeiras e façam publicamente apelo à poupança e ao crédito, inclusive através de cooperativas e da empresa ou estabelecimentos que gozem, sob qualquer forma, de vantagens asseguradas pelo poder público, salvo se decorrentes de contratos que obedeçam a cláusulas uniformes (art. 1º, II, *h*, da LC n. 64/1990);

■ os que, dentro de 6 (seis) meses anteriores ao pleito, hajam exercido cargo ou função de direção, administração ou representação em pessoa jurídica ou em empresa que mantenha contrato de execução de obras, de prestação de serviços ou de fornecimento de bens com órgão do Poder Público ou sob seu controle, salvo no caso de contrato que obedeça a cláusulas uniformes (art. 1º, II, *i*, da LC n. 64/1990);

■ os que, membros do Ministério Público, não se tenham afastado das suas funções até 6 (seis) meses anteriores ao pleito (art. 1º, II, *j*, da LC n. 64/1990)[15];

■ os que, servidores públicos, estatutários ou não, dos órgãos ou entidades da Administração direta ou indireta da União, dos Estados, do Distrito Federal, dos Municípios e dos Territórios, inclusive das fundações mantidas pelo Poder Público, não se afastarem até 3 (três) meses anteriores ao pleito, garantido o direito à percepção dos seus vencimentos integrais (art. 1º, II, *l*, da LC n. 64/1990).

A matéria contemplada no último item acima relacionado consta até mesmo de **Súmula do TSE**. Trata-se do verbete **n. 54**, cujo teor é o seguinte:

> A desincompatibilização de servidor público que possui cargo em comissão é de três meses antes do pleito e pressupõe a exoneração do cargo comissionado, e não apenas seu afastamento de fato.

Em conformidade com o art. 1º, III, *a*, da LI, **aplicam-se** para governador e vice-governador de estado e do Distrito Federal as mesmas regras de inelegibilidade previstas na alínea *a* do inciso II do mesmo dispositivo, referentes aos candidatos a presidente e vice-presidente da República. No tocante às demais alíneas, quando se tratar de repartição pública, associação ou empresas que operem no território do

---

[14] "Dirigente ou representante de associação profissional não reconhecida legalmente entidade sindical e que não receba recursos públicos. Candidatura a prefeito ou vereador. Não está sujeito a desincompatibilização" (Resolução n. 20.590, de 30-3-2000, rel. Min. Eduardo Alckmin).

[15] "[...] Registro de candidatura. Membro do Ministério Público Estadual. 1. O recorrente não é membro do Ministério Público Estadual afastado da carreira, tampouco detentor de mandato parlamentar em busca de reeleição. 2. Todavia, tendo o recorrente optado pelo regime jurídico anterior à promulgação da Constituição Federal de 1988, imperioso se revela o deferimento do registro de sua candidatura, na direção do novel entendimento do TSE. [...]" (Ac. de 20-9-2006 no REspe 26.768, rel. Min. José Delgado).

estado ou do Distrito Federal, deverão ser observados o mesmo prazo de seis meses a que alude referida alínea *a*.

Segundo a alínea *b* do inciso III do art. 1º da LI, para viabilizarem suas candidaturas a governador e vice-governador devem se desincompatibilizar em até seis meses de seus cargos ou funções:

> **Art. 1º [...]**
> 1. os chefes dos Gabinetes Civil e Militar do Governador do Estado ou do Distrito Federal;
> 2. os comandantes do Distrito Naval, Região Militar e Zona Aérea;
> 3. os diretores de órgãos estaduais ou sociedades de assistência aos Municípios;
> 4. os secretários da administração municipal ou membros de órgãos congêneres.

Aos postulantes ao registro de candidatura aos cargos de prefeito e vice-prefeito aplicam-se, no que for pertinente, por identidade de situações, as mesmas regras de desincompatibilização previstas para os cargos de presidente e vice-presidente da República, governador e vice-governador de estado e do Distrito Federal, observado o prazo de quatro meses (art. 1º, IV, *a*, da LI).

Quando possível a sua candidatura, os membros do Ministério Público[16] que pretendam lançar-se candidatos aos cargos de prefeito e vice-prefeito devem estar afastados dos seus cargos antes dos quatro meses anteriores ao pleito, sem prejuízo dos vencimentos integrais. As mesmas regras são aplicáveis aos membros da Defensoria Pública em exercício na Comarca (art. 1º, IV, *b*, da LI). Para a candidatura aos mesmos cargos, as autoridades policiais, civis ou militares, com exercício no município, deverão afastar-se dos seus cargos antes dos quatro meses anteriores ao pleito (art. 1º, IV, *c*, da LI).

O inciso V do art. 1º da Lei de Inelegibilidade nega elegibilidade para o Senado Federal às seguintes pessoas:

> **Art. 1º [...]**
> *a*) os inelegíveis para os cargos de Presidente e Vice-Presidente da República especificados na alínea *a* do inciso II deste artigo e, no tocante às demais alíneas, quando se tratar de repartição pública, associação ou empresa que opere no território do Estado, observados os mesmos prazos;
> *b*) em cada Estado e no Distrito Federal, os inelegíveis para os cargos de Governador e Vice-Governador, nas mesmas condições estabelecidas, observados os mesmos prazos.

---

[16] Caso diverso é o membro do Ministério Público que ingressou na instituição após 1988: "[...] Registro de candidatura. Membro do Ministério Público Estadual. 1. Noticiam os autos que o recorrente é promotor de justiça afastado de suas funções desde 25/9/2005, em gozo de licença remunerada, para filiação partidária e disputa de cargo eletivo no próximo pleito eleitoral. 2. O recorrente ingressou no Ministério Público Estadual após à promulgação da Constituição Federal e não se exonerou do cargo. Desta forma, imperioso se revela o indeferimento do registro de sua candidatura, na direção da novel jurisprudência desta Corte. [...]" (Ac. de 20-9-2006 no REspe 26.673, rel. Min. José Delgado).

Para a Câmara dos Deputados, Assembleia Legislativa e Câmara Legislativa, no que lhes for aplicável, por identidade de situações, os inelegíveis para o Senado Federal, nas mesmas condições estabelecidas, observados os mesmos prazos (art. 1º, VI, da LI). Aos postulantes ao cargo de vereador aplicam-se as seguintes regras de desincompatibilização:

Art. 1º [...]

a) adotam-se as mesmas regras de afastamento de cargos e funções exigidas para os candidatos ao Senado Federal e à Câmara dos Deputados, observado o prazo de 6 (seis) meses de antecedência (art. 1º, VII, da LI);

b) devem ser observadas, em cada Município, as regras de desincompatibilização para os cargos de Prefeito e Vice-Prefeito, observado o prazo de 6 (seis) meses para o afastamento (art. 1º, VII, da LI).

Encontra-se, ademais, na jurisprudência, a indicação da necessidade de incompatibilização das seguintes atividades:

- Presidente do Conselho Regional de categoria profissional (Ac. de 3-11-2008 no AgR-REspe 33.986, rel. Min. Arnaldo Versiani).
- Membro de Conselho Municipal de Saúde (Ac. de 30-10-2008 no AgR-REspe 30.155, rel. Min. Eros Grau).
- Conselheiro tutelar (Ac. n. 16.878, de 27-9-2000, rel. Min. Nelson Jobim).
- Presidentes de autarquias (Res. n. 14.182, de 10-3-1994, rel. Min. Carlos Velloso).
- Diretor de autarquias, empresas públicas, sociedade de economia mista e fundações públicas e as mantidas pelo poder público (Res. n. 19.519, de 18-4-1996, rel. Min. Diniz de Andrada).
- Presidente e Conselheiros do Cade (autarquia) (Res. n. 14.435, de 1º-7-1994, rel. Min. Diniz de Andrada).
- Delegado da Polícia Federal (Ac. de 20-9-2006 no RO n. 1.003, rel. Min. Carlos Ayres Britto).
- Delegado de Polícia Civil (Ac. n. 16.479, de 29-8-2000, rel. Min. Garcia Vieira).
- Subdelegado de polícia (Ac. n. 14.757, de 25-2-1997, rel. Min. Ilmar Galvão).
- Comandante de companhia da Polícia Militar (Ac. n. 16.743, 21-9-2000, rel. Min. Waldemar Zveiter, red. designado Min. Fernando Neves).
- Policial Rodoviário (Ac. n. 14.358, de 25-2-1997, rel. Min. Ilmar Galvão).
- Chefe de Missão Diplomática (Res. n. 22.096, de 6-10-2005, rel. Min. Marco Aurélio).
- Defensor Público (Res. n. 21.074, de 23-4-2002, rel. Min. Luiz Carlos Madeira).

■ 6.5. A SUSPENSÃO DA INELEGIBILIDADE

Segundo dispõe o *caput* do art. 26-C da Lei de Inelegibilidades, acrescentado pela Lei da Ficha Limpa:

Art. 26-C. O órgão colegiado do tribunal ao qual couber a apreciação do recurso contra as decisões colegiadas a que se refere as alíneas *d, e, h, j, l* e *n* do inciso I do art. 1º poderá, em caráter cautelar, suspender a inelegibilidade sempre que existir plausibilidade da pretensão recursal e desde que a providência tenha sido expressamente requerida, sob pena de preclusão, por ocasião da interposição do recurso.

A medida se aplica aos condenados por abuso de poder econômico ou político, por fato definido como crime, por corrupção eleitoral, captação ilícita de sufrágio, doação, captação ou gastos ilícitos de recursos de campanha, conduta vedada aos agentes públicos em campanhas eleitorais, improbidade administrativa ou simulação de desfazimento de vínculo conjugal. Compete ao recorrente, caso pretenda lançar-se candidato, declarar tal desiderato quando da interposição do seu recurso, pleiteando que o órgão colegiado ao qual este se dirige afirme cautelarmente a inviabilidade do uso do julgado recorrido como adequado a macular-lhe a vida pregressa.

Se o recurso for silente quanto ao pedido mencionado pelo art. 26-C da Lei de Inelegibilidades, considerar-se-á precluso, sendo inadmissível qualquer emenda ou aditamento.

O pedido a ser dirigido ao tribunal, quando da interposição do recurso, não é o de suspensão da inelegibilidade, mas de vedação de que o julgado impugnado seja levado em conta para o fim de macular a vida pregressa do recorrente. A suspensão da inelegibilidade será um efeito desse pronunciamento cautelar.

Apreciando a CTA n. 1147-09.2010.6.00.0000/DF, o Tribunal Superior Eleitoral firmou o seguinte entendimento:

> A meu ver, aliás, não se trata propriamente de suspensão da inelegibilidade, mas, sim, de verificar se a decisão por órgão colegiado que condenou o cidadão em qualquer daquelas espécies de processos poderá ser revertida pela instância superior, vindo, daí, a não incidência da respectiva causa de inelegibilidade.

O relator não tem poderes para adotar isoladamente tal medida suspensiva. Deverá pleitear a inclusão do pedido em pauta, a fim de que o órgão colegiado competente por si integrado (Câmara, Turma ou Plenário, conforme o caso) aprecie o pedido de afastamento provisório da condenação recorrida entre os dados que marcam a vida pregressa do candidato.

A simples concessão de efeito suspensivo a recurso já previsto na legislação processual, sem observância estrita dos requisitos elencados pelo art. 26-C da LI, não possui o condão de afastar a inelegibilidade. Tal suspensividade dirá respeito exclusivamente à não aplicação de quaisquer medidas sancionatórias decorrentes do julgado recorrido. Como já demonstrado, inelegibilidade não é pena. Seu afastamento não segue a suspensão da execução de medidas punitivas, submetendo-se ao critério mais rigoroso expressamente previsto no art. 26-C da LC n. 64/1990, ali inserido pela LC n. 135/2010. Daí a imprescindibilidade do estrito cumprimento do que dita tal dispositivo, que reclama pronunciamento colegiado para o afastamento do dado negativo do histórico pessoal do recorrente.

Demonstra tal assertiva o fato de que o recurso tomado contra acórdão penal condenatório já conta com natural eficácia suspensiva. Nem por isso a simples interposição do recurso obstará o surgimento da inelegibilidade, cujo afastamento não poderá ser pleiteado senão pela via estreita do art. 26-C da LI.

Falece completamente qualquer competência à Justiça Eleitoral para afastar os efeitos de julgado condenatório proferido por outros âmbitos do Poder Judiciário. Nem o juízo responsável pelo julgamento do pedido de registro de candidatura poderá decidir sobre a eventual suspensão da inelegibilidade. A Justiça Eleitoral somente poderá se pronunciar – sempre de forma colegiada – sobre a suspensão dos efeitos que as suas próprias decisões condenatórias (por corrupção eleitoral, abuso de poder nas eleições ou captação ilícita de sufrágio, por exemplo) venham a implicar para a elegibilidade do pretendente a candidato.

De acordo com o que enuncia o § 1º do art. 26-C da LI: "Conferido efeito suspensivo, o julgamento do recurso terá prioridade sobre todos os demais, à exceção de mandado de segurança e de *habeas corpus*". Isso significa que o recurso terá julgamento privilegiado, precedendo a todos os outros, à exceção das garantias constitucionais expressamente mencionadas no dispositivo. Recomenda-se a adaptação dos regimentos internos de todos os tribunais para que considerem a referida inovação processual. Até lá, devem ser seguidas as orientações legais e regimentais que asseguram julgamento prioritário aos remédios constitucionais.

Mantida a condenação de que derivou a inelegibilidade ou revogada a suspensão liminar mencionada na cabeça do art. 26-C, será desconstituído o registro ou o diploma eventualmente concedido ao recorrente. É o que preconiza o § 2º desse dispositivo. Disso decorre que o pretenso postulante a mandato eletivo, caso lance mão da medida prevista no art. 26-C da Lei de Inelegibilidades, sujeitar-se-á a triplo risco: o de ver seu recurso julgado com a celeridade determinada pela lei, antecipando a perda do seu mandato e a aplicação das sanções contra cujo estabelecimento recorrerá.

Entretanto, o **TSE** editou a sua **Súmula 66**, cujo teor é o seguinte: "A incidência do § 2º do art. 26-C da LC n. 64/1990 **não acarreta** o imediato indeferimento do **registro** ou o cancelamento do diploma, sendo necessário o **exame** da presença de todos os **requisitos** essenciais à **configuração** da inelegibilidade, observados os princípios do contraditório e da ampla defesa".

Aquele que recorre de condenação criminal, *v. g.*, poderá, caso eleito após valer-se da medida prevista no art. 26-C da LI, ser sujeito à desconstituição do mandato ao mesmo tempo em que se lhe impõe a privação da liberdade. Trata-se, pois, de medida a ser manejada com grande responsabilidade, sendo recomendada apenas aos que se sabem capazes de demonstrar grave erro de julgamento praticado pela instância recorrida. Fora dessa hipótese, a adoção da medida mostrar-se-á temerária, por antecipar um pronunciamento do qual pode decorrer a aplicação das severas sanções fixadas no julgado de que se originou a inelegibilidade.

Confirmado o julgamento condenatório do qual decorre a inelegibilidade, desde logo sobrevém a perda do registro ou do diploma eleitoral, mesmo que essa nova decisão ainda comporte recurso. Mantém-se, assim, a lógica da Lei da Ficha Limpa, que demanda juízos que nada têm a ver com a aplicação de pena, mas com o estabelecimento de critérios mais rigorosos para o acesso ao mandato eletivo.

Convém registrar que, nos termos do que preceitua o § 3º do art. 26-C: "A prática de atos manifestamente protelatórios por parte da defesa, ao longo da tramitação do recurso, acarretará a revogação do efeito suspensivo". Trata-se de medida voltada a assegurar a devida responsabilização aos praticantes de atos protelatórios ou de manifesta má-fé processual. Suspensa a liminar, opera-se desde logo a desconstituição do mandato eventualmente outorgado ao recorrente, eis que fulminado o diploma eleitoral que lhe servia de alicerce.

Merece particular atenção o seguinte precedente da lavra do Superior Tribunal de Justiça:

> [...] 7. A edição da Lei Complementar n. 135/2010 cognominada "Lei da Ficha Limpa" impõe a discussão dos efeitos das decisões do STJ no exercício de sua jurisdição especial quando da apreciação de recursos (e de suas respectivas medidas cautelares) tendentes a questionar a legitimidade de condenações, sobretudo em razão das inovações normativas introduzidas pela aludida Lei e os seus reflexos no tocante à inelegibilidade de candidatos condenados por ato de improbidade administrativa (art. 1º, inciso I, alínea *l*, da LC n. 64/1990). 8. A expressão contida no *caput* do art. 26-C, de que o tribunal, no caso o STJ, "poderá, em caráter cautelar, suspender a inelegibilidade" deverá ser compreendida como a possibilidade de esta Corte, mediante concessão de efeito suspensivo ao recurso especial, ou por outro remédio processual semelhante, suspender os efeitos da condenação de improbidade administrativa, que, pela nova lei, também constitui causa de inelegibilidade. Precedentes: TSE, Consulta n. 1147-09.2010.6.00.0000, Classe 10, Brasília, Distrito Federal, Relator Ministro Arnaldo Versiani; e Supremo Tribunal Federal, Ag 709.634/DF, decisão monocrática do Ministro Dias Toffoli, *DJ* de 2 agosto de 2010. 9. Dessa forma, ainda que o STJ venha a suspender os efeitos de eventual condenação de improbidade administrativa, não lhe caberá deliberar quanto à elegibilidade do candidato, pois envolve, naturalmente, outras questões estranhas às ordinariamente aqui decididas. Nessa esteira, cabe comentar, por oportuno, que, pela nova lei, não é qualquer condenação por improbidade que obstará a elegibilidade, mas, tão somente, aquela resultante de ato doloso de agente público que, cumulativamente, importe em comprovado dano (prejuízo) ao erário e correspondente enriquecimento ilícito.
> 10. A decisão tomada pelo STJ com base no art. 26-C da LC n. 64/1990 não implica comando judicial que vincule a Justiça Eleitoral ao deferimento do registro da candidatura (não há hierarquia jurisdicional ou funcional entre o TSE e o STJ), mas, sim, importante ato jurídico a respaldar o deferimento dessa pretensão junto à própria Justiça Eleitoral ou, em última análise, ao Supremo Tribunal Federal. 11. Da decisão da Justiça Eleitoral que indefere registro de candidato não cabe reclamação ao tribunal que proferiu a decisão cautelar emanada com base no art. 26-C da LC n. 64/1990, mas recurso inerente ao âmbito da própria Justiça Eleitoral (TRE ou TSE) ou, se o caso, ao Supremo Tribunal Federal. [...] (STJ, Medida Cautelar n. 17.110/PE, 2010/0124569-5, rel. Min. Benedito Gonçalves).

Como se vê, o Superior Tribunal de Justiça enfrentou no referido julgado diversos pontos sobre os quais pode recair questionamento quanto à aplicação do novo art. 26-C da Lei de Inelegibilidades. Situação peculiar é a da suspensão do decreto condenatório em sede de *habeas corpus*, mesmo em âmbito de liminar concedida monocraticamente pelo relator. Analisando o tema, o Tribunal Superior Eleitoral chegou ao seguinte entendimento:

> Eleições 2010. Recurso ordinário. Registro de candidatura ao cargo de deputado federal. Suspensão de causa de inelegibilidade por decisão proferida em *habeas corpus*. Possibilidade. Recurso ao qual se nega provimento. Aquela Decisão suspendeu, sem ressalvas, os efeitos do acórdão condenatório proferido nos autos da Ação Penal n. 2006.01.00.033454-5/TO, até o julgamento de mérito da impetração. Não houve julgamento de mérito do *habeas corpus*, mantendo-se, portanto, hígida (a meu ver, para todos os efeitos) a decisão suspensiva da decisão condenatória do ora Recorrido. [...] Também não prospera a alegação de contrariedade ao art. 26-C da Lei Complementar n. 64/1990. A medida liminar, conforme ressaltado, foi deferida em *habeas corpus*, no exercício da competência acautelatória geral. [...] Preliminarmente, tem-se que a norma em questão refere-se à suspensão da própria inelegibilidade e não da decisão judicial que acarretaria aquela situação do candidato. Daí referir-se a recurso e ao órgão colegiado do Tribunal Competente para apreciar o recurso contra as decisões colegiadas nas alíneas mencionadas. Por essa razão, tenho que não se estaria a excluir a competência do Superior Tribunal de Justiça para apreciar liminar em *habeas corpus* e negar ao Relator o que, decorrente da competência constitucional daquele órgão e da atribuição que é conferida aos Juízes daquele Tribunal, é garantido como direito do jurisdicionado. Nem se há de mitigar a força da decisão proferida pelo Relator naquele Superior Tribunal por legislação infraconstitucional, ainda que de natureza complementar. De outra parte, a restrição dos efeitos de decisão proferida em *habeas corpus* negaria a força dessa ação constitucional importaria em contrariedade aos direitos constitucionais dos jurisdicionados. É de se relevar também que, no caso em pauta, a liminar antecedeu o pedido de registro (sendo ela de 30/6/2010 e o pedido de registro de 5/7/2010), pelo que, quando feito o requerimento, já estavam suspensos os efeitos da decisão condenatória. A escolha do *habeas corpus* (ação constitucional de vigor fundamental) não pode ser negada ao jurisdicionado, nem me parece possível a restrição dos efeitos das decisões judiciais neles proferidas. Também não tenho como juridicamente razoável que sejam restringidas as competências constitucionais de Tribunal Superior pela via da legislação infraconstitucional, o que se teria obtido se vingasse a tese esposada pelo Ministério Público (TSE, RO n. 51.190, Ac. de 9-11-2010, rel. Min. Cármen Lúcia Antunes Rocha, PSESS – publicado em sessão, em 9-11-2010).

Note-se que, no caso, não houve a mera interposição de um recurso dotado de eficácia suspensiva, mas o deferimento de liminar em sede de *habeas corpus* suspendendo a própria condenação. Daí a correção do julgado que afastou a incidência da hipótese de inelegibilidade.

De qualquer sorte, convém ter presente que o **verbete n. 44** da Jurisprudência Sumulada do Tribunal Superior Eleitoral **firmou** o entendimento segundo o qual: "O disposto no art. 26-C da LC n. 64/1990 **não afasta** o poder geral de cautela conferido ao **magistrado** pelo Código de Processo Civil".

6.6. QUESTÕES

1. (TJ-CE – Analista Judiciário – Área Judiciária – FCC – 2022) Jaime é parente consanguíneo em terceiro grau do Governador de determinado Estado e tem vontade de se candidatar à Prefeitura de sua cidade. Sabe-se ainda que Jaime é brasileiro nato, possui 35 anos, é analfabeto e encontra-se desempregado. Considerando apenas os dados fornecidos, Jaime
   a) poderá se candidatar ao cargo de prefeito, tendo em vista se tratar de jurisdição diversa da exercida por seu parente governador, mas não poderá se alistar como eleitor.
   b) é inelegível, não podendo concorrer a nenhum cargo, mas poderá votar, pois para ele o alistamento e o voto são facultativos.
   c) poderá se candidatar ao cargo de prefeito, tendo em vista se tratar de jurisdição diversa da exercida por seu parente governador, e poderá, também, alistar-se como eleitor.
   d) não poderá se candidatar ao cargo de prefeito, pois são inelegíveis, no território de jurisdição do titular, os parentes consanguíneos até o terceiro grau do Governador de Estado, salvo se já titular de mandato eletivo e candidato à reeleição.
   e) é inelegível, não podendo concorrer a nenhum cargo, não podendo, também, se alistar como eleitor.

2. (PM-SP – Soldado PM de 2ª Classe – Vunesp – 2022) De acordo com a Constituição Federal, são inelegíveis:
   a) os estrangeiros e os conscritos, durante o serviço militar obrigatório.
   b) os militares alistáveis e o cônjuge do Presidente da República.
   c) os analfabetos e os militares alistáveis.
   d) o cônjuge e os parentes consanguíneos e afins, de Governadores e Prefeitos, no território nacional.
   e) os estrangeiros naturalizados e os condenados por sentença judicial.

3. (DPE-PI – Defensor Público Substituto – Cespe/Cebraspe – 2022) Uma Governadora está no fim do seu segundo mandato consecutivo no cargo. Considerando-se a posição majoritária e atual do Supremo Tribunal Federal e as normas constitucionais sobre direitos políticos, é correto afirmar que o cônjuge de governadora que esteja no fim de seu segundo mandato consecutivo será inelegível
   a) em todo o território do respectivo estado, salvo se dissolvido o vínculo conjugal antes do término do mandato, o que afastará a inelegibilidade.
   b) apenas para o cargo de governador, ainda que o vínculo conjugal se dissolva no curso do mandato.
   c) em todo o território do respectivo estado, ainda que o vínculo conjugal se dissolva no curso do mandato.
   d) para qualquer cargo eletivo nos dois pleitos seguintes, ainda que o vínculo conjugal se dissolva no curso do mandato.
   e) apenas para os cargos de governador e prefeito, nos dois pleitos seguintes, salvo se dissolvido o vínculo conjugal antes do término do mandato, o que afastará a inelegibilidade.

4. (TJ-TO – Contador – Área: Distribuidor – FGV – 2022) João se encontra no segundo mandato consecutivo de governador do Estado Alfa e está muito preocupado com a possibilidade de diversos parentes não poderem concorrer a cargos eletivos em razão do cargo por ele ocupado. Entre os seus parentes, (1) o irmão Pedro quer concorrer ao cargo de prefeito do Município Delta, situado no território do Estado Alfa; (2) a esposa Maria quer ser reeleita para o cargo de deputada estadual no Estado Alfa; e (3) a filha Joana quer concorrer ao cargo de governadora, sucedendo ao pai na chefia do Poder Executivo do Estado Alfa.

À luz da sistemática constitucional:
   a) estão inelegíveis para os cargos a que pretendem concorrer apenas os parentes referidos em 1 e 2;
   b) estão inelegíveis para os cargos a que pretendem concorrer apenas os parentes referidos em 1 e 3;
   c) estão inelegíveis para os cargos a que pretendem concorrer apenas os parentes referidos em 2 e 3;
   d) estão inelegíveis para os cargos a que pretendem concorrer os parentes referidos em 1, 2 e 3;
   e) o cargo ocupado por João não pode gerar consequências desfavoráveis para os seus parentes.

5. (PC-RJ – Inspetor de Polícia Civil – FGV – 2022) Germano pretendia se candidatar a cargo eletivo nas próximas eleições. Com tal objetivo, procurou um advogado e foi informado de que era alcançado por causa de inelegibilidade prevista na Constituição da República de 1988.

É correto afirmar que uma causa de inelegibilidade de natureza constitucional:
- a) sempre impede que o interessado concorra a qualquer cargo eletivo;
- b) somente alcança os cargos eletivos vinculados a um ente federativo em particular;
- c) será afastada se houver a desincompatibilização no prazo indicado pela ordem jurídica;
- d) somente alcança cargos eletivos específicos, conforme a causa geradora da inelegibilidade;
- e) pode alcançar todos os cargos eletivos, um cargo eletivo específico ou os cargos eletivos vinculados a um ente federativo em particular.

6. (TJ-MG – Juiz de Direito Substituto – FGV – 2022) José Fulano foi eleito governador de um Estado brasileiro, para um primeiro mandato. Na mesma eleição e na mesma unidade federativa, Antônio Fulano, irmão de José, foi eleito deputado federal. Nas eleições gerais seguintes, 4 anos após, ainda no exercício do cargo, José Fulano disputará um novo mandato de governador.

Assinale a opção que indica os cargos, no território de jurisdição do irmão governador, para os quais Antônio Fulano estará inelegível.
- a) Deputado federal, deputado estadual e senador.
- b) Deputado estadual, senador, governador e vice-governador.
- c) Deputado estadual, senador, governador e vice-governador, presidente e vice-presidente da República.
- d) Deputado estadual, deputado federal, senador, governador e vice-governador.

■ **GABARITO** ■

1. "b".	
2. "a".	
3. "c".	
4. "b".	
5. "e".	
6. "b".	

7

CAPTAÇÃO ILÍCITA DE SUFRÁGIO E CONDUTAS VEDADAS AOS AGENTES PÚBLICOS

■ 7.1. CONSIDERAÇÕES INICIAIS

Neste capítulo, trataremos de um tema que ganhou relevância profissional e acadêmica apenas na última década, quando à Justiça Eleitoral passaram a chegar grande número de feitos alicerçados em normas introduzidas na legislação eleitoral brasileira pela via de um projeto de lei de iniciativa popular.

Da mobilização da sociedade civil surgiu a Lei n. 9.840, de 29 de setembro de 1999, que com apenas seis artigos dispôs sobre os fundamentos e os mecanismos de que a Justiça Eleitoral deveria se valer para cumprir a sua missão constitucional de velar pela lisura dos pleitos.

Setenta e sete anos haviam se passado desde a criação da Justiça Eleitoral, sem que se lhe houvessem sido concedidos alicerces normativos para a imposição de sanções adequadas aos praticantes de atos tão graves como a captação ilícita de sufrágio e o uso deletério do aparato de governo para fins eleitorais.

Após a mobilização que deu origem à referida lei, decisões do Poder Judiciário desconstituindo registros, diplomas e mandatos eleitorais deixaram de ser raras e passaram a ser constantes.

Hoje, é sabido que a presença de feitos em que se discute a correção dos modos pelos quais se alcançou o mandato é constante nas pautas de julgamento de todos os tribunais eleitorais. Daí a necessidade de nos aprofundarmos no estudo dos dispositivos legais mais usualmente discutidos no foro. Por razões propedêuticas, foi concedida grande ênfase aos arts. 41-A e 73 e seguintes da Lei n. 9.504, de 30 de setembro de 1997, conhecida como a Lei das Eleições.

■ 7.2. CAPTAÇÃO ILÍCITA DE SUFRÁGIO

■ 7.2.1. Definições

Captação ilícita de sufrágio é a **expressão** jurídica que designa o uso de meios vedados pela lei para **influenciar indevidamente** a formação da vontade do eleitor.

Prevista no Código Eleitoral desde 1965, em seu art. 222, a expressão carecia de definição legal mais explícita, o que só veio a ocorrer com a inserção, na Lei das Eleições, do seu art. 41-A. Esse dispositivo refere-se à captação ilícita de sufrágio por meio de atos de incentivo ou estímulo mercenário à concessão do voto. Nesse sentido, a expressão se reporta ao fenômeno da "compra de votos", ou seja, à alienação ou tentativa de alienação do direito de opção eleitoral em troca de um valor manifestado sob a forma de bem ou vantagem de qualquer natureza.

Com a edição da Lei n. 12.034/2009, o art. 41-A da Lei das Eleições **passou** a também **considerar** captação ilícita de sufrágio a **prática** de violência ou grave ameaça ao **eleitor** com a **finalidade** de obter votos. Para tal fim, acrescentou-se o § 2º ao referido artigo de lei. Sobre ele voltaremos a falar mais adiante.

Temos, então, que a captação ilícita de sufrágio possui dúplice significado, um de estímulo, outro de intimidação ao eleitor. No significado do estímulo, busca-se satisfazer o eleitor com a outorga real ou potencial de benesses, enquanto na intimidação busca-se suprimir a liberdade de escolha do eleitor por meio da prática de violência física ou moral.

Estudaremos essas duas distintas modalidades nos itens a seguir.

■ 7.2.2. Captação ilícita de sufrágio por meio da compra de votos
■ *7.2.2.1. Conceito*

Na sua **expressão** "positiva", em que alguém mobiliza um ou mais eleitores **mediante** a oferta de benefícios, a **captação ilícita** de sufrágio se confunde com o que se denomina "**compra de votos**".

A **expressão** "compra de votos" concentra uma **diversidade de situações** fáticas que têm em comum a presença de um eleitor e de um candidato ou partido político que **oferta** ao eleitor um **proveito ilícito** como estímulo para o direcionamento **intencional** do voto.

Por meio do voto, o eleitor materializa e expressa suas opções políticas. O conteúdo do voto exterioriza as propensões daquele que o exercita, prestando-se em primeira análise à aprovação ou reprovação de pessoas, condutas, partidos ou ideologias. É imensa a gama de motivos que pode conduzir à concessão do voto, mas seria possível estabelecer como ponto de partida que as opções eleitorais variam segundo condicionantes que podem ser mais ou menos abstratas.

Às vezes, o voto manifesta a aprovação de um projeto ou bandeira genérica que prevê ou promete benefícios para todos ou pelo menos para um grupo amplo de membros da sociedade: os empresários, os operários, os defensores do meio ambiente, as mulheres vítimas de violência doméstica, os enfermos, os consumidores, os pacifistas etc. Nessas circunstâncias, o voto possui um conteúdo relativamente abstrato, revelando a preferência do eleitor por temas que envolvem soluções mais amplas e complexas a problemas que afetam a um número indeterminado de pessoas. Aqui, o voto é dirigido mais a ideias que especificamente aos agentes encarregados de concretizá-las.

Em outra hipótese, o eleitor é levado a emitir seu voto em favor de alguém por razões mais pragmáticas, como livrar-se de uma situação de ameaça ou receber dinheiro em pagamento, por exemplo. Com base nos estudos de James Scott, Bruno Wilhelm Speck (2003) sistematiza uma possível evolução do comportamento eleitoral em uma cadeia de três etapas: o voto imposto, o voto negociado e a confiança ou censura expressadas mediante o voto.

O voto imposto é derivado de situações extremas de ameaça ou da submissão do eleitor a um patrono ou chefe local. O voto assim emitido tem por objetivo evitar represálias ou atos de vingança, ou ainda preservar vínculos cuja ruptura poderia provocar consequências imprevisíveis e indesejadas. Essa forma de expressão do voto está normalmente relacionada com as circunstâncias em que é factível a identificação do seu conteúdo, ou porque não seja protegido pelo sigilo ou porque pode ser desvendado por outra via, pela cooptação de administradores do processo eleitoral ou pelo monitoramento coletivo dos votos, como o que ocorre em sessões rurais isoladas em que a totalização é revelada por urna.

Referindo-se às eleições de 1889, Joaquim Nabuco[1] nos deixou o seguinte relato:

> Uma vez, por exemplo, entrei na casa de um operário, empregado em um dos arsenais, para pedir-lhe o voto. Chamava-se Jararaca, mas só tinha de terrível o nome. Estava pronto a votar por mim, tinha simpatia pela causa, disse-me ele; mas votando, era demitido, perdia o pão da família; tinha recebido a chapa de caixão (uma cédula marcada com um segundo nome, que servia de sinal), e se ela não aparecesse na urna, sua sorte estava liquidada no mesmo instante.

Em tais hipóteses, a liberdade do eleitor é inexistente. Ele se move sob forças externas invencíveis, atuando em razão de ser coagido (física, econômica, moral) irresistivelmente.

Já no voto negociado o eleitor dispõe de uma certa liberdade de opção, mas, mesmo assim, está disposto a aliená-la em troca de bens ou vantagens materiais ou imateriais, potenciais ou imediatas. O eleitor não está compelido diretamente a votar de uma ou outra forma, mas concebe o voto como um possível meio para a satisfação de carências e, por isso, opta por tratá-lo como objeto de negócio.

A etapa evolutiva seguinte é a do voto como expressão de confiança e censura. Aqui, o eleitor não é motivado por violência, ameaça ou suborno, senão por suas convicções no que atine ao grau de merecimento do candidato. O voto é concedido por razões filosóficas, interesses abstratos ou genéricos ou por alternativas programáticas, e se dirige à escolha consciente entre posições políticas que gerarão efeitos para toda a sociedade.

O *caput* do 41-A da **Lei das Eleições outorga** tratamento normativo ao fenômeno sociojurídico **caracterizado** pela **segunda** das **etapas** mencionadas: **a do voto comprado**.

A expressão "compra de votos", com sua aparente conotação econômica, obscurece uma diversidade de contextos e significados comportados no seu interior. Certamente, não se pode limitar o sentido da expressão a um simples intercâmbio de

---

[1] NABUCO, Joaquim. *Minha formação*. Rio de Janeiro: Topbooks, 1999.

valores materiais por votos, ainda que, sob situações específicas, uma negociação de semelhante natureza possa ser observada.

Em um sentido puramente economicista, "nós poderíamos definir a compra de votos na arena eleitoral como transações de mercado nas quais partidos, candidatos ou intermediários pagam (em espécie ou *in natura*) por "serviços eleitorais" prestados por cidadãos individuais – um voto ou uma abstenção favoráveis". É, entretanto, necessário analisar concretamente o entorno do fato sociológico e até como é entendido e assimilado pelos que o praticam. Daí a necessidade de cautela para que o uso do termo "compra" não dê origem a interpretações equivocadas.

É necessário, desde logo, ter presente que não somente bens concretos, mas também vantagens imateriais, podem gerar o compromisso de votar. Chamo de vantagens imateriais aqueles benefícios não passíveis de mensuração econômica, mas que possuem valor bastante para que se tornem atrativos. É o caso do candidato que oferece, em troca dos votos de uma determinada família, seu serviço futuro como parlamentar para a aprovação de uma lei que dê a um logradouro público o nome de um antepassado querido. É também essa a situação do candidato que oferece títulos e honrarias solenes para o eleitor ou chefe partidário assediado.

Outra distinção evidente entre a compra e a venda como ação tradicional de mercado e a captação ilícita de sufrágio reside na impossibilidade ou dificuldade de monitoramento da conduta daquele de quem se espera a contraprestação sob a forma de voto. Enquanto a primeira atividade é lícita e está amparada pelo aparato do Estado, a segunda é ilícita e, portanto, demanda estratégias alternativas e antijurídicas para a garantia de sua eficácia. Speck afirma que "[...] a prática da compra de votos se depara com a questão prática de garantir que o eleitor cumpra a contrapartida e vote no candidato indicado"[2]. Para escapar às dificuldades proporcionadas por essa defasagem no monitoramento, faz-se necessário o desenvolvimento de estratégias. Uma delas consiste em buscar meios para a descoberta do conteúdo do voto, mesmo em uma sociedade como a nossa, em que este é coberto pelo sigilo. Sabe-se, todavia, que esse sigilo é apenas parcial, principalmente em pequenas comunidades rurais isoladas, como já mencionado. Se não se sabe o conteúdo específico do voto de cada um, se sabe a inclinação da comunidade, o que pode ser o suficiente para garantir certo monitoramento. Outra estratégia utilizada é a de desenvolver "[...] relações de confiança, ou compromisso moral, compensando dessa forma a falta de mecanismos de sanção", segundo o referido autor.

Há, ainda, outra forma fraudulenta de monitoramento do conteúdo do voto comprado, identificada em pelo menos uma demanda judicial no Brasil, já adaptada ao modelo eletrônico de votação adotado. Um postulante a deputado federal pelo estado do Mato Grosso condicionava o pagamento pelo voto à identificação, num cartaz em que o candidato figurava em diversas fotos com poses e trajes diferentes, da exata imagem exibida pela urna eletrônica após a digitação do número de registro da sua candidatura.

---

[2] SPECK, Bruno Wilhelm. A compra de votos: uma aproximação empírica. *Opinião Pública*, n. 1, v. IX, Campinas, 2003.

Temos também um curioso precedente que se reporta a um falso caso de monitoramento, no qual um candidato a deputado estadual distribuiu cartões magnéticos para que os eleitores os passassem sobre a urna eletrônica, afirmando que desse modo se poderia documentar a efetiva concessão do voto. O caso deu origem ao seguinte julgado:

> Representação. Captação ilícita de sufrágio (Lei n. 9.504/1997, art. 41-A). Controle de votos mediante ardil (uso de cartão simulando um *chip*). O candidato que encomenda cartões simulando um *chip* que registraria magneticamente os votos, e faz por distribuí-los entre eleitores mediante a promessa de que, contra a respectiva devolução, receberam dinheiro, incorre na penalidade do art. 41-A da Lei n. 9.504, de 1997, por captação ilícita de sufrágios. [...] (Ac. de 27-3-2008 no REspe n. 28.242, rel. Min. Ari Pargendler).

Frederic C. Schaffer e Andreas Schedler[3] chamam a atenção para outra diferença, esta presente nos aspectos psicológicos da "negociação" do voto. É que na compra e venda usual, aquela presente nas relações típicas de mercado, o sentido do negócio é fácil e diretamente assimilável por ambas as partes: uma quer obter um bem ou serviço e por ele dá algo em pagamento ao fornecedor; este, por sua parte, deseja prestar o serviço ou vender o bem, operação imprescindível para a obtenção dos lucros essenciais à manutenção ou desenvolvimento de sua empresa.

Na compra de votos, diversamente, não existe uma relação tão simples. Múltiplos sentidos podem ser atribuídos pelos personagens envolvidos na operação, os quais variam segundo aspectos culturais e sociais vigentes em distintos tempos e localidades. Assim, pode-se afirmar que a expressão "compra de votos" engloba uma ampla variedade de significados.

Os mesmos autores mencionam os seguintes sentidos atribuíveis a uma conduta similar de compra de votos:

- **Retribuição antecipada** – ocorre nas relações em que os eleitores percebem as ofertas como um pagamento adiantado pelos "serviços eleitorais", ou seja, nas quais o sentido do negócio se aproxima do sentido econômico de uma operação convencional de compra e venda.
- **Salário** – as ofertas materiais não são vistas como o início de uma relação de troca, senão como sua conclusão. Normalmente, são materializadas mediante salários pagos a trabalhadores "empregados" pela campanha, como os que têm de colar cartazes ou distribuir panfletos. Logo, falaremos com mais vagar sobre esse sentido, já compreendido em alguns julgados recentes da Justiça Eleitoral brasileira. Como veremos adiante, a compra de votos procedida com esse significado se confunde com a compra de votos indireta.

---

[3] SCHAFFER, Frederic C.; SCHEDLER, Andreas. *What is vote buying. The limits of the market model*. Paper to de delivered at the conference at the conference "Poverty, Democracy and Clientelism: The Political Economy of Vote Buying". Stanford Universtiy, Department of Political Science, Bellagio Center, Rockefeller Foundation, 28 November-2 December 2005.

■ **Presente** – a compra de votos é percebida como uma transferência unilateral com a expressa intenção de gerar obrigações de reciprocidade no momento da emissão do voto. O benefício ofertado não funciona diretamente como meio de pagamento, mas como estímulo para a deflagração de sentimentos de débito moral e simpatia para com o benfeitor.

■ Sentidos ainda mais simbólicos ou implícitos são arrolados pelos autores mencionados:

■ **Ressarcimento** – em algumas situações, a oferta de bens ou serviços pode ser percebida pelos eleitores como uma emenda por erros praticados pelos políticos no passado, como se fosse uma oportunidade para a obtenção de alguma ajuda por parte daqueles que em outra oportunidade desviaram dinheiro público.

■ **Ofensa** – uma oferta pode gerar sentimentos de ataque à dignidade do eleitor, provocando efeitos contrários aos desejados pelo candidato.

■ **Ameaça** – às vezes, a oferta possui um conteúdo implícito de medo ou ameaça, contribuindo para disseminar o receio de que não votar no candidato poderá provocar uma retaliação.

■ **Sinal de virtude** – a oferta possui um valor informativo (*informational value*) que transmite a ideia de qualidades pessoais positivas, como generosidade, responsabilidade ou respeito. Nesse caso, não é o valor da oferta *per se* que produz o resultado, mas sim os valores positivos que esta contribui para agregar à imagem do candidato.

■ **Sinal de vício** – diversamente da hipótese anterior, esta mesma conduta pode produzir efeitos indesejáveis ao traduzir sinais de defeitos pessoais, como arrogância, inconfiabilidade e fraqueza.

■ **Sinal de força** – noutro sentido, a oferta pode gerar a crença na capacidade efetiva de vitória por parte do candidato. A possibilidade de mobilizar recursos públicos ou privados a favor de sua campanha transmite a ideia de que o postulante ao mandato público detém o apoio necessário para chegar aonde deseja. A concessão do voto, neste caso, deriva da conveniência de acompanhar o candidato poderoso, favorecendo a manutenção da proximidade com quem demonstrou tamanha facilidade de acesso aos recursos materiais disponíveis.

Como se vê, há uma considerável gama de sentidos diversos para a mesma expressão linguística que é "compra de votos". A descrição objetiva da hipótese sobre a qual incide a lei para sujeitar o autor da captação ilícita de sufrágio às medidas punitivas que prevê é suficientemente clara para indicar qual a ação indesejada pelo legislador, mas é também ampla o bastante para contemplar todas as formas de expressão social da compra de votos analisadas. Isso importa dizer que todos os sentidos sociológicos emprestados à ação dirigida a comprar votos são abrangidos e reprimidos pelas normas provenientes da iniciativa popular que tratam da captação ilícita de sufrágio, consoante veremos a partir de agora.

Ao **firmar** a captação ilícita de sufrágio como **conduta lesiva** à administração das **eleições**, o legislador não restringiu sua incidência sobre quaisquer das hipóteses de expressão social do **fenômeno** da compra de votos. **Não** exigiu a **aceitação** da oferta pelo eleitor, a efetiva concessão do sufrágio, ou tampouco que o candidato verbalize o pedido de voto. A redação do art. 41-A da Lei das Eleições, que **traz a expressão** "o fim de obter-lhe o voto", veremos mais adiante, pode se expressar com clareza de múltiplas maneiras. Também **não afastou** da sujeição à norma aquele que atribuísse à conduta o conteúdo anexo de **ameaça** ou de **afirmação** de poder ou força.

7.2.2.2. Caracterização

Segundo o art. 41-A, *caput*, da Lei n. 9.504/1997, captação ilícita de sufrágio é a conduta cujo aperfeiçoamento requer a presença conjunta dos seguintes elementos:

- doação, oferta, promessa ou entrega [...]
- de um bem ou vantagem de qualquer natureza, inclusive emprego ou função pública, [....]
- por parte de um candidato [...]
- ao eleitor [...]
- com o fim de obter-lhe o voto.

Doação é forma de alienação. Por seu intermédio, o candidato transfere para o patrimônio do eleitor um bem móvel ou imóvel. É o caso da dentadura, do terreno urbano, da caixa d'água, do metro de pano, da ferramenta etc., desde que efetivamente entregues ou transmitidos ao eleitor para seu uso, gozo e fruição. No sentido que lhe empresta o Código Civil de 2002, doação é o contrato em que uma pessoa, por liberalidade, transfere do seu patrimônio bens ou vantagens para o de outra (art. 538). É nessa acepção que a conduta descrita pelo dispositivo em estudo deve ser interpretada.

Na oferta, diversamente, não se exige a efetiva transmissão da propriedade. A ação se aperfeiçoa pela simples disponibilização, não demandando a efetiva tradição do bem. Para que se caracterize a captação ilícita de sufrágio sob essa modalidade é irrelevante a aceitação da dádiva por parte do eleitor. Também a simples vantagem pode ser oferecida. Um benefício imaterial, ainda que não apreciável em dinheiro, pode ser ofertado ao eleitor para restringir a liberdade das suas opções eleitorais.

Prometer é vincular-se com a satisfação futura de uma necessidade alheia. A ação benéfica é apenas anunciada, comprometendo-se o candidato ou seu interlocutor autorizado (implícita ou explicitamente) a implementá-la no futuro. A promessa reveste-se de ilicitude quando se relaciona à concessão de benefícios para indivíduos ou grupos de indivíduos de forma direta, sem que se refira a ações gerais de governo. A promessa é o meio pelo qual o candidato expressa seus projetos e programas de ação. Sendo assim, é de se esperar que muitas promessas sejam feitas ao longo da campanha. Enquanto se referem a temas gerais, assuntos abstratos ou programas de ação, nada há de ilícito. A promessa do desenvolvimento de políticas públicas de saneamento básico constitui estratégia lícita de convencimento, mas a promessa da doação de encanamento para uma pessoa ou a um grupo determinado constitui captação ilegal de sufrágio.

A respeito do tema, o **TSE já concluiu** até mesmo pela irrelevância do **fato** de o candidato **ter meios ou não** para cumprir o prometido. É o que se vê do seguinte julgado:

> A despeito de o serviço de abastecimento de água no município depender de viabilidade técnica a ser aferida pela empresa responsável, ficou assentado no acórdão que o ato cometido pelo prefeito em relação ao eleitor, a respeito de pedido dirigido à concessionária, foi motivado por intuito de compra de voto, tornando-se irrelevante a discussão se seria possível ou não a efetivação de tal providência. Agravos regimentais desprovidos (Ac. de 4-5-2010 no AgR-REspe n. 36.151, rel. Min. Arnaldo Versiani).
>
> Mas: "[...] As promessas genéricas, sem o objetivo de satisfazer interesses individuais e privados, não são capazes de atrair a incidência do art. 41-A da Lei n. 9.504/1997. [...]" (Ac. n. 5.498, de 27-9-2005, rel. Min. Gilmar Mendes).

Entregar é passar algo ao **domínio**, ainda que provisório, do eleitor. Na entrega, o **candidato** torna **disponível** o uso ou a posse de um bem para que um eleitor dele tire proveito. A entrega em definitivo se **confunde** com a doação. Não é necessário que o bem entregue provenha do patrimônio do candidato, bastando que por seu intermédio ou por sua autorização chegue ao eleitor. A venda ou aluguel de um bem por preço irrisório podem ser meios para se proceder a uma entrega de bens com a finalidade de gerar o compromisso do voto.

O **benefício** ou dádiva por meio do qual se **pretende** influir sobre o destino a ser dado ao voto pode se **materializar** sob a forma de bem ou vantagem. **Bem** é coisa corpórea ou incorpórea passível de apropriação. **Vantagem** é a circunstância que gera proveito para o eleitor. Assim, se a apropriação ou o uso de um bem representa uma vantagem, há vantagens que possuem forma diversa das que pode assumir qualquer espécie de bem. Assim, a **simples homenagem**, por exemplo, é fato insusceptível de apropriação, embora possa ser atrativa o **suficiente** para importar na **alteração** do direcionamento eleitoral. Ainda que **não** produza desdobramentos **economicamente** mensuráveis, constitui um proveito suficiente para gerar efeitos na esfera das **intenções** do seu beneficiário.

Essa distinção é essencial para afastar qualquer confusão entre os conteúdos jurídicos da captação ilícita de sufrágio e do abuso do poder econômico. Aqui, o desequilíbrio entre o patrimônio do candidato e do eleitor favorece a utilização das formas de expressão econômicas como meio para influir sobre o resultado dos pleitos. Ali, na compra de votos, nem sequer é necessário esse desequilíbrio, já que mesmo candidatos de parcos recursos podem oferecer ou prometer dádivas capazes de gerar alterações eleitorais significativas (como no exemplo da homenagem mencionado ou na promessa de assistência material futura em caso de eleição etc.). Ao longo da tramitação do projeto de lei na Câmara dos Deputados, por emenda apresentada pelo deputado José Antônio Almeida (PSB/MA), incluiu-se no texto da lei a menção explícita a "emprego ou função pública" entre as vantagens cuja oferta, entrega ou promessa sujeitariam o candidato às sanções previstas pelo art. 41-A (Câmara dos Deputados, 1999). A finalidade era ressaltar uma vantagem sempre mencionada nas campanhas, cujo efeito entre os eleitores possui incomensurável repercussão, considerados os graves índices de desemprego existentes em nosso País.

A Lei n. 11.300, de 10 de maio de 2006, ao estipular que: "Ficam vedadas quaisquer doações em dinheiro, bem como de troféus, prêmios, ajudas de qualquer espécie feitas por candidato, entre o registro e a eleição, a pessoas físicas ou jurídicas", claramente acrescentou conteúdo ao art. 41-A, fixando certas situações concretas, que, sem prejuízo de outras, caracterizam condutas voltadas a influir indevidamente sobre a formação da vontade do eleitorado.

A mesma lei também excluiu a validade da "confecção, aquisição e distribuição de camisetas, chaveiros e outros brindes de campanha", antes prevista no inciso XIII do art. 26 da Lei das Eleições. O propósito do legislador foi evidentemente o de proscrever condutas reiteradamente utilizadas para mascarar a captação ilícita de sufrágio. Ao excluir referidos itens do permissivo contido no art. 26, o legislador expressamente submeteu aqueles que promovam a sua distribuição às prescrições do art. 41-A da Lei das Eleições.

De igual forma, a **Resolução do TSE n. 23.610/2019** prevê expressamente em seu art. 18 que: "São vedadas na campanha eleitoral **confecção, utilização, distribuição** por comitê, candidata, candidato, ou com a sua autorização, de camisetas, chaveiros, bonés, canetas, brindes, cestas básicas ou quaisquer outros bens ou materiais que possam proporcionar vantagem a eleitora ou eleitor, respondendo a infratora ou o infrator, conforme o caso, pela **prática** de captação ilícita de sufrágio, emprego de processo de **propaganda vedada** e, se for o caso, **pelo** abuso de poder"

Outro dispositivo da referida lei estatui ser "vedada na campanha eleitoral a confecção, utilização, distribuição por comitê, candidato, ou com a sua autorização, de camisetas, chaveiros, bonés, canetas, brindes, cestas básicas ou quaisquer outros bens ou materiais que possam proporcionar vantagem ao eleitor". Como se vê, o legislador equiparou à doação de cestas básicas – gesto clássico de captação ilícita de sufrágio – a distribuição de toda sorte de brindes. Não há dúvida de que o recebimento de qualquer brinde representa uma vantagem para o eleitor. O legislador não entendeu relevante procurar dimensionar a importância relativa dessa vantagem. Contentou-se com proscrever em toda hipótese essa conduta, ante a evidência de que qualquer liberalidade poderia dar lugar à tentativa de burla aos objetivos isonômicos contidos na lei.

Não há dúvida, então, de que a partir do ingresso em vigor da Lei n. 11.300/2006 a distribuição, efetiva ou prometida, de brindes, agora não mais presente entre os gastos ilícitos de campanha, constitui forma de captação ilícita de sufrágio, punível na forma do art. 41-A da Lei n. 9.504/1997. Além disso, a simples produção desses itens já caracteriza o gasto ilegal de campanha, o que acarreta a aplicação das rigorosas medidas administrativas previstas no § 2º do art. 30-A da Lei das Eleições.

Agora, veja-se o seguinte precedente:

> [...]. Ação de impugnação de mandato eletivo. Captação ilícita de sufrágio (art. 41-A da Lei n. 9.504/1997). Descaracterização. Deputado Federal. Candidato. Oferecimento. Churrasco. Bebida. [...]. 3. Para a caracterização da captação ilícita de sufrágio, é necessário que o oferecimento de bens ou vantagens seja condicionado à obtenção do voto, o que não ficou comprovado nos autos. 4. Não obstante seja vedada a realização de propaganda eleitoral por meio de oferecimento de dádiva ou vantagem de qualquer natureza (art. 243 do CE), é de se concluir que a realização de churrasco, com fornecimento de comida e bebida de forma gratuita, acompanhada de discurso do candidato, não se amolda ao tipo do art. 41-A da Lei n. 9.504/1997 [...] (Ac. de 18-3-2010 no RO n. 1.522, rel. Min. Marcelo Ribeiro; no mesmo sentido, o RCED n. 766, de 18-3-2010, rel. Min. Marcelo Ribeiro).

Na mesma linha o seguinte precedente, ainda mais recente:

> 2. O simples fato de o candidato se fazer presente em festividade não gera a presunção de que se trata de evento com fins eleitorais, mormente por não ser vedado, na legislação eleitoral aplicável, o comparecimento de candidato em evento festivo que não envolva a inauguração de obra pública nos 3 meses que antecedem o pleito ou a realização de showmício. 3. A realização de churrasco, com o fornecimento de comida e bebida de forma gratuita, acompanhada de discurso do candidato, não se amolda ao tipo do art. 41-A da Lei 9.504/1997. Precedente: RCEd 766 [31791-37]/SP, Rel. Min. MARCELO RIBEIRO, *DJe* 10.5.2010. 4. Para que seja caracterizada a captação ilícita de sufrágio, é necessária a demonstração do especial fim de agir consistente no condicionamento da entrega da vantagem ao voto do eleitor. 5. Na espécie, depreende-se do acervo probatório que o recebimento da vantagem – materializada na distribuição gratuita de comida e bebida – não foi condicionado à obtenção do voto, o que afasta a incidência do art. 41-A da Lei das Eleições, porquanto não demonstrado o especial fim de agir da conduta. 6. Agravo Regimental a que se nega provimento (RO n. 796.257, Acórdão, rel. Min. Napoleão Nunes Maia Filho, *DJe* 9-2-2017, t. 29, p. 49-50).

Tais entendimentos foram alicerçados na falta de evidências de que houve pedido explícito ou implícito de votos. Daí que não se aperfeiçoou a conduta descrita no art. 41-A da Lei das Eleições.

A norma legal estabelece, por outro lado, como contrária à administração das eleições a ação tendente a alterar a vontade do eleitor pela via da oferta de um estímulo externo ilícito. Enquanto a propaganda lícita opera como forma de conquista legítima do voto, a captação ilícita de sufrágio se materializa por meio da utilização de mecanismos artificiais alheios ao universo da legalidade para produzir resultados eleitorais adulterados. A conquista do voto se dá por intermédio de formas ilícitas de busca de adesão. A adulteração que na fraude se realiza após a outorga do voto, aqui é promovida antes mesmo da emissão do voto, nos domínios psíquicos do eleitor.

Aqui, podem estar incluídas uma série de medidas adotadas no denominado *pork barrel* ou política paroquial[4], a qual se define pela ação política que escapa aos

---

[4] RICCI, Paolo. O conteúdo da produção legislativa brasileira: leis nacionais ou políticas paroquiais? *Dados* [*online*], n. 4, v. 46, 2003.

interesses genéricos ou secionais para objetivar a promoção de interesses microssecionais ou individuais. Segundo Brinkerhoff e Goldsmith: "Esta expressão se refere a projetos custeados com recursos públicos promovidos por legisladores para carrear dinheiro e trabalho para seus próprios distritos, como um favor político para políticos locais ou cidadãos"[5]. Na política paroquial, os instrumentos democráticos de exercício do poder são utilizados para o fim de favorecer a indivíduos ou a grupos específicos em prejuízo de políticas sociais mais igualitárias. O *pork barrel*, a depender do conteúdo específico da política adotada e desde que exercitado no período em que é defesa a captação ilícita de sufrágio, pode dar ensejo à aplicação positiva das sanções previstas na norma administrativa repressiva eleitoral.

Também é importante para a compreensão do fato social definido pelo fluxo de bens e vantagens com propósitos eleitorais a compreensão dos mecanismos modernos de manutenção de relações clientelísticas.

De um lado

[...] muitos patronos não figuram como atores independentes, mas são *links* dentro de um grande leque de contatos, servindo usualmente como intermediários que providenciam intercâmbios entre o nível local e o centro nacional[6].

E, de outra parte,

[...] os membros pobres e marginalizados da sociedade estão inseridos em suas "redes de solução de problemas" (*problem-solving networks*) como um meio pragmático para encontrar soluções para seus assuntos diários, uma vez que geralmente têm acesso apenas limitado às fontes formais de assistência[7].

Os candidatos figuram no interior ou nas cercanias dessas "redes", normalmente operando não apenas no período eleitoral, embora nele intensifique a sua atividade, intermediando trocas úteis à massa de eleitores.

O *pork barrel* muitas vezes se aproxima – mas não se confunde – com o uso eleitoral da máquina administrativa, pelo menos sob o prisma adotado pela Lei n. 9.504/1997. As condutas vedadas aos agentes públicos estão todas previstas –*numerus clausus* – nos arts. 73 a 77 da referida lei, não estando diretamente voltados a cobrir o leque de atividades sociologicamente denominadas de políticas paroquiais. Essas operam como fonte pública de recursos para o financiamento de campanhas e para a concessão de bens ou vantagens individuais aos eleitores, situando-se por essa

---

[5] BRINKERHOFF, Derick W.; GOLDSMITH, Arthur A. *Clientelism, Patrimonialism and Democratic Governance*: an overview and framework for assessment and programming. Cambridge, USA: Abt Associates Inc., dez. 2002.

[6] BRINKERHOFF, Derick W. & GOLDSMITH, Arthur A. *Clientelism, Patrimonialism and Democratic Governance*: an overview and framework for assessment and programming. Cambridge, USA: Abt Associates Inc., dez. 2002.

[7] BRINKERHOFF, Derick W. & GOLDSMITH, Arthur A. *Clientelism, Patrimonialism and Democratic Governance*: an overview and framework for assessment and programming. Cambridge, USA: Abt Associates Inc., dez. 2002.

segunda razão, na maior parte das vezes, entre os fatos caracterizadores da captação ilegal de sufrágio.

Nisso reside o fundamento mais central para a repressão normativa à prática da compra de votos: para ser bem-sucedida, a conquista comprada do voto precisa ser capaz de mobilizar amplas massas de eleitores. Para que isso ocorra é necessário o consumo de amplos volumes de recursos, que por essa razão não podem ser oriundos de fonte lícita. Um dos modos de alimentação desse modo de proceder político está na utilização de proveitos transferidos para públicos predeterminados em troca da adesão política dos beneficiários e, ao mesmo tempo, na busca de doações por parte das empresas contratadas para prestar os serviços demandados pelos políticos.

Scott Desposato esclarece:

> Diretamente, eles proveem benefícios públicos locais que os eleitores podem pretender – pontes, estradas pavimentadas e outros projetos de trabalhos públicos. Indiretamente, eles podem contar com retornos (*kickbacks*) e gerar contribuições de campanha a partir dos beneficiários desses contratos; tais pagamentos se convertem em bens privados que os candidatos podem destinar aos eleitores[8].

Daí advém que a compra de votos é apenas a expressão observável de um fenômeno complexo que, às vezes, movimenta mais de uma ilicitude, mais de uma ofensa a normas contidas em âmbitos distintos do universo jurídico. A captação ilícita de sufrágio está inserta num contexto em que circulam a elisão fiscal, a lavagem e a falsificação de dinheiro, a improbidade administrativa, as doações ilícitas de campanha, as quais figuram como fontes de recursos necessários para o seu financiamento.

A compra de votos, segundo Schaffer[9], tem por objetivo gerar uma das três seguintes formas de compromisso por parte do eleitor:

- ■ Compromisso instrumental – em que os destinatários mudam, ou não, seu comportamento eleitoral em troca de recompensas tangíveis.
- ■ Compromisso normativo – em que a influência sobre o comportamento eleitoral depende de a oferta convencer os eleitores quanto à bondade ou ao merecimento do candidato, ou de criar a "obrigação moral" de retribuir com o voto.
- ■ Compromisso coercitivo – se operacionaliza por intimidação como forma de compelir os eleitores a alterar suas intenções de voto. Nesse caso, os destinatários temem sofrer represálias se não aceitarem a oferta ou não votarem como definido após a oferta haver sido aceita.

---

[8] DESPOSATO, Scott W. *How vote buying shapes the political arena*. Paper prepared for the Comparative Politics of Vote Buying Conference, Massachusetts Institute of Technology, Cambridge, Massachusetts, ago. 26-27, 2002.

[9] SCHAFFER, Frederic C.; SCHEDLER, Andreas. *What is vote buying. The limits of the market model*. Paper to de delivered at the conference at the conference "Poverty, Democracy and Clientelism: The Political Economy of Vote Buying". Stanford Universtiy, Department of Political Science, Bellagio Center, Rockefeller Foundation, 28 November-2 December 2005.

Como não se trata de uma **operação** de natureza **puramente econômica**, a compra de votos deve ser **analisada** no âmbito do **comportamento** político, para o qual são preciosos os lindes definidos pelo arquétipo representado pelo art. 41-A. Assim, devem ser **afastadas** as opções interpretativas que limitem a aplicação do dispositivo em estudo, tais como aquelas que **pretendem** submetê-la à existência de **pedido expresso do voto**. O legislador em nenhum momento estabeleceu essa exigência, senão a demonstração de que a conduta teria o "fim de obter-lhe o voto". Esse aspecto, por sua importância, será tratado em um apartado próprio. Adiante-se, **entretanto**, que a **finalidade** eleitoral do **ato** pode ser **expressa** de diversas formas **além** do pedido **verbalizado** de voto. Considerando-se o caráter ilícito da conduta, que demanda cautelas para permanecer oculta, é pouco provável que referências expressas ao desejo de obter proveito eleitoral com essa ou aquela atitude venham a ser encontradas.

■ 7.2.2.3. Classificação

A captação ilícita de sufrágio, quando praticada sob a forma da "compra de votos", pode ser discutida à luz da seguinte classificação:

a) quanto à forma:

■ **compra de votos direta** – envolve o conteúdo típico do conceito de captação ilegal de sufrágio. Aqui, o candidato, diretamente ou valendo-se do concurso de terceiros, dirige ao eleitor uma oferta deixando claro, ainda que implicitamente, seu desejo de, em retribuição, receber o seu voto;

■ **compra de votos indireta** – materializa-se mediante a adoção de ações voltadas a obter a adesão psíquica do eleitor e, por derivação, o seu voto. No mais das vezes, caracteriza-se pela manutenção de um vínculo inicialmente lícito, mas que é utilizado com o fim de atingir a conquista ilícita dos votos. A expressão típica dessa modalidade, segundo as normas atualmente em vigor, reside na contratação abusiva de agentes eleitorais, sob a chancela aparente do art. 26, VII, da Lei das Eleições, que autoriza "a remuneração ou gratificação de qualquer espécie a pessoal que preste serviços às candidaturas ou aos comitês eleitorais". Muitas vezes, essas contratações constituem meras simulações para justificar a entrega de valores monetários a eleitores. Já em outras ocasiões até chega a existir a contraprestação, embora a contratação de número excessivo de "prestadores de serviço" possa caracterizar a utilização abusiva do permissivo legal com a finalidade de obtenção de proveito eleitoral ao arrepio das normas. Casos há, não obstante, em que a compra de votos indireta é realizada por meio da prática de outro ato ilícito, como se dá com a contratação para a realização do ato ilícito conhecido como boca de urna. Sobre esse, posteriormente nos debruçaremos com mais vagar. É válida, aqui, uma remissão ao voto comprado em sua forma social de salário.

b) quanto à pessoa:

■ **compra de votos pessoal** – ocorre quando o próprio candidato, agindo diretamente, aborda ele próprio o eleitor com o incentivo indevido;

■ **compra de votos por interposta pessoa** – se dá quando o candidato se vale do concurso de terceiros para apresentar ao eleitor o estímulo propagandístico proibido por lei;

■ **compra de votos "por atacado" ou compra de apoio político** – o incentivo material ou imaterial é oferecido não ao eleitor diretamente, mas a líderes locais, comunitários, de classe ou de partido. São os denominados "cabos eleitorais", cuja posição política permite supor a detenção do controle de um dado número de votos, estando dispostos a tirar dessa particular situação proveito pessoal imediato ou futuro em troca da mobilização do eleitorado submetido aos seus comandos. A contratação dos cabos eleitorais já contém em si a compra dos votos. Mas aqui a outorga do voto é ainda mais garantida: tendo que trabalhar para cumprir com o avençado, devolvendo ao pagador o número de votos prometido, eles certamente dirigirão a ele o seu sufrágio. Essa hipótese terá de ser enfrentada agora sob outro prisma pelos nossos tribunais eleitorais. É que, com o advento do art. 30-A da Lei das Eleições, introduzido pela Lei n. 11.300/2006, e cujo texto foi posteriormente alterado pela Lei n. 12.034/2009, qualquer ilicitude relativa à arrecadação e gastos eleitorais tornará o candidato passível de perda do registro ou do diploma. Evidentemente, a lei não contempla a contratação mercenária de apoiadores eleitorais, capazes de mobilizar contingentes de votos com o fito de lucro. Daí por que essa conduta pode vir a fulminar a candidatura ou o diploma eleitoral obtido por quem dela se valeu para amealhar sufrágio, com espeque na aplicação integrada dos arts. 41-A e 30-A da Lei das Eleições[10].

c) quanto à conduta do eleitor:

■ **compra de votos positiva** – a conduta ilícita se dirige à conquista do voto;

■ **compra de votos negativa** – a ação tem por finalidade conduzir o eleitor a abster-se do exercício do voto. O ato tem por finalidade desestimular o comparecimento às urnas. É mais usual em sociedades em que vigora o voto facultativo, como forma de minorar os índices de votação em redutos eleitorais de adversários.

■ *7.2.2.4. Compra da abstenção*

A respeito da compra de votos negativa, ou compra da abstenção, o Tribunal Superior Eleitoral já decidiu que:

> [...] resta configurada a violação ao art. 41-A da Lei n. 9.504/1997 mesmo em caso de pagamento para abstenção do voto, posição que demonstra a preocupação desta Corte com a efetiva repressão do ilícito. [...] (Ac. de 22-3-2007 nos EAREspe 25.878, rel. Min. José Delgado).

---

[10] "11. Cooptação de apoio de liderança política. Oferecimento de cargo no governo e entrega de dinheiro para compra de votos. Caracterização de captação de sufrágio. 12. Celebração de convênio entre Associação e Secretaria de Estado. Período Eleitoral. Utilização dos recursos do convênio para compra de votos. [...]" (Ac. de 3-3-2009 no RCED n. 671, rel. Min. Eros Grau).

Com efeito, **pagar alguém** que se sabe eleitor de outro candidato **para não votar** pode ser **decisivo** para a influência na regular **tramitação do pleito** eleitoral, com a particularidade de que a conduta esperada do beneficiário da oferta poderá ser facilmente monitorada, **bastando** para isso que o próprio **eleitor apresente** a **prova** de que não votou (justificação eleitoral, certidão de recolhimento de multa etc.). Essa facilidade de monitoramento, em regra, não existe quando se espera a concessão efetiva de um voto.

■ 7.2.2.5. Compra de votos indireta

Já foi mencionado que o art. 26, VI, da Lei das Eleições, admite a "remuneração ou gratificação de qualquer espécie a pessoal que preste serviços às candidaturas ou aos comitês eleitorais". O dispositivo possui um conteúdo exageradamente amplo e capaz de conduzir a diversas distorções suficientemente graves para afetar o resultado dos pleitos.

É cada vez mais comum assistir ao desfile de carreatas ou a passeatas em que nada há de participação voluntária entre os presentes. Grupos imensos de pessoas são contratados para ostentar cartazes e agitar bandeiras substituindo, em troca de remuneração, os contingentes de voluntários que as campanhas deveriam ser capazes de conquistar.

A esse respeito, a jurisprudência do Tribunal Superior Eleitoral já reconheceu a presença da compra de votos na distribuição de combustível em atos de campanha:

> AGRAVO INTERNO. RECURSOS ESPECIAIS. ELEIÇÕES 2016. PREFEITO. VICE-PREFEITO. AÇÃO DE INVESTIGAÇÃO JUDICIAL ELEITORAL (AIJE). ABUSO DE PODER ECONÔMICO. CAPTAÇÃO ILÍCITA DE SUFRÁGIO. USO DE RECURSOS NÃO CONTABILIZADOS. OFERTA DE BENESSES A ELEITORES. COMPROVAÇÃO. GRAVIDADE. SÚMULA 24/TSE. NEGATIVA DE PROVIMENTO. [...] 4. Já a captação ilícita de sufrágio configura–se, nos termos do art. 41–A da Lei 9.504/1997, quando o candidato doar, oferecer, prometer ou entregar bem ou vantagem de qualquer natureza a eleitor com o fim de obter-lhe o voto. 5. No caso, demonstrou-se o uso de recursos não contabilizados para a oferta de benesses a eleitores durante o período de campanha, o que configura tanto o abuso de poder econômico quanto a captação ilícita de sufrágio. 6. É inequívoco que o agravante autorizou diversos eleitores a abastecerem seus veículos no Posto São Jorge localizado no Município de Poço Redondo/SE, exclusivamente nos meses de agosto e setembro de 2016 (durante o período eleitoral, portanto), ficando o pagamento das despesas a cargo do candidato. Conforme se extrai do aresto a quo, em procedimento de busca e apreensão, apurou–se a existência de 107 DANFEs (Documento Auxiliar de Nota Fiscal de Consumidor Eletrônica) no importe de R$ 22.100,50 provenientes dessas autorizações. [...] 10. Verifica-se, desse modo, que houve efetiva doação de combustível a eleitores com o emprego de recursos não contabilizados no ajuste de contas de campanha (caixa dois). E, considerando-se que foram realizadas apenas em período eleitoral, é inequívoco que se destinavam à obtenção de votos para o próprio candidato doador. [...] 15. Desse modo, demonstrado, também quanto ao pagamento de contas para eleitores, o abuso de poder econômico e a captação ilícita de sufrágio. 16. O Tribunal a quo reconheceu a gravidade das condutas, considerando os valores despendidos e o impacto perante o eleitorado com aptidão para desequilibrar o pleito. 17. Não é possível rever o contexto fático delineado pela Corte de

origem, assim como as conclusões por ela expendidas no tocante à gravidade das práticas, em razão do óbice da Súmula 24/TSE. 18. Agravo interno a que se nega provimento (REspe 45.347, Acórdão, rel. Min. Benedito Gonçalves, *DJe* 2-8-2022, t. 145).

A par dessa realidade, outra vem ganhando presença cada vez mais constante nas campanhas: a contratação de número exacerbado de empregados para os comitês com a finalidade de amealhar o voto dos contratados e dos seus familiares pela concessão do emprego temporário.

Como a Lei Eleitoral não estipula pagamentos mínimos ou máximos e as garantias trabalhistas possuem contornos menos rigorosos, cada vez mais candidatos descobrem os proveitos que se pode obter com a contratação indiscriminada do maior número de pessoas que os recursos disponíveis possa custear.

Alguns casos, entretanto, têm demonstrado a aptidão da Justiça Eleitoral para identificar e reprimir condutas que, simulando a contratação de empregados para as campanhas, têm, na verdade, o condão de captar-lhes ilicitamente o voto.

O Tribunal Superior Eleitoral, pronunciando-se a respeito do tema, já decidiu que os dispositivos que autorizam a contratação remunerada de agentes eleitorais

> [...] apenas estabelecem que o pagamento de pessoal que preste serviços às candidaturas ou aos comitês é considerado gasto eleitoral, sujeito a registro e aos limites legais, o que não quer dizer que eventual abuso não possa ser averiguado pela Justiça Eleitoral, como fez o Tribunal Regional Eleitoral, que concluiu que a contratação foi excessiva, configurando prática abusiva (REspe 19.587/GO).

No caso referido restou comprovado que o candidato foi responsável "pela contratação de 5% do eleitorado para trabalhar em sua campanha como cabo eleitoral" (REspe 19.587/GO). Como já vimos, essa conduta se insere no que se denomina compra de votos indireta, em que uma ação inicialmente havida como lícita é desvirtuada para induzir o eleitor a outorgar seu voto a quem a adotou. Claro está, entretanto, que a contratação de agentes eleitorais não é a única forma de promover a captação ilegal indireta de sufrágio. Outros permissivos contidos no mesmo art. 26 podem levar a distorções semelhantes. Era esse o caso, contido no inciso VI do art. 26, por exemplo, da autorização legal para o "pagamento de cachê de artistas ou animadores de eventos relacionados à campanha eleitoral".

O inciso se referia a atividades facilmente utilizáveis para mascarar a realização de pagamentos voltados verdadeiramente à conquista dos votos dos contratados. A Lei n. 11.300/2006 revogou o inciso XI do art. 26 da Lei das Eleições, proibindo, assim, a realização dos pagamentos outrora legalmente autorizados.

Mas a compra de votos indireta também pode se dar por outra via. Embora em regra nela se faça uso inicialmente de uma atividade lícita para encobrir a prática da captação ilegal de sufrágio, há pelo menos um caso em que outro ato ilícito pode ser utilizado para o mesmo fim: a prática da boca de urna foi proscrita pelo art. 39, § 5º, da Lei n. 9.504, conforme se depreende do dispositivo a seguir reproduzido:

Art. 39. [...]

§ 5º Constituem crimes, no dia da eleição, puníveis com detenção, de seis meses a um ano, com a alternativa de prestação de serviços à comunidade pelo mesmo período, e multa no valor de cinco mil a quinze mil UFIR:

II – a arregimentação de eleitor ou a propaganda de boca de urna;

III – a divulgação de qualquer espécie de propaganda de partidos políticos ou de seus candidatos.

Entretanto, seja pelo tamanho diminuto da sanção fixada para o delito, seja pelo hábito de se deixar sem repressão às condutas nele previstas, amplos são os contingentes de eleitores periodicamente mobilizados para esse fim. Junto com o alimento e uma camiseta, os contratados para a prática delitiva recebem uma retribuição em espécie, muitas vezes paga sem qualquer controle ou prestação de contas por intermediários diretamente ligados ao candidato. Essa Intensa atividade ajuda a ocultar, sob o pálio de um ilícito diverso, o enorme proveito eleitoral obtido pelo candidato junto aos próprios contratados e seus familiares para operar a boca de urna, representado pelos votos que eles mesmos haverão de depositar. Quando o caso chega à Justiça Eleitoral, recebe no máximo o tratamento dispensado pelo sobredito § 5º do art. 39 da Lei das Eleições, culminando com a aplicação de medidas alternativas definidas em sede de transação penal.

Com o início da vigência da Lei n. 11.300/2006, entretanto, o tratamento jurídico para a boca de urna ganhou um diferencial. É que segundo o § 2º do art. 30-A da Lei das Eleições, "comprovados captação ou gastos ilícitos de recursos, para fins eleitorais, será negado diploma ao candidato, ou cassado, se já houver sido outorgado". Ora, a realização da boca de urna demanda necessariamente o dispêndio de recursos. Como já afirmado, não há como fazê-lo sem a produção de material gráfico, além do transporte e alimentação dos autores imediatos do ato ilícito. Além disso, mesmo que se pretenda negar esse fato, a atividade desses agentes é sempre realizada mediante pagamento. Tudo isso, cumulativa ou isoladamente, caracteriza os "gastos ilícitos de recursos para fins eleitorais" a que se refere o mencionado dispositivo. A nova solução normativa para o controle dessa modalidade de infração administrativa eleitoral é a cassação do registro ou do diploma, sem prejuízo da aplicação das sanções de natureza penal.

Por fim, a Lei n. 12.891/2013 instituiu limites para a contratação de pessoal por parte das campanhas eleitorais. Trata-se do art. 100-A da Lei das Eleições, com o seguinte teor:

Art. 100-A. A contratação direta ou terceirizada de pessoal para prestação de serviços referentes a atividades de militância e mobilização de rua nas campanhas eleitorais observará os seguintes limites, impostos a cada candidato:

I – em Municípios com até 30.000 (trinta mil) eleitores, não excederá a 1% (um por cento) do eleitorado;

II – nos demais Municípios e no Distrito Federal, corresponderá ao número máximo apurado no inciso I, acrescido de 1 (uma) contratação para cada 1.000 (mil) eleitores que exceder o número de 30.000 (trinta mil).

§ 1º As contratações observarão ainda os seguintes limites nas candidaturas aos cargos a:

I – Presidente da República e Senador: em cada Estado, o número estabelecido para o Município com o maior número de eleitores;

II – Governador de Estado e do Distrito Federal: no Estado, o dobro do limite estabelecido para o Município com o maior número de eleitores, e, no Distrito Federal, o dobro do número alcançado no inciso II do *caput*;

III – Deputado Federal: na circunscrição, 70% (setenta por cento) do limite estabelecido para o Município com o maior número de eleitores, e, no Distrito Federal, esse mesmo percentual aplicado sobre o limite calculado na forma do inciso II do *caput*, considerado o eleitorado da maior região administrativa;

IV – Deputado Estadual ou Distrital: na circunscrição, 50% (cinquenta por cento) do limite estabelecido para Deputados Federais;

V – Prefeito: nos limites previstos nos incisos I e II do *caput*;

VI – Vereador: 50% (cinquenta por cento) dos limites previstos nos incisos I e II do *caput*, até o máximo de 80% (oitenta por cento) do limite estabelecido para Deputados Estaduais.

§ 2º Nos cálculos previstos nos incisos I e II do *caput* e no § 1º, a fração será desprezada, se inferior a 0,5 (meio), e igualada a 1 (um), se igual ou superior. § 3º A contratação de pessoal por candidatos a Vice-Presidente, Vice-Governador, Suplente de Senador e Vice-Prefeito é, para todos os efeitos, contabilizada como contratação pelo titular, e a contratação por partidos fica vinculada aos limites impostos aos seus candidatos.

§ 4º (Revogado.)

§ 5º O descumprimento dos limites previstos nesta Lei sujeitará o candidato às penas previstas no art. 299 da Lei n. 4.737, de 15 de julho de 1965.

§ 6º São excluídos dos limites fixados por esta Lei a militância não remunerada, pessoal contratado para apoio administrativo e operacional, fiscais e delegados credenciados para trabalhar nas eleições e os advogados dos candidatos ou dos partidos e coligações.

Como se vê, excessos na contratação de agentes e militantes de campanha pode acarretar até mesmo o oferecimento de denúncia criminal nos termos do art. 299 do CE. E claramente autoriza o manejo de representação por captação ilícita de sufrágio, esta calcada no art. 41-A da Lei das Eleições.

7.2.3. Captação ilícita de sufrágio por meio da coação

7.2.3.1. *Inserção no Ordenamento Jurídico*

A Lei n. 12.034/2009 **acresceu** o § 2º ao art. 41-A da Lei das Eleições para **declarar** que: "As sanções previstas no *caput* aplicam-se contra quem praticar atos de violência ou grave ameaça à pessoa, com o fim de obter-lhe o voto". As **sanções mencionadas** são a cassação do registro e do diploma e multa. Até o advento dessa substancial alteração normativa, segundo a nossa proposta ao relator do projeto de lei na Câmara, deputado federal Flávio Dino, não havia dispositivo que expressamente cominasse qualquer sanção extrapenal ao candidato que, pessoalmente ou por meio de terceiro, se valesse da coação ao eleitor – com utilização de violência ou grave ameaça – como forma de obter votos.

A ideia foi originariamente cunhada no âmbito do projeto "Direito Processual Eleitoral: Análises e Perspectivas", desenvolvido pela Faculdade de Direito da Universidade de Brasília e pela Associação Brasileira dos Magistrados, Procuradores e Promotores Eleitorais (Abramppe), no contexto da iniciativa "Pensando o Direito" (Secretaria de Assuntos Legislativos do Ministério da Justiça e Programa das Nações Unidas para o Desenvolvimento). Assim, aquele que praticava um ato de agressão física ou moral contra o eleitor com o fim de compeli-lo a atribuir o voto a certo candidato ficava imune à aplicação das rigorosas medidas previstas para a infração eleitoral enunciada no art. 41-A da Lei das Eleições.

O problema foi resolvido com a expressa previsão da regra contida no referido § 2º do art. 41-A da Lei n. 9.504/1997, o que foi possível graças ao acolhimento de sugestão minha ao relator.

■ 7.2.3.2. Violência ou grave ameaça

A captação ilícita de sufrágio por atos "negativos" se aperfeiçoa pela realização de atos de violência ou grave ameaça.

■ 7.2.3.2.1. Violência

Violência é o ato de agressão à integridade física, à liberdade de ir e vir, à liberdade de expressão e à liberdade de opção eleitoral. A violência máxima consiste na completa sujeição física do eleitor, no caso de este ser compelido a emitir o voto ou a deixar de emiti-lo. Mas também incide nessa conduta reprimível o candidato que impede o eleitor de externar sua opção por outro candidato, como se noticiou haver ocorrido em certas comunidades do Rio de Janeiro. Sujeitar eleitores a manterem-se segregados em grupo para facilitar o monitoramento do seu voto é outro modo pelo qual pode ocorrer essa conduta ilícita. Trata-se dos conhecidos "currais eleitorais" de triste memória, mas cuja prática ainda não se pode descartar.

■ 7.2.3.2.2. Grave ameaça

Além da violência, também a ameaça torna necessária a aplicação do § 2º do art. 41-A da Lei das Eleições. Pratica grave ameaça contra o eleitor aquele que alega, falsamente, ter meios para identificar a quem ele dirigiu o seu voto, deixando clara a superveniência de represálias em caso de comportamento eleitoral inadequado.

Idêntico caso ocorre quando o eleitor é abordado com a ameaça de que, ao não dirigir seu voto a certo candidato, ser-lhe-á impedido o acesso a um bem ou vantagem a que de outro modo teria direito. O exemplo clássico dessa modalidade é o da ameaça, explícita ou velada, de demissão ou de exclusão de um programa de distribuição de benefícios. Há aqui a oferta ou promessa de uma vantagem, consistente na manutenção do programa social, manutenção do emprego, entre outros, com a finalidade ilícita de estimular a concessão do voto.

O servidor público nomeado para cargo em comissão ou função de confiança, sendo, por isso, de livre exoneração e nomeação, está particularmente sujeito a essa conduta ilícita. O "convite" do superior hierárquico para participar da campanha será sempre visto como uma verdadeira determinação. No mais das vezes, a ameaça de exclusão do cargo em caso de não adesão à campanha se dá de modo implícito.

Situação peculiarmente grave é a dos contratados para atuar junto à Administração a pretexto de estarem realizando serviços emergenciais. Especialmente nas comunidades menos adiantadas, é comum o aumento expressivo do número de contratações provisórias, quase sempre ao arrepio da lei. Com efeito, dispõe o inciso IX do art. 37 da CF que: "a lei estabelecerá os casos de contratação por tempo determinado para atender a necessidade temporária de excepcional interesse público". A pretexto de aplicar as disposições legais decorrentes desse permissivo constitucional, são vistos muitos abusos, especialmente nos períodos que antecedem as eleições. Trata-se de um público flutuante, desrevestido de garantias, constituindo-se, por isso mesmo, em alvo fácil da ameaça de demissão em caso de derrota eleitoral. Da mesma forma, é grave a ameaça de demissão dirigida ao trabalhador contratado formal ou informalmente. Há registros de vários episódios em que os empregadores compeliram seus empregados com ameaças implícitas de demissão em caso de insucesso do seu candidato, muitas vezes eles próprios.

Nesse sentido, o TSE já emitiu o seguinte pronunciamento:

> [...] 7. O Tribunal Regional Eleitoral manteve a sentença que reconheceu as práticas de abuso do poder econômico e captação ilícita de sufrágio, em razão de os recorrentes terem oferecido, em troca do voto, empregos no grupo empresarial de propriedade do irmão do prefeito eleito e, também, por terem ameaçado aqueles já empregados de modo a obrigá-los a votar nos candidatos e pedir votos aos seus familiares e amigos, sob pena de demissão. [...] 10. A prática da captação ilícita de sufrágio se caracteriza tanto pela promessa de emprego, como pela ameaça grave de demissão aos empregados que não votassem e trabalhassem em benefício da candidatura do candidato irmão do dono do grupo empresarial (REspe 48.454, Acórdão de 10-11-2015, rel. Min. Henrique Neves da Silva, *DJe* 26-11-2015, p. 75-77).

A **afirmação** de que o eleitor será **privado** do acesso a um direito, como o recebimento de bolsas sociais ou verbas previdenciárias, **constitui grave ameaça** para fins de aplicação do § 2º do art. 41-A da Lei n. 9.504/1997.

É ampla a gama das circunstâncias em que se pode verificar a prática da grave ameaça contra o eleitor com fins eleitorais. Sempre que estiver presente o risco de imposição de um dano considerável e injusto, será necessária a aplicação das severas reprimendas extrapenais contidas no art. 41-A da Lei das Eleições.

■ 7.2.3.3. Verbalização da ameaça

Também **na captação de sufrágios** baseada na violência ou grave ameaça será **dispensável a verbalização** do pedido de votos, desde que do **contexto** fático seja possível extrair elementos de convicção bastantes para atestar a finalidade eleitoral do voto. As **circunstâncias** em que se dá o **pedido** de emissão do voto ou de adesão a atos de campanha **bastam** para permitir a **verificação** do grau de constrangimento que o ato implica para o **receptor da mensagem**. Quanto maior o grau desse constrangimento, mais **provável** a constatação de que houve a prática da **ameaça velada**, a demandar a ação repressiva da Justiça Eleitoral.

7.2.3.4. Abstenção

Compelir o eleitor a **não votar**, afastando-o das urnas **mediante** a prática de atos de agressão física ou moral, é outro meio pelo qual se exterioriza a **captação ilegal de sufrágio** com base no § 2º do art. 41-A da Lei das Eleições. Busca-se a vitória eleitoral pelo **impedimento** da conquista do **voto** pelo adversário, o que em certas circunstâncias pode ser até mais eficiente do que confiar apenas na promessa de votos não passíveis de monitoramento.

Numa comunidade em que se supõe que a vitória eleitoral será conquistada por poucos votos de diferença, revela-se muito eficaz dirigir-se ao eleitorado já conhecido do candidato rival, compelindo-o por meio de violência ou grave ameaça à abstenção.

7.2.4. Participação direta ou indireta do candidato

A candidatura tem por principal finalidade a conquista de votos. Para isso, valem-se os candidatos de grande número de providências, todas voltadas à difusão da campanha e à obtenção de adesões e alianças. O uso dos meios de comunicação de massa por meio midiático, a contratação remunerada de agentes eleitorais, a distribuição de brindes, a abordagem direta ou indireta a eleitores, a realização de comícios e outros atos de concentração popular, dentre outras atividades inerentes à campanha trazem consigo reflexos para a esfera dos direitos de terceiros.

A multiplicidade dos atos de campanha demanda a formação de equipes complexas, integradas por agentes de múltipla formação. Além da coordenação de campanha, composta por membros dotados de compreensão da política defendida pelo candidato e das estratégias que se pretende utilizar para a garantia da conquista eleitoral, estão geralmente envolvidos profissionais de propaganda, animadores, voluntários e agentes contratados para suporte infraestrutural (motoristas, carregadores, distribuidores de panfletos e coladores de cartazes etc.).

Evidentemente, nas **campanhas mais simples**, em que, por exemplo, **disputam-se** cargos de vereador em cidades **diminutas**, o tamanho e a heterogeneidade dessas equipes são bastante reduzidos. Isso **não desfaz** a constatação de que uma campanha eleitoral é sempre uma obra coletiva. O risco é inerente a essa atividade. Do exercício dos direitos políticos por parte do candidato nasce para ele o **dever de responder** pelas infrações que diretamente, ou valendo-se do concurso de terceiros, tenha praticado. Sempre que, agindo contrariamente às normas que informam o **processo eleitoral**, o candidato desborda do campo estrito dos seus direitos, repercute contra si, negativamente, o poder-dever do Estado, exercido por meio da Justiça Eleitoral, de aplicar as **sanções** extrapenais previstas em lei.

As normas de repressão à corrupção eleitoral representadas pelo art. 41-A da Lei das Eleições possuem natureza administrativa, o que afasta a exigência, típica em se tratando de normas penais, de comprovação da responsabilidade pessoal direta para a repressão do ato ilícito.

Assim, pode-se afirmar que o candidato é pessoalmente responsável pelos atos que seus subordinados pratiquem com o fim de amealhar votos em seu proveito, sujeitando-se à responsabilização eleitoral em virtude dos ilícitos administrativos eleitorais por estes praticados.

Em se tratando de Direito Eleitoral, essa responsabilidade por atos de terceiros não é inafastável, assumindo contornos próprios, inerentes a essa especialidade do conhecimento jurídico. Aqui, o dano não é causado a uma pessoa física ou jurídica, mas à administração das eleições. Ademais disso, são exigidas cautelas para que adversários não consigam atribuir, ao candidato opositor, ilícitos eleitorais de fato inexistentes ou com cuja prática este jamais consentiu. A jurisprudência do Tribunal Superior Eleitoral refina essa matéria, afirmando ser desnecessária a intervenção pessoal e direta do candidato na prática da "compra de votos" para que sejam aplicáveis as penalidades previstas na lei. Mas submete essa regra à seguinte mitigação:

> [...] para a caracterização da infração ao art. 41-A da Lei das Eleições, é desnecessário que o ato de compra de votos tenha sido praticado diretamente pelo candidato, mostrando-se suficiente que, evidenciado o benefício, tenha participado de qualquer forma ou com ele consentido (REspe 21.792, rel. Min. Caputo Bastos, 15-9-2005).

Do mesmo modo, o TSE tem afirmado que:

> [...]. Conforme jurisprudência desta Corte Superior, para se configurar a captação ilícita de sufrágio, é necessária a presença dos seguintes elementos: (a) prática de qualquer das condutas previstas no art. 41–A; (b) dolo específico de obter o voto do eleitor; (c) ocorrência dos fatos entre a data do registro de candidatura e a eleição; (d) participação, direta ou indireta, do candidato beneficiado ou a sua concordância ou conhecimento dos fatos que caracterizam o ilícito (REspe 060077559, Acórdão, rel. Min. Benedito Gonçalves, *DJe* 21-10-2022, t. 210).

Mas não se pode deixar de levar em conta o seguinte entendimento:

> [...] Inelegibilidade. Abuso do poder econômico. Art. 22 da LC n. 64/1990. Captação ilícita de sufrágio. Art. 41-A da Lei n. 9.504/1997. Descaracterização. Anuência do candidato não comprovada. Ausência de provas robustas. Condenação por presunção. Impossibilidade. 1. A configuração da captação de sufrágio, não obstante prescindir da atuação direta do candidato beneficiário, requer a comprovação de sua anuência, ou seja, de sua participação efetiva, ainda que indireta, não sendo possível a condenação por mera presunção. [...] (Ac. de 20-10-2009 no REspe 35.589, rel. Min. Marcelo Ribeiro).

Quem pratica, comete o ato pessoalmente, por si próprio ou com o auxílio de terceiros; é ato pessoal, em que o candidato realiza diretamente, sozinho ou em grupo, a conduta contrária à lei. Participar é ação que se realiza por diversas formas, tais como estimular, auxiliar ou assistir passivamente às transgressões que lhe beneficiam. Consentir ou anuir é estar de acordo com a realização da conduta ilegal. Aqui, o candidato adota conduta capaz de demonstrar o conhecimento do fato, sem que a isso corresponda ação voltada a fazê-lo cessar. A omissão do candidato ante a lesão de direito demonstra a sua anuência.

A seleção de cabos eleitorais deve ser procedida com o zelo inerente às responsabilidades de campanha, sob pena de esta restar viciada. Se, todavia, um importante apoiador ou alguém a ele ligado por laços de confiança, parentesco ou proximidade, exerce, de forma pública e reiterada, ato capaz de caracterizar infração das regras que salvaguardam a formação livre da vontade do eleitor, pode ficar caracterizada a conivência do candidato.

Um candidato cuja esposa pratica a corrupção eleitoral em seu benefício não pode alegar desconhecimento do fato. Em um caso ocorrido em Sobral, no Ceará, a esposa de um candidato a vereador distribuía autorizações para a moldagem de dentaduras, o que sujeitou o marido candidato à perda do diploma.

No começo da aplicação da Lei n. 9.840/1999, o TSE exigia a prova da participação direta do candidato na prática do ato de corrupção eleitoral. Era preciso que o candidato fosse flagrado pessoalmente realizando a captação ilícita de sufrágio para que seu registro ou diploma fosse cassado. Logo, o TSE percebeu que essa posição não era a mais correta. Numa decisão que se tornou um importante precedente, tomada no julgamento do Recurso Especial Eleitoral n. 19.566, publicada em 26 de abril de 2001, o Ministro Sálvio de Figueiredo Teixeira afirmou o seguinte:

> Assim, tem-se por caracterizada a captação de sufrágios com a participação do candidato ou mesmo por sua explícita anuência às práticas ilícitas capituladas naquele artigo. Não fosse isso, em face da costumeira criatividade dos candidatos e dos seus colaboradores, correr-se-ia o risco de tornar inócua a citada norma, mantendo impunes e até mesmo estimulando os candidatos na prática de abusos e ilícitos que a sociedade, notadamente a mais próxima dos fatos, repudia com justificada veemência.

Essa evolução ficou patenteada no excerto adiante transcrito:

> Na ocasião do julgamento desse apelo, REspe n. 19.566-MG, *DJ* de 26/4/2001, assinalei: "Na MC n. 1.000 consignei que, em princípio, se poderia estender ao art. 41-A a interpretação que a Corte dá ao art. 299 do Código Eleitoral, segundo a qual o crime de corrupção eleitoral só é imputável ao autor da ação, e não ao beneficiário dela". Ao analisar a espécie nesta oportunidade, considerando não se tratar de crime eleitoral, bem como o escopo de manter-se a lisura dos pleitos eleitorais, garantindo o equilíbrio entre os candidatos, sem permitir que a interferência do poder econômico ou político venha a macular a disputa, melhor a aplicação do art. 41-A da Lei n. 9.504/1997, na mesma linha, aliás, adotada por esta Corte no RESPE n. 19.404, rel. Min. Fernando Neves, em 18/9/2001, que, ao apreciar matéria relativa à proibição de candidatos a cargos de Poder Executivo participarem de inauguração de obras públicas, concluiu ser "[...] irrelevante, para a caracterização da conduta, se o candidato compareceu como mero espectador ou se teve posição de destaque na solenidade". Assim, tem-se por caracterizada a captação de sufrágios com a participação do candidato ou mesmo por sua explícita anuência às práticas ilícitas capituladas naquele artigo. Não fosse isso, em face da costumeira criatividade dos candidatos e dos seus

colaboradores, correr-se-ia o risco de tornar inócua a citada norma mantendo impunes e até mesmo estimulando os candidatos na prática de abusos e ilícitos que a sociedade, notadamente a mais próxima dos fatos, repudia com justificada veemência. (AgRgMC n. 1.229, rel. Min. Ellen Gracie, 17-10-2002).

Esses seriam alguns exemplos de atos de terceiros capazes de sujeitar o candidato a sanções administrativas decorrentes de ilícitos eleitorais promovidos mediante interposta pessoa:

- um candidato médico tem seu hospital funcionando como local de distribuição gratuita de medicamentos e de divulgação de material de campanha, ainda que ele não compareça ao local;
- a mulher do candidato distribui ou promete dentaduras, dinheiro, remédios ou qualquer bem em troca de votos;
- o comitê eleitoral opera como um local de distribuição de bens, mesmo sem a presença do candidato;
- a coordenação oficial da campanha promove, em nome do candidato, atos de corrupção eleitoral.

Será preciso, sempre, a demonstração de que o candidato tinha conhecimento do que ocorria, não sendo necessária a sua participação na execução dos atos de corrupção da vontade do eleitorado.

Exigir de qualquer sorte a participação ativa e pessoal dos próprios candidatos no cometimento dos atos havidos como de captação ilícita de sufrágio corresponderia a negar eficácia à lei, já que no mais das vezes para a realização da conduta estes se valem do concurso de terceiros vinculados à campanha. A interpretação da lei não pode conduzir ao absurdo, o que ocorreria se se afirmasse a inexistência de repressão administrativa para candidatos que praticam a corrupção valendo-se do concurso de terceiros.

Anote-se, por fim, que o TSE já decidiu que:

A afinidade política existente entre o candidato a governador e o candidato a senador não acarreta, por si só, a ciência por aquele de todos os atos de campanha praticados por pessoas ligadas ao parlamentar, porquanto, do contrário, a responsabilidade no que tange ao art. 41-A da Lei n. 9.504/1997 não seria subjetiva, mas, sim, objetiva [...] (Ac. de 16-3-2010 no RCED n. 739, rel. Min. Arnaldo Versiani).

■ 7.2.5. A caracterização do dolo

O **legislador** ordinário, por meio da Lei n. 12.034/2009, **acrescentou** ao art. 41-A o § 1º para **estabelecer** que: "Para a caracterização da conduta ilícita, é **desnecessário** o **pedido explícito de votos**, bastando a **evidência do dolo**, consistente no especial **fim de agir**".

A inserção do referido dispositivo, à primeira vista, parece haver almejado a diminuição do rigor da norma, dificultando a caracterização da compra de votos.

Essa primeira impressão deve ser desde logo abandonada. O TSE já exigia o dolo para a caracterização da captação ilícita de sufrágio desde antes da inserção da nova disposição legal, sempre exigindo a presença do "[...] elemento subjetivo do tipo, consistente no dolo específico de angariar o voto pela entrega da vantagem" (Ac. de 21-2-2008 no AEAG n. 8.857, rel. Min. José Delgado).

Na verdade, a inovação legal nada mais fez do que afirmar o óbvio: a conduta capaz de levar à aplicação das sanções previstas no art. 41-A há de ser aquela intencional, por meio da qual o eleitor é abordado com uma dádiva real ou prometida em troca do voto. Não há meio de comprar votos culposamente.

Isso nada tem a ver, registre-se, com a realização direta da compra de votos pelo candidato. Como afirmamos, a campanha é sempre uma obra coletiva. O candidato age em conjunto com sua equipe e com os agentes eleitorais que o ajudam a organizar e propagar a sua campanha eleitoral. O dolo exigido pela norma é o dolo da pessoa que promove a abordagem ao eleitor, seu desejo efetivo de comprar votos.

A responsabilidade do candidato é decorrência do fato de este constituir e dirigir a sua equipe de campanha, por meio da qual atua.

Se o dispositivo fosse lido como se estivesse a exigir a prova de que o candidato orientou pessoalmente o seu cabo eleitoral a promover a oferta de bens ou vantagens com fins eleitorais, o art. 41-A teria a sua aplicação fulminada, já que se trata de ação que escapa à possibilidade de demonstração em juízo.

O objetivo da norma é o de exigir o dolo por parte de qualquer pessoa que, comprovadamente, integre a campanha do candidato, atuando em seu nome. A isso se refere a expressão "anuência", já acolhida pela jurisprudência. O candidato é responsável pela escolha dos seus auxiliares na sua busca pelo mandato, não sendo admissível que alegue não haver desejado uma conduta feita por alguém que ele próprio determinou que saísse a campo em busca de votos. Ciente disso, o TSE não viu no acréscimo do aludido § 1º qualquer razão para alterar a sua linha jurisprudencial, continuando a afirmar que para a caracterização da captação ilícita de sufrágio, "exige-se prova robusta [...] da participação ou anuência do candidato beneficiado" (Ac. de 15-2-2011 no REspe 36.335, rel. Min. Aldir Passarinho Junior).

■ 7.2.6. A finalidade eleitoral

A campanha eleitoral tem como fim primordial a conquista do voto. Mais que isso, a conquista de votos suficientes para superar os opositores e garantir a obtenção do mandato. Sendo assim, não há de pairar dúvidas de que todos os atos de uma campanha têm obrigatoriamente uma finalidade eleitoral.

Essa afirmativa aparentemente singela tem gerado certa **perplexidade** no momento da **aplicação** do art. 41-A da Lei das Eleições. Discute-se, a partir da locução "com o fim de obter-lhe o voto", presente na redação dada ao dispositivo, senão seria **necessário** que a outorga do bem ou da **vantagem** ao eleitor viesse acompanhada por um **pedido explícito** e verbalizado de votos. Somente assim, argumenta-se, seria possível ter por demonstrada a finalidade eleitoral do ato.

Interpretando a expressão sob análise, o **TSE afirma que**:

> Para a caracterização de conduta descrita no art. 41-A da Lei n. 9.504, de 1997, é imprescindível a demonstração de que ela foi praticada com o fim de obter o voto do eleitor (REspe 19.229, rel. Min. Fernando Neves, 15-2-2001).

Mas essa **demonstração** pode ser feita por diversos meios, não se exigindo que o **pedido de votos** tenha sido formulado **verbalmente**. É o que ficou patenteado no seguinte *leading case*:

> O SENHOR MINISTRO FERNANDO NEVES: Neste ponto está tipificada a hipótese do art. 41-A, porque é evidente a intenção de obter o voto. Não há dúvida de que a vontade popular foi aliciada.
> O SENHOR MINISTRO NELSON JOBIM (presidente): Porque não se exige a verbalização.
> O SENHOR MINISTRO FERNANDO NEVES: Exatamente, a conduta é que é punida. Então, embora realmente não haja aqui no acórdão a afirmação de que ele pediu voto, agiu na intenção de obtê-lo. Isto está registrado no acórdão recorrido, mas não podemos examinar sem rever a prova (REspe 19.566/MG).

Não há uma fórmula legal para a aferição dessa particular intenção. Cada caso demandará uma análise responsável e cuidadosa.

Por vezes, a finalidade eleitoral é expressa: oferece-se o bem ao tempo em que o voto é solicitado. Numa distribuição de cestas básicas em que são utilizadas sacolas plásticas com propagandas do candidato, a constatação é imediata. O mesmo ocorre quando são utilizados veículos que ostentam faixas ou cartazes de campanha para oferecer serviço de transporte a eleitores. Houve um caso em que foram distribuídas passagens de ônibus carimbadas com o número do candidato. O TSE já decidiu que "configura captação ilícita de votos, glosada no art. 41-A da Lei n. 9.504/1997, a manutenção de curso gratuito com entrega de material contendo propaganda eleitoral" (RO n. 882, rel. Min. Marco Aurélio, 24-5-2005).

Mas atente-se para o seguinte aresto:

> [...] Oferecimento de cestas básicas durante debate entre candidatos a prefeito. Não caracterização de captação ilícita de sufrágio. Desprovimento. I – Promessas de campanha dirigidas indistintamente a eleitores sem referência a pedido de voto não constituem captação ilícita de sufrágio, a que alude o art. 41-A da Lei n. 9.504/1997. [...] (Ac. de 8-4-2010 no REspe 35.352, rel. Min. Fernando Gonçalves).

Em outro aresto, todavia, afirma-se a desnecessidade do pedido explícito de votos:

> À luz dos critérios fixados por este Tribunal, a realização de propaganda, quando desacompanhada de pedido explícito e direto de votos, não enseja irregularidade per se. Todavia, caracteriza-se o ilícito eleitoral quando o veículo de manifestação se dá pela utilização de formas proscritas durante o período oficial de propaganda, como se depreende no caso ora analisado, cujo meio utilizado consistiu em showmício, nos termos do art. 39, § 7º, da Lei 9.504/1997 (REspe 060144513, Acórdão, rel. Min. Sérgio Banhos, *DJe* 2-3-2020, t. 41).

No mesmo sentido da jurisprudência o TSE, ao formular a Resolução TSE n. 23.610/2019, previu, no § 1º do art. 109, que: "Para a caracterização da conduta ilícita, é desnecessário o pedido explícito de votos, bastando a evidência do dolo, consistente no especial fim de agir", sedimentando o segundo entendimento acima apresentado.

Por vezes, são adotadas cautelas no sentido de dissimular a finalidade eleitoral do ato, na procura de evitar a produção de provas que possam vir a embasar uma representação por captação ilícita de sufrágio.

Verificado que o propósito era o de granjear a simpatia, temor, respeito, submissão ou qualquer outro sentimento de obrigação necessário à produção do comprometimento eleitoral, faz-se necessária a aplicação do art. 41-A da Lei das Eleições.

Como vimos no item II deste capítulo, a compra de votos se materializa e se realiza por diversas formas e com distintos significados sociológicos. A simples entrega do benefício, como um presente ofertado ao eleitor, pode servir para reforçar o sentimento de dívida ou de retribuição do favor por parte do votante. É necessário, pois, ter em mente o significado real da conduta, sob pena de, com grande facilidade, mascararem-se os verdadeiros propósitos de uma conduta de fins evidentemente ilícitos. Um instrumento que contribuiria para a análise dos fins poderia ser o cotejo dos fatos apurados na representação com a multiplicidade das formas sociais da compra de votos estudadas no capítulo inaugural deste módulo.

Ante a impossibilidade de sondagem do desejo do candidato, a finalidade do ato deve ser descoberta pela análise do conjunto das circunstâncias que o cercam.

Num interessante precedente, o TSE considerou ter havido captação ilícita de sufrágio no episódio em que se promoveu o depósito na conta corrente de diversos empregados de certa empresa, sem que houvesse justificativa para tanto. No caso, decidiu-se o seguinte:

> Representação. Captação ilícita de sufrágio e abuso do poder econômico. Cassação de diploma. Inelegibilidade. Candidato a senador e suplentes. 1. Caracteriza captação ilícita de sufrágio o depósito de quantia em dinheiro em contas-salário de inúmeros empregados de empresa de vigilância, quando desvinculado de qualquer prestação de serviços, seja para a própria empresa, que é administrada por irmão de candidato, seja para campanha eleitoral. 2.A atual jurisprudência do Tribunal não exige a prova da participação direta, ou mesmo indireta, do candidato, para fins de aplicação do art. 41-A da Lei das Eleições, bastando o consentimento, a anuência, o conhecimento ou mesmo a ciência dos fatos que resultaram na prática do ilícito eleitoral, elementos esses que devem ser aferidos diante do respectivo contexto fático. No caso, a anuência, ou ciência, do candidato a toda a significativa operação de compra de votos é fruto do envolvimento de pessoas com quem tinha forte ligação familiar, econômica, política e trabalhista. [...] (Ac. de 16-6-2009 no RO n. 2.098, rel. Min. Arnaldo Versiani).

Não se há de exigir, como visto, que o pedido de voto tenha sido verbalizado. Pede-se de muitas formas, explícitas ou implícitas. Um candidato que, em seu comitê, faz doação a eleitores, revela o seu propósito de obter votos como contrapartida de seu gesto. O mesmo acontece com um comitê oficial de campanha, mantido pelo candidato, em que são oferecidos bens ou vantagens a eleitores. Como decorrência do aperfeiçoamento da legislação e da jurisprudência eleitorais, as técnicas de conquista do voto tendem a se tornar cada vez mais aprimoradas, de modo a dificultar a atuação da Justiça. Esta deve, portanto, aprimorar-se para uma análise mais detalhada das circunstâncias envolvidas, qualificando-se para reconhecer a presença de ações dissimuladas e distingui-las de outras não reprimidas pelo art. 41-A.

Cumpre asseverar ser irrelevante para aplicação do art. 41-A da Lei das Eleições que a opção do eleitor tenha sido efetivamente alterada ou influenciada pelo ato ilícito praticado pelo candidato. Basta que se materializem os atos voltados à conquista ilegal dos votos para que se dê a aplicação das sanções definidas em lei, sendo insignificante a circunstância de o votante já haver demonstrado ou afirmado a intenção de dirigir seu voto ao candidato violador das normas eleitorais.

■ 7.2.7. Identificação do eleitor

O art. 41-A da Lei das Eleições declara expressamente que a oferta, doação, entrega ou promessa do bem ou vantagem devem ser dirigidas ao eleitor. Com isso, o legislador enfatiza o universo fático em que a norma pretende incidir, vale dizer, aquele em que se procura conquistar o voto alheio a partir de instrumentos ilícitos de aliciamento. A liberdade na escolha entre as diversas alternativas de voto é maculada por meio da utilização de estímulos vedados pelas normas que regem a administração do processo eleitoral. Por isso, como já tivemos oportunidade de afirmar, o dispositivo em análise se presta à defesa da formação livre da vontade do eleitor. É isso que o legislador ressalta ao mencionar "o eleitor" como aquele a quem não se haverá de violentar por intermédio da captação ilícita de sufrágio.

Isso não significa que, para a aplicação do comando legal, seja necessária a identificação do eleitor ou do grupo de eleitores aos quais se pretendeu aliciar. Basta que se comprove a realização de condutas suficientes para que eleitores se vejam indevidamente incitados a dirigir seu voto ao captador ilegal.

Diversas circunstâncias podem impedir ou dificultar a identificação do eleitor. Isso pode ocorrer, por exemplo, na hipótese de o eleitor abordado na presença de testemunhas não vir a ser posteriormente localizado para a devida individualização. Mas há situações outras em que a inviabilidade da tarefa de destacar os eleitores atingidos pela captação ilícita de sufrágio deriva da maneira mesma com que a oferta tenha sido realizada. Os meios de comunicação de massa, quando utilizados para propagar estímulos ilícitos para o direcionamento das opções eleitorais, atingem um número incerto e indefinível de votantes. Trata-se de uma forma difusa de propagação dos resultados do ilícito administrativo eleitoral.

No município cearense de Tauá, nas eleições de 2000, um advogado, pleiteando o cargo de vereador, valeu-se de um programa de rádio para oferecer seus serviços gratuitos ao eleitorado local, tendo – em virtude dessa conduta – sido submetido às sanções previstas no art. 41-A. Neste exemplo mencionado, seria irrelevante a identificação de eleitores alcançados pelo programa, bastando a comprovação de que a oferta ilícita fora de fato pronunciada.

O TSE tem, a respeito do tema, posição bastante clara, reiterada em diversos acórdãos:

> Para a configuração da infração ao art. 41-A da Lei n. 9.504/1997 não é necessária a identificação do eleitor. Precedente: RESPE n. 21.022, rel. Min. Fernando Neves. Oferta feita a membros da comunidade. A pluralidade não desfigura a prática da ilicitude. (RESPE n. 21.120, 17/6/2003, rel. Min. Luiz Carlos Lopes Madeira). [...]. Estando comprovada a prática de captação ilegal de votos, não é imprescindível que sejam identificados os eleitores que receberam benesses em troca de voto (REspe n. 21.122, 5-12-2002, rel. Min. Fernando Neves).

Essa linha interpretativa foi confirmada no julgamento do Recurso Ordinário n. 787, que teve como relator o ministro Francisco César Asfor Rocha, publicado em 10 de fevereiro de 2006, no qual restou assentado que: "Não é indispensável, outrossim, a identificação dos eleitores que receberam os benefícios e vantagens". Trata-se, aliás, de tema já pacificado na jurisprudência do Tribunal Superior Eleitoral. Isso é o que se afirma no REspe 25.215: "Este Tribunal já pacificou entendimento de que, para a caracterização do art. 41-A da Lei das Eleições, não se faz indispensável a identificação do eleitor" (rel. Min. Caputo Bastos, 4-8-2005).

Existente a prova da captação ilegal de sufrágio, torna-se desnecessária a identificação do eleitor. É claro que se for obtida toda a prova relativa ao fato, inclusive com a revelação da identidade do eleitor, tanto melhor. Há casos, porém, em que a oferta é dirigida a membros de uma comunidade, situação ainda mais grave, por permitir repercussão maior da ilegalidade praticada. Em tal situação, pode ser difícil a identificação dos eleitores especificamente atingidos pela iniciativa. De qualquer forma, como vimos, já se decidiu que: "A pluralidade não desfigura a prática da ilicitude" (AMC n. 1.264, rel. Min. Luiz Carlos Madeira, 10-4-2003).

Há mesmo a hipótese de oferta ampla, como a divulgada por meio de rádio ou televisão. Se o candidato promete, por um desses meios, que quem nele votar será premiado com um bem ou vantagem, praticará um ato de que é vítima toda a sociedade.

E se a pessoa a quem se pretendeu corromper não era de fato um eleitor?

Uma oferta dirigida a um jovem não alistado, por exemplo, caracterizaria igualmente a infração administrativa eleitoral. Isso porque a norma possui conteúdo de proteção incidindo sempre que alguém procure captar indevidamente o voto, sendo irrelevante que seu intento seja ou não alcançado.

■ **7.2.8. Influência no resultado da votação (desnecessidade)**

O projeto de lei de iniciativa popular tinha por finalidade dotar o ordenamento jurídico brasileiro de normas mais simples, que de fato permitissem afastar da disputa os candidatos dispostos a praticar ato tão inaceitável como a compra de votos.

A exigência de prova da alteração efetiva ou potencial do resultado da eleição, nesse sentido, amputaria os efeitos da inovação legal. Reitere-se, a finalidade do art. 41-A é retirar da disputa eleitoral o praticante da captação ilegal de sufrágio, não a de resguardar o resultado do pleito. A proteção se volta ao eleitor, não ao resultado da corrida eleitoral.

Por isso, a prova da simples tentativa de compra de um único voto já basta para que a lei possa ser aplicada. Trata-se da aplicação de um raciocínio lógico: quem tenta subornar um eleitor para alterar o conteúdo do seu voto, certamente adota essa mesma conduta como, pelo menos, um dos padrões de campanha. Isso torna imprescindível a sua exclusão do certame.

A reflexão foi perfeitamente captada pelo Tribunal Superior Eleitoral, conforme se depreende da leitura do excerto a seguir reproduzido:

> Aqui, creio importante ter presente que a circunstância de ser encontrada e ser demonstrada uma conduta, duas condutas ou três condutas de um determinado candidato significa que essa é a conduta que ele usou em outros casos virtuais.

Ou seja, é o pico de um *iceberg*. E é exatamente este o sentido da alteração do art. 41-A, pois tornava-se absolutamente impossível caminharmos para as cassações de registro, considerando sempre aquela relação: proporcionalidade etc. (REspe 19.739/BA).

Por tais razões, o Tribunal Superior Eleitoral **concluiu** pela **desnecessidade** da **prova** da influência no resultado como **requisito** para a procedência da representação por **captação irregular de sufrágio**. O excerto acima transcrito foi colhido junto aos debates que conduziram à prolação de um precedente fundamental na construção desse entendimento: o caso "caixa d'água". Na cidade de Jussiape, no estado da Bahia, um dos candidatos a prefeito, afinal vitorioso, decidiu retomar para si, após o pleito, a caixa d'água e o padrão de luz que doará a uma eleitora durante a campanha, ante a suposição de que ela não lhe havia de fato retribuído com o voto. Tanto em primeiro grau como no Tribunal Regional da Bahia, o fato foi considerado insignificante, embora se reconhecesse provada a sua ocorrência. A conclusão do TSE foi de que:

> [...] no caso de captação de votos vedada por lei, não há que se indagar sobre a potencialidade de o fato influir no resultado da eleição, conforme já decidiu este Tribunal no julgamento do Recurso Especial n. 19.553, na sessão de 21/3/2002, que teve como relator o Ministro Sepúlveda Pertence (REspe 19.739/BA).

Algumas outras passagens da jurisprudência do TSE quanto a esse tema merecem citação:

> Para a configuração do ilícito inscrito no art. 41-A da Lei n. 9.504/1997, acrescentado pela Lei n. 9.840/1999, não é necessária a aferição da potencialidade de o fato desequilibrar a disputa eleitoral. Ademais, para que ocorra a violação da norma do art. 41-A, não se torna necessário que o ato de compra de votos tenha sido praticado diretamente pelo próprio candidato. É suficiente que, sendo evidente o benefício, do ato haja participado de qualquer forma o candidato ou com ele consentido: Ag n. 4.360/PB, Min. Luiz Carlos Madeira. RESPE n. 21.248/SC, Min. Fernando Neves. RESPE n. 19.566/MG, Min. Sálvio de Figueiredo. (RESPE n. 21.264, rel. Min. Carlos Velloso, 27/4/2004). [...]
> O TSE tem entendido que um simples ato – distribuição de cesta básica, caixa d'água

etc. – é suficiente para caracterizar a conduta. (RESPE n. 21.120/ES). [...] Para a configuração do ilícito previsto no referido art. 41-A, não é necessária a aferição da potencialidade de o fato desequilibrar a disputa eleitoral, porquanto a proibição de captação de sufrágio visa resguardar a livre vontade do eleitor e não a normalidade e equilíbrio do pleito, nos termos da pacífica jurisprudência desta Corte (Acórdão n. 3.510). (RESPE n. 21.248/SC). [...] Por fim, ressalto que para a configuração do ilícito previsto no referido art. 41-A, não é necessária aferição da potencialidade de o fato desequilibrar a disputa eleitoral porque aqui o que se visa resguardar é a livre vontade do eleitor e não a normalidade e equilíbrio do pleito, nos termos de pacífica jurisprudência desta Corte. Nesse sentido: Acórdão n. 3.510, rel. Min. Luiz Carlos Madeira, de 27/3/2003. (RESPE n. 21.248/SC). [...] Desnecessário, por outro lado, apurar a potencialidade do fato no resultado da eleição, na linha firme jurisprudência desta Corte (REspe 19.739, 13-8-2002, de que fui relator, e REspe 19.553, de 21-3-2002, rel. Min. Sepúlveda Pertence). (REspe 21.022/CE).

Os textos apresentados são claros exemplos da aplicação do exato sentido conferido pelo legislador ao art. 41-A da Lei das Eleições. Se essas observações já eram válidas desde o início da aplicação do art. 41-A, agora o são com mais vigor, já que a possibilidade de considerar o potencial impacto do ilícito do resultado da campanha foi vedada pelo novo texto do inciso XIV do art. 22 da Lei de Inelegibilidades, com as alterações promovidas pela Lei Complementar n. 135/2010 (Lei da Ficha Limpa). O impacto de qualquer ato ilícito no resultado do pleito não é mais preocupação da Justiça Eleitoral, que deve deixar de aplicar a norma apenas em casos absolutamente destituídos de lesividade jurídica.

7.2.9. Período de caracterização

Questão bastante relevante é a referente ao período em que se opera a incidência das regras do art. 41-A da Lei n. 9.504/1997, ou seja, o espaço de tempo em que, praticados os atos repelidos por lei, fica caracterizada a infração eleitoral. Comecemos pela análise do texto legal. Diz o supracitado artigo que esse período vai "desde o registro da candidatura até o dia da eleição, inclusive".

Sabemos todos que a captação ilícita de sufrágio pode se dar a qualquer tempo. É possível que alguém esteja praticando o ato quando ainda falta muito tempo para as eleições. Mas a lei se preocupa apenas com o período em que essa conduta se torna mais intensa, o que normalmente ocorre após o registro das candidaturas.

Quanto ao dia em que tem início a possibilidade da aplicação do art. 41-A da Lei das Eleições, que permite a imposição da multa e da cassação, a questão não é tão fácil. Isso porque o registro não é um ato simples, que se dá de uma vez só. É, na verdade, um procedimento. Compõe-se, portanto, de uma série de atos que vão desde o pedido (requerimento) até a decisão da Justiça Eleitoral.

As dúvidas suscitadas com o início da vigência da Lei n. 9.840/1999, que incluiu o art. 41-A na Lei das Eleições, foram fulminadas pelo Tribunal Superior Eleitoral, que concluiu que, ao falar em "registro da candidatura", quis o legislador mencionar de fato "o pedido de registro". Há, pelo menos três motivos plausíveis para que assim seja:

a) Não seria razoável a fixação de um termo de início para o período de proibição que não servisse de parâmetro para todos os candidatos. A Justiça Eleitoral não está obrigada a deferir todos os registros num mesmo dia, nem isso é possível na hipótese sempre presente de impugnação ao registro de candidatura.

Por vezes, as discussões judiciais, eventualmente em múltiplas instâncias, levam um dado registro a ser finalmente deferido muito tempo após os primeiros. Não seria, então, possível, por óbvio, afirmar que mesmo depois de haver sido escolhido em convenção e ter requerido o registro da candidatura, algum candidato pudesse estar oferecendo, prometendo ou entregando, sem a verificação de infração eleitoral, bens ou vantagens a eleitores.

Imagine-se a hipótese de alguém que teve contra si formulada impugnação ao registro de candidatura e que, beneficiando-se disso, promove a captação de sufrágio, quando os demais estão proibidos de fazê-lo em virtude do deferimento do seu registro. Essa distinção afigurar-se-ia visivelmente insustentável.

b) É tradição do nosso Direito Eleitoral a concessão de *status* de candidato àquele que teve seu nome aprovado em convenção partidária. É assim, por exemplo, no que toca à legitimação para propor ação de impugnação ao registro de candidatura. Candidato, para o fim previsto no art. 3º da Lei das Inelegibilidades, é o concorrente cujo nome foi aprovado em convenção. E a razão de ser desse entendimento é óbvia: se fosse considerado candidato apenas aquele que já teve o seu registro deferido, nem mesmo seria possível a impugnação entre candidatos, já que o prazo para o ataque ao pedido de registro começa a correr a partir da sua simples publicação.

Pode parecer, então, que a jurisprudência devesse ter conferido ao art. 41-A a incidência "desde a convenção" em lugar de "desde o registro". Não haveria, assim, confronto algum com o sistema eleitoral. Como a lei usou expressamente o registro como termo inicial da incidência, o TSE contentou-se com a afirmativa de que a candidatura tem início com o seu requerimento.

c) Segundo a sistemática em vigor, o processo eleitoral propriamente dito tem início com a convenção para escolha dos candidatos. Logo após, principia a contagem do prazo para o requerimento dos registros de candidatura. Terminado esse prazo, passa-se à fase da propaganda eleitoral, que, segundo a lei em vigor (Lei n. 13.165/2015), tem data definida: o dia 15 de agosto.

Não se poderia, então, deixar de admitir que uma das normas que tratam da propaganda, justamente a que trata da captação ilegal de sufrágio, pudesse ter o início de sua incidência diferido para além do momento em que já é plenamente possível a divulgação das candidaturas. Quem já pode se apresentar como candidato, deve se comportar como tal. E não seria admissível que a propaganda viesse acompanhada de métodos abusivos de angariação de votos apenas por amor à letra fria da lei, que apenas aparentemente posterga o momento a partir do qual se torna defesa a "compra de votos".

No precedente São Lourenço, o Ministro Fernando Neves **firmou o entendimento hoje pacífico** no Tribunal Superior Eleitoral. Em seu voto condutor ficou **definido** o seguinte:

Entendo que o termo inicial do interregno estabelecido no art. 41-A da Lei n. 9.504/1997, "desde o registro da candidatura até o dia da eleição, inclusive", é a data em que o registro da candidatura é requerido, e não aquela em que veio a ser deferido. Desde que o candidato está autorizado a desenvolver sua campanha eleitoral antes do deferimento do registro de sua candidatura, não me parece legítimo isentá-lo das penas aplicáveis pela eventual prática da grave conduta descrita no referido art. 41-A, se essa se der entre o pedido e o deferimento (REspe 19.229/MG, 15-2-2001).

No REspe 19.566/MG, de 18-12-2001, relator o Ministro Sálvio de Figueiredo Teixeira, o TSE voltou a afirmar que "quanto à aferição do ilícito previsto no art. 41-A, esta Corte já decidiu que o termo inicial é o pedido do registro da candidatura". Se a captação irregular de sufrágio ocorreu antes do pedido de registro, ainda cabe a ação penal pelo crime eleitoral previsto no art. 299 do CE ou, se for o caso, a investigação judicial para apuração de abuso de poder econômico (ver art. 22 da LC n. 64/1990).

7.2.10. Captação ilegal de sufrágio e propaganda

O art. 41-A da Lei n. 9.504/1997 encontra-se incrustado no capítulo denominado "Da Propaganda Eleitoral em Geral". Não foi por acaso que se lhe concedeu essa localização tópica. Para entender este dispositivo é preciso vê-lo não isoladamente, mas lançando mão do processo sistêmico ou orgânico de interpretação, cuja função, na inesquecível lição de Herkenhoff (1997), é a de "preservar a harmonia do sistema legal, zelar por sua coerência".

Sendo assim, é necessário reconhecer que todos os artigos integrantes do capítulo acima referido contêm normas cuja observância deve ser verificada durante o período de propaganda eleitoral. Aliás, a própria "compra de votos" é uma forma de propaganda, apesar da sua tão decantada ilegalidade. O professor Fávila Ribeiro (1998) nos ensina que a propaganda "é um conjunto de técnicas empregadas para sugestionar pessoas na tomada de decisão". Existe, assim, propaganda lícita e ilícita. E a captação de sufrágio vedada por lei se insere nesta última modalidade.

A captação ilícita de sufrágio é uma modalidade de propaganda ilícita caracterizada pela oferta efetiva ou potencial de bens ou vantagens como instrumento de motivação para a conquista de votos. Pode-se afirmar, então, que a captação ilícita de sufrágio é uma forma de propaganda ilegal, qualificada pela subministração ao eleitor de incentivos materiais ou imateriais como forma de estimular a outorga do voto. Dessa compreensão da compra de votos como forma de propaganda contrária ao direito derivam consequências práticas:

- favorece a atuação, mesmo de ofício, dos órgãos da Justiça Eleitoral para, com base no poder de polícia que lhe é inerente fazer cessar os atos de corrupção da vontade do eleitorado;
- facilita a definição do órgão da Justiça Eleitoral competente para apreciar as ofensas ao dispositivo de lei, sendo que nos tribunais as representações devem ser dirigidas aos juízes auxiliares incumbidos da fiscalização da propaganda;

■ define, como prazo para a interposição de quaisquer recursos, o prazo de 24 horas previsto no art. 96, § 8º, da Lei das Eleições.

Como se vê, a inserção tópica do art. 41-A no capítulo da Lei das Eleições destinado à disciplina da propaganda não é apenas acertada, como possui importantes consequências no plano da aplicação das normas eleitorais.

■ 7.3. CONDUTAS VEDADAS AOS AGENTES PÚBLICOS

■ 7.3.1. Considerações preliminares

Os arts. 73 a 77 da Lei n. 9.504/1997 **vedam** aos agentes públicos a **prática** de algumas **condutas** que a norma presume tendentes a **afetar** a igualdade de **oportunidades** entre candidatos nos **pleitos** eleitorais. Elas são as denominadas condutas **vedadas** aos agentes públicos. A matéria tem a sua relevância marcada pela adoção do **instituto da reeleição**, situação pela não exigência de **desincompatibilização** por parte dos chefes do Executivo ao longo das campanhas eleitorais.

Os dispositivos de lei contêm medidas que visam a impedir que os governantes façam uso, em proveito próprio ou de outro candidato por si apoiados, dos bens e valores públicos de modo a afetar a igualdade de oportunidades na disputa. O legislador optou por relacionar casuisticamente circunstâncias que entende merecerem especial repressão pela via judicial. Melhor teria andado se, como o fizera no art. 41-A, simplesmente houvesse emitido comando genérico proibindo o manejo do patrimônio e serviços públicos para fins eleitorais.

■ 7.3.2. O art. 73 da Lei das Eleições

■ *7.3.2.1. Aspectos gerais*

Todas as **condutas** previstas no referido art. 73, segundo o que **dispõe** o § 4º daquele dispositivo, **sujeitam** aqueles que **infringem** o comando legal a duas medidas distintas: **a)** suspensão imediata da conduta vedada, quando for o caso, e **b)** imposição de multa no valor de cinco a 100 mil Ufir. A partir da edição da Lei n. 9.840/1999, algumas dessas condutas passaram a merecer uma sanção mais grave que a pena de multa até então prevista: "o candidato beneficiado, agente público ou não, ficará sujeito à cassação do registro ou do diploma" (§ 5º). Mas nem todas as condutas vedadas previstas no mencionado art. 73 contemplavam essa medida extrema, apenas as relacionadas nos incisos I, II, III, IV e VI.

Ocorre, todavia, que com a nova redação conferida ao § 5º do art. 73 da Lei das Eleições pela Lei n. 12.034/2009, o dispositivo passou a estipular que a medida de cassação pode ser aplicada em todos os casos de descumprimento ao disposto nos incisos do *caput* e no § 10 do mesmo artigo de lei. Houve, pois, grande ampliação do leque de hipóteses em que pode ocorrer a perda do registro ou do diploma eleitorais como decorrência das condutas vedadas.

7.3.2.2. Hipóteses de vedação de conduta

A partir deste momento, para favorecer o alcance das pretensões deste módulo, as hipóteses legais referidas pelos incisos do art. 73 serão transcritas e submetidas a comentários breves, acompanhados de referências jurisprudenciais aptas a ilustrar como vêm sendo interpretadas pelos tribunais. Sujeita-se às sanções previstas para esse ilícito administrativo eleitoral o candidato que praticar ou for beneficiado pela prática de qualquer das seguintes ações:

7.3.2.2.1. Cessão de bens públicos

Art. 73. [...]
I – ceder ou usar, em benefício de candidato, partido político ou coligação, bens móveis ou imóveis pertencentes à administração direta ou indireta da União, dos Estados, do Distrito Federal, dos Territórios e dos Municípios, ressalvada a realização de convenção partidária.

A norma visa a preservar os bens que integram o patrimônio público, evitando seu uso com finalidade diversa da que se destinam para proveito eleitoral de alguém.

A expressão "pertencente" abrange tanto os bens definitivamente incorporados ao patrimônio público, como todos os demais a ele submetidos, por locação, cessão ou comodato.

Incide na hipótese, **exemplificativamente**, quem faz uso de **veículo** da **Administração** para transporte de eleitores ou de **integrantes** de sua campanha; quem utiliza **prédio público** para depósito, exibição ou distribuição de material de campanha; divulga atos de campanha por **intermédio** da intranet da **repartição**; **desvia** papéis, mobília ou equipamentos para **benefício** do seu comitê.

Segundo o TSE:

> A vedação a que se refere o inciso I do art. 73 da Lei n. 9.504/1997 não diz, apenas, com as coisas móveis ou imóveis, como veículos, casas e repartições públicas. A interdição está relacionada ao uso e à cessão de todos os bens patrimoniais indisponíveis ou disponíveis – bens do patrimônio administrativo – os quais, "pelo estabelecimento da dominialidade pública", estão submetidos à relação de administração – direta e indireta, da União, estados, Distrito Federal, territórios e municípios. Para evitar a desigualdade, veda-se a cessão e o uso dos bens do patrimônio público, cuja finalidade de utilização, por sua natureza, é dada pela impessoalidade. Recurso conhecido como ordinário a que se nega provimento (TSE, REspe 21.120, rel. Min. Luiz Carlos Lopes Madeira, 17-10-2003).

Mas, nota-se que: "A vedação do uso de bem público, em benefício de candidato, não abrange bem público de uso comum" (Ag n. 4.246, rel. Min. Luiz Carlos Madeira, 24-8-2005). Daí por que a utilização de praças, ruas ou outros espaços de uso comum, quando os mesmos espaços estão à disponibilidade, de forma igualitária, de todos os candidatos, não constitui forma de uso eleitoral da máquina administrativa.

O TRE do Ceará entendeu que:

> O transporte escolar por meio de veículo particular contratado pelo município e pago com recursos do Fundef constitui serviço público. Deixa de sê-lo, contudo, nos fins de semana e em dia de recesso escolar. Desvinculado do serviço público, o veículo retoma sua característica de domínio privado, podendo livremente ser utilizado por seu proprietário (RP n. 11.308/CE, rel. Francisco Roberto Machado).

Anotamos, sem embargo da posição manifestada no caso concreto pela Corte Regional, que a ausência de liberdade na formação da vontade do proprietário do veículo, caracterizada pela coação ou ameaça (da perda do contrato, por exemplo), faria incidir a regra inserta no inciso sob estudo, por quebra das prerrogativas legais e regulamentares.

7.3.2.2.2. Excesso no uso de materiais e serviços

Art. 73. [...]
II – usar materiais ou serviços, custeados pelos Governos ou Casas Legislativas, que excedam as prerrogativas consignadas nos regimentos e normas dos órgãos que integram.

Pune-se, aqui, o desvio de finalidade. O agente faz uso de bens e serviços a que tem direito. Entretanto, desborda dos limites da licitude para dar ao uso finalidade diversa, a fim de obter proveito eleitoral. Há, aqui, um desvio caracterizado pelo excesso de poder, que não se verifica, entretanto, em termos quantitativos, mas sim por seu conteúdo. Assim, a correspondência franqueada para os gabinetes parlamentares, por exemplo, não pode ser utilizada para a difusão de campanhas eleitorais. Da mesma forma, cotas de combustível ou de uso de telefonia não podem igualmente ser utilizadas para fim diverso do estrito desempenho das funções inerentes ao mandato.

Essa hipótese foi incluída na norma em virtude do episódio celebrizado por um senador da República, cassado em virtude da utilização da gráfica do Senado para a reprodução de calendários evocativos de sua nova candidatura. O caso, de dimensões antológicas, pode ser conhecido no acórdão proferido no Recurso Ordinário n. 12.244, relator o Ministro Marco Aurélio, publicado em 23 de setembro de 1994.

Registre-se, entretanto, que:

> O uso de uma única folha de papel timbrado da administração não pode configurar a infração do art. 73, II, da Lei n.9.504/1997, dada a irrelevância da conduta, ao se tratar de fato isolado e sem prova de que outros tenham ocorrido (REspe 25.073, rel. Min. Humberto Gomes de Barros, 28-6-2005).

Quanto à prova da proveniência pública dos recursos que customearam o material cuja licitude se discute, afirma o TSE que: "Para a ocorrência de violação ao art. 73, II, da Lei n. 9.504/1997, é necessário que o serviço seja custeado peloerário" (Ag n. 4.246, rel. Min. Luiz Carlos Madeira, 24-5-2005).

7.3.2.2.3. Cessão de servidor para campanha

Art. 73. [...]

III – ceder servidor público ou empregado da administração direta ou indireta federal, estadual ou municipal do Poder Executivo, ou usar de seus serviços, para comitês de campanha eleitoral de candidato, partido político ou coligação, durante o horário de expediente normal, salvo se o servidor ou empregado estiver licenciado;

O propósito do legislador é o de prevenir a influência, por vezes invencível, dos superiores sobre os servidores e funcionários que lhes devem respeito hierárquico. Verifica-se na norma o claro propósito do legislador de afastar qualquer conduta voltada a sujeitar o servidor a participar da campanha, a não ser que fique provado que o fez de forma voluntária, fora do seu expediente normal.

O servidor não estará impedido de participar da campanha do seu candidato preferido, desde que o faça sem prejuízo de sua dedicação à própria carreira e sem confusão entre o que faz em campanha e seus afazeres no serviço público. Observada a atuação do servidor em horário de expediente, caso em que a ofensa à lei decorre do desvio de função, com prejuízos para o erário e para a prestação do serviço público e com a quebra do princípio constitucional da igualdade, descabe discutir-se sobre o caráter voluntário da adesão do servidor à campanha.

Durante os pleitos há sempre a possibilidade de os superiores hierárquicos tirarem proveito de sua ascendência sobre servidores e funcionários para compeli-los a aderir a uma candidatura específica.

Por expressa predisposição legal, o candidato beneficiário do serviço eleitoral indevidamente prestado por servidor ou empregado público, ainda que não seja ele próprio agente da administração pública, está sujeito às medidas aplicáveis a essa conduta vedada, estipuladas nos §§ 4º e 5º do art. 73 da Lei n. 9.504/1997.

O legislador foi muito tímido ao não estipular sanções expressas, entre as condutas vedadas aos agentes públicos, aos candidatos e agentes da Administração que façam uso de sua ascendência sobre servidores para granjear-lhes a participação na campanha, fora do horário de expediente. O simples "convite" feito pelo superior hierárquico a seu subordinado, muitas vezes posicionado em uma função de confiança, basta para gerar a conquista de sua adesão, gerando um compromisso coercitivo velado.

Ao aplicar o direito deve o intérprete aquilatar os fatos efetivamente verificados, de modo a considerar a possibilidade da presença de uma compra de votos inversa, caracterizada pela oferta da manutenção do cargo, emprego ou função pública como vantagem retributiva para o eleitor fiel. Também é necessário verificar se o servidor público não foi cooptado mediante ameaça de transferência de local de trabalho, de perda do cargo ou função ou qualquer outra forma de constrangimento grave. Se ocorrente tal hipótese, estaremos diante da figura da captação ilícita de sufrágio mediante violência ou grave ameaça (art. 41-A, § 2º, da Lei n. 9.504/1997).

7.3.2.2.4. Uso promocional de bens e serviços de caráter social

Art. 73. [...]

IV – fazer ou permitir uso promocional em favor de candidato, partido político ou coligação, de distribuição gratuita de bens e serviços de caráter social custeados ou subvencionados pelo Poder Público;

A norma visa a evitar o uso eleitoral da grande gama de programas sociais em andamento em todas as esferas do poder público, sejam os realizados diretamente pela Administração, sejam aqueles levados a cabo por associações e fundações de caráter privado com recursos públicos carreados por meio de convênio ou termo de parceria.

O uso promocional afere-se a partir do contexto em que se dá a distribuição gratuita, sendo absolutamente dispensável o pedido expresso de votos.

Se a entidade realizadora do programa social, além de privada, age com recursos provenientes de fontes igualmente particulares, operando em benefício da promoção de uma candidatura, caracteriza-se a captação ilícita de sufrágio. Se os programas são promovidos ou custeados por recursos públicos, caracteriza-se a conduta vedada, reprimível com multa e cassação do registro ou do diploma.

Para o TSE:

> A mera disposição, aos cidadãos, de serviço de cunho social custeado pela prefeitura municipal, por meio de ampla divulgação promovida em prol de candidatos a cargos eletivos, importa na violação do art. 73, IV, da lei das eleições. A responsabilidade dos candidatos pela distribuição dos impressos deflui da circunstância de que tinham cabal conhecimento dos fatos, tanto que acompanharam pessoalmente a distribuição daquele material (TSE, AREspe 20.353/RS, rel. Min. Raphael de Barros Monteiro Filho).

Para a verificação dessa conduta vedada, é irrelevante a efetiva entrega de bens ou serviços, sendo bastante o uso promocional do programa. Se o candidato vincula sua campanha, ainda que apenas a título de propaganda, a certo programa social, desvirtua seu caráter geral e abstrato e quebra a igualdade de oportunidades no pleito, favorecendo-se eleitoralmente de maneira vedada pela lei. Por isso mesmo, o Tribunal Regional Eleitoral de Goiás entendeu que a: "Menção pública a manutenção de programa federal no caso de determinado candidato ser eleito enquadra-se na tipificação do art. 73, inciso IV, da Lei n. 9.504/1997".

A ilegalidade capaz de afetar a livre formação da vontade do eleitor é aquela que o atinge de modo direto, individual ou individualizável, sem relação específica com as políticas públicas anunciadas para o futuro. Prometer implantar políticas de distribuição de renda não afeta a licitude da campanha; prometer incluir um grupo determinado de eleitores num determinado programa social caracteriza, sim, o uso eleitoral do aparato de governo.

A Lei n. 11.300/2006 foi além, inserindo ao art. 73 o § 10, segundo o qual:

Art. 73. [...]

§ 10. No ano em que se realizar eleição, fica proibida a distribuição gratuita de bens, valores ou benefícios por parte da Administração Pública, exceto nos casos de calamidade pública, de estado de emergência ou de programas sociais autorizados em lei e já em execução orçamentária no exercício anterior, casos em que o Ministério Público poderá promover o acompanhamento de sua execução financeira e administrativa.

Esse novo comando deve ser interpretado como uma extensão do conteúdo do inciso IV aqui estudado. O legislador instituiu uma presunção legal absoluta de que a distribuição gratuita de bens, valores ou benefícios (ou bens ou serviços) constitui forma de promoção ilícita de candidaturas, concedendo sentido complementar ao que já preconizava o sobredito inciso IV do art. 73. Conclui-se, por isso, que as condutas vedadas pelo novo § 10, quando não abarcadas pelas exceções nele previstas, acarretam as penalidades firmadas pelos §§ 4º e 5º do art. 73 da Lei das Eleições.

■ *7.3.2.2.5. Abuso no preenchimento de cargos e funções públicos*

Art. 73. [...]
V – nomear, contratar ou de qualquer forma admitir, demitir sem justa causa, suprimir ou readaptar vantagens ou por outros meios dificultar ou impedir o exercício funcional e, ainda, *ex officio*, remover, transferir ou exonerar servidor público, na circunscrição do pleito, nos três meses que o antecedem e até a posse dos eleitos, sob pena de nulidade de pleno direito,ressalvados:

a) a nomeação ou exoneração de cargos em comissão e designação ou dispensa de funções de confiança;

b) a nomeação para cargos do Poder Judiciário, do Ministério Público, dos Tribunais ou Conselhos de Contas e dos órgãos da Presidência da República;

c) a nomeação dos aprovados em concursos públicos homologados até o início daquele prazo;

d) a nomeação ou contratação necessária à instalação ou ao funcionamento inadiável de serviços públicos essenciais, com prévia e expressa autorização do chefe do Poder Executivo;

e) a transferência ou remoção *ex offcio* de militares, policiais civis e de agentes penitenciários.

O inciso V do art. 73 da Lei das Eleições descreve uma série de condutas vistas como abusivas. Todas se referem a abuso do poder de nomear, contratar, remover, exonerar e demitir servidores públicos. Servidores públicos, na acepção utilizada no dispositivo, são todos aqueles que exercem atribuições estáveis ou temporárias perante a administração pública direta e indireta. A norma objetiva visa impedir que o poder concedido aos agentes políticos para promover a gestão de pessoas seja utilizado com o fim de propiciar benefícios ou implicar ameaças aos eleitores na busca de vantagens eleitorais.

■ **7.3.2.2.6. Vedação à transferência voluntária, propaganda institucional e pronunciamento em cadeia de rádio e televisão**

> **Art. 73.** [...]
> VI – nos três meses que antecedem o pleito:
> *a*) realizar transferência voluntária de recursos da União aos Estados e Municípios, e dos Estados aos Municípios, sob pena de nulidade de pleno direito, ressalvados os recursos destinados a cumprir obrigação formal preexistente para execução de obra ou serviço em andamento e com cronograma prefixado, e os destinados a atender situações de emergência e de calamidade pública;

O dispositivo legal tem por finalidade impedir que da transferência de recursos não previstos em lei como permanentes possa advir vantagem eleitoral para candidatos com maior influência nos destinos das verbas orçamentárias de recursos capazes de desequilibrar o pleito, seja pela via da demonstração de influência perante os órgãos centrais, seja pela utilização desses recursos para a conquista de adesões mercenárias.

No acórdão proferido nos autos do REspe 25.324, relator o Ministro Gilmar Mendes, publicado em 17 de fevereiro de 2006, se assentou o entendimento de que, havendo fracionamento da obra, caracteriza-se a conduta vedada o início de etapas dessa posteriormente ao início do período de três meses que antecede à data da votação. Constado voto do relator o seguinte: "[...] não os socorre a alegação de que a obra como um todo estava em andamento, exatamente porque o seu objeto fora desmembrado em etapas e a sua contratação se deu mediante procedimentos licitatórios distintos".

> **Art. 73.** [...]
> *b*) com exceção da propaganda de produtos e serviços que tenham concorrência no mercado, autorizar publicidade institucional dos atos, programas, obras, serviços e campanhas dos órgãos públicos federais, estaduais ou municipais, ou das respectivas entidades da administração indireta, salvo em caso de grave e urgente necessidade pública, assim reconhecida pela Justiça Eleitoral;

A utilização de campanhas publicitárias custeadas pelo poder público pode ter por meta a criação de estados psicológicos propícios à difusão da imagem do dirigente público como alguém capaz de alcançar realizações. Esse estado mental, fruto de propaganda indevida, concede a seu beneficiário condições privilegiadas de disputa, reforçando a ideia da força de sua campanha e transmitindo ao eleitor comum o receio de optar por candidaturas fadadas ao insucesso.

Por isso, a norma proíbe a publicidade de programas, obras, serviços e campanhas dos órgãos públicos, com exceção dos que dependam de propaganda para favorecer sua concorrência no mercado, tal como ocorre com os produtos industriais decorrentes da intervenção do Estado no domínio empresarial. Outra exceção refere-se a transferências realizadas com o propósito de permitir o enfrentamento de situações emergenciais, de perigo ou de calamidade pública.

Mas deve-se observar que:

A distribuição de panfletos em que são destacados obras, serviços e bens públicos, associados a vários candidatos, em especial ao prefeito municipal, e que não foram custeados pelo erário, constitui propaganda de natureza eleitoral, não havendo de se falar na publicidade institucional a que se refere o art. 73, VI, *b*, da Lei n.9.504/1997" (AgRg REspe 25.049, rel. Min. Caputo Bastos, 25-8-2005).

Note-se, por outro lado, que:

Para que se configure a conduta vedada no art. 73, VI, *b*, da Lei n. 9.504/1997, basta a veiculação da propaganda institucional nos três meses anteriores ao pleito, independentemente de a autorização ter sido concedida ou não nesse período (REspe 25.086, rel. Min. Luiz Carlos Lopes Madeira, 9-8-2005).

Realizada a publicidade vedada, não se há de perquirir sobre a intensidade dos efeitos produzidos por ela no tocante ao resultado da eleição. A lei torna defesa a simples conduta, presumindo-se (*praesumptio iuris et de iuris*) a superveniência da quebra da isonomia entre os pretendentes ao mandato.

Art. 73. [...]
c) fazer pronunciamento em cadeia de rádio e televisão, fora do horário eleitoral gratuito, salvo quando, a critério da Justiça Eleitoral, tratar-se de matéria urgente, relevante e característica das funções de governo.

Aqui, mais uma vez a finalidade da lei é a de impedir a quebra da igualdade de condições na disputa eleitoral. A presença do dirigente governamental em meios de comunicação de massa, com a característica ainda mais abrangente da formação de cadeias, fulminaria a igualdade na disputa, contribuindo para expor de forma injusta e ilícita uma candidatura em detrimento das demais.

Pouco importa para a aplicação da norma o **conteúdo do pronunciamento**, já que a vedação se dirige à sua própria realização, salvo em se tratando de matéria cujo tratamento em cadeia de meios de comunicação seja considerada urgente, relevante e inerente à função de governo. Neste caso, caberá à Justiça Eleitoral, desde que devidamente provocada, analisar o conteúdo do pronunciamento, afastando do certame o candidato que se utilizar do permissivo com a finalidade desviada de burlar o conteúdo da lei.

A necessidade do pronunciamento, todavia, pode ser justificada pela ocorrência de fato relevante e urgente. As vedações do inciso VI do *caput*, alíneas *b* e *c*, aplicam-se apenas aos agentes públicos[11] das esferas administrativas cujos cargos estejam em disputa na eleição (art. 73, § 3º).

---

[11] A lei considera agente público, para os efeitos do art. 73, quem exerce, ainda que transitoriamente ou sem remuneração, por eleição, nomeação, designação, contratação ou qualquer outra forma de investidura ou vínculo, mandato, cargo, emprego ou função nos órgãos ou entidades da Administração Pública direta, indireta, ou fundacional (§ 1º).

7.3.2.2.7. Aumento de gastos com propaganda institucional

Art. 73. [...]
VII – empenhar, no primeiro semestre do ano de eleição, despesas com publicidade dos órgãos públicos federais, estaduais ou municipais, ou das respectivas entidades da administração indireta, que excedam a 6 (seis) vezes a média mensal dos valores empenhados e não cancelados nos 3 (três) últimos anos que antecedem o pleito.

A redação dada ao inciso VII pela Lei n. 14.356/2022 torna possível a imposição das rigorosas sanções previstas para as condutas vedadas àqueles que promovem o aumento das despesas com a publicidade dos órgãos públicos, empenhando valores que superam seis vezes a média mensal dos valores empenhados e não cancelados nos últimos três anos que antecederam a eleição.

A adoção da medida pode ser **justificada** por duas vias: primeira, porque o aumento da publicidade está normalmente voltado a influenciar a vontade do eleitor, desenvolvendo a sensação de empenho dos administradores na gestão da coisa pública; segunda, porque o desvio de recursos financeiros para campanhas por meio de empresas de publicidade é facilitado pelas dificuldades inerentes à auditoria desse tipo de atividade.

7.3.2.2.8. Revisão geral da remuneração dos servidores

Art. 73. [...]
VIII – fazer, na circunscrição do pleito, revisão geral da remuneração dos servidores públicos que exceda a recomposição da perda de seu poder aquisitivo ao longo do ano da eleição, a partir do início do prazo estabelecido no art. 7º desta Lei e até a posse dos eleitos.

Entre o período que vai da convenção partidária para a escolha de candidatos até a diplomação dos eleitos é proibida a concessão de aumento ao funcionalismo, embora seja autorizada a composição de eventuais perdas do poder aquisitivo da remuneração.

Ao mencionar a expressão "revisão geral", não excluiu o legislador a possibilidade da aplicação das medidas de cassação do registro do diploma e multa para aquele que concede aumento para uma parte dos servidores. A norma se dirige a impedir que a concessão de aumento seja utilizada para a conquista do voto dos servidores públicos. A concessão de aumento a número reduzido de eleitores, em circunstância que demonstre o caráter eleitoral da medida, também consiste em ilegalidade, subsumindo-se na hipótese prevista pelo art. 41-A da Lei das Eleições.

7.3.2.3. A proporcionalidade e a aplicação das sanções

Tratando do tema da cassação, o Tribunal Superior Eleitoral decidiu em uma oportunidade que:

O dispositivo do art. 73, § 5º da Lei n. 9.504/1997, não determina que o infrator perca, automaticamente, o registro ou o diploma. Na aplicação desse dispositivo reserva-se ao magistrado o juízo de proporcionalidade. Vale dizer, se a multa cominada no § 4º é proporcional à gravidade do ilícito eleitoral, não se aplica a pena de cassação (Ag n. 5.343, rel. Min. Humberto Gomes de Barros, 16-12-2004).

■ 7.3.2.4. Improbidade administrativa e condutas vedadas

O uso da máquina administrativa para fins eleitorais constitui desvio de poder, qualificado pela finalidade dada ao ato. Por esse motivo, o § 7º do art. 73 da Lei das Eleições estatui que:

> As condutas enumeradas no *caput* caracterizam, ainda, atos de improbidade administrativa, a que se refere o art. 11, inciso I, da Lei n. 8.429, de 2 de junho de 1992, e sujeitam-se às disposições daquele diploma legal, em especial às cominações do art. 12, inciso III.

Como se vê, sempre que constatada a ofensa às normas contidas no art. 73 da Lei das Eleições presente também estará o ato de improbidade, do que deriva a necessidade de remessa de peças, mediante provocação ou de ofício, para o órgão do Ministério Público incumbido de deflagrar a medida legal correspondente.

■ 7.3.2.5. Finalidade eleitoral do ato

Note-se, por outro lado, que o dispositivo em nenhum momento alude à manifestação expressa da finalidade eleitoral do ato. Esse fim é presumido pela simples prática da ação capaz de premiar ou coagir o servidor público, sujeitando-o ao abuso do poder de império da Administração.

■ 7.3.2.6. Desnecessidade de verificação do potencial impacto no resultado

Também não há que se falar em necessidade de prova da influência no resultado da eleição. Essa influência se presume a partir da utilização, em benefício do candidato, por ele mesmo ou por outrem, dos recursos administrativos materiais e humanos para desequilibrar o pleito. Sobre tal aspecto, o Tribunal Superior Eleitoral já decidiu que:

> Para a caracterização de violação ao art. 73 da Lei n. 9.504/1997, não se cogita de potencialidade para influir no resultado do pleito. A só prática da conduta vedada estabelece presunção objetiva da desigualdade. Leva à cassação do registro ou do diploma. Pode ser executada imediatamente (REspe 24.826, rel. Min. Luiz Carlos Madeira, 9-6-2005).

Essa posição foi preservada ao longo do tempo pelo Tribunal Superior Eleitoral, que mais recentemente assentou ser "**Inexigível a demonstração de potencialidade lesiva** da conduta vedada, em razão de presunção legal" (Ac. de 28-10-2009 no RO n. 2.232, rel. Min. Ricardo Lewandowski) De qualquer forma, possível debate acerca desse ponto perdeu o sentido após a edição do inciso XIV do art. 22 da Lei de Inelegibilidades, com redação definida pela Lei Complementar n. 135/2010, segundo o qual "para a configuração do ato abusivo, não será considerada a potencialidade de o fato alterar o resultado da eleição, mas apenas a gravidade das circunstâncias que o caracterizam". Trata-se de norma aplicável não apenas ao tratamento do abuso de poder sob qualquer de suas formas, mas a todas as normas voltadas à proteção da lisura dos pleitos, alcançando, por óbvio, a aplicação das disposições relativas à vedação de condutas aos agentes públicos.

7.3.3. Abuso de poder na publicidade institucional

De acordo com o art. 74 da Lei das Eleições:

Art. 74.
[...] configura abuso de autoridade, para os fins do disposto no art. 22 da Lei Complementar n. 64, de 18 de maio de 1990, a infringência do disposto no § 1º do art. 37 da Constituição Federal, ficando o responsável, se candidato, sujeito ao cancelamento do registro ou do diploma.

O dispositivo constitucional mencionado assevera que:

[...] a publicidade dos atos, programas, obras, serviços e campanhas dos órgãos públicos deverá ter caráter educativo, informativo ou de orientação social, dela não podendo constar nomes, símbolos ou imagens que caracterizem promoção pessoal de autoridades ou servidores públicos.

A norma foi editada com o fim de deixar certo que a publicidade dos bens e serviços públicos que desborde da sua finalidade puramente institucional pode caracterizar o abuso do poder político ou de autoridade a que alude o *caput* do art. 22 da Lei de Inelegibilidades. Para isso, basta que a publicidade exalte a personalidade de um particular ou governante que ostente a condição de candidato ou de pretendente a candidatura. Convém lembrar que a caracterização do abuso de poder não está submetida a marcos temporais definidos em lei. As verbas públicas não podem ser utilizadas para a promoção do culto à personalidade de governantes e candidatos.

7.3.4. Vedação de *shows* em inaugurações

Dispõe o art. 75 da Lei das Eleições **que** "nos três meses que **antecederem** as eleições, na realização de **inaugurações** é vedada a contratação de *shows* artísticos **pagos** com **recursos** públicos". Objetiva-se, com a norma, **impedir** a realização de inaugurações de **alto impacto** midiático e da alta capacidade de mobilização da sociedade. A inauguração de obra pública **não é vedada** em período **eleitoral**, mas **não** pode ser **convertida** em instrumento de **manipulação** da consciência dos **eleitores**.

Evita-se, assim, uma evidente quebra do equilíbrio da disputa eleitoral, que decorreria da concessão de vantagem a quem está no exercício de mandato, em detrimento do que está afastado da Administração.

Para a aplicação desse dispositivo é completamente dispensável a existência de pedido de voto, mesmo implícito, durante a apresentação artística vedada. A vedação legal atinge a simples realização do *show*, independentemente de qualquer conotação eleitoral, que fica desde logo presumida pelo legislador.

Segundo o parágrafo único acrescentado ao dispositivo legal pela Lei n. 12.034/2009: "Nos casos de descumprimento do disposto neste artigo, sem prejuízo da suspensão imediata da conduta, o candidato beneficiado, agente público ou não, ficará sujeito à cassação do registro ou do diploma".

■ **7.3.5. Ressarcimento de despesas de deslocamento do presidente em campanha**

A Lei das Eleições expressamente autoriza o presidente e sua comitiva a fazerem uso de transporte oficial nas campanhas eleitorais, condicionado tal conduta ao ressarcimento das despesas correspondentes pelo partido político ou federação por aquele integrada.

A medida volta-se à **proteção da pessoa** do presidente da República, permitindo que ele permaneça fazendo uso dos transportes oficiais, o que facilita a continuidade dos serviços ordinários de segurança.

Trata-se de um tratamento desigual, mas justificável pelo interesse nacional no resguardo da integridade pessoal do mais alto mandatário. As atividades inerentes à função de presidente da República são invariavelmente capazes de gerar sentimentos negativos em pessoas e classes descontentes com certas opções políticas. Daí a importância de que a segurança pessoal do chefe do Executivo não seja negligenciada durante a efervescência que marca o período eleitoral.

De acordo com o § 1º do art. 76 da Lei Eleitoral:

> Art. 76. [...]
> § 1º O ressarcimento de que trata este artigo terá por base o tipo de transporte usado e a respectiva tarifa de mercado cobrada no trecho correspondente, ressalvado o uso do avião presidencial, cujo ressarcimento corresponderá ao aluguel de uma aeronave de propulsão a jato do tipo táxi aéreo.

A cobrança das despesas pelo órgão competente de controle interno deve se dar no prazo de dez dias úteis da realização do pleito, em primeiro turno, ou segundo, se houver (art. 76, § 2º). Em caso de não haver a realização do ressarcimento, o Ministério Público detém legitimidade para oferecer representação (a lei fala tecnicamente em "denúncia"), objetivando a imposição de pena de multa correspondente ao dobro das despesas, duplicada a cada reiteração de conduta, em procedimento que deve seguir o rito do art. 96 da Lei das Eleições, assegurado o exercício do direito à ampla defesa.

■ **7.3.6. Participação de candidatos em inaugurações**

Já vimos que o art. 75 da Lei das Eleições **proíbe** contratações de *shows* para a animação de **inaugurações** nos três meses que **antecedem** o pleito. O art. 77 da mesma lei, com a redação que lhe conferiu a Lei n. 12.034/1999, **proíbe qualquer** candidato de **comparecer**, no mesmo período, a **referidas** inaugurações.

Observa-se, aqui, mais uma vez, o desiderato do legislador de evitar a manipulação do eleitorado pela via da identificação do candidato com a realização de obras públicas, o que representaria grave atentado ao princípio da igualdade em matéria eleitoral. Por essa razão, é irrelevante que na inauguração ocorra pedido expresso de votos. A sanção torna-se aplicável pelo simples comparecimento à oportunidade vedada. Pune-se o infrator com a cassação do registro ou diploma eleitorais (art. 77, parágrafo único).

7.3.7. Constitucionalidade da cassação do registro ou do diploma

Questão desde o início deduzida em juízo pelos patronos dos representados por captação ilícita de sufrágio e uso eleitoral da máquina administrativa foi a relativa à possível inconstitucionalidade das normas, por ofensa ao disposto no art. 14, § 9º, da CF.

A alegação fundava-se no fato de que, ao impedir o acesso ao mandato pela via da desconstituição do registro ou do diploma, criaram os arts. 41-A e 73, § 5º, e, mais recentemente o art. 30-A da Lei das Eleições, novas hipóteses de inelegibilidade.

Os defensores dessa tese baseavam-se no conceito amplo segundo o qual tudo o que prive o cidadão do acesso ao mandato constitui uma inelegibilidade. A cassação do registro ou do diploma por captação ilícita de sufrágio corresponderia a uma das formas da inelegibilidade cominada simples, derivando sua inconstitucionalidade do fato de haver sido autorizada por lei ordinária, quando a espécie exigiria a edição de lei complementar.

Essa linha de raciocínio foi superada pela pacífica jurisprudência do Tribunal Superior Eleitoral. A tese da inconstitucionalidade do art. 41-A e do § 5º do art. 73 da Lei das Eleições, apesar de respeitáveis os seus defensores, não guarda qualquer consonância com o sistema jurídico eleitoral brasileiro.

É temerário afirmar que toda e qualquer circunstância capaz de afastar do cidadão o direito eleitoral passivo constitui obrigatoriamente uma inelegibilidade. Pode até sê-lo no plano fático, ou para o conhecimento vulgar, mas não em termos de ciência do Direito Eleitoral. Inúmeros argumentos sustentam a distinção entre a cassação autorizada pelos arts. 41-A, 73, § 5º, e 30-A da Lei Eleitoral e a declaração de inelegibilidade.

Primeiramente, cumpre observar que a Constituição, no mesmo art. 14, em seu § 3º, elenca o que denomina "condições de elegibilidade". Por força da expressa dicção constitucional, estão ali assentadas circunstâncias cuja ausência impede o acesso aos cargos de provimento eletivo. Não consideramos, na linha de argumentação aqui adotada, o fato de que tais circunstâncias também estejam albergadas na Constituição. O que importa ver, aqui, é que o constituinte declarou, *expressis verbis*, a existência de condições outras que, além das inelegibilidades, podem afastar alguém da possibilidade de ascender ao mandato eletivo. Só isso já prova que não é das inelegibilidades o monopólio do afastamento do postulante a candidato dos pleitos eleitorais.

É possível, então, afirmar que não basta existir causa normativa capaz de afastar alguém do pleito para que esta possa ser tratada juridicamente como "inelegibilidade".

Então, qual o conteúdo jurídico da categoria "inelegibilidade"?

A Constituição brasileira descreve algumas situações impeditivas da acessibilidade ao mandato por via eletiva às quais concede a denominação de inelegibilidades. Algumas foram relacionadas nos §§ 4º a 8º do art. 14, enquanto outras ficaram de ser estabelecidas pelo legislador complementar (§ 9º). Em todas elas há um mesmo princípio fundante, eleito pelo constituinte para orientar a definição das inelegibilidades já contidas no texto fundamental, bem como para servir de guia para a definição das demais, deixadas a cargo do legislador. Esse princípio está explicitamente revelado no § 9º do art. 14, a saber, "proteção da probidade administrativa e da moralidade para o exercício do mandato".

Toda e qualquer inelegibilidade tem essa mesma finalidade: de estabelecer o "mínimo moral", fora do qual devem ser afastados os pleiteantes de cargos eletivos. O que se deseja, nessa matéria é evitar que o futuro mandato venha a ser alcançado por pessoa destituída dos mínimos alicerces éticos indicadores de uma propensão pela probidade e pela moralidade administrativas. Com esse mesmo fim, o constituinte impôs ainda ao legislador que, no exercício da sua atividade complementar, atentasse para "a vida pregressa do candidato, e a normalidade e legitimidade das eleições contra a influência do poder econômico ou o abuso do exercício de função, cargo ou emprego na administração direta ou indireta".

Por tais razões, a Lei Complementar n. 64/1990, seguindo tradição legislativa, albergou, dentre outras, inelegibilidades relativas a condenações criminais, indignidade para o oficialato e rejeição de contas. Mas também incluiu no rol os que praticarem abuso do poder econômico ou político. Em nenhuma dessas hipóteses, quis o legislador proteger outro objeto jurídico senão aquele ditado pelo constituinte: "a probidade administrativa e a moralidade para o exercício do mandato".

É esse o conceito fundamental de inelegibilidade, do qual depende qualquer interpretação a ser dada ao dispositivo: as inelegibilidades visam a impedir o acesso aos mandatos por parte daqueles que: a) pretendam obtê-los valendo-se de sua posição na estrutura governamental; b) possam tirar proveito de relações de parentesco com os titulares do poder; c) possam lançar mão de meios ilícitos e indignos para a obtenção do sufrágio, capazes de influir no resultado do pleito; d) pratiquem atos outros capazes de demonstrar sua inaptidão para a prática de atos de gestão da coisa pública.

O Ministro Alexandre de Moraes (2003) fala em inelegibilidade absoluta nos casos dos inalistáveis e dos analfabetos. A inelegibilidade relativa atinge as seguintes hipóteses: a) por motivos funcionais; b) por motivos de casamento, parentesco ou afinidade; c) dos militares; d) por previsões de ordem legal.

O preciso conceito de inelegibilidade nos é fornecido pelo brilhante Djalma Pinto (2010, p. 170): "É a ausência de aptidão para postular mandato eletivo".

Lição semelhante é a que se colhe do ensinamento de Pedro Henrique Távora Niess (1994), para quem a inelegibilidade: "É a negação do direito de ser representante do povo no poder". Há, porém, além da ausência de condições de elegibilidade ou da presença de causas de inelegibilidade, outra ordem de fatos capazes de afastar alguém do prélio eleitoral. Falamos das normas administrativas voltadas a garantir o cumprimento, pela Justiça Eleitoral, do seu dever de dirigir de modo eficiente e correto o processo de seleção democrática de candidatos.

Essas normas não se situam em foro constitucional, integrando validamente o mundo jurídico como decorrência simples da missão concedida pela Constituição à Justiça Eleitoral, que é a de gerir o processo eletivo.

É o caso, por exemplo, daquele que, sem ter sido escolhido em convenção, pleiteia o registro de sua candidatura. Ele pode preencher todas as condições de elegibilidade e não haver incidido em nenhuma causa de inelegibilidade, mas não pode concorrer, sujeitando-se à cassação do registro ou do diploma indevidamente concedido por pura e simples ofensa à regra administrativa eleitoral.

O mesmo se pode dizer daquele que, sendo filiado a partido político, não pode candidatar-se nas eleições municipais por falta da instalação tempestiva de órgão local de direção partidária (art. 4º da Lei n. 9.504/1997).

E é o mesmo que se dá no caso do candidato que, devidamente notificado, **recusou-se a apresentar mera fotografia**, para inclusão digital na urna eletrônica, ou que só vem a fazê-lo quando ultrapassado o prazo, fazendo com que a administração técnica da eleição não mais possa admitir. O art. 27 da Resolução do TSE n. 23.609, de 18 de dezembro de 2019, relaciona os documentos que devem acompanhar o Requerimento de Registro de Candidatura (RCC). O § 9º do aludido dispositivo estatui o seguinte: "Havendo indícios de que, [...] a fotografia foi obtida pelo partido ou pela coligação a partir de imagem disponível na internet sua divulgação ficará suspensa, devendo a questão ser submetida de imediato ao juízo ou à relatoria, que poderá intimar o partido ou coligação para que, no prazo de 3 (três) dias, apresente o formulário do RRC assinado pela candidata ou pelo candidato e, ainda, declaração desta(deste) de que autorizou o partido ou a coligação a utilizar a foto".

Não sanada a irregularidade apontada no dispositivo mencionado, o § 10, do art. 27 da Resolução do TSE n. 23.609/2019 determina que seja indeferido o registro, sequer procedendo o conhecimento do Requerimento de Registro de Candidatura "Desatendido o disposto no parágrafo anterior, a conclusão pela ausência de autorização para o requerimento da candidatura acarretará o não conhecimento do RRC respectivo, o qual deixará de ser considerado para todos os fins, inclusive cálculo dos percentuais a que aludem os §§ 2º a 5º do art. 17, sem prejuízo da comunicação do fato ao Ministério Público Eleitoral, para adoção das providências que entender cabíveis".

Apreciando caso concreto relativo aponto semelhante, em precedente relatado pelo ministro Fernando Neves, o Tribunal Superior Eleitoral decidiu haver sido "apresentada, então, somente parte da documentação exigida, razão porque a Corte Regional acertadamente indeferiu o registro do recorrente" (REspe 20.121/MG).

Essas são hipóteses que demonstram, de maneira bastante simples, o óbvio: dentre os poderes administrativos do juiz eleitoral está o de indeferir registros ou diplomas obtidos com menoscabo às regras básicas voltadas a permitir a correta administração das eleições.

Se o candidato malfere normas administrativas eleitorais que inviabilizam sua permanência no prélio eleitoral, deve, por força dessas mesmas regras, ser afastado da disputa.

Se isso é válido para o candidato que simplesmente se recusa a apresentar sua fotografia, como não o aceitar para o que pratica atos de corrupção da vontade do eleitorado?

Dentre as regras administrativas eleitorais devem estar, por óbvio, aquelas que garantam a lisura do "jogo democrático", impedindo que os eleitores tenham violado o direito à formação livre de suas opções.

O que o legislador popular constatou foi a evidente inexistência de instrumentos administrativos capazes de permitir a realização de eleições limpas. Fávila Ribeiro (1998) sempre denunciou que: "A corrupção é uma das formas mais danosas e resistentes, denotando crescente expansão, tomando aspectos cada vez mais engenhosos, prejudicando, em larga escala, a austeridade do processo eleitoral". E completava afirmando a dificuldade para se "desfraldar uma ação repressiva e mesmo conter a corrupção eleitoral, diante da forma sutil que ela assume [...]".

Como já mencionado, as **inelegibilidades têm destino certo**, qual seja, a proteção do futuro mandato. Daí sua incapacidade técnica para embasar medidas eficazes, céleres e suficientes o bastante para assegurar a correta ordenação dos trabalhos eleitorais. Simplesmente por ser essa a sua missão.

Até o advento da Lei n. 9.840/1999, que alterou dispositivos da Lei n. 9.504/1997, a Justiça Eleitoral era responsável por uma missão que não tinha como cumprir. Recebera a nobre tarefa de gerir as ações voltadas à seleção dos mandatários, mas se lhe negou os mínimos instrumentos administrativos necessários para repreender, no curso do processo de escolha dos candidatos, aqueles que insistissem em afrontá-lo por meio da prática de atos de corrupção.

O que se deve perceber é que, enquanto as inelegibilidades tutelam o futuro mandato, o bem protegido pelos arts. 41-A e 73 da Lei das Eleições é a lisura na administração das eleições. Daí decorre sua natureza puramente administrativa, além de todas as demais consequências práticas de sua aplicabilidade, dentre as quais avulta em importância a exequibilidade imediata das decisões fundadas no aludido dispositivo.

Perceba-se que nem mesmo a Lei de Inelegibilidades (LC n. 64/1990) escapa a essa leitura distintiva entre o que é inelegibilidade e o que constitui cassação administrativa.

Ao estabelecer o procedimento para a repressão ao abuso de poder econômico, político e de meios de comunicação, no inciso XIV do art. 22 o legislador complementar estipulou que:

> **Art. 22.** [...]
> XIV – julgada procedente a representação, ainda que após a proclamação dos eleitos, o Tribunal declarará a inelegibilidade do representado e de quantos hajam contribuído

para a prática do ato, cominando-lhes sanção de inelegibilidade para as eleições a se realizarem nos 8 (oito) anos subsequentes à eleição em que se verificou, além da cassação do registro ou diploma do candidato diretamente beneficiado pela interferência do poder econômico ou pelo desvio ou abuso do poder de autoridade ou dos meios de comunicação, determinando a remessa dos autos ao Ministério Público Eleitoral, para instauração de processo disciplinar, se for o caso, e de ação penal, ordenando quaisquer outras providências que a espécie comportar; (redação definida pela Lei da Ficha Limpa – Lei Complementar n. 135, de 2010).

Do dispositivo transcrito, vê-se claramente que do reconhecimento da prática abusiva deve decorrer a "inelegibilidade para as eleições a se realizarem nos oito anos subsequentes à eleição em que se verificou". Mas não seria razoável que a Justiça Eleitoral reconhecesse a ocorrência de tais abusos e aplicasse medida com repercussões apenas futuras. Por isso, o legislador definiu que além dessa inelegibilidade, proceder-se-ia também a **cassação do registro** do candidato diretamente beneficiado. A redação é clara: "[...] inelegibilidade para as eleições a se realizarem nos 8 (oito) anos subsequentes à eleição em que se verificou, além da cassação do registro do candidato diretamente beneficiado".

Como se vê, nem mesmo a Lei de Inelegibilidades prevê a cassação do registro como se fosse uma inelegibilidade. Cassação do registro e inelegibilidade constituem medidas distintas. Prova inconcussa da existência de distinção entre a inelegibilidade e a cassação do registro reside no fato de que a renúncia do candidato eleito – a quem se atribua, por exemplo, a prática de abuso de poder econômico – afasta a possibilidade da sua cassação, mas não impede a declaração da inelegibilidade.

Inelegibilidade é sempre uma condição prévia ao requerimento do registro. O primeiro momento processual adequado para sua arguição é a impugnação ao registro de candidatura (art. 3º da LC n. 64/1990). Além disso, nas hipóteses de inelegibilidade definidas no art. 14 da Constituição da República, admite-se a sua alegação em sede de recurso contra a expedição de diploma (art. 262, I, do CE).

Note-se, por outro lado, que abuso de poder econômico e captação ilícita de sufrágio, embora apresentem certa similaridade entre si no mundo dos fatos, possuem diverso conteúdo jurídico. Vejamos a seguinte hipótese: um candidato a uma vaga no parlamento municipal promete a seu eleitor que, sendo vitorioso no certame, apresentará projeto de lei objetivando dar a uma rua o nome da mãe do votante.

Há aí um evidente caso de captação ilícita de sufrágio, já que o art. 41-A da Lei das Eleições sanciona com a cassação e multa a promessa ou oferta de vantagem de qualquer natureza. Não há no caso, entretanto, abuso de poder econômico, pois a vantagem baseia-se em valores imateriais. Por isso mesmo, o Tribunal Superior Eleitoral tem afirmado que: "Em representação para apuração de captação vedada de sufrágio não é cabível a decretação de inelegibilidade, mas apenas multa e cassação de registro ou de diploma, como previsto no art. 41-A da Lei n. 9.504/1997" (TSE, REspe 21.120/ES) Tampouco no caso do uso eleitoral da máquina administrativa há que se falar em inelegibilidade.

Segundo vem decidindo o TSE:

É pacífica a jurisprudência da Casa no sentido de que as sanções de cassação de registro de candidatura ou diploma previstas em diversos dispositivos da Lei n. 9.504/1997 (arts. 41-A, 73, 74, e 77) não implica inelegibilidade" (Ag n. 5.817, rel. Min. Caputo Bastos, 16-8-2005).

E, mais especificamente: "A penalidade de cassação de registro ou de diploma prevista no § 5º do art. 73 da Lei n. 9.504/1997 não constitui hipótese de inelegibilidade" (REspe 24.739, rel. Min. Peçanha Martins, 28-10-2004). A Lei Complementar n. 135/2010 situa entre os inelegíveis os condenados à cassação por captação ilícita de sufrágio e condutas vedadas aos agentes públicos. Ainda assim **não se trata de uma inelegibilidade-sanção ou cominada**. O julgado que aplica a medida de cassação sequer precisa se referir à inelegibilidade, que constitui uma decorrência legal imediata. A **sanção aplicada** é apenas a medida de cassação. A inelegibilidade que daí surge surtirá efeitos apenas nas eleições futuras, como uma condição negativa de acesso ao registro.

As considerações mencionadas demonstram o grande número de distinções existentes entre as inelegibilidades e as infrações administrativas eleitorais. Não é por menos que o Egrégio Tribunal Superior Eleitoral possui o entendimento unânime de que o art. 41-A é mesmo constitucional. Faz-se, por fim, necessária a menção a alguns julgados da mais alta Corte especializada em matéria eleitoral:

A jurisprudência deste Tribunal Superior está consolidada quanto à constitucionalidade do art. 41-A da Lei das Eleições, que não estabelece hipótese de inelegibilidade e possibilita a imediata cassação de registro ou de diploma (Ac. n. 16.644 e 3.042). (REspe 21.248/SC)

A suposta inconstitucionalidade do art. 41-A da Lei n. 9.504/1997 é questão superada pela jurisprudência deste Tribunal (REspe 25.402, rel. Min. Gomes de Barros, 6-12-2005).

Essa posição chegou a ser questionada no âmbito do Supremo Tribunal Federal. Apreciando pedido de liminar em que se pleiteava a concessão de suspensividade a recurso extraordinário manejado por um senador cassado por captação ilícita de sufrágio, o Ministro Eros Grau, sorteado relator do feito, chegou a afirmar ser duvidosa a constitucionalidade do art. 41-A da Lei das Eleições. A questão não chegou, todavia, a ser debatida em Plenário, que por outras causas rejeitou o recurso e determinou a execução da medida de cassação imposta pelo Tribunal Superior Eleitoral.

Analisando posteriormente a matéria, o TSE concluiu que:

É certo que a questão da constitucionalidade do referido art. 41-A retornou a debate na Justiça Eleitoral, em virtude do voto proferido pelo Ministro Eros Grau, no julgamento da Ação Cautelar n. 509-4, de sua relatoria (Caso Capiberibe), em que o Supremo Tribunal Federal referendou, por maioria, a liminar postulada nesse feito. Não obstante, como bem asseverou o Ministro Sepúlveda Pertence, na decisão monocrática por ele proferida no Mandado de Segurança n. 3.295, ajuizado neste Tribunal: "[...] a dúvida aventada a respeito pelo Ministro Eros Grau substantivou mero *obter dictum*, com o qual não se comprometeu o Plenário" (REspe 25.215, rel. Min. Caputo Bastos, 4-8-2005).

Analisando a linha jurisprudencial do TSE, chegamos, em outra publicação, às seguintes conclusões: ocorre, todavia, que a cassação do registro ou do diploma constitui medida de cunho administrativo-eleitoral, voltada a afastar do certame o candidato apanhado na prática da denominada "compra de votos" ou uso eleitoral da máquina governamental como forma de obtenção de sufrágio, agora vistos como infrações eleitorais.

> [...] Não há imposição de inelegibilidade em decorrência da Lei n. 9.840/1999, que se contenta com a imposição de duas medidas administrativas: cassação do registro ou do diploma e multa.

Tratando do mesmo tema, Rui Stoco e Leandro de Oliveira Stoco (2006) afirmam:

> O art. 41-A da Lei 9.504/1997 não prevê a declaração de inelegibilidade, senão e apenas a cassação do registro ou do diploma. Afasta-se, assim, qualquer alegação de ofensa ao art. 14, § 9º, da Constituição Federal, que exige Lei Complementar para "outros casos de inelegibilidade", além daquelas nela prevista (art. 14) e na LC n. 64, de 18/5/1990. Inadmissível, portanto, a declaração de inelegibilidade com fundamento exclusivo no art. 41-A da Lei n. 9.504/1997.

Por tudo o que vimos, é forçoso concluir pela hialina constitucionalidade do art. 41-A da Lei n. 9.504/1997. O notável Pinto Ferreira (1973) chamava a atenção para o espírito e vocação publicística do Direito Eleitoral. Numa de suas mais prestimosas lições, o insigne mestre pernambucano pontificou:

> O estado tem interesse em dar legitimidade e inspirar confiança nas eleições, que, realizadas livre e periodicamente, fundamentam a essência da democracia. Uma democracia baseada no medo, na mistificação das consequências não existe, é uma falsa democracia ou despotismo.

A tese da constitucionalidade do dispositivo multicitado repousa nessa leitura do Direito Processual Eleitoral, compatível não apenas com a vigente ordem constitucional, mas com a orientação finalística muitas vezes negligenciada nesse domínio tão importante do estudo jurídico. A Lei n. 11.300, de 10 de maio de 2006, trouxe novas indagações para esse debate. Segundo o novo § 3º que inseriu no art. 22 da Lei n. 9.504/1997, dispôs que:

> **Art. 22.** [...]
> § 3º O uso de recursos financeiros para pagamentos de gastos eleitorais que não provenham da conta específica de que trata o *caput* deste artigo implicará a desaprovação da prestação de contas do partido ou candidato; comprovado abuso de poder econômico, será cancelado o registro da candidatura ou cassado o diploma, se já houver sido outorgado.

Trata-se de uma nova hipótese de cassação do registro ou do diploma sem previsão de inelegibilidade. Como vimos, as inelegibilidades devem ser fixadas pela Constituição ou por lei complementar. Já na hipótese da fixação de medidas administrativas de cassação de registro ou diploma, sem cominação de inelegibilidade, não há por que se exigir tal formalidade, sendo bastante a veiculação da matéria em lei ordinária. Na hipótese, o legislador passou a tratar o abuso de poder econômico como fonte jurígena não apenas da inelegibilidade, mas do cancelamento administrativo do diploma ou do registro. Não há nisso qualquer inconstitucionalidade, já que apenas no caso de criação de uma nova causa de inelegibilidade estaria o legislador submetido aos limites formais impostos pelo art. 14, § 9º, da CF.

Essa posição é coerente com a conceituação que anteriormente apresentamos, a qual demonstra a completa distinção entre cassação de registro e diploma e inelegibilidade. Daí por que não há que acoimar-se de inconstitucional esse novo comando da Lei n. 9.504/1997. O Supremo Tribunal Federal dirimiu definitivamente qualquer dúvida sobre a matéria ao julgar a ADI n. 3.592, em que ficou finalmente firmado por manifestação unânime da Corte Suprema a constitucionalidade do art. 41-A da Lei Eleitoral, sob fundamentos plenamente aplicáveis a qualquer hipótese de cassação do registro ou diploma eleitorais previstas em lei.

No voto do relator ficou assentado que:

> O art. 41-A foi introduzido na Lei n. 9.504/1997, por meio da Lei n. 9.840/1999, com a finalidade de reforçar a proteção à vontade do eleitor, combatendo, com a celeridade necessária, as condutas ofensivas ao direito fundamental ao voto. Ou seja, enquanto a ação de investigação judicial eleitoral visa proteger a lisura do pleito, a representação para apurar a conduta prevista no art. 41-A da Lei n. 9.504/1997 tem o objetivo de resguardar um bem jurídico específico: a vontade do eleitor.

Superada fica, pois, qualquer eventual polêmica quanto à constitucionalidade de tais institutos.

■ 7.4. QUESTÕES

1. (MPE-SP – Promotor de Justiça Substituto – MPSP – 2022) O candidato que vier a doar, oferecer, prometer, ou entregar, ao eleitor, com o fim de obter-lhe o voto, bem ou vantagem pessoal de qualquer natureza, inclusive emprego ou função pública, desde o registro da candidatura até o dia da eleição, pratica uma conduta ilícita que
   a) não enseja punição se o candidato já estiver diplomado.
   b) exige pedido explícito de votos.
   c) constitui captação de sufrágio.
   d) dispensa a evidência do dolo, consistente no especial fim de agir.
   e) é punida com multa, mas sem cassação do registro.

2. (TJ-AP – Juiz de Direito Substituto – FGV – 2022) Campanha eleitoral designa o conjunto de atos e procedimentos adotados pelos candidatos e agremiações políticas para conquistar o voto do eleitor a fim de vencer a disputa eleitoral. A captação dos votos, objetivo principal das campanhas eleitorais, deve obedecer a diretrizes ético-jurídicas para que o processo eleitoral se desenvolva num clima de tolerância democrática.

Entretanto, no Brasil, é recorrente a captação ilícita de sufrágio, especialmente nas camadas mais carentes da população.

Sobre o tema, é correto afirmar que:
   a) o oferecimento de bem ou vantagem pessoal ou de qualquer natureza, inclusive emprego ou função pública, pelo candidato, com o fim de obter o voto, constitui captação ilícita de sufrágio;

b) para caracterização de captação ilícita de sufrágio não se admite presunção, por isso, o pedido de voto deve ser explícito e formulado pelo próprio candidato;
c) embora genericamente chamadas de Ações de Investigação Judicial Eleitoral (AIJE), a ação de investigação judicial eleitoral por abuso de poder, a ação de captação ilícita de sufrágio e a ação de conduta vedada seguem ritos distintos;
d) a distribuição de sopas e remédios em centros assistenciais ou comitês de campanha, por seu caráter humanitário, descaracteriza a captação ilícita de sufrágio;
e) o eleitor que solicita ao candidato bem ou vantagem em troca de seu voto pode responder por captação ilícita de sufrágio.

3. (Câmara de São Joaquim da Barra-SP – Procurador Jurídico – Vunesp – 2018) O ordenamento jurídico brasileiro tipificou diversas condutas tendentes a afetar a igualdade de oportunidades entre candidatos nos pleitos eleitorais, denominando-as de condutas vedadas aos agentes públicos em campanhas eleitorais. Sobre essa temática, assinale a alternativa correta.
a) Configura conduta vedada pela legislação a utilização de prédio público para a realização de convenção partidária para a escolha dos candidatos que concorrerão ao pleito eleitoral.
b) É vedado que servidor público municipal do Poder Executivo, ainda que licenciado ou fora do horário do expediente, trabalhe para comitês de campanha eleitoral de candidato.
c) A partir de primeiro de janeiro do ano da eleição, é vedado fazer, na circunscrição do pleito, revisão geral da remuneração dos servidores públicos, que exceda a recomposição da perda de seu poder aquisitivo ao longo do ano da eleição.
d) Não é vedado o uso em campanha, pelo candidato à reeleição de Presidente da República, de sua residência oficial para realização de contatos, encontros e reuniões pertinentes à própria campanha, desde que não tenham caráter de ato público.
e) O uso de programa social custeado pelo erário, para fins de promoção de candidatura, não configura conduta vedada pela Lei das Eleições, mas o uso, em campanha, pelo Presidente da República, de transporte oficial, é vedado pela referida lei.

4. (Câmara de Jundiaí-SP – Procurador Jurídico – VUNESP – 2022) Com relação à conduta vedada aos agentes públicos em período eleitoral e na circunscrição em que ocorre o pleito, é correto afirmar que
a) poderá o agente público ceder, em benefício de candidato, partido político ou coligação, bens móveis pertencentes à administração direta ou indireta da União, dos Estados, do Distrito Federal, dos Territórios e dos Municípios, para a realização de convenção partidária.
b) não poderá o agente público nomear ou exonerar servidor de cargos em comissão e designação ou dispensa de funções de confiança no ano eleitoral.
c) não poderá o agente público fazer, na circunscrição do pleito, revisão geral da remuneração dos servidores públicos que exceda a recomposição da perda de seu poder aquisitivo ao longo do ano da eleição, a partir do fechamento do cadastro eleitoral até a diplomação dos eleitos.
d) iniciado o período eleitoral, poderá o agente público, excepcionalmente, fazer pronunciamento em cadeia de rádio e televisão, fora do horário eleitoral gratuito, quando se tratar de matéria urgente, relevante e característica das funções de governo, dando ciência ao Ministério Público eleitoral.
e) não poderá o agente público, em ano eleitoral, realizar transferência voluntária de recursos da União aos Estados e Municípios, e dos Estados aos Municípios, sob pena de nulidade de pleno direito, ressalvados os recursos destinados a cumprir obrigação formal preexistente para execução de obra ou serviço em andamento e com cronograma prefixado, e os destinados a atender situações de emergência e de calamidade pública.

5. (ALE-SP – Procurador – Vunesp – 2022) A respeito das condutas vedadas a agentes públicos em eleições, é correto afirmar que
a) para fins de configuração da conduta vedada, é necessária a comprovação da potencialidade de o ato alterar o resultado da eleição.
b) é autorizada a permanência de placa identificadora de obra pública e com conteúdo promocional do governo concorrente ao pleito, quando confeccionada pela iniciativa privada.
c) o estagiário não está sujeito às limitações impostas em lei.
d) a realização de uma conduta vedada sujeita o agente público à imediata suspensão do cargo.

e) as condutas vedadas dispensam a comprovação de dolo ou culpa do agente, sendo cláusulas de responsabilidade objetiva.

6. (TJ-AP – Juiz de Direito Substituto – FGV – 2022) Crimes eleitorais podem ser definidos como ilícitos penais que maculam o processo democrático de alternância no poder, a liberdade do voto secreto e a própria cidadania. Condutas vedadas constituem ilícitos civil-eleitorais que se caracterizam por situações que podem denotar o uso abusivo de poder político ou de autoridade com finalidade eleitoral.

Com base no exposto, é correto afirmar que:
a) para a caracterização do crime eleitoral, basta o resultado naturalístico da conduta, independentemente da produção de dano ou perigo de dano à ordem jurídica eleitoral;
b) as condutas vedadas têm como destinatários agentes públicos e se submetem aos princípios da tipicidade e da legalidade estrita;
c) o crime de uso de símbolos governamentais se consuma com o uso na propaganda de símbolos nacionais, estaduais ou municipais;
d) a caracterização da prática de conduta vedada de divulgação de propaganda institucional no período não permitido pela Justiça Eleitoral exige a demonstração do caráter eleitoreiro da publicidade;
e) não se admite a apuração concomitante de prática de abuso de poder político e econômico e de prática de conduta vedada através de Ação de Investigação Judicial Eleitoral (AIJE).

■ GABARITO ■

1. "c".
2. "a".
3. "d".
4. "a".
5. "e".
6. "b".

8

AÇÕES E REPRESENTAÇÕES ELEITORAIS

8.1. AÇÃO DE IMPUGNAÇÃO DE MANDATO ELETIVO
8.1.1. Aspectos iniciais

A Ação de Impugnação de Mandato Eletivo (AIME) ingressou no ordenamento jurídico brasileiro por intermédio do art. 23 da Lei n. 7.493/1986[1], ganhando posteriormente foro constitucional por meio do art. 14, §§ 10 e 11, da Constituição da República.

A **AIME** tem como fundamento a **ocorrência** de abuso de poder econômico, corrupção ou fraude e objetiva a **desconstituição** do mandato eventual **conquistado** pelo **candidato beneficiado** pela conduta.

A inovação foi aplaudida pela doutrina e ganhou logo ampla utilização prática em juízo, sendo, todavia, objeto de pesadas críticas por parte da comunidade acadêmica, pelo modo como veio a ser de fato implementada.

Dois eram os seus pontos de estrangulamento:

a) de um lado, a adoção, ante a ausência de outra definição, do rito ordinário estabelecido no Código de Processo Civil[2];
b) de outra banda, exigia-se o advento do trânsito em julgado para a execução da cassação definida no julgamento da causa.

Ambas as orientações, construídas em sede puramente jurisprudencial, foram alteradas nos últimos anos pelo Tribunal Superior Eleitoral.

8.1.2. Rito

O rito ordinário não é mais o definido no CPC, mas sim o descrito nos arts. 3º a 6º da Lei das Inelegibilidades.

Dispondo acerca de questão de ordem suscitada pelo Ministro Fernando Neves, o TSE exarou a Instrução n. 81, Resolução n. 21.634, de 19 de fevereiro de 2004, acentuando que:

---

[1] "Art. 23. A diplomação não impede a perda do mandato, pela Justiça Eleitoral, em caso de sentença julgada, quando se comprovar que foi obtido por meio de abuso do poder político ou econômico."
[2] O Caso Felixlândia (REspe 9.145, Ac. n. 12.030, de 25-9-1991) constituiu o mais importante precedente jurisprudencial a partir do qual se solidificou a adoção desse rito.

1. O rito ordinário que deve ser observado na tramitação da ação de impugnação de mandato eletivo, até a sentença, é o da Lei Complementar n. 64/1990, não o do Código de Processo Civil, cujas disposições são aplicáveis apenas subsidiariamente.
2. As peculiaridades do processo eleitoral – em especial o prazo certo do mandato – exigem a adoção dos procedimentos céleres próprios do Direito Eleitoral, respeitadas, sempre, as garantias do contraditório e da ampla defesa.

Como **fundamentos** da questão de ordem **suscitada**, o Ministro Fernando Neves citou a **crítica doutrinária** (de Pedro Henrique Távora Niess, Lauro Barreto, Djalma Pinto, Joel José Cândido, Tito Costa e Fávila Ribeiro) existente **acerca** da utilização do rito do **Direito Processual Civil**. Essa crítica estava basicamente sediada na **análise da principiologia** inerente ao Direito Eleitoral, não contemplada pelo procedimento excessivamente extenso anteriormente utilizado.

O relator ainda considerou:

> [...] que não se trata de limitar a produção de provas, mas de respeitar as regras próprias do Direito Eleitoral e, principalmente, evitar procedimentos procrastinatórios, que impedem a conclusão do processo, trazem descrédito à Justiça Eleitoral e insegurança a toda a sociedade, especialmente aos eleitos.

Com efeito, a longa marcha procedimental que caracteriza o rito anteriormente adotado contribuiu em muito para o descrédito da Justiça Eleitoral, permitindo a eternização de demandas nas quais o exercício do direito à ampla defesa dava lugar a práticas procrastinatórias as mais acintosas. Impedir o julgamento da causa era mais proveitoso que "correr o risco" da apreciação do mérito.

O procedimento a ser seguido, doravante, tanto no que toca ao processo de conhecimento, quanto aos recursos a ele atinentes, é o descrito nos arts. 3º a 14 da Lei de Inelegibilidades[3].

---

[3] "Art. 3º [...]
§ 3º O impugnante especificará, desde logo, os meios de prova com que pretende demonstrar a veracidade do alegado, arrolando testemunhas, se for o caso, no máximo de 6 (seis).
Art. 4º A partir da data em que terminar o prazo para impugnação, passará a correr, após devida notificação, o prazo de 7 (sete) dias para que o candidato, partido político ou coligação possa contestá-la, juntar documentos, indicar rol de testemunhas e requerer a produção de outras provas, inclusive documentais, que se encontrarem em poder de terceiros, de repartições públicas ou em procedimentos judiciais, ou administrativos, salvo os processos em tramitação em segredo de justiça.
Art. 5º Decorrido o prazo para contestação, se não se tratar apenas de matéria de direito e a prova protestada for relevante, serão designados os 4 (quatro) dias seguintes para inquirição das testemunhas do impugnante e do impugnado, as quais comparecerão por iniciativa das partes que as tiverem arrolado, com notificação judicial.
§ 1º As testemunhas do impugnante e do impugnado serão ouvidas em uma só assentada.
§ 2º Nos 5 (cinco) dias subsequentes, o Juiz, ou o Relator, procederá a todas as diligências que determinar, de ofício ou a requerimento das partes.
§ 3º No prazo do parágrafo anterior, o Juiz, ou o Relator, poderá ouvir terceiros, referidos pelas partes, ou testemunhas, como conhecedores dos fatos e circunstâncias que possam influir na decisão da causa.

§ 4º Quando qualquer documento necessário à formação da prova se achar em poder de terceiro, o Juiz, ou o Relator, poderá ainda, no mesmo prazo, ordenar o respectivo depósito.

§ 5º Se o terceiro, sem justa causa, não exibir o documento, ou não comparecer a juízo, poderá o Juiz contra ele expedir mandado de prisão e instaurar processo por crime de desobediência.

Art. 6º Encerrado o prazo da dilação probatória, nos termos do artigo anterior, as partes, inclusive o Ministério Público, poderão apresentar alegações no prazo comum de 5 (cinco) dias.

Art. 7º Encerrado o prazo para alegações, os autos serão conclusos ao Juiz, ou ao Relator, no dia imediato, para sentença ou julgamento pelo Tribunal.

Parágrafo único. O Juiz, ou Tribunal, formará sua convicção pela livre apreciação da prova, atendendo aos fatos e às circunstâncias constantes dos autos, ainda que não alegados pelas partes, mencionando, na decisão, os que motivaram seu convencimento.

Art. 8º Nos pedidos de registro de candidatos a eleições municipais, o Juiz Eleitoral apresentará a sentença em cartório 3 (três) dias após a conclusão dos autos, passando acorrer deste momento o prazo de 3 (três) dias para a interposição de recurso para o Tribunal Regional Eleitoral.

§ 1º A partir da data em que for protocolizada a petição de recurso, passará a correr o prazo de 3 (três) dias para a apresentação de contrarrazões.

§ 2º Apresentadas as contrarrazões, serão os autos imediatamente remetidos ao Tribunal Regional Eleitoral, inclusive por portador, se houver necessidade, decorrente da exiguidade de prazo, correndo as despesas do transporte por conta do recorrente, se tiver condições de pagá-las.

Art. 9º Se o Juiz Eleitoral não apresentar a sentença no prazo do artigo anterior, o prazo para recurso só começará a correr após a publicação da mesma por edital, em cartório.

Parágrafo único. Ocorrendo a hipótese prevista neste artigo, o Corregedor Regional, de ofício, apurará o motivo do retardamento e proporá ao Tribunal Regional Eleitoral, se for o caso, a aplicação da penalidade cabível.

Art. 10. Recebidos os autos na Secretaria do Tribunal Regional Eleitoral, estes serão autuados e apresentados no mesmo dia ao Presidente, que, também na mesma data, os distribuirá a um Relator e mandará abrir vistas ao Procurador Regional pelo prazo de 2 (dois) dias.

Parágrafo único. Findo o prazo, com ou sem parecer, os autos serão enviados ao Relator, que os apresentará em mesa para julgamento em 3 (três) dias, independentemente de publicação em pauta.

Art. 11. Na sessão do julgamento, que poderá se realizar em até 2 (duas) reuniões seguidas, feito o relatório, facultada a palavra às partes e ouvido o Procurador Regional, proferirá o Relator o seu voto e serão tomados os dos demais Juízes.

§ 1º Proclamado o resultado, o Tribunal se reunirá para lavratura do acórdão, no qual serão indicados o direito, os fatos e as circunstâncias com base nos fundamentos do Relator ou do voto vencedor.

§ 2º Terminada a sessão, far-se-á a leitura e a publicação do acórdão, passando a correr dessa data o prazo de 3 (três) dias, para a interposição de recurso para o Tribunal Superior Eleitoral, em petição fundamentada.

Art. 12. havendo recurso para o Tribunal Superior Eleitoral, a partir da data em que for protocolizada a petição passará a correr o prazo de 3 (três) dias para a apresentação de contrarrazões, notificado por telegrama o recorrido.

Parágrafo único. Apresentadas as contrarrazões, serão os autos imediatamente remetidos ao Tribunal Superior Eleitoral.

Art. 13. Tratando-se de registro a ser julgado originariamente por Tribunal Regional Eleitoral, observado o disposto no art. 6º desta lei complementar, o pedido de registro, com ou sem impugnação, será julgado em 3(três) dias, independentemente de publicação em pauta.

Parágrafo único. Proceder-se-á ao julgamento na forma estabelecida no art. 11 desta lei complementar e, havendo recurso para o Tribunal Superior eleitoral, observar-se-á o disposto no artigo anterior.

8.1.3. Execução imediata

O art. 257 do CE instituía o **princípio da executividade** imediata das decisões da Justiça Eleitoral. Num âmbito do Judiciário em que a celeridade é decisiva para a presteza e legitimidade da instituição, o princípio chegou inalterado ao ano de 2015, quando foi submetido a forte alteração.

O texto original do dispositivo era o seguinte:

> **Art. 257.** Os recursos eleitorais não terão efeito suspensivo.
>
> Parágrafo único. A execução de qualquer acórdão será feita imediatamente, através de comunicação por ofício, telegrama, ou, em casos especiais, a critério do presidente do Tribunal, através de cópia do acórdão.

Agora, o parágrafo único foi convertido em § 1º, sendo ele sucedido por duas outras disposições. O artigo passou a ter o seguinte conteúdo:

> **Art. 257.** Os recursos eleitorais não terão efeito suspensivo.
>
> § 1º A execução de qualquer acórdão será feita imediatamente, através de comunicação por ofício, telegrama, ou, em casos especiais, a critério do presidente do Tribunal, através de cópia do acórdão.
>
> § 2º O recurso ordinário interposto contra decisão proferida por juiz eleitoral ou por Tribunal Regional Eleitoral que resulte em cassação de registro, afastamento do titular ou perda de mandato eletivo será recebido pelo Tribunal competente com efeito suspensivo.
>
> § 3º O Tribunal dará preferência ao recurso sobre quaisquer outros processos, ressalvados os de *habeas corpus* e de mandado de segurança.

Com efeito, até 2003 os julgados exigiam o esgotamento da via recursal como condição para a execução dos julgamentos da Justiça Eleitoral que implicavam em desconstituição de registros, diplomas e mandatos.

A exigência do prévio trânsito em julgado podia ser encontrada, naquela época, nos arts. 15 da Lei Complementar n. 64/1990 e 216 do Código Eleitoral[4].

Ocorre que, encetado na própria Lei das Inelegibilidades, o precitado art. 15 não fora criado para valer fora dos estritos lindes das demandas versadas naquele diploma legal, quais sejam, a impugnação ao registro de candidatura (art. 3º) e a investigação judicial eleitoral (art. 22).

Quanto ao art. 216 do CE, refere-se expressamente a outra modalidade processual: o recurso contra a expedição de diploma. Em diversos acórdãos o TSE, no passado, entendeu aplicável justamente essa norma, para vedar a executividade imediata da cassação do mandato na ação de impugnação ao mandato eletivo[5].

Art. 14. No Tribunal Superior Eleitoral, os recursos sobre registro de candidatos serão processados e julgados na forma prevista nos arts. 10 e 11 desta lei complementar."

[4] "Art. 216. Enquanto o Tribunal Superior não decidir o recurso interposto contra a expedição do diploma, poderá o diplomado exercer o mandato em toda a sua plenitude."

[5] Os diplomas expedidos são intocáveis até pronunciamento do TSE. A regra do art. 216 do Código

No julgamento do Recurso Especial n. 19.895, de 28-2-2003, sendo relator o Ministro Nelson Jobim, ficou assentado o entendimento, no TSE, quanto à plena inadequação das referidas normas ao processo da AIME, passando a ter lugar a possibilidade da execução imediata. O próprio relator fez referência a voto anteriormente proferido pelo Ministro Fernando Neves, no REspe 19.895, de 28-2-2003.

No precedente Palestina, relatado pelo Ministro Carlos Velloso, a questão voltou a ser tratada, reafirmando-se a nova posição do TSE (REspe 21.176, de 1º-7-2003).

Passou-se, então, da suspensividade como regra para a plena aplicação do princípio da executividade imediata. Mas essa trajetória foi agora submetida a profunda modificação.

Posteriormente, com o da Lei n. 13.165/2015, o § 2º do art. 257 do Código Eleitoral inclui o efeito suspensivo aos Recursos Ordinários interpostos contra decisões proferidas por Juiz Eleitoral ou por Tribunal Regional Eleitoral que resulte em cassação de registro, afastamento do titular ou, ainda, perda de mandato eletivo, vejamos:

> **Art. 257.** [...]
> § 2º O recurso ordinário interposto contra decisão proferida por juiz eleitoral ou por Tribunal Regional Eleitoral que resulte em cassação de registro, afastamento do titular ou perda de mandato eletivo será recebido pelo Tribunal competente com efeito suspensivo.

Os recursos mencionados pela norma são os endereçados aos Tribunais Regionais, interpostos contra decisões dos juízes eleitorais, e ao Tribunal Superior Eleitoral, quando manejados contra julgados originários das Cortes Regionais.

Dessa forma, ante a nova redação dada ao dispositivo, constatado que o Recurso preenche os requisitos de admissibilidade, será recebido nos efeitos suspensivo e devolutivo.

O recurso ordinário tomado contra decisão de tribunal regional está previsto para os casos em que estes atuarem no exercício da sua competência originária (art. 121, § 4º, III, IV e V, da CF). Nesses casos, o recurso para o Tribunal Superior Eleitoral será dotado de eficácia suspensiva. Mas eventual recurso manejado, posteriormente, no afã de devolver a matéria ao conhecimento do Supremo Tribunal Federal (art. 121, § 3º, da CF) não mais estará sob o abrigo da suspensividade compulsória.

Tal regra comporta uma exceção: a desconstituição do diploma em virtude do reconhecimento de causa de inelegibilidade. É que a espécie desfia o manejo de outra disposição legal, aquela constante do art. 15 da LI, cujo teor é o seguinte: "Transitada em julgado ou publicada a decisão proferida por órgão colegiado que declarar a

---

Eleitoral é de ser aplicada nas hipóteses de recursos contra a diplomação como nas de ação impugnatória de mandato, porque é a desconstituição deste que se visa obter em ambos os casos (REspe 15.216, de 6-6-1995, rel. Min. José Bonifácio Diniz de Andrada).

Orientação assentada, nesta Corte, no sentido da aplicação à hipótese, da norma do art. 216 do CE, segundo a qual, enquanto o TSE não decidir eventual recurso contra a decisão regional, poderá o diplomado exercer o mandato em toda a sua plenitude (RMS n. 2.373, de 27-2-1996, rel. Min. Ilmar Nascimento Galvão).

inelegibilidade do candidato, ser-lhe-á negado registro, ou cancelado, se já tiver sido feito, ou declarado nulo o diploma, se já expedido".

Ou seja, no caso de **medidas judiciais** nas quais se discuta inelegibilidade – como ocorre na impugnação ao registro de candidatura (art. 3º da LI), na investigação judicial eleitoral (art. 22º da LI) e no recurso contra a diplomação (art. 262 do CE) – deve ser aplicada a regra contida no prefalado art. 15 da Lei de Inelegibilidades. Isso implica dizer que decisão de juiz monocrático não autorizará a execução imediata do julgado. Mas tendo sido esta confirmada ou proferida por Tribunal Regional ou pelo TSE no exercício de competência originária ou recursal, não há que se falar em recurso dotado de efeito suspensivo.

Assim, se um Tribunal Regional declara a cassação de diploma em virtude, por exemplo, da condenação de um candidato com base em abuso do poder político ou econômico, proferiu acórdão passível de imediata execução.

Resta um aspecto a considerar sobre o tema.

Segundo dispõe o § 3º do art. 257 do CE: "O Tribunal dará preferência ao recurso sobre quaisquer outros processos, ressalvados os de *habeas corpus* e de mandado de segurança".

Essa norma está em consonância com o art. 26-B da Lei Complementar n. 135/2010, cuja redação foi por mim sugerida, e que tem o seguinte teor: "O Ministério Público e a Justiça Eleitoral darão prioridade, sobre quaisquer outros, aos processos de desvio ou abuso do poder econômico ou do poder de autoridade até que sejam julgados, ressalvados os de *habeas corpus* e mandado de segurança".

Tais disposições mostram o reconhecimento, pelo legislador, de que feitos que versam matérias graves a ponto de justificar a possível desconstituição de mandatos devem assumir posição de prevalência no julgamento dos feitos eleitorais. Por tudo recomendável que os tribunais eleitorais adaptem os seus regimentos a tais determinações legais.

■ 8.1.4. Hipóteses de cabimento

A AIME pode ser ajuizada com base na ocorrência de abuso de poder econômico, corrupção ou fraude.

■ *8.1.4.1. Abuso de poder econômico*

A Constituição Federal alude expressamente ao abuso do poder econômico como fundamento para a propositura da AIME (art. 14, § 10).

O **abuso de poder econômico** caracteriza-se sempre que alguém **dotado** de maior fortuna, sua ou de **terceiro**, dela faz uso para **induzir** o eleitor menos aquinhoado a **conceder-lhe** o voto. A emissão do voto, em tais circunstâncias, decorre do temor reverencial imposto ao eleitor. Essa é a nota **característica** do **abuso de poder**. A efetiva outorga de uma benesse a um ou mais votantes é fator incidental, secundário, e **não um elemento** constitutivo **necessário** da prática do abuso de poder.

Essa consideração pode parecer confusa à primeira vista, mas o seguinte exemplo pode contribuir para o esclarecimento da matéria: em recurso analisado pelo Tribunal Superior Eleitoral, discutiu-se caso de abuso de poder econômico, que consiste:

> [...] no uso de um helicóptero para fins de propaganda eleitoral, considerada a circunstância, por eles narrada, de que a dita aeronave (em 29/9/2000) – transportando, entre outros, o advogado de José Wilson Alves Chaves, que portava cópia de medida liminar declarando este elegível –, ao chegar ao município, ficara, durante quarenta minutos, "fazendo voos rasantes nas localidades de Formoso, Curimatá, Pauliceia, Pascoal", sendo que "um dos ocupantes [...] em gestos alegres, acenava com uns papéis na mão para os curiosos circunstantes" (Ac. n. 21.403, REspe 21.403, Pacajus/CE, rel. Min. Barros Monteiro).

Além dessa, havia outras alegações de atos abusivos, mas o uso desse helicóptero em uma pequena cidade do interior do Ceará, de forma tão ostensiva, acabou sendo um dos fundamentos para que o Tribunal Regional Eleitoral do Ceará desconstituísse o mandato alcançado pelo candidato a prefeito. Tal decisão foi confirmada pelo TSE.

Com efeito, a simples ostentação de riqueza no contexto da eleição com a finalidade de impressionar, intimidar, constranger ou mobilizar o eleitorado, basta para a caracterização do abuso do poder econômico, sendo irrelevante a efetiva outorga de bens ou serviços.

É preciso, todavia, que tal exibição de poder configure algo grave, aviltante, que escape ao senso de razoabilidade. É certo que um candidato mais rico apresentará, sempre, sinais de supremacia econômica. Daí a correção de se afirmar que a norma não pune o uso, mas o abuso do poder econômico.

O TSE reconhece, também, a possibilidade de ocorrência de abuso de poder econômico na propaganda eleitoral, imputando responsabilidade àquele que recair em abuso, conforme disposto no § 3º do art. 10 da Resolução do TSE n. 23.610/2019, que dispõe que: "§ 3º Sem prejuízo das sanções pecuniárias específicas, os atos de propaganda eleitoral que importem abuso do poder econômico, abuso do poder político ou uso indevido dos meios de comunicação social, independentemente do momento de sua realização ou verificação, poderão ser examinados na forma e para os fins previstos no art. 22 da Lei Complementar n. 64, de 18 de maio de 1990".

Comprovando a assertiva de que o abuso do poder econômico não necessariamente demanda a efetiva outorga de benefícios para os eleitores, o Tribunal Superior Eleitoral já reconheceu que:

> [...] Esta Corte Superior entende que: "A aferição do abuso do poder econômico, político ou do uso indevido dos meios de comunicação social independe do resultado do pleito, devendo ser aferida de acordo com a gravidade da situação revelada pela prova dos autos" (RO n. 1380–69/DF, rel. Min. Henrique Neves da Silva, julgado em 7.2.2017, DJe de 7.3.2017). Incidência do Enunciado n. 30 da Súmula do TSE.5. Negado provimento ao agravo em recurso especial (Ag.-REspe 060068825, Acórdão, rel. Min. Mauro Campbell Marques, *DJe* 12-9-2022, t. 176).

Como se vê, o **manejo dos recursos materiais** pelo candidato para a realização de propaganda irregular, considerada a gravidade do fato, é bastante para a verificação da prática abusiva. Desde a edição da Lei Complementar n. 135/2010 (Lei da Ficha Limpa), a observação dessa gravidade não está mais adstrita à verificação de seu eventual impacto nos resultados da eleição. Analisaremos isso mais detidamente em tópico próprio mais adiante (Influência no resultado da votação).

■ 8.1.4.2. Corrupção eleitoral

A conceituação de corrupção eleitoral, um dos fundamentos para a propositura da ação de impugnação de mandato eletivo, foi deixada a cargo do intérprete.

Entendemos ser plenamente acertada a orientação adotada nos últimos anos pelo Tribunal Superior Eleitoral, segundo a qual não devem ser utilizadas categorias provenientes do Direito Penal ou do Direito Administrativo na perquirição do conceito de corrupção eleitoral. A expressão possui, em matéria eleitoral, traços distintos, dotados de maior amplitude, abarcando não apenas as condutas ilícitas de que tomem parte, passivamente, agentes do Estado, para abranger também toda e qualquer ação contrária ao Direito voltada a perverter, pelo oferecimento ou concessão de dádiva, a vontade livre do eleitor.

O **conceito** de corrupção eleitoral tem como **ponto de partida** a descrição da **conduta delituosa** descrita pelo art. 299 do Código Eleitoral[6], mas é ainda mais extenso.

Há na doutrina diversos alicerces para o entendimento adotado pelo TSE.

Mônica Caggiano, citada por José Antônio Fichtner (1998, p. 108), preleciona que

> [...] o termo "corrupção" indica quaisquer ações praticadas de forma camuflada, a partir de uma zona de penumbra, à margem das linhas comportamentais norteadas pela lei e pela moral, com vistas à obtenção de vantagens individuais ou em prol de um grupo, inatingíveis pelas vias ordinárias.

Já Pedro Henrique Távora Niess[7] esclarece que:

> A corrupção e a fraude, destacadas no contexto constitucional, inúmeras vezes encontram a sua fonte no poder econômico, que as viabiliza, exibindo-se como formas de abusividade.

E conclui: "Abusa do poder econômico quem dá dinheiro para obter voto [...]", embora reconheça o autor a presença de hipóteses, como a do candidato que oferece "projetos para que se dê a ruas e praças os nomes de parentes de eleitores. Aqui, opera-se a corrupção, independentemente de abuso do poder econômico". O último exemplo citado pelo prestigiado autor corresponde a "oferecer vantagem", presente

---

[6] "Dar, oferecer, prometer, solicitar ou receber, para si ou para outrem, dinheiro, dádiva, ou qualquer outra vantagem, para obter ou dar voto e para conseguir ou prometer abstenção, ainda que a oferta não seja aceita."

[7] NIESS, Pedro Henrique Távora. *Ação de impugnação de mandato eletivo*. São Paulo: Edipro, 1996, p. 30.

na descrição legal da captação ilegal de sufrágio operada por meio do pré-falado art. 41-A.

Emerson Garcia[8] ensina que:

> Configura a corrupção o oferecimento de vantagem indevida a outrem para que pratique ato defeso em lei; omita-se quando devia agir; ou aja com fins distintos daqueles previstos na norma; o mesmo ocorrendo se a conduta foi desencadeada em razão de solicitação feita pelo agente que detinha competência para a prática do ato. A vantagem indevida pode consistir em pecúnia, favorecimento pessoal etc.

Nesse sentido, a conceituação legal da captação mercenária de votos (art. 41-A da LE) vem sendo utilizada pelo Tribunal Superior Eleitoral para o fim de caracterização da corrupção eleitoral, como forma de autorizar o manejo da ação de impugnação de mandato eletivo.

Na AMC n. 1.276, de 17-6-2003, na qual foi relator o Ministro Fernando Neves, o TSE afirmou que "a ação de impugnação de mandato eleito pode ser ajuizada com base no art. 41-A da Lei n. 9.504/1997, uma vez que a captação vedada de sufrágio se enquadra em corrupção, hipótese prevista no art. 14, § 10, da Constituição da República".

Numa outra ementa aparece bem explicitada a conjugação das ideias que embasam a execução imediata do julgado na AIME e a caracterização da corrupção eleitoral decorrente da "compra de votos". Transcrevemos:

> São imediatos os efeitos da sentença que julga procedente ação de impugnação de mandato eletivo pela prática da conduta descrita no art. 41-A da Lei n. 9.504, de 1997. Pertinência da jurisprudência do Tribunal Superior Eleitoral relativa a representações. Situação em que não se aplica o art. 216 do Código Eleitoral (MC n. 1.049, 25-5-2002, rel. designado Min. Fernando Neves).

Caso semelhante se deu no precedente Palestina, retromencionado[9].

Como se vê, a **jurisprudência** do TSE **avançou** também nesse ponto, para **considerar** presente a corrupção eleitoral sempre que **presente** a captação ilícita de sufrágio.

---

[8] GARCIA, Emerson. *Abuso de poder nas eleições*. Meios de coibição. Rio de Janeiro: Lumen Juris, 2000, p. 183.

[9] "Eleitoral. Recursos especiais. Ação de impugnação de mandato eletivo. Prefeito e vice-prefeito. Abuso de poder. Cassação de diplomas. Inelegibilidade. Inexistência. Nulidade. Julgamento. Decorrência. Ausência. Nome. Advogado. Litisconsorte passivo necessário. Pauta. Não ocorrência. Cerceamento de defesa. Indeferimento. Pedido de vista. Ausência. Condenação. Art. 41-A, Lei n. 9.504/1997. Violação ao art. 257 do Código Eleitoral. Efeito imediato. Precedente: AC. n. 19.895. 1. Não há nulidade do julgamento quando o litisconsorte passivo necessário deu causa à ausência do nome do advogado na pauta. 2. Não configura cerceamento de defesa o indeferimento de pedido de vista quando a parte já obteve pedido semelhante, nos termos de certidão fornecida pela Secretaria do Tribunal. Recurso não conhecido. 3. Aplicabilidade do disposto no art. 257 do Código Eleitoral à ação de impugnação de mandato eletivo. Recurso provido, em parte" (REspe 21.176, de 1º-7-/2003).

Por outro lado, o Tribunal Superior Eleitoral ainda **compreende** que a **corrupção administrativa** não é fundamento para a **propositura da AIME**, estando a corrupção mencionada pelo art. 14, § 10, da CF relacionada a práticas realizadas para **fins eleitorais**. Nesse sentido é o seguinte precedente:

> [...] Ação de impugnação de mandato eletivo. [...] Hipótese versada na ação de impugnação que não se encontra entre aquelas previstas no § 10 do art. 14 da CF. Recurso não conhecido. NE: "A ação tem como fundamento suposto desvio de recursos financeiros destinados a programas sociais ocorrido no período em que o réu exerce o cargo de prefeito, ou seja, atos de corrupção administrativa, hipótese que não se encontra entre aquelas capazes de embasar a referida ação, uma vez que a corrupção a que se refere o § 10 do art. 14 da CF é aquela ligada a práticas eleitorais" (Ac. n. 16.085, de 5-10-1999, rel. Min. Eduardo Alckmin).

Como se vê, segundo a jurisprudência do TSE apenas a corrupção prática no contexto das eleições pode levar à procedência da AIME. Assim, provas de corrupção política e administrativa constantes de demandas julgadas em outros âmbitos do Judiciário ou mesmo em Comissões Parlamentares de Inquérito não se prestam a instruir a ação de impugnação de mandato eletivo.

Tal entendimento não parece imune a qualquer reflexão. O dispositivo constitucional utiliza apenas a palavra "corrupção", erigindo-a como fundamento para a impugnação do mandato eletivo (art. 14, § 10, da CF).

Se o ato de corrupção está de qualquer modo correlacionado ao exercício do mandato pretendido, parece razoável imaginar que a Justiça Eleitoral, desde que devidamente provocada, possa desconstituir o diploma eventualmente conquistado.

■ 8.1.4.3. Condutas vedadas e abuso de poder político

Discute-se se a ação de impugnação de mandato eletivo pode ser manejada com a finalidade de questionar em Juízo a prática das condutas vedadas aos agentes públicos.

Pelos mesmos fundamentos acima explicitados, entendemos que a jurisprudência do TSE deve marchar no sentido de considerar igualmente como atos de corrupção eleitoral aqueles descritos nos arts. 73 a 77 da Lei das Eleições, que descrevem práticas por meio das quais os agentes públicos podem fazer uso dos mecanismos originalmente destinados ao funcionamento do Poder Público, em desequilíbrio das condições de acesso aos cargos de provimento por via eletiva.

Divergindo desse raciocínio, o Tribunal Superior Eleitoral tem entendido que: "A AIME tem objeto restrito e destina-se à apuração do abuso do poder econômico, corrupção e fraude e não à apreciação de conduta vedada. [...]" (Ac. de 27-5-2008 no REspe 28.007, rel. Min. Gerardo Grossi, red. designado Min. Marcelo Ribeiro).

Pensamos, todavia, que se a conduta vedada consistiu em adoção de medida que demandou o desvio de bens e verbas públicas, a ação é cabível em virtude da manipulação do poder econômico do Estado.

Segue essa mesma linha reflexiva o escólio de Edson de Resende Castro[10]. De acordo com o autor:

> Não nos parece razoável que o abuso mencionado no texto seja limitado ao do poder econômico. Na verdade, é fácil compreender que a fórmula utilizada pelo legislador constituinte é abrangente das demais roupagens do abuso de poder, alcançando também o abuso do poder político e o uso indevido dos veículos e meios de comunicação social. Isto porque, quando se aprofunda o estudo sobre o abuso do poder econômico, percebe-se que este acaba aparecendo como gênero, do qual são espécies o abuso do poder econômico (propriamente dito), o abuso do poder político e o uso indevido dos veículos e meios de comunicação social.

Registre-se que a jurisprudência dominante vem abandonando uma postura inicial mais reticente a tal ponto de vista para assumir uma posição hermenêutica ampliativa, reconhecendo no abuso de poder político uma forma de abuso de poder econômico. De fato, pouco importa a quem pertencem os recursos despendidos na obtenção ilícita do voto, sendo irrelevante se sua origem é pública ou privada. Nesse sentido é o seguinte julgado:

> Agravo regimental. Agravo de instrumento. Abuso de poder econômico entrelaçado com abuso de poder político. AIME. Possibilidade. Corrupção. Potencialidade. Comprovação. Súmulas Nos 1. A via aclaratória não se presta à rediscussão dos fundamentos do acórdão recorrido. Os embargos de declaração utilizados para esse fim ultrapassam os limites delineados pelo art. 535, I e II, do Código de Processo Civil c.c. o art. 275 do Código Eleitoral.7/STJ E 279/STF – Não provimento – 2. Na espécie, não há falar em violação ao art. 275 do Código Eleitoral pelo e.Tribunal de origem uma vez que, à conta de omissão, suscitou-se a existência de supostas particularidades do caso concreto, que inexistiram, após criterioso exame das razões recursais e do acórdão regional. 3. O abuso de poder econômico entrelaçado com o abuso de poder político pode ser objeto de Ação De Impugnação de Mandato Eletivo (AIME), porquanto abusa do poder econômico o candidato que despende recursos patrimoniais, públicos ou privados, dos quais detém o controle ou a gestão em contexto revelador de desbordamento ou excesso no emprego desses recursos em seu favorecimento eleitoral. Precedentes: RESPE n. 28.581/MG, de minha relatoria, DJE de 23/9/2008; RESPE n. 28.040/BA, rel. Min. Ayres Britto, DJ de 1.7.2008. 4. No Caso, os agravantes utilizaram-se do trabalho de servidores públicos municipais e de cabos eleitorais, que visitaram residências de famílias carentes, cadastrando-as e prometendo-lhes a doação de quarenta reais mensais, caso os agravantes sagrassem-se vencedores no pleito de 2008 [...] (TSE, AgRg-AI n. 11.708 (38986-05.2009.6.00.0000), rel. Min. Felix Fischer, *DJe* 15-4-2010, p. 18).

Como se vê, tanto o abuso do poder político quanto a prática das denominadas condutas vedadas aos agentes públicos podem dar ensejo, analisado o contexto fático, à propositura da ação de impugnação de mandato eletivo.

---

[10] CASTRO, Edson de Resende. *Teoria e prática do Direito Eleitoral*. Belo Horizonte: Mandamentos, 2010, p. 413.

8.1.4.4. Fraude

Também a fraude possui um **conceito próprio** em matéria eleitoral.

Antes de discutirmos esse conceito é conveniente que nos lembremos de que, ao longo da nossa história, a prática da fraude eleitoral esteve muito presente. Já nos deparamos com essa constatação no tópico intitulado "História do Direito Eleitoral".

Enquanto vigoravam modelos de recepção e contagem dos votos eram comuns práticas tais como a do voto carretilha (ou formiguinha) e do mapismo.

Uma consistia em entregar ao primeiro eleitor da fila uma cédula já marcada com o voto em certo candidato. O eleitor, agindo sob ameaça ou movido pela promessa de um benefício, trazia da cabine eleitoral uma cédula em branco, o que provava que ele depositava na urna a cédula adrede preenchida.

A cédula em branco trazida era, então, completada e entregue ao segundo da fila. A operação era repetida até que todos houvessem votado. Isso assegurava ao interessado a certeza de que a totalidade dos votos havia sido dirigida a um mesmo candidato.

O mapismo, por seu turno, acontecia já na fase da apuração e totalização dos votos (escrutínio). Os votos encontrados na apuração das cédulas não eram os mesmos inscritos nos mapas de totalização.

Com a adoção do sistema eletrônico de votação e apuração, essas duas práticas perderam sua eficácia, mas não se descarta a possibilidade de outros modos de defraudação do resultado dos pleitos. Desde a fase do alistamento eleitoral é fraudulenta a conduta daquele que fornece dado falso para o cartório eleitoral, objetivando ver operada sua inscrição ou transferência no cadastro. Assim, constitui matéria arguível por meio da AIME a prática não rara de promover a migração massiva de eleitores para zonas eleitorais onde estes não possuem domicílio ou a inclusão, no Cadastro Eleitoral, de eleitores inexistentes. Do mesmo modo, é vedada a inscrição plural de um mesmo eleitor no cadastro mantido pela Justiça Eleitoral. Durante a votação podem ser observadas as seguintes condutas fraudulentas:

I – troca de identidades – quando uma pessoa se apresenta para votar em lugar de outra. Buscando mitigar o risco de ocorrência dessa infração, a Lei n. 12.034/2009 instituiu a obrigatoriedade da apresentação de documento de identidade com foto no momento da votação[11]. Além disso, a Justiça Eleitoral já instituiu a utilização do sistema de urnas biométricas[12], equipamentos capazes de reconhecer o eleitor com base em suas

---

[11] Art. 91-A da Lei das Eleições: "No momento da votação, além da exibição do respectivo título, o eleitor deverá apresentar documento de identificação com fotografia".

[12] A palavra "biometria" vem do grego: *bios* (vida) e *metron* (medida). Designa um método automático de reconhecimento individual baseado em medidas biológicas (anatômicas e fisiológicas) e características comportamentais. O uso de ferramentas biométricas proporcionou aos sistemas de segurança total confiabilidade.

As biometrias mais comumente implementadas ou estudadas incluem as impressões digitais, reconhecimento de face, íris, assinatura e até a geometria das mãos. Muitas outras modalidades estão em diferentes estágios de desenvolvimento e estudos.

impressões digitais, que tornam virtualmente impossível a substituição de identidades, vez em que, conforme já comprovado por estudos, as impressões digitais são únicas, sendo compostas, cada uma, por incontáveis peculiaridades, tendo, cada pessoa, um desenho diverso, compostos pelas elevações da pele.

A troca de identidades muitas vezes faz-se acompanhar da captação ilícita do sufrágio. Mediante a outorga presenteou prometida de um benefício, o cabo eleitoral retém consigo o título entregue pelo eleitor. No dia do pleito, entrega-se a alguém disposto a se fazer passar por aquele que estava autorizado a votar.

Em todos os casos, a adoção da biometria ou o respeito ao disposto no art. 91-A da Lei das Eleições, introduzido pela Lei n. 12.034/2009, podem contribuir de forma decisiva para o afastamento dessa modalidade de fraude.

II – Fraude do mesário – nessa modalidade, os mesários, agindo em comunhão de propósitos, coligam-se para votarem no lugar dos que se abstiveram de comparecer às urnas. Como detém a senha para a liberação do voto, reduzem ou eliminam a taxa de abstenção em proveito de algum candidato em particular.

8.1.5. Influência no resultado da eleição

Apesar de não haver qualquer norma dispondo a esse respeito, sempre se exigiu para a configuração do abuso de poder a verificação da existência de um **nexo de causalidade** entre o resultado do pleito e a constatação da abusividade da conduta.

Entretanto, com o advento da Lei da Ficha Limpa (Lei Complementar n. 135/2010), foi inserido no art. 22 da Lei de Inelegibilidades o seguinte dispositivo:

As impressões digitais, por exemplo, vêm sendo usadas por mais de um século, enquanto a íris é objeto de estudo há pouco mais de uma década. Não existe ainda uma modalidade biométrica que se aplique em todas as situações.

Muitos fatores devem ser levados em conta para se implantar um sistema biométrico, tais como localização, riscos de segurança e número de usuários, entre outros.

Todo sistema biométrico é preparado para reconhecer, verificar ou identificar uma pessoa que foi previamente cadastrada.

Na biometria, o procedimento de verificação ocorre quando o sistema confirma uma possível identidade comparando apenas parte da informação com o todo disponível. Já o processo de identificação confirma a identidade de um indivíduo, comparando o dado fornecido com todo o banco de dados registrado.

A biometria é usada em inúmeros lugares para melhorar a segurança ou conveniência dos cidadãos. No Brasil, a emissão de passaporte, de carteiras de identidade e o cadastro na Justiça Eleitoral, Polícias Civil e Federal contam com sistemas biométricos.

Além disso, muitas empresas adotam tais sistemas para acesso às suas instalações ou utilização de seus serviços. É o caso de algumas academias de ginástica que usam leitura da impressão digital para controlar o acesso dos seus frequentadores.

Para o reconhecimento individual são coletados dados biométricos por meio de sensores que os colocam em formato digital. Quanto melhor a qualidade do sensor, melhor será o reconhecimento alcançado.

Art. 22. [...]
XVI – para a configuração do ato abusivo, não será considerada a potencialidade de o fato alterar o resultado da eleição, mas apenas a gravidade das circunstâncias que o caracterizam.

Como se vê, o legislador expressamente proibiu o Poder Judiciário de, ao avaliar o ato apontado como abusivo, empreender qualquer análise sobre seu potencial impacto no resultado do prélio eleitoral. Está encerrado, pois, o tempo ao longo do qual a Justiça Eleitoral buscou a verificação desse nexo de causalidade.

Interpretando a inovação legislativa, Marcus Vinícius Furtado Coêlho chegou às seguintes observações:

> A terceira mudança de paradigma é consubstanciada no acréscimo de dispositivo de natureza interpretativa, qual seja o novo inciso XVI do art. 22 da LC n. 64/1990, segundo o qual, para a configuração do ato abusivo, não deverá ser exigido o requisito da potencialidade de o fato alterar o resultado da eleição, bastando a verificação da "gravidade das circunstâncias". A atual hermenêutica do Tribunal Superior Eleitoral exige, para a cassação de mandato e declaração de inelegibilidade por abuso de poder, a presença do requisito da potencialidade lesiva, significando a probabilidade dos fatos abusivos interferirem na normalidade e legitimidade das eleições. Certo é que, em relação às espécies de corrupção eleitoral, como captação ilícita de sufrágio, condutas vedadas aos agentes públicos e irregular arrecadação e aplicação de recursos nas campanhas eleitorais, o próprio TSE já vinha aplicando os princípios da proporcionalidade e razoabilidade, exigindo a presença da "relevância jurídica" do ilícito para configurar a sua ocorrência[13].

E segue o prestigiado eleitoralista:

> O pressuposto da "gravidade das circunstâncias", por ser um conceito aberto, dependerá sobremaneira a interpretação dos tribunais para a verificação de seu alcance. A inovação mais possui a função de afastar a exigência da potencialidade para influir no resultado das eleições como pressuposto da declaração de presença de abuso de poder. Não se pode descurar, porém, da necessária busca sobre o sentido adequado para o termo "gravidade das circunstâncias", que bem se aproxima da definição de proporcionalidade e razoabilidade. Gomes Canotilho bem fala sobre o princípio da proibição do excesso, a governar a atuação do poder público, incluindo o Judiciário na aplicação das leis, devendo ser efetuada a verificação da adequação, necessidade e justa medida na aplicação da pena[14].

De igual relevância são os ensinamentos, a esse respeito, de Marcelo Roseno de Oliveira (2010):

---

[13] COÊLHO, Marcus Vinicius Furtado. *Direito Eleitoral e processo eleitoral*: Direito Penal Eleitoral e Direito Político. Rio de Janeiro: Renovar, 2010, p. 59-60.

[14] COÊLHO, Marcus Vinicius Furtado. *Direito Eleitoral e processo eleitoral*: Direito Penal Eleitoral e Direito Político. Rio de Janeiro: Renovar, 2010, p. 60.

Cuidando o diploma (LC n. 135/2010) de estabelecer casos de inelegibilidade com base nos valores da probidade administrativa e da moralidade para o exercício do mandato, há que se ter presente que todos os impedimentos ali contidos devem, sob pena de incompatibilidade com a Constituição, encontrar fundamento em tais valores.

Assim, é descabido exigir, para a incidência de quaisquer das novas hipóteses trazidas pela Lei Complementar n. 135, a potencialidade de o fato gerador do impedimento influenciar o resultado da eleição, uma vez que não se está a proteger, nesse campo, a normalidade e a legitimidade do pleito.

É exatamente esse o sentido da norma. Não há como reputar legítimas e normais eleições maculadas pela ofensa aos princípios da moralidade e da boa-fé. Os próprios princípios republicano e democrático são violados pela conduta daquele que se vale ilicitamente da sua posição de hipersuficiência para conquistar apoiadores ou desmobilizar a oposição.

Pretender que, além da ilegalidade, ainda se verificasse uma inauditável influência sobre o resultado do pleito era medida que, além de desnecessária, muitas vezes impedia a aplicação da lei em casos de grave violação à liberdade do exercício do voto.

Por isso o Tribunal Superior Eleitoral vem aplicando de forma pacífica o entendimento delineado na norma de referência. Exemplo disso reside no excerto a seguir transcrito:

> [...] 22. Definida a tese no sentido de ser possível enquadrar condutas como a dos autos no conceito de abuso do poder econômico ou de uso indevido dos meios de comunicação social, cabe aferir, na hipótese em exame, o último elemento para sua efetiva caracterização, qual seja, a gravidade dos fatos. 23. Nos termos do art. 22, XVI, da LC 64/1990, para se configurar o ato abusivo não se requer "a potencialidade de o fato alterar o resultado da eleição", mas sim "a gravidade das circunstâncias que o caracterizam", de acepção mais ampla. [...] (AIJE n. 060196880, Acórdão, rel. Min. Luis Felipe Salomão, *DJe* 22-8-2022, t. 160).

Como participante da equipe de redatores da minuta da Lei da Ficha Limpa, tive a honra de redigir esse dispositivo, aceito posteriormente de forma unânime pela Câmara dos Deputados e pelo Senado da República.

Com a introdução dessa norma dirigida ao intérprete, a Justiça Eleitoral deve passar a focar exclusivamente naquilo que efetivamente lhe interessa: a licitude do modo pelo qual são obtidos os votos.

■ 8.2. AÇÃO DE IMPUGNAÇÃO DE REGISTRO DE CANDIDATURA

■ 8.2.1. Aspectos iniciais

Apresentado o Requerimento de Registro de Candidatura (RRC), na forma prevista pela Resolução do TSE n. 23.609/2019 e publicado o edital contendo os nomes dos candidatos cujos registros foram solicitados ao Juízo Eleitoral, inicia-se o prazo de impugnação de tais registros, conforme prevê o art. 3º da Lei Complementar n. 64/1990.

A **impugnação** do registro do candidato se dá por via da **ação** que, convencionalmente, vem sendo **denominada** Ação de Impugnação de Registro de Candidatura (**AIRC**). Por meio dela, visa o impugnante a **obstar** determinada candidatura, com o fundamento, de modo geral, de que há **ausência** de uma ou mais **condições** de elegibilidade ou a **configuração** de uma ou mais causas de **inelegibilidade**.

Conforme já tratamos em outros momentos desta obra, as condições de elegibilidade encontram-se previstas na Constituição Federal (art. 14, § 3º) e as causas de inelegibilidades estão presentes tanto na Constituição Federal como na Lei Complementar n. 64/1990, cujo rol foi significativamente ampliado pela Lei Complementar n. 135/2010 (Lei da Ficha Limpa).

8.2.2. Legitimidade

São **legitimados para propor esta demanda** qualquer candidato (ou mais acertadamente pretendente a candidato), partido político, federação, coligação ou ao Ministério Público, conforme se extrai do art. 3º da LC n. 64/1990 e do art. 40 da Resolução do TSE n. 23.609/2019 (redação dada pela Resolução n. 23.675/2021).

Registre-se, por oportuno, que o **eleitor** continua **alijado** de propor diretamente a **referida ação de impugnação**.

Não obstante a exclusão do eleitor do polo ativo da demanda, não se deve deixar de registrar que pode ele prestar informações diretamente ao juiz eleitoral quanto à inelegibilidade de candidato que, por sua vez, poderá utilizá-las para fundamentar sua decisão, já que poderá indeferir de ofício pedidos de registros de candidaturas.

A Súmula 45 do TSE deixa certo que: "Nos **processos de registro** de candidatura, o Juiz Eleitoral pode conhecer de **ofício** da existência de causas de inelegibilidade ou da ausência de condição de elegibilidade, desde que **resguardados** o contraditório e a ampla defesa".

Em sentido similar, o TSE ao editar a Resolução n. 23.609, de 18 de dezembro de 2019, deu a **qualquer cidadã ou cidadão** o prazo de cinco dias, contados da publicação do edital contendo o pedido de registro, para, querendo, apresentar **notícia de inelegibilidade**:

> **Art. 34.** Depois de verificados os dados dos processos, a Justiça Eleitoral deve providenciar imediatamente a publicação do edital contendo os pedidos de registro para ciência das(os) interessadas(os) no *DJe* (Código Eleitoral, art. 97, § 1º).
> § 1º Da publicação do edital previsto no caput deste artigo, correrá:
> [...]
> III – o prazo de 5 (cinco) dias para que qualquer cidadã ou cidadão apresente notícia de inelegibilidade.

Uma vez prestadas informações por qualquer eleitor aptas a sustentar o indeferimento do registro pretendido, em homenagem ao princípio do contraditório, o juiz mandará ouvir o candidato, em seguida colher o parecer do Ministério Público para, finalmente, decidir sobre o impedimento do candidato de concorrer ao pleito.

Se a razão fundamental para se impedir a legitimação ativa do eleitor para a AIRC é a possibilidade de proliferação de demandas ajuizadas com a mesma finalidade, vê-se que tal argumento é completamente destituído de razoabilidade, já que o eleitor, como visto, ainda que de forma transversa, pode participar do processo com o mesmo potencial que o detido por qualquer dos legitimados.

Aliás, a possibilidade de o eleitor participar desse processo na forma anteriormente enunciada vem sendo consagrada em todas as resoluções do Tribunal Superior Eleitoral, como de resto está prevista no art. 44 da Resolução do TSE n.23.609/2019.

Já no que toca à **legitimidade passiva**, o TSE definiu no **verbete n. 39** da sua jurisprudência sumulada que, diversamente do que ocorre na **AIJE**, "Não há formação de **litisconsórcio necessário** em processos de registro de candidatura".

8.2.3. Relevância

Como o pedido de registro de candidatura constitui um momento muito especial para o candidato e, sobretudo, para o processo eleitoral e para a democracia, o juiz deve analisar com bastante acuidade cada pedido, especialmente porque tem o dever de obstar qualquer pedido de candidatura que esteja em desacordo com as normas eleitorais e, de modo especial, com aquelas contidas na Constituição Federal. Até porque se o magistrado, não havendo impugnação, deferir o pedido, mesmo que evidencie, posteriormente, ausência de condição de elegibilidade ou uma causa de inelegibilidade não poderá se retratar, o que significa que determinado candidato, mesmo ostentando um impedimento à sua candidatura, poderá disputar a eleição, sem incômodos. Este só poderá ser eventualmente barrado por ocasião da diplomação, seja por meio de negativa da Junta em conferir-lhe o diploma, seja por meio de recurso contra a diplomação.

Registre-se, entretanto, que a jurisprudência vem se posicionando no sentido de que, perdida a oportunidade de impugnação, pode o Ministério Público recorrer da decisão de deferimento, buscando exatamente obter o reconhecimento do impedimento que não foi reconhecido de ofício pelo juiz e que não foi objeto de ação de impugnação, especialmente se se tratar de causas previstas na Constituição Federal.

8.2.4. Preclusão

Questão interessante relativa ao registro de candidatura diz respeito à preclusão. A ação de impugnação de registro de candidatura visa, obviamente, à obtenção do reconhecimento de uma inelegibilidade ou da ausência de uma condição de elegibilidade.

Se os legitimados não deflagrarem a demanda ou o juiz, com ou sem informações do eleitor, não impedir de ofício a candidatura, a matéria será considerada preclusa, de modo que estará aberto o caminho para o candidato praticar todos os atos relacionados à sua campanha, sem incômodos. Trata-se apenas de uma regra que, a depender das circunstâncias, comporta substanciosas exceções.

Destarte, tratar de ausência de condições de elegibilidade e inelegibilidades constitucionais não há que se falar em preclusão da matéria que, não obstante ser vedada sua discussão no processo de impugnação de registro de candidatura em primeiro grau, pode ser objeto de recurso, podendo ser apreciada pelo juízo *ad quem*, conforme afirmado anteriormente.

Ultrapassado esse momento da **perda do prazo** para recorrer, há uma **fase posterior** em que a **discussão** pode ser retomada: no **recurso contra a expedição do diploma**, o qual, como veremos, pode ser aviado em até três dias contados da diplomação do eleito, conforme preceitua o § 3º do art. 262 do CE.

Tal possibilidade existe em razão de expressa previsão legal. Com efeito, o art. 259 do CE, ao cuidar exatamente da preclusão dos prazos para interposição de recurso, abre exceção exatamente para as matérias de matiz constitucional. Portanto, se os legitimados não arguirem a incapacidade eleitoral passiva do candidato por causa impeditiva antecedente ou contemporânea ao pedido de registro de candidatura, ou o juiz não tiver indeferido o registro agindo de ofício, sendo ela de natureza constitucional (o candidato com direitos políticos suspensos, por exemplo), nada obsta que a questão seja objeto de recurso contra a expedição de diploma.

O mesmo raciocínio prevalece para aqueles casos em que a inelegibilidade é superveniente ao pedido de registro de candidatura. Também por expressa previsão legal não precluem as causas de inelegibilidade supervenientes ao deferimento do pedido de registro. É o que se pode extrair da leitura do art. 223 do Código Eleitoral, que prevê:

> **Art. 223.** A nulidade de qualquer ato, não decretada de ofício pela Junta, só poderá ser arguida quando de sua prática, não mais podendo ser alegada, salvo se a arguição se basear em motivo superveniente ou de ordem constitucional.

Não é demais lembrar que o art. 262 do CE estipula que o recurso contra a expedição de diploma pode ser interposto quando estiver presente uma inelegibilidade. Esse tema ganhou nova dimensão desde as Eleições Gerais de 2014, quando o TSE firmou entendimento unânime no sentido de que inelegibilidades supervenientes ao pedido de registro são aptas, sim, a gerar o indeferimento da candidatura. Nesse sentido:

> Inelegibilidades supervenientes noticiadas no TSE. Art. 1º, I, alínea g, da LC n. 64/1990. Conhecimento por esta Corte após garantidos o contraditório e a ampla defesa. Aplicação da tese adotada no "Caso Arruda" (RO 15.429, PSESS aos 27-8-2014). (RO n. 146.527, Ac.de 4-12-2014, rel. Min. Maria Thereza Rocha de Assis Moura, PSESS – publicado em sessão, 4-12-2014).

No recurso que gerou o paradigma, conhecido como "caso Arruda", restou afirmado que:

> É perfeitamente harmônico com o sistema de normas vigentes considerar que os fatos supervenientes ao registro que afastam a inelegibilidade devem ser apreciados pela Justiça Eleitoral, na forma prevista na parte final do § 10 do artigo 11 da Lei n. 9.504/1997, sem prejuízo de que os fatos que geram a inelegibilidade possam ser examinados no momento da análise ou deferimento do registro pelo órgão competente da Justiça Eleitoral, em estrita observância ao parágrafo único do artigo 7º da LC n. 64/1990 e, especialmente, aos prazos de incidência do impedimento, os quais, por determinação constitucional, são contemplados na referida lei complementar (RO n. 15.429, Ac. de 26-8-2014, rel. Min. Henrique Neves da Silva, PSESS – publicado em sessão, 27-8-2014).

Desde o julgado em questão o TSE preserva a mesma linha de julgamento, consolidando sua jurisprudência no seguinte sentido:

> ELEIÇÕES 2022. RECURSO ORDINÁRIO. REQUERIMENTO DE REGISTRO DE CANDIDATURA (RRC). DEPUTADO FEDERAL. INDEFERIMENTO. IMPUGNAÇÃO JULGADA PROCEDENTE. CONDENAÇÃO. ÓRGÃO COLEGIADO. ABUSO DO PODER POLÍTICO. ART. 1º, I, *D*, DA LEI COMPLEMENTAR N. 64/1990. INELEGIBILIDADE SUPERVENIENTE. INSTÂNCIA ORDINÁRIA. INCIDÊNCIA. PRECEDENTES. DESPROVIMENTO. 1. As inelegibilidades supervenientes ao requerimento de registro de candidatura podem ser objeto de análise pelas instâncias ordinárias no próprio processo de registro de candidatura, desde que garantidos o contraditório e a ampla defesa. Entendimento reafirmado para o presente pleito. Precedentes. 2. O § 2º do art. 262 do Código Eleitoral, acrescido pela Lei n. 13.877/2019, se refere, exclusivamente, às hipóteses de cabimento do recurso contra a expedição de diploma. 3. Verificada, a partir da impugnação ofertada pelo Ministério Público Eleitoral, a superveniente causa de inelegibilidade prevista no art. 1º, I, *d*, da LC n. 64/1990, com estrita observância ao contraditório e à ampla defesa, o indeferimento do presente RRC é medida que se impõe. 4. Recurso ordinário ao qual se nega provimento (RO Eleitoral n. 060203575, Acórdão, rel. Min. Carlos Horbach, PSESS – publicado em sessão, 25-10-2022).

Como se vê, mesmo que não seja ajuizada a impugnação ao registro da candidatura, pode a Justiça Eleitoral, assegurado ao candidato o exercício pleno do direito de defesa e do contraditório, negar registro à vista de inelegibilidade formalmente noticiada nos autos.

8.2.5. Rito

O **prazo** para apresentação da **impugnação** de registro de candidatura é de **cinco dias**, a partir da **publicação** do edital contendo os nomes dos candidatos (art. 3º da LC n. 64/1990 e arts. 34, § 1º, e 49 da Res.-TSE n. 23.609/2019). Deve ela ser instruída com os documentos dos quais já dispõe o impugnante, bem como a **indicação dos meios de provas** e, caso pretenda produzir prova testemunhal, não poderá arrolar mais do que seis testemunhas (art. 3º, § 3º, da LC n. 64/1990).

Mas atente-se para o fato de que o **TSE definiu** em sua Súmula 49 que: "O **prazo** de cinco dias, previsto no art. 3º da LC n. 64/1990, para o Ministério Público impugnar o registro **inicia-se** com a publicação do edital, caso em que é excepcionada a regra que determina a sua intimação pessoal".

O candidato e o respectivo partido, a federação ou coligação serão notificados para contestar o feito no prazo de sete dias, conforme previsão legal expressa do art. 41, da Resolução do TSE n. 23.609/2019. Essa notificação, além dos meios tradicionais previstos em lei, *v.g.* oficial de justiça, poderá ser feita por meio de aplicativo de mensagens instantâneas, endereço eletrônico, telefone fixo, endereço do comitê central de campanha, conforme autorizado pelo art. 24 da Resolução do TSE n. 23.609/2019. Aliás, a Resolução em questão já determina a obrigatoriedade de que os candidatos informem estes dados, por ocasião do pedido de registro de candidatura.

Havendo necessidade de ouvir testemunhas, o que será avaliado exclusivamente pelo juiz, este designará audiência de instrução e julgamento em quatro dias (art. 42 da Res.-TSE n. 23.609/2019). Do contrário, pode o juiz julgar antecipadamente o mérito, não sem antes colher o parecer do Ministério Público se não for ele o autor da ação de impugnação, caso em que, como os demais litigantes, apresentará apenas as alegações finais que tiver.

Naturalmente que a parte que arrolou as testemunhas, sendo vencida poderá, no seu recurso, antes de discutir o mérito da decisão, alegar cerceamento de defesa. Uma vez admitida tal alegação pelo Tribunal, será determinada a oitiva das testemunhas e a renovação dos atos processuais subsequentes.

As testemunhas devem ser levadas à audiência pela parte que as arrolou, o que está em consonância com a celeridade do rito, não obstante a dúvida gerada pelo art. 5º da LC n. 64/1990, o qual dispõe:

> **Art. 5º** Decorrido o prazo para contestação, se não se tratar apenas de matéria de direito e a prova protestada for relevante, serão designados os 4 (quatro) dias seguintes para inquirição das testemunhas do impugnante e do impugnado, as quais **comparecerão por iniciativa das partes que as tiverem arrolado, com notificação judicial.**

Essa intimação de testemunhas só deve ocorrer se expressa e fundamentadamente requerida pela parte, pois a regra é a apresentação dos depoentes em banca.

Com ou sem necessidade de realização da audiência para oitiva das testemunhas, poderá o juiz determinar a realização de diligências indispensáveis ao esclarecimento dos fatos. Tal determinação pode ser fruto do requerimento das partes ou do Ministério Público ou por iniciativa do próprio juiz. Em seguida, serão colhidas as razões finais das partes e o parecer ministerial conclusivo, no prazo de cinco dias. Feitos conclusos os autos ao magistrado, este terá três dias para apreciar o pedido de registro de candidatura.

A decisão judicial que aprecia o pedido de registro desafia recurso no prazo de três dias, contados do encerramento do prazo que tem o juiz para julgar o pedido. A lei, entretanto, ressalva que se a decisão judicial for proferida antes do terceiro dia, tal circunstância não altera o termo *a quo* do recurso, o qual, de qualquer forma, somente começará a correr depois do tríduo legal, salvo, obviamente se a parte for intimada antes por meio de oficial de justiça ou outro inequívoco modo. Obviamente, se o magistrado decidir o pedido após o prazo de três dias, o prazo do recurso só começará a fluir após a publicação da decisão judicial.

A parte vencida terá três dias para recorrer, e a parte adversa terá três dias para apresentar suas contrarrazões, seja o recurso interposto para o Tribunal Regional Eleitoral ou para o Tribunal Superior Eleitoral, independentemente de serem as eleições municipais ou gerais.

■ 8.2.6. Fim do efeito suspensivo automático

Cabe, aqui, todavia, um registro importante: até o advento da Lei da Ficha Limpa (LC n. 135/2010) o candidato só ficava impedido de realizar atos de propaganda eleitoral quando a decisão de indeferimento houvesse transitado em julgado, o que, normalmente ocorria no TSE e, muitas vezes, já próximo das eleições. Era comum, diante de tal situação, determinado candidato, mesmo sabendo que sua candidatura seria, a final, indeferida, fazer propaganda eleitoral até poucos dias antes da eleição para, de modo a se valer dela, pedir a substituição da sua candidatura por outra pessoa, normalmente um parente, o qual concorria prevalecendo-se da campanha eleitoral do substituído, o que não deixa de ser uma forma de fraudar a vontade do eleitor. A LC n. 135/2010 mitigou essa possibilidade, na medida em que alterou a redação do art. 15 da Lei das Inelegibilidades (LC n. 64/1990), que agora prevê:

> **Art. 15.** Transitada em julgado ou publicada a decisão **proferida por órgão colegiado** que declarar a inelegibilidade do candidato, ser-lhe-á negado registro, ou cancelado, se já tiver sido feito, ou declarado nulo o diploma, se já expedido.

Ou seja, depois da decisão colegiada do TRE, seja no exercício de sua competência originária, seja recursal, que reconheça a inelegibilidade do candidato, fica ele excluído da disputa.

Desse modo, contemplam-se razoavelmente dois interesses em tensão: o de o candidato poder realizar sua propaganda, já que não há uma decisão definitiva de indeferimento; e o da legitimidade do pleito, garantindo que o eleitor não será ludibriado por falsas candidaturas.

Entretanto, **o TSE vem aplicando quanto à propaganda eleitoral o que dita o art. 51 da Resolução do TSE n. 23.609/2019, que** estabelece que:

> **Art. 51.** A candidata ou o candidato cujo registro esteja sub judice pode efetuar todos os atos relativos à campanha eleitoral, inclusive utilizar o horário eleitoral gratuito no rádio e na televisão e ter seu nome mantido na urna eletrônica enquanto estiver sob essa condição.

8.3. AÇÃO DE INVESTIGAÇÃO JUDICIAL ELEITORAL
8.3.1. Cabimento

A investigação judicial eleitoral ou ação de investigação judicial eleitoral (**AIJE**) encontra previsão no art. 22 da Lei Complementar n. 64/1990, cuja redação foi **sensivelmente alterada** pela Lei Complementar n. 135/2010 (Lei da Ficha Limpa). Com efeito, dispõe o referido dispositivo:

> **Art. 22.** Qualquer partido político, coligação, candidato ou Ministério Público Eleitoral poderá representar à Justiça Eleitoral, diretamente ao Corregedor-Geral ou Regional, relatando fatos e indicando provas, indícios e circunstâncias e pedir abertura de investigação judicial para apurar uso indevido, desvio ou abuso do poder econômico ou do poder de autoridade, ou utilização indevida de veículos ou meios de comunicação social, em benefício de candidato ou partido político, obedecido o seguinte rito: [...].

A AIJE presta-se, ainda, por expressa disposição legal, para apurar "as transgressões pertinentes à origem de valores pecuniários, abuso do poder econômico ou político, em detrimento da liberdade de voto" (art. 19 da LC n. 64/1990).

Destarte, podemos condensar as finalidades da AIJE da seguinte forma: instrumento a ser manejado para apurar o desvio ou abuso do poder econômico, do poder de autoridade ou do poder político e as transgressões pertinentes à origem de valores pecuniários, em detrimento do voto; e utilização indevida de veículos ou meios de comunicação social em benefício de candidato ou de partido político.

Existem outras situações em que a Lei Eleitoral prevê a utilização de instrumentos diversos de obstrução de exercício de mandato, seja para cassar o registro, seja para fulminar o diploma, como as representações previstas no 41-A (captação ilícita de sufrágio) e no art. 73 (condutas vedadas) da Lei das Eleições, cujo procedimento, por expressa previsão legal, é exatamente o da investigação judicial eleitoral, embora de AIJE não se trate. Apenas empresta o seu rito para processamento daquelas representações, muito embora possam alcançar resultado idêntico ao que alcançaria a AIJE, conquanto o fundamento jurídico seja diverso.

Destarte, quando se está diante de captação de sufrágio, não se utiliza a AIJE, mas a representação por captação ilícita de sufrágio, de modo que o único ponto de identificação entre as duas é procedimento e, eventualmente, o resultado. O fundamento é diverso, já que para a captação ilícita de sufrágio, busca-se o embasamento no art. 41-A da Lei n. 9.504/1997. Idêntica situação ocorre com a representação por condutas vedadas, prevista no art. 73 da mesma lei.

Mas pode ocorrer, obviamente, de a compra de votos dar-se de tal forma que também caracterize o abuso de poder econômico. Nesse caso, o mais indicado é a utilização da AIJE, porque o seu fundamento já abarca os requisitos que autorizam o manejo da representação por compra de votos. Nada impede, entretanto, a convivência das duas ações que deverão, havendo possibilidade, ser reunidas por conexão para julgamento conjunto.

De qualquer modo, o que se pretende deixar claro é que AIJE é instrumento processual eleitoral reservado para aquelas situações aqui já mencionadas, não se confundindo com representações, reclamações etc., que pretendem discutir outras matérias que, em regra, propõem resultados específicos nem sempre coincidentes com os da AIJE.

Note-se que a **Súmula do TSE n. 62** foi cunhada com o seguinte teor: "**Os limites** do pedido são **demarcados** pelos fatos imputados na inicial, dos quais a parte se defende, e **não** pela capitulação legal **atribuída pelo autor**".

A **AIJE** constitui um veículo para a arguição de fraude na cota de sexo, já estudada nesta obra, **quando se verifica** que houve simulação da participação de mulheres **apenas para satisfazer** a necessidade legal da participação de mulheres nas **listas proporcionais**.

■ 8.3.2. Competência

A AIJE deve ser ajuizada perante o juiz eleitoral competente (nos casos de eleições municipais), perante o corregedor regional eleitoral (no caso de eleições gerais) e perante o corregedor-geral eleitoral (nas eleições presidenciais). Logo, se conclui que se a **AIJE** é proposta perante órgão colegiado, Corte Eleitoral por ele integrada (art. 22, I, da LC n. 64/1990). Se, entretanto, a AIJE chega ao **tribunal em grau de recurso**, o processo será **distribuído** a qualquer dos componentes do tribunal eleitoral.

8.3.3. Legitimidade ativa

São legitimadas para a propositura da AIJE as pessoas mencionadas no *caput* do art. 22 da LC n. 64/1990. Como ocorre com as outras ações eleitorais, o eleitor não foi incluído dentre os legitimados ativos.

8.3.4. Tempo da propositura

A AIJE após formulado o pedido de registro de candidaturas, embora possa versar fatos anteriores a esse acontecimento.

Nesse sentido se definiu a jurisprudência do Tribunal Superior Eleitora, à míngua de definição legal desse *dies a quo*. O que se vê do aresto a seguir citado:

> [...] 9. A conduta vedada do art. 73, § 10, da Lei n. 9.504/1997 e o abuso de poder do art. 22 da LC n. 64/1990, como objeto de ação de investigação judicial eleitoral, terão a sua apuração deflagrada após o registro da candidatura, termo inicial para o manejo dessa via processual, podendo, contudo, levar a exame fatos ocorridos antes mesmo das convenções partidárias, porquanto não cabe confundir o período em que se conforma o ato ilícito com aquele no qual se admite a sua averiguação. Precedentes. Da formação da convicção do julgador" [...] (REspe 57.611, Acórdão, rel. Min. Tarcisio Vieira de Carvalho Neto, *DJe* 16-4-2019, t. 73, p. 40-42).

Assim estão, pois, colocados os precedentes do TSE acerca dessa matéria.

8.3.5. Rito

Oferecida a AIJE, o juiz eleitoral ou o corregedor eleitoral, conforme o caso, mandará notificar os representados para apresentarem defesa em cinco dias, podendo juntar documentos e arrolar até seis testemunhas, mesmo número indicado para o autor (art. 22, I, *a*, da LC n. 64/1990).

Note-se que a AIJE é uma ação que não se direciona exclusivamente contra candidatos. Pode ser proposta contra este e contra quem quer que esteja praticando ou tenha praticado as condutas previstas nos arts. 19 e 22 da Lei das Inelegibilidades. Essa é uma particularidade da AIJE. As demais ações, representações e reclamações eleitorais são direcionadas normalmente contra os candidatos (ou agentes públicos, no caso do art. 73 da Lei n. 9.504/1997), ao passo que a AIJE pode incluir no polo passivo "quantos hajam contribuído para a prática do ato", impondo-lhes, a final, se for o caso, a sanção de inelegibilidade.

O **magistrado**, dentre os vários poderes que lhe são conferidos na condução da demanda, como referido, **poderá determinar** a suspensão do ato que ensejou a sua propositura. Em caso de imposição de multa processual, deve-se lembrar que: "A **União** é parte legítima para **requerer** a execução de astreintes, fixada por descumprimento de ordem judicial no **âmbito** da Justiça Eleitoral", consoante dispõe a **Súmula 68** do TSE.

Concluída a fase postulatória, deve o magistrado designar audiência de instrução e julgamento a realizar-se dentro de cinco dias, cabendo às partes apresentar em banca as testemunhas previamente arroladas.

Em seguida, dentro de três dias o magistrado deverá ordenar o cumprimento de todas as diligências determinadas *ex officio* ou solicitadas pelas partes (exceto as impertinentes), adotando todas as medidas capazes de viabilizá-las, tais como remoção, busca e apreensão, condução coercitiva e prisão por desobediência.

Concluída a fase de instrução probatória, abrir-se-á vista dos autos às partes e ao Ministério Público quando atua como fiscal da lei, para oferecimento de alegações em dois dias. Em seguida, far-se-ão os autos conclusos para julgamento.

■ 8.3.6. Inovação substancial

Com a introdução da Lei da Ficha Limpa no sistema jurídico eleitoral brasileiro, a AIJE ganhou relevo ainda maior. Passou a ser um instrumento poderoso de combate a toda sorte de interferência indevida no processo eleitoral porque, além de produzir a inelegibilidade do candidato – o que já fazia antes –, pode fulminar o registro e o diploma (e, por consequência o mandato) do candidato eleito, independentemente do momento em que venha a ser julgada.

Essa substanciosa alteração – idoneidade para atacar o diploma do candidato eleito – acabou atendendo à súplica de parcela da doutrina brasileira que criticava o instrumento exatamente por não ter autonomia para afetar o mandato. No máximo, afetava o registro se o trânsito em julgado da decisão antecede à eleição. Caso esse resultado (decisão judicial de procedência com trânsito em julgado) sobreviesse à eleição do candidato, limitava-se a impor-lhe a sanção de inelegibilidade, em nada afetando o diploma ou o mandato.

Em relação ao **termo *ad quem*** da AIJE, ou seja, o **momento final** de sua **deflagração**, mesmo antes do advento LC n. 153/2010, o **TSE** já havia consagrado entendimento segundo o qual **poderia** ela ser **ajuizada** até a data da **diplomação**, exatamente porque boa parte da doutrina e da jurisprudência posicionava-se no sentido de que a AIJE só poderia ser manejada até a data da eleição.

Com a alteração do conteúdo do inciso XIV do art. 22 da LC n. 64/1990, pela Lei da Ficha Limpa, esse debate restou completamente superado, de sorte que, tal qual ocorre com a representação por captação ilícita de sufrágio (art. 41-A, § 3º, da Lei n. 9.504/1997) ou por conduta vedada (art. 73, § 12, *fine*, da Lei n. 9.504/1997), a AIJE pode ser proposta tranquilamente até a diplomação dos eleitos.

■ 8.3.7. Litispendência e coisa julgada

Outro tema de relevo que merece enfrentamento diz respeito à possibilidade de reconhecimento de litispendência ou de coisa julgada nos casos em que haja identidade entre as causas de pedir e o pedido, mesmo que se trate de ações distintas (ou com nomes distintos). O ordenamento jurídico põe à disposição dos legitimados vários instrumentos que, em muitos pontos, coincidem quanto aos aspectos mencionados. Pode haver, por exemplo, determinada situação que abra ensejo, em tese, à propositura de **ação de investigação judicial eleitoral, ação de impugnação de mandato eletivo recurso contra expedição de diploma.**

O tema ganhou bastante relevância com a introdução, na Lei das Eleições, do art. 96-B, cujo teor é o seguinte:

> **Art. 96-B.** Serão reunidas para julgamento comum as ações eleitorais propostas por partes diversas sobre o mesmo fato, sendo competente para apreciá-las o juiz ou relator que tiver recebido a primeira.
>
> § 1º O ajuizamento de ação eleitoral por candidato ou partido político não impede ação do Ministério Público no mesmo sentido.
>
> § 2º Se proposta ação sobre o mesmo fato apreciado em outra cuja decisão ainda não transitou em julgado, será ela apensada ao processo anterior na instância em que ele se encontrar, figurando a parte como litisconsorte no feito principal.
>
> § 3º Se proposta ação sobre o mesmo fato apreciado em outra cuja decisão já tenha transitado em julgado, não será ela conhecida pelo juiz, ressalvada a apresentação de outras ou novas provas.

Nos termos do que estatui expressamente o § 2º do art. 96-B da LE, deve-se reunir, mediante apensamento, todos os feitos que cuidam do mesmo substrato fático. A medida, que reputamos salutar, visa a impedir a adoção de medidas contraditórias.

Registre-se, todavia, que o dispositivo só reclama a reunião dos feitos de natureza extrapenal. Eventual ação penal, ainda que verse sobre a mesma matéria fática discutida em demanda eleitoral de outra natureza, não atrairá a incidência da norma constante do art. 96-B da LE. Assim, por exemplo, a ação penal eleitoral movida com espeque no art. 299 do CE não será reunida por apensamento a uma eventual representação por captação ilícita de sufrágio que trate do mesmo fato que tenha sido objeto da denúncia. Isso ocorre em virtude da principiologia distinta que orienta os dois ambientes processuais. O processo penal é bem mais marcado por garantias existentes em favor do réu. O apensamento poderia retardar uma decisão que por natureza precisa ser breve, aquela referente à representação por compra de votos.

Se o legitimado, por outro lado, propuser uma AIJE por suposto abuso de poder econômico, não poderá, mais adiante, ainda que em tese isso seja possível, propor AIME ou RCD pelo mesmo fundamento (causa de pedir), pois todos, nesse caso, visam a atingir o mesmo resultado (pedido), além do que a AIJE possui maior alcance (declaração de inelegibilidade, pelo menos para aqueles que entendem que não se pode declarar a inelegibilidade por meio de outras ações). A admissão de tal possibilidade abriria ensejo à utilização abusiva dos instrumentos postos à disposição dos legitimados e produzirá insegurança jurídica dentro de um segmento do Direito muito sensível do ponto de vista de sua repercussão social, que é o Direito Eleitoral.

Nesse sentido, o Tribunal Superior Eleitoral adotou postura unânime no sentido da possibilidade do reconhecimento da litispendência, desde que observados certos requisitos:

> AGRAVO INTERNO. RECURSO ESPECIAL. ELEIÇÕES 2016. PREFEITO. VICE-PREFEITO. VEREADOR. AÇÃO DE IMPUGNAÇÃO DE MANDATO ELETIVO (AIME). AÇÃO DE INVESTIGAÇÃO JUDICIAL ELEITORAL (AIJE). IDENTIDADE. FATOS. PROVAS. PARTES. LITISPENDÊNCIA. RECONHECIMENTO. PROVIMENTO. No *decisum* monocrático, anulou-se aresto do TRE/PI, por meio do qual se reconhecera a litispendência entre a AIME 1-43 (objeto dos presentes autos) e a AIJE 554-27, determinando–se o retorno do feito à origem para regular processamento. 2. A litispendência caracteriza-se quanto há duas ou mais ações em curso com as mesmas partes, causa de pedir e pedido, hipótese que gera a extinção do segundo processo sem exame de mérito (arts. 337, §§ 1º e 2º, e 485, V, do CPC/2015). Trata-se de instrumento que prestigia a segurança jurídica, bem como a economia, a celeridade, a racionalidade e a organicidade da sistemática processual, evitando o manejo de inúmeras demandas que conduziriam ao mesmo resultado. 3. Nos termos da jurisprudência desta Corte Superior, "[a] litispendência entre feitos eleitorais pode ser reconhecida quando há identidade entre a relação jurídica-base das demandas, o que deve ser apurado a partir do contexto fático-jurídico do caso concreto" (RO-El 0601403-89/AC, Rel. Min. Edson Fachin, *DJE* de 4/12/2020). 4. Na espécie, verifica-se inequívoca identidade entre a AIME 1-43 e a AIJE 554-27, circunstância que leva ao reconhecimento da litispendência da primeira em relação à segunda, pois se extrai da moldura do aresto regional que: a) ambas possuem a mesma base fática e probatória; b) há coincidência do polo ativo e, no tocante ao polo passivo, o da AIJE é mais extenso; c) a procedência dos pedidos na AIJE poderá acarretar, além da perda dos diplomas, a sanção de inelegibilidade, inexistindo nenhum efeito prático no prosseguimento da AIME. 5. Agravo interno provido para, sucessivamente, negar provimento ao recurso especial e manter, por conseguinte, a extinção da AIME 1-43 sem exame de mérito (art. 485, V, do CPC/2015) diante da litispendência (REspe 060053336, Acórdão, rel. Min. Luis Felipe Salomão, *DJe* 3-5-2021, t. 78, p. 0).

Esse argumento obviamente não deve prevalecer para aqueles casos de superveniência de novas provas ou de impossibilidade de sua produção por ocasião da tramitação da ação anterior. Pode ocorrer de estar a AIJE pendente de julgamento. Se sobrevierem novas provas e o legitimado propuser a AIME, o razoável é que o magistrado mande reunir os processos, por conexão, para julgamento conjunto, a fim de se evitar decisões contraditórias. Se o legitimado, nas mesmas circunstâncias, propuser RCD, como se trata de ações direcionadas a órgãos jurisdicionais distintos – a competência originária para processamento do RCD é do órgão hierarquicamente superior àquele que expediu o diploma –, não há como reunir as demandas para julgamento conjunto e, nesse caso, tem-se de conviver com a possibilidade de julgamentos contraditórios, que, de todo modo, em algum momento posterior, haverão de harmonizar-se.

■ 8.4. CAPTAÇÃO ILÍCITA DE SUFRÁGIO E CONDUTAS VEDADAS – VEÍCULOS PROCESSUAIS

■ 8.4.1. Legitimidade

■ *8.4.1.1. Legitimação ativa*

No tocante à **legitimidade ativa**, ela vem definida no *caput* do art. 22 da Lei Complementar n. 64/1990. **Podem propor** as ações e representações fundadas nos arts. 41-A e 73 e seguintes da Lei das Eleições o partido político, a coligação, a federação partidária, o candidato ou o Ministério Público Eleitoral.

Registre-se quanto às coligações que:

> [...] com o resultado das eleições, tanto os partidos políticos que as disputaram em coligação como a própria coligação têm legitimação ativa para as ações correspondentes – recurso contra a expedição de diploma, ação de impugnação de mandato eletivo e representação com fundamento no art. 41-A da Lei n. 9.504/1997 (REspe 19.759, rel. Min Luiz Carlos Madeira, 10-12-2002).

■ 8.4.1.2. Legitimação passiva

As candidaturas para os cargos majoritários são representadas por blocos de postulantes, ou chapas. Para as **funções do Executivo**, as chapas são integradas, sempre, por duas pessoas, o titular e o vice. Assim, os candidatos a presidente e vice-presidente, governador e vice-governador, prefeito e vice-prefeito. No **Legislativo** também há uma posição que se preenche pela via **majoritária**: o cargo de **senador**. Nesse caso, a chapa é **composta de três candidatos**, sendo o titular e seus dois suplentes (art. 46, § 3º, da CF).

Embora destituídos de personalidade jurídica, esses blocos ou chapas são dotados de legitimidade processual, sendo representados em juízo por seu cabeça, que corresponde ao candidato titular. Daí por que para a jurisprudência anterior do Tribunal Superior Eleitoral incabível e desnecessária a notificação dos vices e suplentes, nas hipóteses mencionadas, para suportar no polo passivo as demandas fundadas na Lei das Eleições.

Esse entendimento, outrora acolhido pela jurisprudência eleitoral, não está eivado por qualquer inconstitucionalidade. O direito à ampla defesa é aqui exercido pelo cabeça de chapa, responsável pela defesa da candidatura. É a chapa quem responde à demanda e se sujeita às determinações contidas na sentença, sendo defendida em juízo por aquele que a encabeça. Trata-se de um ente despersonalizado ao qual, todavia, se reconhece capacidade para litigar em juízo. A chapa constitui, na verdade, uma universalidade jurídica. Daí que as determinações contidas no julgado alcançassem, por consequência, o vice ou suplente.

Por isso a **Súmula 38** do TSE foi cunhada em torno da ideia segundo a qual: "Nas ações que visem à **cassação** de registro, diploma ou mandato, há litisconsórcio **passivo necessário** entre o titular e o respectivo vice da chapa majoritária".

Ocorre que a posição atual do TSE está orientada em sentido diverso. Considera-se, sempre, necessária a citação do viés ou suplentes, sob pena de anular-se marcha processual desde o ponto em que deveria ter ocorrido a citação faltante.

É nesse sentido o seguinte julgado:

> Representação. Captação ilícita de sufrágio. Decadência. 1. A jurisprudência está consolidada no sentido de que, nas ações eleitorais em que se cogita de cassação de registro, de diploma ou de mandato, há litisconsórcio passivo necessário entre os integrantes da chapa majoritária, considerada a possibilidade de o vice ser afetado pela eficácia da decisão. 2. No caso de representação por captação ilícita de sufrágio em que não figurou o vice, mesmo que inviabilizada a pena de cassação, há a possibilidade de exame das condutas narradas na inicial a fim de, ao menos, impor a sanção pecuniária cabível, de caráter pessoal, devida eventualmente em relação ao titular da chapa que figurou no processo. [...] (Ac. de 29-4-2010 no AgR-REspe 35.762, rel. Min. Arnaldo Versiani).

Já no caso das eleições proporcionais, para o preenchimento dos demais cargos nos Parlamentos, fica mais clara a inexistência de litisconsórcio passivo necessário, sendo certo que, a teor do entendimento firmado pela Súmula 40 do TSE:

Por outro lado, já se firmou o entendimento de que:

> Pessoas jurídicas não podem figurar no pólo passivo de investigação judicial eleitoral, de cujo julgamento, quando procedente a representação, decorre declaração de inelegibilidade ou cassação do registro do candidato diretamente beneficiado, consoante firme jurisprudência do Tribunal Superior Eleitoral (Rp n. 373, rel. Min. Peçanha Martins, 7-4-2005).

■ 8.4.2. Capacidade postulatória

O **TSE** tem **afirmado** que: "Representação **não assinada por advogado** é causa de indeferimento liminar ou de **extinção** do processo, sem julgamento do mérito (art. 133 da CF)" (REspe 25.083, rel. Min. Humberto Gomes de Barros, 8-9-2005).

■ 8.4.3. Veículos processuais

■ *8.4.3.1 Para a apuração da captação de sufrágio vedada por lei*

A captação ilícita de sufrágio pode ser veiculada por meio de qualquer das seguintes modalidades procedimentais:

■ *8.4.3.1.1. Representação com o rito previsto no art. 22, I a XIII, da LC n. 64/1990*

O rito para essa representação (trata-se de um procedimento administrativo eleitoral) está definido há algum tempo pela jurisprudência do Tribunal Superior Eleitoral como aquele descrito no art. 22 da Lei de Inelegibilidades, limitando-se, embora, a seus incisos I a XIII. Para as eleições de 2012, a Resolução do TSE n. 23.370, de 13 de dezembro de 2011, estabeleceu explicitamente o seguinte:

> **Art. 77.** Ressalvado o disposto no art. 26 e incisos da Lei n. 9.504/1997, constitui captação ilegal de sufrágio o candidato doar, oferecer, prometer ou entregar ao eleitor, com o fim de obter-lhe o voto, bem ou vantagem pessoal de qualquer natureza, inclusive

emprego ou função pública, desde o registro da candidatura até o dia da eleição, inclusive, sob pena de multa de R$ 1.064,10 (mil e sessenta e quatro reais e dez centavos) a R$ 53.205,00 (cinquenta e três mil duzentos e cinco reais) e cassação do registro ou do diploma, observado o procedimento previsto nos incisos I a XIII do art. 22 da Lei Complementar n. 64/1990 (Lei n. 9.504/1997, art. 41-A).

Como se vê, a resolução já enunciava em reais a multa que, no art. 41-A, ainda vem representada em Ufirs, unidade de referência não mais existente. Em virtude de expressa disposição legal contida no § 4º do art. 41-A da LE, acrescentado pela Lei n. 12.034/1999: "O prazo de recurso contra decisões proferidas com base neste artigo será de 3 (três) dias, a contar da data da publicação do julgamento no Diário Oficial".

8.4.3.1.2. Ação de impugnação de mandato eletivo

Já tivemos oportunidade de estudar a AIME no item I deste Capítulo. Ali vimos como a medida pode ser manejada para viabilizar o ataque, em juízo, ao mandato obtido por meio da captação ilícita de sufrágio. Remetemos o leitor interessado à leitura do referido item.

8.4.3.2. Para a apuração das condutas vedadas aos agentes públicos

O uso eleitoral da máquina administrativa pode ensejar o manejo da representação com o rito definido no art. 22 da Lei de Inelegibilidades, sendo, em regra, incabível o ajuizamento da ação de impugnação de mandato eletivo e do recurso contra a expedição de diploma para tal fim. Se, entretanto, a conduta vedada adquire reflexos patrimoniais, quando, por exemplo, consiste em uso inadequado de projetos destinados a comunidades carentes, nada impede o ajuizamento da AIME com fundamento em abuso de poder econômico. Mais seguro, é, todavia, ajuizar-se para tal fim a representação mencionada logo no início deste tópico.

8.4.3.3. Para a apuração conjunta de infrações a dispositivos distintos

O TSE entende que: "Havendo representação por violação aos arts. 41-A e 73 da Lei n. 9.504/1997, o processo poderá obedecer ao rito do art. 22 da LC n. 64/1990" (REspe 21.120/ES). E afirma, ademais, que:

> O fato considerado como conduta vedada (Lei das Eleições, art. 73) pode ser apreciado como abuso do poder de autoridade para gerar a inelegibilidade do art. 22 da Lei Complementar n. 64/1990 (RO n. 718, rel. Min. Luiz Carlos Madeira, 24-5-2005).

Nesse caso, o rito a ser adotado também é o definido na Lei de Inelegibilidades, que há de ser havido como o ordinário.

8.4.4. Sucessão preclusiva das instâncias eleitorais
8.4.4.1. Preclusão pro judicato no Direito Eleitoral

O Direito Processual Eleitoral possui princípios dotados de contornos absolutamente próprios. A Justiça Eleitoral lida com um processo administrativo pautado pela contagem retroativa dos prazos, tendo o dever de garantir a escolha democrática daqueles que exercerão mandatos com duração temporal definida. Assim sendo, toda sua lógica interpretativa e coerência sistêmica devem ser voltadas para a superação rápida, encadeada e permanente das etapas procedimentais, sob pena de restar caracterizado o total descumprimento de suas funções.

Se em todos os demais ramos do Direito a tutela já sofre grave abalo pela sua concessão tardia, no Eleitoral o pronunciamento judicial intempestivo é quase sempre ineficaz.

É o que ocorre na mais injustificável das deficiências da Justiça Eleitoral: a perda do objeto da demanda pelo decurso do mandato ou do período da inelegibilidade.

Esse fato jurídico, infelizmente, frequente no foro, é incompatível com tudo o que a democracia exige do Judiciário Eleitoral, a quem se conferiu a tarefa de dirigir o processo eletivo, não apenas na sua formalidade, mas fundamentalmente no seu conteúdo, que não prescinde da lisura e do respeito ao maior de todos os princípios constitucionais que informam o Direito Eleitoral: o princípio da isonomia.

Por isso mesmo, os princípios da celeridade e da preclusão devem orientar, sempre, a interpretação de qualquer norma de Direito Eleitoral. Avulta em importância, nessa seara, o instituto da preclusão, o qual merece elevação à condição de princípio do processo eleitoral.

Interessa aqui, a figura da preclusão pela perda, extinção ou consumação do poder do órgão judicial eleitoral, na específica hipótese do que preceitua o § 10 do art. 96 da Lei n. 9.504/1997 (Lei das Eleições), o qual dispõe que: "Não sendo o feito julgado nos prazos fixados, o pedido pode ser dirigido ao órgão superior, devendo a decisão ocorrer de acordo com o rito definido neste artigo".

Como se vê, a Lei das Eleições introduziu no processo das reclamações e representações ajuizadas com base nos seus demais dispositivos norma voltada à plena garantia do cumprimento dos prazos processuais. Por isso mesmo, a norma possui uma importância mais do que singular, significando que os prazos para os órgãos da Justiça Eleitoral, nas matérias cuidadas pela Lei n. 9.504/1997, não são dilatórios, já que deles resultam consequências práticas e imediatas, dentre as quais a mais drástica, aquela concernente à perda do poder-dever de dizer o direito no caso concreto, por descuido em relação ao tempo legalmente definido para o alcance do pronunciamento jurisdicional (preclusão temporal *pro iudicato*).

A medida, aparentemente drástica, é totalmente compatível com a principiologia do Direito Eleitoral, prestando-se a deixar certo que o tempo do processo é um ônus que não deve pairar apenas sobre partes, como também sobre o próprio órgão julgador.

Ao proclamar que a República constitui Estado Democrático de Direito, estabelecer como fundamentos a cidadania e a dignidade da pessoa humana (art. 1º), fixar o tempo de duração dos mandatos (arts. 27, § 1º, 28, 29, I, e 82 da CF), dar reconhecimento à ação de impugnação de mandato eletivo (art. 14, §§ 10 e 11), manter a instituição da Justiça Eleitoral (arts. 118 e s.) informada, dentre outras, pela regra da irrecorribilidade das decisões do Tribunal Superior Eleitoral (art. 121, § 3º), a Constituição Federal albergou, ainda que de modo implícito, os princípios da celeridade e da preclusão.

Afinal, como compatibilizar a existência de uma Justiça Eleitoral e de mandatos de duração certa sem a exigência do rápido curso dos feitos voltados a depurar o processo eleitoral?

■ 8.4.4.2. Fundamentos da medida

Verificada a perda dos prazos, não é processualmente relevante qualquer justificativa, pois a lei a isso não se refere. O dispositivo autoriza, sempre, a imediata remessa dos autos ao órgão superior depois de caracterizada a inércia na adoção das medidas a cargo da Justiça Eleitoral. Eventuais vícios de conduta por parte do órgão do Judiciário deverão merecer apuração noutro campo – disciplinar ou penal –, mas não devem ser sequer perquiridos quando se trata de proceder à sucessão preclusiva.

É fundamental que se perceba que **a medida não tem natureza disciplinar**, nem objetiva sancionar por qualquer meio o juízo que descumpriu os prazos. Concebido dessa forma, o dispositivo seria de pouca utilidade, pois teria seu uso restrito a raros casos em que a morosidade não pode ser justificada. A real meta do § 10 do art. 96 é simplesmente garantir o rápido fluxo dos procedimentos fundados na Lei n. 9.504/1997, daí porque não há que se perquirir a eventual existência de justificativas para o retardamento, já que a isso não se referiu o legislador. Descumprido o prazo, é possível a sucessão de instâncias.

O referido dispositivo veicula matéria exclusivamente procedimental. O cabimento da medida nele preconizada requer exclusivamente que não tenha sido o "feito julgado nos prazos fixados", nada mais do que isso. Esse é o fundamento de fato para a adoção da medida. Quanto ao fundamento jurídico, este encontra abrigo exclusivo na celeridade dos feitos eleitorais, princípio que norteia a sucessão de instâncias.

■ 8.4.4.3. Inexistência de ofensa ao princípio do juiz natural

O mencionado § 10 do art. 96 da Lei das Eleições não corresponde, como apressadamente se poderia pensar, a nenhuma forma de supressão de instância. Supressão ocorreria se negasse ao órgão jurisdicional competente o direito-dever de aplicação do direito ao caso concreto. Ocorre, todavia, que ao negar vigência às normas fixadoras dos prazos eleitorais, na hipótese de que se cuida, é o próprio órgão da Justiça Eleitoral quem, por sua inércia, provoca a perda da oportunidade de ministrar a jurisdição, o que ocorre em conformidade com o instituto da sucessão preclusiva das instâncias eleitorais. Não há, em casos tais, a aludida supressão de instância, justamente pelo fato de ter sido ao órgão jurisdicional constitucionalmente definido inicialmente entregue o conhecimento da causa ou do recurso. Se ali não se deu o julgamento – da causa ou do recurso –, isso se deveu exclusivamente à sua incapacidade de observar tempestivamente o fluxo procedimental.

■ 8.4.4.4. Como promover a sucessão preclusiva

A operacionalização do dispositivo é tecnicamente simples: depois de constatada a perda do prazo, seja na primeira instância, seja em grau de recurso, apresenta-se o pedido, no ponto em que se encontra, à instância imediatamente superior.

Entendemos que a melhor forma de fazer isso é por meio da remessa ao órgão *ad quem* de uma certidão de inteiro teor dos autos, acompanhada de certidão ou outra prova idônea da perda dos prazos. Não é correta a formulação de pedido dirigido à instância superior no sentido de que avoque os autos. A medida seria incompatível com a finalidade da lei, que é justamente a de conferir maior agilidade à marcha do feito. É igualmente inadequado postular perante o próprio órgão omisso a remessa dos autos à instância *ad quem*.

Recebida representação para a aplicação do § 10 do art. 96 da Lei n. 9.504/1997, o relator determinará a notificação da autoridade judiciária a quem se atribui a mora, assinando prazo para a resposta, que deverá ser breve. Ultrapassado esse prazo, com ou sem informações provenientes do juízo *a quo*, os autos devem ser remetidos com vista ao Ministério Público Eleitoral, após o que será submetido a julgamento em Plenário.

■ 8.4.4.5. Precedentes

A jurisprudência do TSE tem reafirmado a validade da norma inserta no § 10 do art. 96 da Lei das Eleições. Apreciando a Representação n. 284/AP, o Tribunal Superior Eleitoral baixou a Resolução n. 20.707, de 29-8-2000, na qual resta acentuado que: "Deixando a Corte Regional de apreciar recurso eleitoral no prazo fixado, cabe a apreciação por esta Corte". Consta do voto do relator, o Ministro Costa Porto, a seguinte consideração:

> Sr. Presidente, a Lei n. 9.504/1997 determinou, em seu art. 96, § 9º, que se julguem no prazo de 48 horas as representações relativas ao seu descumprimento. E, por seu § 10, que não sendo o feito julgado nos prazos fixados, o pedido pode ser dirigido ao órgão superior.
>
> A documentação juntada aos autos dá conta de que, assegurada à recorrida o oferecimento de contrarrazões, os autos foram recebidos na secretaria do tribunal em 21 do corrente e, no dia 25, não havia sido, ainda, apreciado. O que possibilita seu conhecimento por esta egrégia Corte.

Já na Representação n. 296-SP, em que baixada a Resolução n. 20.731, de 26 de setembro de 2000, também relator o Ministro Costa Porto, apreciou-se caso similar, onde, além de reconhecer o descumprimento do prazo pelo Tribunal Regional Eleitoral, o TSE determinou a execução imediata do julgado.

> Relatando a Representação n. 732, em 10 de fevereiro de 2005, o ministro Caputo Bastos esclareceu:
>
> Ressalto que poderá a representante, averiguando eventual inércia do juiz eleitoral, pleitear a adoção das medidas previstas no mencionado § 10 do art. 96 da Lei das Eleições ou no art. 22, III, da Lei de Inelegibilidades, o que, *in casu*, deverá ser postulado ao Tribunal de origem, instância superior àquela competente ao processamento das demandas, que tratam das eleições municipais.

Como se vê, o dispositivo em questão já vem sendo adotado em diversas oportunidades por nossa mais elevada Corte Eleitoral.

■ **8.4.4.6. Hipóteses de cabimento**

A norma, por sua correção técnica e adequação específica ao Direito Processual Eleitoral, merece ser mais observada no foro. Se considerarmos o grande número de lides informadas pelo rito definido no art. 96 da Lei das Eleições – tais como as representações fundadas em matéria de propaganda eleitoral, em abusos verificados durantes as convenções partidárias, em falhas na formalização de coligações ou na apresentação da prestação de contas, na realização irregular de pesquisas eleitorais etc. –, podemos concluir que o § 10 vem sendo utilizado ainda de forma muito precária.

É preciso que os operadores do Direito Eleitoral tenham em mente que a sucessão preclusiva de instâncias se aplica a toda reclamação ou representação fundada na Lei n. 9.504/1997, inclusive à representação por captação ilícita de sufrágio com base no seu art. 41-A. Frise-se que também nas representações por uso eleitoral da máquina administrativa (condutas vedadas aos agentes públicos), as quais são capazes de implicar até a cassação do registro ou o diploma nas hipóteses a que alude o § 5º do art. 73 da Lei n. 9.504/1997, pode ser utilizado o instituto da sucessão preclusiva.

Os operadores do Direito Eleitoral devem fazer uso mais constante desse dispositivo. Isso será o bastante para que sigam o seu devido curso todas as reclamações e representações fundadas no art. 96 da Lei das Eleições.

■ **8.4.4.7. Aplicação à captação ilícita de sufrágio**

Segundo sua expressa dicção, o art. 96 da Lei das Eleições deve ser aplicado, salvo disposição em contrário, a todas as reclamações e representações formuladas com base da referida lei.

No art. 41-A, a Lei n. 9.504/1997 permite a cassação do registro ou do diploma e a aplicação de multa ao candidato que "doar, oferecer, prometer, ou entregar, ao eleitor, com o fim de obter-lhe o voto, bem ou vantagem pessoal de qualquer natureza, inclusive emprego ou função pública". O fato de o *caput* do art. 41-A fazer remissão à aplicação do rito previsto no art. 22 da Lei das Inelegibilidades poderia levar o intérprete apressado a crer que o § 10 do art. 96 da Lei n. 9.504/1997 não seria aplicável ao caso.

Entendemos, todavia, que o instituto da sucessão de instâncias também se aplica à espécie. Isso porque o art. 22 da Lei das Inelegibilidades nada dispõe em contrário ao § 10 do art. 96 da Lei n. 9.504/1997, cingindo-se, apenas, à definição de um iter procedimental mais amplo que o deste último dispositivo. O claro propósito do legislador, no caso, foi tão somente o de conferir prazos maiores para a representação por compra de votos, o que em nada conflita com a aplicação do instrumento da sucessão de instâncias.

Note-se que o art. 96 da Lei das Eleições estatui as normas gerais que serão aplicadas a todas as reclamações e representações fulcradas na Lei n. 9.504/1997, sempre que não houver disposição legal em contrário. Não há, no art. 22 da Lei Complementar n. 64/1990, referido pelo *caput* do art. 41-A, nenhum dispositivo contrário à aplicação da sucessão de instâncias. Daí caber o uso do mecanismo de garantia de celeridade também nas representações fundadas em captação mercenária de sufrágio.

A sucessão de instâncias é, assim, uma regra aplicável a todos os procedimentos fundados na Lei das Eleições. Por isso, pode-se afirmar que, mesmo na representação fundada em captação ilícita de sufrágio, extrapolados os prazos definidos em lei para o julgamento do feito ou dos recursos, torna-se cabível a remessa do pedido à instância seguinte.

Diante de todo o afirmado, concluímos que andou bem o legislador quando previu, no § 10 do art. 96 da Lei das Eleições, o ágil mecanismo da sucessão preclusiva das instâncias eleitorais, como instrumento de garantia do princípio da celeridade processual e, por conseguinte, da própria credibilidade da Justiça Eleitoral em sua tarefa de coordenar, de forma isenta e eficiente, o processo democrático de alternância periódica dos nossos mandatários.

8.4.5. Necessidade de nova eleição

A Lei n. 13.165, de 29 de setembro de 2015, chegou sob forte questionamento da comunidade jurídica, repleta de medidas de utilidade duvidosa e até de inconstitucionalidades candentes, uma das quais já reconhecida pelo Supremo Tribunal Federal[15]. De fato, a redação final da lei revela diversas impropriedades técnicas, que deverão ser agora superadas pela atividade dos intérpretes. Sem dúvida, um ponto importante do debate repousará na análise do novo § 3º do art. 224 do Código Eleitoral.

Segundo o aludido dispositivo: "A decisão da Justiça Eleitoral que importe o indeferimento do registro, a cassação do diploma ou a perda do mandato de candidato eleito em pleito majoritário acarreta, após o trânsito em julgado, a realização de novas eleições, independentemente do número de votos anulados". Referida norma definiu o fim da hipótese em que o segundo colocado assumiria o cargo eletivo em caso de desconstituição do diploma ou do próprio mandato. Com efeito, essa foi de fato a intenção do legislador, ao afirmar que a perda do cargo eletivo deve acarretar a realização de novas eleições.

8.4.6. Execução do julgado

Remetemos o leitor, neste ponto, a tudo o que afirmamos quanto ao tema no item "Ação de impugnação de mandato eletivo", subitem "Execução imediata" deste Capítulo.

8.5. RECURSO CONTRA A EXPEDIÇÃO DE DIPLOMA

8.5.1. Constitucionalidade do RCED

Em 17 de setembro de 2013, sob o relato do Ministro Dias Toffoli, o Tribunal Superior Eleitoral, por maioria de quatro a três, acolheu tese suscitada de ofício para declarar inconstitucional o Recurso contra a Expedição de Diploma (RCED).

---

[15] Veja, a respeito, a ADI n. 5.394, que reconheceu a inconstitucionalidade das denominadas "doações ocultas".

A declaração incidental de inconstitucionalidade ocorreu nos autos de recurso dessa natureza proposto pelo Diretório Estadual do Democratas no Piauí contra o Deputado Federal Assis Carvalho (PT-PI) e teve por premissa a afirmação de que, ao instituir a Ação de Impugnação de Mandato Eletivo, a Constituição teve em mira concentrar exclusivamente nessa via processual todo questionamento a mandatos após a diplomação.

A decisão merece firme censura. O RCED e, especialmente, a possibilidade do seu manejo em concomitância com outras vias de impugnação, é algo que está a merecer tratamento por parte do Congresso Nacional, a quem compete definir as regras de direito processual (art. 22, I, da CF). Muitos questionamentos têm sido suscitados pela aplicação desse instituto, mas certamente não é a criatividade judicial o meio para debelá-los. A simples existência da Ação de Impugnação de Mandato Eletivo não é obstáculo a que o legislador institua outras vias para o ataque ao diploma eleitoral.

No caso em apreço, é bom notar que a AIME e o RCED nem sequer têm o mesmo objeto. Enquanto pela primeira se ataca o ato de fraude, corrupção ou abuso de poder econômico (art. 14, § 10, da CF), neste se verifica um leque bem mais amplo de matérias. É o que se verifica da leitura atenta do disposto no art. 262 do Código Eleitoral. Veja-se:

> **Art. 262.** O recurso contra expedição de diploma caberá somente nos casos de inelegibilidade superveniente ou de natureza constitucional e de falta de condição de elegibilidade.

Pelo que se pode facilmente observar, os incisos I a III do RCED não podem ser discutidos no âmbito da AIME, por não tratarem de fraude, corrupção ou abuso de poder. Quanto ao inciso IV merecem maior cuidado os temas relativos à aplicação do art. 222 do CE e do art. 41-A da Lei das Eleições.

No primeiro caso, diz o referido art. 222:

> **Art. 222.** É também anulável a votação, quando viciada de falsidade, fraude, coação, uso de meios de que trata o art. 237, ou emprego de processo de propaganda ou captação de sufrágios vedado por lei.

Além da fraude, o dispositivo alude a falsidade e coação, figuras jurídicas distintas. E chega também a autorizar a discussão do abuso de poder de autoridade (parte final do art. 237, expressamente referido no art. 222 do CE), tema não passível de discussão em sede de AIME. Como se vê, são muitas as matérias que restam sem meio processual idôneo para sua suscitação em Juízo, desde a surpreendente decisão do TSE que declarou a inconstitucionalidade do RCED.

Resta apenas um ponto em que AIME e RCED permitem ambos a discussão de uma mesma matéria: a captação ilícita de sufrágio. O tema vem versado no art. 262 do CE, está contido no art. 222 do mesmo diploma legal e também no art.41-A da Lei das Eleições.

Como se vê no estudo específico da AIME, a jurisprudência do TSE se firmou no sentido de que a captação ilícita de sufrágio constitui forma de corrupção, o que autoriza a veiculação da matéria por esse instrumento.

Entretanto, o simples fato de a lei prever duas vias distintas para a impugnação da mesma ação não basta para que ela seja declarada inconstitucional. No direito processual comum é recorrente a presença de diversos meios para o questionamento da mesma matéria. A opção pelo mandado de segurança ou pela ação ordinária para discutir a mesma lesão a direito praticada por órgão público ou exercente de competência delegada cabe exclusivamente ao autor. Quando muito, o tema mereceria a suscitação de litispendência, nunca a declaração de inconstitucionalidade. Fazemos referência à litispendência apenas para estipular o limite último da discussão, não para defender a sua incidência em matéria eleitoral, hipótese historicamente descartada, com acerto, pela jurisprudência do Tribunal Superior Eleitoral. Nesse sentido, são os seguintes julgados:

> Recurso contra expedição de diploma. [...] Captação ilícita de sufrágio. Preliminar de litispendência. Afastamento. [...] I – Não há litispendência entre as ações eleitorais, ainda que fundadas nos mesmos fatos, por serem ações autônomas, com causa de pedir própria e consequências distintas, o que impede que o julgamento favorável ou desfavorável de alguma delas tenha influência sobre as outras. Precedentes do TSE [...] (Ac. de 4-2-2010 no RCED n. 696, rel. rel. Min. Ricardo Lewandowski; no mesmo sentido o Ac. de 23-2-2010 no ERCED n. 731, mesmo relator).
>
> [...] Recurso contra expedição de diploma. Art. 262, IV, do código eleitoral. Deputado estadual. Abuso do poder econômico e de autoridade. [...] 3. É assente neste Tribunal o entendimento de que a ação de impugnação de mandato eletivo, a ação de investigação judicial eleitoral e o recurso contra expedição de diploma são instrumentos processuais autônomos com causa de pedir própria [...] (Ac. de 4-2-2010 no RCED n. 767, rel. Min. Marcelo Ribeiro).

Sem razão o Ministro Castro Meira, que participando da sessão, assentou que:

> Essa circunstância, além de proporcionar um número crescente de ações nessa justiça especializada comprometendo a eficiência da prestação jurisdicional, traz o risco de decisões conflitantes.

Esses não são fundamentos para a declaração de uma inconstitucionalidade. Diante de tal caso, o tribunal deve buscar nas regras processuais meios de compatibilizar a existência de uma ou mais demandas sobre o mesmo tema. Não se pode declarar a inconstitucionalidade de um veículo processual para diminuir o número de processos em andamento ou para impedir que em um se veicule matéria já tratada em outro. Mais prudente é atentar para a Constituição e aguardar que o legislador ordinário racionalize o direito processual eleitoral, matéria que refoge à competência do Judiciário.

Como se pode ver no tópico alusivo ao estudo da AIME neste trabalho, esse veículo processual é anterior à Constituição Federal. Apenas mereceu expressa referência do constituinte, que quis ressaltar a sua importância em particular. Mas nem o legislador ordinário nem a Constituição se ocuparam de banir expressa ou implicitamente o RCED, exatamente por possuir escopo próprio e muito abrangente.

Não é por acaso que essa tese – a da inconstitucionalidade do RCED – **jamais encontrou abrigo na doutrina** ou no entendimento do próprio TSE, onde nem sequer foi suscitada por qualquer parte ou pelo Ministério Público.

Na verdade, a inédita decisão do TSE causou perplexidade na comunidade jurídica e surpresa na sociedade, dada a consequência que teve de potencialmente impedir o debate judicial sobre o comportamento eleitoral de centenas de demandatários acusados de haver alcançado seus diplomas pela via abjeta da captação ilícita de sufrágio.

Imagine-se a hipótese de um mandatário que teve contra si um julgamento em âmbito de RCED por, exemplificativamente, haver sido declarado inelegível por ostentar uma condenação criminal por órgão colegiado, nos termos exigidos pela Lei Complementar n. 135/2010, por prática de narcotráfico. Se recorreu da decisão que desconstituiu o seu diploma e essa medida ainda se encontra em tramitação, poderá arguir agora a própria inconstitucionalidade da via procedimental. O dano causado à defesa das instituições democráticas é evidente. Dentre os muitos defeitos, a decisão teve ainda o condão de afrontar a mobilização da sociedade civil brasileira, que a convite da Conferência Nacional dos Bispos do Brasil se mobilizou para conquistar a primeira lei de iniciativa popular da nossa história. Falamos da Lei n. 9.840/1999, que incluiu no inciso IV do art. 262 do CE a possibilidade da arguição da "compra de votos" por via do RCED.

Felizmente, o tema não está exaurido e poderá ser mais adequadamente resolvido pelo Supremo Tribunal Federal, a quem compete velar pela escorreita leitura do texto constitucional. Necessário levar em conta o fato de que, como mencionamos no item 5, logo adiante, o STF se debruçou recentemente (2009) sobre o estudo do RCED, para discutir sobre a competência originária para o seu processamento. Sequer se ventilou, por simples hipótese, que o mecanismo pudesse ser inconstitucional.

8.5.2. Aspectos iniciais

Segundo a redação anterior do art. 262 do CE, o recurso contra expedição de diploma era cabível somente nos casos de:

I – inelegibilidade ou incompatibilidade de candidato;

II – errônea interpretação da lei quanto à aplicação do sistema de representação proporcional;

III – erro de direito ou de fato na apuração final, quanto à determinação do quociente eleitoral ou partidário, contagem de votos e classificação de candidato, ou a sua contemplação sob determinada legenda;

IV – concessão ou denegação do diploma em manifesta contradição com a prova dos autos, nas hipóteses do art. 222 desta Lei, e do art. 41-A da Lei n. 9.504, de 30 de setembro de 1997.

Entretanto, a Lei n. 12.891, de 11 de dezembro de 2013 (Minirreforma Eleitoral), promoveu uma profunda alteração nesse veículo processual. Caso superado o debate sobre sua constitucionalidade com a validação do manejo do instituto terá ele agora conteúdo distinto e limitado. Segundo a nova redação conferida ao art. 262 do Código Eleitoral: "O recurso contra expedição de diploma caberá somente nos casos de inelegibilidade superveniente ou de natureza constitucional e de falta de condição de elegibilidade".

A Súmula 47 do TSE prevê que: "A inelegibilidade superveniente que autoriza a interposição de recurso contra expedição de diploma, fundado no art. 262 do Código Eleitoral, é aquela de índole constitucional ou, se infraconstitucional, superveniente ao registro de candidatura, e que surge até a data do pleito".

8.5.3. Legitimidade ativa

Podem interpor o RCED os **candidatos, partidos políticos, coligações e o Ministério Público**.

8.5.4. Legitimidade passiva

Só podem figurar no polo passivo do RCED candidatos diplomados pela Justiça Eleitoral. O TSE afirma que "os partidos políticos, em hipóteses de cassação de mandato, podem assumir, se pedido, a posição de assistentes, mas não são litisconsortes passivos necessários. [...]" (Ac. de 16-3-2010 no RCED n. 739, rel. Min. Arnaldo Versiani).

8.5.5. Prazo

O RCED deve ser interposto em até três dias contado da data da expedição do diploma, inclusive (art. 258). Trata-se de prazo decadencial. Convém ter em mente que:

> O julgamento posterior de representação eleitoral de que trata o art. 41-A da Lei n. 9.540/1997 não restaura o prazo para interposição do recurso contra expedição de diploma (Ac. n. 19.898, de 5-11-2002, rel. Min. Luiz Carlos Madeira).

8.5.6. Competência

No julgamento da ADPF n. 167, ocorrido em 1º de outubro de 2009, o STF definiu a competência para processamento e julgamento do RCED. Confira-se a ementa do julgado:

> Arguição de descumprimento de preceito fundamental. Medida cautelar. Atos do tribunal superior eleitoral. Decisões judiciais que reconheceram a competência originária do TSE para processar e julgar recursos contra a expedição de diplomas decorrentes de eleições estaduais e federais. Alegação de violação ao disposto nos incisos LIII, LIV e LV do art. 5º e incisos III e IV do § 4º do art. 121 da Constituição do Brasil. *Fumus boni iuris* e *periculum in mora* não caracterizados. Medida cautelar não referendada pelo tribunal Pleno. 1. Controvérsia quanto à competência do Tribunal Superior Eleitoral para examinar originariamente recursos contra a expedição de diplomas decorrentes de eleições estaduais e federais. 2. O Tribunal admitiu a arguição após o exame de questão de ordem referente à representação processual do arguente. 3. O encaminhamento desses recursos ao TSE consubstanciaria, segundo o arguente, contrariedade ao disposto nos incisos LIII, LIV, e LV do art. 5º, e nos textos dos incisos III e IV do § 4º do art. 121 da Constituição do Brasil, vez que os Tribunais Regionais Eleitorais não teriam apreciado previamente as questões de que tratam. 4. A relevância da controvérsia quanto à competência do Tribunal Superior Eleitoral para examinar originariamente recursos contra a expedição de diploma e o perigo de lesão ensejaram o deferimento monocrático de medida liminar. 5. O Tribunal dividiu-se quanto à caracterização do *fumus boni iuris* e do *periculum in mora* e, contra o voto do ministro relator, não referendou a cautelar (TP, ADPF n. 167 – MC-REF, rel. Min. Eros Grau, j. em 1º-10-2009, *DJe*-35 divulg. 25-2-2010, public. 26-2-2010, Ement. v. 2.391-03, p. 631).

A decisão do STF na ADPF n. 167 é digna de aplauso por assegurar continuidade a uma tradição sobre regras de competência no RCED que vem sendo observado há quatro décadas. Como vimos no item XI do Capítulo 4, a diplomação possui natureza mista: é decisão administrativa, mas também judicial. O recurso contra a expedição de diploma segue a mesma trilha: é a um só tempo recurso e ação desconstitutiva. Como recurso, é apreciado na instância imediatamente superior ao órgão da Justiça Eleitoral responsável pela diplomação, salvo quando este é o próprio TSE, hipótese em que a não apreciação do recurso toca à própria Corte. Como ação, admite ampla dilação probatória, o que veremos no próximo tópico.

De qualquer sorte, a **Súmula 37** do TSE define que: "**Compete** originariamente ao Tribunal Superior Eleitoral **processar e julgar** recurso contra expedição de diploma **envolvendo** eleições **federais ou estaduais**".

8.5.7. Provas

Segundo estabelece o art. 270 do CE:

> **Art. 270.** Se o recurso versar sobre coação, fraude, uso de meios de que trata o art. 237, ou emprego de processo de propaganda ou captação de sufrágios vedado por lei dependente de prova indicada pelas partes ao interpô-lo ou ao impugná-lo, o relator no Tribunal Regional deferi-la-á em vinte e quatro horas da conclusão, realizando-se ela no prazo improrrogável de cinco dias.

A respeito do referido dispositivo, o TSE firmou o seguinte entendimento:

> Recurso contra a diplomação. Art. 262, IV, do Código Eleitoral. Prova. Produção. Possibilidade. Art. 270 do Código Eleitoral. 1. Possibilidade de se apurarem fatos no recurso contra a diplomação, desde que o recorrente apresente prova suficiente ou indique as que pretende ver produzidas, nos termos do art. 270 do Código Eleitoral. 2. A Lei n. 4.961/1966 alterou os arts. 222 e 270 do Código Eleitoral, extinguindo a produção da prova e a apuração de fatos em autos apartados, passando a permitir que isso se faça nos próprios autos do recurso [...] (Ac. n. 20.003, de 12-11-2002, rel. Min. Fernando Neves; no mesmo sentido o Ac. n. 19.592, de 6-8-2002, do mesmo relator).

Como se vê, é ampla a possibilidade de dilação probatória em sede de RCED. É imperioso, todavia, que o recorrente indique satisfatoriamente a prova a ser produzida, indicando sua utilidade e oportunidade.

8.6. REPRESENTAÇÃO POR ARRECADAÇÃO E GASTOS ILÍCITOS

O *caput* do art. 30-A da LE expressamente declara:

> **Art. 30-A.** Qualquer partido político ou coligação poderá representar à Justiça Eleitoral, no prazo de 15 (quinze) dias da diplomação, relatando fatos e indicando provas, e pedir a abertura de investigação judicial para apurar condutas em desacordo com as normas desta Lei, relativas à arrecadação e gastos de recursos.

O § 2º do mesmo dispositivo legal estabelece qual a sanção aplicável em casos que tais:

> **Art. 30-A.** [...]
> § 2º Comprovados captação ou gastos ilícitos de recursos, para fins eleitorais, será negado diploma ao candidato, ou cassado, se já houver sido outorgado.

Tais regras estão reafirmadas no art. 96 e seu § 2º da Resolução do TSE n. 23.607/2019 e podem ser aplicadas sempre que houver uso deletério dos recursos do FEFC, do Fundo Partidário ou de qualquer outra fonte de valores para a campanha eleitoral por parte do candidato ou candidata.

Observe-se que, segundo o Tribunal Superior Eleitoral:

> O art. 30-A da Lei n. 9.504/1997 incide sobre a captação ou o gasto de recursos, para fins eleitorais, que se dê em desacordo com as normas legais aplicáveis e, para a procedência do pedido, "é preciso, ainda, aferir a gravidade da conduta reputada ilegal, que pode ser demonstrada tanto pela relevância jurídica da irregularidade quanto pela ilegalidade qualificada, marcada pela má-fé do candidato" (AgR-REspe 310-48, rel. Min. Jorge Mussi, redator designado para o Ac. Min. Luís Roberto Barroso, *DJe* de 25-8-2020).

Por outro lado, a jurisprudência se pacificou no sentido de que o Tribunal Regional Eleitoral incorre em inversão indevida do ônus da prova,

[...] exigindo do candidato, no âmbito da representação fundada no art. 30-A da Lei n. 9.504/1997, a comprovação da origem lícita dos recursos doados pelo vice-prefeito, quando competia ao autor da representação provar que decorreram de fontes vedadas pela legislação eleitoral, provenientes de "caixa 2", ou a má-fé do candidato, marcada pela tentativa de embaraçar, induzir a erro ou evitar a fiscalização pelos órgãos de controle da Justiça Eleitoral, conforme tem exigido a reiterada jurisprudência do TSE (REspe 1-81, rel. Min. Gilmar Mendes, *DJE* de 29-4-2015). (AgI n. 67.414, Acórdão, rel. Min. Sergio Silveira Banhos, *DJE* de 7-2-2020, t. 27, p. 43-44).

O aresto abaixo demonstra o entendimento do TSE no sentido de que, além do desrespeito literal às normas legais, é necessária a demonstração de que

[...] GRAVIDADE DA CONDUTA. PROPORCIONALIDADE DA SANÇÃO DE CASSAÇÃO. 19. Conforme jurisprudência desta Corte, para a configuração do ilícito do art. 30-A deve-se analisar a violação material, e não meramente formal dos bens jurídicos tutelados pela norma. Assim, a procedência da representação exige a demonstração de gravidade da conduta reputada ilegal, que deve ser aferida pela relevância jurídica da irregularidade. Precedentes. 20. No caso em análise, a gravidade da conduta, em razão da relevância jurídica das irregularidades, ficou amplamente demonstrada. Primeiro, porque o percentual dos recursos do Fundo Partidário objeto de irregularidade, em relação ao total de receitas em ambas as campanhas, foi substancial, pois: (i) o valor recebido pelo candidato Afrânio em razão da doação (R$ 2.000,00) representa 66% das suas receitas de campanha; e (ii) o valor doado pela candidata Jalusa (R$ 12.000,00) representa 53% de suas receitas. Ademais, a recalcitrância em dar cumprimento a medidas cujo objetivo é conferir efetividade à cota de gênero não pode ser minimizada, sob pena de que este Tribunal Superior venha a homologar práticas em franca colisão com os recentes avanços da jurisprudência do STF e do TSE destinados a superar o caráter meramente nominal da reserva de 30% de candidaturas para as mulheres. 21. A alegação dos recorrentes no sentido de ser desproporcional a aplicação da sanção de cassação dos mandatos, ao argumento de que o valor da doação não foi capaz de promover qualquer desequilíbrio no pleito, não merece ser acolhida, tendo em vista que: (i) a potencialidade de a conduta desequilibrar o pleito eleitoral não é exigida para a caracterização da conduta de arrecadação e gasto ilícito de recursos; e (ii) a sanção de cassação do mandato é a consequência imposta pelo § 2º do art. 30-A da Lei n. 9.504/1997, em razão da prática das condutas vedadas pelo *caput*. III. 7) VIGÊNCIA DA LEI N. 13.831/2019. [...] (AgI n. 33.986, Acórdão, rel. Min. Luís Roberto Barroso, *DJe* 20-9-2019).

Importante esclarecer que o rito para o processamento da representação por arrecadação e gastos ilícitos de recursos, nos termos do que preceitua o art. 30-A, § 1º, da LE, de ver aplicado o procedimento previsto no art. 22 da Lei Complementar n. 64, de 18 de maio de 1990, no que couber. Trata-se do procedimento definido em lei para a ação de investigação judicial eleitoral, já estudada neste capítulo.

Por fim, a Súmula 46 do TSE proclama que: "É ilícita a prova colhida por meio da quebra do sigilo fiscal sem prévia e fundamentada autorização judicial, podendo o Ministério Público Eleitoral acessar diretamente apenas a relação dos doadores que excederam os limites legais, para os fins da representação cabível, em que poderá requerer, judicialmente e de forma individualizada, o acesso aos dados relativos aos rendimentos do doador".

8.7. QUESTÕES

1. (TJ-PR – Juiz Substituto – FGV – 2021) As ações eleitorais têm por objetivo assegurar que o mandato eletivo seja exercido por quem efetivamente esteja legitimado e, por isso, cada fase do processo eletivo conta com mecanismos de atuação judicial.

Sobre o tema, é correto afirmar que:
   a) a captação ilícita de sufrágio se caracteriza pelo pedido explícito de voto feito pelo candidato ao doar, oferecer ou prometer a entrega de bem ou vantagem ao eleitor, e sujeita o infrator ao pagamento de multa e cassação do registro ou do diploma;
   b) a Ação de Investigação Judicial Eleitoral tem por objetivo apurar uso, desvio ou abuso do poder econômico ou do poder de autoridade ou utilização indevida de veículos ou meios de comunicação social, em benefício de candidato ou partido político, praticados a partir do registro de candidatura;
   c) a Ação de Impugnação de Mandato Eletivo pode ser proposta até a diplomação do candidato, tem por fundamentos abuso de poder econômico, corrupção e fraude, e objetiva impedir que o mandato eletivo seja exercido por quem alcançou a representação política com emprego de práticas ilícitas;
   d) a Ação de Impugnação de Registro de Candidatura objetiva impedir que o registro seja deferido por ausência de condição de elegibilidade, por incidência de uma ou mais causa de inelegibilidade ou por falta de cumprimento de formalidade legal. A inelegibilidade superveniente ao registro da candidatura pode ser apreciada através de Recurso contra a Expedição de Diploma;
   e) a representação com fundamento no Art. 96, § 8º, da Lei n. 9.504/1997, pode ser proposta para questionar o preenchimento dos percentuais de gênero.

2. (Senado Federal – Consultor Legislativo – Área Direito Constitucional, Administrativo, Eleitoral e Processo Legislativo – FGV – 2022) O Partido Político Alfa registrou os seus candidatos para a disputa dos cargos eletivos de Vereador do Município Beta. Apesar de, entre os vinte candidatos inscritos, seis serem mulheres, percebeu-se que estas últimas não realizaram campanha eleitoral, não movimentaram recursos financeiros e receberam reduzido quantitativo de votos, que não ultrapassou a casa das unidades para cada uma delas. Ao fim de regular apuração, a Justiça Eleitoral comprovou a fraude no registro das candidaturas femininas, já que as referidas mulheres não atuaram como verdadeiras candidatas durante o processo eleitoral.

Considerando os termos dessa narrativa, as consequências para a fraude detectada são
   a) a perda do diploma de todos os candidatos registrados por Alfa, que foram eleitos, independente da prática de qualquer ato.
   b) a perda do diploma de todos os candidatos registrados por Alfa, que foram eleitos, desde que tenha anuído com a fraude.
   c) a perda do diploma de todos os candidatos registrados por Alfa, que foram eleitos, desde que tenha participação efetiva na fraude.
   d) apenas a condenação das mulheres pela fraude, com a declaração de sua inelegibilidade para as eleições subsequentes.
   e) a condenação de Alfa e das mulheres pela fraude, sendo aplicada a todos a penalidade de multa, recaindo ainda sobre as últimas a inelegibilidade.

3. (TJ-MG – Juiz de Direito Substituto – FGV –2022) Sobre ações judiciais eleitorais, assinale a afirmativa correta.
   a) O legislador brasileiro incorreu em impropriedades técnicas, ao denominar "recurso contra a expedição de diploma" um ato que tem natureza de ação, e denominar "ação de impugnação de mandato eletivo" um ato que tem natureza de recurso.
   b) A atuação da Justiça Eleitoral deve ocorrer de forma bastante rígida, prevalecendo o princípio da moralidade administrativa sobre o princípio da soberania popular, porque se presume que a prática de atos ilícitos, durante a campanha eleitoral, influencia no resultado da eleição.

c) Poderá haver litispendência, em determinados casos, entre a Ação de Impugnação de Mandato Eletivo (AIME) e a Ação de Investigação Judicial Eleitoral (AIJE).
d) Segundo entendimento do Tribunal Superior Eleitoral, externado na Consulta n. 1716, a nova redação do art. 93, IX, da Constituição Federal de 1988, dada pela Emenda Constitucional n. 45/2004 (Reforma do Poder Judiciário) determina que todos os processos tramitem publicamente; logo, o trâmite da Ação de Impugnação de Mandato Eletivo não mais se realiza em segredo de justiça.

4. (TJ-PR – Juiz Substituto – FGV – 2021) As ações eleitorais têm por objetivo assegurar que o mandato eletivo seja exercido por quem efetivamente esteja legitimado e, por isso, cada fase do processo eletivo conta com mecanismos de atuação judicial.

Sobre o tema, é correto afirmar que:
a) a captação ilícita de sufrágio se caracteriza pelo pedido explícito de voto feito pelo candidato ao doar, oferecer ou prometer a entrega de bem ou vantagem ao eleitor, e sujeita o infrator ao pagamento de multa e cassação do registro ou do diploma;
b) a Ação de Investigação Judicial Eleitoral tem por objetivo apurar uso, desvio ou abuso do poder econômico ou do poder de autoridade ou utilização indevida de veículos ou meios de comunicação social, em benefício de candidato ou partido político, praticados a partir do registro de candidatura;
c) a Ação de Impugnação de Mandato Eletivo pode ser proposta até a diplomação do candidato, tem por fundamentos abuso de poder econômico, corrupção e fraude, e objetiva impedir que o mandato eletivo seja exercido por quem alcançou a representação política com emprego de práticas ilícitas;
d) a Ação de Impugnação de Registro de Candidatura objetiva impedir que o registro seja deferido por ausência de condição de elegibilidade, por incidência de uma ou mais causa de inelegibilidade ou por falta de cumprimento de formalidade legal. A inelegibilidade superveniente ao registro da candidatura pode ser apreciada através de Recurso contra a Expedição de Diploma;
e) a representação com fundamento no Art. 96, § 8º, da Lei n. 9.504/1997, pode ser proposta para questionar o preenchimento dos percentuais de gênero.

5. (TJ-SC – Juiz Substituto – FGV – 2022) João, candidato a prefeito no Município Beta, cria uma campanha de distribuição gratuita de combustível e pagamento de contas de luz e água aos eleitores inscritos nos programas assistenciais de auxílio à pobreza.

Pedro, dono de posto de gasolina, simpatizante de Carlos, decide auxiliá-lo e, com sua anuência, passa a oferecer desconto de 10% no preço do combustível a qualquer pessoa que se disponha a colar um adesivo do candidato no vidro do carro.

Considerando o caso fictício exposto, é correto afirmar que:
a) Pedro poderá responder pela captação ilícita de sufrágio;
b) para caracterização da captação ilícita de voto, deve haver o pedido explícito de voto formulado pelo próprio candidato;
c) a ação de investigação judicial eleitoral é adequada para apuração de abuso de poder econômico e captação ilícita de sufrágio;
d) o pagamento das contas de luz e água, por serem serviços essenciais, tem natureza caritativa e não caracteriza abuso de poder econômico ou captação ilícita de voto;
e) a captação ilícita de sufrágio configura-se pelo uso desmedido de aportes patrimoniais que, por sua vultuosidade, é capaz de viciar a vontade do eleitor, desequilibrando, em consequência, o desfecho do pleito.

6. (MPE-SC – Promotor de Justiça Substituto – Prova 1 – Cespe/Cebraspe – 2021) Acerca da ação de impugnação de mandato eletivo (AIME), julgue o item subsequente.

A AIME destina-se a impugnar mandato eleitoral conquistado com abuso de poder econômico, não se aplicando aos casos em que há, ainda, abuso de poder político.
( ) Certo
( ) Errado

7. (MPE-SC – Promotor de Justiça Substituto – Prova 1 – Cespe/Cebraspe – 2021) Acerca da ação de impugnação de mandato eletivo (AIME), julgue o item subsequente.

A AIME é ação pública, constitucional, de natureza desconstitutiva e de caráter cível e eleitoral.
( ) Certo
( ) Errado

8. (MPE-SC – Promotor de Justiça Substituto – Prova 1 – Cespe/Cebraspe – 2021) Acerca da ação de impugnação de mandato eletivo (AIME), julgue o item subsequente.

São igualmente legitimados à propositura da AIME os candidatos, as coligações e os partidos políticos.
( ) Certo
( ) Errado

9. (MPE-CE – Promotor de Justiça de Entrância Inicial – Cespe/Cebraspe – 2020) O objetivo da ação de investigação judicial eleitoral é
   a) investigar antecedentes criminais de candidatos.
   b) declarar a nulidade de pleito eleitoral por erro de direito.
   c) apurar denúncias de atos que configurem abuso de poder econômico e (ou) político durante campanha eleitoral.
   d) cassar mandato irregular após a diplomação.
   e) contestar atos administrativos praticados pela justiça eleitoral.

10. (TJ-AL – Juiz Substituto – FCC – 2019) Quanto à Ação de Impugnação de Registro de Candidatos (AIRC), é correto afirmar:
   a) Trata-se de veículo processual adequado para a discussão das condições de elegibilidade, registrabilidade e inelegibilidades.
   b) A impugnação de registro de candidato por partido político ou coligação veda a ação do Ministério Público nesse sentido.
   c) Poderá impugnar o registro de candidato o representante do Ministério Público, mesmo que tenha integrado diretório de partido ou exercido atividade político-partidária, desde que não mais filiado a partido político.
   d) Em homenagem ao princípio da celeridade processual que norteia o processo eleitoral, deverá ser deduzida no prazo decadencial de três dias contados da publicação do pedido de registro do candidato.
   e) Em homenagem ao princípio da imparcialidade do Juiz e visando o equilíbrio entre as partes, o Juiz Eleitoral não poderá determinar diligências de ofício.

■ **GABARITO** ■

1. "d".
2. "a".
3. "c".
4. "d".
5. "c".
6. "errado".
7. "certo".
8. "certo".
9. "c".
10. "a".

9

RECURSOS ELEITORAIS

■ 9.1. INTRODUÇÃO

A jurisdição eleitoral é toda ela marcada pelo primado da celeridade, o que igualmente alcança com vigor a matéria dos recursos eleitorais. Trata-se de um ambiente em que o objetivo é encerrar da forma mais breve possível o processo eleitoral como um todo, considerado que a atividade da Justiça Eleitoral consiste essencialmente – embora de forma não excludente – em dar materialidade à formação do corpo de representantes.

Como os **mandatos** possuem **duração certa**, qualquer **morosidade** na **tramitação** dos recursos eleitorais **marcha** na direção da **negação de direitos**, daí por que **as normas** se encontram erigidas no **sentido** de se assegurar a mais **breve entrega** da tutela jurisdicional.

O art. 5º, LXXVIII, da CF/1988 dispõe expressamente que "a todos, no âmbito judicial e administrativo, são assegurados a razoável duração do processo e os meios que garantam a celeridade de sua tramitação".

No processo judicial eleitoral o princípio constitucional da duração razoável do processo se corporifica desde logo no 97-A da Lei n. 9.504/1997, cujos teor é o seguinte:

> **Art. 97-A.** Nos termos do inciso LXXVIII do art. 5º da Constituição Federal, considera-se duração razoável do processo que possa resultar em perda de mandato eletivo o período máximo de 1 (um) ano, contado da sua apresentação à Justiça Eleitoral.
>
> § 1º A duração do processo de que trata o *caput* abrange a tramitação em todas as instâncias da Justiça Eleitoral.
>
> § 2º Vencido o prazo de que trata o *caput*, será aplicável o disposto no art. 97, sem prejuízo de representação ao Conselho Nacional de Justiça.

O art. 97 da referida lei, por seu turno, contém diversas implicações para o descumprimento das normas aplicáveis aos processos eleitorais, o que inclui as atinentes à observância dos prazos[1].

---

[1] "Art. 97. Poderá o candidato, partido ou coligação representar ao Tribunal Regional Eleitoral contra o Juiz Eleitoral que descumprir as disposições desta Lei ou der causa ao seu descumprimento, inclusive quanto aos prazos processuais; neste caso, ouvido o representado em vinte e quatro horas, o

Também por conta dessa particularidade, os feitos eleitorais têm prioridade para a participação do Ministério Público e dos Juízes de todas as Justiças e instâncias, ressalvados os processos de *habeas corpus* e mandado de segurança, no período entre o registro das candidaturas até cinco dias após a realização do segundo turno das eleições. É do que trata o art. 94 da LE.

Os prazos são, por coerência do sistema, mais curtos que os ordinariamente observados em outras esferas do direito processual. Daí que a **regra geral** aplicável aos **prazos** nos recursos eleitorais **acarrete a necessidade** de sua interposição em três dias. Confira-se, a esse respeito, o conteúdo do art. 258 do Código Eleitoral:

> **Art. 258.** Sempre que a lei não fixar prazo especial, o recurso deverá ser interposto em três dias da publicação do ato, resolução ou despacho.

O prazo art. 96, § 8º, da LE dispõe que, quando cabível **recurso** contra a decisão tomada no curso das repressões e reclamações previstas na Lei da Eleições, este **deverá** ser apresentado no **prazo de 24 horas** da publicação da decisão em cartório ou sessão, **assegurado** ao recorrido o **oferecimento** de contrarrazões, **em igual prazo**, a contar da sua notificação.

Apesar de ser a regra geral na Lei das Eleições, **esse prazo** de apenas 24 horas é **afastado** em diversas outras **situações**, como ocorre no **recurso** contra julgado preferido na **representação por** captação ilícita de sufrágio, hipótese em que este será de três dias, a contar da data da publicação do julgamento no *Diário Oficial*.

Ainda na linha da celeridade, o § 3º do art. 257 do CE determina que o Tribunal conceda preferência ao julgamento do recurso ordinário interposto contra decisão proferida por juiz eleitoral ou por Tribunal Regional Eleitoral que resulte em cassação de registro, afastamento do titular ou perda de mandato eletivo sobre quaisquer outros recursos ou processos, ressalvados os de *habeas corpus* e de mandado de segurança.

Essa mesma lógica orientou o estabelecimento da Súmula 65 do TSE, segundo a qual: "Considera-se tempestivo o recurso interposto antes da publicação da decisão recorrida".

Outra decorrência dessa particular forma de expressão do processo judicial eleitoral e dos recursos a ele inerentes reside no princípio da irrecorribilidade das decisões do TSE. É a própria Constituição da República quem o define, como se vê da leitura do § 3º do art. 121:

Tribunal ordenará a observância do procedimento que explicitar, sob pena de incorrer o Juiz em desobediência. § 1º É obrigatório, para os membros dos Tribunais Eleitorais e do Ministério Público, fiscalizar o cumprimento desta Lei pelos juízes e promotores eleitorais das instâncias inferiores, determinando, quando for o caso, a abertura de procedimento disciplinar para apuração de eventuais irregularidades que verificarem. § 2º No caso de descumprimento das disposições desta Lei por Tribunal Regional Eleitoral, a representação poderá ser feita ao Tribunal Superior Eleitoral, observado o disposto neste artigo."

Art. 121. [...]

§ 3º São irrecorríveis as decisões do Tribunal Superior Eleitoral, salvo as que contrariarem esta Constituição e as denegatórias de *habeas corpus* ou mandado de segurança.

Também os recursos cabíveis contra as decisões dos Tribunais Regionais Eleitorais estão submetidos a um estreitamento de limites. Daí por que o art. 121, § 4º, da CF/1988 estatui que das decisões dos Tribunais Regionais Eleitorais somente caberá recurso quando:

Art. 121. [...]

I – forem proferidas contra disposição expressa desta Constituição ou de lei;

II – ocorrer divergência na interpretação de lei entre dois ou mais tribunais eleitorais;

III – versarem sobre inelegibilidade ou expedição de diplomas nas eleições federais ou estaduais;

IV – anularem diplomas ou decretarem a perda de mandatos eletivos federais ou estaduais;

V – denegarem *habeas corpus*, mandado de segurança, *habeas data* ou mandado de injunção.

Como se vê, o tema dos recursos em matéria eleitoral possui tamanha envergadura que impactou até mesmo a opção do Constituinte.

Recurso Especial Eleitoral	Recurso Ordinário
I – forem proferidas contra disposição expressa desta Constituição ou de lei;	III – versarem sobre inelegibilidade ou expedição de diplomas nas eleições federais ou estaduais;
II – ocorrer divergência na interpretação de lei entre dois ou mais tribunais eleitorais;	IV – anularem diplomas ou decretarem a perda de mandatos eletivos federais ou estaduais;
	V – denegarem *habeas corpus*, mandado de segurança, *habeas data* ou mandado de injunção.

No que diz respeito à fungibilidade, ou à possibilidade de aproveitamento da interposição de recurso inadequado, o TSE tem se manifestado no sentido de que o erro grosseiro impede a admissibilidade da via eleita. É o que se vê do seguinte precedente:

ELEIÇÕES 2022. AGRAVO INTERNO. RECURSO ESPECIAL ELEITORAL. REGISTRO DE CANDIDATURA. DEPUTADO ESTADUAL. CAUSA DE INELEGIBILIDADE. SÚMULA 36/TSE. ERRO GROSSEIRO. INAPLICABILIDADE DO PRINCÍPIO DA FUNGIBILIDADE. DESPROVIMENTO. 1. Na espécie, o registro de candidatura do agravante foi indeferido em razão da incidência da causa de inelegibilidade prevista no art. 1º, I, *e*, da Lei Complementar 64/1990. 2. Consoante dispõe o art. 63, II, da Res.–TSE 23.609/2019, cabe recurso ordinário contra aresto de tribunal regional eleitoral, no exercício de sua competência originária, que verse sobre inelegibilidade. No mesmo sentido, a Súmula 36/TSE: "Cabe recurso ordinário de acórdão de Tribunal Regional Eleitoral que decida sobre inelegibilidade, expedição ou anulação de diploma ou perda de mandato eletivo nas eleições federais ou estaduais (art. 121, § 4º, incisos III e IV, da Constituição Federal)". 3. Nesses casos, a jurisprudência desta Corte Superior possui entendimento pacífico no sentido de que a interposição errônea do recurso constitui erro grosseiro que impede a aplicação do princípio da fungibilidade. Precedentes. 4. Agravo interno a que se nega provimento (REspe 060097040, Acórdão, rel. Min. Ricardo Lewandowski, PSESS – publicado em sessão, 10-11-2022).

Entretanto, o Tribunal Superior Eleitoral vem admitindo a aplicação da fungibilidade recursal quando a via impugnativa, mesmo erroneamente nominada, preenche os requisitos daquela que haveria de ser manejada. É o que se observa a seguir:

ELEIÇÕES 2018. EMBARGOS DE DECLARAÇÃO. DECISÃO MONOCRÁTICA. PRETENSÃO MODIFICATIVA. RECEBIMENTO COMO AGRAVO REGIMENTAL. PRECEDENTES. AGRAVO NOS PRÓPRIOS AUTOS. PRESENÇA DOS REQUISITOS DE ADMISSIBILIDADE. PROVIMENTO. PRINCÍPIO DA FUNGIBILIDADE. RECEBIMENTO DO APELO NOBRE COMO RECURSO ORDINÁRIO. DECISÃO SURPRESA. NÃO CARACTERIZADA. AÇÃO DE INVESTIGAÇÃO JUDICIAL ELEITORAL. UTILIZAÇÃO INDEVIDA DE VEÍCULO DE COMUNICAÇÃO SOCIAL. ABUSO DO PODER POLÍTICO. CONDUTA VEDADA. JULGAMENTO DE MÉRITO PARA APURAR INTERESSE PROCESSUAL. TEORIA DA ASSERÇÃO. PROVIMENTO DO RECURSO. ACÓRDÃO REGIONAL NULO. RETORNO DOS AUTOS PARA REGULAR TRÂMITE DA AIJE. DESPROVIMENTO DO REGIMENTAL. 1. Embora seja cabível a oposição de embargos de declaração contra qualquer decisão judicial (art. 1.022, *caput*, do CPC), recebo os presentes embargos como agravo regimental, tendo em vista que, a pretexto de indicar omissões, os embargantes veiculam pretensão anulatória e modificativa. Precedente. 2. O agravo de instrumento, como demonstrado na decisão atacada, comporta provimento, porquanto, além de satisfeitos os pressupostos de admissibilidade do recurso especial, todos os fundamentos da decisão de inadmissibilidade foram devidamente refutados – não haveria necessidade do reexame do conjunto fático-probatório, e o dissídio jurisprudencial estaria caracterizado –, motivo pelo qual não há falar em aplicabilidade da Súmula n. 26/TSE. 3. Em análise do apelo especial, nada obstante não seja o recurso adequado à hipótese, uma vez não observado o previsto nos arts. 121, § 4º, III, da Constituição Federal e 276, II, *a*, do Código Eleitoral, verifica-se que, em vista do preenchimento dos requisitos de admissibilidade do recurso cabível e do princípio da fungibilidade recursal, deve ser recebido como ordinário. Precedentes. 4. O recebimento do recurso especial como ordinário não configura decisão surpresa, uma vez que, nas contrarrazões, os agravantes tiveram a oportunidade de se manifestar a respeito da inexistência dos pressupostos intrínsecos de admissibilidade recursal, dentre eles o cabimento – pronunciamento recorrível e recurso interposto adequado (princípio da singularidade) –, e do princípio da fungibilidade, mas, diferentemente da Procuradoria-Geral Eleitoral, optaram por permanecer inertes, ou melhor, concordaram, erroneamente, que o recurso especial era o adequado para combater a decisão regional. 5. A forma como o recurso foi recebido não implicou ampliação das teses recursais, razão pela qual não houve necessidade de intimar os agravantes para complementar as contrarrazões. 6. Diante desse quadro, qual seja, o apelo, pela aplicação do princípio da fungibilidade, foi recebido como ordinário, ficou, por óbvio, prejudicada a alegação, alicerçada nas Súmulas n. 24 e 28, ambas do TSE, de que o recurso especial não poderia ser conhecido. 7. O Tribunal a quo, ao analisar os documentos que acompanharam a inicial – aparentemente insuficientes – para decidir pela ausência de interesse de agir, concluiu, em verdade, prematura e equivocadamente, pela ausência do direito material, ou seja, os conteúdos publicados não configuram utilização indevida de veículo de comunicação social, e inexistem provas da prática de abuso do poder político e conduta vedada, temas pertinentes ao mérito, e não, embora o Código de Processo Civil vigente não utilize a terminologia, às condições da ação. 8. *In casu*, tendo em conta a teoria da asserção, não há falar em ausência de interesse processual, visto que a petição inicial observa as exigências do art. 319 do Código de Processo Civil, oportuniza o exercício do contraditório e da ampla defesa, e os fatos lá narrados, corroborados por início de prova documental, consubstanciam, pelo menos em tese, ilícitos eleitorais. Precedente. 9. Embargos de declaração conhecidos como agravo regimental ao qual se nega provimento (RO n. 060162806, Acórdão, rel. Min. Tarcisio Vieira de Carvalho Neto, *DJe* 14-4-2020, t. 71, p. 75-86).

É de se perceber que se trata de ambiente complexo, sendo por tudo necessário que o recorrente estude o veículo a ser manejado a fim de evitar o não conhecimento em virtude de erro grosseiro na eleição da modalidade.

Merece lembrança neste ponto, também, a **Súmula 115** do Superior Tribunal de Justiça, de **firme aplicação do âmbito** do Tribunal Superior Eleitoral, segundo a qual: "Na **instância especial** é inexistente recurso interposto por **advogado** sem **procuração nos autos**".

No que pertine à legitimidade para recorrer, podem fazê-lo o partido, o candidato, a coligação, a federação ou o Ministério Público Eleitoral. Com exceção do MPE, que pode recorrer mesmo nos feitos cuja iniciativa não foi dessa instituição, não podem recorrer os que não instauraram a instância eleitoral, a não ser que se esteja diante de matéria prevista na Constituição Federal.

A Súmula 11 do TSE é firme ao prever que: "No processo de registro de candidatos, o partido que não o impugnou não tem legitimidade para recorrer da sentença que o deferiu, salvo se se cuidar de matéria constitucional".

Quanto ao Ministério Público, todavia, entende o TSE que: "[...] A defesa da ordem jurídica e do regime democrático é função institucional do Ministério Público, nos termos do art. 127, *caput*, da Constituição da República, o que consubstancia sua legitimidade para apresentar recurso sobre matéria contra a qual não se tenha insurgido em oportunidade anterior. Precedente: AgR-REspe n. 17016/BA, Rel. designado Min. Tarcísio Vieira de Carvalho Neto, *DJe* de 4.10.2018" [...] (AgI n. 52.152, Acórdão, rel. Min. Edson Fachin, *DJe* 24-8-2020, t. 168, p. 89-112).

Ainda, quanto ao ponto, o TSE possui entendimento pacificado no sentido de que o assistente não pode recorrer da decisão contra a qual o assistido não se rebelou. Nessa linha o seguinte precedente:

[...] 6. Conforme já decidiu esta Corte, "a condição do assistente fica definida no momento de seu ingresso no feito" (AgR–REspEl 0600561-68, rel. Min. Benedito Gonçalves, *DJE* de 2.8.2022). 7. Tal como assinalado na decisão agravada, o recurso especial não pode ser conhecido, pois foi interposto pelo Diretório Municipal do PSB, o qual não tem legitimidade para recorrer de forma autônoma no caso, por ter sido admitido nos feitos eleitorais como assistente simples dos demandados e porque os assistidos não apresentaram recurso em face do acórdão regional, que lhes foi desfavorável.8. Na linha da jurisprudência deste Tribunal Superior, "não se admite recurso interposto pelo assistente simples contra decisão da qual o assistido não se insurgiu" (AgR–REspEl 0600139–23, rel. Min. Benedito Gonçalves, *DJE* de 15.3.2022). Igualmente: "Na esteira do entendimento deste Tribunal Superior Eleitoral, ausente legitimidade do assistente simples para interposição de recurso autônomo em relação à parte assistida, ante o caráter acessório de sua atuação" (AgR-Pet 0600618-23, rel. Min. Rosa Weber, *DJE* de 25.5.2020). CONCLUSÃO Agravo regimental a que se nega provimento (Ag-REspe 060083211, Acórdão, rel. Min. Sergio Silveira Banhos, *DJe* 12-9-2022, t. 176).

Esses são excertos que permitem compreender a linha pacificada no Tribunal Superior Eleitoral quanto à legitimidade para o exercício da atividade recursal.

A Súmula 26 do TSE, por seu turno, define que: "É inadmissível o recurso que deixa de impugnar especificamente fundamento da decisão recorrida que é, por si só, suficiente para a manutenção desta". Já a Súmula 27 do TSE deixa certo que: "É inadmissível recurso cuja deficiência de fundamentação impossibilite a compreensão da controvérsia".

■ 9.2. EFEITOS DOS RECURSOS ELEITORAIS

A regra sempre foi a da executividade imediata das decisões da Justiça Eleitoral, expressa já no caput do art. 257 do CE. Segundo estabelece aludido dispositivo: "Os recursos eleitorais não terão efeito suspensivo". Como corolário dessa disposição, o 1º do mesmo artigo define que: "A execução de qualquer acórdão será feita imediatamente, através de comunicação por ofício, telegrama, ou, em casos especiais, a critério do presidente do Tribunal, através de cópia do acórdão".

Tal regra, todavia, comporta exceções, tais como as previstas no § 2º do mesmo art. 257, segundo o qual: "O recurso ordinário interposto contra decisão proferida por juiz eleitoral ou por Tribunal Regional Eleitoral que resulte em cassação de registro, afastamento do titular ou perda de mandato eletivo será recebido pelo Tribunal competente com efeito suspensivo".

A expressão "recurso ordinário" alude a toda modalidade recursal apta a devolver ao tribunal *ad quem* a disposição sobre toda a matéria de fato, o que não corre com os recursos especial e extraordinário eleitorais.

Entretanto, quando se trata do recurso contra a expedição de diploma, há que se ter presente o que dita o art. 216 do CE, cujo teor é o seguinte: "Enquanto o Tribunal Superior não decidir o recurso interposto contra a expedição do diploma, poderá o diplomado exercer o mandato em toda a sua plenitude".

Nessa linha, o Tribunal Superior Eleitoral já decidiu que: "[...] 3. A jurisprudência deste Tribunal é pacífica no sentido de que a executoriedade das decisões que versam a prática de captação ilícita de sufrágio deve ser prontamente cumprida, entendimento excepcionado apenas no caso de recurso contra expedição de diploma [...]" (Ac. de 28-5-2013 no AgR-MS n. 18.748, rel. Min. Henrique Neves da Silva; no mesmo sentido o Ac. de 15-2-2011 no AgR-AC n. 428.581, rel. Min. Marcelo Ribeiro, o Ac. de 7-2-2012 no MS n. 174.004, rel. Min. Cármen Lúcia, e o Ac. de 18-12-2007 no MS n. 3.630, rel. Min. José Delgado).

Todavia, essa suspensividade cessa quando ocorre o pronunciamento do Tribunal Superior Eleitoral. Nesse caso: "[...] Uma vez publicado o acórdão do TSE que manteve a decisão regional na qual se determinou a cassação dos diplomas de prefeito e vice-prefeito no âmbito de RCED, a comunicação deve ser imediata e, em regra, não está vinculada ao julgamento dos embargos de declaração [...]." (Ac. de 17-12-2014 no AgR-Pet n. 185.265, rel. Min. Dias Toffoli).

Demais disso, em conformidade com decidido no Ac.-TSE, de 18-6-2009, na AC n. 3.237: "O recurso contra expedição de diploma não assegura o direito ao exercício do mandato eletivo até seu julgamento final (art. 216 do CE) se a inviabilidade da candidatura estiver confirmada em outro processo".

9.2.1. Recursos em espécie
9.2.1.1 Recurso eleitoral inominado

O recurso eleitoral inominado, ou recurso eleitoral, interposto contra decisões dos juízes e juntas eleitorais, encontra sua previsão no art. 265 do CE, assim expresso:

> **Art. 265.** Dos atos, resoluções ou despachos dos juízes ou juntas eleitorais caberá recurso para o Tribunal Regional.

Tal recurso deverá ser aviado no prazo de três dias, regra geral prevista, como já analisado acima, no art. 258 do CE. Convém lembrar que nos casos a que alude o art. 96 da Lei das Eleições, essa regra geral se torna inaplicável, ante o expresso afastamento previsto no antecitado § 8º do referido artigo de lei, onde se disponibiliza prazo de 24 horas para a interposição.

O procedimento a ser observado na tramitação do recurso eleitoral inominado está previsto no art. 257 do CE. Inicialmente, "após recebida a petição, mandará o juiz intimar o recorrido para ciência do recurso, abrindo-se-lhe vista dos autos a fim de, em prazo igual ao estabelecido para a sua interposição, oferecer razões, acompanhadas ou não de novos documentos", dita o *caput* do artigo de lei.

Após intimado para apresentar contrarrazões, o recorrido pode juntar novos documentos, hipótese o recorrente terá vista dos autos por quarenta e oito horas para falar sobre estes. É o que dita o § 5º do mesmo art. 267 do CE.

O juiz então decidirá pela remessa dos autos ao tribunal competente para o julgamento do apelo, exceto se, caso se valha do permissivo contido no § 6º do art. 267 do CE, houver por bem reformar o próprio julgado, exercendo juízo de retratação. No julgamento do Ac.-TSE, de 10-3-2015, no RMS n. 5.698, o TSE decidiu que "o juízo de retratação previsto nesse dispositivo prescinde de pedido expresso da parte recorrente e consubstancia exceção ao princípio da inalterabilidade da decisão na Justiça Eleitoral".

Caso o juiz eleitoral altere o próprio julgado, o recorrido pedirá a subida do recurso, valendo como razões o quanto alegado na contrariedade ao apelo de origem. Vide a respeito o sentido expresso do § 7º do mesmo artigo.

Se, todavia, trata-se de demanda vazada nos termos da Lei de Inelegibilidades, o recurso deverá seguir o trâmite definido nos arts. 8º a 11 da LC n. 64/1990[2].

■ 9.2.1.2. Recurso ordinário

As vias recursais ordinárias em sentido amplo são todas aquelas em que se devolve ao tribunal a que se destinam a possibilidade de revolvimento da matéria fática; algo que também se dá, por exemplo, com o recurso inominado analisado no tópico anterior.

Aqui cuidamos do **recurso ordinário em sentido estrito**, aquele que merecerá essa denominação formal **sempre** que presentes os **pressupostos adequados** para o seu manejo.

O recurso ordinário tem a sua previsão definida nos incisos III a V do § 4º do art. 121 da Constituição Federal. Serão ordinários os recursos que versarem sobre inelegibilidade ou expedição de diplomas nas eleições federais ou estaduais (III), anularem diplomas ou decretarem a perda de mandatos eletivos federais ou estaduais (IV) ou que denegarem *habeas corpus*, mandado de segurança, *habeas data* ou mandado de injunção (V). Em tais hipóteses, o recurso haverá de ser manejado contra julgados dos tribunais regionais eleitorais proferidos por estes em instância originária, ou seja, quando versarem eleições estaduais, aquelas nas quais se disputam temas relativos às candidaturas aos cargos de governador, vice-governador e deputado estadual, e federais, assim entendidas as que se refiram à eleição para o Senado e para a Câmara dos Deputados.

---

[2] "Art. 8º Nos pedidos de registro de candidatos a eleições municipais, o Juiz Eleitoral apresentará a sentença em cartório 3 (três) dias após a conclusão dos autos, passando a correr deste momento o prazo de 3 (três) dias para a interposição de recurso para o Tribunal Regional Eleitoral. § 1º A partir da data em que for protocolizada a petição de recurso, passará a correr o prazo de 3 (três) dias para a apresentação de contrarrazões. § 2º Apresentadas as contrarrazões, serão os autos imediatamente remetidos ao Tribunal Regional Eleitoral, inclusive por portador, se houver necessidade, decorrente da exiguidade de prazo, correndo as despesas do transporte por conta do recorrente, se tiver condições de pagá-las. Art. 9º Se o Juiz Eleitoral não apresentar a sentença no prazo do artigo anterior, o prazo para recurso começará a correr após a publicação da mesma por edital, em cartório. Parágrafo único. Ocorrendo a hipótese prevista neste artigo, o Corregedor Regional, de ofício, apurará o motivo do retardamento e proporá ao Tribunal Regional Eleitoral, se for o caso, a aplicação da penalidade cabível. Art. 10. Recebidos os autos na Secretaria do Tribunal Regional Eleitoral, estes serão autuados e apresentados no mesmo dia ao Presidente, que, também na mesma data, os distribuirá a um Relator e mandará abrir vistas ao Procurador Regional pelo prazo de 2 (dois) dias. Parágrafo único. Findo o prazo, com ou sem parecer, os autos serão enviados ao Relator, que os apresentará em mesa para julgamento em 3 (três) dias, independentemente de publicação em pauta. Art. 11. Na sessão do julgamento, que poderá se realizar em até 2 (duas) reuniões seguidas, feito o relatório, facultada a palavra às partes e ouvido o Procurador Regional, proferirá o Relator o seu voto e serão tomados os dos demais Juízes. § 1º Proclamado o resultado, o Tribunal se reunirá para lavratura do acórdão, no qual serão indicados o direito, os fatos e as circunstâncias com base nos fundamentos do Relator ou do voto vencedor. § 2º Terminada a sessão, far-se-á a leitura e a publicação do acórdão, passando a correr dessa data o prazo de 3 (três) dias, para a interposição de recurso para o Tribunal Superior Eleitoral, em petição fundamentada."

Como preleciona Walber de Moura Agra:

> Também se configura como pacífico no Tribunal Superior Eleitoral a admissibilidade de recurso ordinário para atacar decisões em sede de ação de captação ilícita de sufrágio, fundadas no art. 41-A da Lei no 9.504/1997, proferidas em segunda instância, desde que a decisão guerreada possa atingir o diploma, incidindo, assim, na hipótese prevista no inciso IV do § 4º do art. 121 da CF/1988.

Além disso, também é ordinário o recurso interposto contra decisão proferida por juiz eleitoral ou por Tribunal Regional Eleitoral que resulte em cassação de registro, afastamento do titular ou perda de mandato eletivo. É o que dispõe o já mencionado § 2º do art. 257 do Código Eleitoral.

O prazo para a interposição do recurso é de três dias, consoante previsto no § 1º do art. 276 do CE[3]. O procedimento para sua tramitação está versado no art. 277 do Código Eleitoral[4].

Necessário pontuar que a Súmula 64 do TSE estabelece que: "Contra acórdão que discute, simultaneamente, condições de elegibilidade e de inelegibilidade, é cabível o recurso ordinário".

9.2.1.3. Recurso especial

O recurso especial eleitoral, ou REspe, é cabível nas seguintes hipóteses previstas no art. 121 do Código Eleitoral:

I – forem proferidas contra disposição expressa desta Constituição ou de lei;
II – ocorrer divergência na interpretação de lei entre dois ou mais tribunais eleitorais;

Na espécie prevista no inciso I do art. 121 da CF/1988 o recurso cabível contra julgado do tribunal regional eleitoral que houver se pronunciado em grau de recurso é o especial, ainda que a matéria verse questão de fundo constitucional. Inexiste abertura para interposição direta de recurso extraordinário

Assim, **por meio do recurso especial** também se veicula a **insurgência** contra o menoscabo a normas constitucionais, **adiantando-se** que a decisão do Tribunal Superior Eleitoral sobre a matéria **poderá desafiar** o manejo do recurso **extraordinário** eleitoral.

A hipótese prevista no inciso II do art. 121 da Constituição permite a devolução do debate sobre a aplicação da lei infraconstitucional a partir da divergência observada entre dois ou mais tribunais eleitorais. Mas: "É inadmissível recurso especial

---

[3] "§ 1º É de 3 (três) dias o prazo para a interposição do recurso, contado da publicação da decisão nos casos dos n. I, letras *a* e *b,* e II, letra *b* e da sessão da diplomação no caso do n. II, letra *a*."

[4] "Art. 277. Interposto recurso ordinário contra decisão do Tribunal Regional, o presidente poderá, na própria petição, mandar abrir vista ao recorrido para que, no mesmo prazo, ofereça as suas razões. Parágrafo único. Juntadas as razões do recorrido, serão os autos remetidos ao Tribunal Superior."

eleitoral por violação à legislação municipal ou estadual, ao Regimento Interno dos Tribunais Eleitorais ou às normas partidárias" (Súmula 32 do TSE).

A Súmula 28 do TSE, tratando do tema relativo ao dissídio jurisprudencial, definiu que: "A divergência jurisprudencial que fundamenta o recurso especial interposto com base na alínea *b* do inciso I do art. 276 do Código Eleitoral somente estará demonstrada mediante a realização de cotejo analítico e a existência de similitude fática entre os acórdãos paradigma e o aresto recorrido". Impende esclarecer que a norma citada na Súmula corresponde ao inciso II do art. 121 do Código Eleitoral.

Além disso: "A divergência entre julgados do mesmo Tribunal não se presta a configurar dissídio jurisprudencial apto a fundamentar recurso especial eleitoral". (Súmula 29 do TSE), enquanto: "Não se conhece de recurso especial eleitoral por dissídio jurisprudencial, quando a decisão recorrida estiver em conformidade com a jurisprudência do Tribunal Superior Eleitoral" (Súmula 30 do TSE).

A Súmula 24 do TSE expressamente proclama que: "Não cabe recurso especial eleitoral para simples reexame do conjunto fático-probatório".

A esse respeito o seguinte precedente do Tribunal Superior Eleitoral:

> RECURSO ESPECIAL. FILIAÇÃO PARTIDÁRIA. COEXISTÊNCIA. INVIABILIDADE CONCRETA DE APURAÇÃO DO VÍNCULO MAIS RECENTE. OBSERVÂNCIA DA MANIFESTAÇÃO DO ELEITOR. POSSIBILIDADE. NÃO PROVIMENTO. SÍNTESE DO CASO [...] Alegação de divergência jurisprudencial entre tribunais regionais eleitorais, os quais, em contexto fático similar, decidiram de forma diversa sobre a manutenção ou o cancelamento das filiações partidárias de mesma data. A inexistência de jurisprudência pacífica do TSE sobre a matéria e o cumprimento da exigência de cotejo analítico entre o acórdão recorrido e os paradigmas viabilizam o exame do recurso especial, nos termos do art. 276, I, *b*, do Código Eleitoral. [...] (REspe 060000503, Acórdão, rel. Min. Sergio Silveira Banhos, *DJe* 5-11-2020, t. 225).

As **resoluções exaradas** pelo Tribunal Superior Eleitoral – nunca as dimanadas de Cortes Eleitorais – **podem servir de parâmetro** para a interposição do **REspe**. Tampouco pode a via ser manejada contra decisões dos tribunais regionais eleitorais desprovidas de carga de definitividade, tais como as monocráticas e as proferidas em sede tutela de urgência[5].

No Ac.-TSE, de 19-5-2022, proferido no AgR-AREspe n. 060060491: decidiu-se pela possibilidade de o Tribunal de origem, em análise de admissibilidade, apreciar o mérito do recurso especial sem que isso configure usurpação de competência, pois as decisões desta Corte Superior não estão vinculadas ao juízo de admissibilidade recursal.

Em outros julgados do Tribunal Superior eleitoral, estes proferido em 26-10-2000, no Ag n. 2.447 e, em 14-9-1994, no Ag n. 12265, restou patenteado que os

---

[5] Súmula 31 do TSE: "Não cabe recurso especial eleitoral contra acórdão que decide sobre pedido de medida liminar".

recursos especiais relativos a registros de candidaturas não estão sujeitos a juízo de admissibilidade no TRE.

O prazo para interposição do REspe é também de três dias, forte no que dita o art. 276, § 1º, do CE. A tramitação do recurso obedece às formas fixadas no art. 278 do CE[6].

Indispensável ter claro que, segundo a Súmula 25 do TSE: "É indispensável o esgotamento das instâncias ordinárias para a interposição de recurso especial eleitoral".

■ 9.2.1.4. *Recurso extraordinário*

Considerado o princípio da irrecorribilidade das decisões do Tribunal Superior Eleitoral, o recurso extraordinário será manejado exclusivamente contra seus julgados definitivos que contrariarem a Constituição e as denegatórias de *habeas corpus* ou mandado de segurança. É o que dita o § 3º do art. 121 da Lei Maior.

O recorrente na via extraordinária deve se desincumbir do dever de demonstrar a repercussão geral da matéria. O art. 1.035 do CPC é claro ao dispor que o Supremo Tribunal Federal, em decisão irrecorrível, não conhecerá do recurso extraordinário quando a questão constitucional nele versada não tiver repercussão geral, nos termos desse artigo. De acordo com o § 1º do mesmo dispositivo: "Para efeito de repercussão geral, será considerada a existência ou não de questões relevantes do ponto de vista econômico, político, social ou jurídico que ultrapassem os interesses subjetivos do processo".

Mas convém ter presente que se presume a repercussão geral sempre que o recurso impugnar acórdão que: I – contrarie súmula ou jurisprudência dominante do Supremo Tribunal Federal; II – tenha reconhecido a inconstitucionalidade de tratado ou de lei federal, nos termos do art. 97 da Constituição Federal. É o que define o § 3º do art. 1.035 do CPC.

De acordo com o definido na Súmula 728 da jurisprudência predominante do Supremo Tribunal Federal: "É de três dias o prazo para a interposição de recurso extraordinário contra decisão do Tribunal Superior Eleitoral, contado, quando for o caso, a partir da publicação do acórdão, na própria sessão de julgamento, nos termos do art. 12 da Lei n. 6.055/1974, que não foi revogado pela Lei n. 8.950/1994".

A Súmula 281 da Excelsa Corte, por seu turno, pontifica que: "É inadmissível o recurso extraordinário, quando couber na justiça de origem, recurso ordinário da decisão impugnada". Tal súmula foi editada na esteira dos precedentes do Supremo Tribunal Federal, dos quais serve de especial baliza o seguinte:

---

[6] "Art. 278. Interposto recurso especial contra decisão do Tribunal Regional, a petição será juntada nas 48 (quarenta e oito) horas seguintes e os autos conclusos ao presidente dentro de 24 (vinte e quatro) horas. § 1º O presidente, dentro em 48 (quarenta e oito) horas do recebimento dos autos conclusos, proferirá despacho fundamentado, admitindo ou não o recurso. § 2º Admitido o recurso, será aberta vista dos autos ao recorrido para que, no mesmo prazo, apresente as suas razões. § 3º Em seguida serão os autos conclusos ao presidente, que mandará remetê-los ao Tribunal Superior."

> Consoante asseverado na decisão agravada, a jurisprudência desta Corte é uníssona no sentido de não se admitir o recurso extraordinário quando ainda couber, na instância ordinária, recurso da decisão impugnada. Com efeito, observo que a Turma Recursal manteve a sentença de improcedência. A parte recorrente, por sua vez, interpôs, concomitantemente, incidente de uniformização de jurisprudência para a Turma Nacional de Uniformização e Recurso Extraordinário para o Supremo Tribunal Federal, tendo sido ambos inadmitidos na origem. Na espécie, não se estava diante de decisão de única ou última instância a viabilizar o cabimento do recurso extraordinário, pois pendente o julgamento do incidente de uniformização. Isso porque, diante do acórdão da Turma Recursal, a parte recorrente ainda poderia interpor, como de fato o fez, o incidente de uniformização de jurisprudência para a Turma Nacional de Uniformização e aguardar a conclusão do julgamento do incidente, para, em seguida, interpor o apelo extremo (ARE 843.300 AgR, rel. Min. Ricardo Lewandowski, P, j. 19-3-2015, *DJe* 69, de 14-4-2015).

O rito a ser observado no recurso extraordinário é aquele previsto nos §§ 1º a 3º do art. 281 do Código Eleitoral[7].

■ 9.2.2. Embargos de declaração

Os embargos de declaração, previstos no art. 275 do CPC, serão interpostos nas hipóteses previstas no Código de Processo Civil.

Convém lembrar que o CPC/2015, em seu art. 1.022, estabelece serem cabíveis embargos de declaração contra qualquer decisão judicial para: I – esclarecer obscuridade ou eliminar contradição; II – suprir omissão de ponto ou questão sobre o qual devia se pronunciar o juiz de ofício ou a requerimento; III – corrigir erro material.

Os declaratórios são essenciais para a realização do prequestionamento, algo fundamental para o conhecimento dos recursos especial e extraordinário. Tratando do tema, Walber Agra nos brinda com a seguinte lição:

> Anteriormente, o TSE ostentava o entendimento de que a oposição de embargos de declaração supria a ausência de discussão anterior da matéria. No entanto, o atual posicionamento da Corte é no sentido de que a mera oposição de embargos não é suficiente para configuração do prequestionamento, pois a modalidade ficta do prequestionamento demanda que a parte tenha, nas razões do recurso especial, apontado violação ao art. 275 do Código Eleitoral ou ao art. 1.022 do CPC[8].

Aliás, a Súmula n. 72 do TSE deixa certo que: "É inadmissível o recurso especial eleitoral quando a questão suscitada não foi debatida na decisão recorrida e não foi objeto de embargos de declaração".

---

[7] "§ 1º Juntada a petição nas 48 (quarenta e oito) horas seguintes, os autos serão conclusos ao presidente do Tribunal, que, no mesmo prazo, proferirá despacho fundamentado, admitindo ou não o recurso. § 2º Admitido o recurso, será aberta vista dos autos ao recorrido para que, dentro de 3 (três) dias, apresente as suas razões. § 3º Findo esse prazo, os autos serão remetidos ao Supremo Tribunal Federal."

[8] AGRA, Walber de Moura. *Manual prático de Direito Eleitoral*. Belo Horizonte: Forum, 2022. E-book Kindle.

O prazo para a interposição dos embargos declaratórios é de três dias, este definido no § 1º do art. 275 do CE, salvo se se tratar de procedimento sujeito ao rito definido no art. 96 da LE, quando o prazo será de 24 horas. O procedimento para a modalidade processual está previsto nos §§ 1º a 7º do art. 275 do Código Eleitoral[9].

Conforme decidido pelo TSE no Acórdão de 10-11-2022, proferido nos 3ºs ED -AgR-AREspe n. 060239757 e, de 29-11-2018, no AgR-REspe n. 10295, "o fato de se tratar de primeiros embargos não inviabiliza a imposição da multa, quando evidenciado o intuito manifestamente protelatório devido ao desvirtuamento e à dissociação das teses recursais com as hipóteses de cabimento previstas".

9.2.3. Agravo de instrumento

Segundo dispõe o art. 282 do Código Eleitoral: "Denegado o recurso, o recorrente poderá interpor, dentro de 3 (três) dias, agravo de instrumento, observado o disposto no art. 279 e seus parágrafos, aplicada a multa a que se refere o § 6º pelo Supremo Tribunal Federal".

Trata-se de **recurso interposto perante o tribunal regional eleitoral** a fim de se promover o seguimento a recurso especial eleitoral ali denegado.

O art. 1.042 do CPC dispõe que: "Cabe agravo contra decisão do presidente ou do vice-presidente do Tribunal recorrido que inadmitir recurso extraordinário ou recurso especial, salvo quando fundada na aplicação de entendimento firmado em regime de repercussão geral ou em julgamento de recursos repetitivos".

De conformidade com a Súmula 71 do TSE: "Na hipótese de negativa de seguimento ao recurso especial e da consequente interposição de agravo, a parte deverá apresentar contrarrazões tanto ao agravo quanto ao recurso especial, dentro do mesmo tríduo legal."

O § 3º do art. 26 da Resolução n. 23.608/2019 do TSE estipula que: "Não admitido o recurso especial eleitoral, caberá agravo nos próprios autos para o Tribunal Superior Eleitoral, no prazo de 3 (três) dias".

Conforme estatui o § 4º do art. 36 do Regimento Interno do Tribunal Superior Eleitoral: "O Tribunal Superior, dando provimento ao agravo de instrumento, estando o mesmo suficientemente instruído, poderá, desde logo, julgar o mérito do

---

[9] "§ 1º Os embargos de declaração serão opostos no prazo de 3 (três) dias, contado da data de publicação da decisão embargada, em petição dirigida ao juiz ou relator, com a indicação do ponto que lhes deu causa. § 2º Os embargos de declaração não estão sujeitos a preparo. § 3º O juiz julgará os embargos em 5 (cinco) dias. § 4º Nos tribunais: I – o relator apresentará os embargos em mesa na sessão subsequente, proferindo voto; II – não havendo julgamento na sessão referida no inciso I, será o recurso incluído em pauta; III – vencido o relator, outro será designado para lavrar o acórdão. § 5º Os embargos de declaração interrompem o prazo para a interposição de recurso. § 6º Quando manifestamente protelatórios os embargos de declaração, o juiz ou o Tribunal, em decisão fundamentada, condenará o embargante a pagar ao embargado multa não excedente a 2 (dois) salários mínimos. § 7º Na reiteração de embargos de declaração manifestamente protelatórios, a multa será elevada a até 10 (dez) salários mínimos."

recurso denegado; no caso de determinar apenas a sua subida, será Relator o mesmo do agravo provido".

Segundo o disposto no art. 279 do CE: "Denegado o recurso especial, o recorrente poderá interpor, dentro em 3 (três) dias, agravo de instrumento".

9.2.4. Agravo interno

É cabível agravo interno para devolver ao plenário do tribunal eleitoral questão decidida monocraticamente por um dos seus integrantes.

O § 8º do art. 36 do RITSE dispõe que: "Da decisão do Relator caberá agravo regimental, no prazo de três dias e processado nos próprios autos". O agravo interno tramita nos mesmos autos em que proferida a decisão recorrida, sendo cabível o exercício do juízo de retratação.

9.3. QUESTÕES

1. (MPE-SE – Promotor de Justiça Substituto – Cespe/Cebraspe – 2022) Com relação ao disposto no Código Eleitoral, julgue os seguintes itens, acerca de recursos no processo eleitoral.
I) Cabe agravo de instrumento contra decisão denegatória de recurso especial no prazo de 3 dias.
II) Na ausência de prazo especial definido em lei, o recurso deverá ser interposto em até 3 dias, a contar da publicação do ato, resolução ou despacho.
III) Apenas terão efeitos suspensivos os recursos ordinários resultantes de cassação de registro, afastamento do titular ou perda de mandato eletivo.
IV) Os prazos para interposição de recursos são preclusivos.

Assinale a opção correta.
a) Apenas os itens I e II estão certos.
b) Apenas os itens I e IV estão certos.
c) Apenas os itens II e III estão certos.
d) Apenas os itens III e IV estão certos.
e) Todos os itens estão certos.

2. (MPE-SE – Promotor de Justiça Substituto – Cespe/Cebraspe – 2022) Em ação de investigação judicial eleitoral por abuso de poder de autoridade, político e econômico, o Tribunal Superior Eleitoral é competente para julgar,
a) em recurso ordinário, as decisões dos tribunais regionais eleitorais referentes às eleições federais e estaduais.
b) em recurso ordinário, as decisões dos tribunais regionais eleitorais referentes às eleições federais, estaduais e municipais.
c) originariamente, ações que envolvam o presidente e o vice-presidente da República, deputados federais e senadores.
d) em recurso especial, ações que envolvam o presidente e o vice-presidente da República.
e) em recurso especial, ações que envolvam o presidente e o vice-presidente da República e os governadores.

3. (Prefeitura de Várzea Paulista-SP – Procurador Municipal – Vunesp – 2021) Assinale a alternativa que contém a correta acepção de uma das súmulas vigentes do Tribunal Superior Eleitoral (TSE) na presente data.
a) A perda do mandato em razão da desfiliação partidária se aplica aos candidatos eleitos pelo sistema majoritário.
b) Contra acórdão que discute, simultaneamente, condições de elegibilidade e de inelegibilidade, é cabível o recurso extraordinário.

c) O partido político é litisconsorte passivo necessário em ações que visem à cassação de diploma.
d) É inadmissível o recurso especial eleitoral quando a questão suscitada não foi debatida na decisão recorrida e não foi objeto de embargos de declaração.
e) A falta de abertura de conta bancária específica não é fundamento suficiente para a rejeição de contas de campanha eleitoral, desde que, por outros meios, se possa demonstrar sua regularidade.

4. (MPE-AP – Promotor de Justiça Substituto – Cespe/Cebraspe – 2021) De acordo com a legislação eleitoral e o entendimento do TSE, as decisões desse tribunal sobre quaisquer recursos que acarretarem a perda de diplomas somente poderão ser tomadas com a presença
   a) de todos os seus membros, inclusive em embargos de declaração de deliberação que tenha importado perda de diploma.
   b) de dois terços de seus membros, inclusive em embargos de declaração de deliberação que tenha importado perda de diploma.
   c) de dois terços de seus membros, excluindo-se os casos de embargos de declaração de deliberação que tenha importado perda de diploma, ocasião em que se admite deliberação monocrática.
   d) da maioria simples de seus membros, inclusive em embargos de declaração de deliberação que tenha importado perda de diploma.
   e) da maioria simples de seus membros, excluindo-se os casos de embargos de declaração de deliberação que tenha importado perda de diploma, ocasião em que se admite deliberação monocrática.

5. (MPE-CE – Promotor de Justiça de Entrância Inicial – Cespe/Cebraspe – 2020) Com base no Código Eleitoral, assinale a opção correta, referente a recurso eleitoral.
   a) Recursos nos tribunais regionais dispensam a distribuição do processo a relator designado por ordem de antiguidade dentre os membros do tribunal regional eleitoral, podendo ser relatado pela secretaria do tribunal.
   b) Decisão de tribunal regional eleitoral que contrariar expressa disposição de lei estará sujeita a recurso especial ao TSE.
   c) Embargos de declaração suspendem os prazos para interposição de recurso.
   d) Decisões dos tribunais regionais eleitorais denegatórias de mandado de segurança estão sujeitas a recurso especial ao STJ.
   e) São irrecorríveis as decisões do TSE denegatórias de mandado de segurança e *habeas corpus*.

6. (TRE-PA – Analista Judiciário – Judiciária – IBFC – 2020) O Título III do Código Eleitoral (Lei n. 4.737/1965) dispõe sobre os recursos eleitorais. A respeito dessa temática, analise as afirmativas abaixo e dê valores Verdadeiro (V) ou Falso (F):
   ( ) São irrecorríveis as decisões do Tribunal Superior, salvo as que declararem a invalidade de lei ou ato contrário à Constituição Federal e as denegatórias de "habeas corpus" ou mandado de segurança, das quais caberá recurso ordinário para o Supremo Tribunal Federal, interposto no prazo de 3 (três) dias.
   ( ) A inelegibilidade superveniente apta a viabilizar o recurso contra a expedição de diploma, decorrente de alterações fáticas ou jurídicas, deverá ocorrer até a data fixada para que os partidos políticos e as coligações apresentem os seus requerimentos de registros de candidatos.
   ( ) O recurso contra expedição de diploma caberá somente nos casos de inelegibilidade superveniente ou de natureza constitucional e de falta de condição de elegibilidade. A inelegibilidade superveniente que atrai restrição à candidatura, se formulada no âmbito do processo de registro, deverá ser deduzida no recurso contra expedição de diploma.
   ( ) Contra as decisões dos Tribunais Regionais, são admissíveis embargos de declaração nas hipóteses previstas no Código de Processo Civil, no prazo de 5 (cinco) dias, contado da data de publicação da decisão embargada, em petição dirigida ao juiz ou relator, com a indicação do ponto que lhes deu causa.

Assinale a alternativa que apresenta a sequência correta de cima para baixo.
   a) V, V, F, F
   b) F, V, V, F
   c) F, F, V, V
   d) V, F, F, V

■ GABARITO ■

1. "e".	
2. "a".	
3. "d".	
4. "a".	
5. "b".	
6. "a".	

REFERÊNCIAS

AGRA, Walber de Moura. *Manual prático de Direito Eleitoral*. Belo Horizonte: Forum, 2022. *E-book Kindle*.

ALEXY, Robert. *Teoría de los Derechos Fundamentales*. Madrid: Centro de Estúdios Políticos y Constitucionales, 2002.

AMORIM, Maria Joseane Lopes; LEMOS, Maria Nazaré de. *Iniciativa popular no Brasil a partir do século XX*. Monografia – Pós-Graduação. Recife: Universidade de Pernambuco, 2008.

ARISTÓTELES. *A política*. Coleção Grandes Obras do Pensamento Universal, v. 16. Tradução de Nestor Silveira Chaves. São Paulo: Escala, 2003.

AVELAR, Lúcia. *Mulheres na elite política brasileira*. São Paulo: Fundação Konrad Adenauer, Editora Unesp, 2001.

AVRITZER, Leonardo. Sociedade civil e participação no Brasil democrático. In: MELO, Carlos Ranulfo; SÁEZ, Manuel Alcântara. *A democracia brasileira*: balanço e perspectivas para o século 21. Belo Horizonte: UFMG, 2007.

AUAD, Denise et al. Mecanismos de participação popular no Brasil: plebiscito, referendo e iniciativa popular. *Revista Brasileira de Direito Constitucional*, n. 3, São Paulo, jan./jun. 2004.

AZAMBUJA, Darcy. *Introdução à Ciência Política*. 14. ed. São Paulo: Globo, 2001.

BARQUERO, Marcello (org.). *Democracia, juventude e capital social no Brasil*. Porto Alegre: Editora da UFRGS, 2004.

BARRETTO, Lauro. *Investigação judicial eleitoral e ação de impugnação de mandato eletivo*. 2. ed. rev. e ampl. Bauru (SP): Edipro, 1999.

BOBBIO, Norberto; MATTEUCCI, Nicola; PASQUINO, Gianfranco. *Dicionário de política*. São Paulo: Editora UNB – Imprensa Oficial, 2004.

BRINKERHOFF, Derick W; GOLDSMITH, Arthur A. *Clientelism, Patrimonialism and Democratic Governance*: an overview and framework for assessment and programming. Cambridge, USA: Abt Associates Inc., dez. 2002.

CÂMARA DOS DEPUTADOS. *Combatendo a corrupção eleitoral*. Centro de Documentação e Informação, Coordenação de Publicações, Brasília, 1999.

CÂNDIDO, Joel José. *Direito Eleitoral Brasileiro*. Bauru (SP): Edipro, 2008.

CÂNDIDO, Joel José. *Direito Eleitoral Brasileiro*. Bauru (SP): Edipro, 2010.

CARDOSO, Fernando Henrique. *A arte da política – A história que vivi*. Rio de Janeiro: Civilização Brasileira, 2006.

CASTRO, Edson de Resende. *Curso de Direito Eleitoral*. Belo Horizonte: Del Rey, 2022. *E-book Kindle*.

CASTRO, Edson de Resende. *Teoria e prática do Direito Eleitoral*. 4. ed. Belo Horizonte: Mandamentos, 2008.

CASTRO, Edson de Resende. *Teoria e prática do Direito Eleitoral*. 5. ed. Belo Horizonte: Del Rey, 2010.

CBJP/CNBB. *Roteiro para fiscalizar a aplicação da Lei n. 9.840*. São Paulo: Paulinas, 2000.

CHIMENTI, Ricardo Cunha. *Direito Eleitoral*. Rio de Janeiro: Elsevier, 2007.

COÊLHO, Marcus Vinicius Furtado. *Direito Eleitoral e Processo Eleitoral*: Direito Penal Eleitoral e Direito Político. Rio de Janeiro: Renovar, 2010.

COSTA, Adriano Soares da. *Instituições de Direito Eleitoral*. 6. ed. rev., ampl. e atual. Belo Horizonte: Del Rey, 2006.

DAHL, Robert A. *La Poliarquía. Participación e oposición*. Madrid: Tecnos, 1992.

DESPOSATO, Scott W. *How vote buying shapes the political arena*. Paper prepared for the Comparative Politics of Vote Buying Conference, Massachusetts Institute of Technology, Cambridge, Massachusetts, ago. 26-27, 2002.

DIAS, Joelson; JUNQUEIRA, Ana Luísa Junqueira; ANDRADE, Bruno. *O direito à acessibilidade nas eleições*. Disponível em: https://www.conjur.com.br/2022-abr-04/direito-eleitoral-direito-acessibilidade-eleicoes. Acesso em: 9 jan. 2023.

DI PIETRO, Maria Sylvia Zanella. *Discricionariedade administrativa na Constituição de 1988*. 3. ed. São Paulo: Atlas, 2012.

DUVERGER, Maurice. *Sociología política*. Barcelona: Ediciones Ariel, 1972.

ESPÍNDOLA, Ruy Samuel. *Conceito de princípios constitucionais*. São Paulo: Revista dos Tribunais, 1999.

FERREIRA, Pinto. *Manual prático de Direito Eleitoral*, Imprenta: São Paulo: Saraiva, 1973.

FERREIRA, Ruth Vasconcelos Lopes. *Desafios e perspectivas*: partidos políticos versus movimentos sociais. Maceió: Edufal, 1997.

FICHTNER, José Antonio. *Impugnação de mandato eletivo; colaboradoras: Sônia Bali, Elizabeth Velasco Pereira*. Rio de Janeiro: Renovar, 1998.

FURTADO, José de Ribamar Caldas. *O caso do prefeito ordenador de despesas*. Disponível em: https://www.atricon.org.br/wp-content/uploads/2014/08/O-CASO-DO-PREFEITO-ORDENADOR-DE-DESPESAS.pdf. Acesso em: 4 jan. 2022.

GARCIA, Emerson. *Abuso de poder nas eleições*. Meios de coibição. Rio de Janeiro: Lumen Juris, 2000.

GOMES, José Jairo. Invalidade no Direito Eleitoral: nulidade e anulabilidade de votos. Revista Brasileira de Direito Eleitoral, n. 1, ano 1, Belo Horizonte, p. 63-104, jul./dez. 2009.

GOMES, José Jairo. *Direito Eleitoral*. Belo Horizonte: Del Rey, 2010.

GOMES, José Jairo. *Direito Eleitoral*. São Paulo: Atlas, 2011.

GOMES, José Jairo. *Direito Eleitoral*. São Paulo: Atlas, 2015.

GOMES, Suzana de Camargo. *A Justiça Eleitoral e sua competência*. São Paulo: Revista dos Tribunais, 1998.

GONÇALEZ, Sidney Duran. *Democracia defensiva e os atos antidemocráticos*. Disponível em: https://www.conjur.com.br/2022-nov-22/sidney-duran-democracia-defensiva-atos-antidemocraticos. Acesso em: 16 jan. 2023.

GONÇALVES, Luiz Carlos dos Santos. *Ações eleitorais contra o registro, o diploma e o mandato*: aspectos materiais e processuais. São Paulo: Ed. do Autor, 2021. *E-book Kindle*.

GONÇALVES, Luiz Carlos dos Santos. *Direito Eleitoral*. São Paulo: Atlas, 2018. *E-book Kindle*.

GRAU, Eros Roberto. *Ordem econômica na Constituição de 1988 (interpretação e crítica)*. São Paulo: Revista dos Tribunais, 1990.

HERKENHOFF, João Baptista. *Como aplicar o Direito*. 4. ed. rev. e ampl. Rio de Janeiro, 1997.

INSTITUTO BRASILEIRO DE GEOGRAFIA E ESTATÍSTICA. *Análise dos resultados*. Perfil das Fundações Privadas e Associações sem Fins Lucrativos em 2002. Disponível em: www2.abong.org.br/final/ download/tfasfil%20-%20pdf.pdf. Acesso em: 14 jan. 2009.

LAVALLE, Adrián Gurza; HOUTZAGER, Peter P. A.; CASTELLO, Graziela. *Democracia, pluralização da representação e sociedade civil*. 2006. Disponível em: https://www.scielo.br/j/ln/a/wWXJkHYQQSchPLkdb8XygFS/?lang=pt&format=pdf.

LOEWENSTEIN, Karl. Militant democracy and fundamental rights, I. *The American Political Science Review*, n. 3, v. XXXI, p. 430, jun. 1937.

LULA, Carlos Eduardo de Oliveira. *Direito Eleitoral*. São Paulo: Imperium, 2008.

MILL, John Stuart. *Considerações sobre o governo representativo*. Coleção Grandes Obras do Pensamento Universal, 56. São Paulo: Escala, 2006.

MORAES, Alexandre de. *Direito Constitucional*. 13. ed. São Paulo: Atlas, 2003.

MOURA, Joana Tereza Vaz de; SILVA, Marcelo Kunrath. Atores sociais em espaços de ampliação da democracia: as redes sociais em perspectiva. Revista de Sociologia Política, número suplementar, v. 16, Curitiba, ago. 2008.

NABUCO, Joaquim. *Minha formação*. Rio de Janeiro: Topbooks, 1999.

NETO, José Duarte. *A iniciativa popular na Constituição de 1988*. Rio de Janeiro: Revista dos Tribunais, 2005.

NICOLAU, Jairo M. As distorções na representação dos estados na Câmara dos Deputados Brasileira. *Dados*, n. 3, v. 40, Rio de Janeiro, 1997. Disponível em: http://www.scielo.br/scielo.php?script=sci_arttext&pid=S0011-52581997000300006&lng=en&nrm=iso. Acesso em: 7 jan. 2023.

NICOLAU, Jairo M. *Sistemas eleitorais*. 5. ed. Rio de Janeiro: FGV, 2004.

NICOLAU, Jairo M. O sistema eleitoral de lista aberta no Brasil. *Dados [online]*, n. 4, v. 49, 2006.

NIESS, Pedro Henrique Távora. *Ação de impugnação de mandato eletivo*. São Paulo: Edipro, 1996.

NIESS, Pedro Henrique Távora. *Direitos políticos*: condições de elegibilidades e inelegibilidades. São Paulo: Saraiva, 1994.

OLIVEIRA, Marcelo Roseno de. *Controle das eleições*: virtudes e vícios do modelo constitucional brasileiro. Belo Horizonte: Fórum, 2010.

PAULA FILHO, Afrânio Faustino de. *Sistemas de controle do processo eleitoral*. Rio de Janeiro: Lumen Juris, 1998.

PEREIRA, Rodolfo Viana. *Tutela coletiva no Direito Eleitoral*. Controle social e fiscalização das eleições. Rio de Janeiro: Lumen Juris, 2008.

PINTO, Djalma. *Direito Eleitoral*: improbidade administrativa e responsabilidade fiscal. 5. ed. *São Paulo: Atlas, 2010.*

PUTNAM, Robert. D. *Comunidade e democracia*: a experiência na Itália moderna. 4. ed. Rio de Janeiro: Editora da FGV, 2005.

RAMAYANA, Marcos. *Direito Eleitoral*. Rio de Janeiro: Impetus, 2004.

RIBEIRO, Fávila. *Direito Eleitoral*. 5. ed. Rio de Janeiro: Forense, 1998.

RIBEIRO, Hélcio. *A iniciativa popular como instrumento da democracia participativa*. Universidade Presbiteriana Mackenzie, 2007. Disponível em: https://docplayer.com.br/14599361-A-iniciativa--popular-como-instrumento-da-democracia-participativa.html. Acesso em: 7 jan. 2023.

RIBEIRO, Renato Ventura. *Lei Eleitoral comentada*. São Paulo: Quartier Latin, 2006.

RICCI, Paolo. O conteúdo da produção legislativa brasileira: leis nacionais ou políticas paroquiais? *Dados [online]*, n. 4, v. 46, 2003.

RIGAUX, François. *A lei dos juízes*. Tradução de Edmir Missio. São Paulo: Martins Fontes, 2000.

SADEK, Maria Tereza A. *A Justiça Eleitoral e a consolidação da democracia no Brasil*. Fundação Konrad Adenauer, Série Pesquisas, n. 4, São Paulo, 1995.

SCHAFFER, Frederic C.; SCHEDLER, Andreas. *What is vote buying. The limits of the market model*. Paper to de delivered at the conference at the conference "Poverty, Democracy and Clientelism: The Political Economy of Vote Buying". Stanford Universtiy, Department of Political Science, Bellagio Center, Rockefeller Foundation, 28 November-2 December 2005.

SCHILLING, Voltaire. *O bipartidarismo no regime militar*. Educação-História, 2003. Disponível em: http://educaterra.terra.com.br/voltaire/brasil/2003/08/18/001.htm. Acesso em: 23 mar. 2017.

SEREJO, Lourival. *Programa de Direito Eleitoral*. Belo Horizonte: Del Rey, 2006.

SILVA, José Afonso da. A constitucionalidade do projeto de lei Ficha Limpa. *Correio Braziliense*, edição de 12-10-2009.

SILVA, José Afonso da. O sistema representativo, democracia semidireta e democracia participativa. *Revista do Advogado*, v. 23, n. 73, p. 94-108, São Paulo: AASP, nov. 2003.

SOUSA, Leomar Barros de Amorim de. *A produção normativa do Poder Executivo*: medidas provisórias, leis delegadas e regulamentos. Brasília: Brasília Jurídica, 1999.

SPECK, Bruno Wilhelm. A compra de votos: uma aproximação empírica. *Opinião Pública*, n. 1, v. IX, Campinas, 2003.

STEINBERG, Gustavo. *Política em pedaços ou política em bits*. Brasília: Editora UnB, 2004.

STOCO, Rui; STOCO, Leandro de Oliveira. *Legislação Eleitoral interpretada*. 2. ed. São Paulo: Revista dos Tribunais, 2006.

TELLES, Olívia Raposo da Silva. *Direito Eleitoral comparado*: Brasil, Estados Unidos, França. São Paulo: Saraiva, 2009.

TREVISAN, Antoninho Marmo et al. *O combate à corrupção nas prefeituras do Brasil*. 4. ed. Cotia (SP): Ateliê Editorial, 2006.

VANCONCELOS, Clever; SILVA, Marco Anotio da. *Direito Eleitoral*. 3. ed. São Paulo: SaraivaJur, 2022. E-book Kindle.

VELLOSO, Carlos Mário da Silva; AGRA, Walber de Moura. *Elementos de Direito Eleitoral*. 8. ed. São Paulo: SaraivaJur, 2023.

ANEXOS

■ ANEXO 1 – SÚMULAS DO TRIBUNAL SUPERIOR ELEITORAL

Súmula-TSE n. 1 (Cancelada)	Proposta a ação para desconstituir a decisão que rejeitou as contas, anteriormente à impugnação, fica suspensa a inelegibilidade (Lei Complementar n. 64/1990, art. 1º, I, g).
Súmula-TSE n. 2	Assinada e recebida a ficha de filiação partidária até o termo final do prazo fixado em lei, considera-se satisfeita a correspondente condição de elegibilidade, ainda que não tenha fluído, até a mesma data, o tríduo legal de impugnação.
Súmula-TSE n. 3	No processo de registro de candidatos, não tendo o juiz aberto prazo para o suprimento de defeito da instrução do pedido, pode o documento, cuja falta houver motivado o indeferimento, ser juntado com o recurso ordinário.
Súmula-TSE n. 4	Não havendo preferência entre candidatos que pretendam o registro da mesma variação nominal, defere-se o do que primeiro o tenha requerido.
Súmula-TSE n. 5	Serventuário de cartório, celetista, não se inclui na exigência do art. 1º, II, l, da LC n. 64/1990.
Súmula-TSE n. 6	São inelegíveis para o cargo de Chefe do Executivo o cônjuge e os parentes, indicados no § 7º do art. 14 da Constituição Federal, do titular do mandato, salvo se este, reelegível, tenha falecido, renunciado ou se afastado definitivamente do cargo até seis meses antes do pleito.
Súmula-TSE n. 7 (Cancelada)	É inelegível para o cargo de prefeito a irmã da concubina do atual titular do mandato.
Súmula-TSE n. 8 (Cancelada)	O vice-prefeito é inelegível para o mesmo cargo.
Súmula-TSE n. 9	A suspensão de direitos políticos decorrente de condenação criminal transitada em julgado cessa com o cumprimento ou a extinção da pena, independendo de reabilitação ou de prova de reparação dos danos.
Súmula-TSE n. 10	No processo de registro de candidatos, quando a sentença for entregue em cartório antes de três dias contados da conclusão ao juiz, o prazo para o recurso ordinário, salvo intimação pessoal anterior, só se conta do termo final daquele tríduo.
Súmula-TSE n. 11	No processo de registro de candidatos, o partido que não o impugnou não tem legitimidade para recorrer da sentença que o deferiu, salvo se se cuidar de matéria constitucional.
Súmula-TSE n. 12	São inelegíveis, no município desmembrado, e ainda não instalado, o cônjuge e os parentes consanguíneos ou afins, até o segundo grau ou por adoção, do prefeito do município-mãe, ou de quem o tenha substituído, dentro dos seis meses anteriores ao pleito, salvo se já titular de mandato eletivo.
Súmula-TSE n. 13	Não é autoaplicável o § 9º do art. 14 da Constituição, com a redação da Emenda Constitucional de Revisão n. 4/1994.

Súmula-TSE n. 14 (Cancelada)	A duplicidade de que cuida o parágrafo único do art. 22 da Lei n. 9.096/1995 somente fica caracterizada caso a nova filiação houver ocorrido após a remessa das listas previstas no parágrafo único do art. 58 da referida lei.
Súmula-TSE n. 15	O exercício de mandato eletivo não é circunstância capaz, por si só, de comprovar a condição de alfabetizado do candidato.
Súmula-TSE n. 16 (Cancelada)	A falta de abertura de conta bancária específica não é fundamento suficiente para a rejeição de contas de campanha eleitoral, desde que, por outros meios, se possa demonstrar sua regularidade.
Súmula-TSE n. 17 (Cancelada)	Não é admissível a presunção de que o candidato, por ser beneficiário de propaganda eleitoral irregular, tenha prévio conhecimento de sua veiculação.
Súmula-TSE n. 18	Conquanto investido de poder de polícia, não tem legitimidade o juiz eleitoral para, de ofício, instaurar procedimento com a finalidade de impor multa pela veiculação de propaganda eleitoral em desacordo com a Lei n. 9.504/1997.
Súmula-TSE n. 19	O prazo de inelegibilidade decorrente da condenação por abuso do poder econômico ou político tem início no dia da eleição em que este se verificou e finda no dia de igual número no oitavo ano seguinte (art. 22, XIV, da LC n. 64/1990).
Súmula-TSE n. 20	A prova de filiação partidária daquele cujo nome não constou da lista de filiados de que trata o art. 19 da Lei n. 9.096/1995, pode ser realizada por outros elementos de convicção, salvo quando se tratar de documentos produzidos unilateralmente, destituídos de fé pública.
Súmula-TSE n. 21 (Cancelada)	O prazo para ajuizamento da representação contra doação de campanha acima do limite legal é de 180 dias, contados da data da diplomação.
Súmula-TSE n. 22	Não cabe mandado de segurança contra decisão judicial recorrível, salvo situações de teratologia ou manifestamente ilegais.
Súmula-TSE n. 23	Não cabe mandado de segurança contra decisão judicial transitada em julgado.
Súmula-TSE n. 24	Não cabe recurso especial eleitoral para simples reexame do conjunto fático-probatório.
Súmula-TSE n. 25	É indispensável o esgotamento das instâncias ordinárias para a interposição de recurso especial eleitoral.
Súmula-TSE n. 26	É inadmissível o recurso que deixa de impugnar especificamente fundamento da decisão recorrida que é, por si só, suficiente para a manutenção desta.
Súmula-TSE n. 27	É inadmissível recurso cuja deficiência de fundamentação impossibilite a compreensão da controvérsia.
Súmula-TSE n. 28	A divergência jurisprudencial que fundamenta o recurso especial interposto com base na alínea b do inciso I do art. 276 do Código Eleitoral somente estará demonstrada mediante a realização de cotejo analítico e a existência de similitude fática entre os acórdãos paradigma e o aresto recorrido.
Súmula-TSE n. 29	A divergência entre julgados do mesmo Tribunal não se presta a configurar dissídio jurisprudencial apto a fundamentar recurso especial eleitoral.
Súmula-TSE n. 30	Não se conhece de recurso especial eleitoral por dissídio jurisprudencial, quando a decisão recorrida estiver em conformidade com a jurisprudência do Tribunal Superior Eleitoral.
Súmula-TSE n. 31	Não cabe recurso especial eleitoral contra acórdão que decide sobre pedido de medida liminar.
Súmula-TSE n. 32	É inadmissível recurso especial eleitoral por violação à legislação municipal ou estadual, ao Regimento Interno dos Tribunais Eleitorais ou às normas partidárias.

Súmula-TSE n. 33	Somente é cabível ação rescisória de decisões do Tribunal Superior Eleitoral que versem sobre a incidência de causa de inelegibilidade.
Súmula-TSE n. 34	Não compete ao Tribunal Superior Eleitoral processar e julgar mandado de segurança contra ato de membro do Tribunal Regional Eleitoral.
Súmula-TSE n. 35	Não é cabível reclamação para arguir o descumprimento de resposta a consulta ou de ato normativo do Tribunal Superior Eleitoral.
Súmula-TSE n. 36	Cabe recurso ordinário de acórdão de Tribunal Regional Eleitoral que decida sobre inelegibilidade, expedição ou anulação de diploma ou perda de mandato eletivo nas eleições federais ou estaduais (art. 121, § 4º, III e IV, da CF).
Súmula-TSE n. 37	Compete originariamente ao Tribunal Superior Eleitoral processar e julgar recurso contra expedição de diploma envolvendo eleições federais ou estaduais.
Súmula-TSE n. 38	Nas ações que visem à cassação de registro, diploma ou mandato, há litisconsórcio passivo necessário entre o titular e o respectivo vice da chapa majoritária.
Súmula-TSE n. 39	Não há formação de litisconsórcio necessário em processos de registro de candidatura.
Súmula-TSE n. 40	O partido político não é litisconsorte passivo necessário em ações que visem à cassação de diploma.
Súmula-TSE n. 41	Não cabe à Justiça Eleitoral decidir sobre o acerto ou desacerto das decisões proferidas por outros Órgãos do Judiciário ou dos Tribunais de Contas que configurem causa de inelegibilidade.
Súmula-TSE n. 42	A decisão que julga não prestadas as contas de campanha impede o candidato de obter a certidão de quitação eleitoral durante o curso do mandato ao qual concorreu, persistindo esses efeitos, após esse período, até a efetiva apresentação das contas.
Súmula-TSE n. 43	As alterações fáticas ou jurídicas supervenientes ao registro que beneficiem o candidato, nos termos da parte final do art. 11, § 10, da Lei n. 9.504/1997, também devem ser admitidas para as condições de elegibilidade.
Súmula-TSE n. 44	O disposto no art. 26-C da LC n. 64/1990 não afasta o poder geral de cautela conferido ao magistrado pelo Código de Processo Civil.
Súmula-TSE n. 45	Nos processos de registro de candidatura, o Juiz Eleitoral pode conhecer de ofício da existência de causas de inelegibilidade ou da ausência de condição de elegibilidade, desde que resguardados o contraditório e a ampla defesa.
Súmula-TSE n. 46	Nos processos de registro de candidatura, o Juiz Eleitoral pode conhecer de ofício da existência de causas de inelegibilidade ou da ausência de condição de elegibilidade, desde que resguardados o contraditório e a ampla defesa.
Súmula-TSE n. 47	A inelegibilidade superveniente que autoriza a interposição de recurso contra expedição de diploma, fundado no art. 262 do Código Eleitoral, é aquela de índole constitucional ou, se infraconstitucional, superveniente ao registro de candidatura, e que surge até a data do pleito.
Súmula-TSE n. 48	A retirada da propaganda irregular, quando realizada em bem particular, não é capaz de elidir a multa prevista no art. 37, § 1º, da Lei n. 9.504/1997.
Súmula-TSE n. 49	O prazo de cinco dias, previsto no art. 3º da LC n. 64/1990, para o Ministério Público impugnar o registro inicia-se com a publicação do edital, caso em que é excepcionada a regra que determina a sua intimação pessoal.
Súmula-TSE n. 50	O prazo de cinco dias, previsto no art. 3º da LC n. 64/1990, para o Ministério Público impugnar o registro inicia-se com a publicação do edital, caso em que é excepcionada a regra que determina a sua intimação pessoal.

Súmula-TSE n. 51	O processo de registro de candidatura não é o meio adequado para se afastarem os eventuais vícios apurados no processo de prestação de contas de campanha ou partidárias.
Súmula-TSE n. 52	Em registro de candidatura, não cabe examinar o acerto ou desacerto da decisão que examinou, em processo específico, a filiação partidária do eleitor.
Súmula-TSE n. 53	O filiado a partido político, ainda que não seja candidato, possui legitimidade e interesse para impugnar pedido de registro de coligação partidária da qual é integrante, em razão de eventuais irregularidades havidas em convenção.
Súmula-TSE n. 54	A desincompatibilização de servidor público que possui cargo em comissão é de três meses antes do pleito e pressupõe a exoneração do cargo comissionado, e não apenas seu afastamento de fato.
Súmula-TSE n. 55	A Carteira Nacional de Habilitação gera a presunção da escolaridade necessária ao deferimento do registro de candidatura.
Súmula-TSE n. 56	A multa eleitoral constitui dívida ativa de natureza não tributária, submetendo-se ao prazo prescricional de 10 (dez) anos, nos moldes do art. 205 do Código Civil.
Súmula-TSE n. 57	A apresentação das contas de campanha é suficiente para a obtenção da quitação eleitoral, nos termos da nova redação conferida ao art. 11, § 7º, da Lei n. 9.504/1997, pela Lei n. 12.034/2009.
Súmula-TSE n. 58	Não compete à Justiça Eleitoral, em processo de registro de candidatura, verificar a prescrição da pretensão punitiva ou executória do candidato e declarar a extinção da pena imposta pela Justiça Comum.
Súmula-TSE n. 59	Não compete à Justiça Eleitoral, em processo de registro de candidatura, verificar a prescrição da pretensão punitiva ou executória do candidato e declarar a extinção da pena imposta pela Justiça Comum.
Súmula-TSE n. 60	O prazo da causa de inelegibilidade prevista no art. 1º, I, e, da LC n. 64/1990 deve ser contado a partir da data em que ocorrida a prescrição da pretensão executória e não do momento da sua declaração judicial.
Súmula-TSE n. 61	O prazo concernente à hipótese de inelegibilidade prevista no art. 1º, I, e, da LC n. 64/1990 projeta-se por oito anos após o cumprimento da pena, seja ela privativa de liberdade, restritiva de direito ou multa.
Súmula-TSE n. 62	Os limites do pedido são demarcados pelos fatos imputados na inicial, dos quais a parte se defende, e não pela capitulação legal atribuída pelo autor.
Súmula-TSE n. 63	A execução fiscal de multa eleitoral só pode atingir os sócios se preenchidos os requisitos para a desconsideração da personalidade jurídica previstos no art. 50 do Código Civil, tendo em vista a natureza não tributária da dívida, observados, ainda, o contraditório e a ampla defesa.
Súmula-TSE n. 64	Contra acórdão que discute, simultaneamente, condições de elegibilidade e de inelegibilidade, é cabível o recurso ordinário.
Súmula-TSE n. 65	Contra acórdão que discute, simultaneamente, condições de elegibilidade e de inelegibilidade, é cabível o recurso ordinário.
Súmula-TSE n. 66	A incidência do § 2º do art. 26-C da LC n. 64/1990 não acarreta o imediato indeferimento do registro ou o cancelamento do diploma, sendo necessário o exame da presença de todos os requisitos essenciais à configuração da inelegibilidade, observados os princípios do contraditório e da ampla defesa.
Súmula-TSE n. 67	A perda do mandato em razão da desfiliação partidária não se aplica aos candidatos eleitos pelo sistema majoritário.
Súmula-TSE n. 68	A União é parte legítima para requerer a execução de astreintes, fixada por descumprimento de ordem judicial no âmbito da Justiça Eleitoral.

Súmula-TSE n. 69	Os prazos de inelegibilidade previstos nas alíneas *j* e *h* do inciso I do art. 1º da LC n. 64/1990 têm termo inicial no dia do primeiro turno da eleição e termo final no dia de igual número no oitavo ano seguinte.
Súmula-TSE n. 70	O encerramento do prazo de inelegibilidade antes do dia da eleição constitui fato superveniente que afasta a inelegibilidade, nos termos do art. 11, § 10, da Lei n. 9.504/1997.
Súmula-TSE n. 71	Na hipótese de negativa de seguimento ao recurso especial e da consequente interposição de agravo, a parte deverá apresentar contrarrazões tanto ao agravo quanto ao recurso especial, dentro do mesmo tríduo legal.
Súmula-TSE n. 72	É inadmissível o recurso especial eleitoral quando a questão suscitada não foi debatida na decisão recorrida e não foi objeto de embargos de declaração.

■ ANEXO 2 – TABELA DE PRAZOS DE DESINCOMPATIBILIZAÇÃO

CARGO PRETENDIDO – PRESIDENTE/VICE-PRESIDENTE			
CARGO OCUPADO	PRAZO	AFASTAMENTO	FUNDAMENTO
Advogado	6 meses	Definitivo	LC n. 64/1990, art. 1º, II, a, 5
Autarquia (presidente, diretor, superintendente e dirigente)	6 meses	Definitivo	LC n. 64/1990, art. 1º, II, a, 9
Chefe do Executivo Presidente	Reeleição Desnecessidade	–	CF/1988, art. 14, §5º
Chefe do Executivo Governador	6 meses	Definitivo	CF/1988, art. 14, § 6º c/c LC n. 64/1990, art. 1º, II, a, 10 c/c LC n. 64/1990, art. 1º, § 1º
Chefe do Executivo Prefeito	6 meses	Definitivo	CF/1988, art. 14, § 6º c/c LC n. 64/1990, arts. 1º, II, a, 13 c/c LC n. 4/1990, art. 1º, § 1º
Chefe do órgão de assessoramento de informações da Presidência da República	6 meses	Definitivo	LC n. 64/1990, art. 1º, II, a, 3
Chefes dos órgãos de assessoramento direto, civil e militar, da Presidência da República	6 meses	Definitivo	LC n. 64/1990, art. 1º, II, a, 2
Comitê de Bacia Hidrográfica (dirigente)	Desnecessidade	–	–
Conselho Municipal dos Direitos da Criança e do Adolescente (conselheiro)	Desnecessidade	–	–
Consultor-Geral da República	6 meses	Definitivo	LC n. 64/1990, art. 1º, II, a, 5
Delegado Federal de Ministério	6 meses	Definitivo	LC n. 64/1990, art. 1º, II, a, 16
Empresa Pública (presidente, diretor, superintendente e dirigente)	6 meses	Definitivo	LC n. 64/1990, art. 1º, II, a, 9
Empresas que, pelo âmbito e natureza de suas atividades, possam influir na economia nacional – dirigente	6 meses		LC n. 64/1990, art. 1º, II, e
Empresas que atuem no Brasil, em condições monopolísticas – controladores que não apresentarem prova da cessação do abuso do poder econômico apurado ou de que transferiram o controle das referidas empresas	6 meses	–	LC n. 64/1990, art. 1º, II, f

Empresas que tenham objetivos exclusivos de operações financeiras e façam publicamente apelo à poupança e ao crédito, inclusive cooperativas e estabelecimentos que gozem de vantagens asseguradas pelo poder público – dirigente	6 meses	–	LC n. 64/1990, art. 1º, II, h
Entidade mantida pelo poder público	6 meses	–	LC n. 64/1990, art. 1º, II, a, 9
Entidade que mantenha contrato com o poder público ou sob seu controle, salvo contrato com cláusulas uniformes	6 meses	–	LC n. 64/1990, art. 1º, II, l
Entidades de Classe Dirigente Sindical	4 meses	–	LC n. 64/1990, art. 1º, II, g
Entidades de Classe Sindicato não remunerado	4 meses	–	LC n. 64/1990, art. 1º, II, g
Entidades de Classe em geral (dirigente, administrador ou representante)	4 meses	–	LC n. 64/1990, art. 1º, II, g
Entidades de Classe OAB	4 meses	–	LC n. 64/1990, art. 1º, II, g
Fundação de Direito Privado não mantida pelo poder público (dirigente)	Desnecessidade	–	–
Fundação de Direito Privado que receba subvenções imprescindíveis a sua existência (dirigente)	6 meses	–	LC n. 64/1990, art. 1º, II, a, 9
Fundação de direito privado vinculada a partido, mantida exclusivamente com recursos do Fundo Partidário (dirigente)	Desnecessidade	–	–
Fundação de Direito Público	6 meses	Definitivo	LC n. 64/1990, art. 1º, II, a, 9
Magistrado	6 meses	Definitivo	LC n. 64/1990, art. 1º, II, a, 8
Militar – Chefe do Estado da Marinha, Exército e Aeronáutica	6 meses	Definitivo	LC n. 64/1990, art. 1º, II, a, 6
Militar – Chefe do Estado– Maior das Forças Armadas	6 meses	Definitivo	LC n. 64/1990, art. 1º, II, a, 4
Militar – Comandante da Marinha, Exército e Aeronáutica	6 meses	Definitivo	LC n. 64/1990, art. 1º, II, a, 7
Ministros de Estado	6 meses	Definitivo	LC n. 64/1990, art. 1º, II, a, 1
Parlamentar	Desnecessidade	–	–
Partido Político (dirigente)	Desnecessidade	–	–
Polícia Federal (diretor-geral)	6 meses	Definitivo	LC n. 64/1990, art. 1º, II, a, 15
Profissional cuja atividade é divulgada na mídia (atores, jogadores de futebol e outros)	Desnecessidade	–	–
Reitor de Universidade Pública, Federal ou Estadual, de natureza autárquica ou fundacional	6 meses	Definitivo	LC n. 64/1990, art. 1º, II, a, 9
Secretário de Estado	6 meses	Definitivo	LC n. 64/1990, art. 1º, II, a, 12
Secretários gerais, executivos, nacionais, federais dos Ministérios e pessoas que ocupem cargos equivalentes	6 meses	Definitivo	LC n. 64/1990, art. 1º, II, a, 16
Servidores públicos efetivos/comissionados, cargo relativo à arrecadação/fiscalização de imposto, taxas e contribuições	6 meses	Sem remuneração (1) Remuneração – 3 meses (2) Remuneração integral (3)	LC n. 64/1990, art. 1º, II, d

Servidores públicos, estatutários ou não, dos órgãos da administração direta ou indireta (agente comunitário de saúde)	3 meses	Definitivo (temporário) Remunerado (efetivo)	LC n. 64/1990, art. 1º, II, *l*
Servidores públicos, estatutários ou não, dos órgãos da administração direta ou indireta (agente penitenciário)	3 meses	–	LCn. 64/1990, art. 1º, II, *l*
Servidores públicos, estatutários ou não, dos órgãos da administração direta ou indireta (empregado de empresa pública)	3 meses	–	LC n. 64/1990, art. 1º, II, *l*
Servidores públicos, estatutários ou não, dos órgãos da administração direta ou indireta (Presidente de programa de desestatização)	3 meses	–	LC n. 64/1990, art. 1º, II, *l*
Servidores públicos, estatutários ou não, dos órgãos da administração direta ou indireta (Servidor da Justiça Eleitoral)	1 ano Afastamento hábil para cumprir o prazo de filiação partidária	Definitivo	–
Servidores públicos, estatutários ou não, dos órgãos da administração direta ou indireta (servidor de escola pública)	3 meses	Definitivo (comissionado) Remunerado (efetivo)	LC n. 64/1990, art. 1º, II, *l*
Servidores públicos, estatutários ou não, dos órgãos da administração direta ou indireta (servidores em geral)	3 meses	Remunerado	LC n. 64/1990, art. 1º, II, *l*
Servidores públicos ocupantes de cargo em comissão – membro de direção escolar	3 meses	Definitivo	LC n. 64/1990, art. 1º, II, *l*
Servidores públicos ocupantes de cargo em comissão	3 meses	Remunerado	LC n. 64/1990, art. 1º, II, *l*
Servidores públicos ocupantes de cargo em comissão em geral	3 meses	Definitivo	LC n. 64/1990, art. 1º, II, *l*
Servidores públicos ocupantes de cargos em comissão de nomeação pelo Presidente da República sujeito à aprovação pelo Senado	6 meses	Definitivo	LC n. 64/1990, art. 1º, II, *b*
Sociedade de assistência a municípios (dirigente)	6 meses	–	–
Sociedade de economia mista (dirigente)	6 meses	Definitivo	LC n. 64/1990, art. 1º, II, *a*, 9
Tribunal de Contas da União, Estados e DF (membros)	6 meses	Definitivo	LC n. 64/1990, art. 1º, II, *a*,14
Vice-Presidente do Executivo que não substituiu nem sucedeu o titular nos 6 meses	Desnecessidade	–	LC n. 64/1990, art. 1º, § 2º c/c CF/1988, art. 14, § 5º
Vice-Presidente do Executivo que sucedeu o titular	Desnecessidade para titular, 6 meses para vice	–	CF/1988, art. 14, § 5º c/c CF/1988, art. 14, § 6º
Vice-Presidente do Executivo que substituiu o titular nos 6 meses anteriores à eleição	Desnecessidade para titular	–	–

Vice-Governador do Executivo que não substituiu nem sucedeu o titular nos 6 meses	Desnecessidade	–	LC n. 64/1990, art. 1º, § 2º
Vice-Governador do Executivo que sucedeu o titular	6 meses	Definitivo	CF/1988, art. 14, § 6º
Vice-Governador do Executivo que substituiu o titular nos 6 meses anteriores à eleição	–	–	LC n. 64/1990, art. 1º, § 2º
Vice-Prefeito do Executivo que não substituiu nem sucedeu o titular nos 6 meses	Desnecessidade	–	LC n. 64/1990, art. 1º, § 2º
Vice-Prefeito do Executivo que sucedeu o titular	6 meses	Definitivo	CF/1988, art. 14, § 6º
Vice-Prefeito do Executivo que substituiu o titular nos 6 meses anteriores à eleição	–	–	LC n. 64/1990, art. 1º, § 2º

CARGO PRETENDIDO GOVERNADOR/VICE-GOVERNADOR			
CARGO OCUPADO	PRAZO	MODALIDADE	FUNDAMENTO
Advogado (AGU)	6 meses	Definitivo	LC n. 64/1990, art. 1º, II, a, 5 c/c LC n. 64/1990, art. 1º, III, a
Assistente Social	–	–	–
Autarquia (presidente, diretor, superintendente e dirigente)	6 meses	Definitivo	LC n. 64/1990, art. 1º, II, a, 9 c/c LC n. 64/1990, art. 1º, III, a
Chefe do Executivo Presidente	6 meses	Definitivo	CF/1988, art. 14, § 6º c/c LC n. 64/1990, art. 1º, § 1º
Chefe do Executivo Governador	Reeleição Desnecessidade	–	CF/1988, art. 14, § 5º c/c
Chefe do Executivo Prefeito	meses	Definitivo	CF/1988, art. 14, § 6º c/c LC n. 64/1990, art. 1º, § 1º
Chefe do órgão de assessoramento de informações da Presidência da República	6 meses	Definitivo	LC n. 64/1990, art. 1º, II, a, 3 c/c LC n. 64/1990, art. 1º, III, a
Chefes dos Gabinetes Civil e Militar do Governador do Estado ou DF	6 meses	Definitivo	LC n. 64/1990, art. 1º, III, b, 1
Chefes dos órgãos de assessoramento direto, civil e militar, da Presidência da República	6 meses	Definitivo	LC n. 64/1990, art. 1º, II, a, 2 c/c LC n. 64/1990, art. 1º, III, a
Comitê de Bacia Hidrográfica (dirigente)	Desnecessidade	–	–
Conselho de autoridade portuária (conselheiro)	–	–	–
Conselho Municipal dos Direitos da Criança e do Adolescente (conselheiro)	Desnecessidade	–	–
Cônsul Honorífico de país estrangeiro	Desnecessidade	–	–
Consultor-Geral da República	6 meses	Definitivo	LC n. 64/1990, art. 1º, II, a, 5 c/c LC n. 64/1990, art. 1º, III, a
Delegado Federal de Ministério	6 meses	Definitivo	LC n. 64/1990, art. 1º, II, a, 16 c/c LC n.64/1990, art. 1º, III, a
Empresa Pública (presidente, diretor, superintendente e dirigente)	6 meses	Definitivo	LC n. 64/1990, art. 1º, II, a, 9 c/c LC n. 64/1990, art. 1º, III, a

Empresas que, pelo âmbito e natureza de suas atividades, possam influir na economia nacional-dirigente	6 meses	–	LC n. 64/1990, art. 1º, II, e c/c LC n.64/1990, art. 1º, III, a
Empresas que atuem no Brasil, em condições monopolísticas – controladores que não apresentarem prova da cessação do abuso do poder econômico apurado ou de que transferiram o controle das referidas empresas	6 meses	–	LC n. 64/1990, art. 1º, II, f c/c LC n. 64/1990, art. 1º, III, a
Empresas que tenham objetivos exclusivos de operações financeiras e façam publicamente apelo à poupança e ao crédito, inclusive cooperativas e estabelecimentos que gozem de vantagens asseguradas pelo poder público – dirigente	6 meses	–	LC n. 64/1990, art. 1º, II, h c/c LC n. 64/1990, art. 1º, III, a
Entidade mantida pelo poder público – Entidades em geral (dirigente, administrador ou representante)	6 meses	–	LC n. 64/1990, art. 1º, II, a, 9 c/c LC n. 64/1990, art. 1º, III, a
Entidade que mantenha contrato com o poder público ou sob seu controle, salvo contrato com cláusulas uniformes	6 meses	–	LC n. 64/1990, art. 1º, II, i c/c LC n. 64/1990, art. 1º, III, a
Entidades de Classe Dirigente Sindical	4 meses	–	LC n. 64/1990, art. 1º, II, g
Entidades de Classe Sindicato não remunerado	4 meses	–	LC n. 64/1990, art. 1º, II, g
Entidades de Classe em geral (dirigente, administrador ou representante)	4 meses	–	LC n. 64/1990, art. 1º, II, i
Entidades de Classe Entidade Patronal Estadual	4 meses	–	LC n. 64/1990, art. 1º, II, i
Entidades de Classe			
Entidade Patronal Nacional (CNI ou CNC)	4 meses	–	LC n. 64/1990, art. 1º, II, i
Entidades de Classe OAB	4 meses	–	LC n. 64/1990, art. 1º, II, i
Fundação de Direito Privado não mantida pelo poder público (dirigente)	Desnecessidade	–	–
Fundação de direito privado que receba subvenções imprescindíveis à sua existência (dirigente)	6 meses	–	LC n. 64/1990, art. 1º, II, a, 9 c/c LC n. 64/1990, art. 1º, III, a
Fundação de direito privado vinculada a partido, mantida exclusivamente com recursos do Fundo Partidário	Desnecessidade	–	–
Fundação Pública em geral	6 meses	Definitivo	LC n. 64/1990, art. 1º, II, a, 9 c/c LC n. 64/1990, art. 1º, III, a
Magistrados	6 meses	Definitivo	LC n. 64/1990, art. 1º, II, a, 8 c/c LC n. 64/1990, art. 1º, III, a
Militar – Chefe do Estado-Maior da Marinha, Exército e Aeronáutica	6 meses	Definitivo	LC n. 64/1990, art. 1º, II, a, 6 c/c LC n. 64/1990, art. 1º, III, a
Militar – Chefe do Estado-Maior das Forças Armadas	6 meses	Definitivo	LC n. 64/1990, art. 1º, II, a, 4 c/c LC n. 64/1990, art. 1º, III, a
Militar – Comandante da Marinha, Exército e Aeronáutica	6 meses	Definitivo	LC n. 64/1990, art. 1º, II, a, 7 c/c LC n. 64/1990, art. 1º, III, a

Militar – Comandantes do Distrito Naval, Região Militar e Zona Aérea	6 meses	Definitivo	LC n. 64/1990, art. 1º, III, b, 2
Militares em geral	6 meses	Definitivo	–
Ministros de Estado	6 meses	Definitivo	LC n. 64/1990, art. 1º, II, a, 1 c/c LC n. 64/1990, art. 1º, III, a
Órgãos Estaduais (dirigentes)	6 meses	–	LC n. 64/1990, art. 1º, III, b, 3
Parlamentar	Desnecessidade	–	
Partido Político (dirigente)	Desnecessidade	–	–
Polícia Federal (diretor-geral)	6 meses	Definitivo	LC n. 64/1990, art. 1º, II, a, 15 c/c LC n.64/1990, art. 1º, III, a
Profissional cuja atividade é divulgada na mídia (atores, jogadores de futebol e outros)	Desnecessidade	–	–
Reitor de Universidade Pública, Federal ou Estadual, de natureza autárquica ou fundacional	6 meses	Definitivo	LC n. 64/1990, art. 1º, II, a, 9 c/c LC n. 64/1990, art. 1º, III, a
Secretário de Estado	6 meses	Definitivo	LC n. 64/1990, art. 1º, II, a, 12 c/c LC n.64/1990, art. 1º, III, a
Secretários gerais, executivos, nacionais, federais dos Ministérios e pessoas que ocupem cargos equivalentes	6 meses	Definitivo	LC n. 64/1990, art. 1º, II, a, 16 c/c LC n.64/1990, art. 1º, III, a
Secretários municipais ou membros de órgãos congêneres	6 meses	Definitivo	LC n. 64/1990, art. 1º, III, b, 4
Servidores públicos efetivos/comissionados, cargo relativo à arrecadação/fiscalização de imposto, taxas e contribuições	6 meses	Sem remuneração (1) Remuneração 3 meses (2) Remuneração integral (3)	LC n. 64/1990, art. 1º, II, b
Servidores públicos, estatutários ou não, dos órgãos da administração direta ou indireta – agente comunitário de saúde	3 meses	Definitivo (Contrato Temporário) Remunerado (efetivo)	LC n. 64/1990, art. 1º, II, l
Servidores públicos, estatutários ou não, dos órgãos da administração direta ou indireta – agente penitenciário	3 meses	–	LC n. 64/1990, art. 1º, II, l
Servidores públicos, estatutários ou não, dos órgãos da administração direta ou indireta – Delegado de Polícia Federal	3 meses	–	LC n. 64/1990, art. 1º, II, l
Servidores públicos, estatutários ou não, dos órgãos da administração direta ou indireta – empregado de sociedade de economia mista	3 meses	Remunerado	LC n. 64/1990, art. 1º, II, l
Servidores públicos, estatutários ou não, dos órgãos da administração direta ou indireta – presidente de programa de desestatização	3 meses	–	LC n. 64/1990, art. 1º, II, l
Servidores públicos, estatutários ou não, dos órgãos da administração direta ou indireta – Servidor da Justiça Eleitoral	Afastamento hábil para cumprir o prazo de filiação partidária (1 ano)	Definitivo	–

Servidores públicos, estatutários ou não, dos órgãos da administração direta ou indireta – servidor de escola pública	3 meses	Remunerado (efetivo) Definitivo (comissionada)	LC n. 64/1990, art. 1º, II, *l*
Servidores públicos, estatutários ou não, dos órgãos da administração direta ou indireta –servidores em geral	3 meses	Remunerado	LC n. 64/1990, art. 1º, II, *l*
Servidores públicos ocupantes de cargo em comissão – assessor extraordinário de governo	3 meses	Definitivo	LC n. 64/1990, art. 1º, II, *l*
Servidores públicos ocupantes de cargo em comissão – membro de direção escolar	3 meses	Definitivo	LC n. 64/1990, art. 1º, II, *l*
Servidores públicos ocupantes de cargo em comissão			
– ocupante de cargo em comissão por tempo certo não demissível *ad nutum*	3 meses	Remunerado	LC n. 64/1990, art. 1º, II, *l*
Servidores públicos ocupantes de cargo em comissão – em geral	3 meses	Remunerado	LC n. 64/1990, art. 1º, II, *l*
Servidores públicos ocupantes de cargos em comissão de nomeação pelo Presidente da República sujeito à aprovação pelo Senado – cargo comissionado por tempo certo, não demissível *ad nutum*	6 meses	Definitivo	–
Servidores públicos ocupantes cargos em comissão de nomeação pelo Presidente da República sujeito à aprovação Senado – Membros do Conselho Administrativo de Defesa Econômica	6 meses	Definitivo	LC n. 64/1990, art. 1º, II, *b* c/c LC n. 64/1990, art. 1º, III, *a*
Sociedade de assistência a municípios (dirigente)	6 meses	–	LC n. 64/1990, art. 1º, III, *b*, 3
Sociedade de economia mista (dirigente)	6 meses	Definitivo	LC n. 64/1990, art. 1º, II, *a*, 9 c/c LC n. 64/1990, art. 1º, III, *a*
Tribunal de Contas da União, dos Estados e do DF (membros)	6 meses	Definitivo	LC n. 64/1990, art. 1º, II, *a*, 14 c/c LC n.64/1990, art. 1º, III, *a*
Vice-Presidente que não substituiu nem sucedeu o titular nos 6 meses	Desnecessidade	–	LC n. 64/1990, art. 1º, § 2º
Vice-Presidente que sucedeu o titular	6 meses	–	CF/1988, art. 14, § 6º
Vice-Presidente que substituiu o titular nos 6 meses anteriores à eleição	–	–	–
Vice-Governador que não substituiu nem sucedeu o titular nos 6 meses	Desnecessidade	–	LC n. 64/1990, art. 1º, § 2º c/c CF/1988, art. 14, § 5º
Vice-Governador que sucedeu o titular	Desnecessidade para titular, 6 meses para vice	Definitivo	CF/1988, art. 14, § 5º
Vice-Governador que substituiu o titular nos 6 meses anteriores à eleição	Desnecessidade	–	–
Vice-Prefeito Que não substituiu nem sucedeu o titular nos 6 meses	Desnecessidade	–	LC n. 64/1990, art. 1º, § 2º
Vice-Prefeito que sucedeu o titular	6 meses	Definitivo	CF/1988, art. 14, § 6º

Vice-Prefeito que substituiu o titular nos 6 meses anteriores à eleição	–	–	LC n. 64/1990, art. 1º, § 2º
CARGO PRETENDIDO – SENADOR			
CARGO OCUPADO	**PRAZO**	**MODALIDADE**	**FUNDAMENTO**
Advogado (Geral da União)	6 meses	Definitivo	LC n. 64/1990, art. 1º, II, a, 5 c/c LC n.64/1990, art. 1º, V, a
Assistente Social	–	–	–
Autarquia (presidente, diretor, superintendente e dirigente)	6 meses	Definitivo	LC n. 64/1990, art. 1º, II, a, 9 c/c LC n. 64/1990, art. 1º, V, a
Chefe do Executivo Presidente	6 meses	Definitivo	CF/1988, art. 14, § 6º c/c LC n. 64/1990, art. 1º, § 1º
Chefe do Executivo Governador	6 meses	Definitivo	CF/1988, art. 14, § 6º c/c LC n. 64/1990, art. 1º, § 1º
Chefe do Executivo Prefeito	6 meses	Definitivo	CF/1988, art. 14, § 6º c/c LC n. 64/1990, art. 1º, § 1º
Chefe do órgão de assessoramento de informações da Presidência da República	6 meses	Definitivo	LC n. 64/1990, art. 1º, II, a, 3 c/c LC n. 64/1990, art. 1º, V, a
Chefes dos Órgãos de assessoramento direto, civil e militar, da Presidência da República	6 meses	Definitivo	LC n. 64/1990, art. 1º, II, a, 2 c/c LC n. 64/1990, art. 1º, V, a
Comitê de Bacia Hidrográfica (dirigente)	Desnecessidade	–	–
Conselho de autoridade portuária (conselheiro)	–	–	–
Conselho Municipal dos Direitos da Criança e do Adolescente (conselheiro)	Desnecessidade	–	–
Cônsul Honorífico de país estrangeiro	Desnecessidade	–	–
Consultor-Geral da República	6 meses	Definitivo	LC n. 64/1990, art. 1º, II, a, 5 c/c LC n. 64/1990, art. 1º, V, a
Delegado federal de Ministério	6 meses	Definitivo	LC n. 64/1990, art. 1º, II, a, 16 c/c LC n. 64/1990, art. 1º, V, a
Empresa Pública (presidente, diretor, superintendente e dirigente)	6 meses	Definitivo	LC n. 64/1990, art. 1º, II, a, 9 c/c LC n.64/1990, art. 1º, V, a
Empresas que, pelo âmbito e natureza de suas atividades, possam influir na economia nacional – dirigente	6 meses	–	LC n. 64/1990, art. 1º, II, e, c/c LC n.64/1990, art. 1º, V, a
Empresas que atuem no Brasil, em condições monopolísticas – Controladores que não apresentarem prova da cessação do abuso do poder econômico apurado ou de que transferiram o controle das referidas empresas	6 meses	–	LC n. 64/1990, art. 1º, II, f, c/c LC n. 64/1990, art. 1º, V, a
Empresas que tenham objetivos exclusivos de operações financeiras e façam publicamente apelo à poupança e ao crédito, inclusive cooperativas e estabelecimentos que gozem de vantagens asseguradas pelo poder público – dirigente	6 meses	–	LC n. 64/1990, art. 1º, II, h, c/c LC n. 64/1990, art. 1º, V, a
Entidade mantida pelo poder público	6 meses	–	LC n. 64/1990, art. 1º, II, a, 9 c/c LC n. 64/1990, art. 1º, V, a

Entidade que mantenha contrato com o poder público ou sob seu controle, salvo contrato com cláusulas uniformes – Conselho de administração de empresa concessionária de serviço público federal (membros)	6 meses	–	LC n. 64/1990, art. 1º, II, *i* c/c LC n. 64/1990, art. 1º, V, *a*
Entidade que mantenha contrato com o poder público ou sob seu controle, salvo contrato com cláusulas uniformes – Contrato de Publicidade	6 meses	–	LC n. 64/1990, art. 1º, II, *i* c/c LC n.64/1990, art. 1º, V, *a*
Entidade que mantenha contrato com o poder público ou sob seu controle, salvo contrato com cláusulas uniformes – Empresa repetidora de sinais de televisão (sócio gerente)	–	–	–
Entidade que mantenha contrato com o poder público ou sob seu controle, salvo contrato com cláusulas uniformes – Entidades em geral (dirigente, administrador ou representante)	6 meses	–	LC n. 64/1990, art. 1º, II, *i* c/c LC n. 64/1990, art. 1º, V, *a*
Entidade que mantenha contrato com o poder público ou sob seu controle, salvo contrato com cláusulas uniformes – sociedade civil que mantém contrato de prestação de serviços de assistência social no município	6 meses	–	LC n. 64/1990, art. 1º, II, *i* c/c LC n. 64/1990, art. 1º, V, *a*
Entidade que mantenha contrato de cláusulas uniformes com o poder público ou sob seu controle (dirigente)	6 meses	–	LC n. 64/1990, art. 1º, II, *i*, c/c LC n.64/1990, art. 1º, V, *a*
Entidades de Classe Dirigente Sindical	4 meses	–	LC n. 64/1990, art. 1º, II, *g*
Entidades de Classe Sindicato não remunerado	4 meses	–	LC n. 64/1990, art. 1º, II, *g*
Entidades de Classe em geral (dirigente, administrador ou representante)	4 meses	–	LC n. 64/1990, art. 1º, II, *g*
Entidades de Classe Entidade Patronal Estadual	4 meses	–	LC n. 64/1990, art. 1º, II, g
Entidades de Classe Entidade Patronal Nacional (CNI ou CNC)	4 meses	–	LC n. 64/1990, art. 1º, II, *g*
Entidades de Classe OAB	4 meses	–	LC n. 64/1990, art. 1º, II, *g*
Fundação de Direito Privado não mantida pelo poder público (dirigente)	Desnecessidade	–	–
Fundação de direito privado que receba subvenções imprescindíveis à sua existência (dirigente)	6 meses	–	LC n. 64/1990, art. 1º, II, *a*, 9 c/c LC n. 64/1990, art. 1º, V, *a*
Fundação de direito privado que receba subvenção imprescindíveis à sua existência (Interventor de Santa Casa)	Res. 20.218	Res.21.060	–
Fundação de direito privado vinculada a partido, mantida exclusivamente com recursos do Fundo Partidário	Desnecessidade	–	–

Fundação de Direito Público	6 meses	Definitivo	LC n. 64/1990, art. 1º, II, a, 9 c/c LC n.64/1990, art. 1º, V, a
Estagiário	–	–	–
Magistrado	6 meses	Definitivo	LC n. 64/1990, art. 1º, II, a, 8 c/c LC n.64/1990, art. 1º, V, a
Militar – Chefe do Estado-Maior da Marinha, Exército e Aeronáutica	6 meses	Definitivo	LC n. 64/1990, art. 1º, II, a, 6 c/c LC n.64/1990, art. 1º, V, a
Militar – Chefe do Estado- Maior das Forças Armadas	6 meses	Definitivo	LC n. 64/1990, art. 1º, II, a, 4 c/c LC n.64/1990, art. 1º, V, a
Militar – Comandante da Marinha, Exército e Aeronáutica	6 meses	Definitivo	LC n. 64/1990, art. 1º, II, a, 7 c/c LC n.64/1990, art. 1º, V, a
Militar – Comandantes do Distrito Naval, Região Militar e Zona Aérea	6 meses	Definitivo	LC n. 64/1990, art. 1º, III, b, 2 c/c LC n.64/1990, art. 1º, V, a
Ministros de Estado	6 meses	Definitivo	LC n. 64/1990, art. 1º, II, a, 1 c/c LC n. 64/1990, art. 1º, V, a
Órgãos Estaduais (dirigente)	6 meses	–	LC n. 64/1990, art. 1º, III, b, 3 c/c LC n.64/1990, art. 1º, V, b
Parlamentar	Desnecessidade	–	–
Partido Político (dirigente)	Desnecessidade	–	–
Polícia Federal (diretor-geral)	6 meses	Definitivo	LC n. 64/1990, art. 1º, II, a, 15 c/c LC n.64/1990, art. 1º, V, a
Profissional cuja atividade é divulgada na mídia (atores, jogadores de futebol e outros)	Desnecessidade	–	
Reitor de Universidade Pública, Federal ou Estadual, de natureza autárquica ou fundacional	6 meses	Definitivo	LC n. 64/1990, art. 1º, II, a, 9 c/c LC n.64/1990, art. 1º, V, a
Secretário de Estado	6 meses	Definitivo	LC n. 64/1990, art. 1º, II, a, 12 c/c LC n.64/1990, art. 1º, V, a
Secretários gerais, executivos, nacionais, federais dos Ministérios e pessoas que ocupem cargos equivalentes	6 meses	Definitivo	LC n. 64/1990, art. 1º, II, a, 16 c/c LC n. 64/1990, art. 1º, V, a
Secretários municipais ou membros de órgãos congêneres	6 meses	Definitivo	LC n. 64/1990, art. 1º, II, b, 4 c/c LC n. 64/1990, art. 1º, V, b
Servidores públicos efetivos/comissionados, cargo relativo à arrecadação/fiscalização de imposto, taxas e contribuições (efetivo)	6 meses	Sem remuneração (1) Remuneração – 3 meses (2) Remuneração integral (3)	LC n. 64/1990, art. 1º, II, d
Servidores públicos, estatutários ou não, dos órgãos da administração direta ou indireta – agente comunitário de saúde	3 meses	Definitivo (contratado) Remunerado (efetivo)	LC n. 64/1990, art. 1º, II, l
Servidores públicos, estatutários ou não, dos órgãos da administração direta ou indireta – agente penitenciário	3 meses	–	LC n. 64/1990, art. 1º, II, l
Servidores públicos, estatutários ou não, dos órgãos da administração direta ou indireta – presidente de programa de desestatização	3 meses	–	LC n. 64/1990, art. 1º, II, l

Servidores públicos, estatutários ou não, dos órgãos da administração direta ou indireta – Servidor da Justiça Eleitoral	Afastamento hábil para cumprir o prazo de filiação partidária	Definitivo	LC n. 64/1990, art. 1º, II, *l*
Servidores públicos, estatutários ou não, dos órgãos da administração direta ou indireta – servidor de escola pública	3 meses	Remunerado (efetivo) Definitivo (comissionada)	LC n. 64/1990, art. 1º, II, *l*
Servidores públicos, estatutários ou não, dos órgãos da administração direta ou indireta – servidores em geral	3 meses	Remunerado	LC n. 64/1990, art. 1º, II, *l*
Servidores públicos ocupantes de cargo em comissão – assessor especial de ministro	3 meses	Definitivo	–
Servidores públicos ocupantes de cargo em comissão – membro de direção escolar	3 meses	Definitivo	LC n. 64/1990, art. 1º, II, *l*
Servidores públicos ocupantes de cargo em comissão – ocupante de cargo em comissão por tempo certo não demissível *ad nutum*	3 meses	Remunerado	LC n. 64/1990, art. 1º, II, *l*
Servidores públicos ocupantes de cargo em comissão	3 meses	Definitivo	LC n. 64/1990, art. 1º, II, *l*
Servidores públicos ocupantes de cargos em comissão de nomeação pelo Presidente da República sujeito à aprovação pelo Senado – cargo comissionado por tempo certo, não demissível *ad nutum*	6 meses	Definitivo	–
Servidores públicos ocupantes de cargos em comissão de nomeação pelo Presidente da República sujeito à aprovação pelo Senado – membros do conselho administrativo de defesa econômica	6 meses	Definitivo	LC n. 64/1990, art. 1º, II, c/c LC n. 64/1990, art. 1º, V, *a*
Sociedade de assistência a municípios (dirigente)	6 meses	–	LC n. 64/1990, art. 1º, III, *b*, 3 c/c LC n. 64/1990, art. 1º, V, *b*
Sociedade de economia mista (dirigente)	6 meses	Definitivo	LC n. 64/1990, art. 1º, II, *a*, 9 c/c LC n. 64/1990, art. 1º, V, *a*
Tribunal de Contas da União, Estados e DF (membros)	6 meses	Definitivo	LC n. 64/1990, art. 1º, II, *a*, 14 c/c LC n. 64/1990, art. 1º, V, *a*
Vice-Presidente do Executivo que não substituiu nem sucedeu o titular nos 6 meses	Desnecessidade	–	LC n. 64/1990, art. 1º, § 2º
Vice-Presidente do Executivo que sucedeu o titular	6 meses	–	CF/1988, art. 14, § 6º
Vice-Presidente do Executivo que substituiu o titular nos 6 meses anteriores à eleição	–	–	–
Vice-Governador do Executivo que não substituiu nem sucedeu o titular nos 6 meses	Desnecessidade	–	LC n. 64/1990, art. 1º, § 2º
Vice-Governador do Executivo que sucedeu o titular	6 meses	Definitivo	CF/1988, art. 14, § 6º

Vice-Governador do Executivo que substituiu o titular nos 6 meses anteriores à eleição	–	–	LC n. 64/1990, art. 1º, § 2º
Vice-Prefeito do Executivo que não substituiu nem sucedeu o titular nos 6 meses	Desnecessidade	–	LC n. 64/1990, art. 1º, § 2º
Vice-Prefeito do Executivo que sucedeu o titular	6 meses	Definitivo	CF/1988, art. 14, § 6º
Vice-Prefeito do Executivo que substituiu o titular nos 6 meses anteriores à eleição	–	–	LC n. 64/1990, art. 1º, § 2º
CARGO PRETENDIDO – DEPUTADO FEDERAL			
CARGO OCUPADO	**PRAZO**	**MODALIDADE**	**FUNDAMENTO**
Advogado (AGU)	6 meses	Definitivo	LC n. 64/1990, art. 1º, II, a, 5 c/c LC n. 64/1990, art. 1º, VI
Assistente Social	–	–	–
Autarquia (presidente, diretor, superintendente e dirigente)	6 meses	Definitivo	LC n. 64/1990, art. 1º, II, a, 9 c/c LC n. 64/1990, art. 1º, VI
Chefe de missão diplomática	3 meses	Definitivo	LC n. 64/1990, art. 1º, II, l
Chefe do Executivo – Presidente	6 meses	Definitivo	CF/1988, art. 14, § 6º c/c LC n. 64/1990, art. 1º, § 1º
Chefe do Executivo – Governador	6 meses	Definitivo	CF/1988, art. 14, § 6º c/c LC n. 64/1990, art. 1º, § 1º
Chefe do Executivo – Prefeito	6 meses	Definitivo	CF/1988, art. 14, § 6º c/c LC n. 64/1990, art. 1º, § 1º
Chefe do órgão de assessoramento de informações da Presidência da República	6 meses	Definitivo	LC n. 64/1990, art. 1º, II, a, 3 c/c LC n. 64/1990, art. 1º, VI
Chefes dos Órgãos de assessoramento direto, civil e militar, da Presidência da República	6 meses	Definitivo	LC n. 64/1990, art. 1º, II, a, 2 c/c LC n. 64/1990, art. 1º, VI
Comitê de Bacia Hidrográfica (dirigente)	Desnecessidade	–	–
Conselho de autoridade portuária (conselheiro)	3 meses	Definitivo	LC n. 64/1990, art. 1º, II, l
Conselho Municipal dos Direitos da Criança e do Adolescente (conselheiro)	Desnecessidade	–	–
Cônsul Honorífico de país estrangeiro	Desnecessidade	–	–
Consultor-Geral da República	6 meses	Definitivo	LC n. 64/1990, art. 1º, II, a, 5 c/c LC n. 64/1990, art. 1º, VI
Defensor Público	3 meses	–	LC n. 64/1990, art. 1º, II, l
Delegado Federal de Ministério	6 meses	Definitivo	LC n. 64/1990, art. 1º, II, a, 16 c/c LC n. 64/1990, art. 1º, VI
Empresa Pública (presidente, diretor, superintendente e dirigente)	6 meses	–	LC n. 64/1990, art. 1º, II, a, 9
Empresas que, pelo âmbito e natureza de suas atividades, possam influir na economia nacional – dirigente	6 meses	–	LC n. 64/1990, art. 1º, II, e c/c LC n. 64/1990, art. 1º, VI

Empresas que atuem no Brasil, em condições monopolísticas – controladores que não apresentarem prova da cessação do abuso do poder econômico apurado ou de que transferiram o controle das referidas empresas	6 meses	–	LC n. 64/1990, art. 1º, II, *f* c/c LC n. 64/1990, art. 1º, VI
Empresas que tenham objetivos exclusivos de operações financeiras e façam publicamente apelo à poupança e ao crédito, inclusive cooperativas e estabelecimentos que gozem de vantagens asseguradas pelo poder público – dirigente	6 meses	–	LC n. 64/1990, art. 1º, II, *h* c/c LC n. 64/1990, art. 1º, VI
Entidade mantida pelo poder público	6 meses	–	LC n. 64/1990, art. 1º, II, *a*, 9 c/c LC n. 64/1990, art. 1º, VI
Entidade que mantenha contrato com o poder público ou sob seu controle, salvo contrato com cláusulas uniformes – conselho de administração de empresa concessionária de serviço público federal (membros)	6 meses	–	LC n. 64/1990, art. 1º, II, *i* c/c LC n. 64/1990, art. 1º, VI
Entidade que mantenha contrato com o poder público ou sob seu controle, salvo contrato com cláusulas uniformes – empresa pública municipal (presidente)	6 meses	–	LC n. 64/1990, art. 1º, II, *i* c/c LC n. 64/1990, art. 1º, VI
Entidade que mantenha contrato com o poder público ou sob seu controle, salvo contrato com cláusulas uniformes – em geral	6 meses	–	LC n. 64/1990, art. 1º, II, *i* c/c LC n. 64/1990, art. 1º, VI
Entidades de Classe Dirigente Sindical	4 meses	–	LC n. 64/1990, art. 1º, II, *g*
Entidades de Classe Dirigente Sindical não remunerado	4 meses	–	LC n. 64/1990, art. 1º, II, *g*
Entidades de Classe em geral (dirigente, administrador ou representante)	4 meses	–	LC n. 64/1990, art. 1º, II, *g*
Entidade de Classe – Entidade Patronal Estadual	4 meses	–	LC n. 64/1990, art. 1º, II, *g*
Entidade de Classe – Entidade Patronal Nacional (CNI ou CNC)	4 meses	–	LC n. 64/1990, art. 1º, II, *g*
Entidades de Classe OAB	4 meses	–	LC n. 64/1990, art. 1º, II, *g*
Estagiário	–	–	–
Fundação de Direito Privado não mantida pelo poder público (dirigente)	Desnecessidade	–	–
Fundação de direito privado que receba subvenções imprescindíveis à sua existência (dirigente)	6 meses	–	LC n. 64/1990, art. 1º, II, *a*, 9 c/c LC n. 64/1990, art. 1º, VI
Fundação de direito privado vinculada a partido, mantida exclusivamente com recursos do Fundo Partidário	Desnecessidade	–	–
Fundação de Direito Público	6 meses	Definitivo	LC n. 64/1990, art. 1º, II, *a*, 9 c/c LC n. 64/1990, art. 1º, VI

Magistrado	6 meses	Definitivo	LC n. 64/1990, art. 1º, II, a, 8 c/c LC n. 64/1990, art. 1º, VI
Militar – Chefe do Estado-Maior da Marinha, Exército e Aeronáutica	6 meses	Definitivo	LC n. 64/1990, art. 1º, II, a, 6 c/c LC n. 64/1990, art. 1º, VI
Militar – Chefe do Estado-Maior das Forças Armadas	6 meses	Definitivo	LC n. 64/1990, art. 1º, II, a, 4 c/c LC n. 64/1990, art. 1º, VI
Militar – Comandante da Marinha, Exército e Aeronáutica	6 meses	Definitivo	LC n. 64/1990, art. 1º, II, a, 7 c/c LC n. 64/1990, art. 1º, VI
Militar – Comandantes do Distrito Naval, Região Militar e Zona Aérea	6 meses	Definitivo	LC n. 64/1990, art. 1º, III, b, 2 c/c LC n. 64/1990, art. 1º, VI
Ministros de Estado	6 meses	Definitivo	LC n. 64/1990, art. 1º, II, a, 1 c/c LC n. 64/1990, art. 1º, VI
Órgãos Estaduais (dirigente)	6 meses	–	LC n. 64/1990, art. 1º, III, b, 3 c/c LC n. 64/1990, art. 1º, VI
Parlamentar	Desnecessidade	–	–
Partido Político (dirigente)	Desnecessidade	–	–
Polícia Federal (diretor-geral)	6 meses	Definitivo	LC n. 64/1990, art. 1º, II, a, 15 c/c LC n. 64/1990, art. 1º, VI
Profissional cuja atividade é divulgada na mídia (atores, jogadores de futebol e outros)	Desnecessidade	–	–
Reitor de Universidade Pública, Federal ou Estadual, de natureza autárquica ou fundacional	6 meses	Definitivo	LC n. 64/1990, art. 1º, II, a, 9 c/c LC n. 64/1990, art. 1º, VI
Secretário de Estado	6 meses	Definitivo	LC n. 64/1990, art. 1º, II, a, 12 c/c LC n. 64/1990, art. 1º, VI
Secretários gerais, executivos, nacionais, federais dos Ministérios e pessoas que ocupem cargos equivalentes	6 meses	Definitivo	LC n. 64/1990, art. 1º, II, a, 16 c/c LC n. 64/1990, art. 1º, VI
Secretários municipais ou membros de órgãos congêneres	6 meses	Definitivo	LC n. 64/1990, art. 1º, III, b, 4 c/c LC n. 64/1990, art. 1º, VI
Servidores públicos efetivos/comissionados, cargo relativo à arrecadação/fiscalização de imposto, taxas e contribuições – Auditor Fiscal do Trabalho	6 meses	–	LC n. 64/1990, art. 1º, II, d
Servidores públicos efetivos/comissionados, cargo relativo à arrecadação/fiscalização de imposto, taxas e contribuições – servidor efetivo	6 meses	Sem remuneração (1) Remuneração Remuneração integral (3)	LC n. 64/1990, art. 1º, II, d
Servidores públicos, estatutários ou não, dos órgãos da administração direta ou indireta – agente comunitário de saúde	3 meses	Definitivo (temporário) Remunerado (efetivo)	LC n. 64/1990, art. 1º, II, l
Servidores públicos, estatutários ou não, dos órgãos da administração direta ou indireta – agente penitenciário	3 meses	–	LC n. 64/1990, art. 1º, II, l
Servidores públicos, estatutários ou não, dos órgãos da administração direta ou indireta – empregado de sociedade de economia mista	3 meses	Remunerado	LC n. 64/1990, art. 1º, II, l

Servidores públicos, estatutários ou não, dos órgãos da administração direta ou indireta – médico	3 meses	–	LC n. 64/1990, art. 1º, II, /
Servidores públicos, estatutários ou não, dos órgãos da administração direta ou indireta – presidente de programa de desestatização	3 meses	–	LC n. 64/1990, art. 1º, II, /
Servidores públicos, estatutários ou não, dos órgãos da administração direta ou indireta – professor de escola estadual	3 meses	–	LC n. 64/1990, art. 1º, II, /
Servidores públicos, estatutários ou não, dos órgãos da administração direta ou indireta – Servidor da Justiça Eleitoral	Afastamento hábil para cumprir o prazo de filiação partidária (1 ano)	Definitivo	–
Servidores públicos, estatutários ou não, dos órgãos da administração direta ou indireta – servidor de escola pública	3 meses	Remunerado (efetivo) Definitivo (comissionado)	LC n. 64/1990, art. 1º, II, /
Servidores públicos, estatutários ou não, dos órgãos da administração direta ou indireta – servidor do Poder Legislativo	3 meses	–	LC n. 64/1990, art. 1º, II, /
Servidores públicos, estatutários ou não, dos órgãos da administração direta ou indireta – em geral	3 meses	Remunerado	LC n. 64/1990, art. 1º, II, /
Servidores públicos, estatutários ou não, dos órgãos da administração direta ou indireta – Titular de Cartório	3 meses	–	LC n. 64/1990, art. 1º, II, /
Servidores públicos, estatutários ou não, dos órgãos da administração direta ou indireta – Vogal de Junta Comercial	3 meses	–	LC n. 64/1990, art. 1º, II, /
Servidores públicos ocupantes de cargos em comissão – assessor especial de ministro	3 meses	Definitivo	–
Servidores públicos ocupantes de cargos em comissão – membro de direção escolar	3 meses	Definitivo	LC n. 64/1990, art. 1º, II, /
Servidores públicos ocupantes de cargos em comissão – ocupante de cargo em comissão por tempo certo não demissível *ad nutum*	3 meses	Remunerado	LC n. 64/1990, art. 1º, II, /
Servidores públicos ocupantes de cargos em comissão – servidor público ocupante de cargo em comissão em geral	3 meses	Definitivo	LC n. 64/1990, art. 1º, II, /
Servidores públicos ocupantes de cargos em comissão de nomeação pelo Presidente da República sujeito à aprovação pelo Senado – cargo comissionado por tempo certo, não demissível *ad nutum*	6 meses	Definitivo	–

Servidores públicos ocupantes de cargos em comissão de nomeação pelo Presidente da República sujeito à aprovação pelo Senado – membros do conselho administrativo de defesa econômica	6 meses	Definitivo	LC n. 64/1990, art. 1º, II, b c/c LC n. 64/1990, art. 1º, VI
Sociedade de assistência a municípios (dirigente)	6 meses	–	LC n. 64/1990, art. 1º, III, b c/c LC n. 64/1990, art. 1º, VI
Sociedade de economia mista (dirigente)	6 meses	Definitivo	LC n. 64/1990, art. 1º, II, a, 9 c/c LC n. 64/1990, art. 1º, VI
Tribunal de Contas da União, Estados e DF (membros)	6 meses	Definitivo	LC n. 64/1990, art. 1º, II, a, 14 c/c LC n. 64/1990, art. 1º, VI
Vice-Presidente que não substituiu nem sucedeu o titular nos 6 meses	Desnecessidade	–	LC n. 64/1990, art. 1º, § 2º
Vice-Presidente que sucedeu o titular	6 meses	–	CF/1988, art. 14, § 6º
Vice-Presidente que substituiu o titular nos 6 meses anteriores à eleição	–	–	–
Vice-Governador que não substituiu nem sucedeu o titular nos 6 meses	Desnecessidade	–	LC n. 64/1990, art. 1º, § 2º
Vice-Governador que sucedeu o titular	6 meses	Definitivo	CF/1988, art. 14, § 6º
Vice-Governador que substituiu o titular nos 6 meses anteriores à eleição	–	–	LC n. 64/1990, art. 1º, § 2º
Vice-Prefeito que não substituiu nem sucedeu o titular nos 6 meses	Desnecessidade	–	LC n. 64/1990, art. 1º, § 2º
Vice-Prefeito que sucedeu o titular	6 meses	Definitivo	CF/1988, art. 14, § 6º
Vice-Prefeito que substituiu o titular nos 6 meses anteriores à eleição	–	–	LC n. 64/1990, art. 1º, § 2º

CARGO PRETENDIDO – DEPUTADO ESTADUAL/DISTRITAL			
CARGO OCUPADO	PRAZO	MODALIDADE	FUNDAMENTO
Advogado (AGU)	6 meses	Definitivo	LC n. 64/1990, art. 1º, II, a, 5 c/c LC n. 64/1990, art. 1º, VI
Assistente Social	–	–	–
Autarquia (presidente, diretor, superintendente e dirigente)	6 meses	Definitivo	LC n. 64/1990, art. 1º, II, a, 9 c/c LC n. 64/1990, art. 1º, VI
Chefe de missão diplomática	3 meses	Definitivo	LC n. 64/1990, art. 1º, II, l
Chefe do Executivo – Presidente	6 meses	Definitivo	CF/1988, art. 14, § 6º c/c LC n. 64/1990, art. 1º, § 1º
Chefe do Executivo – Governador	6 meses	Definitivo	CF/1988, art. 14, § 6º c/c LC n. 64/1990, art. 1º, § 1º
Chefe do Executivo – Prefeito	6 meses	Definitivo	CF/1988, art. 14, § 6º c/c LC n. 64/1990, art. 1º, § 1º
Chefe do órgão de assessoramento de informações da Presidência da República	6 meses	Definitivo	LC n. 64/1990, art. 1º, II, a, 3 c/c LC n. 64/1990, art. 1º, VI
Chefes dos órgãos de assessoramento direto, civil e militar, da Presidência da República	6 meses	Definitivo	LC n. 64/1990, art. 1º, II, a, 2 c/c LC n. 64/1990, art. 1º, VI
Comitê de Bacia Hidrográfica (dirigente)	Desnecessidade	–	–

Conselho Municipal dos Direitos da Criança e do Adolescente (conselheiro)	Desnecessidade	–	–
Conselho Penitenciário Estadual (presidente)	Desnecessidade	–	–
Cônsul Honorífico de país estrangeiro	Desnecessidade	–	–
Consultor-Geral da República	6 meses	Definitivo	LC n. 64/1990, art. 1º, II, a, 5 c/c LC n. 64/1990, art. 1º, VI
Defensor Público	3 meses	–	LC n. 64/1990, art. 1º, II, l
Delegado Federal de Ministério	6 meses	Definitivo	LC n. 64/1990, art. 1º, II, a, 16 c/c LC n. 64/1990, art. 1º, VI
Empresa Pública (presidente, diretor, superintendente e dirigente)	6 meses	Definitivo	LC n. 64/1990, art. 1º, II, a, 9 c/c LC n. 64/1990, art. 1º, VI
Empresas que, pelo âmbito e natureza de suas atividades, possam influir na economia nacional – dirigente	6 meses	–	LC n. 64/1990, art. 1º, II, e c/c LC n. 64/1990, art. 1º, VI
Empresas que atuem no Brasil, em condições monopolísticas – controladores que não apresentarem prova da cessação do abuso do poder econômico apurado ou de que transferiram o controle das referidas empresas	6 meses	–	LC n. 64/1990, art. 1º, II, f c/c LC n. 64/1990, art. 1º, VI
Empresas que tenham objetivos exclusivos de operações financeiras e façam publicamente apelo à poupança e ao crédito, inclusive cooperativas e estabelecimentos que gozem de vantagens asseguradas pelo poder público – dirigente	6 meses	–	LC n. 64/1990, art. 1º, II, h c/c LC n. 64/1990, art. 1º, VI
Entidade mantida pelo poder público	–	–	–
Entidade que mantenha contrato com o poder público ou sob seu controle, salvo contrato com cláusulas uniformes	6 meses	–	LC n. 64/1990, art. 1º, II, i c/c LC n. 64/1990, art. 1º, VI
Entidades de Classe – CREA (presidente) anuidades e taxas que se enquadram no conceito de contribuição parafiscal	6 meses	–	LC n. 64/1990, art. 1º, II, d c/c LC n. 64/1990, art. 1º, II, g
Entidades de Classe – Dirigente Sindical	4 meses	–	LC n. 64/1990, art. 1º, II, g
Entidades de Classe – Dirigente Sindical não remunerado	4 meses	–	LC n. 64/1990, art. 1º, II, g
Entidades de Classe – em geral (dirigente, administrador ou representante)	4 meses	–	LC n. 64/1990, art. 1º, II, g
Entidades de Classe – Patronal Estadual	4 meses	–	LC n. 64/1990, art. 1º, II, g
Entidades de Classe – Entidade Patronal Nacional (CNI ou CNC)	4 meses	–	LC n. 64/1990, art. 1º, II, g
Entidades de Classe – Motorista de Sindicato	Desnecessidade	–	–
Entidades de Classe – OAB	4 meses	–	LC n. 64/1990, art. 1º, II, g
Estagiário	–	–	–

Fundação de Direito Privado não mantida pelo poder público (dirigente)	Desnecessidade	–	–
Fundação de direito privado que receba subvenções imprescindíveis à sua existência (dirigente)	6 meses	–	LC n. 64/1990, art. 1º, II, a, 9 c/c LC n. 64/1990, art. 1º, VI
Fundação de direito privado que receba subvenções imprescindíveis à sua existência (Interventor de Santa Casa)	6 meses	–	LC n. 64/1990, art. 1º, II, a, 9 c/c LC n. 64/1990, art. 1º, VI
Fundação de direito privado vinculada a partido, mantida exclusivamente com recursos do Fundo Partidário	Desnecessidade	–	–
Fundação de Direito Público	6 meses	Definitivo	LC n. 64/1990, art. 1º, II, a, 9 c/c LC n. 64/1990, art. 1º, VI
Magistrado	6 meses	Definitivo	LC n. 64/1990, art. 1º, II, a, 8 c/c LC n. 64/1990, art. 1º, VI
Militar – Chefe do Estado-Maior da Marinha, Exército e Aeronáutica	6 meses	Definitivo	LC n. 64/1990, art. 1º, II, a, 6 c/c LC n. 64/1990, art. 1º, VI
Militar – Chefe do Estado-Maior das Forças Armadas	6 meses	Definitivo	LC n. 64/1990, art. 1º, II, a, 4 c/c LC n. 64/1990, art. 1º, VI
Militar – Comandante da Marinha, Exército e Aeronáutica	6 meses	Definitivo	LC n. 64/1990, art. 1º, II, a, 7 c/c LC n. 64/1990, art. 1º, VI
Militar – Comandantes do Distrito Naval, Região Militar e Zona Aérea	6 meses	Definitivo	LC n. 64/1990, art. 1º, III, b, 2 c/c LC n. 64/1990, art. 1º, VI
Militar – em geral	–	–	CF/1988, art. 14, § 8º c/c LC n. 64/1990, art. 1º, II, l
Ministros de Estado	6 meses	Definitivo	LC n. 64/1990, art. 1º, II, a, 1 c/c LC n. 64/1990, art. 1º, VI
Órgãos Estaduais (dirigente)	6 meses	Definitivo	LC n. 64/1990, art. 1º, III, b, 3 c/c LC n. 64/1990, art. 1º, VI
Parlamentar	Desnecessidade	–	–
Partido Político (dirigente)	Desnecessidade	–	–
Polícia Federal (diretor-geral)	6 meses	Definitivo	LC n. 64/1990, art. 1º, II, a, 15 c/c LC n. 64/1990, art. 1º, VI
Profissional cuja atividade é divulgada na mídia (atores, jogadores de futebol e outros)	Desnecessidade	–	–
Reitor de Universidade Pública, Federal ou Estadual, de natureza autárquica ou fundacional	6 meses	Definitivo	LC n. 64/1990, art. 1º, II, a, 9 c/c LC n. 64/1990, art. 1º, VI
Secretário de Estado	6 meses	Definitivo	LC n. 64/1990, art. 1º, II, a, 12 c/c LC n. 64/1990, art. 1º, VI
Secretários gerais, executivos, nacionais, federais dos Ministérios e pessoas que ocupem cargos equivalentes	6 meses	Definitivo	LC n. 64/1990, art. 1º, II, a, 16 c/c LC n. 64/1990, art. 1º, VI
Secretários municipais ou membros de órgãos congêneres	6 meses	Definitivo	LC n. 64/1990, art. 1º, III, b, 4 c/c LC n. 64/1990, art. 1º, VI
Servidores públicos efetivos/comissionados, cargo relativo à arrecadação/fiscalização de imposto, taxas e contribuições – Auditor-Fiscal da Receita Federal	6 meses	–	LC n. 64/1990, art. 1º, II, d

Servidores públicos efetivos/ comissionados, cargo relativo à arrecadação/fiscalização de imposto, taxas e contribuições – servidor efetivo	6 meses	Sem remuneração (1) Remuneração – 3 meses (2) Remuneração – 3 integral (3)	LC n. 64/1990, art. 1º, II, d
Servidores públicos efetivos/ comissionados, cargo relativo à arrecadação/fiscalização de imposto, taxas e contribuições – Servidor comissionado	6 meses	–	LC n. 64/1990, art. 1º, II, d
Servidores públicos, estatutários ou não, dos órgãos da administração direta ou indireta – agente comunitário de saúde	3 meses	Definitivo (temporário) Remunerado (efetivo)	LC n. 64/1990, art. 1º, II, l
Servidores públicos, estatutários ou não, dos órgãos da administração direta ou indireta – Agente de polícia	3 meses	–	LC n. 64/1990, art. 1º, II, l
Servidores públicos, estatutários ou não, dos órgãos da administração direta ou indireta – agente penitenciário	3 meses	–	LC n. 64/1990, art. 1º, II, l
Servidores públicos, estatutários ou não, dos órgãos da administração direta ou indireta – Auxiliar de enfermagem	3 meses	–	LC n. 64/1990, art. 1º, II, l
Servidores públicos, estatutários ou não, dos órgãos da administração direta ou indireta – Delegado de polícia	3 meses	–	LC n. 64/1990, art. 1º, II, l
Servidores públicos, estatutários ou não, dos órgãos da administração direta ou indireta – empregado de sociedade de economia mista	3 meses	Remunerado	LC n. 64/1990, art. 1º, II, l
Servidores públicos, estatutários ou não, dos órgãos da administração direta ou indireta – investigador de polícia	–	–	LC n. 64/1990, art. 1º, II, l
Servidores públicos, estatutários ou não, dos órgãos da administração direta ou indireta – médico	3 meses	–	LC n. 64/1990, art. 1º, II, l
Servidores públicos, estatutários ou não, dos órgãos da administração direta ou indireta – presidente de programa de desestatização	3 meses	–	LC n. 64/1990, art. 1º, II, l
Servidores públicos, estatutários ou não, dos órgãos da administração direta ou indireta – professor de escola estadual	3 meses	–	LC n. 64/1990, art. 1º, II, l
Servidores públicos, estatutários ou não, dos órgãos da administração direta ou indireta – Servidor da Justiça Eleitoral	Afastamento hábil para cumprir o prazo de filiação partidária	Definitivo	–
Servidores públicos, estatutários ou não, dos órgãos da administração direta ou indireta – Secretaria Municipal de Saúde	3 meses	–	LC n. 64/1990, art. 1º, II, l

Servidores públicos, estatutários ou não, dos órgãos da administração direta ou indireta – Servidor de escola pública	3 meses	Remunerado (efetivo) Definitivo (comissionada)	LC n. 64/1990, art. 1º, II, *l*
Servidores públicos, estatutários ou não, dos órgãos da administração direta ou indireta – Servidor do Poder Legislativo	3 meses	–	LC n. 64/1990, art. 1º, II, *l*
Servidores públicos, estatutários ou não, dos órgãos da administração direta ou indireta – servidores em geral	3 meses	Remunerada	LC n. 64/1990, art. 1º, II, *l*
Servidores públicos, estatutários ou não, dos órgãos da administração direta ou indireta – Titular de Cartório	3 meses	–	LC n. 64/1990, art. 1º, II, *l*
Servidores públicos, estatutários ou não, dos órgãos da administração direta ou indireta – Vogal de Junta Comercial	3 meses	Remunerado	LC n. 64/1990, art. 1º, II, *l*
Servidores públicos ocupantes de cargos em comissão – assessor especial de ministro	3 meses	Definitivo	–
Servidores públicos ocupantes de cargos em comissão – membro de direção escolar	3 meses	Definitivo	LC n. 64/1990, art. 1º, II, *l*
Servidores públicos ocupantes de cargos em comissão – ocupante de cargo em comissão por tempo certo não demissível *ad nutum*	3 meses	Remunerado	LC n. 64/1990, art. 1º, II, *l*
Servidores públicos ocupantes de cargos em comissão – servidor público ocupante de cargo em comissão em geral	3 meses	Definitivo	LC n. 64/1990, art. 1º, II, *l*
Servidores públicos ocupantes de cargos em comissão de nomeação pelo Presidente da República sujeito à aprovação pelo Senado – cargo comissionado por tempo certo, não demissível *ad nutum*	6 meses	Definitivo	–
Servidores públicos ocupantes de cargos em comissão de nomeação pelo Presidente da República sujeito à aprovação pelo Senado	6 meses	Definitivo	LC n. 64/1990, art. 1º, II, *b* c/c LC n. 64/1990, art. 1º, VI
Sociedade de assistência a municípios (dirigente)	6 meses	–	LC n. 64/1990, art. 1º, III, *b*, 3 c/c LC n. 64/1990, art. 1º, VI
Sociedade de economia mista (dirigente)	6 meses	Definitivo	LC n. 64/1990, art. 1º, II, *a*, 9
Tribunal de Contas da União, Estados e DF (membros)	6 meses	Definitivo	LC n. 64/1990, art. 1º, II, *a*, 14 c/c LC n. 64/1990, art. 1º, VI
Vice-Presidente que não substituiu nem sucedeu o titular nos 6 meses	Desnecessidade	–	LC n. 64/1990, art. 1º, § 2º
Vice-Presidente que sucedeu o titular	6 meses	–	CF/1988, art. 14, § 6º
Vice-Presidente que substituiu o titular nos 6 meses anteriores à eleição	–	–	–

Vice-Governador que não substituiu nem sucedeu o titular nos 6 meses	Desnecessidade	–	LC n. 64/1990, art. 1º, § 2º
Vice-Governador que sucedeu o titular	6 meses	Definitivo	CF/1988, art. 14, § 6º
Vice-Governador que substituiu o titular nos 6 meses anteriores à eleição	–	–	LC n. 64/1990, art. 1º, § 2º
Vice-Prefeito que não substituiu nem sucedeu o titular nos 6 meses	Desnecessidade	–	LC n. 64/1990, art. 1º, § 2º
Vice-Prefeito que sucedeu o titular	6 meses	Definitivo	CF/1988, art. 14, § 6º
Vice-Prefeito que substituiu o titular nos 6 meses anteriores à eleição	–	–	LC n. 64/1990, art. 1º, § 2º

CARGO PRETENDIDO – PREFEITO/VICE–PREFEITO			
CARGO OCUPADO	PRAZO	MODALIDADE	FUNDAMENTO
Advogado (AGU)	4 meses	Definitivo	LC n. 64/1990, art. 1º, II, a, 3 c/c LC n. 64/1990, art. 1º, III, a
Assistente Social	Desnecessidade	–	–
Associação civil sem fins lucrativos não mantida pelo poder público (presidente)	–	–	–
Autarquia (presidente, diretor, superintendente e dirigente)	4 meses	Definitivo	LC n. 64/1990, art. 1º, II, a, 9 c/c LC n. 64/1990, art. 1º, IV, a
Autoridade policial, civil ou militar	4 meses	–	LC n. 64/1990, art. 1º, IV, c
Chefe do Executivo – Prefeito em 1º mandato, candidatura a vice-prefeito	6 meses	Definitivo	CF/1988, art. 14, § 6º
Chefe do Executivo – Presidente	6 meses	Definitivo	CF/1988, art. 14, § 6º c/c LC n. 64/1990, art. 1º, § 1º
Chefe do Executivo – Governador	6 meses	Definitivo	CF/1988, art. 14, § 6º c/c LC n. 64/1990, art. 1º, § 1º
Chefe do Executivo – Prefeito	6 meses	Definitivo	CF/1988, art. 14, § 6º c/c LC n. 64/1990, art. 1º, § 1º
Chefe do órgão de assessoramento de informações da Presidência da República	4 meses	Definitivo	LC n. 64/1990, art. 1º, II, a, 3 c/c LC n. 64/1990, art. 1º, IV, a
Chefes dos Gabinetes Civil e Militar do Governador do Estado ou DF	4 meses	Definitivo	LC n. 64/1990, art. 1º, III, b, 1 c/c LC n. 64/1990, art. 1º, IV, a
Chefes dos órgãos de assessoramento direto, civil e militar, da Presidência da República	4 meses	Definitivo	LC n. 64/1990, art. 1º, II, a, 2 c/c LC n. 64/1990, art. 1º, IV, a
Comitê de Bacia Hidrográfica (dirigente)	Desnecessidade	–	–
Conselho de autoridade portuária (conselheiro)	–	–	–
Conselho Municipal dos Direitos da Criança e do Adolescente (conselheiro)	Desnecessidade	–	–
Cônsul Honorífico de país estrangeiro	Desnecessidade	–	–
Consultor-Geral da República	4 meses	Definitivo	LC n. 64/1990, art. 1º, II, a, 5 c/c LC n. 64/1990, art. 1º, IV, a
Defensor Público	4 meses	–	LC n. 64/1990, art. 1º, IV, b
Delegado Federal de Ministério	4 meses	Definitivo	LC n. 64/1990, art. 1º, II, a, 16 c/c LC n. 64/1990, art. 1º, IV, a

Empresa Pública (presidente, diretor, superintendente e dirigente)	4 meses	Definitivo	LC n. 64/1990, art. 1º, II, a, 9 c/c LC n. 64/1990, art. 1º, IV, a
Empresa – concessionária ou prestadora de serviço público (empregado)	Desnecessidade	–	–
Empresa – jornalística que celebra contrato de publicidade com o governo do Estado (sócio gerente)	Desnecessidade	–	–
Empresas que, pelo âmbito de suas atividades, possam influir na economia nacional	4 meses	–	LC n. 64/1990, art. 1º, II, e c/c LC n. 64/1990, art. 1º, IV, a
Empresas que atuem no Brasil, em condições monopolísticas	4 meses	–	LC n. 64/1990, art. 1º, II, f c/c LC n. 64/1990, art. 1º, IV, a
Empresas que tenham objetivos exclusivos de operações financeiras e façam publicamente apelo à poupança e ao crédito, inclusive cooperativas e estabelecimentos que gozem de vantagens asseguradas pelo poder público	4 meses	–	LC n. 64/1990, art. 1º, II, h c/c LC n. 64/1990, art. 1º, IV, a
Entidade mantida pelo poder público	4 meses	–	LC n. 64/1990, art. 1º, II, a, 9 c/c LC n. 64/1990, art. 1º, IV, a
Entidade que mantenha contrato com o poder público ou sob seu controle, salvo contrato com cláusulas uniformes – entidades em geral (dirigente, administrador ou representante)	4 meses	–	LC n. 64/1990, art. 1º, II, i c/c LC n. 64/1990, art. 1º, IV, a
Entidade que mantenha contrato com o poder público ou sob seu controle, salvo contrato com cláusulas uniformes – sociedade de economia mista cujo acionista majoritário é o município (liquidante)	4 meses	–	LC n. 64/1990, art. 1º, II, i c/c LC n. 64/1990, art. 1º, IV, a
Entidade que mantenha contrato de cláusulas uniformes com o poder público ou sob seu controle (dirigente)	Desnecessidade	–	–
Entidade de Classe CRECI (presidente)	4 meses	–	LC n. 64/1990, art. 1º, II, g
Entidade de Classe			
Conselho de Prefeitos (presidente)	4 meses	Temporário	LC n. 64/1990, art. 1º, g
Entidade de Classe – Conselho de fundo municipal de previdência dos servidores públicos	4 meses	–	LC n. 64/1990, art. 1º, II, g c/c LC n. 64/1990, art. 1º, IV, a
Entidades de Classe Dirigente Sindical	4 meses	–	LC n. 64/1990, art. 1º, II, g
Entidades de Classe Sindicato não remunerado	4 meses	–	LC n. 64/1990, art. 1º, II, g
Entidades de Classe em geral (dirigente, administrador ou representante)	4 meses	–	LC n. 64/1990, art. 1º, II, g
Entidades de Classe OAB	4 meses	–	LC n. 64/1990, art. 1º, II, g
Estagiário	–	–	–
Fundação de Direito Privado não mantida pelo poder público (dirigente)	Desnecessidade	–	–
Fundação de direito privado que receba subvenções imprescindíveis à sua existência (dirigente)	4 meses	–	LC n. 64/1990, art. 1º, II, a, 9 c/c LC n. 64/1990, art. 1º, IV, a

Fundação de direito privado vinculada a partido, mantida exclusivamente com recursos do Fundo Partidário	Desnecessidade	–	–
Fundação de Direito Público – Coordenador Regional	4 meses	–	LC n. 64/1990, art. 1º, II, a, 16 c/c LC n. 64/1990, art. 1º, IV, a
Fundação de Direito Público – em geral	4 meses	Definitivo	LC n. 64/1990, art. 1º, II, a, 9 c/c LC n. 64/1990, art. 1º, IV, a
Interventor Municipal (designado por Governador de Estado)	4 meses	–	LC n. 64/1990, art. 1º, II, a, 11 c/c LC n. 64/1990, art. 1º, IV, a
Juiz de Paz	Desnecessidade	–	–
Magistrado	4 meses	Definitivo	LC n. 64/1990, art. 1º, II, a, 8 c/c LC n. 64/1990, art. 1º, IV, a
Militar – Chefe do Estado-Maior da Marinha, Exército e Aeronáutica	4 meses	Definitivo	LC n. 64/1990, art. 1º, II, a, 6 c/c LC n. 64/1990, art. 1º, IV, a
Militar – Chefe do Estado-Maior das Forças Armadas	4 meses	Definitivo	LC n. 64/1990, art. 1º, II, a, 4 c/c LC n. 64/1990, art. 1º, IV, a
Militar – Comandante da Marinha, Exército e Aeronáutica	–	–	LC n. 64/1990, art. 1º, II, a, 8 c/c LC n. 64/1990, art. 1º, IV, a
Militar – Comandantes do Distrito Naval, Região Militar e Zona Aérea	4 meses	Definitivo	LC n. 64/1990, art. 1º, III, b, 2 c/c LC n. 64/1990, art. 1º, IV, a
Ministros de Estado	4 meses	Definitivo	LC n. 64/1990, art. 1º, II, a c/c LC n. 64/1990, art. 1º, IV, a
Órgãos estaduais (dirigente)	4 meses	–	LC n. 64/1990, art. 1º, III, b, 3 c/c LC n. 64/1990, art. 1º, IV, a
Parlamentar	Desnecessidade	–	–
Partido Político (dirigente)	Desnecessidade	–	–
Polícia Federal (diretor-geral)	4 meses	Definitivo	LC n. 64/1990, art. 1º, II, a, 15 c/c LC n. 64/1990, art. 1º, IV, a
Presidente de festa popular	Desnecessidade	–	–
Profissional cuja atividade é divulgada na mídia (atores, jogadores de futebol e outros)	Desnecessidade	–	–
Reitor de Universidade Pública, Federal ou Estadual, de natureza autárquica ou fundacional	4 meses	Definitivo	LC n. 64/1990, art. 1º, II, a, 9 c/c LC n. 64/1990, art. 1º, IV, a
Secretário de Estado	4 meses	Definitivo	LC n. 64/1990, art. 1º, II, a, 12 c/c LC n. 64/1990, art. 1º, IV, a
Secretários gerais, executivos, nacionais, federais dos Ministérios e pessoas que ocupem cargos equivalentes	4 meses	Definitivo	LC n. 64/1990, art. 1º, II, a, 16 c/c LC n. 64/1990, art. 1º, IV, a
Secretários municipais ou membros de órgãos congêneres	4 meses	Definitivo	LC n. 64/1990, art. 1º, III, b, 4 c/c LC n. 64/1990, art. 1º, IV, a
Servidores públicos efetivos/comissionados, cargo relativo à arrecadação/fiscalização de imposto, taxas e contribuições	4 meses	Sem remuneração (1) Remuneração integral (2)	LC n. 64/1990, art. 1º, II, d c/c LC n. 64/1990, art. 1º, IV, a
Servidores públicos, estatutários ou não, dos órgãos da administração direta ou indireta – assessor de diretor de sociedade de economia mista	3 meses	–	–

Servidores públicos, estatutários ou não, dos órgãos da administração direta ou indireta – Professor de Universidade Pública	3 meses	Remunerado	LC n. 64/1990, art. 1º, II, l
Servidores públicos, estatutários ou não, dos órgãos da administração direta ou indireta – agente comunitário de saúde	3 meses	Definitivo (contrato temporário) Remunerado (efetivo)	LC n. 64/1990, art. 1º, II, l
Servidores públicos, estatutários ou não, dos órgãos da administração direta ou indireta – empregado de sociedade de economia mista	3 meses	Remunerado	LC n. 64/1990, art. 1º, II, l
Servidores públicos, estatutários ou não, dos órgãos da administração direta ou indireta – investigador de polícia	3 meses	Remunerado	LC n. 64/1990, art. 1º, II, l
Servidores públicos, estatutários ou não, dos órgãos da administração direta ou indireta – médico	3 meses	Definitivo (contrato – CLT) Remunerado (efetivo)	LC n. 64/1990, art. 1º, II, l
Servidores públicos, estatutários ou não, dos órgãos da administração direta ou indireta – servidor da Justiça Eleitoral	Afasta-mento hábil para cumprir o prazo de filiação partidária (1 ano)	Definitivo	–
Servidores públicos, estatutários ou não, dos órgãos da administração direta ou indireta – servidor de escola pública	3 meses	Remunerado (efetivo) Definitivo (comissionado)	LC n. 64/1990, art. 1º, II, l
Servidores públicos, estatutários ou não, dos órgãos da administração direta ou indireta – servidor do Poder Legislativo	3 meses	Remunerado (efetivo) Definitivo (comissionado)	LC n. 64/1990, art. 1º, II, l
Servidores públicos, estatutários ou não, dos órgãos da administração direta ou indireta – em geral	3 meses	Remunerado (efetivo)	LC n. 64/1990, art. 1º, II, l
Servidores públicos ocupantes de cargo em comissão – ocupante de cargo em comissão por tempo certo não demissível *ad nutum*	3 meses	Remunerado	LC n. 64/1990, art. 1º, II, l
Servidores públicos ocupantes de cargo em comissão – em geral	3 meses	Definitivo	LC n. 64/1990, art. 1º, II, l
Sociedade de assistência a municípios (dirigente)	4 meses	–	LC n. 64/1990, art. 1º, III, b, 3 c/c LC n. 64/1990, art. 1º, IV, a
Sociedade de economia mista (dirigente)	4 meses	Definitivo	LC n. 64/1990, art. 1º, II, a c/c LC n. 64/1990, art. 1º, IV, a
Tribunal de Contas da União, Estados e DF (membros)	4 meses	Definitivo	LC n. 64/1990, art. 1º, II, a, 14 c/c LC n. 64/1990, art. 1º, IV, a
Vice-Presidente que não substituiu nem sucedeu o titular nos 6 meses	Desnecessidade	–	LC n. 64/1990, art. 1º, § 2º
Vice-Presidente que sucedeu o titular	6 meses	Definitivo	CF/1988, art. 14, § 6º
Vice-Presidente que substituiu o titular nos 6 meses anteriores à eleição	–	–	LC n. 64/1990, art. 1º, § 2º

Vice-Governador que não substituiu nem sucedeu o titular nos 6 meses	Desnecessidade	–	LC n. 64/1990, art. 1º, § 2º
Vice-Governador que sucedeu o titular	6 meses	–	CF/1988, art. 14, § 6º
Vice-Governador que substituiu o titular nos 6 meses anteriores à eleição	–	–	LC n. 64/1990, art. 1º, § 2º
Vice-Prefeito que não substituiu nem sucedeu o titular nos 6 meses	Desnecessidade	–	LC n. 64/1990, art. 1º, § 2º c/c CF/1988, art. 14, § 5º
Vice-Prefeito que sucedeu o titular	Desnecessidade para titular, 6 meses para vice	–	CF/1988, art. 14, § 6º
Vice-Prefeito que substituiu o titular nos 6 meses anteriores à eleição	–	–	LC n. 64/1990, art. 1º, § 2º c/c

CARGO PRETENDIDO – VEREADOR			
CARGO OCUPADO	PRAZO	MODALIDADE	FUNDAMENTO
Advogado – Prestação de serviço à comunidade por convênio celebrado entre OAB e a Procuradoria Geral do Estado	-	Desnecessidade	-
Advogado (AGU)	6 meses	Definitivo	LC n. 64/1990, art. 1º, VII, b, 3 c/c LC n. 64/1990, art. 1º, II, a, 5
Assistente Social	-	-	-
Autarquia (presidente, diretor, superintendente e dirigente)	6 meses	Definitivo	LC n. 64/1990, art. 1º, VII, b, c/c LC n. 64/1990, art. 1º, III, a, 9
Autoridade policial, civil ou militar – em geral	6 meses	–	LC n. 64/1990, art. 1º, VII, b, c/c LC n. 64/1990, art. 1º, IV, c
Autoridade policial, civil ou militar – Subdelegados de polícia	6 meses	-	LC n. 64/1990, art. 1º, VII, b, c/c LC n. 64/1990, art. 1º, IV, c
Chefe de Missão Diplomática	3 meses	Definitivo	LC n. 64/1990, art. 1º, II, L
Chefe do Executivo – Presidente	6 meses	Definitivo	CF/1988, art. 14, § 6º c/c LC n. 64/1990, art. 1º, § 1º
Chefe do Executivo – Governador	6 meses	Definitivo	CF/1988, art. 14, § 6º c/c LC n. 64/1990, art. 1º, § 1º
Chefe do Executivo – Prefeito	6 meses	Definitivo	CF/1988, art. 14, § 6º c/c LC n. 64/1990, art. 1º, § 1º
Chefe do órgão de assessoramento de informações da Presidência da República	6 meses	Definitivo	LC n. 64/1990, art. 1º, VII, b, c/c LC n.64/1990, art. 1º, II, a, 3
Chefes dos Gabinetes Civil e Militar do Governador do Estado ou DF	6 meses	Definitivo	LC n. 64/1990, art. 1º, VII, b c/c LC n. 64/1990, art. 1º, III, b, 1
Chefes dos Órgãos de assessoramento direto, civil e militar, da Presidência da República	6 meses	Definitivo	LC n. 64/1990, art. 1º, VII, b, c/c LC n.64/1990, art. 1º, II, a, 2
Comitê de Bacia Hidrográfica (dirigente)	Desnecessidade	-	-
Conselho de autoridade portuária (conselheiro)	-	-	-
Conselho Municipal dos Direitos da Criança e do Adolescente (conselheiro)	Desnecessidade	-	-
Cônsul Honorífico de país estrangeiro	Desnecessidade	-	-

Consultor-Geral da República	6 meses	Definitivo	LC n. 64/1990, art. 1º, VII, b, c/c LC n. 64/1990, art. 1º, II, a, 5
Defensor Público	6 meses	-	LC n. 64/1990, art. 1º, VII, b, c/c LC n. 64/1990, art. 1º, IV, b
Delegado Federal de Ministério	6 meses	Definitivo	LC n. 64/1990, art. 1º, VII, b, c/c LC n. 64/1990, art. 1º, II, a, 16
Empresa Pública (presidente, diretor, superintendente e dirigente)	6 meses	Definitivo	LC n. 64/1990, art. 1º, VII, b, c/c LC n. 64/1990, art. 1º, II, a, 9
Empresa – concessionária ou prestadora de serviço público (empregado)	Desnecessidade	-	-
Empresa – jornalística que celebra contrato de publicidade com o governo do Estado (sócio gerente)	Desnecessidade	-	-
Empresas que, pelo âmbito de suas atividades, possam influir na economia nacional	6 meses	-	LC n. 64/1990, art. 1º, VII, b, c/c LC n. 64/1990, art. 1º, II, e
Empresas que atuem no Brasil, em condições monopolísticas	6 meses	-	LC n. 64/1990, art. 1º, VII, b, c/c LC n.64/1990, art. 1º, II, f
Empresas que tenham objetivos exclusivos de operações financeiras e façam publicamente apelo à poupança e ao crédito, inclusive cooperativas e estabelecimentos que gozem de vantagens asseguradas pelo poder público	6 meses	-	LC n. 64/1990, art. 1º, VII, b, c/c LC n.64/1990, art. 1º, II, h
Entidade mantida pelo poder público – Associação de Aposentados e Pensionistas (presidente)	6 meses	-	LC n. 64/1990, art. 1º, II, a, 9
Entidade mantida pelo poder público – em geral	6 meses	-	LC n. 64/1990, art. 1º, VII, b, c/c LC n.64/1990, art. 1º, II, a, 9
Entidade que mantenha contrato com o poder público ou sob seu controle, salvo contrato com cláusulas uniformes – Corporação musical que recebe recursos públicos (dirigente)	6 meses	-	LC n. 64/1990, art. 1º, II, a, 9
Entidade que mantenha contrato com o poder público ou sob seu controle, salvo contrato com cláusulas uniformes– em geral	6 meses	-	LC n. 64/1990, art. 1º, VII, b, c/c LC n. 64/1990, art. 1º, II, i
Entidade que mantenha contrato de cláusulas uniformes com o poder público ou sob seu controle (dirigente)	Desnecessidade	-	-
Entidade de Classe – Conselho de fundo municipal de previdência dos servidores públicos	6 meses	-	LC n. 64/1990, art. 1º, II, g
Entidades de Classe Dirigente sindical	4 meses	-	LC n. 64/1990, art. 1º, II, g
Entidades de Classe Sindicato não remunerado	4 meses	-	LC n. 64/1990, art. 1º, II, g
Entidades de Classe em geral (dirigente, administrador ou representante)	4 meses	-	LC n. 64/1990, art. 1º, II, g
Entidade de Classe – membro de conselho fiscal de entidade de classe mantida pelo poder público que não exerce as funções de dirigente, administrador ou representante	Desnecessidade	-	-

Entidades de Classe OAB	4 meses	-	LC n. 64/1990, art. 1º, II, g
Estagiário	Desnecessidade	-	-
Fundação de Direito Privado não mantida pelo poder público (dirigente)	Desnecessidade	-	-
Fundação de direito privado que receba subvenções imprescindíveis à sua existência (dirigente)	6 meses	-	LC n. 64/1990, art. 1º, VII, b, c/c LC n.64/1990, art. 1º, II, a, 9
Fundação de direito privado vinculada a partido, mantida exclusivamente com recursos do Fundo Partidário	Desnecessidade	-	-
Fundação de Direito Público	6 meses	Definitivo	LC n. 64/1990, art. 1º, VII, b, c/c LC n.64/1990, art. 1º, II, a, 9
Juiz de Paz	Desnecessidade	-	-
Magistrado	6 meses	Definitivo	LC n. 64/1990, art. 1º, VII, b, c/c LC n. 64/1990, art. 1º, II, a, 8
Médico de hospital privado que recebe remuneração proveniente do SUS	Desnecessidade	-	-
Militar – Chefe do Estado Maior da Marinha, Exército e Aeronáutica	6 meses	Definitivo	LC n. 64/1990, art. 1º, VII, b c/c LC n.64/1990, art. 1º, II, a, 6
Militar – Chefe do Estado-Maior das forças Armadas	6 meses	Definitivo	LC n. 64/1990, art. 1º, VII, b, c/c LC n. 64/1990, art. 1º, II, a, 4
Militar – Comandante da Marinha, Exército e Aeronáutica	6 meses	LC n. 64/1990, art. 1º, VII, b	LC n. 64/1990, art. 1º, II, a, 7
Militar – Comandantes do Distrito Naval, Região Militar e Zona Aérea	6 meses	LC n. 64/1990, art. 1º, VII, b	LC n. 64/1990, art. 1º, III, b, 2
Ministros de Estado	6 meses	Definitivo	LC n. 64/1990, art. 1º, VII, b, c/c LC n.64/1990, art. 1º, II, a, 1
Órgãos estaduais (dirigente)	6 meses	-	LC n. 64/1990, art. 1º, VII, b, c/c LC n. 64/1990, art. 1º, III, b, 3
Parlamentar	Desnecessidade	-	-
Partido Político (dirigente)	Desnecessidade	-	-
Polícia Federal (diretor-geral)	6 meses	Definitivo	LC n. 64/1990, art. 1º, VII, b, c/c LC n.64/1990, art. 1º, II, a, 15
Presidente de festa popular	Desnecessidade	-	-
Profissional cuja atividade é divulgada na mídia (atores, jogadores de futebol e outros)	Desnecessidade	-	-
Reitor de Universidade Pública, Federal ou Estadual, de natureza autárquica ou fundacional	6 meses	Definitivo	LC n. 64/1990, art. 1º, VII, b, c/c LC n.64/1990, art. 1º, II, a, 9
Secretário de Estado	6 meses	Definitivo	LC n. 64/1990, art. 1º, VII, b, c/c LC n.64/1990, art. 1º, II, a, 12
Secretários-gerais, executivos, nacionais, federais dos Ministérios e pessoas que ocupem cargos equivalentes	6 meses	Definitivo	LC n. 64/1990, art. 1º, VII, b, c/c LC n.64/1990, art. 1º, II, a, 16
Secretários municipais ou membros de órgãos congêneres – Diretor de Departamento Municipal	6 meses	-	LC n. 64/1990, art. 1º, III, b, 4

Cargo	Prazo	Situação	Fundamento
Servidores públicos efetivos/comissionados, cargo relativo à arrecadação/fiscalização de imposto, taxas e contribuições – Efetivo	6 meses	Sem remuneração (1) Remuneração- 3 meses (2) Remuneração integral (3)	LC n. 64/1990, art. 1º, VII, b, c/c LC n. 64/1990, art. 1º, II, d, 16 c/c LC n. 64/1990, art. 1º, IV, a
Servidores públicos efetivos/ comissionados, cargo relativo à arrecadação/fiscalização de imposto, taxas e contribuições – Comissionado	6 meses	Definitivo	LC n. 64/1990, art. 1º, II, d
Servidores públicos, estatutários ou não, dos órgãos da administração direta ou indireta – Agente comunitário de saúde	3 meses	Definitivo (temporário) Remunerado (efetivo)	LC n. 64/1990, art. 1º, II, l
Servidores públicos, estatutários ou não, dos órgãos da administração direta ou indireta – agente de polícia	3 meses	Remunerado	LC n. 64/1990, art. 1º, II, l
Servidores públicos, estatutários ou não, dos órgãos da administração direta ou indireta – delegado de polícia	6 meses	-	LC n. 64/1990, art. 1º, VII, b, c/c LC n.64/1990, art. 1º, IV
Servidores públicos, estatutários ou não, dos órgãos da administração direta ou indireta – Empregado de empresa pública	3 meses	-	LC n. 64/1990, art. 1º, II, l
Servidores públicos, estatutários ou não, dos órgãos da administração direta ou indireta – empregado de sociedade de economia mista	3 meses	Remunerado	LC n. 64/1990, art. 1º, II, l
Servidores públicos, estatutários ou não, dos órgãos da administração direta ou indireta – escrivão de Delegacia de Polícia	3 meses	-	LC n. 64/1990, art. 1º, II, l
Servidores públicos, estatutários ou não, dos órgãos da administração direta ou indireta – servidor da Justiça Eleitoral	Afastamento hábil para cumprir o prazo de filiação partidária (1 ano)	Definitivo	-
Servidores públicos, estatutários ou não, dos órgãos da administração direta ou indireta – Servidor de escola pública	3 meses	Remunerado (efetivo) Definitivo (comissionado)	LC n. 64/1990, art. 1º, II, l
Servidores públicos, estatutários ou não, dos órgãos da administração direta ou indireta – servidor do poder legislativo	3 meses	Remunerado (efetivo) Definitivo (comissionado)	LC n. 64/1990, art. 1º, II, l
Servidores públicos, estatutários ou não, dos órgãos da administração direta ou indireta – em geral	3 meses	Remunerado	LC n. 64/1990, art. 1º, II, l
Servidores públicos, estatutários ou não, dos órgãos da administração direta ou indireta – Titular de Cartório	3 meses	-	LC n. 64/1990, art. 1º, II, l
Servidores públicos ocupantes de cargo em comissão – Membro de direção escolar	3 meses	Definitivo	LC n. 64/1990, art. 1º, II, l
Servidores públicos ocupantes de cargo em comissão – membros do conselho tutelar	3 meses	-	LC n. 64/1990, art. 1º, II

Servidores públicos ocupantes de cargo em comissão – ocupante de cargo em comissão por tempo certo não demissível ad nutum	3 meses	Remunerado	LC n. 64/1990, art. 1º, II, *l*
Servidores públicos ocupantes de cargo em comissão – em geral	3 meses	Definitivo	LC n. 64/1990, art. 1º, II, *l*
Sociedade de assistência a municípios (dirigente)	6 meses	-	LC n. 64/1990, art. 1º, VII, *b*, c/c LC n. 64/1990, art. 1º, III, *b*
Sociedade de economia mista (dirigente)	6 meses	Definitivo	LC n. 64/1990, art. 1º, VII, *b*, c/c LC n.64/1990, art. 1º, II, *a*, 9
Tribunal de Contas da União, Estados e DF (membros)	6 meses	Definitivo	LC n. 64/1990, art. 1º, VII, *b*, c/c LC n.64/1990, art. 1º, II, *a*, 14
Vice-Presidente que não substituiu nem sucedeu o titular nos 6 meses	Desnecessidade	-	LC n. 64/1990, art. 1º, § 2º
Vice-Presidente que sucedeu o titular	6 meses	Definitivo	CF/1988, art.14, § 6º
Vice-Presidente que substituiu o titular nos 6 meses anteriores à eleição	-	-	LC n. 64/1990, art. 1º, § 2º
Vice-Governador que não substituiu nem sucedeu o titular nos 6 meses	Desnecessidade	-	LC n. 64/1990, art. 1º, § 2º
Vice-Governador que sucedeu o titular	6 meses	Definitivo	CF/1988, art.14, § 6º
Vice-Governador que substituiu o titular nos 6 meses anteriores à eleição	-	-	LC n. 64/1990, art. 1º, § 2º
Vice-Prefeito que não substituiu nem sucedeu o titular nos 6 meses	Desnecessidade	–	LC n. 64/1990, art. 1º, § 2º
Vice-Prefeito que sucedeu o titular	6 meses	-	CF/1988, art.14, § 6º
Vice-Prefeito que substituiu o titular nos 6 meses anteriores à eleição	-	-	LC n. 64/1990, art. 1º, § 2º

■ ANEXO 3 – ENUNCIADOS DA I JORNADA DE DIREITO ELEITORAL DO TRIBUNAL SUPERIOR ELEITORAL PUBLICADOS NA PORTARIA TSE N. 348/2021.

Enunciado 1	É exigível prova de quitação com o serviço militar para fins de registro de candidatura de pré-candidato do sexo masculino, com idade entre 18 e 45 anos, quando a impugnação ou a notícia de inelegibilidade lhe imputarem a suspensão dos direitos políticos decorrente da recusa em cumprir a obrigação correspondente ou prestação alternativa.
Enunciado 2	A comprovação de domicílio, tanto para fins de alistamento como de transferência, poderá ser feita mediante um ou mais documentos dos quais se infira que o eleitor reside na localidade ou mantém com ela vínculo afetivo, familiar, político, profissional, patrimonial, comunitário, de naturalidade ou negócios; nesses casos, fica dispensada a prova de residência em nome próprio, podendo ser apresentado documento em nome de terceiro.
Enunciado 3	Com a cessação da obrigatoriedade do Serviço Militar Obrigatório pelo decurso do tempo, nos termos da lei, cessa também a suspensão dos direitos políticos decorrente da recusa em seu cumprimento ou da prestação alternativa a ele correspondente.
Enunciado 4	A suspensão dos direitos políticos decorrente da condenação criminal transitada em julgado não torna o condenado inalistável, na medida em que o pleno gozo dos direitos políticos não é condição de alistabilidade constitucionalmente prevista, ficando suspenso, enquanto durarem os efeitos da condenação, o exercício da capacidade eleitoral passiva e ativa.

Enunciado 5	A Convenção Americana de Direitos Humanos e as demais normas que integram o sistema interamericano de direitos humanos podem ser invocadas como fundamento jurídico para a defesa de direitos políticos no Brasil, cabendo aos juízes e cortes eleitorais exercerem o controle de convencionalidade.
Enunciado 6	A partir da entrada em vigor do Estatuto da Pessoa com Deficiência, não subsiste, no Direito brasileiro, com exceção dos menores de 16 anos, hipótese de incapacidade civil absoluta que imponha a perda ou a suspensão dos direitos políticos.
Enunciado 7	A instauração do processo administrativo para apurar a responsabilidade do mesário faltoso e cominar a multa correspondente, prevista no art. 124 do Código Eleitoral, exige prova de que o eleitor tenha sido pessoalmente convocado para compor Mesa Receptora de Votos, nos termos do art. 120, *caput* e § 2º, do Código Eleitoral, por qualquer meio admitido em Direito que garanta o efetivo conhecimento da convocação, que não pode ser presumido.
Enunciado 8	Serão nulos, para todos os efeitos, inclusive para cálculo de quociente eleitoral e partidário, os votos dados para candidatos nas eleições proporcionais na hipótese de procedência das ações cassatórias.
Enunciado 9	A aplicabilidade do art. 224, § 3º, do Código Eleitoral dá-se, para os cargos do Poder Executivo, ainda que ocorra eleição em que a escolha se dê por maioria simples.
Enunciado 10	O exercício do poder de polícia, previsto no art. 41 da Lei n. 9.504/1997, não gera prevenção quanto às representações eleitorais posteriormente apresentadas.
Enunciado 11	A mobilidade das bandeiras mencionada no art. 37, § 2º, I, da Lei n. 9.504/1997 dispensa a ação humana, desde que observados os horários para colocação e retirada entre as 6h e 22h.
Enunciado 12	A limitação dimensional do § 3º, art. 38 da Lei n. 9.504/1997 não se aplica aos adesivos usados em propaganda veiculadas em automóveis, caminhões, bicicletas, motocicletas e janelas residenciais, as quais se submetem às limitações previstas no art. 37, § 2º, inciso II, do mesmo diploma legal.
Enunciado 13	Não se considera "outdoor", para fins de propaganda eleitoral vedada, a utilização de cartazes, painéis ou telões, cuja exibição se limite ao interior de comitês, sem visualização externa, ou, ainda, ao local de realização de comícios e outros eventos, desde que, neste caso, o artefato seja removido imediatamente ao final do evento (art. 14, §§ 1º, 2º e 3º; art. 39, § 8º, da Res. TSE 23.610/2019).
Enunciado 14	Não caracteriza mera crítica política a agressão ou o ataque a candidatos em sites e aplicativos da internet com conteúdo calunioso, difamatório, injurioso, sabidamente inverídico ou que expresse ódio, desprezo ou diminuição em razão de raça, cor, etnia, religião, procedência, orientação sexual ou identidade de gênero.
Enunciado 15	Nas representações eleitorais envolvendo propaganda na internet, os provedores de aplicações e ou de conteúdo serão oficiados a cumprir determinações judiciais, podendo ser responsabilizados nos casos de descumprimento da ordem judicial, respeitados os requisitos do art. 40 da Res. 23.610/2019, ressalvada a análise de eventuais abusos (art. 17, § 1º, da Resolução 23.608/2019 e art. 57-F da Lei das Eleições).
Enunciado 16	A distribuição de camisas a cabos eleitorais para utilização durante o trabalho na campanha, desde que não contenham os elementos explícitos de propaganda eleitoral, cingindo-se à logomarca do partido ou coligação, ou ainda o nome do candidato, não é vedada, na medida em que não se destina ao eleitor comum, não contrariando o disposto no art. 39, § 6º, da Lei n. 9.504/1097, observado o art. 39-A, § 1º, ressalvada a análise de abusos por outros meios.
Enunciado 17	Com o término das eleições, resta prejudicada a divulgação do direito de resposta, subsistindo, porém, eventual análise do descumprimento da ordem de sua concessão e da correspondente aplicação de multa, na forma do art. 58, § 8º, da Lei n. 9.504/1997.
Enunciado 18	A distribuição de recursos do Fundo Especial de Assistência Financeira aos Partidos Políticos, Fundo Partidário, do Fundo Especial de Financiamento de Campanha (FEFC) e do tempo de rádio e TV obedecerá ao regramento legal vigente, observando o percentual de candidaturas efetivamente apresentadas por gênero, sendo obrigatória a aplicação mínima de 30% dos recursos para o financiamento de candidaturas femininas. Na distribuição dos recursos deverá, adicionalmente, ser respeitado o percentual de candidaturas negras em relação ao total de candidaturas apresentadas em cada gênero. As regras aplicam-se, em conjunto, às candidaturas majoritárias e proporcionais.

Enunciado 19	A obrigatoriedade de abertura de conta bancária em até 10 (dez dias da concessão do CNPJ de campanha aplica-se exclusivamente aos candidatos e no que se refere à conta bancária destinada ao recebimento de doações para campanha e à aplicação de recursos próprios. Para a movimentação de recursos do Fundo Especial de Assistência Financeira aos Partidos Políticos, Fundo Partidário e do Fundo Especial de Financiamento de Campanha (FEFC) é suficiente a abertura de conta bancária em período anterior ao recebimento dessas espécies de recursos.
Enunciado 20	Havendo prova de que houve emprego ilícito de recursos originários do Fundo Especial de Assistência Financeira aos Partidos Políticos, Fundo Partidário e do Fundo Especial de Financiamento de Campanha (FEFC), no todo ou em parte, recebidos em decorrência de cota de gênero feminino, para financiar despesas exclusivas com o gênero masculino ou comuns, sem que haja comprovado benefício para a campanha feminina, os responsáveis e beneficiários estarão sujeitos às sanções do art. 30-A da Lei n. 9.504/1997.
Enunciado 21	É responsabilidade das instituições financeiras encaminhar tempestivamente à Justiça Eleitoral os extratos bancários eletrônicos das contas bancárias destinadas à movimentação de recursos de campanha eleitoral de partidos políticos e candidatos, com a identificação pelo CPF ou CNPJ de todos os doadores e fornecedores de campanha eleitoral.
Enunciado 22	Nas ações submetidas ao procedimento do art. 22 da Lei Complementar n. 64/1990 e, nos demais casos, quando a citação ocorrer fora do período situado entre as datas-limite do registro de candidatura e da diplomação, o prazo de contestação tem como termo inicial a data da juntada aos autos do aviso de recebimento ou do mandado cumprido.
Enunciado 23	Em sede de Ação de Investigação Judicial Eleitoral (AIJE), o término do mandato eletivo não enseja a perda superveniente do interesse processual, impondo-se seu prosseguimento para fins de eventual aplicação da inelegibilidade aos responsáveis pela conduta abusiva.
Enunciado 24	Não há obrigatoriedade de comparecimento do réu às audiências designadas em Ação de Investigação Judicial Eleitoral (AIJE) e Ação de Impugnação de Mandato Eletivo (AIME).
Enunciado 25	É tempestivo o ato processual praticado antes do termo inicial do prazo respectivo.
Enunciado 26	As normas que versam sobre a inelegibilidade são de natureza estrita, descabendo interpretá-las de forma ampliativa a fim de alcançar situações jurídicas nelas não contempladas.
Enunciado 27	A declaração de escolaridade, emitida por instituição de ensino, é suficiente para comprovar a alfabetização do candidato, ainda que este possua apenas capacidade mínima de escrita e leitura.
Enunciado 28	Independentemente de previsão no Estatuto Partidário ou nas diretrizes publicadas pelo órgão de direção nacional do partido, até cento e oitenta dias antes das eleições, é permitida a realização de Convenção Partidária para escolha de candidatos e deliberação sobre coligações nas modalidades presencial, virtual ou híbrida.
Enunciado 29	Após a Emenda Constitucional n. 97/2017, não mais se aplica a majoração do limite de candidaturas para o cargo de vereador nos municípios com menos de cem mil eleitores, uma vez que a previsão do inciso II do art. 10 da Lei n. 9.504/1997 é restrita às coligações proporcionais, que foram extintas.
Enunciado 30	O nome de urna, referido no caput do art. 12 da Lei n. 9.504/1997, pode ser o nome social da candidata ou do candidato.
Enunciado 31	Os Conselhos, de que trata o art. 16, da Lei n. 8.457/1992, são órgãos colegiados para efeito de aferição de inelegibilidade prevista no Art. 1º, inciso I, alínea e, da Lei Complementar.
Enunciado 32	O art. 105-A da Lei n. 9.504/1997 não impede que o Ministério Público instaure procedimentos preparatórios de natureza eleitoral, cujos atos devem ser obrigatoriamente documentados, observando-se os direitos e as garantias dos que venham a ser investigados com a ressalva prevista na Súmula Vinculante 14, às hipóteses de reserva de jurisdição e as prerrogativas profissionais dos advogados.

Enunciado 33	Os arts. 7º e 23 da Lei Complementar n. 64/1990 devem ser interpretados em conjunto com arts. 9º e 10 do Código de Processo Civil, de modo que, na apreciação de provas, ao atentar para circunstâncias ou fatos não alegados ou indicados pelas partes, o juiz ou tribunal, antes de decidir, assegure às partes oportunidade de se manifestar, sob pena de nulidade da decisão por ofensa aos princípios do contraditório e da ampla defesa.
Enunciado 34	Meros erros materiais nos dados inseridos no módulo externo do Sistema de Candidaturas (CANDex) não autorizam a presunção de fraude na convenção partidária e podem ser sanados no prazo de diligências, ou, se não houver intimação para tanto, no recurso de natureza ordinária interposto contra a decisão de indeferimento do registro do partido ou coligação (DRAP), mediante a apresentação de ata ratificada, devendo-se, em qualquer hipótese, assegurar o contraditório.
Enunciado 35	É cabível recurso imediato contra decisão interlocutória proferida em fase de cumprimento de sentença e nas execuções movidas perante a Justiça Eleitoral.
Enunciado 36	Apresentada a petição de cumprimento de sentença pela Advocacia-Geral da União para o cumprimento forçado das condenações de recolhimento ao Tesouro Nacional, é lícita a adoção das medidas de natureza executiva listadas pelo Código de Processo Civil, entre as quais o protesto do título judicial (art. 517) e a determinação de inclusão do nome do executado em cadastro de inadimplentes (art. 782, § 3º).
Enunciado 37	O contencioso eleitoral deve ser orientado pelo contraditório substancial, compreendido como efetivo direito de influência e proteção a decisões-surpresa.
Enunciado 38	O art. 23 da Lei Complementar n. 64/1990 não autoriza o Juiz ou Tribunal a extrapolar o objeto da causa de pedir fixado com a estabilização da demanda.
Enunciado 39	É admissível o requerimento de tutela cautelar, em modalidade antecedente (art. 305 e seguintes do Código de Processo Civil), com vistas à preservação ou produção de prova, podendo o ato de citação ser postergado para o momento posterior ao cumprimento das diligências, se necessário para assegurar a eficácia da medida.
Enunciado 40	A prova produzida em outro feito criminal, cível ou eleitoral pode ser utilizada em qualquer ação da Justiça Eleitoral como prova documental, desde que, a partir da sua juntada, seja assegurado o contraditório, com oportunidade de as partes e o Ministério Público Eleitoral se manifestarem sobre ela.
Enunciado 41	Nas ações eleitorais sancionatórias, na Ação de Impugnação de Registro de Candidatura (AIRC) e no Recurso Contra Expedição de Diploma (RCED), quando movidos por candidatos, partidos políticos ou coligações, a homologação de desistência da ação deve ser precedida da intimação do Ministério Público, para que, querendo, promova o seu prosseguimento.
Enunciado 42	A sanção por prática de abuso de poder somente poderá ocorrer mediante o enquadramento da conduta em alguma das categorias tipificadas nos arts. 19 e 22, *caput* da Lei Complementar n. 64/1990 ou no art. 14, § 10º, da Constituição Federal.
Enunciado 43	A hipótese de desincompatibilização prevista no item 9 da alínea a do inciso II do art. 1º da Lei Complementar n. 64/1990 aplica-se apenas aos cargos das entidades da Administração Indireta, não abrangendo os dirigentes de entidades privadas, ainda que tenham verbas públicas como principal fonte de receitas.
Enunciado 44	Não se aplica, ao procedimento de registro de candidatura, o juízo de retratação previsto no § 6º do art. 267 do Código Eleitoral.
Enunciado 45	Após a Emenda Constitucional n. 18/1998 não se aplica, aos militares, a exigência de desincompatibilização prevista no art. 1º, II, l, da Lei Complementar n. 64/1990. II. A partir da data do seu pedido de registro de candidatura, o militar elegível tem o direito de se afastar das suas atividades para realizar sua campanha eleitoral.
Enunciado 46	O membro do Ministério Público que tenha ingressado após o advento da Constituição Federal de 1988 e anteriormente à Emenda Constitucional n. 45/2004 deverá se afastar definitivamente de suas funções para concorrer a cargo eletivo, não sendo admitido o mero afastamento temporário (licença).

Enunciado 47	Os institutos despenalizadores (transação penal, suspensão condicional do processo e acordo de não persecução penal) aplicam-se ao processo penal eleitoral, desde que preenchidos os requisitos legais. A pena privativa de liberdade deve ser considerada medida extrema que se aplica somente nos casos expressos em lei e quando não for cabível nenhuma das alternativas penais previstas no ordenamento jurídico pátrio.
Enunciado 48	A manutenção, no dia das eleições, de conteúdo criado em momento pretérito não constitui o crime eleitoral previsto no art. 39, §5º da Lei n. 9.504/1998, vedado impulsionamento que alcance aquela data ou a veiculação de novos conteúdos nesse mesmo dia.
Enunciado 49	Por ser mais benéfica ao réu, aplica-se aos acusados da prática de crime eleitoral a ordem da instrução probatória descrita no Código de Processo Penal em detrimento a ordem descrita no Código Eleitoral (arts. 396 e 396-A do CPP e art. 359 e seguintes do CE).
Enunciado 50	Configura ausência de justa causa para o exercício da ação penal, nos processos onde se apura a prática do delito previsto no art. 299 do Código Eleitoral, a falta de indicação na denúncia do eleitor supostamente corrompido, quando for possível identificá-lo.
Enunciado 51	Não subsiste a competência da Justiça Eleitoral para a apuração de delitos comuns quando reconhecida, antes do oferecimento da denúncia, a extinção da punibilidade quanto ao crime eleitoral conexo.
Enunciado 52	Não há óbice para a realização de acordo de não-persecução penal nos casos em que, praticado crime eleitoral, os requisitos do art. 28-A do Código de Processo Penal sejam concretamente examinados pelo Ministério Público Eleitoral e devidamente preenchidos, ressalvados os casos de aplicação da Lei n. 9.099/1995 pelo juiz eleitoral.
Enunciado 53	O crime de desobediência eleitoral (art. 347 do Código Eleitoral) não se configura diante do descumprimento de ordem judicial que tenha cominado astreintes, salvo menção expressa do prolator da ordem.
Enunciado 54	As multas previstas pelo § 5º do art. 39 e pelo art. 40 da Lei n. 9.504/1997 somente podem ser impostas em ação penal pública incondicionada.
Enunciado 55	O tipo previsto no art. 299 do Código Eleitoral (corrupção eleitoral) somente se consuma quando o eleitor envolvido não está com direitos políticos suspensos.
Enunciado 56	Os crimes previstos nos arts. 306, 342, 343 e 345 do Código Eleitoral não foram recepcionados pela Constituição Federal.
Enunciado 57	O crime previsto no § 3º do art. 326-A do Código Eleitoral tem relação acessória com o caput do mesmo dispositivo, de modo que somente apresenta tipificação a conduta de propalação ou divulgação de ato que já foi ou é objeto de uma denunciação caluniosa eleitoral.
Enunciado 58	A finalidade de obtenção de apoio político, quando ausente o dolo específico de angariar votos, não perfaz o tipo penal de corrupção eleitoral (art. 299 do Código Eleitoral).
Enunciado 59	O acordo de não persecução penal não configura título condenatório e, portanto, não gera a inelegibilidade do art. 1º, I, alínea e.
Enunciado 60	A fraude à cota de gênero deve ser apurada mediante Ação de Investigação Judicial Eleitoral (AIJE) ou Ação de Impugnação de Mandato Eletivo (AIME), devendo ser aferida pela análise conjunta dos seguintes indícios relevantes, entre outros: número significativo de desistências ou votação pífia de candidatas mulheres, especialmente de candidatas familiares de candidatos e de dirigentes partidários; prestações de contas padronizadas; e realização, por mulheres candidatas, de campanhas para candidaturas alheias (art. 10, § 3º, da Lei das Eleições).
Enunciado 61	O percentual de candidaturas para cada gênero, previsto no art. 10, § 3º da Lei n. 9.504/1997, deverá ser observado durante todo o processo eleitoral, ressalvada a impossibilidade de substituição nos casos previstos em lei.
Enunciado 62	Considerando a previsão constitucional de que os partidos devem resguardar o regime democrático, os direitos fundamentais da pessoa humana, a igualdade material e, tendo em vista ainda a vedação à discriminação e do retrocesso, os partidos devem assegurar a participação de categorias minorizadas em todas as suas ações (art. 17, caput, da CF).
Enunciado 63	Ainda que inexista previsão legislativa específica, são candidaturas coletivas aquelas compostas por dois ou mais membros, de acordo com as regras estabelecidas nos respectivos estatutos partidários. Todavia, apenas um dos integrantes será registrado como candidato para todos os fins legais.